国家社科基金
后期资助项目
GUOJIA SHEKE JIJIN HOUQI ZIZHU XIANGMU

明弘治正德时期
首辅刘健研究

A Study on the Chief Cabinet Minister Liu Jian during
Hong Zhi and Zheng De Periods in the Ming Dynasty

翟爱玲　著

中国社会科学出版社

图书在版编目(CIP)数据

明弘治正德时期首辅刘健研究/翟爱玲著．—北京：
中国社会科学出版社，2017.8
ISBN 978 - 7 - 5203 - 0270 - 8

Ⅰ.①明… Ⅱ.①翟… Ⅲ.①刘健—人物研究
Ⅳ.①K827 = 48

中国版本图书馆 CIP 数据核字(2017)第 094587 号

出 版 人	赵剑英
责任编辑	刘志兵
特约编辑	张翠萍等
责任校对	石春梅
责任印制	李寡寡

出　　版	中国社会科学出版社
社　　址	北京鼓楼西大街甲 158 号
邮　　编	100720
网　　址	http://www.csspw.cn
发 行 部	010 - 84083685
门 市 部	010 - 84029450
经　　销	新华书店及其他书店

印　　刷	北京君升印刷有限公司
装　　订	廊坊市广阳区广增装订厂
版　　次	2017 年 8 月第 1 版
印　　次	2017 年 8 月第 1 次印刷

开　　本	710 × 1000　1/16
印　　张	29
插　　页	2
字　　数	505 千字
定　　价	118.00 元

国家社科基金后期资助项目

出 版 说 明

后期资助项目是国家社科基金设立的一类重要项目，旨在鼓励广大社科研究者潜心治学，支持基础研究多出优秀成果。它是经过严格评审，从接近完成的科研成果中遴选立项的。为扩大后期资助项目的影响，更好地推动学术发展，促进成果转化，全国哲学社会科学规划办公室按照"统一设计、统一标识、统一版式、形成系列"的总体要求，组织出版国家社科基金后期资助项目成果。

全国哲学社会科学规划办公室

目　　录

序　　一

翟爱玲教授的学术专著《明弘治正德时期首辅刘健研究》问世，乃是一件非常值得庆贺的喜事。

刘健（1433—1526），字希贤，号晦菴，河南洛阳人。他出身书香门第，少年时代，与同乡阎禹锡、白良辅一起，得理学名臣薛瑄的真传。天顺四年（1460）成进士，任翰林院编修。成化初年，与修《英宗实录》，后任修撰，迁至詹事府少詹事，充任东宫讲官，受知于孝宗。孝宗继位后，进礼部右侍郎兼翰林学士，入内阁参预机务。弘治四年（1491），进礼部尚书兼文渊阁大学士，累加太子太保，改武英殿大学士。十一年（1498）春，进少傅兼太子太傅，成为内阁首辅。期间，他与其他两位阁臣谢迁、李东阳"同心辅政，竭情尽虑，知无不言。初或有从有不从，既乃益见信，所奏请无不纳，呼为先生而不名。每进见，帝辄屏左右。左右间从屏间窃听，但闻帝数数称善"。正是在他们三人悉心辅政之下，遂有"弘治中兴"之局面。武宗继位不久，刘健连章奏请除去刘瑾等人，整肃朝政。此举不仅没有得到武宗的认同，反而遭到刘瑾等人反扑，最终不得不辞职离任。不久，又被刘瑾列为"奸党"之首，削籍为民，追夺诰命。刘瑾被诛后，刘健恢复官职。嘉靖五年（1526）去世，年94。赠太师，谥文靖。

刘健先后为官于英宗、宪宗、孝宗、武宗，乃四朝元老。入阁19年，任首辅8年之余，政绩突出。正如《明史》所言："刘健、谢迁正色直道，謇謇匪躬"，"有明贤宰辅，自三杨外，前有彭、商，后称刘、谢"。可见，刘健不愧为明代中期的重要名臣，对弘治、正德两朝的政治产生了很大的影响。对于这样一位政治名臣，自然会得到学者的关注和青睐。然而，由于有关刘健的资料贫乏、零散等原因，迄今为止尚未有关他的专著问世，这无疑是学术界的一件憾事。

2010年，爱玲从河南洛阳理工学院考入南开大学历史学院，在我名下攻读博士学位。实际上，她在进入南开大学攻读博士之前就具备一定的学术研究能力和基础，并对明代政治史、思想史有着浓厚的兴趣。于是，大学士刘健便被纳入她的研究视线之内，而且刘健是洛阳人，他的祖茔又恰在洛阳理工学院西校区的校园里。因此，更进一步激发了爱玲的研究热情，认为揭示刘健一生的所作所为，乃是自己责无旁贷的工作。

然而，有关刘健的研究资料，留下来的实在太少。为此，爱玲首先依据"明实录"、《明史》等官修史书的记载，将刘健不同时期的行迹所涉及的地域、人物作为线索，从方志、文集、笔记及其他野史笔记中进行筛网式的搜寻，从中获得了一些十分有价值的资料，如现存洛阳最早的方志，即《（弘治）河南郡志》有不少有关刘健及其家族成员的资料，其中还收有刘健的 8 篇诗文，无疑弥足珍贵。其次，爱玲还在洛阳地区，就与刘健相关的遗迹进行了实地考察，如老城区的"三贤祠"、刘阁老祠、涧西三山村、唐寺门刘健墓碑等，并走访了现居住在龙富小区、龙祥街区数千刘健家族的后人，获得了《刘氏家谱》及流传于刘氏后人中有关刘健及其家人的各种故事。正是通过这样的辛勤努力，爱玲搜集到了研究刘健丰富的第一手资料。在此基础上，爱玲对这些资料进行整理、分析、考辨等工作，先后完成了《明代名臣刘健系年纪事及资料列编》《刘健任职履历简表》《刘健仕政中主要人际交往关系简表》《刘健著述类目及资料索引汇编》《明清官方典籍中对刘健评述列表》《明清私修史著中对刘健评述列表》等，为博士论文的撰写打下了坚实的基础，最终完成她的这本专著。该书的问世，可以说是填补了明代政治史乃至明史研究中的一个空白。

爱玲之所以能够将这样一部有价值的专著呈现于读者面前，是与她的天资聪慧、对知识的渴望、对治学的追求，以及刻苦努力分不开的。她来南开攻博时已经有了正高职称，然而，为了学术她再次给自己创造一个进一步学习、研究的机会。读博期间，我也亲眼目睹了她为学术而付出的辛勤劳动。该书的面世便是一个很好的例证。

在此，我衷心希望爱玲教授在今后的学术研究中，继续努力，推出更多的新成果。

李小林

2016 年 6 月

序　二

坦率地说，我以前对刘健和弘治皇帝是不怎么喜欢的，因为这两个人物都不怎么好玩。所以，当年赵中男兄张罗编写明代皇帝"大传"时，我宁愿放弃号称"中兴"的"弘治"，而选择了作为"弘治中兴"反面教材的"成化"。但是，我主观上的喜不喜欢是一回事，刘健在明代历史上的地位和作用却是另一回事。读了翟爱玲教授的《明弘治正德时期首辅刘健研究》之后，觉得自己对刘健其实是有误解的。

刘健的仕宦生涯经历了明代的天顺、成化、弘治、正德四朝，又是弘治、正德年间的重臣，在明前中期政治史上具有重要的历史地位。在被史学家称为"中兴之治"的弘治时期，刘健的历史作用被历代的官私学者所公认。对于这样一位影响深远又地位显赫的政治家，近年来有一些史学工作者表现出浓厚的研究兴趣，但终因有关史料的零散、贫乏、纷乱而放弃。因为除了成化、弘治、正德等朝《实录》及那个时代的一些笔记之外，很少有关于刘健的文献记载，刘健在世及身后，无文集存留，也无人为其编辑年谱、年表、行状等，这就给研究工作带来巨大的困难。于是出现了一个现象：对于刘健的研究成果，远不及同时期的谢迁、王恕、马文升、刘大夏等，更不用说李东阳，甚至还不及武宗时期的几位宦官如刘瑾、张永等，"阉党"如焦芳等。尽管刘健是"弘治中兴"的核心人物，但对刘健的研究却几乎是空白。

我们对某个历史片断、某个历史人物的研究，往往是出于某种"缘分"。当然，仅仅是缘分还不够，还需要有史家的良知和责任，才能够使这种缘分不仅开花，而且结果。翟爱玲教授之研究刘健，正是如此。

刘健是明代洛阳人，爱玲教授现在就生活和工作在洛阳；更巧的是，刘健家族的祖茔所在地，就在爱玲教授现在工作的洛阳理工学院西校区的校园里。爱玲告诉我说，作为明史研究者，与刘健有如此的缘分，不能不将其作为研究对象；而一旦进入研究，就不仅是一种自主的选择，更是一种责任与义务了。

基于这种责任和义务，爱玲教授长时间地翻检各种官私史籍和民间文献，搜集了大量有关刘健的资料，在对这些资料进行整理、考辨、分析的基础上，对刘健的政治人生进行了全面深入的研究。在这一过程中，爱玲表现出她认真与执着的个性。而这种认真与执着，倒和当年刘健的个性有些相似。书稿中附录的《明代名臣刘健系年纪事及资料列编》《刘健任职履历简表》《刘健仕政中主要人际交往关系简表》《刘健著述类目及资料索引汇编》《明清官方典籍中对刘健评述列表》《明清私修史著中对刘健评述列表》等，表现出了这种认真与执着。爱玲由缘分而到责任，通过不懈努力而搜集的这些资料以及在这些资料基础上的研究，不仅在一定程度上弥补了有关刘健资料的不足，为本项研究奠定了基础，也为其他学者的研究提供了比较坚实的资料基础，其学术意义是十分显著的。

除了资料的搜集、整理之外，爱玲的这项研究还有两个方面给我以较深的印象。

第一，作为"理学名臣"的刘健，是如何恪守程朱理学并将其充分体现在执政的理念和执政风格上的。刘健立朝40多年，活到94岁，成为当时的传奇，是那个时代的"老祖宗"。他的一生，见证了明代社会由前期的"严峻冷酷"到中后期"自由奔放"的过渡，见证了明代社会从程朱理学的"一统江山"到社会思潮"多元化"的过渡。无论是在社会风气发生剧烈变动的成化时代，还是执政方针一定程度回归传统的弘治时代，以及各种思潮剧烈碰撞的正德时代，刘健都恪守传统，恪守程朱理学。他是一位坚持信仰和理念、决不随波逐流的政治家。当然，从明代社会进程的角度来看，难免显得有些"保守"，但这种"保守"却是理直气壮的，因为它代表着中国古代社会、近世社会的主流思潮。从这个角度说，刘健可谓是明代最后一批程朱理学重臣中的代表人物。

第二，作为"中兴儒相"的刘健，是如何利用他的政治身份和学术影响扭转成化朝的种种"弊端"使其部分回归"传统"的。"弘治中兴"是针对"成化"朝而言的。成化朝的主要"弊端"有四。一，从成化七年（1471）开始，成化皇帝虽然照常上朝，却不与大臣议政，司礼监成为皇帝与内阁沟通的渠道，这一举措受到朝野的普遍批评。二，宠信万贵妃，为了满足其私欲，大肆挥霍钱财，又听任万贵妃的家族以权谋私。三，重用宦官汪直，在东厂之外建立西厂，西厂之祸一度超过东厂。四，在正常的官员任命之外，通过宦官"传奉圣旨"，封了许多的"传奉官"，既消耗了大量的费用，更导致了官场秩序的混乱。弘治帝继位之后，对这些"弊端"进行了一定程度的革除，甚至多次接见内阁及部院诸大臣，讨论时政，成为一时之"盛事"。特别是正德帝继位之后，刘健领导的与"八虎"的斗争虽然失败，却以其铮铮铁骨，受到时人和后人的赞扬。爱玲教授在她的著作中，对这些方面做了详细的讨论，使刘健"中兴儒相"的形象呈现在读者的面前。

爱玲教授是有学术追求的学者。2014 年，刚刚从南开大学获得博士学位之后不久，便来江西师范大学做访问学者，精神令人钦佩。也就是从这个时候开始，我们有了学术上的接触，她和我说到了她的博士论文和研究计划，但我并没有能够给她实质性的帮助，至今仍有歉意。如今，爱玲这部 50 万字即将出版的书稿通过电子邮件传给了我，浏览之余，写下了以上的一些感想，遵照爱玲的意思，权为序。

方志远

2016 年 6 月

前　　言

　　这部专著，是在博士学位论文基础上，经过近几年研究不断深化，又进一步充实内容、改写修订而成。这种充实与修改主要表现在三个方面：一是以新发现和搜集到的资料为基础对原文的论述进行充实和补充；二是对论文原稿个别章节的内容进行了深化和丰富；三是对部分章节进行一些结构性调整。

　　以往对历史人物的研究，其对象主要集中于那些存世资料丰富、历史影响突出的名人，研究视角也不外乎经济、政治、思想、文化等领域。随着近几十年来政治史、文化史、社会史等各个领域研究的不断深入以及史学研究方法、史料来源渠道的日益丰富和多样化，许多以往并不为人所重视、或虽有所重视却因史料搜集和整理困难而少有研究的一些历史人物，逐渐走进学者们的研究视野。被誉为"理学名臣"的明弘治、正德时期的首辅刘健，正是在这种背景下进入研究者的视域的。

　　刘健以其独有的严谨认真、果敢善断、不偏不倚的为政风格，以及在"弘治中兴"中所发挥的劝谏启沃、辅养君德，论思建言、赞画政务等重要作用而称著于时、享誉后世。他"清介持家、清廉为政、清白做人"的品格，至今仍有许多令我们敬仰、感动之处。故此，在当初选择博士论文研究主题而导师建议我从历史人物研究做起时，我便首先考虑到了刘健。

　　最终选定刘健作为研究对象，虽有如绪论中所言诸多方面的因素影响，但主要还在于以下两方面的考虑：一是鉴于刘健在明代前中期尤其是弘治、正德时期的重要历史地位；二是在此之前还未见有关刘健的专门性研究成果出现。因此，从填补历史人物研究中的这一空缺来说，对刘健的研究应当更具有学术意义。这便是我做此研究的动机和初衷。

　　但在实际的研究过程中却发现：有关刘健的史料极其零散、纷乱，甚至错讹与抵牾之处很多，这给研究工作带来很大难度。而搜集、整理和考证这些资料所花费的时间与精力超乎想象。在读博的几年间，我用了绝大部分时间来进行这种工作。为此，经常穿梭于天津、洛阳等地各大学的图书馆，以及北京、上海等地的大型图书馆，多次寻访刘健曾经生活过的地方，走访其后人。平时则是从早到晚沉浸在南开大学、洛阳理工学院提供的各种电子史籍，以及如超星、书生、读秀等其他网络资源的海洋中。

俗话称，"功夫不负有心人"，通过这种坚持，不仅搜得有关刘健的大量资料，甚至还从日本国会图书馆获得了一套十分珍贵的《（弘治）河南郡志》全帙，而当时这部方志在大陆仅国家图书馆、湖南省图书馆、浙江省图书馆等处存有部分残卷。几经努力，我的博士论文最终以 34 万字的篇幅顺利通过答辩。

2015 年，初步修改的研究文稿经中国社会科学出版社推荐，有幸获得国家社科基金的后期资助。之后按照评审专家的指导意见，又经半年多进一步的修改与深化，至 2016 年，最终形成现在呈现在读者面前的这部书稿。

之所以赘述以上情况，是想表明对于这项研究虽自认为付出了极大努力，但因学识及能力原因，实不敢称对刘健的研究已达深入、细致与全面、公正。书中仍不免遗留有诸多遗憾，也只能待今后的研究来完善。倘若本书的出版能起到抛砖引玉的作用，那将是我引以为幸的巨大收获。

特别值得指出的是，在书稿形成的前前后后，始终得到我的导师、南开大学李小林教授的大力支持和帮助。博士论文答辩时的评委老师南炳文、万明、张兆玉、何孝荣、王薇诸位先生所提出的许多宝贵意见和建议，以及后来国家社科基金项目匿名评审专家所提出的中肯而深刻的见解，都对本书稿的修订发挥了重要的指导作用。最终文稿结构的调整和某些观点的修正与深入，正是按照他们所提出的意见和建议来进行的。文稿修改期间，正值我在江西师范大学历史文化学院访学，导师方志远教授的教学与指导在诸多方面对本书稿的修订产生启发与帮助。

借此书稿付梓之机，首先向李小林、方志远两位导师致谢，感谢他们的辛勤指导并为拙著作序。同时对博士论文答辩时诸评委、国家社科基金后期资助项目匿名评审专家们表示真挚的感谢。感谢他们给予的宝贵意见与建议。此外，书中也引用了一些当代学者的学术观点，在此一并致以谢忱。

翟爱玲

2016 年 6 月于洛阳

绪　　论

第一节　研究刘健的缘起

在明、清历史广袤的园地里，本书选择以明代前中期的政治名臣刘健作为一个特定的研究对象，主要是基于如下的历史学认识和思考。

一　历史人物研究的意义和一般要求

作为一种具有悠久历史传统与丰富人文精神的科学活动，历史研究自古以来就表现出对社会中的人的格外关注。从根本上说，这种研究的目的正是通过对特定社会历史环境中的人的考察，来认识和探索人类自身，以及以人为主体的社会生活的本质及其发展演变的客观规律。因为全部人类社会的历史，实质上就是每一特定社会历史时期中的具体个人生命活动的全部综合。换言之，每一个具体的个人生命历程，也都是特定历史时期社会生活的一种浓缩。因此，要认识人之所以为人的感性与理性之种种表现特性，决然离不开对其特定的社会历史环境的认识与考察；而要解析某种社会历史的状况，寻求社会历史演进的方向与规律，又必然要以那些承载社会历史特征的具体的个人的考察和研究为基础。

马克思、恩格斯指出："历史不过是追求着自己目的的人的活动而已。"[①] "人们通过每一个人追求他自己的、自觉期望的目的创造自己的历史，却不管这种历史的结局如何，而这许多按不同方向活动的愿望及其对外部世界的各种各样影响所产生的结果，就是历史。因此，问题也在于，这许多个别的人所期望的是什么？愿望是由激情或思虑来决定的，而直接决定激情或思虑的杠杆是各式各样的。有的可能是外界的事物，有的可能

---

① 《马克思恩格斯全集》第 2 卷，人民出版社 1957 年版，第 118—119 页。

是精神方面的动机，如功名心、'对真理和正义的热忱'、个人的憎恶，或者甚至是各种纯粹个人的怪癖……在这些动机背后隐藏着的又是什么样的动力？在行动者的头脑中以这些动机的形式出现的历史原因又是什么?"① 当历史研究通过科学的理论与方法，对这些社会历史中具体的人，或以群体，或以个体为对象，从不同的侧面、角度展开对其"愿望""动机"及其背后的历史原因与动力进行深入研究时，就可以"从历史人物的活动中去发现某些历史时期支配社会的特有的和一般的法则，从而发现社会发展的规律和特点"。②

所有具体的个人活动的集合，构成了社会历史的内容。但历史研究的对象不可能穷尽一切的个人。实际上，在社会历史演进过程中，通常也只有极少数人的活动能够留下痕迹，成为历史研究的资料。即使如此，也不是史料中所涉及的所有人物都能成为专门性研究的对象。与特定社会历史时期的政治、经济、文化以及社会生活其他方面的研究相联系，历史人物的研究常常选取在某个社会领域中具有典型代表意义的人物作为研究的对象。所谓典型代表意义，一方面，主要取决于其个人主观能动性的发挥对于社会历史的影响程度，或者说是由其个人的作为和事功所产生的积极或消极的社会作用来决定，另一方面，也取决于社会历史环境对其个人地位的制约，如对其个人所处的社会阶级、阶层，所属的社会人群体范围，所接受的思想意识和观念，以及对其社会作用发挥程度的限制等方面来反映。

从这个意义上讲，在特定社会历史时期的某个特定领域中的少数杰出人物，总是更易于引起研究者的注意和兴趣。虽然历史唯物主义强调人民群众在创造社会历史中的决定作用，但同时并不否认少数杰出人物对于历史的深刻影响。列宁说："历史必然性的思想也丝毫不损害个人在历史上的作用，因为全部历史正是由那些无疑是活动家的个人的活动的行动构成的。"③

关于杰出人物对于历史研究的价值，梁启超也曾经指出："历史的大势，可谓为由首出的'人格者'以递趋于群众的'人格者'，愈演进愈成为'凡庸化'，而英雄之权威愈减杀。故'历史即英雄传'之观念，愈古代则愈适用，愈近代则愈不适用也。"④ 这一论断在进行中国古代社会历史

---

① 《马克思恩格斯全集》第 21 卷，人民出版社 1971 年版，第 342 页。
② 尚钺：《有关历史人物评价的几个问题》，《历史研究》1964 年第 3 期。
③ 《列宁选集》第 1 卷，人民出版社 1995 年版，第 26 页。
④ 梁启超：《中国历史研究法》，东方出版社 1996 年版，第 135 页。

的研究中应当说仍是适用的。本书选取明代名臣刘健为研究对象，正是由于他在明代政治史中，是具有典型代表意义的人物。

二　明代名臣刘健的政治地位和影响

明朝处在中国封建社会发展的后期，一方面，历史研究的资料较之于此前的历史时期更为丰富，另一方面，由于历史时代的距离性，今天在对其进行历史研究的理论和方式中，也更易于体现出相对的客观和全面性。兼之近代以来不断出现新的史学理论和史学研究方法，大大推进了历史研究发展的广度和深度。至今，对于明代历史的研究已经相当成熟。在对其基本历史面貌已大体明晰的基础上，理论认识的深化就有待于一些具体的、微观的深入研究来促进和带动。在近几十年的明史研究中，人物研究的日益兴盛正是这种深入趋势的一种表现。据一些学者统计，在 1979 年明史研究论文 109 篇的总数中，人物研究论文占到了 52 篇之多。① 可见人物研究在当前明史研究中的地位和影响。

在以往有关明代政治人物的研究中，与明代政治史研究的一般趋势和特点相应，那些在明代政治上具有特别突出地位和影响作用的人物，如明太祖朱元璋、明成祖朱棣、明代著名的思想家兼政坛风云人物王守仁、明代地主阶级改革家张居正，以及一些农民起义的领袖等，更易于受到研究者的重视。但随着近年来明史研究的日趋深入，同时也由于新时期各种历史资料的广泛搜集与整理，一些头上虽无耀眼的光环，但实际上仍具有相当地位和影响，或者说是次一级地位和影响的历史人物，也逐渐受到了学者们的注意。在这种背景下，被章太炎先生称为"儒相"② 的弘治、正德时期任阁臣与首辅的刘健，理应成为一个引人重视的、重要的研究对象。

刘健（1433—1526），字希贤，号晦菴，河南洛阳人。于明英宗天顺四年（1460）中进士，入选庶吉士，进入翰林，从此开始其 46 年的仕政生涯。之后，他历侍天顺、成化、弘治、正德四朝，其间于成化二十三年（1487）十一月入内阁参预机务，弘治十一年（1498）十月徐溥致仕后继任为内阁首辅，直至正德元年（1506）十月致仕，在阁 19 年，为首辅近 9 年。刘健政治生涯中的主要功绩及影响，是在号称"中兴"的弘治时期与正德初期，在处于"密勿之地"的内阁中，以皇帝重要辅臣的角色实现

---

① 参见颜中其《近几年历史人物研究状况述评》，东北师大学报编辑部编辑《历史人物论集》，1983 年 4 月，第 368 页。

② 参见王小红选编《章太炎儒学论集》下册，四川大学出版社 2010 年版，第 961 页。

的。他的政治地位和历史影响，也正是在这个时期建立起来的。

《明世宗实录》在概括刘健一生政治经历及作为时说："健，性简静，重风节。在翰林，闭户读书，不事交游。入阁，练习章，有经济才。既受知孝庙，尽言匡正，多所采纳。大渐之日，召至榻前，顾命累十数言。逮事武宗，册大婚、耕藉田、幸太学、颁诏天下，肃然正始。会逆瑾导武宗游畋荒政，健累疏，极请诛瑾，皆不报。遂谢政归。……人称健进退有古大臣之节，为近世贤辅云。"① 直到清代，张廷玉等人在奉敕纂修的《明史》中也称："健学问深粹，正色敢言，以身任天下之重"，为首辅期间与李东阳、谢迁三人"同心辅政，竭情尽虑，知无不言"，"诸进退文武大臣，厘饬屯田、盐、马诸政，健翊赞为多"。②

从以上明清史著中对刘健的这种评论可以看出：

第一，刘健以阁臣之职任，尤其是以首辅之权位，在"弘治中兴"、正德初政中发挥了重要的影响作用。

第二，刘健"性简静、重风节"、"学问深粹"、敢"以身任天下之重"的个人品性，在其身居要职，辅佐朝政中形成鲜明而独特的为政风格。

第三，作为一个位高权重、经历丰富的名臣，刘健的政治作为和表现在当时封建士大夫阶层具有深刻的影响。

由此可见，对于名臣刘健的研究，必将大有益于对明代政治史，尤其是明代前中期政治史研究的深入。

三　以刘健为研究对象的直接原因

基于以上的思想认识，在选定刘健这样一位历史人物作为研究对象时，正是考虑到他的政治地位和历史影响的典型性与特殊性。

一方面，从历史人物研究选取对象的一般要求和原则来看，既要选择特定领域具有典型代表意义的人物，同时也要尽可能地体现出在不同领域、不同范围和不同层次的人群体中的覆盖原则，这样才能尽量减少因选取对象过分集中而可能带来的史学研究的片面性。因此，在目前形势下，更加留意像刘健这一类在社会历史进程中影响虽不是特别突出，却具有一定代表性的历史人物的研究，正符合当前深化明史研究的现实要求和趋势。

---

① 《明世宗实录》卷74 之"嘉靖六年三月壬午"条。
② （清）张廷玉等：《明史》卷101 "刘健传"。

另一方面，从刘健个人在明代历史上的具体地位和影响来说，的确显示出一定的典型意义。

首先，作为一位明代士大夫阶层的人物，刘健经由科举入仕之后，长期处于封建统治阶级的上层，担任朝廷高层官员，这种特殊的政治地位使他具有了不同于一般封建官僚在政治上所具有的典型性。众所周知，明代内阁制度是在明初废除丞相制之后，作为一种补偿而逐步形成和发展起来的从属于皇权专制的辅政机构，"以其授餐大内，常侍天子殿阁之下，避宰相之名，又名内阁"。① 然而在后来的发展演变中，其权力地位却与实际的宰相相当，职责在于"掌献替可否，奉陈规海，点检题奏，票拟批答，以平允庶政"。② 故后来阁臣也因此常被称为宰辅，在中央权力机构中具有举足轻重的地位，其对于当时朝政的影响也是十分显著的。有学者统计，有明一代阁臣任职 1—2 年者约占 24.2%；2—10 年者约占 47.4%；15—20 年者约占 6.2%；20 年以上的仅为 4 人，即杨士奇、杨荣、杨溥"三杨"和金幼孜，只占 2.4%。③ 实际上，"三杨"和金幼孜所处的时代，从永乐后期直至正统初期，正是明代前期励精图治及其发展积累最好的时期，整个朝政局势也维持着清宁与稳定。而刘健所处的明代前中期，恰恰形成前后极大的反差。即使在这种形势下，刘健也有 19 年在阁、9 年任首辅之职位的经历。这种久任要职的情形在明代历任阁臣和首辅中确是少有的，其作为辅政大臣的典型代表意义也显而易见。

其次，刘健仕政期间，尤其是在其为阁臣期间，还以其独特的个性特质，以及其所秉承的儒学传统思想意识，形成其特有的行政品格。刘健的这种为政风尚不仅在他所处的时期，且在他之后的明清时期，都曾被许多封建士大夫从不同立场和角度加以评说、借鉴和引以反省。可见，刘健不仅在明代，实际上在整个明清时代社会政治上都是一种典型与代表。

从以上两个方面考虑，对于刘健进行专门性的研究，应当说是非常有意义的。

此外，此书以刘健作为专门研究的对象，还有一些更具体的，甚至是偶然性因素对笔者个人的影响。

其一，在我看来，从研究方法的角度而言，历史人物的研究是最能发挥"史论"结合研究特点的一种学术活动。它既需要对基本史料做充分的

---

① （清）张廷玉等：《明史》卷 72《职官一》。

② 同上。

③ 参见洪早清《明代阁臣群体研究》，博士学位论文，华中师范大学，2007 年。

搜集、整理、考辨等基础性工作，同时也需要理论认识上有相当的基础，才能准确把握对人物个性与社会环境的关联性分析、思考和评述。因此，这种研究本身对于笔者而言也是一个学术能力积累和提高的过程。

其二，就个人研究基础和倾向而言，我一向比较关注对历史人物及其思想意识的探究。尤其是在近年来的历史人物研究中，日益表现出对其个性分析的注重，使以往的"社会历史环境决定论"经受着新的考验。所以我觉得，只有在历史人物的具体研究过程中，在对历史人物的实际的、全面的考察基础上，才能真正认识和把握这二者间的关系。

其三，刘健以其独特的个性品格、为人、为政风尚及其在特定社会政治环境中的跌宕浮沉的经历，深深吸引着我对其人生经历探知究竟的兴趣。

其四，最终选择刘健作为这项研究的对象，还有我与刘健之间的一种地域性机缘。我现在生活的城市洛阳，正是刘健当年生长、生活的家乡。更为巧合的是，我现在就职的洛阳理工学院西校区内的一块区域，也恰是刘健父祖辈当年的墓地所在。虽然如今故迹已荡然无存，只留下后人为其竖立的几块标志性石碑，但作为一代名臣，作为封建时代一个典型的士大夫的代表人物，刘健的事迹和人物形象不应也随之完全消失。尤其是在一个从事明史研究的人的思想意识中，更不应对其漠然视之。从这种历史责任意识出发，也应尽力对其进行全面的历史性的研究。

第二节 有关刘健学术研究状况的回顾

历史人物，不只是作为历史研究的对象而在后世得到一些研究者的评说，实际上常常在其同时代的其他人那里，也会得到各种议论。尤其是当特定的历史人物辞世之后，于"盖棺定论"的特殊形势和条件下，在一个相当长的时期内这些人物可能受到人们十分热烈的评说。作为明代颇具影响的一位政治名臣，刘健在明清时期的士大夫阶层中就受到了广泛的议论和评价。如对其从政事业和功绩的肯定，对其人格品质的褒扬，对其个性的议论，等等。但是，一方面，明清时人的这些评论大多数是夹杂在其对刘健某些言行、事迹的记述中，偶尔发表几句议论以表明自己的某种感受和看法，而并非是在对刘健的事迹进行全面分析的基础上进行的评论，因而这种议论的感性特征更为显著。这在根本意义上并不具有研究性质；另一方面，明清时期无论是官、私修史者，由于其都处在封建社会条件下，他们对历史人物，尤其是像刘健这样的政治人物的评判，往往是立足于封建政治立场上的一种判断。同时，那个时代也缺乏近代以来不断涌现的各种新的史学理论和研究方法，这也极大地制约和限制了他们对人物认识的全面性和深刻性。由此而言，明清时人对刘健的介绍或发出的议论，尽管为今天对刘健的研究提供了一定的启迪，但在实际上，这些内容对于今天的研究与其说是一种研究基础，倒不如说是一种资料依据更为妥切。因为今天对刘健的研究，归根结底还是一种作为对明代历史研究的角度和途径，是作为对那个时代研究的一部分而进行的。而明清时人对刘健的介绍和议论的方式、程度，其本身也恰好从另一个侧面反映着那个时代的社会风尚和倾向。

但由于从刘健本人到他的后人、门生等都未能对其著述及个人事迹资料进行整理、刊布，所以有关刘健的史料显得既贫乏且散乱。同时，也由于历史研究在近现代很长一段时期发展的有限性，因而形成一种自近代以来史学研究中对刘健的关注十分欠缺的情形。以刘健为特定对象进行的专门性研究，直到 2003 年，才有一篇约 5000 字的论文发表。① 其他相关性研究，则都包含在其他领域或角度的史学研究之中。大体有如下几种情形。

一 综合性史学著作中对刘健的涉及

明代历史综合研究的成果，主要体现在两种类型的著作中。一是中国通史或古代史研究中所包含的有关明代史的内容，另一种是明代断代史的研究著作。

作为通史类著作，由于篇幅所限，对明代历史不可能给予更多、更全面的论述，因而对于刘健的涉及显得十分少见，仅有极少几种较大篇帙的通史著作中对其事迹有所提及。如范文澜、蔡美彪主编的《中国通史》第五编《明清封建制时期》，只在第一章第四节的"弘治政绩"一目中涉及孝宗更新阁臣，第五节的"罢退大臣"一目中对刘健的入阁与致仕有所涉及②；由刘重日编纂的《中国史稿》第六册《明代卷》，在第二章"宦官专权与英宗复辟"中记述明孝宗临终遗命托孤，以及武宗即位后刘瑾逐朝臣时对刘健有所记述③；王毓铨编纂的《中国通史》第九卷《中古时期·

① 此文即刘俊虎所撰《中兴名臣，一代儒相》，刊发于《河南科技大学学报》（社会科学版）2003 年第 4 期。
② 参见范文澜、蔡美彪《中国通史》第 8 册，人民出版社 1996 年版，第 202、216、217 页。
③ 参见刘重日《中国史稿》第 6 册，人民出版社 1987 年版，第 120 页。

明时期》下册，在第十六章明孝宗传中、第十七章丘浚、李东阳传中，对刘健的事迹有较多的记述。①

在明代史的研究中，由于长期以来人们对自正统至正德年间政治史的研究成果较少，因而刘健这一历史人物也往往不大易于引起人们的注意。但也有少数几种著述表现出独到的眼光，对这一时期的政治给予了相当的关注。孟森的《明清史讲义》一书，在上册第三章第七节"弘治朝政局"中，曾提到刘健谏止明孝宗为太监李广赐祠额事。② 汤刚、南炳文主编的《明史》上册，在第八章第一节"弘治中兴"和第二节"明武宗的腐朽统治"中，对刘健的事迹、评述较为丰富，明显表现出较其他著作更为全面的特点。③ 由傅衣凌主编，杨国祯、陈支平编著的《明史新编》，在第五章第一节中的"刘瑾跋扈与操纵内阁"中，也提及刘健等人谋诛刘瑾之事。④ 张自成著《一口气读完大明史》一书，在第二十篇"武宗乱政"一节中也提到刘健对武宗急政的劝谏。⑤ 另外，孙景峰、李金玉所编撰的《正说明朝三百年》，在"明代的内阁"中有"'光明俊伟'的刘健"一篇，以人物小传的方式对刘健的事迹、经历有比较集中的介绍。⑥

这期间，台湾的几种体例比较特殊的明史著作中对刘健事迹的记述表现得更为充实。如黎东方的《细说明朝》，是以人物论述贯穿明代历史的著作。其在第七十六篇"弘治贤相"中，对刘健的个性、事迹都有一些简要介绍。⑦ 蔡东藩的《明史演义》，虽以通俗演义的方式述写明代史，但其仍不失为立足于史实基础上对明代史事的述说，因而在这方面较一般的明史著作更为详细，但论说方面较弱。该书在第四十四回"受主知三老承顾命，逢君恶八怪逞谗言"和第四十五回"刘太监榜斥群贤，张吏部强夺彼美"中对刘健在弘治后期及正德初期的一些事迹有较为全面的介绍。⑧

由上述内容可见，在有关明史的综合性研究中，至多表现出对刘健这一历史人物的关注，这与研究者对弘治、正德时期政治史的关注程度是相

---

① 参见王毓铨《中国通史》第 9 卷《中古时期·明时期》下册，上海人民出版社 1999 年版。
② 参见孟森《明清史讲义》上册，中华书局 1981 年版，第 173 页。
③ 参见汤刚、南炳文《明史》上册，上海人民出版社 1985 年版，第 272—292 页。
④ 参见杨国祯、陈支平《明史新编》，人民出版社 1993 年版，第 154 页。
⑤ 参见张自成《一口气读完大明史》，京华出版社 2007 年版，第 116 页。
⑥ 参见孙景峰、李金玉《正说明朝三百年》，中国国际广播出版社 2005 年版，第 128—129 页。
⑦ 参见黎东方《细说明朝》，上海人民出版社 2007 年版，第 217 页。
⑧ 参见蔡东藩《明史演义》上册，上海文化出版社 1981 版。

一致的。同时也由于综合史研究的特点所限，在这些著述中，实际上也还没有展开对刘健的真正的深入研究。

二 明史研究专著中对刘健的介绍

近代以来相当长的一个时期里，受史学研究大背景的影响，对明代弘治、正德时期的政治研究表现出重视不足的倾向，而对于刘健，则更缺乏注意。只是近年来随着明史研究的日益深入，在一些具体领域，如有关明代政治史、文化史，以及人物研究中，才逐渐出现涉及对刘健的介绍和研究。

王其榘所著《明代内阁制度史》在第三章之五"被称为'弘治中兴'的朱祐樘"中指出，由于"八渐不克终"的明孝宗在弘治八年（1495）以后不如初期信用阁臣，因而刘健等三阁臣有关政务的良好建言与对策就难于实施，"大致阁臣所能争得者少建一塔，少写几篇无关紧要的祝词和诰敕而已，因为这些事，并不直接触及权贵们的利益"。① 另外，在第三章之六"自称为大庆法王和威武大将军的武宗朱厚照"中论述阁臣与内臣的斗争时，也记述了刘健在武宗初期的一些政治事迹。② 张国著《中国治国思想史》第七章第一节在论述明孝宗"任用贤能，礼待臣僚"时也述及刘健之事。③

南炳文主编的《佛道秘密宗教与明代社会》一书在第三章第二节的"'弘治中兴'时期的宗教政策"中，论述明孝宗在弘治三年（1490）以后开始对佛、道教"由抑制向崇奉的转变"时，也提到了刘健的几道谏阻孝宗崇佛、道，费财力的疏论。④

此外，在王丙岐编撰的《中国古代佞幸史》第十五章第二节"罪大恶极的刘瑾"中，专门列有"刘健谏疏中的明武宗和刘瑾"一目，在连同后面有关谢迁、李东阳的介绍中，也都涉及对刘健史事的论述。⑤ 萧少秋编撰的《中国历代君臣对话录》一书，也有"明孝宗与刘健论直言无讳"⑥一目涉及对刘健事迹的介绍。

在人物研究方面，一些著作中出现了刘健的小传。如冯克诚、王海燕

---

① 王其榘：《明代内阁制度史》，中华书局 1989 年版，第 153 页。
② 同上书，第 159—164 页。
③ 参见张国《中国治国思想史》，新华出版社 2002 年版。
④ 参见南炳文《佛道秘密宗教与明代社会》，天津古籍出版社 2002 年版，第 61、62 页。
⑤ 参见王丙岐《中国古代佞幸史》下，香港天马出版有限公司 2005 年版，第 302—306 页。
⑥ 萧少秋：《中国历代君臣对话录》，国际文化出版公司 1992 年版，第 600—601 页。

主编的《中国历史上的著名宰辅》之四"中流砥柱"中有"'弘治中兴'宰相刘健"一篇①,朱绍侯主编《中国历代宰相传略》中有刘健传②,王兴亚、郑传斌主编的《中原文化大典·人物典·人物传》③,以及林延清、傅美林主编的《中华人物传库·明卷》④ 中也都有据《明史》刘健本传所整理的刘健传。此外,许大龄、王天有主编的《明朝十六帝》在论述"明孝宗朱祐樘""进贤能"时,对刘健的个人经历、为政事迹等情况做了较充分的介绍和说明。⑤ 在 2008 年出版的"正说明朝十二帝丛书"中,郭厚安所著《弘治皇帝大传》第三讲在论述明孝宗"选贤任能"时涉及对阁臣刘健的陈述⑥,李洵所著《正德皇帝大传》第三讲在论述"少年天子醉心于嬉戏生活,不料有两种势力在争夺他"时也涉及首辅刘健的一些言行。⑦ 特别值得一提的是张嵚所著《被遗忘的盛世》⑧ 一书,着眼于明孝宗一朝的史事展开叙说,其中在第二章第五目之"大明最强内阁——弘治朝的阁老们"中对刘健有较丰富且生动的描述。但这种描述完全使用文学笔法,因而虽显生动却在诸多细节上缺乏史实,故离史学研究尚有较大距离。

　　从上述情形来看,在有关明代一些具体领域的专门性研究,尤其是人物研究中,的确表现出对刘健更多的关注,但实际上这些方面的相涉内容,也仍主要是对刘健及其事迹概括的介绍和说明。大凡内容较为丰富的,也多是依据正史刘健传所做的整理。除了极个别的著作中有少量夹叙夹议之外,对刘健个人做专门的评说、论述还未曾见。因此,这种情形至多也只是表现出一种研究的预备状态。

三　明史研究论文中对刘健的论述

　　经过多方查询,在有关明史研究大量的论文中,涉及刘健的论述也很稀少。除了前面提到的那篇专门研究刘健的小论文之外,其他相涉性研究的论文主要有如下几篇。

　　南炳文、李小林的《弘治中兴述略》,是较早涉及对刘健论述的一篇

---

①　参见冯克诚、王海燕《中国历史上的著名宰辅》,青海人民出版社 1997 年版,第 11 页。
②　参见朱绍侯《中国历代宰相传略》,大象出版社 1997 年版,第 1309—1310 页。
③　参见王兴亚、郑传斌《中原文化大典·人物典·人物传》下,中州古籍出版社 2008 年版,第 107—109 页。
④　参见林延清、傅美林《中华人物传库·明卷》,华夏出版社 1996 年版,第 358—365 页。
⑤　参见许大龄、王天有《明朝十六帝》,紫禁城出版社 1991 年版。
⑥　参见郭厚安《弘治皇帝大传》,中国社会出版社 2008 年版,第 40—41 页。
⑦　参见李洵《正德皇帝大传》,中国社会出版社 2008 年版。
⑧　参见张嵚《被遗忘的盛世》,九州出版社 2009 年版。

论文。文章着重于论述"弘治中兴"在实际上是存在的，并指出从整个明代史的角度来看，这种"中兴"是有局限性的。在具体论述明孝宗任用贤臣以致"中兴"过程中，作者对包括刘健在内的一些弘治时期的主要名臣做了介绍和论述。并且指出《明史》的作者认为"'刘健、谢迁正色直道，蹇蹇匪躬'，'有明贤宰辅，自三杨外，前有彭、商，后称刘、谢'。这个评论是有一定根据的"。① 朱子彦的《论明孝宗与"弘治中兴"》一文，也认为"中兴"局面的出现，明孝宗"任贤"是一个重要原因，并由此肯定刘健等三阁臣"亮弼"之辅的作用。②

进入 21 世纪以来，明史研究的热度大增，然而对刘健的关注却依然显得不足。有几篇涉及刘健的论文也仍限于一般性介绍，且所介绍内容也极为简略。刘太祥在《中国古代帝王顾问制度》③ 和《中国古代王朝"中兴"局面的形成原因》④ 两篇文章中，都谈及明孝宗召见阁臣议政之事。他认为孝宗一共召见阁臣 21 次，其中有 7 次是商定太后陵庙事，而 14 次是议军国政务。文章引《明史》刘健本传所称"诸进退文武大臣，厘饬屯田、盐、马诸政，（刘）健翊赞为多"以说明明孝宗对阁臣意见的看重。赵永翔在《关于"弘治中兴"之评价问题》⑤ 一文中则认为所谓的"弘治中兴"名不副实，仅是一个短暂、勉强的"治世"，是明孝宗宽厚仁和的品行与弘治朝君子众多、君臣关系融洽等政治特点带来的宏观上的一种美誉。在阐明这一立场和观点时，作者列举了包括刘健在内的弘治名臣的事迹。2008 年青海师范大学程军的硕士论文《明代阁臣述论》中对刘健个人也未有更多论述。

值得注意的是，这期间，有几篇论文在涉及刘健的研究时提出了较为新颖的见解。一篇是 2007 年华中师范大学洪早清的博士论文《明代阁臣群体研究》⑥，文章集中围绕明代阁臣的入阁资格、在阁职责（如平允庶政、代皇帝诏敕，规谏皇帝、于皇帝幼弱时挽救时艰），以及随着阁权变化而呈现的不同为政特征等展开论述，其中多处涉及刘健。尤其在论述弘治时期阁臣的作用时，作者明确指出："孝宗朝虽有'弘治中兴'的历史美誉，但就孝宗本人而言，考之史实，失政之处还真不少，所幸孝宗朝之

① 南炳文、李小林：《弘治中兴述略》，《南开史学》1981 年第 2 期。
② 参见朱子彦《论明孝宗与"弘治中兴"》，《求是学刊》1989 年第 6 期。
③ 参见刘太祥《中国古代帝王顾问制度》，《南都学坛》2009 年第 1 期。
④ 参见刘太祥《中国古代王朝"中兴"局面的形成原因》，《南都学坛》2006 年第 4 期。
⑤ 参见赵永翔《关于"弘治中兴"之评价问题》，《河西学院学报》2009 年第 1 期。
⑥ 参见洪早清《明代阁臣群体研究》，博士学位论文，华中师范大学，2007 年。

阁臣多为正直敢言、一心辅君成善政之臣，而孝宗也算是比较能纳忠言之君，阁臣之所谏言，大多还是为其所听从。这也正是孝宗能够有所作为的重要原因之一。"尽管此文在论述有关弘治时期阁臣时，举刘健之事例远不及对徐溥事迹的涉及，但也明确说明"阁臣刘健向以'正色敢言'立朝，于孝宗之失政所谏尤多"。文章进而论述道："试想，如果没有徐溥、刘健、谢迁、李东阳等阁臣的同心谏阻，孝宗的崇道之举很可能会大举进行下去，世宗中后期的局面可能要提前三十多年出现；如果没有阁臣前后相继的直言劝谏，妄为如武宗、荒政如神宗等，恐怕更无忌惮，朝政可能更加乱无所从。阁臣的诤谏尽管是被动的，但阁臣往往是援礼法祖制和天意民心而谏言，于皇帝至少也算是一种制约和规范力量，多多少少会让皇帝感到有所畏惧，有所克制，有所厘正。于朝廷内外百官而言，阁臣的诤谏往往是朝中正气、正义的体现，朝中有此直节之臣在，对百官也是一种鼓舞和导向，朝廷政事也不至于毫无章法，尽管明代时有昏聩之帝王，而政事并非一黑皆黑，这与不少阁臣勇于诤谏、直亮立朝是分不开的。"这段论述，在表明如刘健等阁臣在规谏皇帝、表率群僚方面的作用上应当是比较突出的。

另一篇是吴琦、唐洁的《寿龄与政治：明代阁臣寿龄及其影响因素》①，此文对刘健在明代阁臣年寿中的特殊之处给予特别注意，指出"孝宗朝的刘健，活到九十四岁的高寿，是明朝所有阁臣中寿命最长的一位。他和杨士奇一样，具有良好的性格特征和较高的道德品质修养"。文章进而认为"阁臣谨慎、宽容的性格及优秀的品质，对阁臣的政治活动有极大的帮助，对于构造其良好的政治环境与政治前途大有裨益，这些因素最终都将影响到阁臣的心境和寿龄"。这种见解应当说也是颇为独特的。

以上两篇论文，是在其他角度和领域的研究中注意到刘健这一政治人物的特殊表现的，尽管相涉内容不多，评议也仅限于极个别的具体方面，但其所具有的论析性质显然已打破以往史论中涉及刘健时只是引述一些史籍记述的那种研究状况，而开始用探究的目光审视这位明代名臣。如果说这两篇论文从研究的角度上预示了一种新的气象，那么刘俊虎在2003年发表的《中兴名臣，一代儒相》一文，则是将之前人们逐渐积累的对于刘健的关注度大大提高。文章第一次以刘健为专门研究对象，从"学深虑远，品正行端""辅弼参谋，恪尽职守""持正敢言，不惧凶奸"三个方

<hr />

① 参见吴琦、唐洁《寿龄与政治：明代阁臣寿龄及其影响因素》，《华中师范大学学报》（人文社会科学版）2003年第4期。

面对其事功进行了全面而概括性的论述。

倘若将上述这种对于刘健的重视程度与深入的研究程度结合起来，就能开辟出一片对于刘健研究的新天地。本书就是以此为目标，力图对刘健做出尽可能全面而深入的研究。

综上所述，由于明史研究中对于弘治时期政治的一向忽略，使刘健这位在弘治时期和正德初期，乃至在明代历史上具有重要地位的政治名臣也一直未能得到应有的重视。20 世纪 80 年代以来，虽然有极少量研究对其有一些关注，甚至在近几年来也有个别研究对刘健的个性、地位和作用间有论述，但由于这些研究原本并非以刘健为专门对象，因而在其研究过程中，并没有也不可能对刘健的个性、事迹做全面、客观的展现和分析。同时，其研究的一些结论，也常常是就某些阁臣整体情形而做出，因而对于刘健并不具有特定意义。由此而言，欲通过对刘健个人进行全面的认识和分析来获得认识明代社会环境进步与个人的发展关系，且具有客观性、准确性的微观基础，仍必须花费较大的时间和精力来进行关于刘健的专门性研究。这正是本书的立意所在。

值得庆幸的是，虽然以往有关刘健的研究极为贫乏，但毕竟研究者们并没有对其视而不见，甚至在一些相涉性的研究中，也曾对刘健的个性倾向及事迹影响有简明扼要的论说。这对本书的研究无疑具有重要的影响和启迪。

第三节　研究刘健依据的主要史料

历史研究离不开史料，尤其是历史人物的研究。它不同于一般宏观历史的探研，更需要充分占有反映人物社会生活进程的方方面面的丰富资料。只有如此，在对所研究的人物做出评述时，才不会出现以偏概全的片面性，甚至是歪曲性的结论。

历史人物的研究，需搜集的史料分布极其广泛。这是由研究对象所涉及的生长环境、社会交往、思想意识、心理状态，行为方式，著作论述，甚至于许多日常琐事等这种极广的范围决定的。由此，其所依据的史料，就其来源史籍的类型，从性质到笔法，从内容到体例十分庞杂。可以说通常所谓史籍的十几种分类，都包含有相当多的历史人物的资料。具体到本书研究明代名臣刘健时所依据的主要史籍，从来源分类上可归列为如下几种。

一　编年史类

在编年类史料的运用中，"明实录"无疑是最为主要的史料依据。

首先，这是由于"明实录"为当代人记述当代事，在时间上更具有直接性，在记事上也具有相对的原始性。

其次，"明实录"属于明代官修国史，它通常是以朝廷各个相关部门的原始记载资料和档案为主，同时也专门派遣朝廷内外官员采集各方资料为据，因而其所涉及史事十分广泛、完整。

再次，"明实录"作为官方典籍，从注重教化功能出发，其主要是以政治史为主题。因而对于研究像刘健这样的政治人物，尤其是官居三品以上官员的历史更具有资料优势。

最后，作为明代最重要的官修史籍，"明实录"的修纂更受到朝廷格外的重视。每逢纂修实录时，皇帝都要亲谕阁、部重臣，选用大批有相当才能学识之翰林官员专任其事。因此，尽管有时实录中记事及评述难免有秉笔者主观倾向和个人好恶的掺杂，如明人王世贞在《弇山堂别集》卷二十之《史乘考误一》中说："国史之失职，未有甚于我朝者也"，"当笔之士或有私好恶焉，则有所考无所避而不欲书，即书，故无当也"；清人徐乾学更明确指出：明之《实录》，"莫详于弘治，而焦芳之笔，褒贬殊多颠倒"。① 但从整体上言，"明实录"记述史事仍具有可靠性、全面性。因此，在对刘健的研究中，"明实录"，尤其是明英宗、明宪宗、明孝宗、明武宗及明世宗五朝实录，便成为此项研究最重要的史料依据。

需要指出的是，作为那个时代以封建统治者的立场编纂的这部史书，必然有其不足。如记事之巨细、详略不尽合理，其特殊政治立场的褒贬删节不尽公允，等等。所以，它不可能成为本书研究唯一的依据。对于刘健的研究，还需从大量其他类别的史籍中寻找各种资料。

在编年类史籍中，除"明实录"之外，明人谈迁编撰的《国榷》、清代张廷玉等所编《御定资治通鉴纲目三编》、夏燮编撰的《明通鉴》等也是研究明史极受重视的史籍。它们在记事和评述上与"明实录"有不同之处，可以作为实录记事的旁证。此外，还有一些限于某个部门、机构或领域专有的编年体史籍，如明人张元汴编撰的《馆阁漫录》、雷礼编撰的《皇明大政纪》、涂山所辑的《明政统宗》、薛应旂所撰的《宪章录》等在某些方面较"明实录"记事更为明确、细致，因而也成为本书研究的史料

---

① （清）刘承干：《明史例案》卷2《徐健菴修史条议》。

依据。

二 纪传体类

在这一类史籍中，清代官修《明史》作为正史，通常占有相当重要的地位，尤其是研究明代人物时，它具有突出的优势。这是由于它具有如下特点：

第一，清代去明代不远，《明史》编纂时其资料来源依然十分广泛、丰富。

第二，作为清代官修史书，它是经过部分官员修撰后，又经主管审核定稿。又兼庞大的编撰队伍与较长时期的修书过程，使其更显示出严谨性。

第三，作为纪传体史书，"它是以具体的历史人物为单位，叙人物历史的基本要素，以及史家的评论。所叙事情要详略适中，该详则详，该简则略，不可臃肿，故内容较为全面、扼要"①。

同样的，《明史》也存在一些不足之处。因而以其他史书与其相互参照则是必须的。实际上，其他纪传体史书，尤其是明代私修的一些史籍中，也包含有大量为"明实录"和《明史》这种官方史籍所不当载，或不能载，甚而不屑载的一些人物事迹。因此，对刘健的研究，还广泛利用了其他一些明清时期私修的纪传类史书。如明代焦竑编辑的《国朝献征录》、廖道南编撰的《殿阁词林记》、唐枢编撰的《国琛集》、邓元锡编撰的《皇明书》、何乔远所编《名山藏》、项笃寿编撰的《今献备遗》、雷礼编撰的《国朝列卿记》和《内阁行实》，吴伯舆的《国朝内阁名臣事略》、尹守衡的《皇明史窃》，以及清代傅维麟的《明书》、张岱的《石匮书》、孙奇逢的《中州人物考》、查继佐的《罪惟录》、汤斌的《拟明史稿》、万斯同撰修的《明史》、王鸿绪的《明史稿》等，也都有关于刘健的传记。虽然多为沿袭与重复，但其中也确记有一些不同内容。即使是某些相同内容在表述上的差异，也在相当程度上为澄清刘健的某些史事提供了一种依凭。因此，这些史籍，在本项研究过程中也都具有重要的史料价值。

三 政书与方志类

政书是专述特定时代的各种典章制度的史籍。对于研究政治人物而

---

① 冯尔康：《古代传记史籍的分类与运用》，南开大学《中国历史与史学》编辑组编《中国历史与史学——祝贺杨翼骧先生八十寿辰学术论文集》，北京图书馆出版社1997年版，第81页。

言，了解其所处的政治环境，其所任职务的权责义务及其评价、考核方式和标准等是必不可少的。《大明会典》是明代官修的、综述有明一代之典章制度的史籍。此书内容十分充实、完备，是研究明代典制的主要依据。《明史》中的"志"部分也起着这个方面的作用。此外，有一些专门记述某一特定领域的典制及考证典制类的史籍也颇值重视。如明代黄佐撰《翰林记》、李默撰《吏部职掌》、卢上铭撰《辟雍纪事》、俞汝楫编《礼部志稿》、郭正域撰《皇明典礼志》、高儒《百川书志》、张朝瑞《皇明贡举考》、张宏道和张凝道《皇明三元考》、王圻《续文献通考》、鲍应鳌《明臣谥考》，以及清代苏昌臣编撰《河东盐政汇纂》、龙文彬撰《明会要》、梁国治撰《国子监志》、嵇璜撰《续通典》，等等。在这一类史籍中，部分撰著包含有一些有关刘健史事的细节资料。

地方志虽然是以某一地区的自然风貌、人文社会状况为主题，但由于它也常常以叙述人物活动为一项主要的内容，因而其中包含有大量的、各类人物的传记、著述、遗迹等内容。并且作为一地一区的各种人文环境的集中反映，在涉及人物社会交往的乡里背景方面有较为突出的优势。从这个意义上言，有关河南、洛阳的地方志自然成为研究刘健不可或缺的重要史料来源。如流失海外的明弘治年间陈宣、乔缙修纂的《河南郡志》，清代雍正时期田文镜、王士俊等所修《河南通志》、乾隆年间龚崧林等所修《重修洛阳县志》、嘉庆年间陆继辂、魏襄修纂的《洛阳县志》等，都可以相互参照，以为本书研究之用。

由于刘健长期担任朝廷要职，从其行政职务言，可能涉及全国其他一些地区的事务。因此根据其行事履历所涉，其他一些地区或专门领域的方志类史籍如《明一统志》、明代魏津所编撰《偃师县志》、明弘治年间的《开封志》、明代《畿辅志》、刘浚所撰《孔颜孟三氏志》、堵胤锡所撰《权政纪略》、陈镐的《阙里志》等也涉及一些有关刘健的言行史迹。有些方志中还散见有某些在其他史籍中难以看到的有关刘健的史迹，甚至还有一些刘健碑记类作品。这在刘健著述留传十分贫乏的情况下实属难得。因此，洛阳、河南以至于其他地区的方志对于本项研究显然具有十分突出的意义。

四　明清文集与笔记类

在明清时期的文集中包含有汇编和选编一些历史人物著述文章的总集、选集类，如明人陈子龙编辑《明经世文编》、黄训编《名臣经济录》、万表编撰《皇明经济文录》、张文炎辑《国朝名公经济文钞》、瞿汝说辑

《皇明臣略纂闻》、陈九德《明名臣经济录》、陈其愫辑《皇明经济文辑》、张瀚《皇明疏议辑略》、杨士奇和黄维等编撰的《历代名臣奏议》及清人赵承恩辑《历代名臣奏议选》、孙旬辑《皇明疏钞》，等等。这些辑编类文集，主要是从经世致用的角度选取不同时期一些具有典型意义的作品，其中也包含有刘健为政时的一些重要奏疏。事实上，由于刘健及其后人始终未将其著述合辑成书并付刊刻，因而其作品很少有留传。因此，这些总集、选集类著作就成为研究刘健著述及其思想的重要资料。

另外，在被称为"别集"的个人著述作品之文集或全集中，由于选文体裁的多样性，其中包含有许多关于各种历史人物的行状、行述，墓志碑铭、祭文，以及作者与其他人物交往中的书信往来与诗、文应答等，无疑也是研究历史人物不可或缺的珍贵资料。因此，在研究刘健时，也大量搜集与之同时同官、同年，以及可能有其他联系的人物的文集，视其所涉及刘健事迹的多少和重要程度而选作主要或一般性参考资料。如徐溥的《谦斋文录》、丘濬的《重编琼台藁》、倪岳的《青溪漫稿》、郑纪的《东园文集》、张元祯的《东白文集》、祁顺的《巽川集》、李东阳的《怀麓堂集》、谢迁的《归田稿》、吴宽的《家藏集》、程敏政的《篁墩文集》、何乔新的《椒邱文集》、王鏊的《震泽长语》与《震泽集》、刘忠的《野亭刘公遗稿》，等等。比刘健在朝为官晚些时候的一些官员的文集中也常包含有关刘健的一些资料，如杨一清的《石淙稿》、刘龙的《紫岩文集》、张师绎的《月鹿堂文集》等。清代人的文集中也有一些包含有对刘健史事记述、评论的内容，如顾炎武的《天下郡国利病书》和《日知录》、王夫之的《读通鉴论》、钱大昕的《潜研堂集》、龚自珍的《定庵续集》等，因而也都对研究刘健具有一定的参考意义。

明清时期出现的大量的、各种笔记类史书，多是记载一些历史人物的日常言行的片断，或一些历史事件的细节情形。有些记述内容常常是一般史书中难以列入的逸闻趣事，虽未必尽为可靠资料，也足可作为一种资料的补充说明。这些资料对于研究历史人物来说，同样具有一定的参考价值。如明代李绍文的《皇明世说新语》、郑晓的《吾学编》和《今言》、凌迪知的《国朝名世类苑》、李乐的《见闻杂记》、张萱的《西园闻见录》、陈洪漠的《治世余闻》和《继世余闻》、焦竑的《玉堂丛语》、李默的《孤树哀谈》、茅元仪的《掌记》、沈德符的《万历野获编》、沈鲤的《亦玉堂稿》，以及清代查慎行的《人海纪》、王士祯的《池北偶谈》和《香祖笔记》、于敏中的《日下旧闻考》、俞樾的《茶香室四钞》、袁栋的《书隐丛说》、袁枚的《随园诗话》、夏之蓉的《半舫斋古文》、孙承泽的

《春明梦余录》、孙宝瑄的《忘山庐日记》、梁维枢的《玉剑尊闻》，等等。

五　其他杂史及谱表碑志类

在有关明史研究的史料中，清人谷应泰等所撰《明史纪事本末》也是一种非常重要的史籍。其将史事按类分卷，将某一事集中于一卷中述其始末，论其得失。如内有"弘治君臣""刘瑾用事"两卷所涉及刘健事迹较为丰富、集中，因而也是本书研究必定选择的史料之一。其他有些纪事本末体的史籍如明人田汝成的《炎徼纪闻》也属参照之类。

在明清史籍中，还有许多一时难以明确归类的杂史类史籍，也能提供许多有益的研究资料。如明代王世贞的《弇山堂别集》、黄景昉的《国史唯疑》、徐昌治的《昭代芳摹》、张维新的《华岳全集》，以及清代刘统勋所编的《评鉴阐要》、姚之骃的《元明事类钞》、叶珍的《明纪编遗》、赵翼的《陔余丛考》与《廿二史札记》、张英等撰的《渊鉴类函》、傅恒编撰的《通鉴辑览》，等等。

还有一些专门记述历史人物言行的汇编类史书，如徐纮编的《皇明名臣琬琰录》、王道端编的《皇明名臣琬琰录》、徐咸的《皇明名臣言行录》、汪国楠的《皇明名臣言行录新编》、徐开任的《明名臣言行录》、王宗沐的《皇明名臣言行录》、刘廷元的《国朝名臣言行录》、沈应魁的《皇明名臣言行录》、童时明的《昭代明良录》《近代名臣言行录》《明儒言行录》等，也都具有一定参考价值。

此外，有一些晚出或是近代以来学者所编选的谱表、石刻碑录之类，如朱保炯《明清进士题名碑录索引》、刘培桂编《孟子林庙历代名臣石刻集》，洛阳及周围区县明清以来的各种碑志编著，以及1985年洛阳刘健后人编修的《刘氏家谱》等，对于本书关于刘健的研究也提供了较大帮助与便利。

综合以上关于史料的分析，由于历史人物的活动必然涉及当时社会生活的各个方面，尤其是像刘健这样一位处于封建统治上层的高级官员，其生活经历涉及的范围更广。因而本书研究所依据的史料极为广泛。尽管这其中有许多资料重复比率极大，但避免疏漏的重要性远甚于减小繁复的工作。

需要特别说明的还有，刘健本人及其后人、门生并没有能够将其为政及生活的资料、著述进行整理保存，因而今天研究刘健时必须从其他各种相关资源中进行搜集、整理和鉴别。这些情况决定了在研究刘健的过程中，必须有一个广泛搜集、查阅各种相关史籍，并在此基础进行对比考辨的任务。

第四节　研究刘健依据的指导理论与方法

任何理论研究说到底都是一种人们对于特定事物对象的主观认识和判断。选择和采用正确的立场、观点和方法，是使这种主观认识和判断得以正确进行，并不断得到深化、全面、客观而日益趋向真理性认识的必要前提。

一　历史唯物主义的理论指导

作为一项以特定的单个历史人物为对象的历史研究，本书在研究刘健时赖以进行理论分析与认识的基本理论依据依然是马列主义的基本立场和观点。

首先，历史唯物主义有关社会性的人的基本理论和观点，是本书对刘健进行理论研究的基本出发点和立足点。在历史唯物主义看来，人是物质与精神的统一体，人的一切现实表现是社会物质生活环境与精神意识之统一的反映。人的塑造实质上是社会物质环境与文化教育共同发挥作用的结果，并且在这二者之中，物质生活环境的作用总是更为突出。列宁就曾指出："司徒卢威先生很正确地指出：'忽视社会学中的个人，或者确切些说，从社会学中把个人一笔勾销，实质上是追求科学认识的个别场合'，'个体'不仅存在于精神世界中，而且存在于物质世界中。"① 在塑造人的物质因素中，既包含有社会的物质生活环境，也包含有人的个性上的物质基础，即是其生物性的个性表现。二者之中前者的影响与作用更为显著。马克思和恩格斯这样解释人与物质生活环境的关系："人创造环境，同样环境也创造人。每个个人和每一代当作现成的东西承受下来的生产力、资金和社会交往形式的总和，是哲学家们想象为'实体'和'人的本质'的东西的现实基础，是他们神化了的并与之作斗争的东西的现实基础，这种基础尽管遭到以'自我意识'和'唯一者'的身分出现的哲学家们的反抗，但它对人们的发展所起的作用和影响却丝毫也不因此而有所削弱。"② 尽管历史唯物主义承认个人对于社会历史，对于社会生活环境的创造性，

---

① 《列宁全集》第1卷，人民出版社1984年版，第373页。
② 《马克思恩格斯选集》第1卷，人民出版社1972年版，第43—44页。

但即使这种"改造"，也仍然受到社会环境的制约。在说明人的这种创造作用受社会环境的制约时，马克思指出："人们自己创造自己的历史，但是他们并不是随心所欲地创造，并不是在他们自己选定的条件下创造，而是在直接碰到的、既定的、从过去承继下来的条件下创造。"①

遵循这种基本立场和观点的指引，本书在研究明代名臣刘健的政治生涯及其命运浮沉过程中，一方面注重从其所生活的社会经济、政治和思想文化的环境和背景中去把握他的成长、他的个性形成，以及他的政治仕途和命运变化，另一方面也注意到并具体分析了在这些领域同样存在着的、他个人的生物性基因，即源于祖先遗传性及其家族传统等先天个性因素的影响。因为这些因素也属于对人的存在起决定作用的物质基础。马克思在强调社会环境对人的存在与发展起着决定性作用的同时，明确指出了个体因素的地位和影响："人们的社会历史始终只是他们的个体发展的历史，而不管他们是否意识到这一点。他们的物质关系形成他们的一切关系的基础。这些物质关系不过是他们的物质的和个体的活动所借以实现的必然形式罢了。"② 历史唯物主义有关物质生活环境和其他因素对人的影响作用，以及人自身因素与社会因素在其历史发展过程中的地位和作用的这些论述，无疑对于本书在研究刘健的政治生涯及其政治命运变化过程中正确理解和把握其必然性与偶然性因素及其相互关系提供了根本立场和方向上的引导。

其次，辩证唯物主义的普遍联系的观点与认识方法，成为指导本书进行历史人物研究的根本方法原则。恩格斯指出："辩证法在考察事物及其在头脑中的反映时，本质上是从它们的联系、它们的连结、它们的运动、它们的产生和消失方面去考察的。"③ 这即是说，辩证法运用于思维领域，其根本要求就是要从事物所处的纵向（时间）和横向（空间）的普遍联系中去认识和把握事物，才能真正获得对事物本质的认识。马克思主义将辩证法引入社会历史领域，揭示出社会历史过程是社会生活领域各种力量、各种因素共同作用的结果。"历史是这样创造的：最终的结果总是从许多单个的意志的相互冲突中产生出来的，而其中每一个意志，又是由于许多特殊的生活条件，才成为它所成为的那样。这样就有无数互相交错的力量，有无数个力的平行四边形，而由此就产生出一个总的结果，即历史事

---

① 《马克思恩格斯选集》第1卷，人民出版社1972年版，第603页。

② 《马克思恩格斯选集》第4卷，人民出版社1972年版，第321页。

③ 《马克思恩格斯选集》第3卷，人民出版社1972年版，第419—420页。

变。"① 既然历史过程是多种因素共同作用的结果，那么认识和分析历史对象时，也必须从对各种因素的全面考察来进行。

从这一基本原理出发，对于历史人物的研究，尤其是具有典型代表意义的历史人物，有时甚至"要仔细研究他，替他作很详细的传。而且不但要留心他的大事，即小事亦当注意。大事看环境，社会，风俗，时代；小事看性格，家世，地方，嗜好，平常的言语行动，乃至小端末节，概不放松"。② 在研究刘健这位历史人物时，本书就特别注意到将其置于一种历史的普遍联系的网络系统中去认识。从其外部联系来看，对他个人的研究，必然要与他所生活时代的社会政治、经济和文化状况，与他所生活的社会环境其他诸因素的考察相联系。通过对社会生活环境的认识来寻求他所处的时代风尚，他所秉承的思想意识的教育，以及他生活历程中所具有的各种人际关系等因素对他的成长，以及对他后来政治生涯的影响。从内部关系上说，要获得对于刘健个人政治生涯的全面认识和把握，就不能仅仅限于对他政绩的单方面的考察，还应通过对他的著述的分析来认识他的思想意识、政治理念及其产生的作用，还应考察他在重要的政治场合之外的其他私人空间中的言行表现，以确定他内在的本性特征及其应对社会环境的方式倾向，以便于进一步辨别影响他政治生涯的内在因素的作用程度。可见，运用普遍联系的思维方法，是进行历史人物研究的根本方法要求，是实现对人物尽可能全面、深入和客观认识的方法保障。

二　一般史学研究方法的运用

在对明代名臣刘健的这项研究中，除了以历史唯物主义的立场和观点作为基本理论和方法指导外，史学研究的一般原则与要求也具体地贯彻和运用于研究工作的各个方面。

首先，是"史论结合"的原则。这里所谓的"史"是侧重于强调对历史史实的充分掌握与尊重。史料的考证与辨别，以及在此基础上对历史事实尽可能客观、准确的阐释，是史学研究中最为基础性的工作和方法。这种工作和方法，在一项史学研究工作开始的初级阶段是非常重要的。"只有当自然和历史的材料搜集到一定程度以后，才能进行批判的分析和比较，并相应地进行纲、目和种的划分。"③ 它对于研究活动进入深层次的分

---

① 《马克思恩格斯选集》第4卷，人民出版社1972年版，第478—479页。
② 梁启超：《中国历史研究法》，东方出版社1996年版，第182页。
③ 《马克思恩格斯全集》第20卷，人民出版社1965年版，第699页。

析起着基础性的作用。

鉴于刘健人生历程中的种种事迹，以往一直未能有人整理和考辨，因此本项研究过程中就包含了这方面大量的基础工作，如有关刘健生卒年、为官经历、生平主要事迹，以及其著述等基本情况的考察与核实。在明清时人的记述资料中，有关刘健的事迹呈现出一种片段化和极其散乱的状态，甚至存在有诸多抵牾，矛盾之处，以至于今天一些人在"戏说"历史时对其不加辨别地运用，甚至任意发挥，从而造成对读者的误导。这种情形在当今以文学笔法写史，在由"庙堂史学"向"大众史学"发展与延伸过程中对史学研究产生的影响是不容忽视的。其在给史学发展提供一定启示的同时，也无可避免地带来人们对历史史实认识的混乱。例如，近年来十分流行的《被遗忘的盛世》一书中，将刘健明确指为明代大儒薛瑄的弟子，并描写刘健曾随薛瑄乘船渡河，薛瑄借机教导刘健："你要牢牢记住，无论时局如何艰难，无论环境如何险恶，都要绝不妥协，绝不后退，方为我辈做人之根本。"刘健牢记这一教导并持以为信条，由此直接影响到他后来的命运。① 从文学的角度来看，这种手法固然无可非议，然而在今天对刘健历史研究尚显滞后的形势下，在人们对刘健的史事尚未真正了解的背景下，不仅是普通的读者，即使某些从事历史专业工作的人也不免受此影响。正因如此，现今不少编写史书的作者在未经考辨的情况下在其著作中直称刘健为薛瑄的弟子。由此可见，在对刘健进行全面认识和评价时，有必要首先辨明有关刘健生平事迹的一些具体情形，以澄清对刘健认识过程中的疑云。

"史论结合"中所谓的"论"，主要是指在对史实充分掌握的基础上，通过一些特定的抽象思维方式方法的运用，对相关史料进行科学分析，以获得对研究对象较为全面的、客观的、根本性的认识。

历史研究的本来目的，就在于寻求对人与社会的本质及其规律的认识，而这种认识的获得必须有赖于抽象思维的运用，在对"史"的各种材料的分析中来实现。实际上，由于历史人物"从事历史活动时所留下的痕迹也是有限的、不完整的，有时甚至是不清晰的"，这就给研究者进行抽象思维活动，运用思维规律来进行理论分析留下了空间。"再严谨的历史学者，也不能只是排比材料，考证材料，而不加分析，不做推想的工作。甚至做考证，也需要相当的想象力，要有提出假设的能力，而假设的过

---

① 参见张嵚《被遗忘的盛世》，九州出版社 2009 年版，第 160 页。

程，不能没有想象，当然，这种想象不是小说家的那种想象"。① 这就是历史研究过程中"论"的体现。

史论结合的原则要求避免仅仅对史料的描述和一般性阐释，或者离开史料提供的有关对象的具体面相而做思维上任意的想象和发挥。在对刘健的研究过程中，本书也十分注意这两个方面的结合运用。在后面的内容中可以看到有大量的对于刘健生平事迹的考述。而本书研究的最终目的仍在于通过对刘健政治生涯的全面解析，以获得对那个时代影响政治人物命运的各种因素的认识以及对其作用的正确估价，这正是认识明代中国社会发展与人的进步之水平和程度的一种有效视角。

另外，在对刘健这个历史人物作具体的分析研究过程中，本书同样采用了当前历史研究过程中常常运用的其他一些基本方法。如统计学的方法、比较分析学的研究方法、列表直观表现的方法，等等。

本书在研究刘健的为政事迹时，为了便于更清晰地把握刘健为政情形的全貌，用编列图表的形式将其为官历程罗列出来，可以更直观地反映出其为官地位的变化，便于进而考察和分析其对刘健为政思想及事功的影响；通过对刘健著述的搜集、整理、排列，也可以更具体地反映出其思想意识的主要倾向和特点。这种思想意识与其为政特点及其政治命运的关系也是对其政治生涯研究的重要内容。通过将刘健与徐溥、丘浚、李东阳、谢迁等处于相同或相近地位的官员的比较研究，可以更清楚、更深刻地认识和把握刘健为政方式的个性特征，以及这种个性倾向对其政治生涯和命运的影响程度；通过对明清时人对刘健言行表现的种种评论的梳理、编列，不仅可以充分展现出刘健在那个时代的社会影响，从而有利于对刘健个人进行全面的认识与评价，并且还可以通过对这种社会舆论倾向的分析，直接获得对那个时代的社会意识及风尚，以及社会意识发展的趋向的认识和把握。恩格斯在《自然辩证法》中曾精辟地指出："每一时代的理论思维，从而我们时代的理论思维，都是一种历史的产物，在不同的时代具有非常不同的形式，并因而具有非常不同的内容。"② 所以，通过对明清时人对刘健认识和评价的考察与分析，正可以认识那个时代的价值标准与倾向，从而认识刘健与那个时代对人的要求与追求之间的关系。总而言之，这些具体的研究方法的运用，正是本书立足于对刘健个人的研究，结合对社会进步、对人的发展的全面认识与把握来实现对人与社会之内在本

---

① 耿云志：《蓼草集》，中国社会科学出版社 2000 年版，第 37 页。
② 《马克思恩格斯选集》第 3 卷，人民出版社 1972 年版，第 465 页。

质及其发展规律进行深入认识的史学目标。

还有，在本书的研究中，也采用和借鉴了社会心理学与行为科学的一些方法与观点。如在分析刘健的个性形成的各种影响因素时，先天的、家庭的影响是一个极为重要的方面；在认识刘健为政方式和风格时，其个性的影响实际上已成为其行为的内在必然决定因素。应当说，这种研究方法的拓展和尝试，将会对本书研究的纵深化发展起着很大的影响作用。

第五节　研究刘健的理论意义与学术价值

一　研究的突出特色

早在20世纪20年代，梁启超就曾经指出历史人物的研究对于整体历史研究的意义，"一方面看时势及环境如何影响到他的行为，一方面看他的行为又如何使时势及环境变化"，由此就"可以拿着历史主眼"。他还进而指出人物研究在现实社会中对人们思想修养的培养作用。"知道过去能造历史的人物，素养如何，可以随他学去，使志气日益提高。所谓'奋乎百世之上，百世之下，闻者莫不兴起也'。"① 当代人李屏南在其《人物评价论》一书中，进一步从一般的社会意义、政治利益角度、历史学研究价值、经济社会效益以及思想教育、审美意识等多方面论述了历史人物研究的价值。②

以上这些宏观的论述，实际上也是本书研究的一个先验性认识。但具体到对刘健的研究，由于缺乏以往研究的基础，因此本书研究的学术价值和意义应当主要由以下几个方面体现出来。

第一，以较为充实的基础研究工作的成果，为未来关于刘健研究领域的进一步开拓和扩展提供基础和条件。

出于研究基础的需要，在本书研究过程中，实现了对刘健相关资料的第一次较为全面的搜集、整理与考辨。众所周知，史料对于研究工作常常具有决定性的影响和作用。对于刘健这个历史人物，在以往之所以未能引起学者们的更多关注，很大程度上也在于一直未有人从事那种烦琐枯燥的资料搜集、整理与考证工作，尤其是在当前学术研究气氛较浮躁的情况

---

① 梁启超：《中国历史研究法》，东方出版社1996年版，第183—184页。
② 参见李屏南《人物评价论》，岳麓书社2000年版，第10—21页。

下，这种花费大量精力却难以在短期内显示出研究成果的工作，颇为人们所忽略。

作为第一次对刘健进行全面的考察与研究，首先就要进行史料的梳理。值得表明的是，随着纸质和电子形式的古籍文献整理与编选的不断发展，随着考古资料和田野考察资料的不断丰富，史料来源范围已完全突破以往那种狭窄的领域。同时，地域交通与网络技术的迅猛发展也大大拓展了资料查询和资料获取的途径与方式。因此，在本书的研究过程中，尽可能最大限度地搜集了可能与刘健相关的各类史籍并进行认真的筛选、提取、分类、考辨与梳理。从具体过程来看，这是一项极为费力却似乎难显成果的努力，但实际上，其在学术上的意义却极为重要。它不仅是目前本项研究的基础，同时也将对其他学者以后进一步的研究提供一种基础和便利。

第二，从研究立场与观点上看，这项研究打破了以往人们对刘健评价的狭隘视域，开启一种对刘健研究的新局面。

明清时期已有众多的人从不同角度对刘健做出诸多评论，但受当时社会条件的限制，他们既不能建立一种高于封建时代的政治立场或道德立场，也缺乏科学方法论的引导。因而他们的种种评说，只能是就事论事式的、片断化的、局部性的看法。这种看法单就对刘健本人的认识而言，已经显示出一些片面性，而对于刘健个人命运与社会历史的关系，则未能深入触及。近代以来，史学界尚未对刘健展开真正深入的研究，已有的一些论述多数还是对明清时代那种对刘健评议的重复、阐释。这种状况就为后人采用新的史学理论和方法对刘健作全面深入的研究提供了广阔的空间。

本书在新时代的科学方法论的指导下，通过对刘健个人生活历程的全面考察与分析，不仅可以形成关于刘健个人生命历史相对完整的表现，同时还可以通过对刘健个人政治生涯与当时社会环境关系的研究，获得对那个时期社会政治的深刻认识。并且，通过这样的研究，还可以进一步启发人们对个人发展与社会进步关系的更深层次的探究。

第三，通过研究方法上的探索，力图促成历史人物研究程度的全面与深入发展。

以往有关历史人物研究所取得的显著成果是不容置疑的。但有些研究或偏重于对人物史事的介绍和陈述，对史籍进行一般性解读；或侧重于历史人物的某个方面来阐述，却忽视其他各方面间的相互影响和作用。本书在研究刘健过程中，围绕其作为政治人物的主题，努力从社会与个人的联系中，从其思想意识、行为方式，为人处世等方面与其为政实践的联系中进行全面的分析。同时，还注意了将刘健个人的研究，与社会和人的发展的根本理论相联系，从而使这项研究在微观深度与宏观高度上实现结合，体现出一种对历史人物研究的纵深性探索。

二　研究面临的困难与挑战

创新本身就是一种挑战。做人物的研究，尤其是做一个像刘健这样的前人未曾触及的政治人物的研究，对于我而言更是一种挑战。

首先，从作为研究主体的我个人的学术积累情况来看，以往的专业经历虽然涉及马克思主义理论和中国历史的各个方面，尤其是中国古代史和中国思想文化史、政治史，但毕竟是一种大范围的宏观概要的内容。专门从事明史的研究还只是不及十年的事情。因而除了一些基本的理论基础和对中国古代思想史的浓厚兴趣之外，对于明代弘治时期，甚至对于整个明代历史的研究都还缺乏深厚的根基。对像刘健这样的一个政治人物做全面的考察与研究，除了要进行逻辑思路上、研究角度上的多层面、大范围的理论探索，还须先有对其各种相关史料的搜集、研读与整理。这些工作使我甚至有一种"从头再来"的感觉，由此要使这项研究具有深度，就要付出更多的辛苦和努力才有可能实现。

其次，从研究对象方面的情形来看，刘健个性的独特性不仅影响其政治生涯，并且也影响其身后形象的展现。从一些史料反映的情况以及我走访刘健后人的结果显示，刘健在个人形象的维护与表现方面，采取的是一种与当时一般文人士大夫那种张扬和凸显完全不同的方式和风格。他立朝40多年，为相有19年，无论是出于公务往来或是私交友情，其文字著述理应十分丰富，但他从不在意于这些文作的刊布，并且告诫子弟后生凡事要低调，对于个人著述、事迹尽量不事声张。由于这个原因，也由于历史变迁中其他一些因素的影响，有关刘健的著述和事迹，一直以来缺乏较为集中的资料。尽管由于他在朝廷中的特殊地位和影响，明清时期的官、私史籍无法回避对他事迹的介绍和论述，但这些资料却显得极为散乱，以至于形成一种片断化和片面性的倾向，甚至呈现诸多矛盾、错误之处。尤其是刘健入仕前的早年经历、政事之外的个人生活状况、致仕家居的日常表现等与当时政治生涯关系不十分密切的方面，都明显缺乏确实的资料。为此，要想全面、深刻地分析和研究刘健这一历史人物，就必然要设法尽力克服这种不利条件。除了广泛开拓各种渠道搜集、整理其相关资料以外，遵循一定的科学方法对其进行合理的逻辑推理、考证就成为本书研究中一项既必要又艰巨的任务。

最后，从研究过程和研究要达到的水平来看，尽管本书力图从社会与个人、内在思想意识与外在行为方式的相互联系中去认识和把握刘健这个历史人物命运的起伏与社会政治变化的关系，但由于我自身对马克思主义理论的具体运用，尤其是对以个体心理及行为表现为研究对象的个性心理学、以个体行为方式与社会环境相联系为研究主题的社会心理学等理论的理解和运用还缺乏相当的经验和能力，因而这项研究要想达到预期的水平和目的，也必然要求付出更加艰苦的努力。

三 研究的学术价值

本书研究的学术价值和意义，主要通过以下几点来体现。

第一，对明代政治史，尤其是对弘治时期的政治史、思想史研究应产生的影响。

明代政治史的研究，尤其是对一些政治特色比较突出时期的研究，如洪、永时期，“仁、宣之治”，嘉、隆、万变革，崇祯时期以及南明政权的情形等，都是颇见成果的。但对于正统至正德间政治情形的研究仍很欠缺。尤其是号称“中兴”的弘治时期尚不及以纷乱、败政著称的正统、正德时期。这种状况对于整个明代政治史的研究是很不利的。当学者们困惑于明中期“将亡”而未亡的历史根源，围绕明代中期以后政治制度、政治风尚的变迁争论不已时，对于弘治时期的政治进行一番认真的研究似乎更有利于问题的解决。

对于弘治时期的政治既可以从制度、政局方面进行研究，也可以通过政治人物来进行更微观上的探究。在目前整体研究较为薄弱的形势下，以人物为立足点进行的具体研究显然更有利于这种政治研究的展开。

从目前明史研究的整体情形来看，有关弘治时期的人物研究，除了作为帝王的明孝宗、作为理学名臣的丘浚、作为文学大家的李东阳等极个别人物不同程度地受到人们的关注之外，其他较为重要的政治人物如徐溥、刘健、谢迁，以及王恕、马文升、刘大夏等都仅有少量文章论及，其中对刘健的研究则更是凤毛麟角。但刘健以其19年的“宰辅”地位，在弘治时期和正德初期的政治中发挥着重要的作用。对其进行深入、全面的研究无疑对于这一时期的政治，尤其是对“弘治中兴”的政治研究具有特别重要的意义。

第二，对刘健个人进行全面的研究，对于明史研究领域的扩展具有重要影响和推动作用。

尽管30多年来，明史研究随着史学研究大气候的改善而得到空前的发展，但在某些方面仍存在一些空缺及不足。以刘健在弘治、正德时期的地位和影响，足应成为一个明代政治史研究中的重要对象。然而由于种种原因，却至今未能形成这种研究局面。本书通过较大的篇幅，以政治生涯为主对刘健的人生历程进行全面、深入的考察和探究，并通过对其成长、生活的各个方面进行相互联系性的分析和论述来认识和把握他个人命运的沉浮，进而通过对他个人命运影响的社会因素的考察及其特殊地位对当时社会政治的影响，来进一步认识当时社会的发展状况。应当说，这样的研究对于整个明史研究领域的扩展无疑是具有积极意义的。

第三，从研究方法和角度上言应当对史学研究产生一定启示。

坚持以历史唯物主义和辩证唯物主义为理论指导，坚持史论结合的原则，通常为历史研究者所遵奉。然而事实上在研究过程中如何贯彻落实，却常常为某些人所忽略。特别是在当今社会经济大潮冲击下，实用主义勃兴，也极易影响到史学研究领域渐离那些传统的史学基本立场和思维方法。

实际上，这些基本原理和原则，是经前贤哲人大量的实践和理论探索而形成和发展起来的。将它们运用于史学研究过程中，对于研究的准确性、科学性的把握，对于研究的深度和水平的引导都具有其他理论不可替代的作用。本书的研究，正是在这些基本原则的指导下，按照这些原则指示的路径与方式，通过对刘健个人生活历程的全面考察，去获得对于刘健个人以及对刘健生活的社会时代更加深刻的认识。当人们在肯定这种研究成果时，也必然对形成这种成果的方法论产生更多的认同与信赖。这也是我所冀望本项研究具有的一种影响和作用。

第六节　本书的逻辑结构与章节安排

一　逻辑结构的特点

本书从内容结构上共分为 9 个部分，除首列"绪论"、尾缀"附录"两个部分以介绍本书研究特点和佐证论述外，中间分设 7 章，围绕刘健的政治人生从不同角度展开论述。

对于明代政治名臣刘健的研究，从总体上，本书是将其置于普遍联系的社会网络系统中来进行认识的。因而本书的逻辑结构体现出如下特点。

从横向关系上看，文章的主体部分即自第一章至第六章主要体现出两个层次关系：其一，按照从第一章到第二、三、四、五章，再到第六章的顺序，体现着从"社会"到"个人"，再到"社会"的认识和分析视角的变换，旨在从社会与个人的相互影响、相互交融的关系中把握刘健这一历史人物的生活场域与生活面貌。如在第一章着重介绍和分析刘健所处的社会环境背景；中间第二、三、四、五章围绕着刘健个人的成长、作为、风格和特点论述其个性化的人生经历和事迹；第六章重新回到社会的大背景下，以社会中他人的视野来重新审视刘健个人表现与社会要求的契合度，即分析刘健的表现在社会中产生的反响。其二，就中间几章有关刘健个人情形的内容来看，也体现出一种诸方面相互作用的关系，即家族背景在其早年成长过程中对其个性的型塑，为政实践的历程，政治思想及其观念意识的状态，为人处世的风格及特点。这些方面虽似侧重角度不同，但综合起来就构成刘健人生历程的整体情形。

从纵向关系上看，本文也基本反映出了刘健个人生命历程的发展阶段性。其各章依次是：第一章先是其出生时遇到的社会环境的大背景；第二章继之为早期成长中的家族和乡里小环境的具体影响；第三、四、五章则从不同侧面集中论述其为政实绩、仕途中的社会关系及其思想意识等方面的具体情形；第六章是其"身后事"，即其个人生命历程产生的社会影响和反映。

二　章节内容的安排

按照上面的思想和逻辑关系，本书的章节内容安排如下。

绪论部分着重介绍本项研究选题的缘由，研究目的和目标，研究依据的资料、立场与方法，研究的基本思路，等等。列述这些内容，既是本书研究的一种逻辑和思路指引的需要，即不仅在研究开始阶段，也在研究过程中不断地进行自省和检视以保障研究思路与逻辑上的统一性，同时，也便于自己或读者检视本书的研究结果是否达到，或在何种程度达到预设的研究目标。换言之，绪论部分实际是对本项研究进行的一种全面而简要的概括与说明。

第一章"刘健生活的明代前中期政治环境"：介绍明代社会体制格局及明代前中期的政治环境，尤其是刘健生活于其中的正统至正德末的政治形势，并分析和论述这种社会氛围对封建士大夫人格形成所产生的深刻影响，以及对其在未来依据封建政治理论进行的政治实践产生的强烈的制约性。需要说明的是，尽管这个时期中的弘治时期，正是刘健在政治上有所作为并对政局产生直接影响和作用的时期，然而从他个人与当时社会环境之间的关系上言，他对政局的影响作用远不如当时社会政治格局与规范对他的制约来得更为深刻而有力。这便是本章仍偏重于政治大气候角度将刘健政治作为所属的弘治时期包含在内的根由。

第二章"刘健的家世与早年经历"：从幼年到青年时期，是人的生命成长，同时也是个性形成的关键时期。本章着重介绍和分析在这个时期家族的遗传因素与教育传统、乡里社会生活环境特别是思想文化氛围对刘健成长的影响，以及青年时代与乡友交往情形对他个性形成、发展的影响。通过家族传统、乡里社会生活环境，以及与乡里朋友的交往等方面内容的分析，还可以具体地展现出明代前期洛阳地域社会发展的某种特色。"一方燕子衔一方泥"，刘健的人格特色与地方社会生活环境有着十分密切的关系。本书力图运用社会史研究的方式对这种关系进行一定的探究，尽管不一定能够达到非常深入、全面，却理应是研究刘健不可或缺的一个环节。

第三章"刘健政治生涯中的官事经历"：从明天顺四年至正德元年（1460—1506），刘健从任普通翰林官员到任职东宫官员，再到入阁参与机务、继为内阁首辅而广泛参与朝政事务的决策与推行，形成其为官从政的实践历程。但在他于 74 岁高龄致仕家居之后，与朝政仍存在割不断的联系。本章集中论述刘健的为政过程及事迹，并特别分析和评述了他在"弘治中兴"中的地位与作用。同时，也分析其为政特色、个人品德与才识对当时朝政局势的影响。

第四章"刘健政治生涯中的人际关系及其影响"：人类社会生活中的一切方面从根本上说都是由其中的人以各种方式结成特定的关系来体现的，政治也不例外。所以，本章就刘健为政过程中与皇帝、同官、僚属，以及同年、乡故之间的相处方式和特点进行分析和讨论，以揭示其人物个性的体现，同时也说明这种为人处世风格对其政治生涯所造成的直接或间接影响。

第五章"刘健著述中反映的思想意识"：人的一切行为表现虽然最终的决定根源在于其社会地位特别是经济地位，但这些深层次的决定因素首先是要转化为人的思想意识，再贯穿于人的行为和实践活动中的。而对于历史人物而言，反映其思想意识的一种主要依据即是其留存的各种著述。刘健的著述一直未有人整理、编列，而是散处于各种史籍中，显得十分零乱。本章在对搜集的刘健著述进行分类分析的基础上，从中揭示刘健的思想意识，并论述这种思想意识对其个性，对其为政产生的影响。

第六章"历史时代变迁中刘健的政治形象"：本章以明清以来官方和

民间对刘健的各种评说为依据，通过对当时社会主流意识和社会舆论的分析，一则可见刘健作为一个政治人物对后世的影响，再则也可通过这些评说揭示明清时代的社会风尚，以及这种风尚对于政治人物的要求与制约。

第七章"皇权专制下的名臣命运"：本章实际是全书的一个总结，依据刘健由一介书生到政治名臣的历程及其主客观影响因素，立足于其政治生涯的跌宕起伏，集中论述和揭示皇权专制的政治环境对古代政坛个人发展和命运的影响与制约。

以上七章围绕刘健生活的社会时代、家族传统和乡里社会环境的影响，刘健为官经历及其在当时社会政治中的地位和作用、刘健政治生涯中的社会关系、思想意识倾向，以及那个时代人们对个人发展的追求意向等内容的分析和探究，形成对刘健政治人生较为全面的考察与探究。这构成本书的主体内容。此外，在书后附录有刘健年谱简编、有关刘健的史料汇编、刘健政治生涯中主要人际交往关系表、明清时期官私史籍中对刘健的评述列表等方面的内容。一则这些内容是前述七章研究内容的基础和辅助资料，故有必要集中列出；再则，由于本书研究水平及程度所限，深切冀望于学者大家对刘健有更全面深入的研究，这部分资料整理性的内容或可提供一点帮助。故本书不嫌烦赘而将之列于后。

第一章 刘健生活的明代前中期政治环境

按照唯物主义的观点，社会环境对于个人的生活状况、人格塑造及社会作用的发挥都有着深刻的影响。而在社会环境诸因素中，政治环境则是一个极为重要的方面。尤其是对于政治人物而言，社会政治环境的影响更为直接、深刻，甚而成为其一生个人命运的决定性因素之一。为此，对于历史上政治人物的研究，必不可少的一个前提是对其生存的社会时代，尤其是其时的政治环境的考察与认识。

明代名臣刘健，生于宣德八年（1433），卒于嘉靖五年（1526）。其生活的时代，正是明代由前期向中期、后期转变的时期，即主要是在自正统元年至正德十六年（1436—1521）间的明代前中期。因此，这一时期的社会状况、政治环境和背景，给予像刘健这样的士大夫的人格及命运的影响，便是本章论述的主要内容。

第一节 明代社会发展走势及其阶段性特征

在中国古代封建社会，尽管不同朝代的社会状况存在着历史性的变迁和演进，但就其基本的社会结构和体制模式而言则大体上是一致的。同理，在明代社会约 277 年历史中，尽管前后不同时期的社会形势和状况有着显著的变化，但贯穿于其间根本性的社会体制和格局，则是由明初太祖建国立制奠定基础，至于成祖、仁宗、宣宗时期进一步完善而形成的。

一 明代建国与立制

明代的开国皇帝朱元璋（1328—1398），出身于安徽濠州（今安徽凤阳）一个贫苦的农民家庭，幼时给地主家放牛牧羊。元顺帝至正四年（1344），淮河流域连遭大旱、蝗灾、瘟疫，许多农民因之死亡，朱元璋的父母、兄长，半月之内相继病故。为求一条生路，不满 16 岁的朱元璋出家做了一名小和尚。但寺庙中也因灾异而难以供养僧人，他又被迫云游行乞，其间饱尝艰辛。朱元璋早年的这段生活经历，对其后来在确立明王朝治国方略时的思想意识产生很大的影响。

以蒙古贵族为统治者的元朝，曾在13—14世纪的中国盛极一时。但由于封建统治秩序内在的阶级矛盾和民族矛盾不断激化，至其后期，社会局面日益恶化：政治腐败、官吏贪残，统治者穷奢极欲，使广大人民群众处于水深火热之中。于是，各地涌现出弥勒教、摩尼教（明教）、白莲教等秘密组织，倡言"天下大乱，弥勒下生，明王出世"，宣传各种反元思想，并组织群众以图举事。当时广为流传的一首小令真实地反映了这个时期的社会状况："堂堂大元，奸佞专权，开河变钞祸根源，惹红巾千万。官法滥，刑法重，黎民怨。人吃人、钞买钞，何曾见？贼做官，官做贼，混贤愚，哀哉可怜！"[①] 这则令词，不仅深刻揭露了元朝统治者的腐朽、残酷统治，也明白指出了元末农民大起义发生的直接原因。朱元璋正是在这种社会背景下投身于农民革命斗争的洪流，并逐渐走上建立地主阶级政权的道路。

（一）封建社会秩序的恢复与重建

元顺帝至正十一年（1351），白莲教首领刘福通等人"以红巾为号"，率修治黄河的民工举行武装起义，揭开了元末农民大起义的帷幕。随之，各地纷起响应。次年，朱元璋在濠州投入郭子兴的军队，并逐渐从一名士兵成长为一名军官。郭子兴死后，朱元璋掌握了这支军队，并以此为基础，不断发展壮大其势力。元至正十六年（1356），朱元璋打下集庆（今南京），改为应天府，初步建立起一个区域性政权。[②] 之后遣兵四处征讨，相继战胜陈友谅、张士诚、方国珍等割据势力，取得了东南半壁江山。元至正二十八年（1368）正月，朱元璋正式称帝，改元洪武，国号大明。其后又进一步派遣大军深入西北、西南、东北各地进行统一战争。至明洪武二十年（1387），基本实现全国的统一。与此相应，朱元璋也加紧了对封建社会秩序的恢复与重建。

朱元璋早年的社会经历，有两方面因素对其建国立制的思想意识产生着深刻的影响。

其一，他出身于社会下层，不仅对于封建时代身处社会底层、饱受地主阶级层层盘剥和压榨的广大农民的疾苦有着切身的体会，而且对于地主

---

① （元）陶宗仪：《南村辍耕录》卷23《醉太平小令》。
② 参见汤纲、南炳文《明史》，上海人民出版社1985年版，第44页。

阶级的贪得无厌、残暴掠夺，以及统治阶级官僚政治中的腐朽、黑暗深有感触。元末农民起义和天下混战局面的出现，元王朝的覆没，一个根本原因在于封建地主阶级的残酷剥削、压迫所导致的社会矛盾，尤其是阶级矛盾的激化。耳闻目睹的亲身体验使他认识到：广大农民以安居乐业为追求目标，民安则国能安；土地为农民之衣食根本，土地安则民安，民与土地就成为政权稳固之根基。为此，在他后来建国过程和确定治国方略中，一方面以一定程度的"宽"政对待普通百姓，以稳定王朝统治之根本，另一方面又以"严"的手段打击贪官污吏，抑制豪强兼并势力，以避免重蹈元朝灭亡之旧辙。

其二，处于以儒家学说为主导的地主阶级思想占统治地位的封建社会，农民出身的朱元璋不可避免地受到地主阶级思想意识的熏陶与影响。在幼年做放牛娃时他就常和伙伴们做游戏，自己充当皇帝而看着其他孩子充当百官来向他朝拜。在他后来以应天府为根据地、武力削平各方割据、统一天下的过程中，大量吸收了如陶安、李善长、刘基、宋濂等地主阶级知识分子到他的队伍中来，力图依靠他们来实现统治秩序的恢复与重建。在这些人的影响下，朱元璋每有时暇，"辄与诸儒讲论经史"[1]，"朝夕咨访时政"[2]。随着其政权的不断扩大与巩固，他的帝王意识也日益增强，并最终形成他重建封建王朝、强化君主统治的政治思想。

朱元璋从建立以应天府为根据地的区域政权开始，就以除暴安民为号召、以恢复封建社会秩序为己任、以建立朱氏封建王朝为目标开始加入群雄逐鹿的竞争之中。从这个时候起，直到明王朝建立后，朱元璋采取了一系列政策与措施，构建起明王朝封建社会体制的根基。

首先，朱元璋施行了一系列与民休养生息的政策和举措。例如，安置流民，迁民垦荒，大兴军屯、民屯；释放奴婢，提高佃农地位；减免和均平赋役、税率，兴修水利，劝课农桑，等等。这些政策与措施的实行，不仅极大地缓和了元朝后期以来尖锐的阶级矛盾，并且在相当程度上调动了农民的生产积极性，推动了社会经济的恢复和发展，为明王朝前期的巩固奠定了物质基础。

其次，在稳定"民"与"土"这两个封建时代"国之根本"的同时，朱元璋也十分重视对地主阶级权益的维护及其统治作用的调动与发挥。这主要表现在以下几个方面。

---

① （明）解缙：《天潢玉牒》，《丛书集成初编》，中华书局 1985 年版，第 24 页。

② （明）高岱：《鸿猷录》卷 2《延揽群英》，上海古籍出版社 1992 年版，第 17 页。

　　首先是对大量地主阶级知识分子的网罗与重用。在统一战争过程中，朱元璋就多次晓谕文臣武将访求、举荐儒士。"所克城池，得元朝官吏及儒士，尽用之"。①明王朝建立后，他又屡颁诏令地方荐举人才，还通过拓展征召、学校、科举等多种途径使大量地主知识分子进入官僚队伍，由此扶植起新的地主官僚阶层。

　　其次是对一般地主权益的保护。他认为"富民中多有素行端洁，通达时务者"②，因而需加以信用。早在攻占金华时，朱元璋就曾选那里七县的富民子弟建立"御中军"以充宿卫③；洪武十九年（1386），又取直隶应天诸府州县富民子弟1460人赴京补吏④。如果说这种做法在表示对地主的信任之外，某种程度上还具有对地主势力就近掌控意义的话，那么，洪武时期实行的选用"税户人才"的做法，则显然更突出了他对地主阶级在政治上的优待。他还曾多次让人调查各地富户所交田税数额，依其多少编成名册，以备召用为官。⑤ 在实行粮长制中，各地通常都以富户充任粮长，使其在为朝廷督课税粮的同时，也获得对下层劳动人民压榨的权力。

　　再次，在维护地主阶级的整体利益的同时，朱元璋也意识到一些豪强兼并势力的贪残、贪官污吏的奢侈腐败会给王朝的统治带来危机。"元时此辈欺凌小民，武断乡曲，人受其害"⑥，才导致元末的农民战争。另外，他本人"昔在民间，时见州县官吏多不恤民，往往贪财好色，饮酒废事，凡民疾苦，视之漠然，心实怒之"⑦。为此，明王朝建立后，朱元璋对那些贪赃枉法、欺君害民的官僚地主实施了严刑峻法以打击和惩治。在朱元璋亲自主持下制定的《大明律》和《大诰》中，包含有许多针对贪官的法律条文。如在《大诰》236 条目中，有 150 多条是治贪的。其中设置有如凌迟、枭首、抽肠、刷洗、阉割、挑筋、刹指、断手、刖足、斩趾等许多酷刑，甚至施行剥皮实草之法以警惧之。这种严厉的措施，尽管在一定时期和一定范围内造成了紧张的政治空气，但它的确在元末以来纲纪紊乱、地主官僚贪婪害民的形势下有利于整顿社会秩序，缓解阶级矛盾，稳定社会局面，推动社会经济的发展。从整体上、本质上看，它依然有利于地主阶

---

① （明）刘辰：《国初事迹》，《丛书集成初编》，中华书局1991年版，第13页。
② （明）谈迁：《国榷》卷6 "洪武八年十月丁亥"条。
③ 参见《明太祖实录》卷6 "戊戌年十二月辛卯"条。
④ 参见《明太祖实录》卷179 "洪武十九年八月辛卯"条。
⑤ 参见《明太祖实录》卷252 "洪武三十年四月癸巳"条；卷254 "洪武三十年七月戊申"条。
⑥ 《明太祖实录》卷49 "洪武三年二月庚午"条。
⑦ 《明太祖实录》卷39 "洪武二年二月甲午"条。

级统治地位的稳固。

最后，在治国指导思想上，朱元璋仍然秉承以往封建王朝的"以儒治国"。他非常注重制礼作乐，大兴学校与科举，标榜"宽""仁"之治。"宽"不仅在处理"民"与"土"问题上有所体现，在处理少数民族关系和对外关系上追求"和"的倾向也是一种反映。"明朝统治各个少数民族人民的原则，在边境地区采取放任政策，只要当地土司能够服从朝令，便听令其作威作福，世世相承，不加干涉；在内地采取同化政策，例如派遣流官治理；开设道路驿站；选拔土司子弟到国子监读书，从而使其完粮纳税，服从征调，逐步加强统治，最后改建土司为皇朝直接治理的流官州县。"①对待周边国家，朱元璋认为除了北方蒙古"与中国边境密迩，累世战争"，因而告诫后代子孙"必选将练兵，时谨备之"之外，其他小国，"皆限山隔海，僻在一隅，得其地不足以供给，得其民不足以使令。若其不自揣量，来挠我边，则彼为不祥。彼既不为中国患，而我兴兵轻犯，亦不祥也"，将其列为"不可征之国"，并诚后世子孙为君者切记不可"贪一时战功，无故兴兵"。②

综合以上几个方面可以看出，朱元璋建立起的明王朝依然是秦、汉以来地主阶级的封建统治秩序。因而，其在社会体制，尤其是政治体制上也必然要建立和强化以皇权为核心的封建专制主义。

（二）明王朝封建专制主义体制的建立

以皇权为核心的君主专制主义体制，是自秦以来中国封建社会历朝历代不断沿承的政治模式。朱元璋在恢复和重建封建统治秩序的过程中，从地主阶级的政治思想出发，在继承这一体制模式的基础上，也不断寻求新的方式，以强化和完善这种体制。其最显著的方式就是通过官僚机制上的分权制衡，以达到强化皇权之目的。

明代中央权力机构初承元制："国家立三大府，中书总政事，都督掌军旅，御史掌纠察。"③ 随着形势的稳定，朱元璋开始逐渐削弱以至罢除相权。洪武十一年（1378），令官员"奏事毋关白中书省"。④ 两年后，又以谋反之罪杀中书左丞相胡惟庸，废除中书省及丞相制，并晓谕群臣"以后子孙做皇帝时，并不许立丞相。臣下敢有奏请设立者，文武群臣即时劾

① 吴晗：《朱元璋传》，百花文艺出版社 2000 年版，第 167 页。
② 《皇明祖训》首章。
③ （清）张廷玉等：《明史》卷 73《职官志二》。
④ （清）张廷玉等：《明史》卷 2《太祖本纪》。

奏，将犯人凌迟，全家处死"。① 自此，中国历史上的宰相制度不复存在。原中书省之职权，分归六部，使六部成为皇帝之下中央处理政务的最高一级机构。与此同时，又罢御史台，设都察院主管监察，其长官为左、右都御史，下设十三道监察御史，分巡地方，"事得专达，都御史不得预知也"。又设六科给事中，分工对六部进行对口监察。监察御史和六科给事中合称"科道官"，为皇帝总御百官之耳目。其位卑而权重，"诏旨必由六科，诸司始得奏行"。② 在军事设置中，一方面罢大都督府，设五军都督府分其权，以武将任都督分统各处卫、所军队。另一方面，五军都督府虽有统兵权，调兵权却归六部中之兵部，以文官任其职。这样"五府握兵籍而不与调发，兵部得调发而不治兵事。其彼此之相制也若犬牙然，俯首而听于治也"。③ 全国各处军队，除了边防战略要地另设镇戍军队外，都统一纳入卫、所之中，统归五军都督府。在地方，洪武九年（1376）即废除了行中书省，分设15个承宣布政使司、都指挥使司、提刑按察使司分理各地民政与财政、军政、监察与司法。总之，朱元璋在创设明代权力机构时，特别注意实行分权制衡。"我朝罢丞相，设五府、六部、都察院、通政司、大理寺等衙门，分理天下庶务，彼此颉颃，不敢相压，事皆朝廷总之。"④ 这样，从权力机构的设置上，充分保证了皇权的提高和强化。

为了维护朱氏王朝的长治久安，清除来自各方面对皇权的威胁，朱元璋还采取了另外两项措施。

一是改革历史上的分封制。除了皇位继承人太子以外，将自己的其他儿子都封为王，分置于全国各处的战略要地，统兵御守。居北方沿边者为抵御蒙古势力，而在内地者则主要用于镇压人民。这些亲王虽拥有仅次于皇帝的一些特权，掌握一定的军事力量，但在"分封而不赐土，列爵而不临民，食禄而不治事"⑤的原则下受到相当的限制。朱元璋以为，通过这种方式，既可以由握有一定武力的朱氏子弟来捍御朝廷，又可以消除封土临民式的封国形成与朝廷对峙的割据势力。

二是实行"重典"治国的方略。在严密防范和镇压、控制农民的造反之外，朱元璋对于开国时期的元勋功臣、亲贵公侯，也通过制定严格的条律进行控制。洪武五年（1372），朱元璋令人铸铁榜文申诫公侯不得违法

---

① 《皇明祖训》首章。
② （清）张廷玉等：《明史》卷275 "骆问礼传"。
③ （明）张萱：《西园闻见录》卷63《兵部》。
④ 《明太祖实录》卷239 "洪武二十八年六月己丑"条。
⑤ （清）张廷玉等：《明史》卷116《诸王传一》。

乱纪。随着明王朝的建立和社会形势的稳定，功臣勋贵们的骄横与争权夺利日趋激烈，这加重了朱元璋的猜忌与担忧。为清除对皇权威胁的隐患，朱元璋不惜大开杀戒，文武群臣但凡被指为心怀怨望、跋扈专擅、骄恣横暴、串通结附、强占民田以及其他违法乱纪者，都在屡屡兴起的案狱中被诛杀。仅在洪武二十三年（1390）和二十六年（1393）的"胡蓝"之案中，被株连诛杀的文臣武将就达4万多人，"于是元功宿将相继尽矣"。[①]为了严密掌控群臣，朱元璋早在洪武十五年（1382）就设立了特务组织锦衣卫，后来还创设了"廷杖"之法。清人赵翼揭示了朱元璋"重典"治国的目的，正在于维护皇权的稳固。他说："明祖起事虽早，而天下大定则年已六十余，懿文太子柔仁。懿文死，孙更孱弱，遂不得不为身后之虑。是以两兴大狱，一网打尽，此可以推见其心迹也。"[②]

（三）明代国家体制的进一步完善

朱元璋重建的封建统治秩序，构成了明王朝社会的基本结构。他所创建的用于维护和强化朱氏皇权的政治体制及一些手段、措施，也大部分为明朝后继诸帝所遵守。但有些内容随着形势的变化，开始显示出其不切实际甚至消极的作用。为此，紧接朱元璋之后的几位皇帝在遵循祖制的基础上，又进行了某些调整与变革。

洪武三十一年（1398），朱元璋驾崩，皇太孙朱允炆继位，年号建文。眼见掌握兵权、分封于各地的藩王势焰强盛，尤其是镇守北方的燕王朱棣，拥有"节制沿边士兵"[③]的特权而更显强悍，建文帝即位后便开始削藩。燕王朱棣经过周密部署，以"靖难"为名，举兵反击，夺得帝位，改元永乐，是为明太宗（即成祖）。明成祖在位共22年，之后太子朱高炽即位为仁宗，年号洪熙，仅8个月而崩。明宣宗朱瞻基继位，年号宣德，历时10年。自成祖至宣宗时期的30多年间，与明初太祖在位时期相比，社会形势由动荡转向相对安定，社会经济得到初步恢复和发展，政治统治日趋稳定。在此形势下，永乐后期而至洪熙、宣德时期，在治国方略上逐步实现了从"严""猛"向"宽""仁"的调整与转变。并在政治体制上也做了进一步的调整和完善。其主要有以下几个方面。

第一，南、北两京制度的设置和南北两直隶的出现。

明太祖朱元璋建国后，虽然已确立南京为都城，但考虑到对西北广大

---

①　（清）张廷玉等：《明史》卷132"蓝玉传"。

②　（清）赵翼：《廿二史札记》卷32《胡蓝之狱》。

③　（清）张廷玉等：《明史》卷5《成祖本纪一》。

地区的控制需要，一直在北方寻求适当的都址。成祖即位后继续谋求这一问题的解决。北平原属燕藩故邸，既有成祖发展之根基，又便于对日益猖獗的蒙古势力的抵制。经过多年的经营，永乐十八年（1420）九月，正式宣布"自明年正月初一日始正北京为师"。① 后来在仁宗、宣宗时期虽然也有过一些争论，但以北京为京师、南京为陪都的格局基本确定。与此同时，也形成了南、北两京并存两套中央部、院等权力机构的格局。只是由于两京地位的不同，北京部、院机构在权力地位上才具有实际的意义。与两京制相关，还出现了以顺天府、应天府两个直属中央部、院管理的地区，即两直隶。明代两京制、两直隶的出现，实际上也是弱枝强干，强化中央皇权的体制性调整。

第二，削除和限制宗藩权势。

藩王势力对皇权的威胁，明成祖有着切身体会，故在帝位稳定之后即通过改封、迁藩，削夺或减少藩王护卫军、取消其节制地方军事等方式，大大削减了藩王势力。但与此同时，他又对自己偏爱的儿子汉王朱高煦给予优待，使其保有三护卫之兵权。他死后第二年，汉王也如朱棣那样，以叔父亲王身份举兵反对侄皇帝。新即位的宣宗在平定汉王之乱后，进一步削夺藩王护卫军，取消明太祖所定宗藩子孙以才能入仕的条令，并不许宗室人员从事四民之业，甚至严禁藩王宗亲出离居住地，严禁宗亲间相见和来往。经此，基本消除了宗藩势力对皇权的直接威胁。

第三，地方巡抚制度的建立。

朱元璋在创建明王朝地方体制时所实行的"三司"分权体系，在削弱地方官员权力、强化皇权的同时，也因权力分散、相互掣肘而造成行政效能的低下。为此，建文时曾派遣朝廷要员"分巡天下"②，"核吏治，咨民隐"③。永乐十九年（1421），成祖又派"蹇义等二十六人巡行天下，安抚军民"④。至宣德时期，地方巡抚"设专职。其迁转亦以年资深浅计也"⑤。从此，巡抚渐成为高于"三司"的地方权力机构。与巡抚制形成相伴，还出现朝廷派遣重要官员"总督"一省或几省工程税粮等事务的情形，这在正统以后逐渐发展成以军事职能为主的一种地方权力机构。

第四，中央权力机构的调整与变革。

---

① 《明太宗实录》卷229"永乐十八年九月丁亥"条。
② （清）张廷玉等：《明史》卷4《恭闵帝本纪》。
③ （清）张廷玉等：《明史》卷149"夏原吉传"。
④ （清）张廷玉等：《明史》卷7《成祖本纪三》。
⑤ （明）谈迁：《国榷》卷21"宣德五年九月丙午"条。

这一时期中央权力机构变化最显著的特征就是外廷官僚与内廷宦官并用、内阁与司礼监共同辅助皇权格局的出现。

首先，内阁制度的产生，源于弥补朱元璋废相以后辅政机制不完备的客观要求。朱元璋为维护和强化皇权，不断细化、分化各职能部门权力，以皇帝总揽大权。但皇帝个人的精力毕竟有限，"八日之间，内外诸司奏札凡一千六百六十，记三千二百九十一事"①，皇帝"代天理物，日总万机，岂能一一周偏？"② 为此，朱元璋曾设置春、夏、秋、冬四辅官，"隆以坐论之礼，命协赞政事"③，但很快又罢去。洪武十五年（1382），设置殿阁大学士以备顾问，但朱元璋凡事"自操威柄"，大学士对国家事务则"鲜所参决"。④ 明成祖即位后，从翰林院官中选解缙、胡广、杨荣等人，入直文渊阁，开始参与朝廷机务。但这些人官秩仅为五品，权职有限，且"终永乐之世，未尝改秩"。⑤ 至洪熙、宣德间，情况有了很大改变。一方面是大学士的品秩大为提高，职权范围得到扩大。"至仁宗而后，诸大学士历晋尚书、保、傅，品位尊崇，地居近密，而纶言批答，裁决机宜，悉由票拟。阁权之重倏然汉、唐宰辅，特不居丞相名耳。"⑥ 宣宗时"内柄无大小，悉下大学士杨士奇等参可否。虽吏部蹇义、户部夏原吉时召见，得预各部事，然希阔不敌士奇等亲。自是内阁权日重，即有一二吏、兵之长，与执持是非，辄以败"。⑦ 另一方面则是内阁开始有诰敕房、制敕房等自己的下属机构，中书舍人为其属官。内阁最重要的权力是票拟权。"宣德时，始令内阁杨士奇辈及尚书兼詹事蹇义、夏原吉，于中外章奏，许用小票墨书，贴各疏面以进，谓之条旨，中易红书批出御笔亲书。"⑧ 虽然这时具有"条旨"（票拟）权的还不仅限于阁臣，但很快便在正统时期出现"专命内阁条旨"。⑨ 至此，内阁便实际成为一种新型的中央最高辅政机构。

其次，与内阁制度的形成相伴，则是内廷宦官势力的增长。这也同样是皇权削夺、分割相权之后，寻求新的辅助措施的产物。中国古代历史上，宦官专权给朝政带来极大危害，甚至直接威胁到皇帝的存废与生死。

① （清）孙承泽：《春明梦余录》卷25。
② 同上。
③ （清）张廷玉等：《明史》卷137 "安然传"。
④ （清）张廷玉等：《明史》卷72《职官志序》。
⑤ （清）赵翼：《廿二史札记》卷33《明内阁首辅之权最重》。
⑥ （清）张廷玉等：《明史》卷109《宰辅年表序》。
⑦ （清）张廷玉等：《明史》卷72《职官志》。
⑧ （明）廖道南：《殿阁词林记》卷9《拟旨》。
⑨ 同上。

为此，明太祖朱元璋曾严格禁止宦官参政，并于洪武十七年（1384），铸"内臣不得干预政事，犯者斩"的铁牌置于宫门内。明成祖在"靖难"之役中，得建文帝身边宦官之助而获得帝位。以后时常以宦官奉使国外，或将兵镇守，或监军，或巡视，使其在实际上具有参与朝政事务的权力。为了加强对外廷官员的掌控，成祖不仅恢复了太祖时期锦衣卫，且于永乐十八年（1420）增设"东厂"特务机构，并由亲信宦官掌管，这就使宦官势力进一步增强。宣德时期，内廷又专设了内书堂，开始对宦官进行文化训练和培养。这个时期宦官势力发展的突出表现，主要在于司礼监地位和职权的扩大。一方面，这时的司礼监已经成为宦官 24 监中地位最高的机构，成为"宦官系列中的总领"。[1] 另一方面，其职权也完全突破了以前侍奉宫廷生活的范围，而广泛地参与到朝政事务中来。它"掌握着收发奏章、批红、发谕旨及传宣谕旨之权，特务机关的领导权，司法权，选后妃驸马权，管辖宦官权，护卫留都权，监控地方和军队权"。[2] 在这些权力当中，最重要的则是"批红"权、传宣谕旨权以及掌握特务组织及"诏狱"权。这些权力的获得，不仅使其直接参与到朝廷决策权力的核心层面，且拥有武装力量的支撑，加上近侍君侧，有与皇帝朝夕相处的便利，使其地位和权势在某种程度上超过了外廷官僚机构的权力。这种局面，又极易形成宦官专权干政，这正是明代自宣德以后屡屡出现宦官乱政局面的根本原因。

明代自太祖朱元璋创制，经成祖至宣宗时期的调整，逐步形成了一套较为严密、完备的封建君主专制主义政治统治框架。这种体制与以前中国封建社会各朝代的体制相比，更凸显出对于皇权专制的巩固和强化。然而，建立于私有制基础上的封建君主专制主义，无论其如何调整，都不能从根本上解决其体制内在的矛盾。在削弱一部分官僚机构权力的同时，必然导致另一种或几种权力的上升，且更易于导致统治阶层争权夺利斗争的激烈化。明前期在政治体制上的许多创新，如内阁与司礼监辅政体制，恰成为明中、后期统治阶级内部各种矛盾斗争重要的体制根源。

二　明代社会发展的阶段性特征

自明太祖立国建制，至成祖、仁宗、宣宗的进一步调整和完善，完成

---

[1]　杜婉言、方志远：《中国政治制度通史》第 9 卷《明代》，人民出版社 1996 年版，第 97 页。

[2]　同上书，第 98 页。

了明代前期的政治体制构建。但随着时势变迁，社会经济、政治及文化领域出现新的变化，尤其是社会经济和思想文化的发展，极大地影响和促成了其政治政策与措施不断地局部调整与变革，从而使明代社会形势呈现出阶段性演进的历程。

对于整个明代政治发展演变趋势和规律的认识，往往通过对其阶段性特征的认识表现出来。然而处在中国封建社会的后期，明代的统治具有许多特殊的表现，很难简单地用以往那种兴起、强盛、衰亡的趋势来概括和说明其发展的特征。"因为在它开创初期不久就爆发了较大规模的农民起义，给以国力强大著称于世的永乐朝脸上抹了一块黑。而此后的洪熙、宣德两朝却并没有马上衰落，相反却迎来了一个'仁宣之治'的短暂繁荣。从英宗开始，明朝社会开始走下坡路。"① 虽然正统至正德间朝政纷乱，但中间仍有一个 18 年的"弘治中兴"。随后的嘉靖、万历时期，在改革浪潮中又呈现出一种兴盛的气象。从万历后期开始，明王朝的统治才日趋衰败而最终走向了灭亡。

由于明代的盛衰并非是简单的抛物线式的变化，尤其是自正统至万历时期，在反复起落中又有短暂求治和局部革新的局面，更显示出其发展态势的复杂性。兼以政治、经济、思想文化等不同领域发展的不同步性，使得学术界至今尚未形成对明代历史较为确定和一致的分期法。由于许多学者更专注于自身对明代历史某个领域、某个时期的特定范围和内容的研究，虽也时常关照明代历史的宏观局面，却并不着力于这种宏观演进的态势，因而涉及明代社会历史分期问题，大多数研究者都倾向于一种模糊的前、后两期，或者前、中、后（晚）三期的划分法。但也有一些学者很注意对明代历史尤其是政治演进过程的阶段性把握。从揭示明代历史演进阶段的典型特征角度而言，笔者更倾向于认同张显清、林金树《明代政治史》一书中从明代政治发展走势角度所划分的四个时期。这也是一种较具特色的划分法："洪武元年至宣德十年（1368—1435），计 67 年，为明代政治形成确立并稳步发展时期；正统元年至正德十六年（1436—1521），计 85 年，为明代政治退化倒转、社会秩序日趋混乱时期；嘉靖元年至万历十年（1522—1582）张居正逝世，计 60 年，为明代政治改革逐渐深入，局势转为相对安定时期；万历十年张居正逝世至崇祯十七年（1644），计

---

① 张耐冬：《宏观中国史·盛世卷》，大象出版社 2003 年版，第 143 页。

62 年，为明代政治迅速败坏，局面失控时期。"① 这样的划分，不仅在时间范围上显得较为均衡，更重要的还在于它在体现明代政治发展趋势和特点的同时，也颇能反映出明代社会整体发展兴衰往复、曲折演进的阶段性特点。为了称谓上的方便，本书则以前期、前中期、中后期和后期（或晚期）来指称这四个前后相承的发展阶段。

　　明代前期的形势包括"重建"与"发展"两个方面的内容。一方面是封建社会秩序的恢复与重建，这既包括高度集权的皇权专制政治体制，以户籍与土地相结合为基础的赋税力役制度，以程朱理学为主导的意识形态的确立，也包括与之相适应的各种政治、经济、思想文化政策与措施的制定与实行。如迁民垦荒、奖励农桑、减免赋税、赈济灾荒、兴修水利、广设学校、严明礼制，颁行法律、官订理学经典等。另一方面，在这些政策与措施的实施下，社会经济日益显示出繁荣发展的局面。人称永乐时，"宇内富庶，赋入盈羡，米粟自输京师数百万石外，府县仓廪蓄积甚丰，至红腐不可食。岁歉，有司往往先发粟振贷，然后以闻"。② 在此期间，阶级矛盾相对缓和，统治阶级内部也在"宽猛"相济的统治方式下，基本保持了整体的稳定和协调。虽然学术思想上缺乏创新活力，却在注重礼教的氛围下形成敦厚、俭朴、守礼的社会风尚。"一般士大夫亦多不置巨产，即使当了高官，家产也只如寒士……为官贪墨而又汲汲营私产者，往往为士论所不容。"③

　　至前中期，随着地主阶级贪欲的不断滋长，豪强地主荫占民户、强夺土地的现象愈演愈烈，农民流离失所、起义频起。在阶级矛盾激化的同时，统治阶级内部各阶层、各势力之间争权夺利的斗争也日趋激烈。皇位、储君的非正常更易，权力在外廷与内廷间的争夺，直接带来政治上的纷乱与社会的动荡，日益显示出整个封建统治的危机。在这种背景下，虽然以程朱理学一统天下的思想意识形态状况仍未改变，但在社会生活中，商品经济发展的同时也滋生了大量的奢侈、腐败、追求享乐和喜新厌常等社会现象。这些情形，开始冲击原有的礼教思想和意识。陈献章、王守仁在发挥宋儒陆九渊主观唯心主义思想的基础上，相继创立"江门学派"和"姚江学派"，彰显个性主体意识的"心学"思潮开始出现。于文学艺术上，也在"复古"求变中寻求对旧的礼教思想束缚的突破。由此，整个社

①　林金树：《明代政治史研究的思考》，《汕头大学学报》（人文科学版）1997 年第 6 期；张显清、林金树《明代政治史·序》，广西师范大学出版社 2003 年版。

②　（清）张廷玉等：《明史》卷 78《食货二》。

③　杨国帧、陈支平：《明史新编》，人民出版社 1993 年版，第 108 页。

会从思想文化到政治、经济发展都呈现出一种潜变的趋向。

明代中后期，社会经济和思想文化中的新变更加显著。伴随着商品经济的迅速发展，农业的商品化和规模化经营开始出现。随着传统人身依附关系的松弛、城镇手工业的繁荣、国内外商业贸易的兴盛以及一些地区出现的资本主义生产关系萌芽等情形，带来人们物质生活方式和风尚的极大变化。奢靡之风盛行，个人自我意识凸显，市民文学和重商意识涌现。文学艺术上，"主情说""性灵说"广泛流行。其间，阳明心学得到广泛传播与发展，社会思潮中呈现出早期民主启蒙思想的端倪。适应于这种变化，自嘉靖年间开始到万历前期形成了明代历史上较大规模的"改革"运动。以"一条鞭法"为主的赋税制度改革和土地清丈，在一定程度上起到了整治兼并，严明赋税，"强公室、杜私门"的作用；通过整顿吏治，严格考核，裁汰冗滥，重视唯才是用等改革措施，提高了行政效率，在一定程度也实现了"尊主权、课吏职、信赏罚、一号令"①的目的。此外，通过倡行节约、减省浪费、整饬边防、加强军备等措施的实行，使得"倭患"和其他边患带来的战争得以控制在一定范围内。这一时期，阶级矛盾再趋缓和，社会秩序也较为稳定。

自万历后期始，商品经济的快速发展，进一步刺激了人们对物质利益的追求，社会风尚更加奢靡淫滥。在物质贪欲不断膨胀的情况下，统治阶级的兼并恶性发展，人民纷纷破产。大小官吏贪污成风，侵夺成性，政府财政崩溃，"倭患"问题日益严重，内部民变、起义纷起。在统治集团内部，则出现更为严重的宦官乱政，朋党之争。在这种情形下，明思宗即位后虽一度显示出"励精图治"的姿态，但再也无法挽救由封建社会内在矛盾积累演化而形成的天崩地坼的局面。在明末农民大起义的打击和清朝贵族的进攻之下，明王朝最终走向覆亡。明思宗也只落得个"非亡国之君，而当亡国之运"②的遗憾。

由以上的分析可以看出，明代社会发展演变大体经历了一个由兴起、强盛，到动荡衰微，再经调整缓解，最终仍归于覆亡的历程。如果说最终灭亡的命运根源于封建统治的内在矛盾，那么其盛衰往复的曲折表现，则是封建社会进入晚期的体制僵化与明代统治者力图通过调整变革来求得长治久安的双重变奏的实际反映。

本书所要研究的明代名臣刘健，恰是生活于明前中期"动荡衰微"的

---

① （清）张廷玉等：《明史》卷213"张居正传"。
② （清）张廷玉等：《明史》卷309"李自成传"。

历史阶段中。刚刚过去的前期强盛，不仅在人们思想深处存有深刻的印象，在实际中也还留存有一些余绪。同时，经济、文化中出现的封建社会晚期嬗变的某种端倪和趋向，也影响着政治环境的微妙变化。从社会历史演进的大视野来看，其时嬗变的趋向虽然还比较微弱，但它对于那个时期社会政治舞台上的个人而言，却不啻为决定其命运的颠覆性的变局。

第二节　刘健所处明代前中期的政治形势

明代前中期处于自正统至正德时期的"动荡衰微"之中。由具体情形来看，这个时期又经历了亚层次上从正统初期的"治世"余绪，到正统至成化时期的纷乱动荡，再由弘治时期的"中兴"到正德时期的衰乱四个小阶段的曲折演变。

刘健生于宣德后期，直到正统初，也就是在他童年时代，整个社会环境中也还保有一种明代前期，尤其是仁、宣时期的"治世"余绪。对于年幼的他来说，这种"治世"的氛围或许还只是一种朦胧、模糊的感觉和印象，但对于影响他成长的父辈及乡人而言，这种"治世"环境的影响却是深刻的。

一　正统初期的"治世"余绪

自洪武元年至宣德十年（1368—1435）的明代前期，通常被视为明王朝创立和日益强盛的时期。这期间又可具体分为两个阶段，即太祖至成祖时期的创业、奠基和仁宗、宣宗时期的守成、发展。就整体社会发展状况而言，后一个阶段更体现出一种太平盛世的气象。

在永乐时期就以太子身份长期监国的朱高炽，耳闻目睹了成祖时期杀戮朝臣、频兴军事与工役所造成的君臣关系紧张、社会矛盾激化、人民起义屡起的种种情形，深刻认识到"威猛"政策的弊端。因而在他即位后即开始全面调整治国方略。一是"罢西洋宝船、迤西市马及云南、交趾采办"及其他物资的征用与采办①，倡行节俭。二是以"宽仁"纠正太祖、成祖时期以"威猛"对朝臣的高压，慎于用刑，改善君臣关系。他下令"宥建文诸臣，外亲全家戍边者，留一人，余悉放还"。"诸臣家属在教坊司、锦衣卫、浣衣局及习匠、功臣家为奴者，悉宥为民，还其田土。言事

---

① 参见（清）张廷玉等《明史》卷8《仁宗本纪》。

谪戍者亦如之"。① 三是信用贤臣，鼓励朝臣直言进谏。四是蠲免赋役，救济灾荒，缓解阶级矛盾。

这些措施的实行，对于扭转社会政治局面，尤其是对于调整上层统治阶级内部的关系产生了深刻影响。仁宗虽在位不及期年，但他开启的这种治国方略的调整却在继任的宣宗朱瞻基那里得到进一步继承和发展。在对外关系方面，宣宗继续实行转攻为守的政策。在南方坚决放弃了对交趾的直接统治；在北方对待蒙古，则以"驭夷之道，毋令扰边而已"②为准则。内政方面，一则继续奉行宽恤民力，减免赋役的政策，尤其对江南重赋地区进行了卓有成效的调整和减免。并注重兴修水利，大兴屯垦，改革漕运。再则，对明初以来的政治体制做了进一步的调整与完善。内阁与司礼监双轨辅政体制的正式形成和确立、巡抚制的创立、对宗藩制度的调整、对司法和监察的整顿等，都进一步强化了皇权专制的政治统治。在科举制度方面，将会试分南、北卷和南、北、中三种试卷，并在不同地区实行取士名额分配的制度，则更有利于统治集团对于各方人才的广泛吸收和网罗。总之，宣宗时期，明代的政治格局逐步趋于成熟，政治环境较为宽松，社会局面也更加稳定。故此，在统治阶级内部，"为君者能虚怀若谷、大度宽容、兼听纳谏、任用贤才；为臣者也能不避斧钺，昧死直谏，兴利除害，不遗余力"。③ 从阶级关系来看，这个时期也是明代少有的阶级矛盾较为缓和，农民起义少有发生的时期。另外，经过多年的发展积累，这时的经济水平也达到明代的极盛，"百姓充实，府藏衍溢"。④ 正因如此，历来史家对这一时期的政治都给予很高评价，称其时"吏称其职，政得其平，纲纪修明，仓庾充羡，闾阎乐业，岁不能灾。盖明兴至是历年六十，民气渐舒，蒸然有治平之象矣"。⑤

正如许多史家所指出的那样，"仁宣之治"虽然为时不长，且其时也并非没有弊政，社会生活中也并非没有腐败，但它确实于国家元气有极大培植之效。朱子彦由此认为"明代祚长与创业及守成基础扎实是分不开的"。⑥ 这种基础性作用的发挥，在紧承宣德时期而来的正统初期表现得更为充分。

---

① （清）张廷玉等：《明史》卷8《仁宗本纪》。
② （清）谷应泰：《明史纪事本末》卷28《仁宣致治》。
③ 朱子彦：《明代"仁宣之治"述论》，《史学集刊》1985年第3期。
④ （清）张廷玉等：《明史》卷71《食货志一》。
⑤ （清）张廷玉等：《明史》卷9《宣宗本纪》。
⑥ 朱子彦：《明代"仁宣之治"述论》，《史学集刊》1985年第3期。

宣德十年（1435）正月，宣宗因病崩，明英宗朱祁镇以9岁幼龄继位，改年号为正统。时"军国大政关白太皇太后"。① 而太皇太后张氏，恰是一位颇具德识才能的女性。她在仁宗朝为皇后时，就于"中外政事，莫不周知。宣德初，军国大议多禀听裁决"。② 她虽处深宫却对朝廷事务颇为留意，时常劝勉宣宗顾念民生，甚至对英国公张辅、吏部尚书蹇义、内阁"三杨"这些朝中重臣各自的品格优劣、为政风格都了然于心。英宗初即位，她下令"悉罢一切不急务"③ 以宽恤民力。并继续奉行信用外廷官员，严禁宦官、外戚势力干预朝政的政策。史记其时"委用三杨，政归台阁。每数日，太后必遣中官入阁，问施行何事，具以闻。或王振自断不付阁议者，必立召振责之"。④ 她曾于便殿召见英国公张辅、内阁"三杨"、礼部尚书胡濙等人，勉励诸辅政大臣"同心共安社稷"⑤，并嘱英宗："此五臣，三朝所简任贻皇帝者。非五人所言，不可行也。"⑥ 甚至当着诸大臣和英宗之面，欲诛杀擅作威福的司礼太监王振。她的这些作为，为"三杨"等外朝官员在主持朝政事务中继续实行仁、宣时期的既定政策提供了保障。

正统初期的辅政大臣如英国公张辅，内阁大学士杨士奇、杨荣、杨溥，以及吏部尚书蹇义、礼部尚书胡濙、户部尚书黄福等人，大都是仁、宣之时的"耆硕"。一方面，他们本身就是"仁宣之治"朝政事务的直接参与者；另一方面，他们大都具有相当的政治才能和素养，"均能原本儒术，通达事几，协力相资，靖共匪懈"。⑦ 这就使正统初期在治国政策上依然保持安民为本、明于用人、肃清吏治的方向。如杨士奇在正统初，"首请练士卒，严边防，设南京参赞机务大臣，分遣文武镇抚江西、湖广、河南、山东，罢侦事校尉。又请以次蠲租税，慎刑狱，严核百司"。⑧由于人事格局与治国政策上保持与"仁宣之治"的一致，使得正统之初，"天下清平，朝无失政"。⑨ 另外，仁宣之时社会经济的发展与积累，至正统初期尚未形成大的消耗与浪费，因而呈现"英宗承仁、宣之业，海内富庶，朝

① （清）张廷玉等：《明史》卷148"杨士奇传"。
② （清）张廷玉等：《明史》卷113《后妃传》。
③ 同上。
④ （清）谷应泰：《明史纪事本末》卷29《王振用事》。
⑤ （清）张廷玉等：《明史》卷148"杨溥传"。
⑥ （清）谷应泰：《明史纪事本末》卷28《仁宣致治》。
⑦ （清）张廷玉等：《明史》卷148"赞"。
⑧ （清）张廷玉等：《明史》卷148"杨士奇传"。
⑨ （清）张廷玉等：《明史》卷148"杨士奇传""杨溥传"。

野清晏"① 的情形。

然而，这种"治世"余绪并未持续太久政局便逐渐转向动荡，而当时朝廷人事关系的变化则成为体现和加强这种动荡的重要因素。英宗即位，内侍王振升任司礼太监，其地位开始上升。正统初期，因张太后的控制和外朝有"三杨"等人主政，他的作为有限，言行也较为收敛。正统七年（1442），太皇太后张氏辞世，加之杨荣、杨士奇也先后卒，杨溥又年老势孤，王振的势力遂之大增。他揽权擅政，形成明代第一次宦官干政，由此结束了"治世"的余绪，使明代政治走向动荡与纷乱。

二　正统中期至成化间的动荡纷乱

实际上，早在仁宗、宣宗在位之时，"治世"之下的社会矛盾已经有所显现。对官吏的"宽仁"导致吏治败坏，腐败滋长。随着地主阶级贪欲的增长，开始出现赋税、工役增加和土地兼并。只是那时这种局面尚未发展到严重的程度，再加上当时"君明臣良，谏行言听"②，因而"治世"的局面得以维持。但随着老臣凋落，后继平庸，皇帝年少，便形成了中央权力核心层中人事关系的严重欠缺。这在一方面导致朝政事务决策、实施中的无序和混乱，另一方面也给宦官干政造成了机会和空间。在这二者的相互作用下，朝政日趋紊乱，社会矛盾日益激化。吏治败坏、兵事频兴、政局动荡、豪强兼并、民变频发。

首先，宦官干政是这一时期政治上最为显著的特点。

正统七年（1442）太皇太后去世后，司礼太监王振便无所顾忌。他去除了朱元璋在宫中所立"内臣不得干预政事"的禁碑，在厂、卫中广植私党。对外廷朝臣则排除异己，严密控制。许多朝臣因此趋炎附势，百般谄媚，"公侯勋戚咸呼曰翁父。畏祸者争附振免死，贿赂辏集"。③ 王振广发度牒，频修佛寺，卖官鬻爵，收受贿赂，穷奢极欲。不仅他自己"广置塌房庄所田园马房，侵夺民利，不输国课"④，其家人门徒也横行地方，违法犯奸。他还经常鼓动英宗兴兵征讨，穷兵黩武。直至正统十四年（1449），在征蒙古遭遇"土木之变"的惨败，英宗被俘，他死于军中。之后，虽然于谦等人在整顿朝政中清理了王振旧党，但无论是取代英宗的代宗朱祁钰，抑或是后来又复辟的英宗都没有吸取教训，而依然信用宦官。英宗甚

① （清）张廷玉等：《明史》卷12《英宗后纪》。
② 孟森：《明清史讲义》上册，中华书局1981年版，第117页。
③ （清）张廷玉等：《明史》卷304"王振传"。
④ 《明英宗实录》卷181"正统十四年八月庚午"条。

至还颇怀念王振，在天顺年间为其超度、祭奠。天顺八年（1464）英宗崩，继位的明宪宗朱见深继续其父的作为，宠信太监汪直、梁芳、钱能、韦喜等人。这些人又先后援引以左道妖术为事的李子龙、李孜省、僧人继晓等入宫，朝政更加腐败。在汪直等人的操纵下，成化十三年（1477）初，在原有的东厂之外，又设西厂特务组织。厂、卫联结，狱案屡屡。其逮捕、刑讯朝臣，甚至不加奏闻，致使臣民悚怵，"冤死相属，廷臣莫敢言"。① 西厂作恶多端，虽因阁臣商辂等劾奏而罢，却不到一个月又重开设，商辂等人也被勒致仕。群小横行，又内争不已，虽在成化十八年（1482）西厂停罢，汪直及其党羽也被罢黜，但宦官乱政的局面却并未有明显改变。外廷朝臣从人事任免到政务处置都受制于内廷，传奉官盛行，以至于一些朝中重臣也媚事内官，出现"纸糊三阁老，泥塑六尚书"的情形。

其次，兵事频兴是这一时期政局的突出表现。

在一些封建王朝统治的中期，或因阶级矛盾，或因统治者上层内部的矛盾激化而导致兵事的出现本为常有，但明代正统时期的表现却格外突出。正统二年（1437），云南麓川宣慰使思任发反叛，正统五年（1440），思任发欲重新归服，王振等人却力主剿灭。自此直到正统十三年（1448），西南用兵，"老师费财，以一隅骚动天下"②，给广大人民造成极大灾难。正统十二年（1447），浙江叶宗留等人发动东南数省人民起义；正统十三年邓茂七等领导的福建农民起义再起，起义军余部直到景泰元年（1450）初仍在战斗。在明朝大军刚刚平定南方起义之后，北方日渐强盛的蒙古贵族又不断南下侵扰。正统十四年（1449）年七月，也先率部大举南攻，在王振的鼓惑下，明英宗御驾亲征被围于土木堡而大败。虽然于谦督师抗战，扭转了局面，但在统治阶级内部的矛盾斗争中，英宗又得以复辟，致于谦被杀。在宦官干政、朝政日非的局势下，边境滋扰不断，使明王朝从此长期陷于军备疲弱的状态。

再次，朝廷局势动荡不安是这一时期政治局面的又一突出特点。

"土木之变"后，兵部侍郎于谦等人于国家危难之时以"社稷为重，君为轻"的胆略，整饬武备，部署攻防，最终打退了蒙古贵族的侵略，粉碎了也先以所俘英宗为要挟威逼明军投降的企图。于谦等人与皇太后共立英宗之弟郕王朱祁钰为帝，改年号景泰，这却又埋下了朝廷内部为争夺皇

---

① （清）谷应泰：《明史纪事本末》卷37《汪直用事》。
② （清）张廷玉等：《明史》卷171"王骥传"。

权而不断纷争的种子。景泰元年（1450）八月，英宗南归后被禁锢于南宫。代宗为保皇位在自己一系中的传承，不惜贿赂朝臣，于景泰三年（1452）废太子朱见深为沂王而立自己唯一的儿子为太子，不料仅一年其子病故。东宫未正，朝臣们请复立沂王却遭到代宗压制。在此情形下，徐有贞、石亨等人以立"不世之功"而"可得封赏"为目的，于景泰八年（1457）正月代宗生病期间发动兵变，拥立英宗复辟，改景泰八年为天顺元年，史称"夺门之变"。英宗复辟后，将于谦、王文等景泰重臣下狱杀戮，对徐有贞、石亨、曹吉祥等人大加封赏。而这些人随即于内外朝中结党营私、排除异己、势焰嚣张，彼此之间也展开了争权夺利的恶斗。石亨、曹吉祥在联合斗倒徐有贞之后，更加专断、肆虐，以致威胁皇位而酿成"曹石之乱"。这种状况，一直延续到成化时期，以万安、尹直、刘吉等人的派别纷争表现出来。

最后，豪强势力日益骄奢，阶级矛盾不断激化是这一时期政治恶化的重要表现。

宣德后期，就已经出现"臣僚宴乐，以奢相尚，歌妓满前，纪纲为之不振"①的局面。为了满足地主阶级穷奢极欲的生活，他们大肆兼并土地，竞相占夺官田民业。这种强取豪夺式的兼并不仅使许多农民失去赖以生存的土地而被迫流亡，并且严重影响了封建国家的经济收入。一方面，农民流亡带来土地的大量荒芜；另一方面，大小地主强占土地建立的庄田，又以各种方式规避租赋。如英宗时期都指挥田礼等"侵占屯田四千一百二十七顷有奇，递年不输子粒"②，宪宗时"大同、宣府等处，膏腴土田无虑数十万顷，悉为豪强占种，租税不供"③。这样的记载在史书中比比皆是。广大农民在沉重的封建剥削之下，难以为生。明代前中期接连不断发生的农民起义、暴动，正是在这样的背景下形成的。

综上所述，明代正统至成化时期，统治阶级奢侈和贪残本性的滋长和蔓延，不断突破政治制度的约束和控制，不仅加剧其内讧和争斗，同时也加重了人民负担。农民起义的不断发动，再次敲响了统治危机的警钟。正是在这种背景下，成化之后，出现了一个短暂的、相对缓和的"弘治中兴"局面。

---

① （明）李贤：《古穰杂录摘抄》，（明）沈节甫《纪录汇编》卷23，全国图书馆文献缩微复制中心1994年版，第220页。
② 《明英宗实录》卷123"正统九年十一月丁亥"条。
③ 《明宪宗实录》卷156"成化十二年八月庚辰"条。

三　弘治时期的相对稳定

成化二十三年（1487）八月，明宪宗去世，明孝宗朱祐樘即位，改明年为弘治元年。明孝宗在位18年，史称其"恭俭仁明，勤求治理，置亮弼之辅，召敢言之臣，求方正之士，绝嬖幸之门。却珍奇，放鹰犬，抑外戚，裁中官，平台暖阁，经筵午朝，无不访问疾苦，旁求治安"。① 恭维孝宗为明代"中兴"之主，言辞不免溢美。但由此也说明弘治时期政治形势的相对清明。

孝宗是明代诸帝中最谨守祖制的一位皇帝，勤政则是这种风尚的具体表现之一。孝宗的勤政意识源于两个方面的影响。一是出身及早年宫中谋求生存的坎坷经历，养成了他谨慎勤勉的个性特点。二是他作为皇储所受的各种教育以及耳闻目睹宪宗朝政治的纷乱，使他深切认识到皇帝品性德行对于政治的重要意义。故其即位后，能够以求治守成的意识要求自己，以谨慎温仁的个性约束自己。他听从大臣之议，严守早朝及大、小经筵规定，还恢复了午朝②，以保持与朝臣们经常沟通，共议政务。弘治后期，除上朝之外，他还时常召见阁、部大臣面议政务。

孝宗时期朝廷人事格局不仅是影响弘治政局的重要因素，同时也是这种政局的重要构成和表现。在这方面，孝宗的明于用人具有重要意义。

首先，孝宗能够谨守祖制，重用外朝官员，而对后戚和宦官势力加以节制。虽有"郭镛、李广以中宫进，寿宁、二张以外戚进"③，宦官、外戚也擅作威福，却始终不能获得有关朝政的权柄。有鉴于宪宗"委柄匪人，寄权近寺，招致奸民，显行系械"④ 带来的朝政混乱，孝宗一即位，即"斥诸佞幸。侍郎李孜省、太监梁芳、外戚万喜及其党，谪戍有差"。⑤ 又下旨汰传奉官、罢黜获有各种高级封号的僧人道士等数千人。同时，对成化时期外朝官员中那些庸碌无能、唯事请托的人，如内阁首辅万安、阁臣尹直等也进行了清理。

其次，孝宗信用官员之明智表现有三。

其一是自己对朝臣的品格才能有所判别而信用之。如在东宫侍讲诸臣中，尤重刘健之才德而于即位之初就简入内阁。

---

① （清）谷应泰：《明史纪事本末》卷42《弘治君臣》。
② 参见《明孝宗实录》卷12"弘治元年三月己卯"条。
③ （清）谷应泰：《明史纪事本末》卷42《弘治君臣》。
④ （清）谷应泰：《明史纪事本末》卷37《汪直用事》。
⑤ （清）张廷玉等：《明史》卷15《孝宗本纪》。

其二是能够从善如流，听从公议，如弘治初召任王恕就有赖于其在朝臣中的名声以及太监怀恩的推荐。① 其他如徐溥、丘浚、马文升、耿裕、叶淇、彭韶等人在成化后期也为时望所重而被先后擢用。

其三是用人不疑。对于那些有政声的朝官，虽遇有论劾，也不轻易罢黜。如马文升任左都御史不久即因严责属官误事而被劾"不贵忠贞而喜趋谄，装虚势而不明实理，要近名而不恤大体"。② 孝宗诏旨对这种不服长官责罚而挟私捏奏者给予处罚。其他如丘浚、周经、屠滽等也屡遇言官论劾，孝宗大都能做到用人不疑，因此朝中要职多能久于任。弘治时期的阁臣前后有刘吉、徐溥、刘健、丘浚、李东阳、谢迁6人，刘吉为前朝遗老，后因品性欠佳而被讽致仕。徐溥因年老遇目眚而致仕，丘浚卒于任，刘健、李东阳、谢迁3人则终孝宗之世未尝去职。其他部、院诸卿也大多能久留于任。马文升居七卿之任终孝宗世；闵珪在院、部11年；屠滽于都察院、吏部任职9年；耿裕在礼、吏二部共8年而卒于任；倪岳、曾鉴、戴珊等人也都是卒于任者。（参见本书第四章表4.2"刘健在阁时期部院七卿任职表"）

此外，孝宗还以其宽仁之禀性，对所信用之人表现出某种程度的关切与体谅。遇大臣患有疾病，也常遣太医诊治送药。在日常治政中对大臣也多所维护。如马文升曾因"严核诸将校，黜贪懦者三十余人"而遭人挟怨伺机报复，孝宗在下诏缉捕企图行凶者的同时，"给骑士十二，卫文升出入"。③ 即使对犯法的官员，孝宗对于施刑也极为慎重。被明代皇帝用于严责官员的廷杖，在弘治时期就未尝见用。弘治十八年（1505）三月，户部主事李梦阳因疏劾皇后兄弟寿宁侯张鹤龄贪残不法行为，被下狱。内官中有人欲阿从后戚意愿，建议对李梦阳用杖刑。而孝宗却批复"梦阳复职，罚俸三月"。④ 孝宗对于朝官的这种宽仁，不仅激励朝臣以勤政励治为报，从而有利于融洽君臣关系，并在"上所好者，下有甚焉"⑤ 的榜样作用下，有利于改善朝臣之间的协作关系。所以在弘治时期，阁臣之间、阁部之间、部院之间甚至外朝与内朝之间，大体能够维持较好的协作关系，而不像正统至成化时期的派别内争，更没有如嘉靖以后那种剧烈的党争。故明清许多官私史著中，都有记述和称颂弘治时期名臣辈出，人才济济的情

---

① 参见（清）张廷玉等《明史》卷304"怀恩传"。
② 《明孝宗实录》卷17"弘治元年八月壬子"条。
③ （清）张廷玉等：《明史》卷182"马文升传"。
④ （清）谷应泰：《明史纪事本末》卷42《弘治君臣》。
⑤ 同上。

形。清代《明史纪事本末》称："当是时，冰鉴则有王恕、彭韶；练达则有马文升、刘大夏；老成则有刘健、谢迁；文章则有王鏊、丘浚；刑宪则有闵珪、戴珊。"① 明代史书《皇明从信录》中引郑晓的评述："当是时朝多耆俊之臣，野无废锢之彦，士修端静之节，人怀竞躁之耻，吏鲜苛黩之风，民怀乐利之泽，洋洋乎，蔚蔚乎，有丰芭棫朴之化焉。"② 这些说法不免有些夸大，但也确实反映出弘治时期统治集团内部相对协调与稳定的关系。

正是在上述这样一种背景和气氛下，弘治君臣协同施治，使其时政治呈现出一种较为稳定、清明的气象。

首先，在完善和规范制度与体制的过程中，强化了行政效力，特别是有利于调动和发挥朝臣求治致政的积极性和才能。如内阁政治地位和职权的提高凸显了外朝官员的作用，从而在一定程度上抑制了自正统以来宦官专权乱政情形的出现和发展。实际上，自成化以来内阁地位就在逐渐提高，"诰敕房、制敕房俱设中书舍人，六部承奉意旨，靡所不领，而阁权益重"。③ 但由于宦官专权，使内阁实际上无法正常发挥作用。弘治时期重用文臣，内阁地位与职权随之提高，成为文官最高权力机构。在"分权制衡"体制中出现这种相对集权的方式，更有利于政事的整体筹划。其他还有如明代官僚的考核制度、选庶吉士制度、武举制度等，也都是在弘治时期形成比较严密完整的制度化体系。这些体制上的完备，为朝政事务的有序、有效处理提供了制度保障。

其次，倡行节俭，抑制兼并的政策得到实施。孝宗即位初，就表现出崇尚节俭的意识。时"内监虫蚁房，蓄养四方所贡各色鸟兽甚多。弘治改元，首议放省，以减靡费"。④ 弘治时期，许多大臣上疏中也经常提醒孝宗厉行节俭、减少靡费。孝宗为此减免和停罢一些供应品的采办以及斋醮、营缮、织造等活动。如弘治十年（1497）十一月"诏取太仓银三万两，周经言：'皆系小民脂膏'。上遂止"。⑤ 在倡行节俭的同时，对于后戚、宦官势力的横征暴敛、强夺民利也进行了抑制。弘治三年（1490），孝宗曾下令"禁藩府及勋戚势要之家无故奏讨地土及授人投献者"。⑥ 弘治九年

① （清）谷应泰：《明史纪事本末》卷42《弘治君臣》。
② （明）陈建、沈国元：《皇明从信录》卷25"弘治十八年六月"条。
③ （清）张廷玉等：《明史》卷72《职官志一》。
④ （明）陈洪谟：《治世余闻》上篇卷1。
⑤ （清）谷应泰：《明史纪事本末》卷42《弘治君臣》。
⑥ 《明孝宗实录》卷43"弘治三年闰九月癸巳"条。

（1496），尚书屠滽上疏奏请严禁当时势家豪族违制侵夺小民之利，孝宗即"嘉纳之，命速揭榜禁谕，不得仍前纵容为害"。① 弘治君臣这种崇节俭和抑制豪强势力侵夺民利的做法，不仅有利于保障封建国家的财政收入，在一定程度上也有助于缓解和减轻劳动人民的负担。

最后，弘治君臣还比较注意对百姓直接实行"宽恤"政策。弘治时期自然灾害的发生较为多见，及时救灾救荒，成为其实行宽恤政策的一项重要内容。据有些学者统计，弘治元年（1488）至弘治十七年（1504）间，"减免数额在 700 万石以下的，只有一年；减免 700 万石至 800 万石的有五年；减免 800 万石至 900 万石的有十年；减免 900 万石以上的有两年。弘治朝所免赋税和赈济数额，为前后朝所远远不及"。②

此外，弘治时期在军备国防、盐、马、茶法等商贸经营整顿方面也有所作为。应当承认，弘治君臣的这些作为在相当程度上缓解了社会矛盾，由此形成一种"海内乂安，户口繁多，兵革休息，盗贼不作，可谓和乐"③的局面。当然，由于封建政治在根本上就是地主阶级对于农民阶级的剥削制度，其内的矛盾是自身难以从根本上克服的。况且，弘治君臣的上述做法，实际上也常常是有始无终，这就决定了"弘治中兴"只能是相对于弘治前后两个时期那种混乱衰败的局面而言的稳定和发展。当社会矛盾的激化冲破这种相对的稳定时，明王朝政治走向衰败则是必然的趋势。

四　正德时期的政治衰败

弘治十八年（1505）五月，年仅 36 岁的明孝宗驾崩。太子朱厚照即位，是为武宗，年号正德。然而，这位被孝宗临死时还夸赞为"聪明仁孝，至性天成"④ 的新皇帝，很快就把孝宗临终的嘱托抛在一边，走上了一条与传统"正德"相反的损君德、败朝政的道路。他信用宦官、佞臣操纵朝政，自己则搬出皇宫，长期居于西华门附近号称"豹房"的宫殿中，与一班宦官、幸臣嬖女、僧侣及其他杂艺人员为伍。他好骑射游猎，于宣府兴建自称"家里"的镇国府，弃皇帝之尊威不顾而自封"威武大将军、太师、镇国公"，并改名朱寿，亲征西北，巡幸边地、江南。所到之处，搜掠妇女，尽情玩乐。"车驾一出，师众如林，吏民所输不足以给"⑤，对

---

① 《明孝宗实录》卷 117 "弘治九年九月己酉" 条。

② 李梦芝：《论弘治帝的历史地位》，《史学月刊》1997 年第 2 期。

③ （清）谷应泰：《明史纪事本末》卷 42《弘治君臣》。

④ 《明孝宗实录》卷 224 "弘治十八年五月辛卯" 条。

⑤ 《明武宗实录》卷 171 "正德十四年二月乙丑" 条。

社会秩序造成极大扰乱。

如同明孝宗从调整和改变用人策略开启其兴治的门扉，明武宗走上这条败政道路也是从用人方向的改变开始的。孝宗临终，以刘健、李东阳、谢迁三位长期任职内阁的元老为托孤重臣，"欲健等以勤学辅成圣德"。[①] 即位之初，武宗在刘健等的辅佐下，对于一些朝政积弊进行清理，显示出"百度振肃，海内晏然"[②] 的气象。但不久在近侍宦官刘瑾、马永成、谷大用、魏彬、张永、丘聚、高凤、罗祥所谓"八党"（也称"八虎"）的诱导下，日事淫乐嬉戏，并对以"新政"为己任，不断规谏其重讲学、勤政务、省费用的文臣们感到厌烦和疏远。正德元年（1506）四五月间，武宗听任马文升、刘大夏等负有名望的元老重臣先后致仕。十月，刘健、韩文等阁、部大臣谋诛宦官势力未果，也相继致仕、罢官。太监刘瑾掌司礼监，兼督团营，马永成掌东厂，谷大用掌西厂。又以依附刘瑾的外朝官焦芳为吏部尚书兼文渊阁大学士，入阁参与机务。由此，宦官势力陡然大增，形成较之以前更为严重的宦官干政局面。

刘瑾等人不仅完全控制了朝政决策大权，"事无大小，任意剖断，悉传旨行之，上多不之知也"。[③] 而且在内、外朝，遍植私党。正德三年（1508），在原有锦衣卫和东、西厂之外，又建立刘瑾亲自掌握的内行厂特务机构，并"屡起大狱，冤号相属"。[④] 在外朝，凡依附者得以重用，如内阁大学士焦芳、刘宇、曹元、吏部尚书张彩等，皆刘瑾党羽。凡正直者皆遭打击排抑。正德二年（1507）五月，刘瑾等榜列文臣刘健、谢迁以下53人为"奸党"，悉加罪罚。在地方，不仅一般官员升转受到刘瑾等人操纵，还"命天下镇守太监悉如巡抚、都御史之制，干预刑名政事"。[⑤] 刘瑾权势炙手，"公侯勋戚以下，莫敢钧礼，每私褐，相率跪拜"[⑥]，以致有人称当时有两个皇帝，一个是坐着的朱皇帝，一个是立着的刘皇帝。刘瑾当权，卖官鬻爵、贿赂公行，地方官还创造出所谓"京债"。[⑦] 至正德五年（1510）刘瑾被诛时，其被籍没家产中金银珍宝无数。刘瑾被诛后，武宗继续信用张永、谷大用、魏彬、马永成、钱宁、江彬等人，横行肆虐。谷

---

① 《明武宗实录》卷1首叙。
② （明）雷礼：《国朝列卿纪》卷11"刘健传"。
③ 《明通鉴》卷42"正德二年闰正月乙丑"。
④ 《明通鉴》卷42"正德三年八月辛巳"。
⑤ 《明通鉴》卷42"正德二年三月辛未"。
⑥ （清）张廷玉等：《明史》卷304"刘瑾传"。
⑦ 参见（清）谷应泰《明史纪事本末》卷43《刘瑾用事》。

大用所强占民田达万顷。江彬后来被抄家时，其所藏黄金 70 柜，白银 220 柜，其他珍宝无数。武宗在这些宦官幸臣的导引下，依然巡游无度，荒政败政的局面一直持续到正德时期结束。

武宗宠信宦官、佞臣，追求荒淫游乐，造成政务荒疏、吏治败坏，财用耗费激增，"光禄日供骤益数倍"。① 内官、贵戚奏讨庄田、盐引，大量侵占民田、扰乱盐法。地方豪强也大肆兼并。这一切进一步激化了社会矛盾，造成政局动荡不安。在统治集团内部，除了上述内、外朝臣之间，外朝官员内部各派别之间，以及宦官、佞幸武臣势力内部各派之间的斗争之外，还引发了地方藩王的反叛事件。正德五年（1510），宁夏兴化王朱寘鐇以"清君侧""诛刘瑾"为名发动叛乱。正德十四年（1519）六月，江西宁王朱宸濠经过多年经营谋划，发动更大规模的叛乱。这些事件虽被平定，正德时期的统治也随之走向结束。就在武宗借平朱宸濠之乱而南巡游乐过程中，因溺水而一病不起，年仅 31 岁而亡，时为正德十六年（1521）三月。

正德时期社会矛盾激化、政局动荡的又一重要表现便是农民起义的不断爆发。从正德三年到正德九年（1508—1514），川、陕、贵一带的农民起义此伏彼起。正德四年（1509），京畿、河北出现许多"马户"农民组织的"响马盗"活动。正德五年（1510），刘六、刘七领导的明代中叶最大规模的农民起义在霸州爆发。起义军曾三次进逼北京，使明朝军队"丧乱之惨，乃百十年来所未有"。② 后转入湖广一带，又"三过南京，往来如入无人之境"。③ 在江西一带，从正德六年到正德十二年（1511—1517），发生了数起农民起义。以上这些农民起义，虽然最终都被明王朝所镇压，但它沉重打击了明朝的统治，并加剧了明朝政治的动荡，加深了其统治的危机。

综上所述，明代在经过前期 67 年的发展，到正统至正德的前中期却经历了治乱兴衰的动荡历程。明代名臣刘健正是生活于这个时代。在他幼年时期，曾初步感受过"治世"余绪的社会氛围，父辈的社会生活方式及其为人处世风尚也给他留下深刻印象；在他青年时期读书求学，立志致政并开始走上仕途的过程中，却正值正统至成化年间的政局动荡与纷乱。这使他有机会对社会政治做出感性的认识与理性的思考；当他年逾不惑，于

---

① （清）张廷玉等：《明史》卷 181 "刘健传"。
② （明）朱国祯：《涌幢小品》卷 32 《流贼》。
③ （清）谷应泰：《明史纪事本末》卷 45 《平河北盗》。

世事人情、政坛清浊有所洞悉明辨之时，恰遇以"宽仁"求治的孝宗的重用，使他有机会在中央权力高层施展政治抱负，对"弘治中兴"做出了贡献；在他步入古稀之年而被视作"累朝耆硕"受到敬重时，却又遇到与孝宗风范完全相反的武宗荒政败政，昭示着他的政治理想的最终幻灭。他不得已罢政归乡，宣告了其政治追求与个人命运在变幻莫测的封建政治风云中蓦然落定。这种喜与悲的极大落差究竟在多大程度上根源于社会政治的影响？离开对当时政治思想环境的考察，对此的认识显然是有欠深刻和准确的。

第三节　明代前中期理学意识形态下的"臣道"

历史唯物主义在承认包括政治制度和体制在内的社会物质生活对个人人格塑造所产生影响的同时，丝毫也不否认社会意识对人格形成的深刻影响。实际上，任何个人都是从一定的社会思想和意识环境中获得构建其精神意识的资源，并由此确定其个人命运的走向。生活于明代前中期的刘健，正是汲取了明代前中期社会意识资源，尤其是其时的政治思想，才走上一条秉承传统儒家"臣道"意识，以实现儒家理想社会为目标的仕政之路。并且，这种以传统儒家政治理想为主导的思想意识深深地左右了他的为政方式，从而在实际上影响了他的个人政治命运。由此可见，对明代前中期政治思想环境的分析是对刘健生活的社会时代研究中不可或缺的内容。

一　明代"以儒治国"的意识形态

自秦汉以来的中国封建社会，与地主阶级的宗法、等级政治统治相应，以维护上下尊卑关系的伦理体系为核心内容的儒家学说，成为意识形态中的主导思想。在明王朝恢复和重建封建统治秩序时，这种统治思想又得以继承和强化。虽然自明中期开始随着商品经济的发展和资本主义生产关系萌芽的出现，社会思想文化领域也开始出现某种近代意识的萌动，但在总体上，儒家思想在明代的统治地位并未遇到大的改变。尤其是在明前期和前中期，这种思想学说实际上仍是包括刘健在内的封建士大夫们理想信仰和人生追求的根本指导理论。

（一）儒家政治思想的根本内容

中国的封建社会是建立在自然经济基础之上，以宗法血缘关系为依托，将封建制与宗法制相结合的一种政治社会模式。这种社会结构的特色即是"家""国"同构，"国"即是"家"的扩大，君主制即是家长制的衍化。如同家长（族长）在家族中具有绝对的权威一样，君主则在全国范围中拥有至高无上的地位和权力。"普天之下，莫非王土；率土之滨，莫非王臣"。与这种社会结构相应，在社会思想意识中对宗法伦理秩序的强化，即是对封建等级秩序的维护与稳定。于是乎，君臣父子、上下尊卑的宗法伦理规范也就成为封建政治思想的根本原则。正因如此，自春秋时期以来，屡经汉唐宋元历代大儒不断改造与发展的儒家思想学说，就被历代统治者奉为圭臬，使之成为封建时代的治国思想和政治理论。

　　从统治思想的角度来看，儒家思想学说中，政治理论的核心内容即是"仁政"。"仁"的基本含义包含两个层次，一是"二人"，即人群体中的人际关系，另一个是"爱人"，即处理人际关系的原则。儒家将"仁者爱人"这一基本原则上升为指导整个社会关系的根本性准则，并成为封建统治者借以维护和协调各个社会阶层关系的根本方式和手段。所以"仁政"的实质，就是要求统治者发挥"爱"的精神，努力构建一种使社会各个阶层的人都能各得其所，各安其位，人心归服，和谐稳定的社会局面。

　　首先，从社会最广大的普通民众立场上言，"仁政"实施的具体表现就是统治者要树立"民为邦本"的思想意识，在所谓"重民""养民""保民"的思想指导下制定国策。孟子说圣明之君治国，必以安民为先，"制民之产，必使仰足以事父母，俯足以畜妻子；乐岁终身饱，凶年免于死亡。然后驱而之善，故民之从之也轻"。① 董仲舒也说轻徭薄赋，使民以时，使民家给人足，才是良政。否则，"赋敛无度，以夺民财；多发徭役，以夺民时；作事无极，以夺民力"，则为暴政，必然引起民众的反抗。宋代理学家强调"仁政"关键在于"养民""恤民"，统治者要懂得惜民力、足民食、省民赋，才能实现"爱人然后能保其身"，才能维护其统治。

　　其次，就协调处于社会不同等级地位的各个阶层之间关系角度上言，实施"仁政"最主要的方式和手段则是"礼制"，即所谓"君君，臣臣，父父，子子"② 的等级规范为核心内容的体制。孔子认为"礼"可以净化人的心灵，调和与化解社会矛盾，可以"经国家，定社稷，序人民，利后嗣者也"。③ 董仲舒则认为一切社会关系的基础是由君臣、父子、夫妇关系

---

① 《孟子·尽心上》。
② 《论语·颜渊》。
③ 《左传·隐公十一年》。

构成的。这其中，君、父、夫权具有天然合理性。以此为基础，他将古代的"礼"进一步发展为以"三纲五常"为核心的完备的封建伦理体系。到宋明理学，则进而将"礼"提高到世界本质论的高度。朱熹就说："礼者，天理之节文，人事之仪则。"① 儒家的这种礼制思想，实质上就是要社会中的每个人都明确自己的地位、身份并自觉遵守与之相应的行为规范，即"贵贱有等，衣服有别，朝廷有位，乡党有序，则民有所让而不敢争，所以一之也"。②

要实现"仁政"，首先要求统治者具有"仁"性素质。为此儒家提出了一整套的"正心、诚意、修身、齐家、治国、平天下"的道德修养层次理论。只有不断地提高自我修养，做到"尊五美，屏四恶"，达到"惠而不费，劳而不怨，欲而不贪，泰而不骄，威而不猛"的君子境界③，才能够平治天下。其次，在强调个人修养德行的同时，作为一种治国方式，儒家还特别强调要大力实施社会教化，引导社会各个阶层都知"仁"明"礼"。董仲舒就建议："立大学以教于国，设庠序以化于邑，渐民以仁，淳民以谊，节民以礼，故其刑罚甚轻而禁不犯者，教化行而习俗美也。"④

中国封建时代以儒学为官方正统学术思想，实行以儒治国，因此历代都把教化置于重要地位。从儒士们的著书立说、读书修行，到国家制定律令规则、兴学重教、编修典籍，以及民间日常行为准则、节令礼仪的实行等，无不渗透着对于"仁、义、礼、智、信"等封建道德伦理的教化与引导。与此同时，历代统治者还通过征召、推举，以及科举考试等方式，将符合于儒家"礼教"的人才吸收到享有封建特权的统治者阶层中来。在这种思想文化背景下，历代文人便将不断学习、探究和践行儒家道德理论，实现"礼制"和"仁政"作为自己安身立命的人生追求。

（二）明代的"以儒治国"

儒家思想，尤其是自汉唐以来经过不断改造的儒家思想，是最适合于维护封建统治秩序的思想，它为历代封建统治者所接受并大力提倡。朱元璋在恢复和重建封建专制主义中央集权的政治社会后，也就理所当然地以儒家学说为治国理论，借重孔孟之道来进行统治。

"以游丐起事，目不知书"⑤ 的朱元璋，在群雄逐鹿的过程中逐步接受

---

① （宋）朱熹：《朱文公文集》卷60《答曾择之》。
② （汉）董仲舒：《春秋繁露·度制》。
③ 《论语·尧曰》。
④ （汉）董仲舒：《春秋繁露·天人对策》，岳麓书社1997年版。
⑤ （清）赵翼：《廿二史札记》卷32《明祖文义》。

了儒家思想的深刻影响。他依靠一大批儒士出谋划策，才得以"武定祸乱"，建立起大明王朝。在诸儒"所陈皆王道，所论皆圣学"① 的耳濡目染之下，朱元璋不仅具备了"文学明达，博通古今"② 的儒学水平，并且形成了以儒家理论为治国之道，实现"文致太平"的思想意识。在朱元璋看来，"孔子明帝王之道，以教后世，使君君、臣臣、父父、子子，纲常以正，彝伦攸序，其功参于天地"。③ 为此他十分重视尊孔读经、兴办学校、实行科举，以倡扬儒学理论。他认为："治国之要，教化为先。教化之道，学校为本。"④ 因而于建国后除了恢复中央直属的最高学府国子监外，还令各地各级政府大力兴办学校，以至于出现"天下穷乡僻壤，咸有学社"⑤ 的局面。

对于儒家所倡导的"仁政"，朱元璋非常认同。他认为行仁政，就要使民受实惠，"阜民之财而息民之力"。这样才能使人民"归之如就父母"。为此他曾对大臣说："治天下当先其重且急者而后及其轻且缓者。今天下初定，所急者衣食，所重者教化。衣食给而民生遂，教化行而习俗美。足衣食者在于劝农桑，明教化者在于兴学校。学校兴则君子务德，农桑举则小人务本。如是为治，则不劳而政举矣。"⑥ 从这种政治思想出发，朱元璋统治时期经常赈济贫民，蠲免赋役，释放奴婢，重视兴水利，广屯田。从某种意义上说，他的重典治吏，严厉打击贪官污吏、抑制豪强兼并，实际上也都具有儒家"保民而王"的意义和作用。

朱元璋也看到了"先王制礼，所以辨上下，定民志，秩然而不紊，历世因之，不敢违越。诚以纪纲法度，维持世道之具"。⑦ 他特别看重"礼"在维持封建等级秩序中的作用，"礼者所以美教化而定民志。……有礼则治，无礼则乱。居家有礼则长幼序而宗族和，朝廷有礼则尊卑定而等威辨"。⑧ 在封建礼制规范中，他还极其重视"孝"，在其亲订的《大诰》中把孝发挥为"事君以忠，夫妇有别，长幼有序，朋友有信，居处端庄，莅官以敬，战阵勇敢，不犯国法，不损肌肤"。⑨他就是希望通过推行封建

① （清）夏燮：《明通鉴》卷 1 "洪武元年九月癸卯"条。
② （清）赵翼：《廿二史札记》卷 32 《明祖文义》。
③ 《明太祖实录》卷 144 "洪武十五年夏四月丙戌"条。
④ 《明太祖实录》卷 46 "洪武二年十月辛巳"条。
⑤ （清）傅维麟：《明书》卷 62 《学校志》。
⑥ 《明太祖实录》卷 26 "吴元年十月癸丑"条。
⑦ 《明太祖实录》卷 177 "洪武十九年春正月丁未"条。
⑧ 《明太祖实录》卷 73 "洪武五年三月辛亥"条。
⑨ 《大诰续编》第 7 条 《明孝》。

"礼制"来培养忠臣顺民,以维护朱明王朝的长治久安。

在朱元璋之后,建文皇帝朱允炆向以崇尚儒学著称。明成祖朱棣也继承了太祖"以儒治国"的思想,并且由于时势条件具备,他在尊崇儒学道统、兴教化、重科举方面较之于朱元璋、朱允炆所做的实务更为突出。他曾说:"孔子,万民帝王之师,其道之在天下,载于六经。天下不可一日无生民,生民不可一日无孔子之道。"① 为了实现文治,他特命儒臣编纂《五经大全》《性理大全》《朱子大全》颁行天下,作为士人学习之必修理论。他还亲自编成《圣学心法》一书,阐发"仁政"安民之道。此外,他还特意组织一批文人编纂了卷帙浩繁的大型典籍《永乐大典》,以兴文教。他的这些作为,不仅博得了能兴文治的美誉,甚至于被当时大臣称颂为"文皇帝之心,孔子之心也"。② 而仁、宣二宗则是在行动上实施儒家"仁政"的典型,以"宽仁"治国、注重恭俭节约、与民休息,正是形成"仁宣之治"的政策原因。

总之,经过明代前期诸帝的大力倡导,儒家政治思想成为明代意识形态中的主导。尽管在明中期以后,人们的社会生活方式、社会意识发生了一些新的变化,并在很大程度上对传统封建政治思想带来冲击,但其统治地位并没有从根本上发生动摇。

二 儒家政治思想中的"君"与"臣"

众所周知,一切理想的追求,都要靠具体个人的实践来实现。儒家关于"仁政"的理想社会,更需要具备"仁"德品性的明君良臣们的政治活动来构建。因此,儒家政治理想实施的根本,集中于"君""臣"的德行及其相互间协作关系的状况。

对于君,儒家思想首先推崇其至高无上的特权地位。从春秋战国时期的孔、孟,到汉代董仲舒,一直到宋代程、朱,都在不同程度上主张"君权神授",并极力推崇君主的现实权力,膜拜其"立生杀之位,与天共持变化之势"。③ 但同时,又对君主的道德素养提出了极高的要求,认为君主必须具有仁性、仁心,重视"养民""保民";能够"急亲贤之为务"④,使"贤者在位,能者在职"⑤。朱熹就说:"天下之纪纲不能以自立,必人

① (清)孙承泽:《天府广记》卷63《(胡广)视学诗序》。
② (明)杨士奇:《东里文集》卷1《朴斋记》。
③ (汉)董仲舒:《春秋繁露·王道通三》。
④ 《孟子·尽心上》。
⑤ 《孟子·公孙丑上》。

主之心术公平正大，无偏党反侧之私，然后有所系而立。"① 因此要求君心端正，以德修己，以公去私。再者，君主还必须法先王、法尧舜。"今有仁心、仁闻而民不被其泽，不可法于后世者，不行先王之道也。故曰，徒善不足以为政，徒法不能以自行。……遵先王之法而过者，未之有也。"②

对于臣，儒家也有一套理论和规范。首先，臣的职责在于"事君"，为君主提供辅助和服务。其次，臣应"事君以忠"③，从内在意识到外在表现都应当显示一种对于君主地位和指令的敬畏、顺从。孔子甚至说，臣在君面前要表现得拘谨守礼、毕恭毕敬、小心谨慎，"入公门，鞠躬如也，如不容。立不中门，行不履阈。过位，色勃如也，足躩如也，其言似不足者。摄齐升堂，鞠躬如也，屏气似不息者"。④ 后代则有以子对父的态度要求臣之事君，朱元璋就曾对解缙说"朕于尔义则君臣，恩犹父子"。⑤ 再次，儒家认为"臣道"的核心，是在事君中应将"仁"的追求置于首位。一方面，虽然"以忠事君"和"以道事君"⑥ 看似一对矛盾，但当君、臣在追求"仁政"上相一致，双方又都具有良好的"仁"性德行时，则君明臣良。为君者以德行仁，为臣者固当事之以忠，这时"以忠事君"和"以道事君"便可达到统一。另一方面，在君主德行欠缺，损害仁政时，按照"以道事君"的要求，臣就不应以"妾妇"的方式一味屈从君主的意志，应当努力通过启发、引导和规劝等方式，帮助君主改正，即所谓"格君心之非"。这样不仅有利于"仁政"的实现，且也体现出对君更深刻的忠。由此可见，从根本上言，儒家关于"臣道"的要求，就是要体现出在立足于"仁"的基础上，对君"爱而不阿谀，顺而不盲从，犯而不欺，怨而不恨"⑦ 的忠诚。

从理论逻辑上看，儒家思想所确立的"君使臣以礼、臣事君以忠"⑧的君臣关系原则，尤其是要求臣在形式上尊君、实质上崇道的原则，与其从根本上维护等级秩序、强化君主专政、宣扬尊君、忠君的主旨，形成了一种复杂而矛盾的关系。尤其是到封建社会后期，君主专制的政治倾向更加强化，君主在处理君臣关系上也就更具有主观任意性，这也使得臣在

---

① 《宋史》卷429 "朱熹传"。
② 《孟子·离娄上》。
③ 《论语·八佾》。
④ 《论语·乡党》。
⑤ （明）谈迁：《国榷》卷9 "洪武二十一年四月乙卯"条。
⑥ 《论语·先进》。
⑦ 刘泽华、葛荃：《中国古代政治思想史》，南开大学出版社2001年版，第34页。
⑧ 《论语·八佾》。

"道"与"势"之间，具有更大的自我调整和探索的空间。有些人可以"守死善道"，依"天下有道则见，无道则隐"①的原则，"君有大过则谏，反复之而不听，则易位"，或"反复之而不听，则去"。②而有些人则屈从于君主之淫威，甚至推波助澜以祸国殃民。更多的人则纠结于这种"道"与"势"的矛盾和窘迫之中，徘徊于"贤臣良相"与"乱臣贼子"之间。而"贤臣良相"与"乱臣贼子"评价的本身也同样使人们难以明辨，故许多人便宁可追求糊涂与庸碌。如同封建社会其他朝代一样，明代的政治思想环境，尤其是刘健所生活的明前中期的政治思想的总体态势正是这种局面。

三　明代前中期政治实践中的"臣道"

儒家思想对于君德臣道以及君臣关系的要求，其实只是一种理想化的构想。在实际的社会政治生活中，封建皇权专制政治制度下的政治环境与此存在着极大的距离，从而使"臣道"的实行面临更为严峻复杂的形势。

（一）君主专制政体对"臣道"实现的制约

中国古代社会从夏商周时代国家形成之时起，就以一种"家天下"的宗法关系奠定了政治专制的体制基础。秦王朝确立的皇帝制度和官僚政治制度，更巩固和强化了君主专制的权力地位。明代处于封建社会的后期，皇权专制得到空前强化，臣的地位日趋卑下，权力也日益弱化。

首先，经过前期几代君主在制度和措施上的不断改革与完善，明代的皇权专制得到空前扩大和强化。本来，秦王朝统一六国后创立的皇帝制度，使"天子"禀天命统御万民的地位和特权得以凸显。从全国情形来看，郡县制取代分封制，实现了中央政权对地方的直接统治，形成中央集权的格局。从中央权力结构来看，最高权力集中于皇帝，皇权之下设立横向分权制衡、纵向层层统御的官僚机构。在以后历代政体的演变中，皇权的强化就沿着不断削弱官僚权力和地位的方向发展。秦汉时期，在皇帝之下，以丞相、太尉、御史大夫分管行政、军事、监察，丞相具有"一人之下，万人之上"的地位。他上对皇帝负责，下统百司，成为百官之长。隋唐时期，设尚书、中书、门下三省分掌原来丞相之权，行政职能与辅助决策权分离；军旅事务属府兵，军政则以兵部分承；御史台掌监察，门下省和吏部也"典吏职"。宋代设枢密院与中书省的"二府"，分掌决策与政

---

① 《论语·泰伯》。

② 《孟子·万章下》。

令的"赞画",盐铁、度支、户部三司分掌财政。元代中央机构有所精减:以中书省"典领百官,会决庶务",设枢密院以总军政,置御史台以掌监察。至明代,中央权力结构的形式与以往极不相同。明太祖废中书省和丞相制,以六部成为最高一级行政机构。都察院虽然取代御史台掌监察,却还有六科给事中为皇帝耳目、厂卫特务组织帮皇帝侦缉百官臣民。在辅助皇帝决策方面,又建立内阁与司礼监相互制约的双重机构。此外,在军事、司法上同样体现出高度的"分权制衡"特点。由此,内阁、司礼监、六部、都察院、五军都督府,以及厂卫等机构便成为互不统属,相互制约的中央权力机构。据此,明代皇帝就可以集立法、行政、司法、军事大权于一身,"收天下之权以归一人"。①

可见,封建社会以皇权为核心的中央集权体制,为皇权的提高和强化提供了制度保障。而至明王朝,则使皇权专制发展到空前的程度。

其次,与皇权强化和君主地位提高形成鲜明对比的,是臣权的日益减弱,地位的不断下降。明代政治体制中臣权的弱化,主要源于三个方面。

第一,"分权"机制使得各个机构权限减小。

以中央权力结构为例,原来由丞相统揽的行政权分归六部,由大都督府总掌的军事权分归五军都督府,监察权又由都察院、六科给事中以及厂卫分掌,这种格局使得中央权力机构始终没有一个机构能够独揽军事、行政或监察等方面的政务。即使是被明人认为具有"宰相"职掌的内阁,实际上也并不具有这种完整而独立的权限。因为内阁与六部并无统属关系,它既不能对六部直接发号施令,六部也不对它负责。即"不得专制诸司","诸司奏事,亦不得相关白"。②事实上,有明一代,六部官长的品级比内阁大学士的还要高,阁臣地位的提高还常常有赖于在其官品上增加吏、礼部官长的头衔。总而言之,说到底六部官长与阁臣都不具备总揽全局的职权。

第二,"制衡"机制使得各个机构及其官员的权力运行受到极大制约,政治效能受到影响。

就封建统治者而言,对权利的追逐永远是第一位的,效能则处于从属地位。明代实行权力分化,目的就是为了达到臣权的相互掣肘以使皇权得以强化。因而,越是权力高层机构,这种制约的特点就越显突出。如内阁原本的职能就是协助皇权对朝政事务进行有效裁定,司礼监在名分上则只

---

① (明)王世贞:《弇山堂别集》卷90《中官考》。
② (清)张廷玉等:《明史》卷72《职官志一》。

是侍奉皇帝的"家奴"，但在"制衡"机制之下，阁权却时常会受到司礼监太监的掣肘。阁臣"票拟"的决策常常流于"议"而不"决"的情形，使许多朝政事务的贯彻落实受到很大阻碍。

第三，权力机构及其官员权限的运用程度，还受到地位合法性方面的影响。

按李渡在《明代皇权政治研究》中的用语，明代六部、都察院、五军都督府等中央机构，都属"由政治制度所规定的，也是国家政治活动程序化所必需的，故称之为程序化权力或制度化权力"的机构，而司礼监、厂卫特务组织等则是"皇帝或打着皇权旗号的某种政治势力往往滥用权力，独断专行、任意干预和处理国家政治事务"的，有悖于"封建法纪和典章制度的"非程序化权力机构。① 虽然这些机构在特定情况下对皇帝或其他专权势力具有很大维护作用，但其合法性也是一个不能被人们忽视的方面。正因如此，锦衣卫、西厂在明代才有旋设旋罢，又复设的风波。在明代内阁与司礼监双轨辅政决策体制中，内阁在实际上具有正式中央权力机构的某种职能，却始终未获正式机构的明确认定。阁臣也成了皇帝私人顾问或参谋的角色。但即使如此，除了在皇帝特别的召见外，阁臣平时也难以接触到皇帝。而宦官以"家奴"身份近侍于皇帝，日常中更易于与皇帝建立密切关系。皇权为了防备和抑制外朝权臣，"内阁之拟票，不得不决于内监之批红"②，从而导致实际上司礼监权势常常超越外朝权力的情形。

职权上受到的抑制，使得朝臣们的地位随之下降，以至于君臣关系成为"只知尊君，而不知礼臣"。③ 明人说："三代以下待臣之礼，至胜国（元朝）极轻，本朝因之，未能复古。""本朝承胜国之后，上下之分太严"。④ 明代，甚至还用一些带侮辱性的刑罚来对待大臣，"廷杖之刑，亦自太祖始矣。……公卿之辱，前此未有"。⑤ 明代政治中的这种情况，使得臣在国家政治中的作用受到极大制约，使士人实现"以道事君"的条件和平台日益削弱和狭小。同时，也使其政治独立人格的保持更加困难，"以道事君"与"事君以忠"的矛盾更加尖锐。

最后，封建君主专制体制的强化，带来国家政治中"人治"色彩更趋突出和浓厚。一方面，这种体制更强化君主个人意志的作用，甚至臣的个

① 参见李渡《明代皇权政治研究》，中国社会科学出版社 2004 年版，第 68 页。
② （清）张廷玉等：《明史》卷 72《职官志一》。
③ （清）薛允升：《唐明律合编·后序》。
④ （明）于慎行：《谷山笔尘》卷 3《恩泽》；卷十《谨礼》。
⑤ （清）张廷玉等：《明史》卷 95《刑法志三》。

人命运在很大程度上受到君的个人意志的影响，因此，政治的清明与否很大程度上首先取决于君主的德行贤愚。另一方面，由于君主专制是以官僚政治为基础，因而官僚的素质、能力，尤其是中央权力结构中高级官员的德能才识，不仅影响朝政状况，还直接影响君主德行的启迪与引导。此外，除了君臣的德行、素质外，双方各自的个性倾向也在相当程度上影响君臣间关系的融洽与否。而君臣间的关系既是君主专制政体下朝廷人事组织关系的重要内容，其所产生的政治影响也就成为这种体制下"人治"倾向的重要体现。

君臣人际关系产生的"人治"效应，在明代有着显著反映。太祖、成祖时期虽以威猛御下，但其励精图治的志趣，知人善任的明智，与封建士人们所追求的儒家"仁政"社会理想有相当的契合，因而能够得到相当一部分臣民的认同，称其时"虽不无矫枉过正，然以挽颓俗而立纪纲，固不可无此振作也"。① 仁、宣二宗为"承平之主……专务德化"②，其时朝中重臣如"三杨"、蹇义、夏原吉等人，皆为先朝旧臣，与皇帝既有师生之谊，又有过力挽储位危机的经历。更重要的还在于君臣有着共同致治之意识，"君明臣良，谏行言听"③，故能"和衷共济，君臣一体"，达于致治。然而至正统时期，"三杨"等元老之后，外廷朝臣平庸，内朝王振擅权，加之英宗年幼，在这种情形下，便形成了宦官干政、朝政纷乱的局面。

实际上，就在明代前中期朝政较为混乱的形势下，有时朝廷重臣任用得当，也能在一定程度上缓解朝政废败的局势，如景泰年间曾有于谦，天顺年间及成化初有李贤、彭时、商辂等人，都一度受到皇帝的信任和重用，从而在朝政事务中发挥出积极的作用。但这时段君臣协作的程度和持续时间都较为有限。弘治时期，是被历代学者称褒的明代名臣较多的时期，如内阁的徐溥、丘浚、刘健、李东阳、谢迁，部、院王恕、马文升、刘大夏等，各负才德与贤能。终孝宗之世，这些人都得到以仁孝恭俭著称的孝宗的信用，所以能成"中兴"之势。与此相反，正德时期，武宗君德不修，宦官弄权，佞人乱政。虽有如李东阳周旋其间，却并不能掌握大权，也就难挽祸乱之势。

自明中后期以后，君主专制的政治形势更加恶化，士人政治追求实现的空间日益狭窄，遂使传统君德臣道的维系更为困难。嘉靖时期以杨廷和

---

① （清）赵翼：《廿二史札记》卷 26《明祖用法最严》。
② （清）谷应泰：《明史纪事本末》卷 28《仁宣致治》。
③ 孟森：《明清史讲义》上册，中华书局 1981 年版，第 115 页。

为首的元老派和以张璁等人为代表的议礼派人，万历时期的名臣张居正，明后期的东林党人等，虽也曾与皇帝有过一度的密切合作关系并在实际上影响到朝政，却都只是浅表的、暂时性的，双方不仅没有建立起如仁、宣、孝三宗之世君臣间那种共同治世理念与和谐关系，甚至不久即成反目。明中后期以后党争盛行的局面，也正是根源于此。

总之，封建君主专制政体带来的君尊臣卑的结果，至明后期愈加严重，以至于"明代大官僚集团则惟有依附皇权方能自存"，成为皇权的政治附庸。① 孟子有言："君之视臣如手足，则臣视君如腹心，君之视臣如犬马，则臣视君如国人，君之视臣如土芥，则臣视君如寇仇。"② 在君臣关系日益恶化的形势下，官僚从事政治活动就成为一种依例行事。所以许多人便以"出仕专为身谋，居官有同贸易"③ 为政坛原则，完全失去实现"臣道"的人生追求。

（二）士大夫对"臣道"的追求与困境

人区别于一般动物最显著的特征就在于人的思想理性。因此人不仅具有适应现实环境的自我调节性，同时也更富于理性追求的执着。对于以知识体系为思想根基的文人，这种理性追求更具有坚定性。

但现实中，一方面由于政治环境的不断恶化，另一方面则由于长期以来儒家思想学说的深刻影响，遂造成了明代士大夫人格的双重性：既渴望以儒家学说的"道德"自命，以实现个人价值，又不得不屈从于政治环境的"势力"驱使，以趋利避害，苟且人生。这两种力量对士大夫政治活动的影响，在有明一代不同时期表现出明显的差别。"中叶以前，士大夫知重名节"④，传统政治思想的影响占据主导地位。他们把理想追求往往融入政治实践中，实行"臣道"的表现也更为明确和坚决。撇开那些放弃信仰与政治投机者不论，依其个性不同及政治环境变化的趋势，明代前期至前中期士大夫践行"臣道"的情形大体可归为以下几种类型。

第一类，是以方孝孺、于谦为代表的以传统"臣道"为志向的典型。

方孝孺（1357—1402）一向被称为"读书种子"，这不仅是由于他学识上"本末兼举，细大无遗"⑤，有"程朱复出"⑥ 的造诣，更主要的还在

---

① 参见李渡《明代皇权政治研究》，中国社会科学出版社 2004 年版，第 113 页。
② 《孟子·离娄下》。
③ （清）计六奇：《明季北略》卷 13《责臣罪己》。
④ （清）张廷玉等：《明史》卷 306《阉党传序》。
⑤ （清）张廷玉等：《明史》卷 141"方孝孺传"。
⑥ （清）黄宗羲：《明儒学案》卷 1《师说·方正学孝孺》。

于他"末视文艺，恒以明王道、致太平为己任"①。秉承传统儒家"以道事君"的精神，始终以儒家"仁政"理念来认识社会政治。所以，当明太祖在他多次被举荐后仍不加起用，还在"空印案"和"胡惟庸案"中冤杀他的父亲和老师宋濂后，他依然能从"道"的立场肯定朱元璋为"睿哲君天下，恢弘德化新。宵衣图治道，侧席致贤臣"②的明主。他辅佐建文皇帝，也是希望借此恢复和实现古代"仁政"的理想，而建文皇帝对他的依赖与信用更使他坚定"以道事君"和"以忠事君"的统一。燕王朱棣举兵"靖难"，他代建文皇帝草拟讨伐诏檄；燕王入京登极，他拒绝为其草登基诏书，并大骂"燕贼篡位"；朱棣以刑戮威迫之，他义无反顾，终遭夷十族、株连873人被杀的悲剧。许多人都认为，以方孝孺的名望资格，在当时形势下，若对朱棣"稍稍迁就，未必不接迹三杨"。③ 但他"忠愤激发，视刀锯鼎镬甘之若饴"④，以此实现他"忠臣发愤兮血泪交流，以此殉君兮抑又何求"的忠君行道理念。

于谦（1398—1457）不仅是一位抱持"但愿苍生俱饱暖，不辞辛苦出山林"⑤那种传统的匡世济民志向的士人，并且还是具有"粉身碎骨浑不怕，要留清白在人间"⑥那种忠诚无私品格的忠臣。他自幼饱读诗书，慨然有"以天下为己任之志"。"土木之变"中英宗被俘，于国家危难之际，他挺身而出，力挽危局，并以国家不可无长君而力主朱祁钰登帝位；当蒙古首领也先声言送英宗南归，以谋入侵之隙时，他力排众议，以"社稷为重，君为轻"⑦的主张粉碎其阴谋；当代宗因担心迎英宗南归后影响自己的帝位时，他又以"天位已定，孰敢他议！答使者，冀以舒边患，得为备耳"⑧以坚定迎归英宗之心。于谦做出这些行动时，并非不知道在君主专制政治下，一个朝廷出现两个君主带来的政治麻烦，并非不清楚处在皇权争夺旋涡中可能带来对个人命运的影响。但以天下为重的理念使他"忧国忘家，身系安危，志存宗社"。他不重虚名，不求私利，禀性刚正不阿，不仅使一些奸邪之人嫉恨，连有赖他的策略而得生还的英宗也对他不满。明知不可为而为之，他对自己的命运和处境只有喟叹"此一腔热血，意洒

① （清）张廷玉等：《明史》卷141"方孝孺传"。
② （明）方孝孺：《逊志斋集》卷24《大行皇帝挽诗》。
③ （清）永瑢、纪昀：《四库全书总目提要》卷170《逊志斋集》。
④ （清）张廷玉等：《明史》卷141"赞"。
⑤ （明）于谦：《于谦诗选·咏煤炭》，浙江人民出版社1982年版，第43页。
⑥ （明）于谦：《于谦诗选·前言》，浙江人民出版社1982年版，第4页。
⑦ （清）谷应泰：《明史纪事本末》卷32《土木之变》。
⑧ 同上。

何地"而已。① 这种"以道事君"的忠臣，连以"谋逆罪"诛杀他的英宗，后来也时常念及他清正廉洁的品德。

这二人一个在明前期，一个在前中期，一个自觉选择杀身成仁，一个被无奈地置于冤死境地。这表明前者较后者更能体现出对"臣道"的刚性追求与执着。

第二类，是以"三杨"为代表的将"臣道"的现实与政治策略相结合的练达能臣。"三杨"都是身事四朝的耆硕人物，都是饱学之士，"时谓士奇有学行，荣有才识，溥有雅操，皆人所不及"。② 他们既有"仁政"追求，辅佐仁、宣二宗宽政恤民，同时也都注重为政策略、处世之术。"士奇奉职甚谨，私居不言公事，虽至亲厚不得闻。在帝前，举止恭慎，善应对，言事辄中。人有小过，尝为揜覆之"。③ 杨荣"疏阔果毅，遇事敢为"，"谋而能断"，却十分讲求"事君有体，进谏有方，以悻直取祸，吾不为也"。④ 杨溥"性恭谨，每入朝，循墙而走。诸大臣论事争可否，或至违言。溥平心处之，诸大臣皆叹服"。⑤ 正因为"三杨"以事君有方而能获得皇帝的信用，才能有机会成就一代"相业"。《明史》记载：王振用事时，曾欲以"年高"讽退"三杨"，杨士奇以"老臣尽瘁报国，死而后已"答之，杨荣则顺王振之意说："吾辈衰残，无以效力，当择后生可任者，报圣恩耳。"事后杨荣对杨士奇说："彼厌吾辈矣，一旦内中出片纸令某人入阁，且奈何？及此时进一二贤者，同心协力，尚可为也。"士奇以为然。⑥ 由此，可见"三杨"于处世策略上的老练，但也因此使人质疑其对于"臣道"的坚守程度。有些史家就指出，正统初王振势力开始上升，时"三杨辅政，仅阳敛阴施，掩人耳目。虽曰保身，其实误国，以致阉宦弄权"。⑦ 这种说法虽不免于偏颇，却也的确反映出坚守"臣道"与保持政治地位，在"三杨"这里就已经显示出某种矛盾和两难的处境。

第三类，是以薛瑄、岳正为代表的类型。

薛瑄（1389—1464）为明代著名理学大家，以践履儒家学说为旨，为人端正直方。"三杨"当国时，闻其名而欲一见，薛瑄坚辞而不往。正统

---

① 参见（清）张廷玉等《明史》卷148"赞"。
② 同上。
③ （清）张廷玉等：《明史》卷148"杨士奇传"。
④ （清）张廷玉等：《明史》卷148"杨荣传"。
⑤ （清）张廷玉等：《明史》卷148"杨溥传"。
⑥ 参见（清）张廷玉等《明史》卷148"马愉传"。
⑦ （明）黄景昉：《国史唯疑》卷3。

初，以杨士奇之荐得入朝为大理寺左少卿。杨士奇以此事为王振之力，而致意薛瑄谒拜王振。王振也很想交好薛瑄，并通过与薛瑄厚交的李贤代致其意，但薛瑄却以"拜爵公朝，谢恩私室，吾不为也"而对。由是，王振衔之，几乎置薛瑄于死地。^① 天顺年间，薛瑄一度入阁，"帝数见瑄，所陈皆关君德事"。^② 但他目睹于谦的悲剧，更见石亨、曹吉祥乱政，便"疏乞骸骨"。

岳正（1418—1472），史称其"博学能文章，高自期许"。为人负气敢言。他因英宗超擢入阁而"益感激思自效"。有人劝他先取得皇帝信赖再图谏言，他却愕然说："上顾我厚，惧无以报称，子乃以谏官处我耶?"^③ 他确曾多次建言被用，但也屡因谋略不周，反被英宗所陷和责罚。结果在内阁仅28天即被罢斥谪戍。这种经历让他"亦厌吏职"，年仅50岁便乞致仕。

薛瑄、岳正也如同方孝孺、于谦等一样具有传统"臣道"的精神，也深切感受到现实政治与理想追求的差距。但他们一个是大儒，一个是直臣，面对"道"与"势"的两难处境既没有像方、于那样为了"臣道"而不顾个人一切，也没能像"三杨"那样因"势"制宜。既不能放弃理念以适应现实，又缺乏现实变通的能力，便只有退出政坛一途。

由以上所列举三种类型可以看出，自明前期到前中期士大夫在实现"臣道"中的几个倾向或特点：一是在相当程度上大都保持着对"臣道"的追求。这是传统政治思想意识在这期间仍占据主导地位，并对封建士大夫产生较为深刻影响的具体体现。二是随着时势的推移，士大夫在"势"的威逼面前对"道"追求的刚性程度逐渐弱化。三是在"道"与"势"的双重压力下，士大夫在政治舞台生存和发展能力的要求大为提高，甚至日显苛刻。

正是在这种形势下，明代前中期以后，所谓"良臣贤相"就更难产生。史称明代贤相，首推前期的"三杨"，之后也唯有前中期的李贤、刘健等少数几人。明人沈德符指出"国朝士风之敝，浸淫于正统，而糜溃于成化"。^④ 实际上自前中期开始，"臣道"实施中的艰难性以及由此出现的扭曲化倾向已经日益显著。正德时期，李东阳作为"弘治中兴"时期的元老重臣在武宗败德、宦官乱政中也曾"潜移默夺，保全善类，天下阴受其

---

① 参见（清）谷应泰《明史纪事本末》卷29《王振用事》。
② （清）张廷玉等：《明史》卷282 "薛瑄传"。
③ （清）张廷玉等：《明史》卷176 "岳正传"。
④ （明）沈德符：《万历野获编》卷21《佞幸·士人无赖》

蔽，而气节之士多非之"。① 如果说李东阳因为个性因素而表现的因循退缩是招致非议的根由，那么嘉靖时期"大礼议"中杨廷和、张璁等人都堪称"气节"之士，万历时期的张居正更以其雄霸的气魄、卓越的政绩享誉史册，直至明后期的东林党人在与魏忠贤等宦官势力的斗争中也表现出大无畏的精神，但这些人在党争中的种种有损其"德行操守"的表现，都遭到时人和后人的诸多讥议。

应当说，明中后期以后这种良臣难为、"臣道"难践的处境，正是由于明代君主专制不断强化和政治思想环境变化共同作用的结果。一方面，商品经济的发展，肯定私欲与"言利"等价值观的嬗变，形成一种道德理念与政治思想分途的倾向。士大夫不再执着于"臣道"，一部分人逐步淡出政治，寻求经商、从艺、求学等不同的安身之途。另一方面，君主专制的政治形势不断恶化，使士人政治追求实现的空间日趋狭窄。为官者能否得势、重用，往往并非依赖其德行才干，而主要取决于皇帝或弄权者的信任和欢心。以皇权名义掌控朝政的皇帝、宦官势力或权臣滥施淫威，使朝臣们常常遭受种种摧辱。故许多人认为："夫暴虐之君，淫刑以逞，谏又乌能入也？早知其不可谏，即引身而退者，上也；不可谏而必谏，谏而不听乃去者，次也；若夫不听复谏，谏而以死，痴也。"② 可见，明代前期为方孝孺、于谦们所持守的，至前中期为一些朝臣所部分保持的传统的"臣道"至此已难以维持。

明代名臣刘健生活在明代前中期，他所接受的传统教育的影响是深刻而显著的。所以在他身上，传统的"臣道"意识仍在相当程度上保持着。但在他晚年，即正德时期，政治思想文化环境的变化和君主专制的强化已日益显现。这种变化既不能从根本上改变和动摇他在中年以前就形成的内在的思想理念，也不能完全改造他的个性，却从外部环境上深刻地影响他的政治生涯和人生方向。所以，他在弘治时期与正德时期境遇的巨大反差就成为必然。

---

① （清）张廷玉等：《明史》卷 181 "李东阳传"。
② （明）李贽：《初潭集》卷 24《痴臣》。

第二章 刘健的家世与早年经历

个体心理学在揭示人的个性形成根源时，不仅认可社会时代对其的制约与规范，同时也更注重个体所处具体生活环境的熏陶与感染作用。在古代社会，家族则是这二者具体而密切结合起来对人的型塑起直接作用的、最基本的社会单元。

从具体个人的成长情形来看，从父母那里获得遗传基因的人在出生以后，其个性形成与发展呈现出阶段性的特征，而青少年时期则是人的个性形成发展的关键阶段。其间，父母、家族以及乡里所构成的具体生活环境，则是影响其个性形成最早、最直接、最基本的因素。故此，在明了刘健生活的社会时代基本概况之后，要进一步认识其个性形成的基础和早期情形，对其家世与乡里背景、早期经历的考察则是不可缺少的内容。

本章的论述，旨在通过对刘健家世、族里的状况，以及刘健早年生活经历的考察，将前章所述社会时代的氛围对于刘健个性塑造的影响做具体的、历史的剖析，以便于认识刘健的个性倾向及可能对其后来仕宦生涯的影响。

第一节 祖世、家族与乡里环境

常言道："一方水土养一方人。"考察刘健的家族、乡里状况，正是为着认识其人格形成的渊源根基。同时，对其家族和乡里的认识，也是进一步认识和把握明代前中期社会环境的一个基点。

一 祖世与家族背景

（一）祖世根基

在洛阳《刘氏家谱》首列"赞"诗中，有一段文字追述了刘健家族祖源及其后世的变迁情形：“试考平阳（即今山西临汾），陶唐奠基，周之累君，帝尧后裔。自兹厥后，汉亭延泽，南顿分支，迁于邢台，转徙太康，孕育甚繁，先祖敬绍，枢密总管，顺德遗孤，迎归河南，洛阳东侯，遂定居焉，维我健祖，理学名臣，荣光三代，贵居一品，嗟嗟东祖，为国树勋，兵部员外，绥靖万民。”依此记述，则刘氏先祖是沿着从帝尧→刘累→西汉高祖刘邦→东汉光武帝之父刘钦（曾为南顿县令）的支脉顺序延传下来。之后，刘钦后人于元末由顺德府邢台县徙居河南开封府太康县（今河南省周口市太康县），其家族于此繁盛，颇称兴旺。时有刘聚，于乡里负有长厚好义之声。生有二子，长者为刘敬，仕元为枢密知院；次子刘绍，为元顺德路总管。刘绍即为刘健之曾祖父，为洛阳刘氏可考之一世始祖。

洛阳《刘氏家谱》上述序统的修纂笔法，如一般家谱一样，在理清家族起源、延传系统的同时，也要尽力表明家族曾经有过的辉煌，这固然是为了增强家族后人的自豪和自信感。但同时，它恰恰又表明了长期以来人们思想意识中的一种继统理念。这种理念，在儒家理论中称为道统论，而在民间即为“龙生龙、凤生凤”的血统论。清代洛阳人杜棠在乾隆八年（1743）为洛阳刘氏首修家谱所撰写的弁言中就称刘文靖（健）功业之成，必有其统。所谓“从来天生伟人，不自一人始，必有启其统者。亦不至一人止，必有续其脉而承其流者”。元代顺德路总管刘绍“奋不顾身，死于国难”。“夫文靖公（刘健谥文靖），社稷臣也，而总管公早以殉义开之。则文靖公之德业闻望，有启其统者矣。”①

然而，撇开这种恭敬、推崇之词，考察刘健的祖世，虽然也确有仕宦之父祖辈，却并未见有如“四世三公”、世宦望族、书香世家之类显赫门楣的巨室显贵气象。至少从刘健的祖父以来，直到刘健仕宦以前，其家庭经历着以勤劳、俭朴治家，物质生活和社会地位都还十分普通的一般地主阶层的生活。据明弘治年间与刘健同官的阁臣谢迁为刘健祖父所撰的神道碑，以及洛阳《刘氏家谱》的有关记载，元代顺德路总管刘绍的夫人翟氏，本为洛阳人。刘绍死后，值元末兵起，天下大乱。翟氏携9岁的儿子刘荣随同两位兄弟翟居理、翟居瑞归洛阳以避乱，遂定居于其时洛阳县城西南20里的东侯里。“因地生人疏，生理索然，经人说合，孤儿（即刘荣）才在三山村一富户去充当牧童，以维持他们的艰辛生活”②。一次偶然

---

① 1985年《（洛阳）刘氏家谱·首叙》。

② 1985年《（洛阳）刘氏家谱·祖茔奠基》。

的机会，刘荣跟随一位姓韩的邻居长辈因事路过偃师县南坞镇，在一家大宅第处避雨。大宅的主人曹义出来与他们闲谈，提及洛阳，便探询刘绍有后人在洛阳不知存否，进而又说起自己与刘绍的关系。原来，曹义乃当年顺德路总管刘绍属下的一名万户①，并曾与刘绍有儿女姻约。姓韩的长者闻听此言，便指着刘荣对曹义说："如公言，渠即若婿也。"②曹、刘二人颇感惊异。在"今天之遇，岂非天耶"③的感慨中，曹义留刘荣在家，"大会诸亲党，成前约"④，欲将女儿嫁给刘荣。家人看到刘荣穷困孤单的境况颇有异议，曹义宽慰家人说"刘公（绍）名德未泯，其后必昌大第，归之无忧也"⑤。这样，刘荣才得娶妻成家。之后，一方面得曹氏之扶助，另一方面因刘荣"辛勤劳动，俭朴生活"⑥，家业逐渐兴起。

　　刘荣生有二子，长子为刘宽，次子为刘亮。随着家道振兴，刘荣也给儿子延师教授。刘宽从事医学，刘亮则事举业，刘亮即为刘健之父。永乐十八年（1420），刘亮中河南乡试，遂以举人出仕，历任陕西华州县学训导、渭南县学训导、山东滨州县学训导以及陕西澄城县学教谕、三原县学教谕等职。刘亮是刘健家族自入明朝以来第一位入仕之人，然而实际上，县学教谕、训导都是连从九品也算不上的未入流的文职小官，确切地说，只是相当于有朝廷任命的"公务人员"而已。县学教谕属于县学的主要教官，教授县学中经、史类的主要课程，训导则是教授其他辅助课程的教师。按照明代规定的官员俸禄待遇，县学教谕和训导都是"例称杂职"，"月米二石"⑦，在明代文职官吏的俸禄中算是很低级别的。依照弘治年间阁臣李东阳为刘健之父刘亮所撰的神道碑文和嘉靖年间刘健的门人、礼部侍郎刘龙为刘健所撰行状的记载，刘亮于宣德五年（1430）初仕任陕西华州县学训导。在此任的第三年即宣德八年（1433）二月初八，其妾白氏生刘健。刘亮共育有四子，长子与次子则为其妻张氏所生。刘健排行第三，

---

① 据《元史》卷91《百官志七》，元代地方行省下设路，路下设有万户府。万户府主官为达鲁花赤一名，佐官为万户。

② （明）刘龙：《特进光禄大夫左柱国少师兼太子太师吏部尚书华盖殿大学士致仕晦庵刘文靖公行状》，《紫岩文集》卷41。

③ 同上。

④ （明）谢迁：《大明赠光禄大夫柱国太子太保礼部尚书兼武英殿大学士刘公神道碑》，《（弘治）河南郡志》卷24。

⑤ 同上。

⑥ 1985年《（洛阳）刘氏家谱·祖茔奠基》。

⑦ 《明太祖实录》卷130"洪武十三年三月壬子"条。

此外刘亮还有女儿。① 考虑到刘宽长子刘敩"少失母",刘亮也"躬抚教之"②,则可知,在刘亮于景泰七年(1456)于陕西三原县教谕任上致仕之前,大约 26 年的诸县学训导、教谕任职时期,其家庭当有 8 口人。如果按照明代所定"天下学校师生廪膳米人日一升"③ 来计算,刘亮本人每月还要从俸米中扣除 3 斗廪米。④ 依靠他的俸禄来维持一家人的生活,显然算不上非常富裕。所以,刘家与当时东侯里许多家庭一样,也得以农耕为主业经营生计。刘亮与其兄刘宽为此也要"勤苦树门户"。⑤

由以上所述可见,虽然从族系渊源来看,刘健家世确可远追唐尧及西汉高祖,至元代也有居官地方大员者。但元末以来,刘荣以孤儿随母徙至洛阳,则经历"流离颠沛,至无所于归"的生活。虽然刘荣能够"卓然自立,恢复门祚",家境日渐宽裕,以至于还能够"平居恒以赒恤贫乏为念。人或称贷,不屑责偿"⑥,但那也与刘荣"性严重,虽立身穷困之余,犹有大家钜度"的个性品行有一定关系。至刘健出生前后,其家庭在父亲刘亮仕任期间也仅相当于中等地主,而实难称显贵。在当时的社会条件下,这种既不至于穷困,又无显耀富贵的家庭环境和条件,对于刘健父祖的行事、处世风尚有着深刻的影响,同时也给处在青少年时代正在成长的刘健以很大影响。

(二)家族背景

明代洛阳县之乡里实行里保制,《(弘治)河南郡志》即载洛阳县城西南有东侯保、西侯保。清代承继了这种体制。乾隆和嘉庆年间所修《洛阳县志》对县城周围各个保里的区划与分布都有更详细的记载。如魏襄、陆继铭纂修的《(嘉庆)洛阳县志》载:县城西南 20 里有东侯保。保内有 4 个里,"有霍家屯、徐家屯、青阳屯、范家滩、矬李家、大李家屯(有

---

① 明人谢迁撰刘荣神道碑文记载,刘荣有孙 7 人,孙女 4 人。查 1985 年《(洛阳)刘氏家谱》刘宽有子 3 人。可知刘龙所撰刘健行状所称刘亮有子 4 人为确实。但三种史料无一记述 4 女分属刘宽、刘亮的实际情况。而据记载,刘健确有姐姐。

② (明)李东阳:《大明陕西三原县儒学教谕致仕赠光禄大夫柱国太子太保礼部尚书兼武英殿大学士刘公神道碑铭》,《(弘治)洛阳郡志》卷 24。

③ (清)张廷玉等:《明史》卷 82《食货六》。

④ 参见李国钧、王炳照等《中国教育制度通史》第 4 卷,山东教育出版社 1999 年版,第 243 页。

⑤ (明)李东阳:《大明陕西三原县儒学教谕致仕赠光禄大夫柱国太子太保礼部尚书兼武英殿大学士刘公神道碑铭》,《(弘治)河南郡志》卷 24。

⑥ (明)谢迁:《大明赠光禄大夫柱国太子太保礼部尚书兼武英殿大学士刘公神道碑》,《(弘治)河南郡志》卷 24。

集)、魏家屯"①等各村、屯。这些村、屯中所居民户大多是以同姓聚居的
方式集中一起,因而村、屯也多以家族姓氏命名。如"位(魏)家屯者,
以位(魏)姓先居故也"。② 当年刘荣随母初徙洛阳时,曾于东侯保之三
山村一富户家做牧童。母亲翟氏去世,刘荣即于东侯保之三山村西岗上选
定坟址而葬之。此处遂为其祖茔世墓之地。刘荣娶曹氏成家立室,便定居
于东侯保内之魏家屯。自此,"洛阳刘氏"家族始有其根基,就在此繁衍
发展。人称魏家屯中间有一刘家坡,即为刘氏家族世居之地。刘氏家族于
明弘治年间在刘健主持下,将其祖茔由三山村西岗迁于魏家屯之南,因刘
健曾官至明朝廷内阁首辅,被称为"阁老",故此地后又称为阁老坟镇,
至明后期以至清代已发展成较繁盛的大集镇。

在魏家屯,刘氏家族主要散居于屯子的东部,西部则主要是魏姓家族
所居,两姓家族长期以来和睦相处。刘氏家族于乡里向有声名。早在太康
时,刘荣之祖刘聚即于乡里倜傥好义,以长厚称。刘荣迁洛以来,于乡里
也颇称庄重、慷慨。"遇事,是非无所苟。乡人依以为重。事有不平,咸
以就取正焉。"③ 刘亮则"介直寡合,好面斥人过,不为私议"。④ 由于刘、
魏两姓能够"友好相善,世世代代彼此体谅,自尊自爱"⑤,魏家屯虽有两
大家族共居,却很少发生争斗怨仇之事。直到清代中期以后,因势局不
稳,干戈颇兴,屯中始筑成寨子。村寨落成后,经村中众人商定,于西门
楼上题名"位家屯",于东门楼上题名"中和寨"。所以取"中和"者,
"以深喜里仁为美,更庆和平共处之谊焉"。⑥

刘氏家族在魏家屯乡邻中享有声誉,但其家族在此经历三代以后,并
未因后来子孙们入仕,甚至出现如刘健那样的朝廷一品大臣而门第崇贵,
却是长期保持了一种较为稳定的中等地主家族的水平和局面。在刘亮年届
56 岁、刘健恰好年满 12 岁那年,即正统十年(1445)二月七日,87 岁的
刘荣"以寿终"。其妻曹氏早在六年前已先去世,刘荣夫妻遂得以合葬西
岗祖坟。刘荣之父刘绍被视作洛阳刘氏的始祖,刘荣即为第二世。到了刘
宽、刘亮的第三世时,刘家人口逐渐增多。除了有三个姐妹先后出嫁成

① 《(嘉庆)洛阳县志》卷 8《土地记三》。
② 1985 年《(洛阳)刘氏家谱·位家屯中和寨之由来》。
③ (明)谢迁:《大明赠光禄大夫柱国太子太保礼部尚书兼武英殿大学士刘公神道碑》,
　　《(弘治)河南郡志》卷 24。
④ (明)李东阳:《大明陕西三原县儒学教谕致仕赠光禄大夫柱国太子太保礼部尚书兼武英
　　殿大学士刘公神道碑铭》,《(弘治)河南郡志》卷 24。
⑤ 1985 年《(洛阳)刘氏家谱·位家屯中和寨之由来》。
⑥ 同上。

家、居处或远或近之外，刘宽、刘亮兄弟二人共有七儿四女，年龄较大的也已嫁娶成家。再至下一代即第五世刘健的子辈时，则有男17人，女14人。显然已经是具有较大规模的家族。随着人口增多，从第三世即刘宽、刘亮那一辈开始，刘家也实行分门别户。刘宽为刘荣长子，其东门一支即为长门。因刘宽有三子分门，故东门又称"东三门"。刘亮有子四人，故刘亮一系的西门又称"西四门"。

在东三门一系中，第三世的刘宽为医学正科出身，终生以行医为业，其三个儿子也未曾入仕。至其孙辈八人中，则有刘襄为成化时乡贡生，后任长宁县训导；刘环任无锡县典史。至其曾孙辈即第六世孙中，则有刘乾亨、刘谦亨兄弟先后中正德二年（1507）、五年（1510）年举人，并同登正德十二年（1517）进士。乾亨为第三甲第164名①，官任监察御史，谦亨为第三甲第211名②，官至佥事。③ 此后东门一系便未见有登科入仕者。

在西四门一系，刘亮先娶妻张氏，又娶妾白氏，共有四子。在其任陕西华州县学训导的第三年即宣德八年（1433）二月初八，白氏生第三子刘健。据说：刘健出生时，张夫人正梦一伟人致上帝之命，持紫衣、玉带赐其家，遂惊醒，恰好有人报白夫人已生子，其头骨隆起，相貌奇特。刘亮甚感奇异。生月余，有僧人经过其家门，相刘健之面说："此儿七死不死。年过四十，官至一品，寿达一百。"④ 后来刘健果然官至弘治朝内阁首辅，成为洛阳刘氏家族入仕者中唯一的一位显贵人物。其曾祖刘绍、祖父刘荣、父刘亮也都因此得赠一品勋职。刘健的其他三位兄弟未获功名仕任，其侄子辈中仅有两人曾以国子生出任县主簿或府检校等或从九品，或不入流品之官职，后再未见有登科入仕之人。

刘健先娶王氏为妻，生有刘来、刘东二子及一女。刘东登弘治九年（1496）进士第二甲第26名⑤，官至兵部员外郎。王氏及刘来、刘东相继早逝。刘健又娶陈氏为继室，生有二女。后陈氏也去世，刘健再娶张氏为继室，生子刘杰。按《刘氏家谱》的说法，刘杰自幼学文习武，为刘健掌上明珠⑥，却"生有异质，惜乎不寿"。早年刘来、刘东各有一子即刘成恩、刘成学。另外，刘健还有两个孙女。成恩、成学也各有一子即刘望

---

① 参见朱保炯、谢沛霖《明清进士题名碑录索引》，上海古籍出版社1980年版，第2026页。
② 同上书，第1963页。
③ 参见1985年《（洛阳）刘氏家谱》。
④ （明）郎瑛：《七修类稿》卷45《事物类·刘太师》。
⑤ 参见朱保炯、谢沛霖《明清进士题名碑录索引》，上海古籍出版社1980年版，第2030页。
⑥ 参见1985年《（洛阳）刘氏家谱·刘氏家史轶事拾锦》。

之、刘得之。刘健之孙、曾孙也都承刘健之荫而获赠中书舍人之官品。此后，刘健之后裔也未见有得功名仕宦者。

由以上情形可见，洛阳刘氏家族在有明一代，除了刘健的社会地位极其突出，并刘健之父以及刘健的子侄、孙侄辈中略有仕宦经历以外，整个家族总体上既没有数世相承的显赫门第，也没有子嗣强盛、经营富足的豪族气势。如果说这在明代前期抑制豪强的整体政治经济形势下属于一般地主阶层发展的正常情形，且从刘氏家族本身而言尚处在避乱迁洛之后的初期发展阶段，那么至明代前中期以后，地方豪族地主势力不断发展，各地宗族纷然兴起，而刘氏家族中恰好也出了像刘健这样的朝廷重臣，本应当是乘势而起，日益兴旺发达之期，但刘氏却依然处于较为普通的水平。洛阳《刘氏家谱》说："近考寨上公家畴昔竞无浩大之建设，宏伟之经营。"① 明万历年间刘健孙外甥温如春也说："今观公所遗堂宇，正庭上三楹，东西祠堂、书舍，亦各三楹。而其田尚不及五顷，子孙蕃衍，仅能糊口。其清介传家如此。"② 虽然这些叙述旨在彰明刘健的清介，但从另种角度看，即使在刘健享有极高的社会和政治地位之时，刘氏家族也未尝形成盛大气象。

所以，从其在整个明代前后发展的趋势而言，洛阳刘氏的确没有超出一般的封建地主家庭而形成具有声势的豪族势力。包括刘健在内的刘氏子孙就是在这样的家族、家庭环境和条件下，如同当时众多普通家庭的子弟一样，秉承家族处世风尚，在"耕读传家"中寻求自己的人生方向和出路。

二　乡里社会生活环境

除了家族自身内在的传承特性，洛阳一带的风土人情也是影响刘健家族风尚以及刘健个人品性的重要因素和条件。

（一）自然环境与经济方式影响下的民风

从地理位置来看，洛阳地处当今河南省西部，大体处在整个中国的中部。在古代，洛阳一直为河南府或河南郡所在地。河南古称中州，而洛阳更以居"天地之中"的形势著称。对于这种居天地之中的地理优势，历代史籍中有诸多描述和赞咏。《周礼》注中就有这样一段记述："周公营邑于土之中。大司徒之职曰：'天地之所合也，四时之所交也，风雨之所会也。

---

① 1985 年《（洛阳）刘氏家谱·位家屯中和寨之由来》。
② （明）温如春：《太师谥文靖刘公祠堂记》，《（乾隆）洛阳县志》卷15。

阴阳之所和也.'"① 这是从古代抽象的阴阳五行的哲学高度来彰显洛阳居中的地理位置所带来的"合和"气氛。许多文人还曾作诗、赋赞咏洛阳的地理形势。如汉代张衡在《东京赋》中称洛阳"泝洛背河,左伊右瀍,西阻九阿,东门于旋,盟津达其后,大谷通其前。回行道乎伊阙,邪径捷乎辕辕"。②

从自然环境来看,洛阳所处的豫西地区,正是中国整体地理形势由西向东、由山区向平原过渡的丘陵地带。故此,这里兼有山川河流之形胜。其最北面有黄河,临河南岸为邙山丘陵,再向南展开一段平原地带即为洛阳所在。洛阳的西、东两边都围有山岳丘陵,各有关隘阙口。洛阳区内及其以南则有洛河、伊河、涧河、瀍河4条水系。纵横交错有大大小小各种渠道。刘健曾记述说:明宣德以前,仅伊、洛两河即各开有东、西荞渠、清渠、单渠和太阳渠共7条水渠,且"二水之大可胜舟,冬夏不涸。故渠道行,近水之田将百里皆仰溉焉"。③ 由这些河、渠蜿蜒地带再往南则是绵延横亘的山陵地带。洛阳有山有水,山清水秀,引得古往今来许多名士于此遨游、流连。宋代李格非的《洛阳名园记》一书中罗列和描述了众多洛阳名园的景致,从中可感受到"洛阳山水甲天下"对人们产生的极大感染力。清人袁良谟在所作《洛阳名园记题跋》一文中,还描述了洛阳作为历代一大都会所增添的形胜气势:"洛阳宰天地之中,居风雨之会。自营洛以及北宋为帝都、为陪京,二千有余年。其间宫殿楼阁,宏灿壮丽,足以穷人世之技巧,竭山海之蓄藏,不知凡几。"④ 不仅如此,洛阳还富有四方交通汇集之中心的特点,是贯通中国东西南北两大交通的枢纽。在东西向上,以洛阳为中心,向西至西安再沿古"丝绸之路"而达青海、新疆等地,向东则达于山东沿海地区;南北向上,从山西经几个渡口过黄河至洛阳,再由洛阳向南经汝州、鲁山、南阳,远至湖广、江淮等地区。这种交通上的便利,使得这里常见四方商贾之云集,各地人物之往来,各方物品之交汇,即所谓五方杂处之情形。

居天地之中,有山水之胜,兼历代都城之富丽,使洛阳直到明清时期还保有一种特殊的繁盛景象。然而,在明代前中期以前,这样的地理环境条件却并没有带来经济生活方式根本性的显著变化,商路的通达似乎只提供给外地商贾于此汇聚的便利。所以,这里商品经济的兴盛也不过是呈现

---

① 《(乾隆)洛阳县志》卷2《地理志·形胜》。
② 《(乾隆)洛阳县志》卷2《地理志》。
③ (明)刘健:《重浚伊洛二渠记》,《(乾隆)洛阳县志》卷15。
④ (清)袁良谟:《洛阳名园记题跋》,《(乾隆)洛阳县志》卷13。

出店铺林立，张灯结彩、茶肆酒楼，鳞次栉比的状况。本地商贾大都是坐地经营，而极少形成有如晋、徽、川等地那样周游各地的巨商大贾，甚至也不及豫南、豫东地区出现的较有名望的商贾。除了这种商业经济之外，这里主要的经济方式仍是农耕经济。虽然这里的气候、水利及其他自然条件较之于西部崇山峻岭地区和东部一些常遇黄河大泛滥冲击的地区更具农耕生产的稳定性，但丘陵地区却不利于农耕形式向规模化经营发展。因此，长期以来洛阳地区的生产方式基本上保留在较为稳定而简单的小农经济水平上，人为创造性的效果不甚显著。这样的经济生活方式，在长期的历史积淀中影响着人们的思维方式和生活观念，形成一种在顺应自然恩赐中追求安稳、平和的意向。对于生活水平的追求不甚高远，因而也缺乏开拓进取、争胜奋激的气势。

古籍中有许多关于洛阳民风的描述。河南古称豫州，"豫者，舒也。言禀中河之气，性理安舒也"。① 或言"豫之言舒也，言禀平和之气，性理安舒也"。② 明代弘治年间的洛阳方志，较详细地描述了这里民风的历史演变："河南盖豫州之域，乃九州岛之中。言当安逸也。又云禀和和之气，性理安舒也。民常安舒而不为乱，故名其州曰豫。自秦以还，天下也常为兵冲，而其民不习攻战，大抵务为戡定也。……洛阳风土，四方风土之所交，宜乎建邦立社。民好稼穑，务本立业。有周召之遗风。隋唐以后，五方杂错，风俗鲜纯。人皆趋利。"③ 在唐代，这里还是"民性安舒而多衣冠旧族，然土地偏薄，迫于营养。自唐李之乱，土著者寡。（宋）太宗迁晋、云、朔之民于京洛等地，垦田颇广，民多致富，亦由俭啬而然乎"。④到了明、清时期，这里也还是因"居天下之中，土厚水深，民淳俗茂，犹有东京遗风焉"。民"性行淳朴，不事华侈"。⑤ "刑讼简省，民安生理。民生安舒，迫于营业。"⑥

可见，虽然随着世迁时移，洛阳民间习尚也发生着一些变化，但由于受自然条件所限，其以农耕为本的经济方式未发生根本变化，而由此影响的民风则在相当长的时期内保留了一种传统的、不慕新奇不求新变的风格。

---

① 《（乾隆）洛阳县志》卷 2《地理志》引《晋书·地理志》。
② 同上。
③ 《（弘治）河南郡志》卷 2《风俗》。
④ 《（乾隆）洛阳县志》卷 2《地理志》引《宋史·地理史》。
⑤ 《（乾隆）洛阳县志》卷 2《地理志·风俗》。
⑥ 《（弘治）河南郡志》卷 2《风俗》。

如果说洛阳因地处四方交汇之所而禀赋一种平和、豁达，不囿地区偏隘的民俗，或者说从某种意义上缺乏内聚力和地区宗派性的话，那么洛阳地区的自然条件，对于以从事农耕经济为生计的人们则形成一种近乎保守、传统与固执的倾向。这在其文化生活习尚中表现得也十分显著。

（二）文化传统与生活习尚

洛阳处于"天心地胆之中，阴阳风气之会，四通八达之所，声名文物之区"。① 所以，这里自古便成为文化发展的渊源之地。传说河马负图、洛龟出书，伏羲因之演成八卦，经过夏、商、周三代的衍化，遂成各种不同的学术思想。"河图洛书"的出现地正是洛阳。此后，历代相继营城建都于此，使这里的文化氛围日益兴盛，隋唐北宋时期则达其鼎盛。

宋、明时期，洛阳地区的历史文化底蕴主要通过两个方面表现出来，其一是日常民俗中的礼节风习，其二则在于思想学术的理学风格。

从民间日常文化风尚来看，洛阳地区较多地保持了隋唐及以前的雍容典雅、求利务实的特色，注重赏花游景即是其突出表现之一。据记载，宋时"洛阳之俗大抵好花。春时城中无贵贱皆插花，虽负担者亦然。花开时，士庶竞为游邀，往往于古寺废宅，有池台处为市井，张幄帟，笙歌之声相闻。花落乃罢"②。此外还有逢节令的放灯、春游、扑蝶、放风筝等娱乐活动。与娱乐和日常生活相关的结社也较为盛行。如有扑蝶会，有以互助式筹集婚庆、理丧资财的喜社、寿社等。由于洛阳地区山水兼并，又丘陵地带之山不甚高大、水不成渊壑，洛阳人便凭山依水，建立园圃，聚朋燕游，寻求生活中另一种娱乐与享受，并由此形成许多名胜。自隋唐以来，金谷春晴、天津晓月、铜铊暮雨、洛浦秋风、马寺钟声、龙门山色、平泉朝游、邙山晚眺等洛阳八大景广为相传。到了明清时期，又增至12景，另外还有24小景之说，可见这种遨游的盛况。在具有较高文化水平的士人中，辟园植圃、结社集会、饮酒赋诗的风气，一直延及明清时期。连个性不好铺张的刘健，早年在乡里也曾与洛中名士有过这样交游的经历。

从思想学术方面来看，直至明代前中期，洛阳地区更多地继承和保守着宋代以来程朱理学的传统，即所谓"伊洛之学"，又称"河洛之学"或"洛学"。它是由宋代诸儒在继承传统儒学的基础上创新发展，由程颢、程颐兄弟集其大成而发展起来的一种新的儒学理论体系。二程在洛阳，以师

① 《（乾隆）洛阳县志》卷2《地理志·形胜》。
② 《（乾隆）洛阳县志》卷2《地理志·风俗》。

友、门生弟子等形成一个颇具规模的学术群体，优游于伊、洛之间，讲学论道。清代洛阳县志对伊洛之学的兴起有一段较为清晰的说明："盖圣门千秋绝学至二程子而续其传，而又得吕（希哲）、邵（雍）诸贤为之友，刘（绚）、李（旰）、尹（焞）、张（绎）诸儒为之弟子，一时并萃于百里之中，优游二水之上。伊洛也，宛若洙泗矣，可不谓盛哉！"① 由此发展起来的儒学与早期儒学的确有了很大不同，它以"理""欲""道""器"等基本概念为主导，将儒学传统思想，结合魏晋、隋唐以来的道家、佛学思想在更高的哲学思辨层次上进行了精邃的探讨和论述。因此，这种独树一帜的"伊洛之学"也被称为理学或道学。宋室南渡之后，理学经朱熹等人在南方进一步发展，故后人以程朱理学合称宋代儒学。

程朱理学至明代前期仍为学术之主流，并被明初诸帝钦定为官方正统思想。黄宗羲在《明儒学案》中对宋明理学的传承有较为全面的介绍，其描述明初的传承情形说："明初得宋儒之传者，南有方正学先生首倡浙东，北有薛敬轩先生奋起山右。一则接踵金华，一则嗣响月川（曹端），其学皆原本程朱也。"他还特别推重曹端在理学传承中的重要地位和作用："方正学而后，斯道之绝而复续者，实赖有先生一人。薛文清亦闻先生之风而起者"。② 这即说，明代的程朱理学是经由方孝孺而后经曹端、薛瑄而继其统绪、发展起来的。

曹端（1376—1434），字正夫，号月川，河南府渑池人，"五岁见《河图》《洛书》，即画地以质之父。及长，专心性理。其学务躬行实践，而以静存为要"。③ 在持守二程学说的同时，曹端还特别钟情于宋代周敦颐的太极之说，并将二者结合起来，称："天下无性外之物，而性无不在焉。性即理也，理之别名曰太极，曰至诚，曰大德，曰大中，名不同而道则一。"④ 从此出发，他强调践履即是实现存诚致德的根本要求和途径。曹端的学术风格经其门人弟子的传承，在伊洛地区具有极大的影响。薛瑄本为山西河津人，南距黄河不远，越河即入豫西。薛瑄受曹端学术倾向的影响，特别注重理学政治思想的践履，但他不像曹端那样注重太极演绎。他的理气观又回到了程颐"有理则有气"的基点上，他说："理气无先后，无无气之理，亦无无理之气。"⑤ 这即是说理气不能相分。同时他也和程颐

---

① 《（乾隆）河南府志》卷40《人物志三》。
② （清）黄宗羲：《明儒学案》卷1《师说·曹月川端》。
③ （清）张廷玉等：《明史》卷282"曹端传"。
④ 同上。
⑤ （清）黄宗羲：《明儒学案·河东学案》上。

一样，强调"理"是高于一切的客观存在的实体："气则万变不齐，理则一定不易。"正因为薛瑄的思想倾向与伊洛之学的精神实质是一体的，因而明初北方理学又有"河洛之学"之称。当薛瑄讲学形成盛大气候，洛阳一些名士也纷纷前往就学。与刘健同时而年稍长的阎禹锡、白良辅等，就是薛瑄的高徒。

从明中后期始，阳明心学日兴，使得明初以来程朱理学在思想上的一统地位有所动摇。但心学主要盛行于南方，洛阳地区的学术思想领域，除了尤时熙、孟化鲤等少数人物讲论心学之外，并没有形成心学热潮。值得注意的是，即使是尤时熙、孟化鲤等人所传心学，也因掺入伊洛之学突出对传统儒学践履特色而与南方盛行之心学各派有所区别。所以，在心学兴盛之前的明代前期直到明前中期，一方面是传统伊洛之学的风尚，另一方面也受到薛瑄"河津之学"的影响，洛阳地区的思想学术领域便成为程朱理学的主阵地。随着明代科举制度的日益发展，程朱理学又被立于官方哲学并作为科举考试的范本，故洛阳的士子们更加执着于程朱理学的理论探究。阎禹锡、白良辅、刘健等人正是在这样一种学术文化背景下成长起来，并以理学观念与政治追求相结合来构建其人生方向。

第二节　家教传统与求学

洛阳地区社会文化环境对刘健个性型塑的影响作用，首先是经由家族教化的潜移默化实现的，其后才在刘健求学经历中，经系统化、体系化的理论探索而奠定其思想品格的基础。

一　家教传统

如同许多具有一定文化教育背景的家族一样，刘氏家族也十分重视家族内部的教化，并且这种教化与当时整个社会思想文化中"仁、义、礼、智、信"等主流儒家思想意识保持着高度的一致。刘氏家族精神传统中存在着两种显著的风尚：其一，是表现在日常生活中的"处己接物，动必循理"①、孝亲睦邻、勤俭朴素；其二，表现在对于读书致学的极端重视。具体而言，刘氏家族的传统风尚可以归纳为以下几点。

---

① （明）谢迁：《大明赠光禄大夫柱国太子太保礼部尚书兼武英殿大学士刘公神道碑》，
　　《（弘治）河南郡志》卷 24。

首先，以勤俭为本。这一特点在刘荣身上表现得尤其显著。刘荣早在做牧童时，就养成了勤俭耐劳的作风。"日出而作，日暮而息，十分殷勤"，故此得到那家富户的格外看重，在其母翟氏去世之时，富户帮他在三山村西岗置得墓葬之地。刘荣也自此独立门楣，亲事农作，"勤苦自力，凡农圃事，率以身先之。久之，家日充裕"。① 如果说刘荣的不辞辛劳，在一定程度上还由于当时的困难处境，那么当其家道日兴、经济宽裕的形势下，刘亮的勤劳则主要显示出其品行的养成。在他于正统十二年（1447）58 岁改任陕西三原县学教谕时，因"爱其士多秀敏，年虽高，犹日夕讲授不辍寒暑"。② 在刘氏家族，刘健无疑是获得社会地位最为崇贵的人物，然而刘氏后人却说"当年公为少傅兼太子太傅、谨身殿大学士，往来皆朱紫，谈笑尽轩辕，新扩宏图，大兴土木，以为接官应召之地，固其宜也。近考寨上公家畴昔而竟无浩大之建设，宏伟之经营。公而忘私，国而忘家，而只以忧国忧民为事，鞠躬尽瘁，死而后已。三朝元老，两袖清风"③，依然保持着崇尚俭朴的作风。刘氏家族养成的尚俭朴、重名节、友亲族、睦乡邻的风尚，刘健不仅从父祖身上得以承继，且也将之传给了后人。

其次，力行孝义。在传统中国伦理文化氛围影响下，孝义实际上已成为一般家族规范中一项基本的要求，只是表现在具体的个人身上会有程度不同的表现。刘荣在起初家境不好时"奉母极孝敬，甘旨必备"。刘亮也"素孝谨，事父如严师。既仕，每值诃责，犹跪俟杖，怒解，乃已。暨兄（刘）宽勤苦树门户，居相慕爱，老不色忤。兄子敩，少失母，躬抚教之"。④ 应当说，刘亮所表现的孝义品格确实是出于一种对根本理念的认同，所以在其日常行为中就表现得比较全面。

再次，和睦乡里、亲信朋友。刘荣早年在洛虽然身处穷困之境，在处理乡邻关系中却颇显志节。不仅常常助乡人明断曲直，还"平居恒以赒恤贫乏为念。人或称贷，不屑责偿。家用斗斛之类不二。既更新，辄毁其旧"。⑤ 刘亮为人也是既重原则，又求和睦，"与人恭逊，未尝骑入里门。见老长，虽贱，必拜"。所以在周围人群中能获得良好声誉和尊敬。"在滨

① （明）谢迁：《大明赠光禄大夫柱国太子太保礼部尚书兼武英殿大学士刘公神道碑》，《（弘治）河南郡志》卷24。
② （明）李东阳：《大明陕西三原县儒学教谕致仕赠光禄大夫柱国太子太保礼部尚书兼武英殿大学士刘公神道碑铭》，《（弘治）河南郡志》卷24。
③ 1985 年《（洛阳）刘氏家谱·位家屯中和寨之由来》。
④ 同上。
⑤ （明）谢迁：《大明赠光禄大夫柱国太子太保礼部尚书兼武英殿大学士刘公神道碑》，《（弘治）河南郡志》卷24。

（州）尝病暑，两坐诸生更执盖立侍。比秩满，争遣子弟挽车上京师。讫改任始返。其去澄城，值道梗，诸生共推勇有力者护之行，次朝邑，盗忽夜至，竟升屋操挺石敌之。盗不敢近。比晚乃去。没后数十年，诸家子姓传道旧时事犹恋恋不置，其感人深如此"。① 刘亮能够获得诸生的这种敬重，不仅是因为他作为训导、教谕进行尽职尽责的教育，还与其为人知礼重义的风尚有相当密切的关系。

复次，重学行道。刘健的父祖辈都深晓读书明理为立身之本。刘荣"早年失学，稍长，读书通大义，处己接物，动必循理"。② 在其定居于东侯保后，"所居乡，僻远城市。环数十里，无知书者。独能延师教子。卒成名科第"，可见其对读书求学的重视。出身于大户人家的刘荣之妻曹氏，也是"端严有则，不妄言笑"③，这除了性格上的原因外，也与其重家教有关。所以她能在子女的家教方面起着"内助实多"的作用。及至刘亮便有"朴学直道"的求学致理效果，并在日常行事中体现出"平生务实学。其教以明理，饬行为，不专文艺。学者皆畏且服之"④ 的风尚。

最后，致教以严。刘氏家教素来严谨，不仅表现在个人行为方式的以身作则，更体现于对子弟的教导与要求中。刘荣"训子姓以义方。或有过，屏息不敢仰视"。⑤ 刘亮对待县学诸生也有这种风格，他"条格严整，尤勤训迪，不任私喜怒为赏罚。尝再摄渭南县学，两学生皆父视之。赖以成材者甚众。正统巳未以母艰去。壬戌，改山东滨州学，虽不久任，诲亦弗倦。癸亥考最，迁陕西澄城县学教谕。俗戆直难训。公用刚克，毕就矩矱"。⑥ 刘健也曾训诫子侄辈："汝曹生长膏粱，侈肆则易，少弗知检，为患滋甚。"⑦

由以上所述可见，刘氏家族崇学重教的作风在起初的二、三代人身上表现得十分显著。由于缺乏相关资料，对于洛阳刘氏后世子孙们的作为和

---

① （明）李东阳：《大明陕西三原县儒学教谕致仕赠光禄大夫柱国太子太保礼部尚书兼武英殿大学士刘公神道碑铭》，《（弘治）河南郡志》卷24。

② （明）谢迁：《大明赠光禄大夫柱国太子太保礼部尚书兼武英殿大学士刘公神道碑》，《（弘治）河南郡志》卷24。

③ 同上。

④ （明）李东阳：《大明陕西三原县儒学教谕致仕赠光禄大夫柱国太子太保礼部尚书兼武英殿大学士刘公神道碑铭》，《（弘治）河南郡志》卷24。

⑤ （明）谢迁：《大明赠光禄大夫柱国太子太保礼部尚书兼武英殿大学士刘公神道碑》，《（弘治）河南郡志》卷24。

⑥ （明）李东阳：《怀麓堂集》卷78《文后稿》第15。

⑦ （明）刘龙：《特进光禄大夫左柱国少师兼太子太师吏部尚书华盖殿大学士致仕晦庵刘文靖公行状》，《紫岩文集》卷41。

品行无从作具体考察。但从今天洛阳《刘氏家谱》和其他一些史料中的相关描述中，仍可看出前辈先人为人处世作风对后人产生的一定影响。洛阳刘氏于 1985 年所修家谱中引录有两段旨在标示刘氏宗派支系延传的宗派诗。前一段为民国十三年（1924）洛阳刘氏第十七世孙续修家谱时所作："景乃平阳会，汉亭延泽长，中山传继庞（广），太康道发祥。希卿培大业，洛图庆兰芳。家庭尚仁孝，恒裕先人光。"这还基本上属于对先世发展昌盛的描绘，但也透露出刘氏家族以"仁"与"孝"治家、治身风尚的继承。① 后一段为 1985 年洛阳刘氏续修家谱时续编之宗派诗："积善承天赐，懋德接福荫。安详恭敬则，忠谋嘉猷箴。恢绪缵考志，象贤步祖勋。本支递百代，昭穆序万春。"这更明确体现出一种"勉励为善，迎接祥瑞"、"教后人遵循着'从容''恭敬'的法则去行事"，"规劝子孙要以忠诚的谋略来待人对事"② 等风尚。

　　总之，刘氏家族具有勤俭朴质、直道行事，恭行孝义、和睦乡邻，重视读书求学、尊崇正统儒教的风尚。并且这种风尚在包括刘健在内的洛阳刘氏最初几代人身上都有着突出的表现。从某种意义上言，刘健后来政治生涯的功过成败，也都与他早年所承受的这种家风影响有相当的关系。正是这种家风，在刘健早年的求学和成长经历中，发挥着对其个性型塑，对其志向规约的作用。谢迁在为刘健祖父刘荣撰写的神道碑文中就曾经指出，刘健后来能够达到"正学直道，宏才伟识，位隆辅弼，方以身任天下之重，海内瞻仰，为国柱石，实自公（刘荣）启之"。所以他进而在铭词中称："若流斯湮，载浚其沉，若木斯拔，栽培其根。沉则深矣，根则厚矣，尔身不试，昌尔后矣。"李东阳在刘健之父刘亮的神道碑文中也称："今少傅公（刘健）名德重天下，屹然为一代元臣，勋业所被，皆公（刘亮）教也。"应当说，这些表述在一定程度上道出了刘氏家族传统对于刘健政治人生的某种正面影响。当然，由于时代和社会阶层之立场的影响，谢迁、李东阳们是无法认识或认识到也无法直接表达这种家族传统对于刘健政治生涯的负面影响。

二　刘健早年的求学情形

　　中国封建时代盛行"学而优则仕"。科举制度的实行不仅使上流社会、即使一般家庭也可经由科举入仕来改变自身和家庭的社会地位和命运。因

---

① 参见 1985 年《（洛阳）刘氏家谱·宗派诗简介》。
② 同上。

此大凡士子求学，无不与科举应试紧密地联系在一起。科举制度就这样为士子的刻苦求学提供了一种强大的动力。在明前期，洛阳地区和全国其他地方一样具有浓厚的士子求学风气。刘荣在家境稍有宽余之后，便为儿子延师聘教，引导其走上科举之路。而刘亮的中举入仕，也成为刘健后来追求学业的一种榜样。由于资料缺乏，今天已无从知晓刘亮求学的情形及其学术倾向。但考察刘健的求学经历，却可以明显看出其求学情形的三点倾向。

其一，是求学中的勤奋与刻苦精神。在父祖辈的崇学、重教风范影响下，在以儒学为主导的封建社会思想文化氛围和明代注重科举的形势下，刘健自幼便感受到读书求学的价值和意义。且他个性独立，"幼不好弄，视群儿嬉戏，端坐微笑而已"。① 刘健天资颖绝，特别喜好读书。"稍长，嗜学无间昼"。② 有一次，天刚刚发亮，刘亮起来去厅堂经过刘健房间时，惊异地发现窗口透着灯光。他上前一看，刘健还在看书学习。刘亮既疼惜又责备地说："儿何苦乃尔？"经反复催促，刘健才上床休息。刘健的刻苦与努力，不仅使他学问日益增长，在乡间邻里得到肯定和赞扬，也使其在科举的道路上不断取得显著成效。景泰三年（1452），他20岁时以其学力得补入县学，成为县学的正式学生，获得了秀才资格。第二年参加河南省乡试，发榜之日，周围乡人群集观望，看到刘健果然榜上有名，都欣喜地赞叹：以刘健之学问，此榜理应有他才对。

其二，是在学术倾向上以伊洛为宗，持守程朱学说之旨。刘健身处伊洛之学盛行之地，接触的自然是以程朱理学为主要内容的学术理论。但实际上，封建时代在正统儒学之外，还存在众多旁流支脉的其他学说和思想。在社会生活复杂多样、人们的文化需求也因时因地而有所差别的背景下，即使是执着于追求科举应试的士人，也常常免不了于经、史、子、集甚至杂流俗品之类的书籍中广泛涉猎。但刘健却是"书非正不读"。他所读的所谓正书，都是能够阐述天下"至理"，讲求"性理"之学，即关于天理人心的理学著作。他不仅爱读此类书，而且好深思、探究这些书籍中那种深奥、晦涩的所谓义理，每"读书作文，务精思至理，发明圣贤之蕴"。③ 所谓"圣贤之蕴"，是经过程朱理学的哲学化发展，汇聚于理学著

---

① （明）刘龙：《特进光禄大夫左柱国少师兼太子太师吏部尚书华盖殿大学士致仕晦庵刘文靖公行状》，《紫岩文集》卷41。

② （清）孙奇逢：《中州人物考》卷2《刘文靖健》。

③ （明）刘龙：《特进光禄大夫左柱国少师兼太子太师吏部尚书华盖殿大学士致仕晦庵刘文靖公行状》，《紫岩文集》卷41。

作中的那种传统的儒家政治思想，即"仁、义、礼、智、信"，君臣父子、上下尊卑等的道德理念和伦理规范。明初理学名儒曹端就曾把这种道德伦理规范当作自然之"天理"要人们去接受，他说"学圣希贤，惟在存诚，则五常百行，皆自然无不备也。无欲便觉自在"。① 刘健在致力于学习和探求这种学术理论时的确是诚挚而执着的，他的名字中也恰巧有"希贤"两字，可以说是很能表现他对于理学之"诚"的。通过早年致力于这种理学理论的学习与探索，在刘健的思想意识中便积淀了深厚的儒家政治思想根基和底蕴。这种学术基础不仅从人性品格上直接影响了刘健青少年成长期的个性塑造，也作为思想意识倾向深刻地影响了后来他作为政坛人物的政治实践。

其三，是学术风格上不尚浮华而重践履的特色。刻苦读书，勤奋学习是大多数学子，尤其是以科举为目标的封建社会士子通常所具有的表现。然而对于刘健而言，读书、学习固然是指向科举甲第，却不仅限于应对考试，更重要的还在于用其指导现实的社会活动。实际上，注重实践一直是伊洛之学显著的学术风格和倾向，这也正是儒家思想传统所倡导的精神实质所在。宋代二程就特别强调"学者不可不通世务"。而其"读书将以穷理，将以致用也。今或滞心于章句之末，则无所用也，此学者之大患"。② 明初诸儒既为程朱理学之"支流余裔"，也特别重视理学的实践性。曹端"笃践履，谨绳墨，守儒先之正传，无敢改错"。③ 薛瑄在求学致道的途径和方式上，也非常重视实践的作用。他在给弟子阎禹锡的信中引用二程"经以载道，诵其言辞，解其训诂，而不及道，乃无用之糟粕耳"的语句之后，进一步发挥说："因经以求道，乃进学之至要。盖凡圣人之书，皆经也。道，则实理之所在。苟徒诵习纸上之经，而不求实理之所在，则经乃糟粕"。④ 薛瑄的理学思想还特别强调对于"道"的践履，他甚至认为："自考亭（朱熹）以还，斯道已大明，无烦著作，直须躬行耳。"⑤ 秉承伊洛之学之精神，又通过与薛瑄弟子的接触、交流而受其思想影响的刘健，在早年求学过程中就逐步形成了注重实践、倾向经世致用的思想意识。

与学以致用的追求相应，刘健治学中还常常表现出一种鄙视浮华虚饰的倾向。他的孙外甥温如春就说他"为文不事浮华，务求至理，以究圣贤

---

① （清）黄宗羲：《明儒学案》卷43《诸儒学案上》。

② 《二程粹言》卷2《论学书》。

③ （清）张廷玉等：《明史》卷282"曹端传"。

④ （明）薛瑄：《薛敬轩先生文集》卷1《答阎禹锡书》。

⑤ （清）张廷玉等：《明史》卷282"薛瑄传"。

之蕴"。① 明人杨一清所言更明确："公之学，根极性理，以伊洛为师。书非正不读，发为文章，务阐明义理。羽翼风教，刊落华藻，悉归于纯厚。作举子业，亦以理为主，不逐时好。"②

综上所述，在明代前期程朱理学盛行的洛阳，通过刻苦学习，刘健已基本确立了程朱理学的思想观念及其学术风格，从而接受和认同了儒家政治思想的基本理念，并形成其注重实政的思想意识与追求。随着他在科举之路上的不断上升，他的这种思想意识和学术风格也不断得到强化、巩固，最终成为塑造他个性的精神因素并作用于他未来的政治生涯。

第三节　乡里交谊

在刘健早年的生活经历中，除与家族和乡邻日常事务性交往以外，与洛中名士和其他地区各种人物的接触与交往，不仅是其早年认识、适应社会环境的重要途径，也是他借以认识和塑造自我的重要参照。从这个意义而言，其与洛中名士的接触和论学，对于他从学问深研中确立自我的思想意识具有更显著的影响，而与洛阳以外的人际交往，则提供给他认识社会实际更为广阔的视野与空间。

一　与洛中名士的交游与论学

书不读，不明知识，理不辩，不成信念。如果说刘健早年的读书和学习，还只是从获取知识的层次上逐渐地认识和接受程朱理学为主的儒学思想学说，那么其早年在乡里的各种人事交往与社会实践，尤其是在与阎禹锡、白良辅等"洛中名士"的学问交流中，则不断加深和强化着这种学说对其思想意识和精神品格养成的影响。

阎禹锡（1426—1476），字子与，洛阳人。其能负声名于乡里者主要源于两方面的表现。一是其自幼即以孝行闻名乡里。他父亲阎端，曾中河南乡试为举人，官至县学教谕。父亲去世时禹锡只有 9 岁，"哭父几灭性"。③ 他母亲去世时，其正在昌黎县学训导职任上，他闻讯即辞职而徒步返洛，在母亲坟墓旁搭庐居住，守墓三年。他的这种孝行受到乡人称赞，

---

① （明）温如春：《太师谥文靖刘公祠堂记》，《（乾隆）河南府志》卷85。
② （明）杨一清：《少师刘文靖公神道碑铭》，《（乾隆）河南府志》卷89。
③ （清）张廷玉等：《明史》卷282"阎禹锡传"。

并由地方官员上闻于朝。明廷"诏以孝行旌其闾"。① 因为他后来曾官任督学御史，洛阳县为此专门建立孝行御史坊以旌表其孝义与地位。②

阎禹锡知名于乡里表现之二，则在于他理学方面的造诣。禹锡也是天资聪慧、好学求理之人。史书记其"童时颖敏，读书日记万言"。③ 年稍长即"博涉群书"。④ 早年他读书、学习同样是指向科第之目标，并于正统九年（1444）19 岁时中河南乡试，官授昌黎训导。因母丧守制而辞任后，他本想继续科举之路，时恰逢以学宗程朱、倡复性践履而称著于时的薛瑄谢政归乡，在山西河津县聚徒讲学，探研"河洛之学"，禹锡遂弃举业而前往就学。他的明敏于识、践行于道甚得薛瑄赏识。禹锡最终成为薛瑄门下之高徒，在他学成将归时，薛瑄曾送至里门，并以"居敬穷理"相告诫。从此他以复性、求道为宗旨，益务力行。不久，他转迁开封儒学训导，任职期间，以理学之"微妙"教授士子。薛瑄在通信中则告诉他："谓学徒告以微妙，茫然若夏虫之疑冰。是诚然也。……故教人之法，最宜谨其先后、深浅之序。若不量所至，骤语以高妙，不止不能入，彼将轻此理为不足信矣。"⑤ 他"即以所得为教，四方从之者日众。州之民无少长皆化之"。⑥

阎禹锡早年出于个性与社会风尚的濡染，不自觉地表现出的孝行，在经历日益年长的读书进学之后，尤其是师从薛瑄，深研理学要旨之后，最终便与其理学旨趣合而为一，成为其以践履"道"为指向的现实追求。他在天顺时期任御史、提督畿内学政时，便"慨然有造就人才之志，厉名节、敦士风，抑词章之习，明本原之学。……一时人士皆粗知性理"。⑦ 可见，阎禹锡的致学，重在践行"道"与读书习经的统一，这正是理学的核心理念之一。

白良辅（据称为白居易之 36 代孙，生卒年不详），字尧佐，也是洛阳县人。他以"淹贯经史，博通性理诸书"⑧、学宗理学享誉于洛阳名士之中。他自幼喜读性理诸书，也是以科举之事为首务。正统十二年（1447）中河南乡试。闻山西河津薛瑄聚徒讲学，他也和阎禹锡一样前往就学，但

① （清）张廷玉等：《明史》卷 282 "阎禹锡传"。
② 参见《（嘉庆）洛阳县志》卷 8《土地记》附坊表。
③ 《（雍正）河南通志》卷 61 "阎禹锡传"。
④ （清）张廷玉等：《明史》卷 282 "阎禹锡传"。
⑤ （明）薛瑄：《薛敬轩先生文集》卷 1《答阎禹锡书》。
⑥ 《（雍正）河南通志》卷 61 "阎禹锡传"。
⑦ 同上。
⑧ 《（弘治）河南郡志》卷 14《人物》。

薛瑄却没有接纳他为弟子。后"良辅乃以十胾为贽跽于门，日昃不返。瑄以其诚延之弟子之列。居岁余，尽得其学"。①

　　虽然白良辅具有执着于学的精神，并且"尽得其学"，但他泼辣、干练、雷厉风行的个性，的确不如温厚有余的阎禹锡那样更易于沉浸在理学思辨之中，这大概也是薛瑄更钟情于阎禹锡的缘故。实际上，两人于学、于政各有所长。阎禹锡曾经担任几年训导、提督学政等官职，大都是与学校教育有关，正可提供给他以理学启迪士子的机会。此外，其主要成就表现在编纂学术著作方面。除《二程全书》《晦庵要语》《敬轩读书录》《河汾诗集》等之外，他还自著有《自信集》，都是从学术角度阐释其理学思想和观念。他的诗文中也颇显示出哲理思辨的风范。在《环翠亭记》一文中，其记叙为此亭命名的缘由时就颇能显示出此种特点。他首先以优美的文笔描绘了周围水光山色之秀美，接着由此胜景启迪人们的进一步思考，引发出一种富于哲理、又具玄妙的理性境界。他说："夫耸然而峙者，孰不知其为山乎？冷然而流者，孰不知其为水乎？然以物观物，则万物各为一物。以理观之，则万物统为一物。今夫山，包藏发育，其动也；安重不迁，其静也。动而无动，其理与仁者相符也。今夫水，渊深不测，其静也；昼夜不舍，其动也。静而无静，其理与智者相契也。坐斯亭者，俯而读，仰而思，对山而静仪刑，则必起安于义理之心，不以玩而替谨。观水而触不息，则必思达于事理之念，不以荒而废勤。持久渐明，知仁合一。所谓知周万物者，在于斯道。济天下者，在于斯环翠乎哉！"② 由这段论述可以想见阎禹锡更富于思辨的理学风格和境界。

　　白良辅则不同，更多地在政事中显示出自己的气魄。景泰二年（1451），他荣登进士，官拜监察御史。他为政果决，对于违法乱纪的权贵、豪强势力也敢于惩治打击，不避艰险。在相继出巡山西、陕西等地时，甚至出现"奸宄遁迹。贪官望风解印"③ 的局面。后来他升任太仆寺丞，"甫二载，士论方以大柄期之，卒于官"。④ 虽然他也著有《太极解》《律吕新书》《释义》《中庸肤见》等书目，显示出其博学多才，却显然不及阎禹锡对于理学精义的执着和偏好。

　　阎、白都属薛瑄的弟子，都以理学名士享誉洛阳。他们在追求性理之学上与刘健有着共同志趣，彼此间也有较多的共同话语，所以常常在一起

①　《（嘉庆）洛阳县志》卷44 "白良辅传"。
②　（明）阎禹锡：《环翠亭记》，《（乾隆）河南府志》卷85。
③　《（弘治）河南郡志》卷14《人物》。
④　同上。

讨论学问。洛阳城东门外有瀍河，洛阳处士李维恭曾选卜一处建造亭阁于其上，聚书数百卷置其中，以为读书休养之地。此地景色秀美，在亭下周围分区种植有各种蔬、药，并引瀍水灌溉，以致沟渠纵横。因与河相连，时而也可垂钓于其间。登上此亭，又可临高纵望，洛阳一带山水形胜尽收眼底。远景幽丽寂寥，峰峦叠翠，使人心旷神怡。这座亭起初仅为教子读书之处，因李处士崇尚气节，交往学者名流，这里便成为名士聚萃，谈学论文之地。阎禹锡、白良辅、刘健等人也时常光顾于此，既交流学问，也陶冶情志。

刘健中举之后，于乡里"名益重，学者多宗之"。① 与阎、白交往论学也成为洛阳名士中一段佳话。阎禹锡长刘健8岁，但刘健与阎禹锡在学术旨趣上相近。两人曾专门讨论理学宗旨，所见颇为投契。阎禹锡虽为年长，却对刘健颇为优礼敬重。他曾对乡里朋友说，有如刘健之人，伊洛之学，后继有人了。

虽然白良辅也较刘健年长，但在理学精神的领会方面，刘健却似乎比他更显深刻。有一次，在涉及理学思辨的一些具体问题的讨论中，两人理解不同，争执不下，最后各自悻然而去。但到第二天刚刚拂晓，白良辅即来敲刘健房门，见了刘健，长揖一下说："吾中夜乃思得之，始知子贤远于仆。"②

应当说，刘健的理学意识，一方面得自伊洛之学的传统秉赋，另一方面，则是通过与阎、白的交流，进而受到薛瑄思想的影响。薛瑄之学"一本程、朱。其修己教人，以复性为主"。③ 这与刘健自己的体会正相契合。所以刘健与阎、白的接触与交流，进一步巩固与深化了刘健对理学基本理念的认同，强化了其注重实践的风尚。所以，从某种意义上言，刘健虽不曾师从薛瑄，却得其学术之真髓。他不仅与阎禹锡、白良辅具有共同的理学旨趣，而且各自以不同的形式在不同程度上实践了其学术思想中的政治追求。因此，三人都被赋予"理学名臣"的美誉。明代后期，洛阳县在县东关夹马营南为三人专门建立了三贤祠，每年于特定时节施以优礼、祭祀。

①（明）刘龙：《特进光禄大夫左柱国少师兼太子太师吏部尚书华盖殿大学士致仕晦庵刘文靖公行状》，《紫岩文集》卷41。

② 同上。

③（清）张廷玉等：《明史》卷282"薛瑄传"。

二　其他人际交游

除了阎禹锡、白良辅之外，刘健早年在洛阳交往的名士还有其他一些人，如毕亨、李祥等。

毕亨（1420—1488），字文亨，其先人为戎籍。毕亨虽"生戎伍间，颖然超出群类。自幼雅志读书"。① 恰遇朝廷有令允许军籍子弟应试科举，于是毕亨最早进入河南府学为庠生。他一入府学，即"在侪辈中修然玉立，操笔作为，文辞造道语"。其时，提督河南学政的欧阳哲对其甚为赏识，屡屡在众人面前称赞，以其为激励士子的榜样。正统十二年（1447），毕亨以《易经》第二名的成绩中河南乡试。他的试卷作文，被地方官员录刻为士子学习的范文。之后虽两次会试未中，却得入太学受业，与天下名士交游，名望随之日升。在景泰五年（1454）得中进士后，他历任南京都察院陕西道监察御史、福州知府、应天府尹、都察院右副都御史等职，其为政严明，百僚振肃。在任陕西道监察御史时，他受南京都察院都御史轩𫐐倚重，不仅在督办粮谷中革除宿弊，且"凡诸道百疑狱，一以付公。公片言之间，立以剖决。一时声誉翕然以起"。在福州，理民事，督制作、整驿传，政绩卓然，被评论为"闽中八郡，称良守者，以公为首"。在应天府尹任上7年，"一以省事鄹费为先……民不受害而官事也不废"。② 他淡于名利，刚年届55岁便乞休。获允归乡之后，在洛南买得一片田园，却正是宋代司马光之"独乐园"旧址。他不愿"独乐"而欲与众共乐，即改名"水南乐处"，与十多位致仕故旧，组成真率会，每月初一和十五都会集于园中，效当年司马光辈，"饮酒为鄹，高歌投壶、赋诗论文，抵暮方还"。③

毕亨为人豁达洒脱，与人交，心无芥蒂，尽情相与。因而被认为是"质实洞达，矢口见心，不为城府"。早年在乡对诸兄克尽友弟，与刘健等人也彼此相知、投契。他虽善于诗文，却也不事雕琢，与刘健不事浮华的性情颇为相近。毕亨虽然自己为人秉正严明，以其年长阅历，却也时常规劝刘健不能因为执着而影响与人相处。由此可见其为人之坦诚。

李祥，字廷瑞。其家族世居于洛阳西侯里，与刘健家族所居之东侯里相近。从李祥的祖父李敬、父亲李让以来，李家数世未有入仕之人。但

---

① （明）丘浚：《明故正议大夫资治尹都察院右副都御史毕公墓志铭》，《（弘治）河南郡志》卷29。

② 同上。

③ 同上。

"自其上世以来，敦本积善，为乡曲所重"。这种家世背景在某种意义上也与刘氏家族背景相类。到了李祥这一辈，李家也出了一位显贵的人物，这就是李祥的堂兄李荣。李荣"性禀中正，博洽书史"①，于正统十年（1445）净身入京，景泰初选入内庭，至弘治时则长期任司礼监太监，掌监事。应当说这种情形，也是颇值李家人骄傲、自豪，以至于有骄横跋扈之资本。而对于李祥来说，更大的优势还在于他的儿子李珍，"以宗族贤胤"为由被李荣接取至京，过继为子。"成化间宣、代有警，珍挺身报效，屡立战功，历升锦衣卫百户、千户。又于威宁有功，累升本卫都指挥佥事，掌卫事"。② 李珍获推恩封赠二代如其官，所以李让、李祥父子也得赠为昭勇将军、锦衣卫都指挥佥事。然而，李祥却在这种背景下依然保持其家族传统的风尚。因而，刘健对其有如此的评述："公为人性尤敦朴，不事华饰。凡所以持身治生，一务于勤俭。故家道视其父祖以来为尤盛。逮获恩封，益自收敛，时太监公（李荣）方有盛宠于朝，而锦衣君（李珍）掌禁卫，亦时所贵重。他人处之鲜有不骄奢自恣者，而公乃恂恂如寻常，非公事足迹未尝至城市，达官贵人过洛者或就访之，辄再拜曰：'田野之人，不敢登公门，幸即此容谢。'其谦退不矜类如此。"③ 正是由于李祥为人贤德、谦逊，"尤好施与，不汲汲以求报"，所以在其乡里，人多乐于与其交往。刘健也因之对其了解、相交，并在其去世之后，以朝廷一品大员的身份，为他这样一位普通乡人作墓志铭。

另外，由于父亲曾任职陕西、山东县学训导、教谕，刘健早年人际交往的范围也随之扩展到洛阳以外。在刘健青年时期即在18—24岁，正值父亲刘亮在陕西三原县学教谕任上，且年事已高，因而刘健往来于豫陕之间更为频繁。沿途在各地驻留，也曾与当地一些士子名士相识相交。但相互间能建立起深厚友谊者，大都属于与刘健本人志趣投合，或者进学有方，学问深粹；或者为人端方，务修德行。如在灵宝，其时县学诸生嗜学者甚多，但尚未有能中科第者。刘健已先于景泰四年（1453）中乡试，又较这些士子年长，故常于此与之讨论学问，频加激励。许进、何钧都是于此间与刘健相交厚者。刘健曾对其言：能够付出如此的辛苦，不久的将来一定能够获得金榜题名。后果然有数人相继中河南乡试。许进、何钧又先后登进士，或拜京职，或出任地方。数十年后，刘健以詹事府少詹事奉命

① 《（弘治）河南郡志》卷14《人物》。

② 同上。

③ （明）刘健：《明故封昭勇将军锦衣卫都指挥佥事李公墓碑铭》，《（弘治）河南郡志》卷24。

代祀西岳、西镇，途经此地时，还曾访询当年诸生，却或物故，或出仕在外，均未得见。直至弘治间，应何钧之请，刘健为灵宝县学重修作记，才再度忆及当年人事。

地处河南西部的陕州，也是刘健早年往来豫陕之间的一处驻留之地。在此，刘健结识了一位声名卓著的小人物，这就是赵锡。

赵锡（？—？），字大范，其家世居陕州。其曾祖父、祖父皆未入仕。他父亲虽然自幼读书习儒，却也未能入仕，而只在家乡收徒授业。明洪武年间，他父亲被起用为山东单县农官，因非其所愿，不久便借至京师报政之机投入军籍，改为宿卫军而居南京附近。其时不满两岁的赵锡，与母亲和一位姐姐留居陕州。后因年稍长，赵锡曾想代父远役，而让父亲回归陕州与家人团聚，母亲因其年幼而阻之。后闻父亲在南京别娶一妾，生一子，无法再行回归，赵锡便只有与母亲、姐姐孤苦相依。父亲去世时，赵锡年纪尚浅，却立志将父亲骸骨迎归全葬。在他历经艰难跋涉回到陕州时，却发现母亲因过度思念他而去世。连遭如此打击，一时家徒四壁，一贫如洗。但他并未因此萎靡颓废，靠着自己的智慧和坚韧不拔的意志，竭尽全力，将父母安葬，并将在南京年幼失母的庶弟背回陕州照料。他的姐姐年轻守寡，他也尽力侍奉至老，并为其谋划身后之事。他的孝行和坚毅，在乡里赢得人们的交口称赞。

因年幼失怙恃，且家境艰难，赵锡早年未能读书习儒。但他平日却留心阴阳术，并以此营谋家计，渡过难关。他的德行、才智在不断受到乡人称赞过程中，也传到了缙绅阶层中，并得到其认同。州大夫以他通阴阳之术为辞，推荐他任州里阴阳典术之职。职位虽然卑微，他却能以此为契机，尽力发挥自己的才识德能。他刚到任时，正巧署员缺少，他被"委署州事，凡滞务巨细，立与剖决。虽老猾吏胥，无售其奸"。[①] 有此才干，其后地方官员凡遇军需、钱谷等难办之事，都委托他来办理，他大都能立即办理妥当，令其满意。为此，"郡守重其能，至令六曹史罗拜庭下"。他为职事，也颇能以廉洁律己。有一州民挖地时遇到一批金银财宝，周围人闻风群集而觊觎之。州大夫为此忧虑不安，又委托他来处置。他"籍其要领、名数，以次均分之，争者以息，余皆输之官，秋毫无所取"。州大夫为此以钱数万酬劳，他始终未接受。他处置职事也能顾及普通百姓的艰难处境。有一老人膝下只有一子，却被签发服军役，他闻知此事，极力营救，最终使其父子得聚，以保两人周全。

---

① （明）刘健：《封吏部主事赵君墓志铭》，《（弘治）河南郡志》卷30。

　　如果说赵锡侍亲仁孝，出于天性，那么其为人、为官之德能，尤其是对于缙绅阶层的交往礼节，则更在于其日常的自律、自励。所以他"虽居官有声，未尝一骑入里门。宗党无亲疏，至今称之如出一口。尤敬礼士大夫，凡缙绅士过其州者，无不得见。以故士大夫多乐道其贤"。正由于此，刘健时常途经此地时，便以其为东道主，两人遂为忘年知交。赵锡有三子，后来都跟从刘健游学。其中一为进士、一为举人。赵锡也得赠如其子之官：承德郎、吏部考功主事。他致仕家居之后，仍以严于自律的精神从事家族事务的管理与教育，在书信中规诫其子务行廉洁慎行，以报国家。赵锡的人品、德行与才识，深得刘健敬重。所以刘健称："予，君之故人也，知君之为人最悉。"从赵锡的身上，青年时期的刘健也获得人性品格方面的极大启迪。

　　由以上刘健早年社会人际关系可以发现，他所结交之人，在学识与人品上，都与他的个性相类。正所谓"物以类聚，人以群分"。同时，这些人的品行、个性与社会生活中的种种表现，也在相当程度上对于青年时期的刘健在认识、适应社会，确立自我个性和人生取向上产生一定的影响。

第四节　刘健的个性与为人处世风格

　　前文对刘健早年生活的家族、乡里环境及其社会交往经历的考察，奠定了对刘健个性认识的基础。但要进一步明确以上种种因素如何影响和塑造了刘健的个性特征，以及这些个性特征在社会生活中的表现及可能产生的影响，则需要做出剖析和确认。由这个意义上言，本节可以当作对本章的一种总结。

一　影响刘健个性形成的主要因素

　　个性是指在日常社会生活实践中个人思维与一切行为模式的各种特征之综合表现。从现代心理学整体观的立场来看，影响人的个性形成的因素极为广泛且错综复杂。其中既包括个人的生理、心理活动机能，也包括提供给这些生理、心理活动以对象和材料的各种自然条件和社会生活环境。当一个人在获得生命的正常机能，即满足一定的生理、心理活动机能之后，外部环境就成为影响其个性形成的主要因素。

　　在外部环境因素中，自然地理环境和条件在人类社会发展过程中保持较长时期、较大范围的稳定性和一致性。作为提供给个人生理和心理活动加工、反映的素材，它对生存于其中的人们个性形成所产生的影响具有相对的确定性和统一性。换言之，处于同样自然环境和条件中的不同个人个性中包含有一些共性的表现特征，如前述洛阳地区的自然环境对于这里人们的物质生活方式的规约，以及由这种物质生活方式产生的对于整个民风的影响，等等。这些共性的特征虽然在每个人的个性中都有不同程度的反映和表现，但基本上还是较易于识别的。但是，在影响人的个性形成的外部环境因素中，社会生活环境的内容却显得极其复杂而广泛，它"涉及诸如社会文化、教育条件与背景、家庭社会经济地位、同辈团体、家庭教育方式、教育程度甚至个人在家庭中的出生顺序等等"[1] 诸多方面的因素。并且，由于这些因素之间，以及各个因素内部诸方面之间交叠作用中所具有的主观人为色彩和变动不居的特性，使得每个具体的人成长过程中所受社会生活环境影响的因素有很大不同，即使相同因素，其影响程度也有极大差别，由此形成不同个性表现的种种特殊性。可见，对于人的个性的影响，尤其是对其个性的特殊表现产生深刻影响的，主要还在于社会生活环境诸因素。

从影响刘健个性塑造的成因角度来看，社会生活环境因素所包含的内容也十分广泛。从大处说，本书第一章所论述的明代社会模式与结构，以及明代前期至前中期的社会发展水平与状况，就在根本意义上规定了刘健人格类型的范畴及其发展变化的幅度。从细处看，本章前三节所论述的刘健祖世家族背景、他生活的乡里环境人文氛围、他早年接受的思想教育及社会交往中接触到的各种人物的影响等因素，都或直接或间接，或明显或隐约，或深或浅地影响和规塑着他的个性。这些内容可以具体地归结为以下两个层面来认识。

第一，家庭和家族的直接影响。历史唯物主义认为，人是社会动物，社会性是人性的根本要求与表现。因此，人一出生即开始其社会化的过程。而在其最初阶段，即在塑造人格的最初阶段，家庭发挥着直接而深刻的影响作用。首先，家族是至今，尤其是人类进入文明社会以来最基本的单位，因而它具体地承载着社会环境对于个人的各种要求与影响。家庭成员中长辈的人格构成中就已经包含了其对社会经济、政治和文化环境的认可与内化。这种内化的结果通过他们日常的生活方式和态度，履行道德准则的表现，以及为人处世中言行举止及其结果等方面反映出来。前文所述刘健的父祖辈在日常生活中所表现出的勤劳俭朴、重学崇教、孝亲睦邻、

---

[1]　李德伟：《个性心理学：研究·测量·理论》，中国医药科技出版社 1994 年版，第 57 页。

严谨守礼等风尚，实际上就是他们在适应明代前期经济、政治和文化环境中形成的个性特色。在长期的、彼此密切联系着的日常生活中，家庭或家族中长辈的这些人格特征或者以潜移默化的感染和熏陶，或者通过长辈循循善诱的灌输，发挥着对下一代人格的规塑作用。从这个意义上言，家庭对于人的个性的影响作用，实际上就是社会对个人影响最直接、最深刻、最基础的表现形式，是社会影响个人的重要媒介、方式和渠道。

其次，从个体成长的历程来看，幼儿时期是其生理、心理机能逐渐发育成熟的初期阶段。因此通过家庭长辈日常行为表现来影响、感染幼儿的行为，以家庭成员那种不具明显功利式的渐进式诱导来规范幼儿的行为，都是适宜于幼儿生理、心理机能接受程度的方式。人在青少年时期的生理、心理机能所提供的思维模式，通常是以具体性、形象性思维为主要特色。这期间人的个性塑造在很大程度上有赖于自我学习来实现其个性的社会化。美国现代心理学家班都拉曾说过，观察学习与模仿是人们学习如何行为的一种主要方式。尤其是处在青少年时期的人，观察与模仿是其最直接、最主要的学习方式。在这个时期，又恰恰是家庭成员与其接触最为直接而频繁的，因而家庭成员，尤其是长辈的榜样和表率作用，对于人的个性的形成产生着深刻的影响。

由以上的分析可以看出，刘健的个性形成，在相当程度上受其家庭、家族的影响。尤其是他的父祖长辈对其有着直接的感染和引导作用。刘健12岁以前，祖父刘荣尚健在。那时家族中人口尚不多，男性长辈就只有祖父刘荣、父亲刘亮、伯父刘宽和几位年纪不大的兄长。在这样的家庭中，他与父祖辈的接触就更为便易，他们身上所表现的品格和风尚也就更易于成为刘健所学习与模仿的样板。尤其是祖父刘荣，作为洛阳刘氏实际上的开创者，他在早年"流离颠沛，至无所于归"的处境中能够"卓然自立，恢复门祚"，依靠的就是那种"于农于圃，我芟我耕，我食我力，买用孔殷，匪殷于赀，实丰厥德。笃意且贞，乡邦司直"① 的勤俭耐劳、奋发自立的精神和积德行善的作风。这些品格在刘亮的身上也不同程度地体现出来。

除了精神品格，刘健在性格上也继承了父祖的一些风格和特点。如祖父9岁失怙，却能自立自为，创立家业，这既有赖于其为人品格之得人心，同时也有其行事善于明辨、果于决断的风格。他能在僻远落后的环境

---

① （明）谢迁：《大明赠光禄大夫柱国太子太保礼部尚书兼武英殿大学士刘公神道碑》，《（弘治）河南郡志》卷24。

中，在周围人还主要注重生计之时就为后辈延师请教，就是这种临事明断的重要体现。同时他为人也有性情严谨持重，立身穷困而不失"大家巨度"的气势。父亲刘亮也是"早有识量，七、八岁如老成人"。[①] 父祖身上的这些特点实际上在刘健身上都有所反映。所以后人在论及刘健性格时也常说他有"老成"风范；刘亮为人还有"介直寡合"的特点。做事讲求原则，以至于"里有不检者，讫其归，匿不敢见。人用是称曰'板刘'"。这种"老成""严谨"甚至"刻板"，对人对事不以自己的喜怒为好恶，唯取决于"理"的性格，在后来刘健的为人处世方式中也常常可以看到。从这些方面可以看出，刘健个性中包含着的父祖性格中的遗传性因子。

第二，早期社会生活环境的规范与型塑。乡里社会生活环境是较家庭、家族更为扩展、更为广泛、更为复杂一层的社会生活环境。其对于人的个性影响和作用，曾部分地由家庭成员，尤其是长辈的人格表现来渗透和体现在家庭、家族环境对后代成长的影响中。刘健父祖辈的勤劳、俭朴，忠厚乡里，崇尚礼义，重视文教科举等，都是当年洛阳地区社会物质生活方式影响的结果。因此父祖们的人格品性对刘健个性的熏陶和影响也是洛阳地方社会环境影响的一种表现形式。另外，洛阳乡里社会环境还经由文化传统及教育、刘健个人亲历的社会人际交往等方面直接对刘健个性中的社会性特征发挥进一步的规范与制约。

社会文化因素对人个性的影响，主要是通过特定社会环境中人们"共同的行为模式、仪式、信仰以及其它传统意识形态或当前的意识形态"[②]对人的思想意识的规范和制约、对人性格的型塑来实现的。作为社会生活重要内容之一的文化，其重要的社会功能之一就是"保证与维护社会的稳定。而某个社会欲实现稳定，则会要求该社会中的每个成员都必须遵循一定的共同行为准则。这就意味着，在这个社会中，社会文化将使大多数社会成员具有某种共同的个性特征，从而实现着对共同行为准则的遵循，或说使社会出现某些共同的行为模式。……可以认为个人生活在某个社会之中，就不可避免地受到该社会文化的熏陶，他的个性特征自然被染上了该社会的共同个性的色彩"[③]。

洛阳地区的自然条件及其影响下长期不变的小农经济方式，形成这里民风淳朴、不事浮华的风尚，也促成和强化其不求新变、循规守矩、呆板

---

① （明）李东阳：《大明陕西三原县儒学教谕致仕赠光禄大夫柱国太子太保礼部尚书兼武英殿大学士刘公神道碑铭》，《（弘治）河南郡志》卷24。

② 李德伟：《个性心理学：研究·测量·理论》，中国医药科技出版社1994年版，第57页。

③ 同上书，第58页。

机械的思维模式。这里地理环境与自给自足的物质生活方式，养成民俗平和、豁达，不争胜斗狠，又赋予人们自立自强、不谙团体内聚、不事宗派活动的习尚。这里悠久而传统的文化风尚和学术氛围，更彰显和增强了人们对传统思想的尊崇与持守。仁厚、孝义、礼仪、重学、崇教等遵从传统的各种表现，在这里受到人们的广泛称颂。这些洛阳地方乡里盛行的人们个性的共性特征，在刘健及与刘健交往的人身上都有着突出的表现。如阎禹锡、赵锡等人的孝义，李祥的敦厚朴质，毕亨、白良辅的好学与执着，还有这些人所共有的不事华饰、注重知行统一的践履精神，等等。身处于这样的人群体中，刘健自然也濡染了这些个性特色。并且从人们对他孝亲睦友、敦厚朴实、不事华饰、端方正直等个性表现的不断赞赏中，刘健进一步强化和巩固了他的这种个性特征。

家庭、乡里的人际交往都是基础性的社会活动方式。对于人的个性的塑造而言，通常是在不自觉的、潜移默化的形式下完成的。但随着年龄的增长，自觉意识和理性认识对人的精神境界的影响更为深刻。这些方面，主要是通过理论学习而实现的。洛阳地区盛行的传统的伊洛之学，曹端、薛瑄相继传承的理学思想，都成为刘健所能接触的思想学说的资源。正是这种思想学说，形成了构筑刘健思想意识的主要材料，成为其确立理想、信念、行为准则的基础指导理论。这些内容最终成为塑造刘健精神特质的思想根据。

二　刘健个性特点及其在为人处世中的表现

当建立于传统儒家思想学说基础上的精神品质与其家族、乡里社会风尚所禀赋的性格特点相结合时，就构成了生长于明代前中期洛阳的刘健完整的人格特色。概括起来，其主要有如下几个特点。

第一，简静、寡合的内敛性格。

刘健属于爱钻研、好深思而不善言辞应酬的人。所以人们在称赞他"聪慧""嗜学"[1] 的同时，又觉得他近乎"木讷"。他的多思与深沉，一方面给人以"老成"持重的印象，如他自己也更倾向与比自己年长、学问高深的人相知相交，像"洛中老生"阎禹锡、白良辅以及毕亨、赵锡等人都是比他年长许多且有优长之人；另一方面，这种思维的深刻性又有助于形成他善于明断大事，能够把握大局的洞达见解和果决风格，当然在做出这种决断之前，也往往有种短暂的"迟疑"过渡。所以，人们在描述他的

---

[1]　（明）雷礼：《国朝列卿纪》卷 11 "刘健传"。

这种性格特点时常常是将"确直、见事稍迟"①和善于"谋断"并称。刘健好学多思而简言少语，不喜应酬，常常被人视为"木强"的表现。②但实际上，涉及他所钻研的学问，或是他所关注的实务庶事，却也能侃侃不绝。所以当他后来任职内阁，每论及朝政机务，常能"尽言匡正"，"反复密喻，侃侃竭忠悃"。③刘健不热衷交际，不事交游，形成他独立自持、无宗派意识，"正色简言，廉靖不肯依违"④的特点。所以与人交，诚而不比，挚而不附，特立不群。这种情形于他后来为政之利在于不以党比授人以柄，不利则在于虽位高势崇，门生故吏遍天下，却似乎少有忠诚挚实之友朋。

第二，执着于理想与信仰的品格。

长期的儒学传统培养和教育，使刘健在思想上确立了尊崇儒学、追求致政的理想追求。不仅如此，受河洛之学注重践履风格的深刻影响，他还非常注重这种理想与信仰的实践意义。由此形成他实际活动中不畏艰难、勇于追求，不安平淡、执着事业的意志力，同时也促成他处事刚正严谨的作风。凡事以"理"为准则，不因人情而苟且。对人无论远近亲疏，持节守正者推重之、接近之，违反规则者严拒之、排斥之。如：弘治十七年（1504），在考察官员中因被许多官员弹劾，孝宗皇帝颁旨贬黜王盖、吴爵等，刘健却认为其罪轻不当重罚，而不惜忤旨上言。在正德初他谢政归田时，对于专程饯行的李东阳曾厉声指责："何用今日哭为？使当日出一语，则与我辈同去矣！"⑤当他归隐乡居后，朝廷大员杨一清前来拜谒时，他也曾以其出相入将不合规矩而倨傲不礼。其实，刘健的这些表现，都是对其所秉持的信仰和认定的道义原则的一种坚守。虽然这种"守正"可能会造成为人处世上的"呆板"、缺乏圆融，但从一生处于政坛的政治人物言，却更能显示出其坚定、正直的品性和行政的积极意义。

第三，勤俭朴质的德行风尚。

刘健勤俭质朴的品格在其为人处世中表现十分突出。一方面，他常常表现出安于俭朴、淡泊名利、不事争胜的风尚。如弘治年间，许多名臣都以注重名节自励，也以负声名自高。王恕早在成化时就曾自作传记，令人刻版刊行；刘大夏号称清介，不好名位，其生前也曾自作墓志铭；李东阳

①　（明）项笃寿：《今献备遗》卷19"刘健传"。
②　参见（明）唐鹤征《皇明辅世编》卷2"刘健传"。
③　（明）廖道南：《殿阁词林记》卷2"刘健传"。
④　（明）唐鹤征：《皇明辅世编》卷2"刘健传"。
⑤　（明）焦竑：《熙朝名臣实录》卷11"刘健传"。

以文学领袖位跻朝廷元臣，以"诗文气节援引名流"①，更富名声。但刘健却凡事讲求低调，直到他晚年还给子侄后生辈们说："我以书生致位师保，受知列圣，荣幸已极，此心迄今犹不敢放。"② 以此勉励后辈谨慎自律。他为人不事张扬，且也不贪私利。长期为大臣，却"卒无一言干求恩泽"。③

另一方面，朴质的品格还表现在刘健注重实际、轻视浮华的为政、处事风格之中。他做事不加虚饰，著文"不事词藻"④，对人也不喜应酬，一切归宗于实际效用。这种风格虽然在从事政务方面颇有实际意义，但有时也不免为同僚，尤其是后来晋升的以文才修辞见长，以激励名节相尚的后辈官员们所质疑和反对。这在一定程度上不能不影响到他的为政声誉。

综上所述，处于明代前中期，生长于洛阳乡里的刘健，秉承传统儒家政治伦理思想，抱持"以道事君"、求致仁政的理想，同时又具有刚正严谨、务实朴质、特立不群的个性，从而形成其后来在明代弘治和正德年间位居朝廷重臣时的独特为政风尚，奠定了一代政治名臣的人格基础。

---

① （明）何乔远：《名山藏·臣林记·正德臣》卷70"刘健传"。

② （明）刘龙：《特进光禄大夫左柱国少师兼太子太师吏部尚书华盖殿大学士致仕晦庵刘文靖公行状》，《紫岩文集》卷41。

③ （明）廖道南：《殿阁词林记》卷2"刘健传"。

④ （明）贾咏：《特进光禄大夫左柱国少师兼太子太师吏部尚书华盖殿大学士赠太师谥文靖刘公健墓志铭》，（明）焦竑《国朝献征录》卷14《内阁三》。

第三章　刘健政治生涯中的官事经历

在中国古代，儒家思想影响下政治与文化形成密切的联系，即所谓"学而优则仕"。尤其在隋唐确立科举制度之后，大凡士人学者，基本上都以入仕为其人生出路。至明代，科举制发展至鼎盛，官员任用完全形成"重科第，循资格"的局面，科举渐成为入仕之唯一正途。于是，除个别人因屡试不中而放弃入仕为官进而专注于某个具体领域外，绝大部分文人，无论其个人的思维优势是在文、史、哲或其他学术领域，也无论其是擅长诗词歌赋、古今史典，抑或为天文地理、医术机械，其求学致知都是以入仕为目标。其学术归宗也都统一于政治文化之中，并由此跻身于官僚士大夫的行列。

明代政治名臣刘健的人生，也同样重复着这样的一种轨迹。他早年的求学经历既为他登科入仕、进入政坛提供了门径，并且也为他的政治人生奠定了初步的理学基础。在他登进士，入翰林之后，随着官职地位的不断上升，其经邦济世的志向与追求愈加明确。那种理学的政治理念和追求便成为他施展政治抱负的一种理论工具。从此，他的人生便在政治舞台上展现开来。

从天顺四年（1460）登进士算起，刘健的政治生涯大体可以划分为四个阶段：即从天顺四年到成化二十三年（1487）入内阁以前任职于翰林院和东宫时期；从成化二十三年到弘治十年（1497）为普通阁臣时期；从弘治十年十月至正德元年（1506）十月为内阁首辅的时期；从正德元年十月致仕到嘉靖五年（1526）归乡家居中与朝廷政局保持密切联系的时期。其中，从成化二十三年至正德元年他在内阁的 19 年恰恰是他政治人生的顶峰，是他以朝廷重臣身份和地位得以施展其政治抱负的时期。因而第二、第三个时期也可视为一个大的时期。

本章所论述的内容，按照刘健入阁前、入阁后、致仕家居三个部分分别论述其在不同时期的政治地位变化、政治作为与事迹、政治影响及作用等方面，并以此为据进而阐明他个人命运与明代前中期政治的关系。

第一节　入阁前的为官经历

明英宗天顺四年（1460），刘健登进士，当选庶吉士，进入翰林院，开始了其大约 16 年翰林院官员的文翰笔墨生涯。

成化十二年（1476），他依例升迁至春坊右谕德，开始了东宫侍官的历程，由此获得与当时身为太子，后来登基的孝宗皇帝的直接接触，并建立了较为密切的关系。正是这种际遇和他本人个性的发挥，使得他在众多的翰林官员中能够脱颖而出，被擢入内阁，成为朝廷一品大员。

本节旨在阐明他在入阁前这段时期内的仕途表现以及由此为后来入阁为政所奠定的基础。

一　任职翰林院之仕宦训练

从登进士到进入仕途的前几年，对于刘健来说似乎是一个颇为"走运"的时期。乡试后，经过数年的艰苦努力，刘健于天顺四年（1460）二月加入了来自全国各地 3000 多名士子组成的会试大军。会考中，考场突起大火，他冒着烈焰冲了出去，逃过一劫。据说，这是在他很小的时候那位僧人曾预言他一生历经七劫中的一劫。[1]而更幸运的是，他在这次激烈的竞争中获得成功，成为可以参加廷试的 450 人之中的一员。继而他又在廷试中，以二甲第 39 名得中进士。在接下来由内阁与吏部会选庶吉士中，他又以第一名身份入选。

据一些史料记载，在当年考选庶吉士时，英宗曾诏谕内阁：在这批进士中"可选人物端重、语音正当者二十余人为庶吉士，止选北方人，不用南人，南方若有似彭时者方选取"。[2]故此次选庶吉士，南方只有三人入选，其余大都为北方人。[3] 所以，从表面上看，此次入选对于刘健来说可谓一种"运气"，但在实际上，这与他本人的气质举止、学问水平有着更为直接的关系。

一则，庶吉士的选取比较注重个人外在形象。刘健天生"骨相奇古"，

---

[1] 参见（明）郎瑛《七修类稿》卷 45《事物类·刘太师》。

[2] （明）彭时：《彭文宪公笔记》卷上。

[3] 据郭培贵考证此次考选 15 名庶吉士中，福建 2 人，浙江 2 人，江西 1 人，南直江都 1 人，其余分别来自北直和山西、河南、山东等北方省份（郭培贵：《明代科举史事编年考证》，科学出版社 2008 年版，第 86 页）。

与许多身形俊伟者相比虽然不够"气派"，但"端重"的仪态则在相当程度上反映出一个人性格修养的内在潜质，而刘健自幼就有"端重好学"的气象。① 可以说，刘健自身崇尚传统理学而形成的那种老成、持重的内在精神特质，在这里发挥了突出的作用。

再则，从庶吉士的选取要求来看，其主要依据仍是参选进士们所作论、策、诗、赋、序、记等文章内容。如南方人张元祯，身材矮小，的确在外在形象上难以取胜，却以享誉"神童"的出众文才而得入选。②但是，翰林院为"储官之地"，对论、策等治政素质更为看重。刘健能超越"神童"张元祯以第一名入选，其早年刻苦求学致理所获的学问积淀与政治潜质就成了"加分"的重要因素，并由此带给他人生转折的机遇，使他从此走上了政治舞台。

庶吉士实质上还只是预备官员，但比一般进士显示出更高层次的地位和待遇。依照明代规定，刘健等所入选的 15 人与已授翰林修撰、编修之职的本科状元王一夔、榜眼李永通和探花郑环，一同于翰林院中跟从学士刘定之、钱溥读书学习。"司礼监月给笔墨纸，光禄给朝暮馔，礼部月给膏烛钞，人三锭，工部择近第宅居之。帝时至馆召试。五日一休沐，必使内臣随行，且给校尉驺从。"③ 相形之下，其他进士的情形却大不同。当年三月，"吏部言今科进士除擢用、选留外，其余一百三十八员欲依例分拨各衙门办事。缘前科进士尚有一百七员未选，上曰：'今科进士令回原籍依亲读书'"。④ 别说是回乡依亲读书，即使如以前有些没有入选庶吉士而待一定时期直接授职的进士，也享受不到庶吉士那种政治和经济待遇。其次，庶吉士在完成规定的学习期限之后，就可以直接除授官职。而进士虽然也已经取得为官资格，但必须等待一定期限后才可授职，而这个"一定期限"实际上难以确定，甚至有超过 5 年而未能授职者。最后，就除授官职的级别来看，庶吉士也更具优势。一般而言，"考选庶吉士者，皆为翰林官。其他或授给事、御史、主事、中书、行人、评事、太常、国子博士，或授府推官、知州、知县等官"。⑤ 虽然有时庶吉士也有授他职者，但在明代，尤其是前中期以后，人称"非进士不入翰林，非翰林不入内阁。南、北礼部尚书、侍郎及吏部右侍郎，非翰林不任。而庶吉士始进之时，

---

① 参见（清）万斯同《明史》卷237"刘健传"。
② 参见（明）尹直《謇斋琐缀录》卷3。
③ （清）张廷玉等：《明史》卷70《选举二》。
④ 《明英宗实录》卷313"天顺四年三月己丑"条。
⑤ （清）张廷玉等：《明史》卷70《选举二》。

已群目为储相"。① 可见庶吉士较之于普通进士所享有的特殊政治地位。

天顺六年（1462）九月，庶吉士学习期满，刘健得授翰林院编修②，这又是一次"幸运"。一则，因为明代庶吉士的学习年限自正统以后基本确定为三年，但常常因皇帝个人想法或朝政局势变化等人为因素的影响而无法按照规定实施，以至于"远者八九年，近者四五年，有不堪者，复改授他职"。③ 而刘健这一批庶吉士却在学习两年后即授官职，这不仅有助于其经济待遇的相应提高，更重要的还有利于以后官职的尽早转升。依明制，除非是特殊情形下的临时升迁，否则通常需要经历三次考满，即需要9—12 年才能论资排辈升迁。所以，早一年进职即可获得较快、较多的升迁机会。二则，在庶吉士授职中，翰林编修是其中职位最高的一级。通常庶吉士"三年学成，优者留翰林为编修、检讨，次者出为给事、御史，谓之散馆。与常调官待选者，体格殊异"。④ 刘健之所以得此美职，在很大程度上仍源于他本人在翰林院期间良好的学行表现。

在明代，翰林院官员属于"职清务简，优游自如，世谓之玉堂仙"⑤的职务。许多士子经过多年科举之路上的艰辛攀登，一旦得入翰林，便顿觉苦尽甘来，不再注重自修与进学。刘健则不然，在翰林学习期间，他丝毫不受周围浮华气氛的感染和影响，依然保持了早年在乡间求学时的那种勤勉和积极进取的精神，潜心于研习学问。许多人对此并不理解，称"健初在翰林，闭户读书，交游希寡，众谓健木强人"。⑥ 但就是靠这种近乎"木强"式的专注，刘健的知识学问日益提升，每遇月考都能取得较好的成绩。同时，他求学致理的执着精神与积极的致政意识和追求，也得到其时朝中重臣们的赏识。这使他初入仕途，便一帆风顺。

天顺七年（1463）十一月，刘健任编修刚满一年有余，请假归乡为父亲刘亮治丧守孝。按规定，他应守制满三年才能重新归任。但翌年八月，新即位的明宪宗诏谕大臣纂修英宗实录，遂"起复丁忧修撰刘俊、陈鉴、刘吉，编修徐琼、刘健，检讨邢让、张颐，命驰驿赴京"。⑦ 十一月，"健等至京，乞终制，不许"。⑧ 自此，刘健于翰林院中开始第一次参与重大史

① （清）张廷玉等：《明史》卷70《选举二》。
② 参见《明英宗实录》卷 344 "天顺六年庚子" 条。
③ （明）彭时：《彭文宪公笔记》卷上。
④ （清）张廷玉等：《明史》卷70《选举二》。
⑤ （明）彭时：《彭文宪公笔记》卷上。
⑥ （明）唐鹤征：《皇明辅世编》卷2 "刘健传"。
⑦ 《明宪宗实录》卷8 "天顺八年八月戊戌" 条。
⑧ 《明宪宗实录》卷11 "天顺八年十一月丙寅" 条。

籍的编修工作。

翰林院官员职责分类极多。修撰、编修、检讨等作为史官，其职掌则主要有如下几个方面。一是编撰国家的重要典籍和著作，如"掌修国史。凡天文、地理、宗潢、礼乐、兵刑诸大政，及诏敕、书檄，批答王言，皆籍而记之，以备实录"。或者"国家有纂修著作之书，则分掌考辑、撰述之事"。① 二是参与皇帝进学的经筵，以"充展卷官"。三是参与各种级别科举考试的组织和读卷工作，"乡试充考试官，会试充同考官，殿试充收卷官"。② 四是朝廷日常书记类事务，如"凡记注起居，编纂六曹章奏，誊黄册封等咸充之"。③ 在这些事务中，纂修实录等国家重要典籍，则是最具政治与学术意义的工作，通常只有在这类工作完成之后，翰林官员们才可以不循一般官员升迁年限的规定和常例而获得破格升职。于是，成化三年（1467）八月，因修《英宗实录》书成，各官升职受赏。刘健由编修升修撰，并获"白金三十两、文绮三表里、罗衣一袭"之赐。④

此后，在比较长的一段时期内，刘健没能再遇到特别的机遇，便在翰林院中做着日常记述、考辑，以及为各处工程、兴学等类实务撰写记颂之类文字的工作。

翰林官员位居清要，但通常大多数人的升迁都较为困难。时人称："翰林之职清高固可喜，而淹滞亦可叹。譬若金水河中鱼，化龙之时未可必其有，网罟之患则可必其无，至喻以华表柱上鹤，而水食不方便，亦未尝不似也。"⑤ 在没有特别重大的事项和工作时，刘健也和其他翰林官员一样，只能靠数年限来求得仕途上的进展。当时许多翰林官员便借"一生事业惟公会，半世功名在早朝"⑥ 的清闲与便利，肆意于文学风雅和悠游消遣之中。如翰林名士柯潜，于"供职之暇，时偕二三知己，穷览胜概，雅歌投壶，分韵赋诗，襟度豁如也。既综院章，就词林后圃结清风亭，亭下凿池莳莲，决渠引泉。公退偃坐其中，又翛然若真登瀛洲者"。⑦ 但刘健却仍专注于自修进学，探研义理学问，国家典故。这期间，有人曾举荐刘健以都宪之职出任地方督学。刘健对易学颇有研究且对易筮也极为信任，便

① （清）张廷玉等：《明史》卷73《职官二》。
② 同上。
③ 同上。
④ 参见《明宪宗实录》卷45"成化三年八月丁巳、戊午"条。
⑤ （明）尹直：《謇斋琐缀录》卷2。
⑥ （明）陈洪谟：《治世余闻》上篇卷3。
⑦ （明）焦竑：《玉堂丛语》卷7《游览》。

"取易筮之，得咸之九五，爻辞曰：'咸，其脢，无悔'"。① 由此便婉拒不赴外任，且自号"脢庵"以终身佩受这种占卜得来的启迪。成化九年（1473）十一月，宪宗皇帝诏谕阁臣彭时等人组织翰林官员纂修《宋元续通鉴纲目》，刘健再次获得机会参与到修书这种重大工作中来。

　　除了修书，任职翰林期间，刘健所参与的第二类重要工作是充任科举考试官。成化十年（1474）八月，刘健以修撰身份随同左庶子黎淳主持顺天府乡试。这是刘健第一次担任乡试主考官，却不料于考试中遇到了意外情况。在审卷过程中，他们发现有位考生前场答卷与后场答卷在文理内容上存在极大差异，经过仔细查对勘比才发现，原来是誊录生在抄录朱卷时竟将其原来墨卷错截一半。幸好及时发现并予以纠正，才使名士马中锡的解元头衔没有错失。这件事，不仅使刘健再次感受到严谨治学的重要性，甚至对整个翰林院中那些疏懒而不求上进，散漫无纪的官员也都敲响了警钟。有人就以此事为由上报皇帝翰林官员们的敷衍懒散。九月，宪宗皇帝命内阁拟旨："翰林是储材之地，官翰林者必文学赅博，操履端慎，方为称职。若不勉励作兴，何由得真才实用？今后侍读、侍讲、修撰、编修、检讨等官，务要每日赴馆阁进学攻文，不许因循怠惰，恁宜常加考试，以验其进。如有怠惰不遵，放肆不谨的，具实奏闻处置。"② 通过这件事情可以看出，刘健日常表现出的求学致政的追求，恰与官方的正统要求相吻合。同时，在他进入仕途的前期，他所秉承和遵循的程朱理学政治思想，也正是当时朝廷内外士大夫阶层中具有深刻影响力的政治主导思想。凭着这种儒学根基和思想素养，才使他能够获得朝廷重臣们的认可，从而一入仕途便有较为顺利的发展。

　　成化十二年（1476）六月，刘健"以九年秩满"升右春坊右谕德。③ 10个月后，因与修《续资治通鉴纲目》书成而再升迁为左庶子。春坊谕德与庶子，都属于辅佐东宫太子的基层官员。由此开始了刘健与太子朱祐樘密切接触的历程。

二　任职东宫之资历积累

　　明代主管太子东宫事务的机构为詹事府，下设有左、右春坊和司经局等机构。詹事府主管官员为詹事，其职"掌统府、坊、局之政事，以辅导

---

① （明）刘龙：《特进光禄大夫左柱国少师兼太子太师吏部尚书华盖殿大学士致仕脢庵刘文靖公行状》，《紫岩文集》卷41。
② （明）尹直：《謇斋琐缀录》卷2。
③ 参见《明宪宗实录》卷154"成化十二年六月戊戌"条。

太子。少詹事佐之"。① 事实上，明代自天顺、成化以后，詹事一职多为六部之长或其佐贰官员兼任，很多情况下少詹事便成为主要掌管詹事府事务的官员。左、右春坊各设有大学士、庶子、谕德、中允、赞善等官员。"春坊大学士，掌太子上奏请、下启笺及讲读之事，皆审慎而监省之。庶子、谕德、中允、赞善各奉其职以从。凡东宫监国、抚军、出狩，及朝会出入、覆启、画诺，必审署以移詹事。诸祥眚必启告。内外庶政可为规鉴者，随事而赞谕。伶人、仆御有改变新声、导逢非礼者，则陈古义，申典制，纠正而请斥远之。"② 可见春坊诸官，职在辅佐太子处理与朝事、进学有关的日常事务，并兼管伶人、仆御的行为规范。但春坊大学士一职只在景泰和正德间一度设之，其他时期则都是由庶子、谕德等分任其事。刘健在成化十三年（1477）任左庶子之后，到成化二十二年（1486）正月，以九年考满而转迁詹事府少詹事，且"供职如故"③，即日常工作的范围和性质并未改变。此外，由于詹事府官员大多出身于翰林，或干脆就是由翰林院官员兼职，因而除了履行府中日常事务之外，举凡翰林官员从事的修书、科试等工作他们也常一并参与。所以在刘健任右谕德、左庶子及少詹事的 11 年间，其主要工作即是处理东宫各种有关政务及进学事务，同时也参加翰林院的修书、科试等重大工作。具体而言有如下几种情形。

第一，辅导太子。

太子朱祐樘于成化十一年（1475）正位东宫。由于其早年的坎坷身世和"寡言笑、慎举止，出于天性"④ 的个性，使其虽贵为储君，但行事举止，尽乎礼义。这使东宫官员们无论是处理日常事务，或是以礼义典章辅导太子的学问、引导其思想意识，都比较顺利。尤其是像刘健那种以恪守制度、力行正统儒学义理为职志的严谨作风，更易于实行。除了日常事务之外，为太子侍讲则是对太子进行直接的思想引导工作。成化十四年（1478）二月，皇太子开始出阁进学。刘健以左庶子身份参与为太子"更番讲读经"。⑤ "其每日讲读仪：早朝退后，皇太子出阁升座，不用侍卫等官，惟侍班侍读讲官入，行叩头礼。内侍展书，先读《四书》，则东班侍读官向前，伴读十数遍，退复班。次读经或史，则西班伴读，亦如之。……至巳时，各官入，内侍展书，侍讲官讲早所读《四书》毕，退

① （清）张廷玉等：《明史》卷 73《职官二》。
② 同上。
③ 《明宪宗实录》卷 274 "成化二十二年正月戊辰"条。
④ 《明孝宗实录》卷 1 首叙。
⑤ 《明宪宗实录》卷 175 "成化十四年二月戊申"条。

班。次讲经史亦然。讲毕，侍书官侍习写字。写毕，各官叩头退。凡读书，三日后一温，背诵成熟。温书之日，不授新书。凡写字，春夏秋日百字，冬日五十字。凡朔望节假及大风雨雪、隆寒盛暑，则暂停。"① 这段记述，仅是就皇太子进学的情形而言，亦可见其繁重而复杂。

刘健自成化"丙申升春坊右谕德，丁酉进左庶子，丙午升詹事府少詹事，凡三任皆职辅导皇太子"②的为官经历，使他获得长时间与太子较为频繁、密切的接触机会。这不但有助于对彼此个性的认识与了解，以逐渐建立起较为默契的配合。更为重要的是，这个时候正值太子朱祐樘个性形成的关键时期。

朱祐樘6岁被立为太子，9岁开始进学，成化末登极时年18岁。在这个阶段他所接触的人、事，所受到的观念引导，都会对他的思想意识，乃至个性产生一定的影响。而刘健恰恰在这期间自始至终以东宫官职伴其左右。故此，我们可以推论：倘若二人彼此难于契合，则刘健极有可能被调任他职。否则，就会是另一种结果，即使君臣关系必因长期接触，而增强相互间更深的了解与信赖，直至形成某种默契。而事实正如后种情况，成化二十三年（1487）八月朱祐樘即位，十一月即擢刘健入阁参预机务。由此可见，从小处说，刘健久任东宫，实际上为他后来得入内阁提供了极大便利。从大处言，此期间君臣之间的协作、默契关系的建立，也为彼此在弘治朝"中兴之治"时的融洽协作提供了某种准备和条件。

第二，参与主持科举考试工作。

这期间刘健担任乡试、会试主考官共有两次。第一次为成化十三年（1477）七月，刘健以左庶子身份与翰林院侍读周经一同受命主持秋季应天府乡试。第二次为成化二十年（1484）二月，与詹事府詹事彭华同为礼部会试主考官。在后一次主考会试中，受命之后，刘健等获赐宴于礼部。③三场会试毕，呈奏文卷，请取名数。诏旨共取储巏等300人为进士。虽然这次会试中也出现一些状况，如初选中，"时有世家子在选，朱墨卷不合，华黜之。失志者欲甘心焉，卒亦无所害"。④

刘健向来重视治学，尤其是注重将科举与求学致政结合起来，以修身、治国、平天下为求学目标和追求。他自己当年就是沿着这条道路走过来的。他认为科举为国家选才之途，为士人致政之门径。因此科举取士就

---

① （清）张廷玉等：《明史》卷55《嘉礼三》。
② （明）雷礼：《国朝列卿纪》卷11"刘健传"。
③ 参见《明宪宗实录》卷249"成化二十年二月甲子"条。
④ （明）黄佐：《翰林记》卷14"考会试"。

应当以才识为标准。担任科举考试的主考官，使他有机会将自己的人才理念在实践中得到运用与检验。所以有人称赞说他治学，"以理为主，不逐时好"。科考取士也"皆以是为的，故所得多端士"。①

刘健入仕早期参与科举取士的经历对他来说所得到的收获主要有二：一是按照他那种人才观念和取士标准确实为朝廷选取了一批具有真才实学的人。其二是在主持这些乡试、会试的过程中，他看到同样明晓经世之道、治世之术的人可以有不同的风格、方式表现，也看到科举取士规则在现实运用中的多样性发挥，如兼顾地域、时政问题等，便会在一定程度上感觉或认识到自己原有思想观念的狭窄和偏颇性，并逐渐地对不同于自己倾向的治学风格也能抱一种较为宽容的态度。在他所参与主考的乡试、会试中，录取了如马中锡、钱福之类的名士，其治学风格与他本人就有很大差别，但这并不妨碍他对这些人才的器重。可见，对于像刘健这种一向严谨、毫不苟且的人，能够逐步形成较为宽厚的风格，对于他后来入阁从事更为重大的政治活动无疑产生着深刻的影响。

第三，其他临时性的额外差事。

从上述有关东宫官员日常职事的阐述中可以看出，刘健任东宫官职期间的日常事务的确十分广泛。而詹事府官员主要围绕辅导太子做内部事务，外出的差遣极少有。不过，成化末年刘健却遇到一次重要的差遣：代皇帝祭祀西岳、西镇。关于此事，在浩如烟海的史书中记述并不多，并且在少量记述中对其时间的记载也存在较大出入。具体有如下几种记述：一是在有关刘健的众多传记资料中，只有刘龙所撰刘健《特进光禄大夫左柱国少师兼太子太师吏部尚书华盖殿大学士致仕晦庵刘文靖公行状》、贾咏所撰刘健《特进光禄大夫左柱国少师兼太子太师吏部尚书华盖殿大学士赠太师谥文靖刘公健墓志铭》、温如春撰刘健《太师谥文靖刘公祠堂记》三种较早记述刘健史事的传记类资料中对此事有极为简略的提示。如："丙午升詹事府少詹事。奉命祀西岳，赐金带袭衣。"②"成化丙午，升春坊谕德，历庶子，迁少詹事，命祀西岳，赐金带袭衣。"③"丙午升詹事府少詹事。命祀西岳。"④ 这些记述，都记其时间在成化二十二年（1486）。

① （明）杨一清：《少师刘文靖公神道碑铭》，《（乾隆）河南府志》卷89。
② （明）刘龙：《特进光禄大夫左柱国少师兼太子太师吏部尚书华盖殿大学士致仕晦庵刘文靖公行状》，《紫岩文集》卷41。
③ （明）贾咏：《特进光禄大夫左柱国少师兼太子太师吏部尚书华盖殿大学士赠太师谥文靖刘公健墓志铭》，（明）焦竑《国朝献征录》卷14《内阁三》。
④ （明）温如春：《太师谥文靖刘公祠堂记》，《（乾隆）洛阳县志》卷15。

二是"明实录"记载此事在成化二十三年（1487）五月，"以亢旱遣廷臣赍香币分祷天下山川。礼部尚书周洪谟，天寿山；吏部侍郎刘宣，北岳、北镇；礼部侍郎黄景，东岳、东镇；兵部侍郎吕雯，中岳、北海、济渎、淮渎；太常寺少卿蒙以聪，中镇、西海、河渎；詹事府少詹事刘健，西岳、西镇；掌太常寺侍郎丁永中，大、小青龙"。①经过多方查询比对可以确定，"明实录"记载的时间更据可靠性，依据有如下四条。

一是明人张维新编撰《华岳全集》，收录刘健祀西岳之神的祷文时记有"维成化二十三年，皇帝遣詹事府少詹事刘健致祭于西岳华山之神"之语。②

二是刘健于弘治五年（1492）秋所作《灵宝县重修庙学记》，也称"成化末，余奉命西祀岳镇"。③ 按明宪宗于成化二十三年（1487）八月驾崩，孝宗即位。显然这里所指"成化末"也确指事在成化二十三年。

三是刘健于弘治年间所撰《重浚伊洛二渠记》中，也有"丁未夏奉命祀西岳"之语。④

四是明人陆深在《知命录》中所记："崔铣子钟尝谓余云，刘脢庵少师为庶子时，奉命祭告，以六月登绝顶，顾其下白雾涨如大海，时见雾中作烟突状，高低不一，而仰视赤日当天。"⑤

由此可见，成化二十三年（1487）五月，刘健受命祀西岳，而行程到达华山，则已是六月之时。因为刘健于前一年已转少詹事，且职事还如左庶子，故此处转述崔铣所说的"为庶子"有不切实之处也有不可避免之理由。

总之，在成化二十三年（1487）初夏，刘健确曾奉命代祀西岳、西镇。考上述实录所载当时能够奉命代祀岳镇的官员，或者是六部官长之佐，或为寺、府之长。刘健能够以少詹事之职代祀山岳之神，除了职务级别之外，还有赖于他的资历年限已经达到了相当的程度。这一年，他已满55岁。从28岁登进士，改庶吉士入翰林，至此他在仕途已经有27年的经历。就在这一年十一月，新登大位的孝宗皇帝以其"录辅导功"为由升任他为礼部右侍郎，入内阁参预机务。从此，开启了刘健政治生涯的辉煌时期，并成就了他"大器晚成"的明代政治名臣地位。

---

① 《明孝宗实录》卷7"成化二十三年五月乙卯"条。
② 参见（明）刘健《祭西岳之神文文》，（明）张维新《华岳全集》卷3。
③ （明）刘健：《灵宝县重修庙学记》，《（弘治）河南郡志》卷21。
④ 参见（明）刘健《重浚伊洛二渠记》，《（乾隆）洛阳县志》卷15。
⑤ （明）陆深：《俨山外集》卷6《知命录》。

第二节　入阁后的为政实迹

从成化末年入阁开始到他致仕归乡，刘健以阁臣为政的历程可分为三个阶段，即从成化二十三年（1487）至弘治十一年（1498）七月任一般阁臣时期，从弘治十一年七月至弘治十八年（1505）五月任内阁首辅时期，从弘治十八年五月至正德元年（1506）十月在明武宗时期任内阁首辅时期。这三个时期刘健的地位虽只略有差别，但在政治上发挥作用的程度却大不相同。

一　为弘治前期阁臣之历事

成化二十三年（1487）十一月，刘健升任礼部右侍郎，兼翰林院学士，入内阁参预机务。其后，又分别于弘治四年（1491）八月以总裁《明宪宗实录》成而"升礼部尚书兼文渊阁大学士"①，弘治七年（1494）八月以三年秩满升"太子太保兼礼部尚书、武英殿大学士"②，进荣禄大夫。弘治十一年（1498）二月又进光禄大夫、柱国，"加少傅，兼太子太傅、户部尚书、谨身殿大学士"。③ 这是他任首辅之前在内阁的官职简历。为便于比较分析，下面先考察其在弘治前期的这段为政情形。

（一）履行阁臣辅助决策之职责

明孝宗鉴于成化年间佞幸用权、朝政纷乱的局面，即位不久即首先在朝廷人事组织关系上进行了重大调整。从十月到十一月，讽谕成化时期"纸糊三阁老"之首万安致仕。④ 又以言官论劾而罢大学士尹直、吏部尚书李裕、都察院右都御史刘敷、礼部左侍郎黄景等以比附佞臣李孜省而升迁的官员，并"起致仕南京兵部尚书王恕为吏部尚书，改南京兵部尚书马文升为都察院左都御史"⑤；命吏部左侍郎，兼翰林院学士徐溥入内阁参预机务，并升其为礼部尚书兼文渊阁大学士。"升詹事府少詹事刘健为礼部右侍郎，兼翰林院学士，入内阁参预机务。"⑥ 同时还升迁原来东宫旧臣杨守

---

① 《明孝宗实录》卷54"弘治四年八月戊辰"条。

② 《明孝宗实录》卷91"弘治七年八月乙丑"条。

③ 《明孝宗实录》卷134"弘治十一年二月丙申"条。

④ 参见《明孝宗实录》卷5"成化二十三年十月丁亥"条。

⑤ 《明孝宗实录》卷6"成化二十三年十月甲辰"条。

⑥ 《明孝宗实录》卷7"成化二十三年十一月乙卯"条。

陈、汪谐、程敏政、周经等，以及南京各部官员如耿裕、叶淇、彭韶等人的职务。由此，朝廷的人事格局焕然一新。

弘治时期，内阁在朝政中作用和地位表现得极为突出。明内阁制创立后相当长一个时期，内阁并未获有显著的权力与地位。仁宗、宣宗以后，内阁才开始有了自己的官属，即诰敕房、制敕房及所设中书舍人，同时也取得了辅助决策中的票拟权。"阁权之重俨然汉唐宰辅，特不居丞相名耳。"① 虽然在天顺年间曾有一度重用外朝大臣的情形，但整体上看，自正统至成化间在政局动荡纷乱，尤其是在宦官擅权乱政的形势下，内阁的地位和作用仍未能凸显。此时六部官长的地位、朝班次序均在阁臣之上。到弘治年间，阁臣的地位才开始超过六部尚书。弘治四年（1491），丘浚以礼部尚书入阁，当时王恕任吏部尚书，为六卿之长，位居丘浚之上。"而至六年（1493）二月内宴时，孝宗便改让丘浚居王恕之上。以后，由侍郎、詹事入阁的人，班皆列于六部尚书之上了。"②

《明史》在阐释内阁的职掌时称其"掌献替可否，奉陈规诲，点检题奏，票拟批答，以平允庶政。凡上之达下，曰诏，曰诰，曰制，曰册文，曰谕，曰书，曰符，曰令，曰檄，皆起草进画，以下之诸司。下之达上，曰题，曰奏，曰表，曰讲章，曰书状，曰文册，曰揭帖，曰制对，曰露布，曰译，皆审署申覆而修画焉，平允乃行之"。③ 这就是说，阁臣的主要职责是辅助皇帝对朝政事务做出决策，其方式则主要是通过票拟和论奏。票拟的内容包括两类：一类是以皇帝名义颁发给各军政部门的政令，以及给朝廷大臣个人的奖罚文告等，都由内阁筹划斟酌，草拟旨令；另一类是各军府、六部、都察院，以及其他各寺、司等军政部门上呈的所有公文，以及朝廷大臣以个人名义向皇帝提交的文件，也大都先由内阁点检并提出初步批复意见。论奏则是由内阁就有关朝廷的各种事务，甚至是皇帝私人家事的各种事务提出具体而翔实的论证意见或建议。由此可见，阁臣对于朝政庶务决策的参与范围是十分广泛的。

刘健自入内阁之后，其政治上的作为，便主要是围绕履行阁臣的职责而展开。由于内阁在决策过程中并非独立决策，并且在内阁也并非由每个阁臣单独参与某些事务的处置，而是以阁臣集体商定，统一上奏，并经皇帝御览、朱批之后才能形成最后定议颁布实行。因此，在缺乏具体票拟档

---

① （清）张廷玉等：《明史》卷 109《宰辅年表序》。
② 刘太祥：《中国古代王朝中兴局面的形成原因》，《南都学刊》2006 年第 4 期。
③ （清）张廷玉等：《明史》卷 72《职官志一》。

案及奏疏原始记录资料的情形下，一般很难看出每个阁臣在具体政务处理中的表现和实绩。不过，通过对这个时期阁臣对一些朝政庶务的论奏和处置情形的考察，以及对不同阁臣为政风格及其相互协作关系的比较分析，从中仍可看出刘健履行职责和发挥作用的情形。

首先，通过对这一时期内阁论奏情形的考察，可以看出刘健在劝导皇帝进学、勤政、减免佛道事务，以及就朝廷用人、弭灾、宗藩、盐政、边关等具体事务提出筹划中所发挥"论思"和"献替可否"的作用。

明代内阁通常是作为一个整体，以奏疏的形式来发表其对于政务的处置意见或建议，史籍记载这些奏疏时就只以首辅的名字来标识。在各种史籍中，"明实录"在记述官员奏疏方面应当说是较为完整而全面的。据之记述，弘治前期刘吉、徐溥为首辅时内阁所上奏疏的情形见表 3.1 和表 3.2。

表 3.1　　　　　　　　明实录载录刘吉为首辅时期所上奏疏

项目	明孝宗实录所记载时间	奏疏主题（篇名）
1	成化二十三年十一月己未	"用人材不拘资格疏"
2	弘治元年五月丁丑	"天象灾异示兆疏"
3	弘治元年十月庚戌	"却罢进献海青疏"
4	弘治二年二月壬辰	"推延祈祷事项疏"
5	弘治二年二月甲午	"再奏延期祈祷疏"
6	弘治二年七月戊子	"以灾异言七事"
7	弘治三年三月庚申	"减游乐增益圣体疏"
8	弘治三年三月丁卯	"殿试读卷增延一日疏"
9	弘治三年五月戊午	"四夷馆考选疏"
10	弘治三年闰九月己丑	"南京刑部拟盗卖铜铳罪事"
11	弘治三年十月庚申	"止遣张苇伴送迤西贡使西归疏"
12	弘治三年二月辛酉	"命将闭关事宜疏"
13	弘治四年九月丁亥	"问圣安疏"
14	弘治三年十一月甲辰	"因灾变陈时政疏"
15	弘治四年十月丙辰	"谏听祈神邪说疏"
16	弘治五年二月庚申	"论经筵讲学疏"

注：本表依据明宪宗、明孝宗实录内容梳理编制，篇名为笔者拟加。

表3.2　　　　　　　　　明实录载录徐溥为首辅时期所上奏疏

项目	明孝宗实录所记载时间	奏疏主题（篇名）
1	弘治六年四月甲辰	"论考选庶吉士疏"
2	弘治七年八月乙丑	"请辞加官疏"
3	弘治七年八月己巳	"荐李东阳典内阁诰敕疏"
4	弘治八年六月丁丑	"黎明视朝疏"
5	弘治八年七月庚子	"免崇王朝见疏"
6	弘治八年十月丁丑	"论占城安南事宜疏"
7	弘治八年十二月甲寅	"谏撰三清乐章疏"
8	弘治九年六月甲辰	"论勤政疏"
9	弘治七年八月乙丑	"辞任新职疏"
10	弘治十年二月甲戌	"论勤政讲学疏"
11	弘治十年三月大戊申	"勤政刚断裁决疏"
12	弘治十年四月己卯	"勤政疏"
13	弘治十一年二月甲午	"太子出合讲学官员职事疏"

注：本表依据明宪宗、明孝宗实录内容梳理编制，篇名为笔者拟加。

　　从上面表中所列奏疏可以看出，当时阁臣所"论思""献替"的内容广泛而具体，从规谏孝宗勤政、节用、进学、裁抑佛老，到国家财政经济、文教选举、官员任免、边事外交，以及因灾异修省等各种方面。由此可见阁臣们在朝政决策与整治中发挥着相当程度的影响和作用。

　　除了实录所列，还有少量见于其他史籍而实录未载的奏疏。如弘治九年（1496）四月为申救刘逊、庞泮等人，由徐溥、刘健、李东阳、谢迁等阁臣共同所上的"申救武岗知州刘逊等疏"，就见于明人薛应旂的《宪章录》和黄佐《翰林记》中。再如当年八月，"中官李广以烧炼斋醮被宠"，内阁诸臣所上"谏止烧炼斋醮疏"①，见载于明人雷礼《皇明大政纪》以及《明史》"徐溥传"中。其言："陛下若亲近儒臣，明正道，行仁政，福祥善庆，不召自至，何假妖妄之说哉！"况且"自古奸人蛊惑君心者，必以太平无事为言"，现下"虽若无事，然工役繁兴，科敛百出，士马罢敝，闾阎困穷，愁叹之声上干和气，致荧惑失度，太阳无光，天鸣地震，草木兴妖，四方奏报殆无虚月，将来之患灼然可忧"②。孝宗览奏，甚感其

---

① （明）雷礼：《皇明大政纪》卷17。
② （清）张廷玉等：《明史》卷181"徐溥传"。

言动心。

需要明确的是，虽然这些奏疏都是以首辅名义上呈，并且在许多史籍所包含的这些首辅的个人传记中，也常常将这些奏疏的内容作为其政迹的佐证而加以阐述，但正如《明史》"刘吉传"中所指出的那样，当刘吉为首辅时，徐溥、刘健有所论建，刘吉则署名以进。徐溥在刘吉之后为首辅，则"与同列刘健、李东阳、谢迁等协心辅治，事有不可，辄共争之"。由此可见，刘健作为阁臣在弘治前期朝政庶务中无疑也发挥着重要的作用。当然，在弘治十一年（1498）七月徐溥致仕之后，以同样的方式，由刘健、李东阳、谢迁三人构成的内阁，常常以刘健的名义更加频繁地以奏疏论辩方式来处置各种庶务。如当年十月至十一月间，三阁臣连上"修德弭灾疏""谏止太监李广祭文祠额疏""以灾引咎乞休疏"等。由此可见，刘健在当时作为一般阁臣，其在朝政庶务中的重要作用也不容忽视。

其次，通过对当时几位阁臣间的协作关系和各自为政风格的比较，更能清楚地反映出刘健在履行内阁职责中发挥的作用。

就阁臣的构成来看，包括前期在内的整个弘治时期，内阁的构成基本上保持着"三人"格局。弘治前期的四五年间，内阁中主要有刘吉、徐溥、刘健三人。弘治五年（1492），刘吉致仕，而在此前一年的十月，丘浚以太子太保、礼部尚书，兼文渊阁大学士，参预机务。至此，内阁中三人则为徐溥、刘健、丘浚。弘治八年（1495）二月，丘浚卒。当月，以徐、刘之荐而引礼部左侍郎兼翰林院侍读学士李东阳、詹事府少詹事兼翰林院侍讲学士谢迁入内阁，参预机务。① 这之后虽然内阁有徐、刘、李、谢四人，但徐溥年老有疾，其在处置政务中的作用受到很大影响，实际上已成为象征性的人物，并于弘治十一年（1498）七月以目疾致仕。自此以后终孝宗之世，刘健、李东阳、谢迁形成弘治后期的"三人内阁"。可见，整个弘治时期的18年内阁成员虽时有变动，大体不出"三人"格局，而只有刘健自始至终久任内阁要职。

从不同阁臣的为政风尚及影响来看，弘治初期的首辅刘吉，其人多智术，善于随机应变，人称"刘绵花"，喻其耐弹，越被弹劾越能固位。起初他见"孝宗仁明，同列徐溥、刘健皆正人，而吉于阁臣居首，两人有论建，吉亦署名，复时时为正论，窃美名以自盖"。孝宗"初倾心听信，后眷颇衰"。② 这说明，在这时的"三人内阁"中，以刘吉名义所处

① 参见《明孝宗实录》卷97"弘治八年二月乙丑"条。
② （清）张廷玉等：《明史》卷168"刘吉传"。

置的政务，多有出于徐、刘之功者。刘吉致仕后，以徐溥、刘健、丘浚构成的"三人内阁"实际上是一个具有优势互补，各展其能的协作班子。徐溥为人宽厚，甚至"人有过误，辄为掩覆"。① 在刘吉柄权恣睢、日以排陷异己为事的朝政风气之后，他为首辅则能"镇以安静，论事务守成法"②，确实也能起到"从容委曲以助成天下之务"③ 的效果。如果说徐溥为首辅的作为，为朝政提供了较好的环境气氛，那么丘浚以其特有的才华，则为朝政修治提供了许多独到的方略。在明代，丘浚是少有的几个以思想学术造诣深邃而著称的名臣。他博洽经史，思想深刻，见解独到。曾有《大学衍义补》等多种著作，从修养君德、培养士节、经济治理等多方面阐述其治国经邦的思想和方略。然而，有才气之人却也有特别的个性。丘浚在朝中时常因为偏执，心胸狭窄而与周围同官产生冲突和抵牾。如其与王恕不合，矛盾日深，终使王恕于弘治五年（1492）被迫致仕。相形之下，刘健在为政风格上似乎更见长处。其为人严谨刚正，遇事果决敢言，对人真挚诚恳。这种风格使他在与徐、丘两人的合作中，更能以决断敢为的魄力而显示出自己独特的作用。

除了论奏、票拟之外，刘健的为政实绩还通过他在一些朝廷人事任免中的个人影响力得到具体体现。

按规定，官员的任免与考察属于吏部职掌的范围。但在朝廷上层官员，以及翰林院官员的选用方面，阁臣的意见有时起极大作用。史料中有明确记载的，在弘治前期刘健对官员人事任用发挥影响作用的事件就有如下数例。

一是弘治元年（1488）七月，以刘健之请，"升翰林编修张元祯为左春坊左赞善"。④ 张元祯与刘健为同年进士，其为人笃实，学问纯深，又与刘健交厚。成化时，曾参与编修英宗实录，未及升职而养病归去。弘治初，召其与修宪宗实录，因年久官职仍低，所以刘健为之奏请并获孝宗准允升职。

二是弘治三年（1490）七月，时任湖广按察司副使的焦芳上疏，言自己在成化年间为万安、彭华朋党所害而贬黜地方，此次借"将安、华削夺其官，明正其罪，以为人臣朋奸合党、欺君罔上、构陷忠良之戒"之名，

① （清）张廷玉等：《明史》卷181"徐溥传"。

② （清）万斯同：《明史》卷237"徐溥传"。

③ 《明孝宗实录》卷154"弘治十二年九月戊辰"条。

④ （明）张元汴：《馆阁漫录》卷7"弘治元年七月丙寅"条。

意欲恢复翰林官职。孝宗"欲下廷臣辩明,复职"。①但因刘健极力阻止,结果,其事仅令所司知之。

三是弘治八年(1495)丘浚卒后,内阁员缺。李东阳、谢迁得因刘健与徐溥的推荐入阁。其实早在前一年的八月,他们就以内阁的名义上疏,称内阁制敕、诰敕事务繁杂,"今惟太常寺少卿兼翰林院侍讲学士李东阳,文学优赡,兼且历任年深。乞量升一职,令在内阁专管诰敕,庶委任专一,事不稽误"。②至"明年,荐李东阳、谢迁入辅政"。③

四是弘治十年(1497)九月清宁宫发生火灾,刘健、李东阳、谢迁各上疏"乞罢以应灾变","(谢)迁复举学士吴宽、王鏊自代"。④虽然孝宗照例均未批准。但实际上,此前谢迁已屡屡向刘健举荐吴宽、王鏊入阁,结果都被刘健以自己年老将退,届时再使其入阁为由而婉言拒绝。

五是弘治九年(1496)四月,武冈州知州刘逊因公务得罪了岷王,岷王上奏攻讦刘逊目无宗藩,跋扈嚣张。结果刘逊被逮下锦衣卫狱。给事中庞泮等人,以及十三道御史刘绅等人纷纷上疏论救,结果也都被下狱。刘健与徐溥等极力疏救,"言(刘)逊诚情轻谴重。言官为国尽忠,而槩以为罪,后有大利害大阙失谁肯言者?"⑤孝宗览奏,将其释放。

对于以上事例,值得注意的有两点。一是刘健在这些事例中的所为,在史料的记载中存有一些出入。有些记载说推荐李东阳、谢迁入阁和申救刘逊、庞泮等人,主要是徐溥发挥作用。事实上,这个时期徐溥既为首辅,凡以内阁名义所上疏奏自然应以他的姓名冠之以首。但他却因年老有疾,在许多具体事务的处置上实际上只是起象征性作用。而刘健在其中的影响力则是不容置疑的。正如此,另一些史料中就明确记载这些事例为刘健的作为。二是对于刘健的用人观念,在当时人就有不同议论。如他拒绝起用谢迁所举荐的吴宽、王鏊之事,王鏊就曾在其日记中说他"有愧于古大臣风矣"。⑥但也有人认为刘健未允吴宽等入阁实际上倒是成全了吴宽不受正德初政局变幻之累,也是有明见的。虽议论者各有其不同的立场,但从这些事例中确可看出刘健的行事与影响。

综上所述,刘健于成化末入阁至弘治十一年(1498)七月徐溥致仕

① 《明孝宗实录》卷36"弘治三年七月己未"条。
② 《明孝宗实录》卷91"弘治七年八月己巳"条。
③ (明)何乔远:《名山藏》卷70"刘健传"。
④ (明)陈建:《皇明从信录》卷24"弘治十年九月"。
⑤ (明)黄佐:《翰林记》卷8"申救"。
⑥ (明)王鏊:《王文恪公笔记》"吴宽谢迁"条。

前，虽职在阁臣、次辅，但以其为政独有的严谨认真，果敢善断的风格，无论是初期与刘吉、徐溥、丘浚共事，抑或是后来与徐溥、李东阳、谢迁协作，在当时朝政庶务处置中实际上都发挥着不可或缺的作用。所以一些史籍在刘健传记中都言其时"凡朝廷大制作，皆出公手"。① 甚至说当时"同列率为倚重"。② 这虽不免有所夸大，但刘健在其时朝政庶务中所发挥的重要影响和作用，则是不争的事实。

（二）担当朝廷重要仪节之执事

除了作为阁臣的日常职责之外，这个时期刘健还常常在一些朝廷重大事务和活动中担任重要角色。归纳起来主要有以下几中情形。

第一，在朝廷许多重大礼节事务和活动中担任主持官员。

在明代，每年的二、八月上丁日，都要在太学举行释奠先师孔子的祭礼。"主祭官例遣阁老及翰林学士"，而成化至弘治间则"止遣阁老矣"。③从弘治元年（1488）至弘治十一年（1498），这种祭礼共22次，而由刘健主持的就多达10次。刘吉任首辅期间由其主祭4次，徐溥总共主祭3次，李东阳、谢迁两人共主祭5次。在这10多年间，刘健还分别在弘治八年（1495）八月册封衡王妃、弘治十年（1497）四月册封雍王妃、十二月册封寿王妃仪礼中担任副使。

像上述这一类重大的朝事场合，如同修书充总裁、殿试任首席读卷官一样，通常都是由内阁首辅来担任的。除非首辅遇有特殊情况无法主持这些礼仪，才由职位次于首辅的其他阁臣来担任。弘治前期刘吉、徐溥相继为首辅，尤其在徐溥任首辅期间，却是刘健频频出现于这些重大场合担任主礼官。这一方面固然与徐溥、丘浚两人自弘治六年（1493）四、五月间便"自陈有疾"，因而连朝参也时常被恩免④的情形有关，另一方面确与刘健在朝中具有较突出的地位和作用有着直接关系，甚至从某种角度上看，刘健与孝宗的关系似乎比徐、丘二人更显密切。这一点，将在本书第四章详论。总之，从刘健屡屡被委以朝廷重大礼仪活动的主要角色就可想见，他在当时朝廷事务中发挥的影响和作用是相当突出的。

第二，参与纂修史书典籍。

在弘治前期，举行比较大的修书活动主要有两次。第一次为弘治初，

---

① （明）杨一清：《少师刘文靖公神道碑铭》，《（乾隆）河南府志》卷89。

② （明）刘龙：《特进光禄大夫左柱国少师兼太子太师吏部尚书华盖殿大学士致仕晦庵刘文靖公行状》，《紫岩文集》卷41。

③ （明）尹直：《謇斋琐缀录》卷7。

④ 参见《明孝宗实录》卷74"弘治六年四月丁酉"条；卷75"弘治六年五月丙戌"条。

孝宗敕谕大臣编纂宪宗实录，"以太傅兼太子太师、英国公张懋为监修"，内阁刘吉、徐溥、刘健三人为总裁官。① 此部实录于弘治四年（1491）八月完成，刘健等受赐"白金八十两，文绮四表里，罗衣一袭，鞍马一副"，并获升官职、赐宴的待遇。"旧例宴于礼部，时礼部焚毁，始营建，故请从督府"。② 第二次在弘治十年（1497）三月，以内阁徐溥、刘健、李东阳、谢迁为总裁官纂修书籍，"以本朝官职制度为纲，事物、名数、仪文等级为目，一以祖宗旧制为主，而凡损益、同异，据事系年，汇列于后，梓而为书，以成一代之典"。孝宗亲自赐名为《大明会典》。③ 此书于弘治十五年（1502）完成④，是继明太祖时期所编订《诸司职掌》之后又一部有关明代典章制度的专书。

第三，为科举考试主考官和廷试读卷官。

自刘健入内阁之后，在每隔三年的殿试中，他都担任读卷官。弘治三年（1490）三月，直隶华亭人钱福"廷试策三千余言不属草，辞理精确若宿构然"，刘健得其卷，"赞不容口，请于上，赐第一"。⑤ 弘治六年（1493）三月，取中毛澄等298人为进士，进士题名碑文由刘健撰写。⑥ 弘治九年（1496）三月，刘健再任殿试读卷官，取朱希周等298名进士。这一年，刘健的儿子刘东也参加科试并中二甲第26名⑦，后授职兵部车驾员外郎。由以上几次殿试中刘健取士的情况来看，的确显示出其重才学而不拘风格的倾向。

第四，从事侍讲职事。

弘治前期任阁臣期间，刘健从事的侍讲工作主要是围绕为皇帝举行的经筵和日讲而展开。弘治元年（1488）三月，孝宗皇帝首开经筵，刘健担任"同知经筵事"，并于开经筵的第一天即三月十二日与刘吉同为主讲官。"少傅兼太子太师、吏部尚书、谨身殿大学士刘吉讲《太学》经首一节，礼部右侍郎兼翰林院学士刘健讲《尚书·尧典》首一节"。⑧ 次日即开始举行日讲。依明制，经筵"月三次，寒暑暂免"。日讲则除了节假日及特殊情况外每日上午都举行，而刘健则为日常侍班大臣之一。除皇帝的进学

① 参见《明孝宗实录》卷10 "弘治元年闰正月"条。
② 《明孝宗实录》卷54 "弘治四年八月丁卯"条。
③ 参见《明孝宗实录》卷123 "弘治十年三月戊申"条。
④ 参见（明）沈德符《万历野获编》卷1 "重修会典"。
⑤ （明）张宏道、张凝道：《皇明三元考》卷8。
⑥ 参见（清）倪涛《六艺之一录》卷100《明碑刻·历科进士题名碑》。
⑦ 参见（明）张朝瑞《皇明贡举考》卷5《丙辰弘治九年会试》。
⑧ 《明孝宗实录》卷12 "弘治元年三月丙子"条。

之外，按照惯例，兼以太子师、保、傅之勋职的朝廷重臣大都要参与皇太子进学的一些仪式和事务管理。弘治十一年（1498）二月，皇太子将出阁进学，徐溥、刘健、李东阳、谢迁等阁臣主持分派具体负责讲读的官员。三月份正式举行讲学仪式时，又获"上赐御酒、珍膳，宴三司、三少并讲、读等官于文华殿门外之西耳房。各赐宝钞有差"。①

就为皇帝侍讲而言，虽然正式的经筵可能更多地流于形式，但它毕竟是重视君主进学的一种象征。经筵举行之日，勋贵、阁臣、部院诸卿，以及翰林院、春坊官及国子监祭酒等众多朝臣都分班序列，威仪隆重。在这种情形下，对"出头露面"主讲官的仪态和对经、史掌握的水准要求显然是极高的。刘健能于开始之时即担任主讲，可见其作为朝廷重臣在这种具有重要意义的礼仪场合中所体现的地位和影响力。至于日讲，因其"止用讲读官、内阁学士侍班，不用侍仪等官"②，且目的也以皇帝学问与德行的进修为主，这对于从孝宗为太子时即担任其侍讲的刘健来说自然是轻车熟路。况且，不同于明代中期以后的许多帝王常以各种理由暂时或长期停罢经筵或日讲，孝宗皇帝在经筵和日讲方面则是坚持最好的皇帝之一。因此，经常从事侍讲，对刘健而言不仅是职事本身，也在相当程度上提供了与皇帝的密切接触与加深关系的机会和便利。

由以上所述可以看出，经过早期翰林院中的学习和训练以及东宫任职中的培养和锻炼，55岁开始入阁的刘健在此后的10多年间，既具有一定的政治经验，又富有自己为政的特色与风格，且正值年富力强，处在人生智力与精力最好的时期，因而他虽然身为次辅，但在当时朝政中的地位和影响绝不亚于刘吉、徐溥等首辅。也正因如此，当徐溥致仕而他继为首辅之后，便以更有利的机会和条件施展其政治作为，成为颇负时望的一代名相。

二　为弘治后期首辅之事迹

在弘治前期，刘健与徐溥等人虽有首辅与次辅之位次差别，但依照制度规定，其作为阁臣在辅助皇权治理朝政的职责上基本是一样的。但到了弘治后期，一方面，在内阁中刘健与李东阳、谢迁在年资上相差较为悬殊，另一方面，内阁制度实行中经过了长期的演化，至此时首辅与次辅的地位差别日益明显。因此，在继徐溥任首辅之后，刘健在朝政中的地位和

---

① 《明孝宗实录》卷135"弘治十一年三月己亥"条。
② （清）张廷玉等：《明史》卷55《嘉礼三》。

作用与以前相比就有了更为显著的提升。

（一）弘治后期刘健在内阁职权地位的提升

刘健在弘治后期政治作为的实施和体现，首先是由于这个时期他在朝廷中的政治影响力大为提高，从而为他政事活动的展开提供了有利的机遇与条件。这个时期他政治影响力的提升主要是藉由以下三个方面形成并体现出来的。

第一，成为内阁首辅担当重任。

弘治十一年（1498）底，就在刘健继徐溥任首辅后不久，他第一次遇到了被弹劾的情形。事情的缘由是：弘治十一年下半年以来，内府不断发生"军器库火、番经厂火、乾清宫西七所火、内官监火"等火灾①，尤其是十月十二日清宁宫火灾引发的影响甚为严重。孝宗自称"中夜达旦，朕心惊惧，寝食靡宁"。为此特谕"尔文武群臣有官守言责，皆与朕共天职者，宜各省躬思咎，去垢涤污，殚心效力，毋得因循怠玩，若罔闻知。凡百司弊政、奸贪显迹，及一应军民利病，皆直切指陈，无有所隐，以助朕励精之治，答上天仁爱之心，绵国家亿万载隆长之祚"。② 于是，南、北两京官员纷纷上疏言事、指陈时弊、弹劾劣迹。一些朝臣因之反省引咎，刘健、李东阳、谢迁也于十一月十一日引咎乞休。在这种背景下，国子监生江瑢应诏上疏言事，进而弹劾刘健、李东阳等人，称近来灾异数见皆由其"杜绝言路、掩蔽聪明、妒贤嫉能、排抑胜己所致"③，因而"急宜斥退"④。疏上，刘健、李东阳再次上疏请避位让贤。孝宗见之大怒，除了慰留阁臣外，还以"小人非言""排斥大臣"的罪名将江瑢下狱。刘健、李东阳于第二年正月上疏力救，言"国家常患人之不言而不责言之不当。……今当下诏求言之日，正君臣惧灾修德之时，而使陈言之人以臣等之故获罪，则臣等之罪愈大矣。……恳将江瑢释放，免其究问，以广献纳之路，以成宽大之风"。⑤ 孝宗感其言而释放了江瑢。

说这是刘健为官以来所遇到的第一次被劾，是基于一种推断。因为除了正德时期刘瑾专权而将刘健等人作为奸党大批罢官去职的情形之外，在刘健的全部政治生涯中，史籍记载中只有这一次被公开弹劾的事例。当然，这本身并不能完全说明事实上刘健被劾就仅此一次，但从下述分析来

---

① 参见《明孝宗实录》卷142"弘治十一年十月丙子"条。
② 《明孝宗实录》卷142"弘治十一年十月丁亥"条。
③ 《明孝宗实录》卷142"弘治十二年正月乙酉"条。
④ （明）焦竑：《玉堂丛语》卷5《器量》。
⑤ 《明孝宗实录》卷146"弘治十二年正月戊子"条。

看，其被劾及漏记的可能性并不大。首先，作为朝廷重臣担负重任，其对于朝政影响重大。因而但凡被公开弹劾，朝廷必然特别重视，并在国史中应有记载。正所谓重臣无小事。翻阅"明实录"，有关大臣受劾的记载随处可见，包括明代被称为贤相之首的"三杨"也在所难免。① 其次，明代百官民人皆可上疏言事，论劾官员的品德、能力等，更有科道官员专任其责，即使是皇帝言行不谨，也会招来言官章疏的批评与指责。万历年间，明神宗就曾遇到言官们极为激切的抨击。② 在这种情形下，作为阁臣的刘健就不可能在有过失、错误时而无人弹劾。尤其是在良莠不齐、人品参差、斗争复杂的官场政治中，其被劾被记的情况就更是必不可免。然而查阅大量的史料，在有关刘健的记述中的确被劾仅此一次。这就有如下几种可能或意义。

其一，刘健为人处世，以至于为政，即使存在过失或不足，乃至过错，大体未构成较为严重和恶劣的影响，无论是关系融洽，或是关系疏远者，均未能以其为充分依据和理由来公开弹劾他。

其二，此次弹劾刘健、李东阳"嫉贤妒能、排抑胜己"，显然主要是指责其居于内阁首辅、次辅之高位存在的为政处事方式问题。然而这种指责既非来自更熟悉刘健、李东阳为政情形的朝廷大臣，也非出自职在"论事"的言官，而是出自国子监生之手。以江瑢的身份和生活环境，是难以直接接触和了解刘健等人的为人处世情形的。所以，江瑢要么可能是受某些朝臣的启发或怂恿，要么只是风闻一些有关刘健等人作为的言论，而借应诏言事加以发挥。

总之，通过这次被劾之事，正可以反映出刘健在为政过程中基本上能够保持一种严谨守正、不偏不倚、为人公正的品格。同时，通过江瑢以灾异频见，从朝廷重臣身上寻求过失的这种方式，也说明了刘健作为内阁首辅，以其地位所应当承担的责任。

第二，久任内阁为政经验得到积累与提升。

如上文所言，早在徐溥致仕之前，刘健已在事实上担当着内阁的主要

---

① "三杨"中杨士奇有学行，杨荣有才识，杨溥有雅操（清·张廷玉等：《明史》卷148"杨溥传"）。杨士奇为"三杨"之首。"明实录"中记载在杨士奇死后，还有人欲劾其遇天灾时"职燮理不引避"，只是因同官泄之而未能行（《明英宗实录》卷114"正统九年三月癸酉"条）。杨士奇晚年也因其子挟势"掘他人墓葬""多养无赖子为奴"等事颇受非议（《明英宗实录》卷121"正统九年九月乙未"条）。杨荣则因私受畜马而遭人在宣宗面前攻诋。实录记载中也直言其有才略似唐之姚崇，"而有所不检亦似之"（《明英宗实录》卷69"正统五年七月壬寅"条）。

② 参见蔡明伦《论明万历中后期言官对神宗的批判》，《史学月刊》2006年第4期。

职责。这源于两个方面：一方面，由于徐溥年纪与身体的缘故，许多事务已难以胜任。除了一些重要的朝仪活动要求他的官职身份必须出现，其他事务处置大都由刘健及其他阁臣来施行。所以，尽管内阁条旨票拟，以及上疏言事还都以他首署姓名，但实际上刘健已成为内阁事务的主要承担者。另一方面，徐溥为人宽容、平和，"容仪俨雅，温易可亲"。① 但他较缺乏开拓进取的精神和追求，在朝政事务的处置方面大多显得保守。这就使得以刚正果毅见长的刘健，在实际政务的处置中不能不担当主要的角色。正因如此，才有史书记载说刘健于其时"凡朝廷大制作，无不经手。同列率为倚重"。② 如果说刘健与徐溥在个性、体质上的反差是形成徐溥为首辅时期刘健也能够在朝政事务中发挥重要作用的话，那么在徐溥致仕后刘健为首辅时，他已经积累了相当丰富的为政经验。这为他在弘治后期政治抱负的施展提供了重要的基础和条件。

第三，官职品阶得到显著提高。

弘治十一年（1498）以前，刘健的官位为太子太保、荣禄大夫、礼部尚书、武英殿大学士。前两种勋阶为从一品，后两种官职分别为正二品、正五品。弘治十一年二月中宫千秋节之时，朝廷大臣均得加官晋爵，刘健晋升少傅兼太子太傅、户部尚书、谨身殿大学士。这种升职只是在相同品级内部加升一等。③ 同时散阶也进光禄大夫、勋官为柱国等从一品官位，并获赠官三代。弘治十六年（1503）二月，以郊祀，赐刘健等三位阁臣玉带蟒衣，此为明代阁臣得赐蟒衣之始。继之以纂修《大明会典》书成，刘健得进少师兼太子太师、吏部尚书、华盖殿大学士，皆为同等品级中的最高一等。④ 五月，以九载考绩，获玺书奖谕，令兼支大学士俸，加特进光禄大夫，此则为正一品散阶。这是在弘治后期，刘健的官职履历。

---

① 《明孝宗实录》卷154"弘治十二年九月戊辰"条。
② （明）刘龙：《特进光禄大夫左柱国少师兼太子太师吏部尚书华盖殿大学士致仕晦庵刘文靖公行状》，《紫岩文集》卷41。
③ 参见《明孝宗实录》卷134"弘治十一年二月丙申"条。
④ 关于刘健官品职位的升迁，明人的记述存在明显差别。刘龙撰刘健《行状》、贾咏撰刘健《墓志铭》、杨一清撰刘健《神道碑》、温如春撰刘健《祠堂记》都记载弘治十一年《大明会典》成，刘健升少傅、太子太傅，户部尚书、谨身殿大学士。何乔远《名山藏》刘健传中同之。实录则记《大明会典》书成于弘治十五年底，因此加官则在弘治十六年二月，似更合理。再据沈德符《万历野获编》卷1"重修会典"条记："书成于弘治十五年，赐名《大明会典》。进呈之日，上御奉天殿受之，宴总裁刘健等于礼部，命英国公张辅侍宴，典极隆重。即日孝宗御制《序》序之，但未及刊行。"所记情形与实录相吻合。《拟明史稿》卷10"刘健传"中记载多不依凭以上传记初本，而与实录及其他笔记记事相类，而也称刘健升职在弘治十六年。

依明代官制，太师、太傅、太保为三公，皆正一品；少师、少傅、少保为三孤，皆从一品。自仁、宣之后，"公、孤但虚衔，为勋戚文武大臣加官、赠官。而文臣无生加三公者，惟赠乃得之"。①至于太子太师、太子太傅、太子太保等从一品职衔也是自永乐之后，"终明世皆为虚衔，于太子辅导之职无与也"。②虽然六部尚书及其佐官侍郎等皆有其明确职掌，但凡入直内阁者，所兼六部官职，便也仅仅成为其官位品级高下的一种标志，而并不实掌其职。况且，自宣德时期以来，阁权渐崇，以至六部也得"承奉意旨"。内阁中则"尤以首揆为重。夫治道得失，人才用舍，理乱兴衰，系宰臣是系"。③

由此可见，至弘治后期，刘健的官品不断上升，以达文官中最高层次。但他的权职则主要得之于其时的内阁首辅之职。其时，内阁在中央权力机构中已处于实际的核心层次。因此刘健在弘治后期的政治作为，自然也是完全按照内阁的职掌来行事。具体而言包括："凡车驾郊祀、巡幸则扈从。御经筵，则知经筵或同知经筵事。东宫出阁讲读，则领其事，叙其官，而授之职业。冠婚，则充宾赞及纳征等使。修实录、史志诸书，则充总裁官。春秋上丁释奠先师，则摄行祭事。会试充考试官，殿试充读卷官。进士题名，则大学士一人撰文，立石于太学。大典礼、大政事，九卿、科道官会议已定，则按典制，相机宜，裁量其可否，斟酌入告。颁诏则捧授礼部。会救则稽其由状以请。宗室请名、请封，诸臣请谥，并拟上。"④虽然据此可略知刘健作为首辅的大体所为，欲明了其实迹还有赖于从具体事例中考察其表现。

（二）弘治后期刘健任首辅时期的政治作为

按照内阁职掌的范围，可将刘健在弘治后期为政事迹分为如下诸类来考察和分析。

第一，作为朝廷重臣，在许多朝廷重要的场合、仪式中担当主事官员依然是刘健为政的一项重要活动。在弘治后期，刘健参加的这一类重要活动主要还是每年春秋释奠先师孔子、为藩王册妃举行仪式等活动。统计"明实录"的记载，这期间刘健分别于弘治十一年（1498）八月，弘治十二年（1499）二月、弘治十四年（1501）二月、弘治十七年（1504）八月共4次于太学举行释奠礼；又于弘治十四年（1501）二月，以副使持节

① （清）张廷玉等：《明史》卷72《职官志一》。
② 同上。
③ （清）张廷玉等：《明史》卷109《宰辅年表序》。
④ （清）张廷玉等：《明史》卷72《职官一》。

册封荣王妃刘氏行纳征等礼。① 此外还有弘治十五年（1502）十二月，"纂修《大明会典》成，翰林院进呈，上御奉天殿受之。文武百官各朝服侍班行礼毕，赐总裁少傅兼太子太傅户部尚书谨身殿大学士刘健等宴于礼部，命英国公张懋及六部尚书、都察院左都御史侍宴"②；弘治十六年（1503）九月，"孔子第六十二代孙袭封衍圣公孔闻韶入觐京师，事毕将还，朝臣咸赋诗赠行"③，刘健以文官之首参与其事。参加这一类的活动虽然不像处理一般政务那样可以直接表现出行政效应，但其政治上的影响和意义却是相当重要的。尤其是从昭示朝廷对此事的重视程度而言，也只能选择刘健这样权位的重臣才能体现出来。

第二，修书充总裁，殿试任读卷官，则是阁臣，尤其是首辅必须承当的职责之一。每三年一次的殿试通常是在紧接二月会试后的三月份举行。刘健为首辅期间，分别于弘治十二年（1499）、弘治十五年（1502）、弘治十八年（1505）三月三次在殿试中担任首席读卷官，并为弘治十二年的进士题名碑再撰碑文。④ 在弘治十二年那一榜，取中伦文叙等 300 名进士。弘治十八年廷试时，有策问"道未行，法未守"，名士马卿对答"政事之柄握于司礼，刑法之权移于厂卫"。⑤ 刘健复阅卷时，为其语切时弊而深为赞叹，遂选之为庶吉士。

弘治十一年（1498），孝宗诏谕徐溥、刘健等人为总裁官纂修《大明会典》，但不久徐溥即致仕归乡。之后，刘健、李东阳、谢迁等仍督任其事，至弘治十五年（1502）完成，共 180 卷。⑥ 就在次年二月，孝宗又派司礼太监扶安传诏谕旨于内阁诸臣："《通鉴纲目》并续编，深切治道。命臣等撮取节要撰次一本，仍分卷帙陆续进来以便观览。次日安又传谕圣意，欲自三王五帝以来历代事迹通为一书。"⑦ 刘健等阁臣们便拟定了一个纂修《通鉴纲目节要》分职任事的官员名单。这一年八月，孝宗又遣司礼太监萧敬传旨"《本草》旧本繁简不同。翰林院其遣官二员，会同太医院官删繁补缺，纂辑成书以便观览"。⑧ 刘健等即调派两名翰林官员与修。后因发觉太医院刘文泰等人欲以此邀功请赏，并贬内阁以抬自己，故刘健力

① 参见《明孝宗实录》卷 171 "弘治十四年二月丙戌"条。
② 《明孝宗实录》卷 194 "弘治十五年十二月己酉"条。
③ （清）永瑢、纪昀：《四库全书总目》卷 192《振鹭集一卷》。
④ 参见（清）梁国治《国子监志》卷 48《金石三》。
⑤ （清）徐开任：《明名臣言行录》卷 52。
⑥ 参见（明）涂山《明政统宗》卷 18 "弘治十五年"附记。
⑦ 《明孝宗实录》卷 196 "弘治十六年二月辛卯"条。
⑧ 《明孝宗实录》卷 202 "弘治十六年八月癸卯"条。

阻其事。此书后专归太医院官生主修，而翰林院不参与其事。从这件事上，可以看出刘健为政不倚不随、果敢自立的风格。为了维护朝廷规矩，即使是孝宗有命，也反复论辩驳回，最终使之收回成命。

第三，劝谏启沃、辅养君德，是内阁的又一重要职责。就这方面而言，早在弘治前期刘健为次辅时就与徐溥等一同通过论疏对孝宗进行各种劝导。到了弘治后期，一方面孝宗在朝政方面日见懈怠，且因崇佛老而多有靡费，另一方面刘健以首辅势位与权责，更重视对君德的辅导。刘健除了在日常侍讲中通过讲解、阐发经史进行启发之外，还不断上呈奏疏以行规谏。根据对"明实录"中记载的统计，在弘治前期刘吉为首辅时内阁上呈的奏疏共 11 篇，徐溥为首辅的 6 年间内阁论疏共 13 篇，加上另有两篇实录未载者总共也就只有 15 篇（参见本章表 3.1 与表 3.2）。平均来看二者大体为每年两篇多。但在刘健为首辅的近 8 年时间里，以刘健名义上奏的内阁奏疏计有 34 篇，其中有 1 篇为实录所未载（参见本书附录 3：刘健著述类目及资料索引汇编），大体平均为每年 4 篇以上。由此可见，刘健在其履行首辅职责方面所做的努力更显突出。

在这些论疏中，属于专门规谏孝宗的就有弘治十一年（1498）十月的"论修德弭灾疏""谏止太监李广祭文祠额疏"，弘治十二年（1499）十月的"论崇佛老疏"，弘治十三年（1500）四月的"论厉精勤政疏"，弘治七月的"论节财用疏"，弘治十四年（1501）七月的"谏止武当山送像挂幡设斋醮疏"，弘治十五年（1502）五月的"勤政事节财用公赏罚疏"、六月的"谏止释迦哑嗒像赞疏"、八月的"勤政疏"、十一月的"劝勤励戒懈怠疏"和"再劝勤政疏"，弘治十六年（1503）十月有"论圣政疏"、十一月有"奏停刻佛经道录疏"，弘治十七年（1504）二月上"谏止造塔疏"和"罢撰真人诰命封号疏"等共 15 篇。除此而外，在论奏其他一些朝政事务中，甚至是在劝勉孝宗保养身体时也常常包含有对孝宗在君德养成、勤政致治等方面的启导。如在弘治十三年十二月的一天，当孝宗遣太监谕内阁，以"连日奉侍两宫勤劳，少须调理"为由来解释当日视朝稍迟的情形，刘健等即在所上"再请圣躬善加调摄疏"中因势利导地发挥说："臣等仰见圣孝笃至而不忘勤政之心，无任欣幸。……尤望圣明常存此念，早朝宴罢，躬理万几，儆戒无虞，不自暇逸，以慰中外臣民之望。岂惟臣等之幸，实宗社无疆之休也。"① 由此可见其对辅养君德极其重视。

第四，内阁作为"论思之地"，其最主要的职责还在于通过各种途径

---

① 《明孝宗实录》卷 169 "弘治十三年十二月己酉"条。

和方式对朝政事务发表意见和建议，并议决庶务的处理方案。这种日常政务方面的内容十分繁复而庞杂。但通过对刘健等阁臣处理日常朝政事务不同方式的考察，仍可从另种侧面和角度上认识其为政的情形。

刘健等人采用的第一种日常处理政务方式也是终明一代朝廷重臣最常用的议政方式，即上疏论政。如上文所言，在弘治后期的 8 年中，以刘健名义呈上的内阁奏疏是比较多的。其中，在专门规导辅养君德的 15 篇中就包含有许多涉及对朝政事务的议论。如在"修德弭灾疏"中，刘健列举近年火灾频频，斥责一些人以"天道茫昧，变不足畏"、"天下太平，患不足虑"为辞，继有"以斋醮祈祷为弭灾"、"以纵囚释罪为修德"等邪说来惑乱君心，怂恿懈怠。这不仅是劝勉孝宗"奋发励精，一新庶政"①，而且也有向孝宗明示朝中君子小人之分别，以引导孝宗近贤臣，远奸佞的意向。这实际上也是关系朝政人事格局的重要论辩。另外，其论述抑佛老、节财用等一类的疏奏，更是与当时朝廷财经状况及其一些制度、措施的实施密切相关的。

其余 19 篇中，除去辞免加官晋爵、因故乞休等关乎其个人进退，以及劝慰孝宗"善加调摄、保养圣躬"之类的 9 篇以外，专门议论朝政庶务的则有 10 篇。如弘治十二年（1499）九月所上"论票拟疏"，弘治十三年（1500）六年所上"论虏情疏"，弘治十四年（1501）十月上"日讲仍用《贞观政要》疏"、十一月上"论军功疏"，弘治十六年（1503）五月所上"纂修《历代通鉴纂要》合用官员疏"，弘治十七年（1504）六月上"御虏安边事宜疏"，等等。仅从这些奏疏的名称所反映的内容来看，其所涉及的朝政事务都是一些较为复杂、需要通盘思考与部署以确定合理方案的事务。对于这类事务的处理，不可能像日常对其他职能部门的一些具体事务处置方案进行票拟那样只用简单的意见来解决。只有通过具有一定篇幅的奏疏论稿来详述阁臣们对于朝政大事或按照规章制度，或参考历史经验来进行的合理化的决策。从这个意义上来说，内阁这样履行职责的方式，就不是一般程序化的工作，而是带有极大程度的决策研究与实施并行的意义，这就对阁臣的政治理论水平与行政能力提出了更高的要求。也正因此，使得其朝政优劣在很大程度上体现出封建社会政治中的"人治"特色。

刘健等人日常议决政务的第二种方式是应孝宗的宣召而奏对。皇帝每于上朝之外宣召大臣于便殿，就各种朝政庶务与之当面咨询商定，史籍称

---

① 《明孝宗实录》卷 142 "弘治十一年十月丙子"条。

为"召对"。由于各项事务当场商定，省去了中间转呈、下发等的环节，这种理政方式既有利于提高行政效率，同时也避免了因中间的曲折环节可能产生的讹误或蓄意歪曲。再则，君臣直接接触，也有助于加深彼此之间的相互认识与了解，密切双方关系。正因如此，召对便成为被人们极力称道的皇帝勤政方式。实际上在明代，大凡能够经常以这种方式与阁、部大臣议定政务的皇帝，在其统治之时，朝政也都较为清明。弘治时期也正是因此而著称的一个时期。

然而，皇帝能否经常这样做，不仅取决于其勤政与否，同时也在很大程度上受到皇帝对朝臣，尤其是对阁臣信赖程度的影响。在整个弘治前期，孝宗也只在弘治十年（1497）三月召徐溥、刘健、李东阳、谢迁4人于文华殿议政一次。那还是在听取徐溥等人于二月份上疏希望孝宗效法本朝先祖"时常面召儒臣，咨议政事"①之后才举行的。由于当时君臣都缺乏面议政务的经验，且事出仓促，加之阁臣们缺乏心理准备，使这次议政未能显示出明显效果。之后数年孝宗未再召见大臣。

到了弘治后期，一方面孝宗日益明习朝政机务，另一方面则是孝宗对刘健等阁臣及当时兵部尚书刘大夏、都御史戴珊的信赖和依靠，这种召对的形式才更趋频繁。仅就召对刘健等阁臣议论政事庶务来说，主要有如下几次。

第一次是在弘治十三年（1500）四至六月间，由于"北虏入寇大同，势甚猖獗，京师戒严，人心讻惧"②，兵部为此请裁决取舍有关提督军务的武将人选，以为准备。四月二十九日，孝宗召刘健等三阁臣于文华殿平台，就英国公张懋、保国公朱晖、新宁伯谭佑、成山伯王镛、宁晋伯刘福、遂安伯陈韶、惠安伯张伟、镇远侯顾溥等人的去留、安置当场议决，解除了王镛、刘福、陈韶三人的兵权。其议定妥当即交付兵部实施。五月三日，"上复召内阁大学士刘健、李东阳、谢迁至平台，出兵部推举各官疏，逐名访问，面赐裁决。仍命司礼监具纸笔，亲书手敕，付兵部行之"。③

第二次较频繁地召对阁臣是在弘治十七年（1504）三月间，孝宗祖母周太后崩。孝宗分别于十六日、二十二日召三位阁臣于西角门暖阁议周太后陵庙处置事宜。虽然孝宗自幼得周太后庇护方得保全性命，但孝宗以守

---

① 《明孝宗实录》卷122"弘治十年二月甲戌"条。
② 《明孝宗实录》卷161"弘治十三年四月壬子"条。
③ 《明孝宗实录》卷162"弘治十三年五月丙辰"条。

祖宗一帝一后陵寝之制，欲改周太后生前所定与英宗合葬之议，这得到了刘健等阁臣们的大力支持。但由于内官太监的阻挠，其意愿最终也未能实现。

第三次频召阁臣是在弘治十七年（1504）六月以后，围绕北方边防事宜而展开。六月中，捕获一名从北方逃回之男子，其言"北虏"欲大举南犯。内阁上揭帖请求会同司礼监、兵部会审究竟。二十二日孝宗召阁臣详议北方军情，以及选将、粮草、防守等事宜。七月四日，因北方蒙古兵大肆杀戮墩军，孝宗再召阁臣欲调京营出兵。刘健等以京师为重力加劝阻。直到再召问刘大夏也持其说时，孝宗才放弃。七月六日，又召刘健等商议派遣官员至北边督理粮草之事。七月十五日再召阁臣商定北方粮草处置方案以及奖励方式，并议及辽东张天祥一案。九月三十日，因军情已缓，孝宗召刘健等人议定查勘边地将士军功实状及奖赏情形，并论及侍讲学士刘机在日讲中的一些表现，鼓励官员以"论思辅导之职"皆当"直言无讳"。①

第四次频召阁臣是在弘治十八年（1505）上半年。二月，孝宗召三位阁臣议政，刘健等言"今国帑不充，府县无蓄，边储空乏，行价不偿，正公私困竭之时，铸钱事最为紧要。其余若屯田、茶马，皆理财之事，不可不讲也"。②君臣就这些事项，尤其是盐法之弊进行较为深入的讨论。四月，因安置流民之事，户部自行推选官员。孝宗以为不合制度，选用官员宜会同吏部，为此召阁臣加以明确规定。这期间孝宗还分别召三阁臣商议是否增设广东等地方镇巡官事、科道官员奏劾朝臣事、边军丧师处罚事项等各种政务。③

由上述内容可见，弘治后期，君臣间越来越倾向于就一些朝政事务通过宣召奏对的方式直接议定。这不仅增强了君臣间处理政务上的相互依赖，极大密切了君臣关系，同时也对于改进朝政风尚，修明政治产生了极大的作用。所以《明史》说："健等三人同心辅政，竭情尽虑，知无不言。初或有从有不从，既乃益见信，所奏请无不纳……诸进退文武大臣，厘饬屯田、盐、马诸政，健翊赞为多。"④这种状况在有明一代，只在少数几个皇帝的统治时期出现，而弘治后期这种"召对"密度也较为罕见。

除了以上几种履职方式之外，刘健等人还通过其他一些日常方式如票

①　《明孝宗实录》卷216"弘治十七年九月丁巳"条。

②　（明）陈洪谟：《治世余闻》附录《治世余闻佚文一则》。

③　参见（明）陈建《皇明从信录》卷25"弘治十八年四月"。

④　（清）张廷玉等：《明史》卷181"刘健传"。

拟、朝会以及与相关部、院会议协商等方式处理庶务甚至一些重大政务。可以这么说，到弘治后期，无论是就其地位、权职，或是与孝宗关系，以及与其他朝臣的协作关系来说，刘健都处在对朝政事务辅助决策的核心层面，对弘治朝政的影响力极大。

三　正德初期之力举"新政"

"明实录"中的刘健传记里有一段文字极为简要地概括了刘健在正德初期辅佐明武宗的情形："（孝宗）大渐之日，召至榻前，顾命累十数言。逮事武宗，册大婚、耕耤（籍）田、幸太学、颁诏天下，肃然正始。会逆瑾导武宗游畋荒政，健累疏，极请诛瑾，皆不报。遂谢政归。"①正德初期，刘健不仅是首辅，更兼有顾命大臣的身份。其在朝政事务中所承担的责任与职权更加突出，借以处置重大朝政事务的活动也更为显著。

以先朝遗老、耆硕辅佐新皇治政，首要的条件是刘健与新皇帝武宗能够建立起较融洽的关系，或者最起码是武宗在政治上能够继续实行孝宗时期重用文官及外朝官员的方略。实际上，在武宗即位后的最初几个月间的确顺应了这种要求。这使得以刘健为首的文官集团在刷新政治上发挥了很大的作用。但武宗很快便背离这一方略，以自我放任的方式追求逸乐、崇信宦官变乱朝纲。这就与刘健等人所秉承并长期致力追求的致政理念发生严重的冲突。明代皇权专制的政治制度决定了这种矛盾冲突的必然结果就是刘健等人在"不换思想就换人"的政治斗争形势下走向失败。

（一）刘健作为顾命大臣的"新政"追求

弘治十八年（1505）五月，孝宗临终前召刘健等人接受顾命的场面颇为动人。六日，"上大渐，晓刻遣司礼监太监戴义召内阁大学士刘健、李东阳、谢迁甚急。至乾清宫东暖阁御榻前。上燕服坐龙床御榻上。健等入至床上榻前。叩头问安。上曰'热甚，不可耐。'命左右取水，以布拭舌。既乃曰：'朕嗣祖宗大统一十八年，今年三十六岁，乃得此疾，殆不能起'。健等跪奏曰：'皇上偶违和，何以遽言及此。臣等仰观圣体神气充溢，万寿无疆。幸宽心调理。'上自序即位始末甚详，欲有所记录。于是太监扶安、李璋捧纸及砚，义执朱笔，跪于榻前。陈宽、萧敬、李荣俱跪于床下。上命义书于片纸曰：'朕昔侍太皇太后宫闱。及长，蒙先皇厚恩，选配昌国公张峦女为后，于弘治四年九月二十四日诞生皇子厚照，册立为皇太子，正位东宫。年已长成主器。婚配不可久虚，礼宜择配，可于今年

①　《明世宗实录》卷74"嘉靖六年三月壬午"条。

举行。'皆逐句宣授，间有改易，粲然成章。书讫，上执健手又曰：'先生辈辅导辛苦，朕备知之。'又曰：'东宫聪明，但年尚幼，先生辈可常常请他出来读书，辅导他做个好人。'健等皆饮泣对曰：'东宫天性睿智，今年尽勤学。望皇上宽心少虑，以膺万福。'语久，王音渐清，反复告谕，若不忍释。前后数百言，不能悉记，谨识其大者如此。时距升遐仅一日，而圣谕谆切，神思不乱。盖圣性之涵养有素，故始终之际一得其正云"。①

从这段描述中可以看出两点。一是在刘健等人与孝宗的密切关系中，存在着十分浓厚的感情成分。二是刘健等人的顾命大臣身份既是一种地位、权力，也同时是一份责任。在皇权更替的特殊变故时期，这二者在君臣心中又都集中于对明王朝前途的担忧。因此才有孝宗的谆谆嘱托，要"辅导他做个好人"。但无论是从孝宗对太子的评价，还是刘健等人宽慰孝宗时对太子的赞扬，实际上也都表明了他们对未来武宗的统治仍怀着较大的希望和信心。

不过，刘健等人的希望与信心，并不完全是建立于对所谓"君权神授"的真挚信仰，也不完全是对太子朱厚照的赞赏与认可，其中相当一部分成分在于对自己地位和权势影响的自信。在孝宗时期，刘健等人就曾试图要革除一些长期积累的弊政。由于孝宗谨守制度和过于仁柔，再加上当他认识到这些问题并欲革新之时，已到了生命的最后时期，因而最终未能付诸实施。武宗初即位，朝政大权在相当程度上实际由刘健等顾命大臣来掌握，这也许正是实行革新的一种良好时机。所以，刘健等人便拟定有关刑法、军事、钱粮、赈济等"宽恤十五事"作为孝宗遗诏②，以图清理一些积弊。"凡孝宗所欲兴罢者，悉以遗诏行之。"③ 不仅如此，刘健还特别指派在文坛负有盛名的李东阳拟定了武宗的即位诏书，这份诏书共有 45 条，将有关兴利除弊、革新朝政的事项大多包容进去。它不啻为一份革新政治的纲领性文件。除了一般性的特赦事项外，在清理整顿积弊方面，主要包含有以下内容。

第一，宽恤民力，安抚流民及其他失业者。

诏书指出，蠲免弘治十六年（1503）十二月以前所有拖欠税粮、杂课、力役工作，以及各地物品、特产的征缴；蠲免明年各种差派力役十分之三；停罢减免各处为宫府额外增加的织造、烧磁等造作；停罢各处王

---

①　《明孝宗实录》卷 224 "弘治十八年五月庚寅"条。

②　参见《明孝宗实录》卷 224 "弘治十八年五月辛卯"条。

③　（清）张廷玉等：《明史》卷 181 "刘健传"。

府、镇守官额外"贡献方物,劳扰沿途军民";安置因天灾人祸而流离失所的流民、兵士、力役匠人,给予优待;减免各地衙门坐派柴炭采运之三分之一。

第二,清查诸政弊病。

如清理历年积累旧狱尚未结案者,应量刑减免者予以减免宽宥;清查税粮征收、起运过程中"内外管事人员刁蹬需索,使用之数多于本物,以致上纳不敷,重复征解,贻累小民"者,一经指实,给予重罪;清查官、私奏讨、贩卖盐引中的各种弊端并酌情追赃,又严申以后"俱不许势要及内外官员之家求讨、占窝、领价、上纳"。

第三,抑制豪强兼并。

这之中包括两个方面:一是"皇亲、勋臣及势要之家有例不许受人投献地土、包揽钱粮、霸占关厢、渡口、桥梁、水陂,及开设铺店、停勒客货、贩卖钞贯、抽要柴薪、占夺窑口、指勒牙保、水利等钱,侵夺民利"。而凡以各种名目接受投献或强占地土以致民失业者,"诏书到日,限一个月以里退还改正"。此外,还有严禁内外官员、势要之家私自占用军士等公职人员为其"种菜、种蓝"、营造及其他私役;严禁内外官员占用锦衣卫人员"令其干办私事,挟势害人"。二是整顿和清理、究治各地豪门管庄"倚势生事,分外需索,逼迫小民逃窜失业"者。

第四,裁汰冗官滥职,节省开支。

针对弘治后期日益庞大的官吏和其他公职食禄人口,诏书列举诸多裁汰范围。如"各处兵备、守备,并劝农、管粮、捕盗、水利等项一应文武官员添设"者,"各马房、仓库及各门等处添设管事内官",拣选私自净身入京人员,各地布政司及王府所选"额外多余精通乐艺、乐工",等等。

此外,诏书还令各处举荐人才、宽限举人入仕范围、许官民百姓对于"朝廷政事得失,天下军民利病",皆可直言无隐,等等。总之,从这份诏书的内容来看,的确显示出一种革新图治的气象,较之于弘治后期更具有开创的气势和魄力。所以当时人称"是岁之诏,兴利革弊,禁治奸宄最为严止。盖刘健属李东阳代草。天下快诵之"。[①] 刘健等人希望借机全面整顿旧弊,刷新朝政,显然也是建立于对自身地位的自信意识上。在弘治十八年(1505)八月刘健等所上"陈灾异论新政疏"中,就明确说"自古帝王及我祖宗列圣继世更化,必大有兴革,以新天下之耳目,系天下之心

---

① (明)涂山:《明政统宗》卷18"弘治十八年六月壬辰"条。

志"。① 由此可见其期于新政意识的自觉性。

在武宗这方面，也的确认可了刘健等人顾命元老的权位并给予优礼。弘治十八年（1505）五月十八日，武宗正式即位。六月初在给在京文武官员、军民人等赏赐白金绢布钞锭时，特别明定"公、侯、驸马、伯，白金二十两；一品、二品，十五两"②，以下则按品级递减。而给刘健等阁臣的则是"银三十两，纻丝二表里"。所以刘健等人在次日所上奏疏中称"近闻户部奏，拟将亲王及文武官员赏例通为减省……而臣等独受厚赏，心实不安，请辞免"。③ 尽管刘健等一连两疏辞免，武宗自然是不允其奏。七月，"加少师兼太子太师、吏部尚书、华盖殿大学士刘健左柱国，食正一品俸，与诰命"。④ 李东阳、谢迁也相应加官。三人合疏请辞，又不允。至此，刘健的官位已达当时文官集团中的最高品级。

由以上的情形来看，弘治十八年（1505）五月当孝宗驾崩，新皇登极伊始，以刘健为首的顾命大臣们充分认识到，无论是形式上，还是在实际上，他们的权力与地位都处在巅峰之势，在影响朝政中发挥着极为突出的影响。因此才力图借此开始其刷新政局的努力。

（二）正德初期辅政的日益艰难

明人雷礼这样概括刘健在武宗初期的为政情形："武宗即位改元，健以顾命大臣翼新政。承先帝之后举故事，劝上耕籍田、幸太学，册大婚，御经筵，惠天下。百度振肃，海内晏然。"⑤ 这里主要说明了刘健等人在正德初依"故事"所做的几件朝廷重大礼仪性活动。尽管是仪式性质，但每一个新皇登极，正是通过对这些仪式的重视来表明其对朝政的意向，并且以此影响百官臣民的心态。刚即位的武宗年轻尚无经验，这些重大事务，自然需要由刘健等人一力承担策划与组织。从弘治十八年（1505）五六月份完成孝宗与武宗皇位交接的一系列事务，至正德元年（1506）十月刘健、谢迁致仕之前一年多的时间里，刘健等人作为顾命大臣所组织和经历的大事的确不少：八月，上两宫太后尊号；九月，为孝宗治葬。这期间南京地震，陕西大饥，都需安置、赈济；十二月，奉敕纂修孝宗实录；正德元年正月，朝廷有一系列的祭祀活动。二月，开经筵、耕籍田；三月，武宗视察国子监；八月，册立皇后；九月，行册妃礼。这一系列的活动虽显

① 《明武宗实录》卷4"弘治十八年八月丙辰"条。
② 《明武宗实录》卷2"弘治十八年六月戊午"条。
③ 《明武宗实录》卷2"弘治十八年六月己未"条。
④ 《明武宗实录》卷3"弘治十八年七月戊戌"条。
⑤ （明）雷礼：《国朝列卿记》卷11"刘健传"。

繁复，但真正使刘健等人感觉费心劳神的，则是从正德元年以后，"新政"的实施日益陷入困境。

第一，裁汰冗员，举步维艰。

弘治十八年（1505）六月，在武宗登极诏书颁布后的几个月间，虽有兵部等衙门屡屡上奏清查传升及其他违制所升官员及工匠艺人等，但裁撤的力度并不显著。更重要的是在这同时，传奉、滥赏仍然有增无减。正德元年（1506）正月，刘健等人上疏中称"去年圣驾看牲及时享太庙，内官、内使，随从数多。今年大祀郊坛，从者又多数倍"。① 此外，武宗之初，边军、京营将校无功冒赏、升迁者频频。大同随征人员违制无功受赏，并"欲踵近弊，升冗员至于数百"。② 朝廷文官书吏考选也滥施恩遇，不遵法度。如御用监书篆缺人，吏部奉旨考选。武宗却不用其考校，而令原先已黜人员，通送本监考校。此外，匠艺人员拣选也随风而兴，"南海子净身人又选入千余，至于蟒龙玉带滥赏无算"。③ 由于冗官滥职充盈，恩赏无度，又遇边事频繁、吏治不清，导致日常开支激增，财政问题十分突出。

第二，豪强、势要之家兼并之势难以抑制。

豪强兼并土地积弊已深，尤其是由内官掌握的皇庄，更是弊端丛生。如"在真定等府，宁、晋等县者，太监夏绥请岁加苇场之税，又欲勿听小民争讼；其在静海、永清、隆平等县者，少监傅琢等请遣官履亩核实以便管理；小河之在宁、晋庄前者，太监张峻等又欲税往来客货"，武宗皆听从之。④ 甚至有庄田中官校擅自以"驾帖"逮捕民人200余人。各级官员为此屡屡奏请革去皇庄，以地还小民。武宗却以奉事两宫为由继续听任皇庄滥施淫威。户部集廷臣之议回驳，刘健等阁臣也上疏力言当革皇庄，召人佃种，以其租银进用以奉两宫，既可示朝廷尊亲之意，也可避免管庄"内官假托威势，逼勒小民"，造成民人"荡家产、鬻儿女，怨声动地，逃移满路。京畿内外，盗贼纵横"等弊端。但武宗受内官鼓惑，不为所动，"竟不能尽革也"。⑤

再如抑制势豪败坏盐法一事，也是阻力重重，难见其效。早在弘治十八年（1505）九月，周太后之弟、庆云侯周寿家人周洪，张皇后兄弟、寿

① 《明武宗实录》卷9"正德元年正月甲午"条。
② 《明武宗实录》卷10"正德元年二月戊辰"条。
③ 《明武宗实录》卷10"正德元年二月丁丑"条。
④ 参见《明武宗实录》卷10"正德元年二月辛亥"条。
⑤ 同上。

宁侯张鹤龄家人杜成、朱达等奏买长芦、两淮盐引。户部尚书韩文以先帝时即已欲清其弊，即位诏明令禁其奏讨为由力阻之。但武宗却我行我素，还是下旨听其买补。此后又有商人谭景清依托势要，增入奏讨。部、院及科道官员屡屡奏劾而不能退之。正德元年（1506）二三月间，刘健等又屡疏奸商谭景清奏讨盐引之弊。户部尚书韩文也劾其"桀黠强悍，敢行欺罔，宜逮治"。① 但武宗仍诏宥之。九月，王瓒、崔果等奏讨盐引12000引，工部为之请敕。刘健等上言阻止，五府九卿科道等官亦上疏纷论不可给予。但武宗不顾百官之议，执意要允准。户部变通，同意只给予一半，武宗即召内阁诘问。刘健等备言盐法之坏，谓"先帝末年锐意整理盐法，此正今日急务"。武宗不悦，言："天下事岂只是几个内官坏了？譬如十人中也须有三四个好人。"② 且反复由太监申谕，务要全给。刘健等回阁后以进呈揭贴的方式再次极力陈言应如户部所议，武宗才不得已从之。此外，对于内官、武将的各种违法乱纪行为，武宗也同样持于宽恕和恣患。京营参将神英侵卖官马，获赃银千两，屡为官员所劾。在其家人乞请下，武宗却诏通免究问，止令罚俸。太监韦兴、齐玄等人盗空府库，罪大恶极，累劾不退，却被命分守地方典军。

第三，武宗以逸乐为事，废政辍学。

弘治十八年（1505）十月，刘健等人上"请开日讲疏"，在强调皇帝进学的重要性之后，以"先帝顾命臣等，惓惓以进讲为念"③为辞，请求武宗定于十一月初开始每日进讲两次。但不久因天气寒冷而作罢。正德元年（1506）二月举行经筵之后，在刘健等奏请下恢复了日讲。但三月以后，武宗为了逸乐，或以朝谒两宫，或以择日乘马为由而下令停免，从五月至八月又因炎热而罢。八月，刘健等再疏请开日讲，武宗又下旨要俟至九月。至期，又遣司礼监示意欲免午讲，刘健等力陈不可，但武宗最终还是置之不顾而罢日讲。

武宗耽于逸乐，不仅厌学，且疏于理政。凡官员奏事，或数月不见回应，或仅言"知之"。六月，刘健等上言："伏睹近日以来，视朝太迟，免朝太多，奏事渐晚，游戏渐广。兹当长夏盛暑之时，经筵、日讲俱各停止。臣等愚昧，不知陛下宫中何以消日。奢靡玩戏、滥赏妄费，非所以崇俭德；弹射钓猎、杀生害物，非所以养仁心；鹰犬狐兔、田野之畜，不可

---

① 《明武宗实录》卷12"正德元年五月癸未"条。
② 《明武宗实录》卷17"正德元年九月辛卯"条。
③ 《明武宗实录》卷6"弘治十八年十月己卯"条。

育于朝廷；弓矢甲胄、战斗不祥之象，不可施于宫禁。夫使圣学久旷、正人不亲、直言不闻、下情不达。而此数者交杂于前，则圣贤义理何由而明？古今治乱何由而知？民生困苦而莫伸，政事毙坏而莫救。其所关甚大。"① 此后，刘健等又屡上奏疏劝武宗勿沉湎于游戏怠玩，以致"视朝日迟，午奏多至日暮"，甚至"起居无常，寝膳失节，以致耗费精神，妨误政事"。② 但武宗陷于"群小锢弊日深"之中，终不能改。

从以上的情形可以看出，进入正德元年以后，因刘健等人的努力，虽然带来形式上的一种新朝振兴的气象。但由于武宗的怠政和信从内臣，使得兴利除弊"新政"的实施显得极为缓慢，甚至出现停滞与倒退。

起初，刘健等人只是注意到"新政"的迟缓。如在其前一年八月所上"陈灾异论新政疏"中指出："近者陛下登极诏条一出，中外臣民欢呼动地，想望太平。但各该有司视为泛常，不即遵奉。经今两月之上，内外多余官员未闻查减某职；传奉、乞升等项未闻查革何人。诸如此类，未易枚举。政壅于上而不得行，民望于下而不得遂。"其时也有其他官员上言"政事多乖"。③ 但渐渐地，刘健等人便感觉到来自武宗方面的巨大阻力。当年十一月冬至，有旨遣刘健、李东阳祭祀灵济宫徐氏二君。刘健等上疏言二真君乃"生为叛臣，死为逆鬼。而冒名借礼，享祝无穷，惑世诬民，莫此为甚"，请罢其祀。武宗于其时尚顾忌其顾命大臣之势位，但又欲行其意，便以"先朝行之已久"而令今后仍旧祭祀，只不必派遣内阁重臣，仅令太常寺官行礼即可。④ 至正德元年（1506）三四月以后，武宗对于刘健等人的各种建议和意见更无所顾忌，以致出现上文所述因给太监盐引而当面指责外廷文官的做法。到了这种时候，刘健等人已充分感到事态的严重性，且也认识到问题的根本就在于武宗信从内官群小。他们认为欲图新政，就必须先除去内侍宦官势力对武宗的影响，由此便导致了十月份内朝宦官势力与外廷文官集团之间争夺武宗支持的一场决定性较量。

（三）宦官势力上升与刘健谢政

明人贾咏所撰刘健《墓志铭》中叙述刘健在正德年间的政治经历是这样的："正德改元，力赞新政，百度肃然，期于正始以承弘治之盛，而逆瑾方恣横擅权阻挠，公遂引年乞休，累疏得请，上遣中使赐宝锭袭衣于

---

① 《明武宗实录》卷14"正德元年六月庚午"。
② 《明武宗实录》卷16"正德元年八月辛未"。
③ （清）张廷玉等：《明史》卷188"刘健传"。
④ 参见《明武宗实录》卷7"弘治十八年十一月庚寅"条。

第，许乘传归。"① 这段叙述虽然简略甚至有些含糊，但已表示出刘健的致仕归乡，确与刘瑾等宦官势力的"恣横擅权"是密切关联的。

武宗即位以来，宦官势力的发展经历了一个逐步演进的过程。这涉及明代历史上以宦官乱政而闻名的一个人物，即刘瑾。刘瑾为陕西兴平人，本姓谈。景泰年间自宫后依刘姓宦官得入宫中，随从其姓。成化年间曾掌教坊事，以善事逸乐而见幸，弘治年间得侍东宫太子。武宗即位，其出掌钟鼓司。职虽卑微，却能以娱乐而得以就近服侍皇帝。刘瑾为人性"尤狯给，颇通古今，常慕王振之为人"。② 出于强烈的权势欲望，凭借其相当的智术、心机和近侍条件，他逐渐获得武宗的信任。当时还有其他太监如马永成、高凤、罗祥、魏彬、丘聚、谷大用、张永等也都以引导武宗玩乐而得信用。八人相与附结，遂成"八党"，人称"八虎"。

刘瑾等势力的上升固然与其权势欲望、心术以及作为近侍的便利条件有关，但也在相当程度上与武宗本人的个性与思想意识倾向有着直接联系。一方面武宗生性好逸乐，不耐约束。因而对以刘健为首的文官儒臣们经常以"先帝""祖宗""社稷""朝政""君德"为辞的大道理说教颇为厌倦，而对刘瑾等人花样翻新地引导他娱乐十分欣赏。这就为刘瑾等人提供了逐步亲近、拉拢以至于控制武宗的机会。刘瑾等人正是利用这一点，"日进鹰犬、歌舞、角抵之戏，导帝微行。帝大欢乐之"。③ 刘瑾曾长期任职于教坊司、钟鼓司，对于游戏玩乐也的确颇显内行，由此渐得武宗信用而晋升内官监，总督团营，其势力也随之不断扩大。另一方面，武宗所受教育不深，缺乏明确的政治意识。即位之初，对朝政毫无经验，又对刘健等顾命大臣的权势地位颇有顾忌，故凡事皆听从刘健等大臣的安排。但随着周围近侍逐渐形成势力，而这些人又常常在武宗面前以各种方式诋毁文官大臣专权、把持朝政。称"弘治年间，朝权俱为内阁文臣所掌，朝廷虚名而已"④，以此来激起武宗对文臣的反感，并诱导武宗以皇权来压制文官服从。在这种形势下，武宗更觉近侍宦官比朝廷大臣可用、可靠，也更能满足自己对逸乐的追求。武宗的这种心态，就为宦官势力的发展提供了可资利用的机会。此外，明代内阁与司礼监双重辅政机制，在相当程度上也为宦官势力对朝政的把握和控制提供了某种制度条件。这些因素集中起来，便造成正德年间刘瑾等宦官势力的迅速壮大，以致发展到最后排挤内

---

① （明）焦竑：《国朝献征录》卷14《内阁三》。
② （清）谷应泰：《明史纪事本末》卷43《刘瑾用事》。
③ （清）张廷玉等：《明史》卷304"刘瑾传"。
④ （明）陈洪谟：《继世纪闻》卷1。

阁，控制朝政的局面。

武宗即位初的几个月间，对刘健等大臣的"辅导"，从听从、顾忌到厌倦、反感，使刘瑾等人看到了权势发展的机会。当武宗敢于对顾命大臣们的严格要求表现出不悦、无所顾忌，甚至是公然抵制时，刘瑾等人便开始通过武宗来阻挠刘健等人所制定的各种新政措施，在中央和地方大力发展宦官势力，并公行贿赂，广植私党，排除异己，变乱制度。刘瑾曾"劝帝令内臣镇守者各贡万金。又奏置皇庄，渐增至三百余所，畿内大扰"。① 皇庄管事内官、各地镇守内官，到处生事害民，无功升赏，奢侈淫靡，使得朝政日益混乱。

宦官乱权带来的朝政败坏，使得外朝文官们深感忧虑，也激起他们的强烈反对。从正德元年（1506）三四月间开始，在清理弊政过程中逐渐形成了外廷文官势力与内朝宦官势力以武宗为中介的斗争。在阁、部大臣以及科道官员的奏疏中，屡屡提请武宗要亲大臣、远小人。八月以后，双方的斗争日趋激烈，并走向白热化："外廷知八人诱帝游宴，大学士刘健、谢迁、李东阳骤谏，不听。尚书张升，给事中陶谐、胡煜、杨一瑛、张襘，御史王涣、赵佑，南京给事御史李光翰、陆昆等，交章论谏，亦不听。五官监候杨源以星变陈言，帝意颇动。健、迁等复连疏请诛瑾，户部尚书韩文率诸大臣继之。帝不得已，使司礼太监陈宽、李荣、王岳至阁，议遣瑾等居南京。三反，健等执不可。"②

在这场斗争中，内廷宦官与外廷文官集团的阵线也并非森严壁垒。宦官中的王岳素称正直，他和范亨、徐智等人也是一向不满"八虎"的作为。在受命往来皇帝与内阁之间传话的过程中，不仅将刘健等阁臣请诛"八党"的意见准确转呈武宗，且极力赞同阁臣们的这种意见。这种情形无疑更增加了外廷文官们的信心。于是，刘健等阁臣与韩文等部院九卿便联合起来，连夜商定次日早朝时集体向皇帝请愿力争。然而事出意外，一向在文官集团中树敌甚多而依附于刘瑾的吏部尚书焦芳连夜将此消息告知了刘瑾。刘瑾等"八虎"夜见武宗，请求救护，并极力诋毁外廷文官们的所作所为。在其煽动下，武宗改变主意，当即任命刘瑾入掌司礼监，"永成掌东厂，大用掌西厂，而夜收岳及亨、智充南京净军"。③ 对内廷宦官的这种处置，彻底改变了外廷文官们预料事情发展的方向。刘瑾等宦官势力

---

① （清）张廷玉等：《明史》卷304"刘瑾传"。
② 同上。
③ 同上。

不仅掌握了主动，并在实际上控制了局面。次日早晨朝臣们入朝时，事情已完全没有挽回的余地。在这种情形下，刘健、李东阳、谢迁三位阁臣一起上疏乞休。武宗最后批复准允刘健、谢迁辞官，而李东阳仍留任内阁。

以刘健为首的文官集团与宦官的这场斗争就这样以宦官进掌大权，刘健等大臣纷纷乞退、罢职而宣告了外廷文官集团的失败，也标示着武宗初期"新政"的彻底结束和刘健政治生涯的巨大转变。

然而，刘健的谢政，究竟是像有些人所说的那样，是刘健见势不妙以"求退"放弃职责而换取自我保护？抑或是其在"事不可为"处境中以求退进行的抗争？通过考察实际过程，可以认定虽然这时刘健已年届74岁，但其谢政去职却并非出于真心情愿的回乡归野，而是在以退为进的抗争策略中，遭遇出乎意料情况后的无奈选择。

如前文所言，刘健等人在孝宗临终受命为顾命大臣时，便将辅成"新政"当作实现自我政治理想、报答孝宗知遇之恩的目标，并自信皇位交替之际正是实现这一目标的有利时机。但随着形势的变化，武宗宠信近侍宦官，放任逸乐成为"新政"实行的最大障碍。理想与现实的落差，使其深感忧虑与失望。于是从正德元年（1506）二月起，刘健等便屡次在奏疏中表达了"求去"之意。但实际上，刘健的"请辞"是一种对抗武宗被动、甚至阻挠"新政"实施的以退为进的策略。如其在"票拟盐法军法刑罚选举四项事疏"中极力支持户、兵、吏等部门的清理弊政方案，反对武宗的"别拟"要求，最后又称："所有前项四本不敢别拟，谨将原票封进。若以臣等迂愚，言不足信，则当乞身避位，以让贤能。"[1]在同月所上"论初政纷更疏"中，历陈其"累有论列，多不见允。比为户、兵等部议处盐法、功次等事具本上陈，极言利害。拱俟数日未蒙批答。若以臣等言是则宜俯赐施行，臣等言非则亦明加斥责，而乃留中不报，视之若无"。[2]处于这种境地，使刘健等人感到"既不能报答先帝与陛下"，也不愿因"新政"不成，使朝政纷乱而取讥于当世，并贻笑于未来，故再次"伏乞允退"。二月底，又在"论政令十失疏"和"辞位求退疏"两疏中再次极言政事深弊及其忧苦无奈之心，提出"惟求去让贤"才能解脱。以上种种，都说明了刘健的"求退"实际上是在向武宗施加压力以求"新政"的实施。正在这时，有关盐法、皇庄、传升滥赏等事也遇到府、部、院及科道官员的屡屡论奏，武宗不得不下发内阁章奏，令有关衙门斟酌执行。三月至五月，礼、兵、户等部又上报了按照刘健

---

① 《明武宗实录》卷10"正德元年二月戊辰"条。
② 《明武宗实录》卷10"正德元年二月癸酉"条。

等所言实行清查的情况。这正表明，刘健的"求退"在实际上产生了推动"新政"的一些效果，而这些效果正是刘健所期待的。

四月份，刘健也确曾以个人名义单独上疏，称自己"已七十有四，老病交侵。……哀朽不才之人，强颜窃禄，以首清班，固难逭妨贤废职之罪"① 而欲求退。但无论从此次奏疏的语态或是内容上，都远没有前期求罢时所表现的激愤心情。而这期间，刘健真正求退的奏疏也仅此一次。所以说，刘健的"求退"恰恰是其求进的一种政治斗争策略。

六月以后，随着武宗的逸乐增加和宦官势力不断增长，朝政败坏的情形日益加重，刘健等人的权势影响也逐步减弱。在这种背景下，再以"求退"作为对抗武宗的方法已不是良策。同时，八九月份也正值武宗大婚，礼节仪式繁多。所以这一时期，刘健等人很少再提及求退之事。直到十月中旬，众议欲除"八虎"不果，激愤之下，刘健等三阁臣便当即集体上疏请退。这一次，武宗却立即准允刘健、谢迁致仕而独留李东阳在任，这的确令刘健始料未及。依照惯例，在大臣没有得罪的情况下，皇帝即使刻意使其致仕，也必待其自乞休致，且皇帝需挽留数次之后才予以允准，尤其是像刘健这样的朝廷重臣。正因事出预料，眼见宦官柄权之势已成，朝政之"危有不可胜言者"，故如此去职，"刘健等恸哭不忍遂去"的那种不甘心的心境是不难理解的。

可以看出，刘健等人的致仕，与其说是出自其真实的求退，不如说是源于其与宦官斗争策略上的失误。刘健等人虽仍以集体求退的方式表示对武宗决定的抗争，但其时外朝与内廷势力的对比在武宗的心理天平上早已发生变化。且不说刘健等三位顾命大臣的权势地位已经对武宗产生不了以往的影响，就是包括众多其他官员在内的整个外朝文官势力，也无法对武宗形成约束。由此也显示出，在这场最后的较量中遭致失败而不得不求退，就不只意味着刘健的谢政归田，也决不仅仅是一种职务上的失落，而是其政治追求正值鼎盛时的突然中断，形成其政治生涯与人生命运的巨大转折。

第三节　致仕家居的从政余绪

在正德元年（1506）十月那场与以刘瑾为首的宦官势力斗争失败之后，刘健致仕家居，离开了政治舞台。表面上看，其似乎与政治不再有关

① 《明武宗实录》卷12"正德元年四月庚申"条。

联，事实却不然，这恰恰是刘健政治生涯转折的开始。以他曾经在两朝为首辅期间所作所为，已经形成了政治上的深远影响。这种影响不只是在数十或数百年以后人们的历史评价中，更重要的还在于它对当时政治所产生的影响，并借由这种影响，再次将政治风云变幻延伸到他致仕后的生活之中。

一　致仕、落职与复职家居

刘健在弘治后期及正德初期任首辅的时期，是明代少有的几个内阁在皇权之下具有最高权力与地位、在朝政中发挥突出作用的时期之一。而以刘健居当时文官之首的地位，其政治上的作为便体现出文官集团共同的政治意向。那些以科第出身的文官大多是饱学儒学经史的。尽管在个人品行和思想意识倾向上存在个体差异，但在致政追求上却有相对一致的认识和期望，在抑制宦官势力方面也是如此。刘健等人在弘治后期，尤其是在正德初期"新政"的作为，实际上是打击和抑制了包括一些宦官、贵戚在内的"内外势要之家"的利益和权势发展。正德元年（1506）三四月间，正是在刘健等人的力争之下，武宗勉从其意，下其章奏于各部，以清查冗职滥赏、整顿皇庄，"由是诸失利者咸切齿"。①

如果说，刘健所属的文官集团与宦官之间的矛盾斗争是造成刘健在宦官得权后被罢职的必然性社会根源，那么，刘健一贯的个人为政风格则是造成其被迫致仕的直接性个人原因。刘健为官清正，为此免不了得罪一些人。如焦芳与刘健为同乡，刘健不但在处置人事中毫不偏向焦芳，还屡屡阻碍焦芳向上爬的努力。当年焦芳欲复翰林官职，他力加阻挠，焦芳因此恨他，"日于众中嫚骂"。② 后来他为首辅，焦芳上疏言"御边四事"，他票拟判其"窒碍难行"，不予允准。对于焦芳为人的阴狠，刘健也是十分清楚，但他并不因此畏惧和顾忌。弘治末期许进等七人联名推荐焦芳入内阁，他说："老夫不久归田，此座即焦有，恐诸公俱受其害耳"③，既是婉言拒绝，也是对许进等人进行提醒，但他自己一如既往对焦芳毫不示弱、徇私。刘健这种刚正不阿的风格在与宦官斗争中也同样表现出来。面对众朝臣力主诛刘瑾等人，武宗欲将其发往南京闲住以求缓和，为此派司礼监太监一日三次到内阁咨询意见。刘健推案而泣言："先帝临崩，执老臣手，

---

① （清）张廷玉等：《明史》卷181"刘健传"。
② （清）张廷玉等：《明史》卷306"焦芳传"。
③ （清）张廷玉等：《明史》卷181"刘健传"。

付以大事。今陵土未干,使若辈败坏至此,臣死何面目见先帝!"其声色俱厉,令人动容。① 刘健之所以极力支持众朝臣诛刘瑾,是因为他已清楚认识到刘瑾等宦官势力的发展不仅已构成阻碍"新政"实施的巨大障碍,而且还会进一步通过控制武宗来变乱整个朝政,一旦此次让步,以"发往南京闲住"的方式对其从轻处置,必然会使其获得卷土重来的机会,那时形势更无法控制。为此,凭借外朝文官集团共同反对宦官势力所造成的巨大声势,在当时确有必要从根本上一举瓦解这一势力。然而,出乎刘健意料的是,就在一切看来已稳操胜券之时却出现焦芳连夜泄密于刘瑾的情节,进而导致事态的完全逆转。所以,从整体情形来看,刘健的罢职既是文官集团与宦官集团斗争的必然结果,也是刘健身居要职,为政清正,得罪小人而必然带来的磨难。正因如此,刘健的罢职既不意味着文官集团与宦官集团斗争的结束,其致仕后的家居生活就不可能与政治斗争及当时朝政脱离干系。

在刘健致仕之时,多少还顾忌到他在朝中的地位和威望,武宗仍按惯例给予了朝廷大臣的优礼。这至少在形式上表明刘健的罢职仍属于"退休"而非罪罚。然而,在接下来文官集团与宦官势力的斗争中,刘健却并未因致仕而避免被宦官势力的迫害。虽然他致仕以后在政治上似乎已不再对刘瑾等人构成直接威胁,但刘瑾、焦芳等人仍不能释怀刘健以前对他们的压制。更重要的是朝臣中还有许多人以刘健为一面旗帜来继续进行对宦官势力的斗争。如"给事中吕翀、刘蒍上疏留之。南京兵部尚书林瀚闻而叹息,于是南京六科给事中戴铣等,十三道御史薄彦徽等上疏请'斥权阉、正国法、留保辅、托大臣,以安社稷'"。② 为打击文臣,正德二年(1507)三月,刘瑾矫诏将刘健、谢迁、韩文、杨守随等皆"海内号忠直者"的53名朝臣指斥为朋党,并榜示于朝堂。由此,刘健身份便从顾命元老转变为"奸党"之首。

刘健在乡尽力收敛自己的言行,不给刘瑾、焦芳等势力寻找迫害治罪的理由和机会。但刘瑾等人仍通过各种方式深文周纳,力图网罗罪名。正德四年(1509)正月,刘瑾无从入手整治刘健,却矫诏勒令刘健之婿,时任南京通政司右通政使的程文致仕。③ 不久,有关官员为应诏举"怀材抱德"之士而推选浙江余姚人周礼、徐子元、许龙,上虞人徐文彪四人。因

① 参见(清)张廷玉等《明史》卷181"刘健传"。
② (清)谷应泰:《明史纪事本末》卷43《刘瑾用事》。
③ 参见《明武宗实录》卷46"正德四年春正朋乙卯"条。

其皆属谢迁同乡，且当初朝廷颁行举"怀材抱德"之士的诏书为刘健所草拟，刘瑾、焦芳便以此为由，罗织"徇私援引"之罪名，下周礼等四人于狱，并"必欲逮健、迁并坐，且籍其家"。①李东阳百般陈说利害，为刘健、谢迁解脱。焦芳厉声曰："纵贳其罪，不当除名耶？"② 刘瑾等遂矫旨革去刘健、谢迁官爵，使皆为民。当年五月，又以刘健主持编修《大明会典》多所靡费，尽革参与修书官员所升之职。十二月，追夺刘健等诰敕以及受赐玉带、服色等物品，并谪罚米。"既而吏部查奏文官当追夺诰敕者健、迁而下共六百七十五人。惟成化年远者已之"。③ 至此，刘健完全成了"政治要犯"，其人生经历和政治生涯也陷入谷底。

正德五年（1510）八月，刘瑾等人被剪除，都察院官员上奏请求改正刘瑾乱政之弊，恢复被冤致罪的守正官员。④有诏恢复刘健等人原有官品并致仕，归还其被罚米及被没收的受赐物品。这样刘健重又获得政治上的地位与相应的待遇。但这年他已 78 岁高龄。更重要的是，虽然刘瑾伏诛，但武宗宠幸宦官、肆意游乐以及朝政混乱的局面仍在继续。所以，当四川巡抚都御史林俊等人上疏呼吁重召起用刘健、谢迁、韩文等人时，这些被"赦免"无罪者却无一人获起用。说到底，刘健的复职致仕只是一种对刘瑾伏诛的政治反应，并不意味着刘健所代表的文官集团的真正胜利。所以，刘健的政治地位也不可能在这时得到真正意义上的平反。但无论如何，因刘瑾乱政造成的刘健在政治上的跌落总算平复。此后，刘健才真正开始了他晚年家居的平静生活。

二　心忧朝政与新朝优礼

（一）身在乡野，心系庙堂

年事渐高，又经历了政治上的大风大浪，刘健似乎比起以前在朝时更加"老成"，也更为缄默。他平日"杜门不出，居一小楼，日课子孙读书，言不及其它事"。⑤ 这似乎意味着他确想要与政治保持一种疏远或脱离的状态。不仅如此，他还常常诫谕子侄辈："我以书生致位师保，受知列圣，

---

① 《明武宗实录》卷47"正德四年二月丙戌"条。

② （清）张廷玉等：《明史》卷306"焦芳传"。

③ 《明武宗实录》卷58"正德四年十二月庚戌"条。

④ （明）涂山《明政统宗》卷19记此事在八月，四川巡抚都御史林俊有请"召先朝故老刘健、谢迁、林瀚、王鏊、韩文修复旧政"疏。

⑤ （明）刘龙：《特进光禄大夫左柱国少师兼太子太师吏部尚书华盖殿大学士致仕晦庵刘文靖公行状》，《紫岩文集》卷41。

荣幸已极，此心迄今犹不敢放。汝曹生长膏粱，侈肆则易，少弗知检，为患滋甚，非所以保吾家也，小子勉之。"① 这是否可以认为刘健对于政治似有一种畏惧心理，或过于谨慎的态度？的确，在一些人看来，刘健在致仕之后，生怕招灾惹祸，才会杜门不出，与人隔绝。这种状况以至于造成明人在为之作传记时对其晚年生活竟至无事迹可述，有所涉及也十分简略。如"归田时，年七十四，家居萧然如布衣，坐一帷中，不问门外事者十余年，享年九十四而卒"。②

实际上，沉静缄默本是刘健性格中的一个方面，疏于交往，也是其一贯的为人作风。他那种"此心不敢放"的谨慎，与其说是一种对于政治风波的畏惧，不如说是他在长期宦海生涯中培养和形成的一种政治作风。由个性言，他从来不是一个遇事畏怯的人，更不是一个趋炎附势的人。从他的智能而看，他也不是一个无所顾忌、不知进退的人，明辨善断是他的优势。既不放弃政治理想、改变政治理念以附合时流，还要尽可能求得在政治舞台上站稳脚跟，这就要首先保证自己避免因错误或疏忽而被政敌打倒，避免做不计代价的无谓牺牲。因此，适应于封建君主专制制度下政治斗争环境的规则，作为一种策略，为人收敛，处事谨慎，便成为刘健长期从政中所体现出的一种个性风格。刘健晚年家居时的谨慎避祸，也仍属于此。由此不难理解在疏远政治的表象之下，在刘健的内心里，他为之奋斗一生的政治追求，他大半生所坚守的政治理念，又岂能一日忘怀、永远放弃！

刘健致仕后，身在乡野，心却不能不忧虑于朝政。这期间，武宗依然沉湎于声色犬马，四处游乐的生活，朝政日非。内有宗藩叛乱、人民起义，外有蒙古势力侵扰。这都是刘健不可能充耳不闻、闻而不忧不思的。只是以他的地位和处境，却只能表现出更深刻的缄默。但有时也会隐忍不住内心的情绪而有所表露。每闻武宗频频"狩边，又幸江南"，就叹息不已，不思饮食，难以入眠。时而发出"嗟乎，使帝暴衣露盖，自苦如此，而吾安处家食。吾死无以见先帝矣"③ 的哀叹和"古人处江湖则忧其君，岂欺我哉"④ 的无奈感慨。而每提及孝宗，回想到弘治年间在朝为政的种

---

① （明）刘龙：《特进光禄大夫左柱国少师兼太子太师吏部尚书华盖殿大学士致仕脢庵刘文靖公行状》，《紫岩文集》卷41。
② （明）陆楫：《兼葭堂杂著摘抄》。
③ （明）过庭训：《本朝分省人物考》卷90"刘健传"。
④ （明）刘龙：《特进光禄大夫左柱国少师兼太子太师吏部尚书华盖殿大学士致仕脢庵刘文靖公行状》，《紫岩文集》卷41。

种情形，内心的感触更难以言表，只有"复不语，泪潜潜下也"。①

　　按说刘瑾伏诛后，刘健的官爵、身份已经恢复，求"避祸"以保全身家性命的顾虑已属无有必要。刘健之所以还深深沉浸于这样一种情绪之中，根本原因就在于他具有较他人更为深刻而执着的政治追求。当年，他满怀政治抱负走上仕途，在46年的风风雨雨中，是靠其政治信念支撑他勇当大任。所以，如今名位的恢复并不能消除他对混乱朝政的忧虑。家居生活表面的平静与他内心情感上的波澜，说到底是源于其政治理念的执着。

　　（二）新朝优礼的政治待遇

　　正德十六年（1521）三月，明武宗驾崩。其身后无子，张太后与内阁大学士杨廷和等定议，立孝宗同父异母弟兴王朱祐杬之子朱厚熜为皇位继承人。四月，朱厚熜正式即位，是为明世宗。

　　早在世宗即位之前，由内阁大学士杨廷和等人拟定的新皇帝即位诏书中，就已经明确表示要整顿正德时期的朝政弊端，以恢复孝宗时期的政治局面。作为这种整顿与"恢复"的一种体现，同时也是新君更化、昭示图治的一种表现，为正德时期经受打击和排斥的先朝老臣进行彻底平反昭雪就成为一种必然要求。御史周宣上疏说："图国家治安在培养士气，培养士气在辨别忠邪"，对于如谢迁、刘忠、马文升、刘大夏等那些"素协时望"的先朝旧臣，"宜亟赐召用"、优恤。世宗当即"敕所司议行之"。②不久，吏部将所查"先朝直言守正、降黜并乞归诸臣"的情形上报，言"大学士谢迁、费宏，尚书孙交、韩文，都御史彭泽等，已经言官论荐，待次征召，无庸论矣。至如大学士刘健，耆德重臣，首见废置，而优老之恩数未加"。③按说，无论是就刘健的地位、为政风尚及其影响，实际上都远在上述待"征召"诸人之上。之所以"恩数未加"，一则征召与优礼原本有先后，征召涉及朝廷人事安排，显然更为重要。优礼则更主要在于仪式。二则世宗即位之年，刘健已89岁高龄。按当时计虚龄方式已是年届90的老人，再次召用也不切实际。若仅仅按照惯例对其进行优礼，自然要比对前面诸人的征召和任用略为晚一些。

　　世宗见奏后下旨"命撰敕，遣官存问。大学士刘健，仍令有司给饩、米、夫役，复其孙原荫官"。④根据吏部所提供的有关刘健的履历情况，世

---

① （明）雷礼：《国朝列卿纪》卷11"刘健传"。
② 《明世宗实录》卷2"正德十六年五月壬子"条。
③ 《明世宗实录》卷2"正德十六年五月丙辰"条。
④ 同上。

宗所赐敕中称："朕惟人臣之事君，得志行道、树功烈于当时者固难，而名遂身退、康宁寿考、始终全节足以系天下之望尤为不易。卿资禀醇正，器识恢宏。粤自早年，究心理学，上探河洛之传。登名贤科，蜚英艺苑，劳勤茂著，闻望弥隆。遂以硕德长才受知于我孝宗皇帝，简自圣心，擢居政府。朝夕献替，不诡不随。培植人才，爱惜善类。宣达民隐，慎守彝章。延访于便殿，赐问于平台，危言谠论，裨益弘多。是致弘治十有八年之间政事清明，实惟卿与二三大臣佐理之功。至于顾命之际，推诚付托，至切至专。卿感激知遇，益竭劳瘁。故当武宗皇帝改元之初，随事纳忠，曲为匡救。其毅然不可回之气，往往形于词色。厘革宿弊，斥逐群小。直道难容，告老而归。高风大节，播在天下。中遭权奸，横加谗抑。旋复昭雪，人咸钦仰之不置。乃今年近九旬，体履康泰，全名盛福。求之当代，实鲜其伦。惟昔宋之名贤如司马光、文彦博辈，皆卿乡哲。揆其始终进退之大义，卿亦不多让焉。朕嗣承大统，图新治理。顾兹尊贤优老之典诚不缓。惟卿累朝旧德，寔轸朕怀。矧夫公论，明扬至再至三，亦可以见卿之贤于人远矣。兹特遣行人赍敕至家存问，仍赐羊酒。命有司月馈官廪八石，岁给舆隶十名，用表异数。卿其体朕至意，颐养天和，茂膺寿祉，用表仪于天下。则非特卿一乡一邑之光而已。朕又闻老臣体国，义不忘君。卿有嘉谟至计，尚无所隐以辅朕之不逮，期于海内乂安，共享太平之福。而卿亦永有令誉于无穷矣。钦哉，故谕。"①

从这份诏敕中可以看出，此时朝廷官方不仅已完全恢复了对刘健原有的政治地位和影响的认可，并且以后人评说的方式更给予其一种历史性的结论。至此，刘健在谢政以后所经历的政治低谷才完全脱离。虽然因年事已高，再也不可能恢复在朝廷中的权势地位，但至少可以在政治身份地位上获得了根本性的昭雪。刘健的政治生涯在经历了兴旺发达与失败沉沦之后，又重新回到兴盛的高点，从而形成其完满的一种循回。就在这个时候，刘健的生命历程也逐渐走向其最后的阶段，而他的政治地位和影响主要是通过朝廷的优礼得到了彰显。

嘉靖元年（1522）五月，按照世宗诏旨正式恢复了刘健之孙刘成学原来所荫中书舍人的官职。② 六月，河南地方官员上奏，致仕大学士刘健年满90。世宗下诏当依例优礼，"复命本处巡抚都御史备彩币、羊、酒，亲

---

① 《明世宗实录》卷2"正德十六年五月丙辰"条。

② 参见《明世宗实录》卷14"嘉靖元年五月丁卯"条。

诣其家，宣谕眷念之意"。① 嘉靖五年（1526）十一月，94 岁的刘健寿终于家。地方官员上奏朝廷之后，"帝若曰：'是惟先朝耆寿俊乂，朕闻而不及见，今亡矣，为辍视朝一日，赐祭九坛。'命有司营葬域，赠太师，谥文靖"。② 刘健虽然去世，但他的政治作为、在政治风浪中的表现在当时政坛仍有丝丝"余响"。嘉靖七年（1528）四月，刘健曾孙刘望之得恩荫为中书舍人；嘉靖二十年（1541），河南考核乡贤，刘健位居第一。朝廷有旨允准为其建立祠堂，以备"岁时举祭，永为定规"。③

曾饱经政治兴衰，人世沧桑，又经过致仕后近 20 年的乡野家居，晚年的刘健有着充分的时间思考自己一生的追求和经历。来自朝廷的那份晚来的政治昭雪似乎并没有让他感到特别的欣喜。是他一贯缄默而沉静的个性表现，抑或是他已能够对一切表面化的形式抱以冷静的认识和态度？今天对此难以确知。但是，从刘健对于朝廷一系列优礼的反应来看，显得既不乏礼度，也不甚热烈。如正德十六年（1521）十一月，刘健曾上表谢"存问赐赍"④；嘉靖二年（1523）五月，又遣其曾孙刘望之诣阙上表，以谢朝廷对其年跻九十存问优礼之恩。世宗优诏答之，并"令有司给望之脚力以归"⑤；嘉靖三年（1524）正月，刘健再次疏谢存问。刘健去世后还"遗表劝上正身勤学、亲贤远佞，累数千言"。⑥

史书中还载有另一事：嘉靖四年（1525）正月，被任命为兵部尚书、总督陕西三边军务的杨一清在赴陕西途经洛阳时，曾专程前往谒见刘健。刘健衣着简朴随便，态度生硬地责问杨一清：既曾为相，今又何以要出将？以至于"令主上轻吾辈自汝始"之类的话，便再无他言，弄得杨一清颇为难堪。⑦ 对于刘健的这种表现，时人及后人议论纷纷，或宽容或苛责。实际上，无论是对朝廷优礼的答谢，还是对杨一清的态度，都表明了刘健依然保持和执着于他原有的政治意识和风尚，丝毫没有因为政治上的坎坷、时世的变迁而有所改变。在漫长的历史变迁中，对于一个人的生命历程而言，这种执着，是耶？非耶？

① 《明世宗实录》卷 15 "嘉靖元年六月乙未"条。

② （明）杨一清：《少师刘文靖公神道碑铭》，《（乾隆）河南府志》卷 89。

③ （明）温如春：《太师谥文靖刘公祠堂记》，《（乾隆）河南府志》卷 85。

④ 《明世宗实录》卷 8 "正德十六年十一月戊寅"条。

⑤ 《明世宗实录》卷 27 "嘉靖二年五月壬午"条。

⑥ （清）汤斌：《拟明史稿》卷 10 "刘健传"。

⑦ 参见（明）王世贞《嘉靖以来首辅传》卷 1 "杨一清传"。

第四节　刘健在推进"弘治中兴"中的作用与影响

本章前文以三个时期分别论述了刘健自明英宗天顺四年（1460）登科入仕直至嘉靖五年（1526）其生命之寿终正寝的整个政治人生历程，并初步揭示了他政治生涯各个时期的特点及起伏跌宕的根由。但由于体例上主要着眼于对刘健政治人生"历事"的考察，因而未能就刘健作为明代前中期政治名臣所应有的政治地位与作用进行深入剖析。为此，本节集中于此方面而对刘健在"弘治中兴"中的地位与作用进行具体论述，以作为本章的一种总结。

《明史·孝宗本纪》称："明有天下，传世十六，太祖、成祖而外，可称者仁宗、宣宗、孝宗而已。"明孝宗在位的 18 年间社会局面相对稳定，"朝序清宁，民物康阜"①，孝宗因此被称为"中兴之令主"②，弘治时期也被比之于周代之成康时期、汉代文帝时期、唐玄宗开元时期和宋仁宗庆历时期。尽管这个时期经济、文化发展上并未达到鼎盛，同时表面清明的形势下仍存在豪强兼并和皇帝怠政、沉迷佛老斋醮等问题，但就整体局势而言，这一时期的确是明朝历史上不多见的发展较好、政局较为稳定的时期之一。因此，"弘治中兴"的称誉也并非没有道理。分析弘治朝政局势的形成，除孝宗皇帝本人的仁厚、善于用人、勤政外，阁、部、院等朝廷大臣作用的出色发挥起到了至关重要的作用。而作为阁臣进而为首辅的刘健在其中的影响与作用不可低估，尤其是其"理学"的学术倾向、刚正的个性品格、与孝宗的特殊关系等在营造"弘治中兴"政局中发挥了极大影响作用。

一　"理学"风尚营造"中兴"特色

"弘治中兴"局面的出现并被时人及后世认可、褒扬具有多种原因，至少以下三点是毋庸置疑的。

其一，弘治朝处于成化与正德两朝之间，其前后两个时期的朝政纷乱、腐败与弘治朝稳定、清宁的局势形成"凸"字形的鲜明反差，正是这种反差凸显并放大了弘治时期的成就，进而极大地左右了人们对"弘治中

---

① （清）张廷玉等：《明史》卷 5《孝宗本纪》。
② （清）夏燮：《明通鉴》卷 40"弘治十八年五月辛卯"条。

兴"的认同。

其二，在 18 年的弘治政局中，孝宗皇帝本人虽未显示出雄才大略，却在看似"无为"的局面下，以其仁明、勤政、节俭、信用大臣等政治品格为贤臣毕集于朝、施展其政治抱负提供了良好的机遇和条件。在君主制度背景下，这是形成"中兴之治"的关键条件。

其三，以阁、部、院大臣为主体的朝廷文臣群体间的相对和谐与协作关系，以及他们各自为政风尚上的相互支持与补充，形成良好的朝廷人事格局。这对成就"弘治中兴"更是发挥了至关重要的影响和作用。①

在上述三点中，除了第一点属于"中兴"局面呈现的特殊性、机遇性条件以外，后二者则都是直接影响"中兴"之治的决定性因素。然而，在这两种决定性因素的背后，则是当时仍居于社会意识形态主导地位的理学思想，正是它赋予弘治君臣以共同的致政意识。

众所周知，明代前期是中国古代社会意识形态中程朱理学占统治地位最典型的时期。而自中期以后，确切地说是在正德以后，以张扬主体意识、崇尚个性风尚的阳明心学开始兴起并在社会上广泛而迅速地传播，使得包括皇帝和大臣在内的各个阶层人们的价值观念发生重大变化，对传统礼教的认同与恪守被冲破，社会风尚由拘谨走向开放。人们以智巧、计诈为高，在各个领域各聘其志，各显其能。于是，在下豪强官吏苛剥百姓时无不用其极，在上皇帝与朝臣竞相争斗，纷纭愤激。

与此形成鲜明对照的是恰在这种心学思潮兴起的前夕，早年在理学盛行之时接受思想文化教育的弘治君臣们走上了政坛，他们以理学观念支撑其致政风尚，从而使弘治朝政显现出不同于其他各朝的特有气象。明人朱国祯曾指出："三代以下，称贤主者，汉文帝、宋仁宗、与我明之孝宗皇帝。……我孝宗儒而兼综，故其学独正，其治独隆。"②《明孝宗实录》之首所附《孝宗敬皇帝实录序》中也指出，孝宗"事天法祖，以纲常为治，用人行政、御世理民之道，罔不具尽，是以人安物阜，海宇晏然"。不仅孝宗以理学为宗、以祖宗之法为纲纪来理政治国，当时的朝廷大臣也怀有同样的理念，因而对于孝宗的治国意识抱有极大的认同感。前文曾提到，孝宗时"无日不视朝"，还常常在散朝后，特召个别大臣面议政务。其时"朝臣无大小，皆乐趋朝，以仰承德意"。③ 刘大夏、戴珊等人对孝宗之

---

① 参见翟爱玲《弘治时期的朝廷人事格局》，《中州学刊》2013 年第 3 期。
② （明）谈迁：《国榷》卷 45 "弘治十八年五月辛卯"条。
③ （明）陈洪谟：《治世余闻》卷 2。

"听言从善，如转环若"深为感佩，称其"前代英君谊主所不能及也"。①孝宗崩后，礼官集议庙、谥号，以"孝"字为庙号，"敬"字为谥号。内阁大臣解释说："孝为百行之首，敬为万善之源，实不可易也"。② 这一说法实际上也为众多大臣所认定，由此可见当时君臣在政治理念上共同的理学倾向。

理念是一回事，实践是另一回事，二者之间存在有相当的距离。理念的东西真正落实到实践中去，还有赖于实践的环境、氛围与条件。而在营造这种环境和条件中，身居领导地位者的示范作用和感召力是极其重要的。弘治君臣以其理学观念践行于致政实践，从而对弘治朝政产生了深刻的影响。但由于各人所处地位不同，对朝政影响程度也不尽相同。正所谓"上好仁，则下好义"③，孝宗以君主的地位对"中兴"的作用自不待言，而在朝臣中，刘健的作用则也是他人难以企及的。他自成化末年入阁，至正德元年（1506）致仕，不仅亲历了"弘治中兴"的整个过程，而且在这个过程中，先是作为阁臣，继而以首辅之地位对朝政事务，以至于对群臣的为政风尚都产生了很大的影响作用。

刘健自幼生长于程朱理学发源地的洛阳，从青少年时期就以性理之学为宗，"与里中老儒阎禹锡、白良辅游"④，奠定了较为扎实的理学基础。登进士后他得选庶吉士，在翰林院谢绝交游，闭户读书，依然刻苦钻研学术与朝章典制，这使其理学根基更加深厚。孝宗即位后，他进入内阁参预机务，在处理各种政务、辅弼朝政，以至为人处世中，都表现出他本于理学思想的倾向和特点。

在以理学品格辅养孝宗君德过程中，刘健的作用主要通过两个方面表现出来。一是从孝宗 9 岁出阁进学直至登极为帝，年长于孝宗 37 岁的刘健一直是孝宗的老师。孝宗政治理念的确立、儒学思想的特色无疑与刘健的理学影响分不开。二是孝宗登基不久，刘健即入阁，更以启沃辅政为己任。在阁期间，刘健常常通过奏疏规导孝宗力行节俭、勤政、恤民。他指出，"天下之事，未有不以勤励而兴，亦未有不以懈怠而废"⑤，故屡劝孝宗勤政重学；他认为"天下之财，其生有限"，如平时不为"儆省节缩之

---

① （明）陈洪谟：《治世余闻》卷 2。
② （明）陈洪谟：《治世余闻》卷 4。
③ 孟森：《明清史讲义》上册，中华书局 1981 年版，第 172 页。
④ （清）汤斌：《拟明史稿》卷 17 "刘健传"。
⑤ （明）刘健：《论时政疏》，《皇明经世文编》卷 52。

计，将至大坏极弊，莫能救药，其为祸患何可胜言"①，所以他不厌其烦地劝孝宗"躬行节俭"；他还时常规谏孝宗公赏罚、开言路，"法孔子之正言、原老子之初意"，从儒家正统思想出发以朝政事务为"万几"之重务而精勤之，以佛、道斋醮为异端之"蠹政"而摒弃之。②

刘健在处事中表现出的重实务抑浮华、崇儒学斥佛道倾向，以及在其为人中展现的秉正而为、不树门派、不立私党，凡事以朝政目标为凭而不以门户私情为据的特点，都是其理学背景赋予他"以道事君"、践行儒家政治理念的具体表现。在当时那种极其重视地位高下、等级尊卑的社会环境下，刘健以阁臣之重，尤其是以首辅之尊如此行事，对于其他朝臣无疑产生很大的榜示作用。《明史》刘健本传记述说他为首辅期间，以其深粹的理学根基、正色敢言的个性，"以身任天下之重"而行其经邦济世之志。当时次辅李东阳擅长文学，"以诗文引后进，海内士皆抵掌谈文学"，以至于形成以李东阳为中心、以诗文为纽带的官员圈子。有人甚至认为李东阳是"私植朋党"③，刘健从朝政大局出发，虽不喜诗文却并不针对于此而另立帮派、门户。因此，在明代历朝官员中常见的或因地域文化差异而形成的"南人""北人"之争，或因利益、政见、喜好不同而形成的朋党之争的现象，在弘治朝却始终未成气候。这种状况不能不说与时为首辅的刘健常常以"治经穷理"引导后进官员，以"廉靖不肯依违"④表率朝廷大臣有着十分密切的关系。无怪乎人称他为"明世辅臣，鲜有比者"。⑤ 刘健对待其他官员也都以"直正"立身：对于一些官员建言朝政，他大都予以支持。即使言辞欠妥，只要动机正确，他也都抱以宽容。如江瑢以天灾上言弹劾身居首辅的刘健本人和李东阳，事虽属牵强，刘健仍屡上疏请孝宗免其罪责；对于因履行职责而触怒权贵甚至是触怒皇帝的官员，他都能挺身而出予以援手和营救。如他对履行职责而触及岷王权益受到孝宗治罪的刘逊等人的维护，对因弹劾张皇后之兄弟贪赃枉法事而受孝宗治重罪的李梦阳的营救，对因抵制大量调用军队为皇家服工役而激怒孝宗的刘大夏的维护，等等；对于以不正当途径谋求升迁、赏赐的人他则毫不留情，如他为首辅间，李镃、焦芳、李梦阳、何景明等许多河南同乡官员希图由此得以晋升高官厚职，他都置若罔闻。刘健的这些做法虽然免不了得罪一些人，

① （明）刘健：《论财用疏》，《皇明经世文编》卷52。
② 同上。
③ （明）王琼：《双溪杂记》。
④ （明）唐鹤征：《皇明辅世编》卷2"刘健传"。
⑤ （清）张廷玉等：《明史》卷181"刘健传"。

有些人甚至认为他不徇乡故之情未必"公正"却显示出缺乏用人识见，但是绝大多数官员却持肯定与赞赏的态度。

正是在如刘健等身居高位者"行淳履正"的榜样和示范作用下，弘治朝官员大都能够在现实政治实践中践行其理学思想理念，从而使弘治朝政在整体上显示出一种清明气象。应当说，明朝历代都不乏忠直秉正之名臣，但没有任何一朝能像弘治时期那样群贤毕集，君臣间"明良相契，荃宰一心"①，朝廷大臣则"同国休戚"②、"相与维持而匡弼之"③ 而少有朋比之奸。明人郑晓在总结弘治时期朝政秩序时说，孝宗"即位之初，徐溥、刘健入内阁，王恕入吏部，自是众贤并进。李东阳、谢迁、丘浚、耿裕、倪岳、马文升、刘大夏、周经、戴珊、张敷华、黄绂、何乔新、彭昭、杨守陈、周洪谟、许进、杨继宗、屠滽、秦纮、邓廷瓒、谢铎、章懋、张悦、林瀚、吴宽、张元祯、王鏊、杨廷和、刘忠、韩文、林俊、杨一清、樊莹、熊绣诸君子，襄赞皇猷，句宣方岳"。正是由于孝宗以"二南、六典、九经之道"获得"修齐治平之效"，也正是由于刘健这些朝廷大臣以理学观念渗透于致政求治之中，才以官员风尚影响和推动朝政清宁，并使整个社会风尚呈现清明之势，"士修端静之节，人怀躁竞之耻，吏鲜苛黩之风，民怀乐利之泽"④，连当时掌有一定权柄的许多宦官也有治平志向，以至"是时，中官多守法，奉诏出镇者，皆廉洁爱民"。⑤ 由此可见，所谓"弘治中兴"的确是弘治君臣在传统儒学思想影响下，尤其是程朱理学政治理念支持下共同求致"圣政"的结果。而刘健以其文臣之首的地位在营造这种朝政风尚中发挥了显著的作用。因此，他的明代贤臣良相的政治形象，正是通过这一时期的政治实践确立的。

不可否认的是，正是由于理学思想存在的僵化倾向，使得以孝宗和刘健等为代表的弘治君臣，在以这种思想意识和致政风尚从事治国致政过程中，表现出一种相对保守、拘于祖制传统而缺乏变革创新的气势。居于"家天下"专制制度下君主地位的孝宗前期有新政之志，却终不免"渐不克终"，而身为辅弼重臣的刘健也时常在"君臣"礼教、上下名分的思想制约下对孝宗后期的怠疏朝政、崇信佛道、优容宗戚表现出某种程度的妥协，对于朝政中的一些弊端也因念及孝宗的接受程度而不敢过于激进改

---

① （清）张廷玉等：《明史》卷182"赞"。
② （清）张廷玉等：《明史》181"赞"。
③ （清）张廷玉等：《明史》卷183"赞"。
④ （明）谈迁：《国榷》卷45"弘治十八年五月辛卯"条。
⑤ （清）张廷玉等：《明史》卷304《宦官一》。

削。因此，自正统以来不断激化的社会矛盾和种种弊端，在弘治时期虽经皇帝带头厉行节俭、抑制兼并、清减佛道斋醮、削减传奉官、抑用宦官、省用兵戎等措施得以抑制或缓解，却并没有也不可能从根本上消除之。正因如此，许多人认为"弘治中兴"从根本说并不见"中兴"之势，仅仅是朝政相对稳定与清明而已。这样的结果应当说是当时理学思想赋予包括刘健在内的弘治君臣们难以自我克服的缺陷和不足。

二 个性品格垂范朝廷政风

依照历史唯物主义的观点来看，任何一个朝代或政权的政府，其决策者及其高级幕僚的个人品德都会对其他从政者的品德及政风具有潜移默化的榜样示范作用，进而影响着这个朝代或政权的政治风气。

至弘治十八年（1505）五月，刘健已年过72岁。经历46年的为政实践，已完全形成并体现出了他独特的为政风尚与品格。由这种品格与风尚，可以看出他对当时朝政的影响。

第一，为人正直，不徇私情。刘健自早年在家乡时，为人处世就颇为正直。为官以来，为人处世更显宽厚，始终保持着其"性简静，重风节"①的基本品格。

在刘健的为政过程中，其清正的风尚首先体现为居官廉洁。刘健后世子孙在编撰洛阳《刘氏家谱》时，曾追考过刘健当年身居首辅之重，却家无营缮的情形。万历年间温如春为刘健所作祠堂记中也称："春叙是记也，有深慨焉。盖公之相业，人皆知之，而公之清介，则人或未悉也。"② 明人廖道南也说其早年随父游京邸，闻刘健当国，"卒无一言干求恩泽"。③

刘健不但不妄求恩泽私利，也不会标新立异，违悖常例以沽名钓誉。弘治十一年（1498）二月，刘健官进少傅兼太子太傅、户部尚书、谨身殿大学士后，获赠官三代。至弘治十七年（1504）十月，刘健已经入阁17年、为首辅满6年，才援例乞荫其孙刘成恩为国子监生。孝宗诏以"健事朕春宫及今，辅导勤劳年久，成恩可授中书舍人"。④ 由此可见，刘健长期身居高位，仍能保持俭朴，不事铺张，更不借机营私。这在历史中实属罕见，无怪乎史书多处提及刘健，总称赞其质朴。

刘健为官清正还表现在处理与其他官员关系时始终保持不偏不倚，无

① 《明世宗实录》卷74 "嘉靖六年三月壬午"条。
② （明）温如春：《太师谥文靖刘公祠堂记》，《（乾隆）洛阳县志》卷15。
③ （明）廖道南：《殿阁词林记》卷2 "刘健传"。
④ 《明孝宗实录》卷217 "弘治十七年十月戊辰"条。

党无比，凡事以朝廷职责为准的作风。史书称其"性简静直方。……与徐溥、丘浚同事，正色无所依违"。① 正德、嘉靖时期名臣王琼在其所著《双溪杂记》中，对刘健在弘治前期官场中的为人品行有一段叙说："刘健在内阁时，河南则有马文升、许进、刘宇、焦芳、李燧。健虽同乡而不阿比。文升在兵部，每以军职官不堪委任，欲添设兵备按察司官监之。健屡止之，票旨不准。后因奏设九江兵备，兵科都给事中夏祚论之，令文升回话认罪。许进为户部侍郎，同平江伯陈锐统师出宣、大御虏，畏怯婴城自守无功，罢进职，致仕。焦芳为吏部侍郎，建言御虏四事，健票旨云'这本所言，窒碍难行。'芳以为愧。李燧为鸿胪寺少卿，年深止转太仆寺少卿。又何景明年少能诗，人以为首相同乡，必选入翰林无疑。健曰：'此子福薄，能诗何用？'不取。后景明除中书舍人，官至提学副使，不寿卒。自来居内阁不党故旧，仅见健一人。"此书也描述了刘健在弘治后期为首辅时与李东阳、谢迁的相处与为人处世方式"以公平为主，绝无言议"。其"立心亦端正"，所作所为"诚可为君子矣"。② 从刘健在朝廷中的地位而言，这种清正风尚所产生的影响显然不只是个人品行上的荣耀，更是对朝廷政风的一种引导。

第二，恪尽职守，敢于任事。刘健早年读书学习，追求以实践履行儒家之道，因而其一向处世严谨认真。在为首辅之后，其为政过程中也同样体现出这种执着于理的精神。加上其为人处世果敢的个性，有时连孝宗意旨他也屡屡反驳。所以人称其"赋性刚正，理学深邃，以伊洛为宗任，天下大事未尝迁曲"。③ 刘健为政中的这种刚正不阿在日常具体事务中有诸多表现，兹举数端以说明。

弘治十二年（1499）九月，当孝宗让司礼太监陈宽传旨内阁："今后凡有拟票文书，卿等自行书封密进，不许令人代写"，似有责备之意。刘健等则上疏表示谨遵圣旨之外，还在孝宗"慎重机务""防闲漏泄"之意的基础上进一步发挥称："祖宗朝凡有咨访论议，或亲赐临幸，或召见便殿，或奉天门，或左顺门，屏开左右，造膝面谕，以为常制。"英宗时也是"上有密旨，则用御前之宝封示。下有章疏，则用文渊阁印封进，直至御前开拆"。而现在"朝参讲读之外不得复奉天颜。虽司礼监太监亦少至内阁。朝廷有命令，必传之太监，太监传之管文书官，管文书官方传至臣

---

① （清）汤斌：《拟明史稿》卷17"刘健传"。
② （明）雷礼：《国朝列卿纪》卷11"刘健传"。
③ 同上。

等。内阁有陈说必达之管文书官，管文书官达之太监，太监乃达至御前。至于誊写之职，例委制敕房中书一二人。臣等虽时常戒饬，而经历太多，耳目太广，岂能保无漏泄"。① 所以，要想保证机密不致泄露，就当效仿先朝勤政。孝宗见疏，表示嘉纳。

如前述弘治十六年（1503）八月，孝宗曾命内阁选官与太医院一同修订《本草》。刘健已选派两名翰林官员参与其事，当闻知太医院官生刘文泰欲以此邀功，并要内阁为其校正、撰序时，便向孝宗力争，称以阁臣为太医院官生纂书撰序、校正，不合体制，并提出可以先考选太医院官生中通晓典籍者可任修纂之事。孝宗允之。太医院官生刘文泰获有原来丘浚所作《本草》体例及少量书稿，欲攘为己功。但他对经史典籍实懵然无知，又惧于考选，便上奏表示太医院官生不必参与修书，也不必考选，书则由翰林院官员专修之。当孝宗依从其意并命翰林官专修此书时，刘健又以医药之类为太医院专职，"臣等职在论思，理难侵越"② 而力争此书由太医院官生自修，翰林官员不必参与，并连同起初调派的两名翰林官员也一并取回。孝宗虽然好医药，又极重视此书之修订，见刘健如此屡屡反驳，也只得令太医院官生会同其他儒生专修其书。

明人皇甫录在《皇明纪略》中还记载有一事："孝皇时，管河通政奏巡按御史陆偁私变均徭则例，又擅革接递夫役。召内阁曰：'陆偁为御史，乃敢擅作均徭则例，减旧制夫役！'刘公健对曰：'均徭亦是御史所管'。上曰：'何不奏请？'对曰：'多是革弊兴利，岂可罪之乎？'上曰：'已姑令回话，纵不深罪亦须薄惩'。"

由以上事例可以看出，刘健为人刚正、处事公直，富于胆识与责任意识。他的这种个人品质、为政风尚，通过日常政务的处理，与朝臣的相处等途径，感染并影响着周围的朝廷大臣，又通过朝臣中进一步扩大其影响，进而直接或间接地影响到整个朝政局势。

三　通过影响孝宗推进"中兴之治"

弘治期间，在推进"中兴"局面的形成与延续发展中，刘健除了以自身的学识、品性直接影响朝臣为政风尚和朝政局势之外，还通过个人对孝宗的特殊影响来发挥其间接影响朝政的作用。这主要表现在如下几个方面。

---

① 《明孝宗实录》卷154 "弘治十二年九月丙戌"条。
② 《明孝宗实录》卷202 "弘治十六年八月癸卯"条。

（一）性格互补确保治政方向的稳定

明孝宗早年受过较全面而良好的皇储教育，因而其基于儒家政治思想基础上的治国理念和致政意识较为明确。但其个性却具有宽仁、优柔寡断与缺乏毅力、恒心的倾向。这种仁厚、宽容，在用于对待宗戚幸臣时就易流于纵容，甚至是姑息养奸；他的优柔与信用和礼遇大臣常常造成矛盾，当大臣的作为触及权戚利益时就会受到苛责甚至治以重罪；他有求治之心，但又缺乏政治魄力与坚忍性，难以抑制和克服基于特权地位而日益滋长的怠政、沉迷佛道斋醮之事等倾向。这些情形如不加以节制，无疑极不利于形成和维护良好的朝政局面。然而，弘治时期确实形成了一种与之前的正统至成化朝的纷乱、之后正德朝的败政完全不同的"中兴"之势。之所以如此，在很大程度上恰恰是由于当时许多朝廷大臣以其为政品格与风尚，在处置朝政事务中对来自孝宗的那种不良影响进行自觉或不自觉的抵制与矫正。其中，刘健则以其刚直、果决，遇事沉稳、有主见的个性特色，针对孝宗的仁柔倾向发挥了较之他人更为显著的优势互补作用，尤其是在他成为首辅的弘治后期，这种作用实际上起到了维持和推进"中兴"之治的效果。

首先，每当孝宗以"仁厚"之禀性宽宥宗亲近侍违法乱纪时，刘健则以刚正果决之表现来劝导、督促或阻止孝宗的做法，以消除或减弱对朝政带来的不利影响。

早在弘治十一年（1498）刘健刚任首辅不久，就以疏奏方式明确劝导孝宗要亲贤远佞，避免奸佞之人"荧惑圣聪、妨蠹圣政，以致贿赂公行、赏罚失当、纪纲废弛、贤否混淆、工役繁兴、科派百出、公私耗竭、军民困惫"，导致朝政废败。为此，为君者应当"大开离照、独运乾刚、进贤黜奸、明示赏罚、当行之事断在不疑、毋更因循以贻后患"。① 孝宗表示欣然接受。

然而，孝宗仍不免崇信近侍、谨事迷信佛道的两宫太后，把大量资财浪费于斋醮事佛之上。对此，刘健从不回避而每次都加以谏阻。弘治十一年（1498）十月，平素以佛道邪术"荧惑圣聪"的太监李广因以符箓医死公主而畏罪自杀，另一名太监蔡昭却请皇帝赐之祭葬、祠额。孝宗已应允并命内阁拟祭文、祠额。刘健率阁臣当即奏言："李广之死，罪恶贯盈，万口称快"，此时应"正其罪，以为奸邪不臣之戒"，而不当对之礼遇以

---

① 《明孝宗实录》卷142"弘治十一年十月丙子"条。

"使欺罔赃滥之人与忠谨善良者混而无别"而有害于国典政体。① 孝宗一向宠信李广，见此奏虽未取消祭文，却也不得不重下旨免赐祠额。

弘治十二年（1499）十月，太后所居清宁宫修缮完成，孝宗为表孝亲而命数名番僧在宫中设坛作庆赞事三日，刘健等闻讯当即上疏制止，孝宗虽以此种事为"先朝永乐以来旧典"而未能中止，却也一再表示"卿等言是"，以后此类事朝廷再作处置。② 又弘治十四年（1501），孝宗应太后之意欲命内臣至武当山送像、挂籛、修设斋醮。有旨令内阁撰敕和祝文。刘健上言"此山宫观像设富丽已极，增添易换，徒见劳扰"，况且现在四方灾异迭出，人民穷困，苗贼肆乱，军旅方兴，粮饷供馈犹恐不给，"如又动此大役，拨给船只必至千百，差拨人夫何止千万，非惟逼迫逃亡，抑恐激成祸变"。刘健力言如此"劳民伤财之举"应即停止。③ 孝宗见言即行停罢。此外，"十五年六月诏拟释迦哑塔像赞，十七年二月诏建延寿塔朝阳门外、除道士杜永祺等五人为真人，皆以健等力谏得寝"。④

孝宗对宦官、边将冒功请赏的事情也多所宽容。按照祖制，"军功升职必论首级"⑤，弘治十四年（1501）宦官苗达督军北镇期间，有一次边军反击进犯的"北虏"，曾直击至敌军大营，但此战获敌方首级却仅止于3颗。之后边军却以"捣巢功"请升赏，以"奋不顾身"名义升级加爵并获重赏者210多人，又另有7人拟升职，4000多人拟获奖赏。此事也因刘健谏止而作罢。但类似的情况，后来还时有发生。针对于此，刘健屡言："赏罚者，国之大柄。近年赏不当功，罚不当罪，夤缘冒滥者虽无寸功有求必得，奸贪怯懦者罪虽极重亦得幸免，日盛一日，不知底极，皆缘上有不忍之心，下多姑息之政，以致此。"为此要孝宗"益加刚决，断在不疑，赏必加于有功，无功者不得以滥及；罚不及于无罪，有罪者不得于苟容。则公道大行人心咸服"⑥，得到孝宗的认同与接受。

由于极大的利益所在，宗亲强占土地、渔利盐引的事情在整个明代都是极为突出的弊端，孝宗在这些方面也难以朝政规制抵御所谓"亲亲"之情和对皇亲国戚特权的认同，因此常法外留情、过分包容，以至于弘治时期本欲革弊兴治的许多制度与政令难以推行，呈现出政令不一、摇摆不定

① 参见《明孝宗实录》卷142"弘治十一年十月癸未"条。

② 参见《明孝宗实录》卷155"弘治十二年十月戊申"条。

③ 参见《明孝宗实录》卷177"弘治十四年闰七月己巳"条。

④ （清）张廷玉等：《明史》卷181"刘健传"。

⑤ （明）刘健：《论军功疏》，《皇明经世文编》卷52。

⑥ 同上。

的态势。如弘治前期曾定制"献地王府者戍边",又"敕诸王辅导官,导王奏请者罪之"。① 然而"当日奏献不绝,乞请亦愈繁。徽、兴、岐、衡四王,田多至七千余顷。会昌、建昌、庆云三侯争田,帝辄赐之"。② 史载孝宗还先后赐皇后张氏家族田土数千顷,人称"明兴,外戚之宠无过张后者"。③针对于此,身居内阁辅弼重地的刘健常常提醒、劝导孝宗从朝廷财力和百姓困苦角度考虑对此的抑制。弘治十四年(1501),刘健在一份奏疏中就力言朝廷财政匮乏,与"宗藩贵戚求讨田土、占夺盐利,动亦数十万计",以及"传奉官员俸钱、皂隶投充匠役月粮布花岁增月益,无有穷期"等有相当关系。④ 但孝宗在这个问题上很难做到妥协。致使问题日益严重。直到弘治十八年(1505)初,刘健利用孝宗召阁臣议事之机,再次以朝廷财力匮乏、亟须整理屯田、盐、茶、马诸政为题"极论奏讨之弊",言"王府奏讨亦坏盐法,每府禄米自有万石,又奏讨庄田税课,朝廷每念亲亲,辄从所请,常额有限,不可不节"。⑤ 并且,他还以太祖时驸马欧阳伦违禁贩茶而受死刑,连马皇后也不敢讲情申救的事例说明整顿屯田、盐、茶、马诸政必须下大决心,不受私情影响。其间孝宗虽时有为宗亲辩解之词,但经三阁臣一起多方论谈,最后孝宗表示同意整顿。次日即下旨:"户部通查旧制及今各项弊端,明白计议停当来说。""于是中外称庆,知上思治励精如此。"⑥ 只是由于孝宗不久病故,刘健等整顿的规划只有待武宗即位之后才能进行。

其次,刘健还以其坚定的政治理念和老成、持重、富于行动力的个性特色,规导孝宗坚持信用和优礼大臣、勤于政务,以维持弘治初政的延续和发展。

孝宗的"仁"不仅用于对待宗亲贵戚,对朝廷大臣也同样如此。不过,前者常常是基于宗戚权寺追求扩张自身利益而不惜枉法的事情上,孝宗的姑息就成为一种蓄奸养患;而后者大多是在处置和对待朝臣履行职务时的一些表现,孝宗的礼遇被认为是符合儒家倡导的"君使臣以礼",因而受到不同时期史家的称颂与赞扬。孟森先生就称,明代诸帝对大臣多施刑戮,而孝宗很少以细故杀戮朝臣,"至廷杖诏狱等惨酷事,终弘治之世

① (清)张廷玉等:《明史》卷77《食货一》。

② 同上。

③ 参见(清)查继佐《罪惟录》列传卷2《皇后列传》之"张皇后传"。

④ 《明孝宗实录》卷177"弘治十四年闰七月己巳"条。

⑤ (明)陈洪谟:《治世余闻》,转引自(明)焦竑《玉堂丛语》卷4"献替"。

⑥ 同上。

无闻"。① 应该说，从亲用贤臣和稳定朝廷政局的角度上言，孝宗对大臣的礼遇的确具有积极的意义。然而，孝宗的这种礼遇并非完全出于他对"君臣之义"的践行，而更多是出于他个性的仁柔趋向。正因如此，这种"礼遇"就难以贯彻始终，尤其是在有些朝臣履职触及宗亲权贵利益时，或是级别较低的官员有过失时，他就常以天子之尊威，表现出其御臣之严苛。这时刘健也多能从朝政大局出发，规劝孝宗对朝廷大臣适当宽容。如弘治十五年（1502）五月，孝宗有诏修清宁宫，令兵部拨用军夫万余人为其服工役。兵部尚书刘大夏以工少人多，奏请减去一半。孝宗认为刘大夏不该以任何理由减少为太后修宫殿的人夫，就命内阁传旨严厉责斥刘大夏。正是刘健出面对孝宗言："爱惜军夫，司马职也。大夏每以老辞位，温旨勉留尚请之未已，若切责旨下，彼将以不职固辞，更于何处讨这等人来替他？"② 孝宗闻言，颇感刘健之言有理，才放弃对刘大夏的指责，且照刘大夏所定工夫之数。再如弘治十七年（1504），以辽东张天祥一案，孝宗听信东厂锦衣卫之密报，欲将都察院原先审理此案之结论推翻，并将原审吴一贯等众多官员治死罪。刘健反对孝宗这样不顾众议、如此不信任众多朝官而只信东厂的做法，再三、再四地犯颜直谏，虽未能完全阻止，但最终使吴一贯等人只遭贬谪而未判死罪。

孝宗在位 18 年，正值年轻之际，起初还颇见勤勉、谨慎，时日一久，便产生对朝政冗务的倦怠情绪。年已近古稀的刘健则以其"老成"之风范、秉正之品格将朝廷规章贯彻始终，并不时劝导孝宗保持初政之勤励。弘治十三年（1500）他曾向孝宗指出，朝政怠荒使得"各衙门文书政务多致耽误"，并进而列举当时朝政要事紧急之状，如辽东、延绥、大同等边镇军事警报频频，官军丧败，兵疲将弱，难以支持；云南地震毁坏房屋、压死军民；京畿干旱，夏、秋收成无着落；各处民穷财尽，盗贼成群。进而言"此正皇上忧勤惕励、不遑暇食之时也"。③ 这种劝导使孝宗不能不为之动容而接受。弘治十五年（1502）五月、八月、十一月，以及弘治十六年（1503）正月，他又多次上疏论及孝宗视朝日渐稀少造成的不良影响，力劝孝宗"惕然警动，奋发乾断"④，要"慎上行下效之机，顾精养神于暮夜宴息之持，奋发勤励于旦昼清明之际，视朝听政、省览万几，一如即

---

① 孟森：《明清史讲义》上册，中华书局 1981 年版，第 157 页。
② （明）陈建：《皇明从信录》卷 25 "弘治十五年五月" 条。
③ 《明孝宗实录》卷 161 "弘治十三年四月癸丑" 条。
④ 《明孝宗实录》卷 193 "弘治十五年十一月丙申" 条。

位之初，守而勿替"①，做到每日按时视朝，"益勤政务"，以使"朝政肃清，事无壅滞"。② 这些意见和建议都得到孝宗的嘉纳，尽管因各种原因孝宗并未能完全改变怠政的倾向，却也未在荒废政务的道路上走得太远。

总之，刘健以刚正果决、持重的个性，从履行辅弼之责的意识出发，随事建言，力行规谏。有些意见和建议为孝宗直接接纳而施行，有些虽未能完全接受施行，却在一定程度上抵消了孝宗因个性仁柔造成的对朝政的不利影响，迟缓了孝宗怠政的发展趋势和程度，从而在维持和保证"弘治中兴"发展方向上发挥了积极作用。

（二）君臣和谐促成刘健对朝政事务的深度参与

刘健之所以能在"弘治中兴"中发挥重要作用，一是其自身的政治家素质，这是其内在的潜质；二是与孝宗皇帝有着良好的君臣关系，这是保证其作用充分发挥的客观条件。

在孝宗未登基之前为太子时，刘健一直任东宫侍讲，与孝宗建立了比较深厚的师生之谊，这使他比别人更熟悉孝宗的人品与性格，以及其政治志向与治政思路，为他对孝宗施加政治影响提供了便利。刘健的个性又恰与孝宗形成某种互补的格局，兼以他个人品格深受孝宗信赖，这些因素就使他与孝宗之间能够建立起一种良好的、和谐的君臣关系，为他在孝宗时期无形中扩张内阁首辅职权、深入而广泛参与朝政事务的各个方面提供了有力保障。由此，刘健能够在弘治时期，尤其是在后期为首辅期间，在朝政事务的更广泛领域中发挥较之他人更为显著的影响力。这可由以下两方面表现出来。

其一，弘治时期许多刷新朝政的重要事务中都或多或少或直接或间接地有刘健的参与与影响。

对于"弘治中兴"的具体表现，当代不少学者进行过诸多研究。朱子彦将其归纳为"澄吏治、抑勋贵、慎刑法、固边防、尚俭约、求直言、用贤能"等内容。③ 沈鹏则主要列举了"整顿吏治""治理漕运和水患""减免赋税""加强边防"等几个方面。④ 尽管在表达方式和角度上略有差别，但学者们的认识大体是一致的，除了认可孝宗本人的善于用人、亲信大臣、勤于政务等方面之外，在朝政方面的表现，最显著的是整顿吏治、清理豪强兼并之弊、安抚和宽恤百姓、加强边防等方面。而这几项事务卓有

---

① 《明孝宗实录》卷190"弘治十五年八月己巳"条。

② 《明孝宗实录》卷187"弘治十五年五月壬辰"条。

③ 参见朱子彦《论明孝宗与"弘治中兴"》，《求是学刊》1989年第6期。

④ 参见沈鹏《明孝宗与"弘治中兴"》，《山东省农业管理干部学院学报》2010年第4期。

成效地开展主要是在刘健任首辅的弘治后期。

首先，从吏治的整顿来看，弘治时期对官员的考察是一个重要方面。虽然从职责而言，此事属吏部掌，管但明代诸司职掌也常常按历朝形成的惯例执行。"天顺八年奏准，本部（吏部）、都察院、会同内阁考察在京五品以下文职、并在外布按二司官。"① 所以，弘治时期的官员考察，内阁也有一定影响。不仅如此，从考察的效果来看，刘健任首辅时的后期较之弘治前期影响更显著。弘治六年（1493）的考察，时任吏部尚书的王恕等拟定当罢官者1400人，又罢杂职1135人，"帝终谓人才难得，降谕谆谆，多所原宥"。② 尽管王恕与部分给事、御史力争，孝宗仍以丘浚所拟旨保留许多当罢职官员，以至于"恕以言不用，且疑有中伤者，遂力求去"。③ 这就使考察的效果大打折扣。而弘治十五年（1502），"大计天下吏"，"汰不职者二千余人"。④ 此外，不少有关吏治的规章也是在弘治后期修定、确立的。如弘治十四年（1501），以南京吏部尚书林瀚之建言，改革和调整考察之法，在"外司府以下官，俱三年一次考察，两京及在外武职官，亦五年一考选"之外，又确立"京官六年一察之例"。⑤ 再如，弘治十二年（1499），内阁拟旨诏命部院大臣各举荐地方郡守，可以不依制度"超擢一二，以示激劝"；又"命吏、兵二部，每季开两京府、部堂上及文武方面官履历，具揭帖奏览"，以备任用。⑥ 还有，弘治十三年（1500），命刑部尚书白昂等会九卿反复集议，修订删减《问刑条例》，"自是以后，律例并行而网亦少密"。以上这些措施从不同角度和侧面都对整顿吏治起到了积极影响。

其次，在抑制和清理长期的豪强贪赃枉法、大肆兼并等积弊，以及宽恤民力、赈济灾民等方面，刘健也在其中发挥诸多推动作用。一方面，在他的许多论奏中，屡屡阐述豪强兼并之危害、百姓疾苦的现实情形，以警醒孝宗对此事的重视。如在弘治十四年论奏军饷和朝廷财用问题时就指出豪强兼并、贪利之害："开中引盐则盐法已坏，商贾不前；鬻卖官吏则名器徒赋，实用亦寡；邻方籴买则货轻脚重，运送艰难。至如附近佥运，民已不堪，逃亡相继"。又"宗藩、贵戚求讨田土，占夺盐利，动亦数十万

① （清）龙文彬：《明会要》卷46《职官十八·考课》
② （清）张廷玉等：《明史》卷71《选举三》。
③ 同上。
④ （清）谷应泰：《明史纪事本末》卷42《弘治君臣》。
⑤ （清）张廷玉等：《明史》卷71《选举三》。
⑥ 同上。

计"。为此他提议孝宗应"敕各衙门凡有救荒、革弊之策,画一具奏,特赐准行"。① 在一些谏阻孝宗崇佛老、事斋醮,以及劝导孝宗勤政疏中也屡屡警醒孝宗要顾念灾伤、弊政造成百姓疾苦的情状。弘治十四年曾有言:"今四方灾异迭出,顺天、河南、山东等处沿河一带雨水泛涨,田禾淹没,人民穷困。"② 次年又论及"近年国计空乏,民生穷困,皆以织造工役、科派频仍、冗套滥赏、费用无度,而内外斋醮岁无虚日。以赤子之膏血填异端之口腹,病民蠹国,为害尤深"③。弘治十七年(1504)又言"近年以来,灾异迭见,南畿、浙江、湖广、陕西诸处大旱,人民失所","灾伤地方饿死盈途,逃亡相继,赈济官员束手无措,尤为窘急"。④ 刘健的这些警醒之语对孝宗无疑产生了较大影响,所以不仅这些奏疏大都受到"嘉纳",且直到弘治后期,救助灾民、宽恤百姓、减免赋税力役,以及孝宗恭行节俭的事例频见于史籍。另一方面,刘健还直接参与对各部、院等相关部门有关清理屯田、皇庄、盐、马政方案的审议、批复。如弘治十五年(1502)十一月刘健就在一份奏疏中提及内阁批拟的各部门题本有"吏部一本,兵部一本,俱查革传奉官员;五府六部六科十三道等衙门共一本,户部会多官一本,俱修省紧事情"。⑤ 弘治末年的一次召对中,也是刘健极言宗藩、贵戚奏讨田土,以及"其余若屯田、茶、马,皆理财之事,不可不讲也"。⑥ 之后三位阁臣尽言此事利害关系,才使孝宗当即下决心整顿。可见,刘健在其中的作用。

最后,在加强和巩固边防,修饬武备方面,刘健也直接参与诸多政策与措施的制定。弘治十三年(1500)春四、五月间,他与李东阳、谢迁屡受孝宗召对,商议京营将领任免问题。⑦ 六月,刘健等又几番疏奏详论大同、宣府等边军各级将官的调任、代换、督责,以及边军与京营会师剿敌事之策略等问题。孝宗以其言"深切国计"而高度重视。次年十一月又有论军功疏,弘治十七年(1504)六月间,边情又紧,刘健等人在召对中与孝宗细商密审来自敌方人物、边军粮草督理、选用得力军将、军士训练及减免以军士充工役等事项。之后刘健又以《御虏安边事宜》详论加强边防军备的各种策略。

---

① 《明孝宗实录》卷177"弘治十四年闰七月己巳"条。
② 同上。
③ 《明孝宗实录》卷187"弘治十五年五月壬辰"条。
④ 《明孝宗实录》卷208"弘治十七年二月戊申"条。
⑤ 《明孝宗实录》卷193"弘治十五年十一月丙申"条。
⑥ (明)陈洪谟:《治世余闻》,转引自(明)焦竑《玉堂丛语》卷4"献替"。
⑦ 参见(清)张廷玉等《明史》卷15《孝宗本纪》。

孝宗"深嘉纳，御笔亲批写敕并'传出'等字于各条之上，令各部议行"。①此后，凡遇边防军事，孝宗常常与刘健等阁臣商定议决。

由以上所述可见，刘健在当时清吏治、抑兼并、恤民力、革弊政、修武备等朝政大事方面，的确发挥了重要的影响作用。因此，史称孝宗时期，"诸进退文武大臣、厘饬屯田、盐、马诸政，悉召阁臣面议。健于时翊赞为多"②，殆非虚语。

其二，在朝廷人事安排和任免中发挥突出的影响力。

早在弘治前期，刘健在内阁，上有刘吉、徐溥相继为首辅，后有负有经济、学术之才的丘浚入阁。这些人无论在年纪、资历，以及官品地位上都较刘健更具有优势。但事实上刘健在当时朝廷官员的人事安排上已具有更显著的影响。如在张元祯、焦芳的升迁与否问题上，李东阳、谢迁入内阁和吴宽、王鏊不得入内阁，以及朝廷对刘逊、庞泮等官员之"罪"判定与处置问题等，都可看出刘健的影响力。这些事例的具体情形已见于本章第二节之详述。

至于弘治后期，刘健作为首辅在朝廷人事任免奖惩方面更具有很大的个人影响作用。比较典型的事例有如下几件。

弘治十二年（1499）九月，以刘健等人之推荐，"命詹事府掌府事、礼部左侍郎兼翰林院学士傅瀚，及南京翰林院侍讲学士张元祯充纂修大明会典副总裁官。时元祯养病家居，命吏部行取供职"。③十月，"授纂修会典誊录监生乔宗、李淇、王珙为中书舍人，译字官黄元等为鸿胪寺序班、内阁制敕、诰敕房书办。从大学士刘健等请也"。④弘治十三年（1500）九月，"命翰林院编修蒋冕、傅圭俱兼司经局校书，侍东宫讲读。从大学士刘健等言也"。⑤弘治十五年（1502）六月，"命南京吏部右侍郎（杨）守址仍充《大明会典》副总裁。先是纂修会典，守址以翰林院侍讲学士预充副总裁，已而升任南京。今考满至京，而纂修尚未就绪，大学士刘健等乞复留守址终其事，书成还任。故有是命"。⑥以上这些推荐任用官员的提议虽然都是三位阁臣共同发起的，但刘健作为首辅在其中的作用是不容忽视的。如张元祯的任用就在很大程度上有赖于他与刘健知交的关系。

---

① 《明孝宗实录》卷213"弘治十七年六月癸未"条。
② （清）万斯同：《明史》卷237"刘健传"。
③ 《明孝宗实录》卷154"弘治十二年九月戊寅"条。
④ 《明孝宗实录》卷155"弘治十二年十月壬辰"条。
⑤ 《明孝宗实录》卷166"弘治十三年九月丙寅"条。
⑥ 《明孝宗实录》卷188"弘治十五年六月辛亥"条。

　　此外，还有一些人事变化的事例中则完全是以刘健个人作用发挥的结果。如有史料记载弘治十三年（1500）三月，吏部选进士江潮等为御史。"时不中选者谗于大学士刘健曰，'新选江潮等素毁阁下，今任言路，不利阁下也。'刘健信谗，密奏曰：'江潮等留新进，浮薄不堪风宪。'上震怒。由是吏部认罪而各官皆黜"①，江潮等也调外任。史书的作者进而发出议论谓刘健的行为"岂古之休休者欤？"按说以孝宗在中期以后于朝政机制之熟谙，于朝廷人事之明达，当不至于因刘健一言而至"震怒"并做出将吏部那些官员黜降的处罚。更主要的是此事唯此一条记载，记述又甚不详细，因而无从考证内中原委。但有一点却是可以肯定的：刘健确实在这件事情上在孝宗面前说了话并发挥了作用。

　　其实，刘健也并非没有缺点与片面性，他对人才的判别有时也不尽准确。他对焦芳的奸邪有很清醒的认识，但对刘宇的认识就未必深入。许多史书中都记载这样一件事：弘治十五年（1502）十二月，孝宗曾宣召兵部尚书刘大夏、左都御史戴珊议事。论及朝中人物，孝宗说："阁臣如刘健亦可计事，顾其所与之人太杂耳。渠尝独荐一人，甚不惬朕意。"②后来人们推测，刘健所荐之人为副都御史刘宇。因其在正德时阿附刘谨祸乱朝政，人们以为明孝宗早有先见之明，而刘健暗于明辨人物。但事实上，在辨人的问题上，正统时期的"三杨"、天顺与成化初的李贤这些明相也都犯过与刘健相同的错误。且当时刘宇又极善于表现，不仅是刘健，连马文升也一同推荐过此人，孝宗本人起初也颇称刘宇在大同时的政绩。可见，刘健举荐刘宇并非因为党比、徇私人情，而是由于在各种人性的复杂表现中较难于明辨而已。刘健的弟子李良在刘健去政前后的不同表现，也说明了刘健识人缺乏明辨的情形。应当承认，作为首辅，认人不准，识人迟缓，不可避免也会对朝政有些影响。但总的来说，朝廷官员的任免、考核与奖惩等，本是吏部职事。刘健的荐人用人，如其他朝廷官员都可以举荐人才的方式一样，只不过由于其地位的特殊而产生较大的影响。况且，上有孝宗皇帝，左右又有专职吏事者，周围还有众多风宪司察官员，因而刘健自身识人之迟钝对于朝政的影响就要小得多。它仅仅表明了刘健为政过程中能力水平的一种特点。

　　综上所述，凭着深厚的理学根底，以其清介刚正的为政风尚和执着于政治理想的精神，特别是通过对孝宗施加特殊的影响力，刘健在弘治时期

---

① （明）雷礼：《皇明大政记》卷18"弘治十三年三月"。
② （明）王圻：《续文献通考》卷119《王礼考》。

较广泛而深入地参预了朝政事务，并通过"有所献纳，多荷采行。遇有缺失，尽言匡正，无所忌避。……上推心任之，不时顾问"① 的政治活动，在"弼成弘治十八年"② 中兴之治的局面中发挥了极为突出的作用。明人雷礼在《国朝列卿纪》中对刘健在弘治朝政的影响给予了全面的总结。首先，他承认"自戊午（弘治十一年）以来，孝庙之御极十余年矣，益明习机务，励精治平，而健亦身任天下，无所私，凡进用大臣及政事臧否，必反复密喻，侃侃竭忠悃，而上亦推心委用，未尝不嘉纳也"。其次，他也指出刘健作为大臣无论如何也不能不顾忌孝宗的君主权威。"上性至孝，虽望治切甚，而守宪承法不变易，尤恶烦核。健等善将顺德意，每议及政令及积弊兴革，必却顾远谋省机而发，使天下隐然受其福。上又时语及宫府，欲创抑近侍权复太祖旧，然未暇轻动也"。③ 这种情形说明，即使果敢如刘健，能以天下为己任，但在皇权制度下，其为政的执着也只能是在君主能够接受的程度范围内发挥其影响作用。

① （明）杨一清：《少师刘文靖公神道碑铭》，《（乾隆）河南府志》卷89。
② （明）尹守衡：《皇明史窃》卷68"赞"。
③ （明）雷礼：《国朝列卿纪》卷11"刘健传"。

第四章　刘健政治生涯中的人际关系
及其影响

分析心理学的创始人、瑞士心理学家荣格认为："每个人的性格不同，正是导致每个人具有不同的命运的原因之一。"① 在特定社会历史条件和环境下，人的个性一旦形成，便渗透于其"为人处世"的一切社会实践中，形成独特的个人风格和特色。这种风格与特色又反过来影响着社会对个人的认识与评价、奖励与惩罚，从而影响个人命运的变化。

就个人社会实践的内容而言，不外乎"为人"和"处事"两个方面。"处事"是指个人依其个性处理社会生活中某个领域具体事务的活动。如刘健作为政治人物，其主要从事的社会活动即政治活动。这方面的内容在本书第三章中已经论述。而"为人"，则是在处事过程中所涉及的社会人际交往活动。本章所论述的内容就是有关刘健政治生涯中的社会人际交往关系的情形及其对于刘健政治活动的影响。

单就刘健政治活动中的人际交往来说，其所涉及的人员数量众多，成分复杂而广泛。按其类型则可分为刘健与诸帝之间的君臣关系和与其他朝廷官员之间的关系两种。而在每一种关系中，依据其交往范围与程度及其对于刘健政治活动的影响，又可分别从几种不同的类别（参见附录二：刘健仕政中主要人际交往关系简表）来分论之。

第一节　刘健与明前中期诸帝的君臣关系及其政治浮沉

在封建君主专制时代的明王朝，刘健作为朝廷权力核心层中的政治人物，其政治生涯中最为重要且微妙的人际关系就是君臣关系。

---

① ［瑞士］荣格原著，刘烨编译：《荣格的性格哲学》，内蒙古文化出版社2008年版，第1页。

刘健从天顺四年（1460）进入仕途至正德元年（1506）致仕的 46 年政治生涯，经历了英宗、宪宗、孝宗、武宗四朝。如果再考虑到其作为朝廷一品大员致仕之后的社会政治影响，则还有他致仕后与世宗朝政治所保持的某种联系。在不同朝代，刘健与诸帝间关系不尽相同，或作为中下级普通官员与皇帝形成一般意义上的君臣关系，或因身居"近密之地"而与皇帝建立起更加密切的联系。在与皇帝较为紧密的关系中，或者是颇为融洽、配合默契，或者是君臣间存在着紧张、矛盾甚至激烈冲突的关系。显然，在君主专制制度之下与皇帝关系的不同，直接影响着刘健政治地位的起落与政治作用发挥的程度和水平。

按照刘健为政期间与诸帝关系的不同特点及其政治影响，可将其分为三种类别，即与英宗、宪宗、世宗等诸帝之间的一般君臣关系，与孝宗的密切与和谐关系，与武宗由协作到冲突演变的关系。

一　刘健与英、宪、世宗的关系及其政治地位的平缓上升

所谓普通君臣关系，在此是指既不同于一般庶民，也不同于皇亲国戚或朝廷重臣，只是作为朝廷普通中下级官员通过政治活动与皇帝之间形成的一种联系。这种关系因缺乏较为密切的直接联系而难以使君臣在思想认识上达到相互沟通。在封建社会里，绝大多数的中下级官员与皇帝之间都是这种一般的君臣关系。在君自行其政，在臣自履其职。刘健在天顺、成化及嘉靖时期作为一般朝臣或致仕耆旧，与当时在位的英宗、宪宗、世宗的关系就是这样。具体而言，因刘健在初入仕途和致仕之后地位和环境条件的不同，这种普通的君臣关系又可分为两个阶段来论述。

（一）刘健与英、宪宗的关系及其政治上的缓慢提升

从天顺四年（1460）刘健登进士、改选庶吉士，进入翰林院，到成化二十三年（1487）孝宗即位擢刘健入阁前的 27 年间，刘健以普通京职官员的身份历事天顺后期以及整个成化时期。

天顺后期的 4 年里，刘健起先只是翰林院中学习的庶吉士。天顺六年（1462）得授翰林编修，次年即因丁父忧而归乡。再回朝复职时，已是天顺末年十一月，其时宪宗已即位为新君。所以，从客观条件来说，天顺年间刘健虽为官于京，一则时间非常短暂，二则位卑职浅，因而实际上与当时在位的英宗之间缺乏建立直接关系的机会和条件。从主观因素方面来看，刘健的个性在某种程度上也对此种疏远的君臣关系产生着影响作用。诸多史书都曾记载刘健登进士，"入官翰林，闭户读书，简交游，咸见谓

'木强'"。① 以刘健早年在乡就常常与年长于自己的人交往，如洛中"老儒"阎禹锡、白良辅，以及毕亨、赵锡等人，可见其入官翰林之后，不事张扬、缄默少语的表现绝非因场合的改变而需要适应，恰恰是刘健一贯的为人风格。虽然明王朝规定百官无论品级高低，甚至庶民也有给皇帝上疏言事的权力（当然能不能达于皇帝御前则是另一回事），向以稳健、"老成"著称的刘健，在这期间不可能借由上疏、朝会的形式和场合而有过于积极的表现，以制造出与英宗建立直接关系的机会，甚至也不可能对于英宗及其理政情形有私下的闲谈言论以招惹是非。因此可以说，虽然刘健此时为京职，每每于上朝及一些礼仪场合，君臣可以见面。但就刘健与英宗之间的实际关系而言，确有"天高皇帝远"的距离感。在这种形势下，刘健与英宗的君臣关系对于刘健个人政治活动的影响，与其说是来自英宗本人，倒不如说实际上是来源于明代君主专制政治本身的制约。

在成化时期的 23 年间，前十几年刘健在翰林院中以编修、修撰之史职主要从事修书、主考乡试等事务，与朝政庶务较少直接联系。与宪宗之间的关系，基本上保持了与天顺年间相似的那种局面。但从成化十二年（1476）到成化末年，刘健因历任右春坊右谕德、左庶子、少詹事，开始了东宫官属的历程。这个时期，虽然与在位的宪宗皇帝仍没有实际意义上的直接关系，但他开始通过东宫事务而较多地接触到朝政事务，并在朝廷官员中崭露头角。成化后期李孜省、邓常恩等幸臣把持官员进退，也曾"采取时论所推若学士杨守陈、少詹事刘健、都御史李敏、侍郎李嗣、大理寺卿张锦、少卿冯贯，及吏部侍郎徐溥、学士倪岳、南京国子祭酒刘宣、通政黄孔昭、左都御史余子俊等，皆密封推荐"。② 由此可见其时刘健的声望。成化末年他奉命祀西岳、西镇，也在一定意义上表明他政治地位和影响的上升。需指出的是，这种地位和影响的上升显然也并非直接根源于刘健与宪宗关系的影响。实际上，刘健在这个时期与宪宗间的关系依然是一种间接的一般性的君臣关系。但是，刘健政治活动范围和机会的增加的确有助于拉近其与宪宗的距离。这正是君臣关系与刘健个人政治活动之间相互关系的一种模糊反映。即君臣关系越间接、疏远，其对于刘健个人政治生涯的影响越小。反之，随着君臣关系的拉近与密切，其对于刘健的政治地位及作用的发挥也就越具有影响。后种情形在孝宗时期表现得极为充分。

---

① （明）邓元锡：《皇明书》卷 17 "刘健传"。
② 《明孝宗实录》卷 8 "成化二十三年十二月辛卯"条。

（二）刘健与世宗的关系及其政治地位的恢复

正德年间，刘健以特进光禄大夫、左柱国、少师兼太子太师、吏部尚书、华盖殿大学士之职致仕之后，在刘瑾乱权的形势下，经历了一个被榜为"奸党"、削除官爵、追夺诰命的落职过程。正德五年（1510）刘瑾伏诛后虽复职致仕，但其在实际上与朝政已无直接联系。正德十六年（1521）四月，明世宗即位，"询谋遗老欲召用，而健年已九十，不可强起，乃降诏存问"。① 这样，刘健与世宗的关系便在"优礼耆旧"的方式下形成一种看似直接而实则间接的关系。

由于刘健在这个时期身居乡野，他与世宗的联系主要通过诏、疏的方式进行君臣间的沟通。从正德十六年（1521）五月到嘉靖三年（1524）的 4 年间，世宗通过赐敕、降诏，遣抚臣至家存问等方式多次表明其对于刘健以往政绩、品格以及声望的认可与褒扬。尤其是在赐给刘健的敕中称"致弘治十有八年之间政事清明，实惟卿与二三大臣佐理之功"。② 并将刘健比之于宋代司马光、文彦博等人。可见其对刘健的评价极高。从刘健这方面而言，在答谢世宗的敕、诏以及朝廷的存问与优礼的疏表中，也常常进言世宗"正身勤学、亲贤远佞"。③ 嘉靖五年（1526）十一月刘健卒，世宗闻讯，为之"震悼，赐恤甚厚"。④ 由这些情形可以看出，刘健与世宗间的关系甚至比天顺、成化时期刘健与英宗、宪宗的关系更显直接而密切。

刘健既然在实际上并非朝廷在职官员，也没有从事任何实际的政治事务性活动，因而即使他与世宗间有着这样一种关系，对于他个人的政治命运似乎没有明显的影响。但从另种角度来看，在这种关系背景下，刘健以往的政治影响在此时又得以继续，发挥着其对于朝政的某种影响。一则，世宗对刘健的优礼本身就是对在朝官员作一种榜样式的激励。再则，一些朝廷官员也不断在上疏言事中将刘健为政的情形作为典范来议论时政。如嘉靖二年（1523）正月，因大礼之议，杨廷和等人被论劾不出。十三道御史刘廷簌等人疏言："自古去大臣者以朋党为说，然大臣去而国事危。武庙时，刘健、谢迁、刘大夏、韩文、张敷华等，俱以朋党去，而逆瑾、宁、彬、寘鐇、宸濠之祸接迹继踵，其危有不可胜言者。"⑤ 七月，刑部尚

① （明）雷礼：《国朝列卿记》卷 11 "刘健传"。
② 《明世宗实录》卷 2 "正德十六年五月丙辰"条。
③ （清）汤斌：《拟明史稿》卷 10 "刘健传"。
④ （清）张廷玉等：《明史》卷 181 "刘健传"。
⑤ 《明世宗实录》卷 22 "嘉靖二年正月庚午"条。

书林俊在乞休上疏中劝世宗亲近贤臣、面议政务时也以刘健等与孝宗之故事为例，称："自古未有不亲大臣而能治者。我孝宗皇帝，天启其衷。大臣如刘健、谢迁、李东阳、刘大夏辈，时赐宣召，幄前咨议，移时方退。……自是大治。今大臣如健，如大夏者不少，陛下宣召，果如孝宗事事皆与台阁议当而行，亦果如孝宗大治，未有不如孝宗者。"① 嘉靖五年（1526）六月，御史郑洛书也在上疏中劝世宗亲贤能，优容大臣，推延虞廷赓歌之心于君臣，甚至"以眷存旧臣如致仕大学士谢迁、刘健，尚书林俊、孙交，皆海内之望，特降宸章劳问，以示不忘咨访时政，俾陈闻见"，以促成"圣德益广，国脉益培"之势。② 可见，刘健在此时的政治地位及其影响，与其说是受到他与世宗关系的促进，不如说恰好相反，正是由于他以往的政治地位和影响，才促成他与世宗间较一般朝臣更显密切的关系。这可视为另一种侧面反映出的君臣关系与个人政治地位和作用的相互影响。

　　不过，无论是从世宗对于刘健的优礼与褒扬，或是刘健在疏、表中对世宗勤政、进学、亲贤的劝导，都是于刘健"不在其位"、难谋其政的形势下形成的一种形式化的表现。历史无法假设，在此很难设想，如果刘健在世宗朝就任于朝廷要职，君臣间在类似于"大礼议"之类的重大事件中是否能形成相对和谐或是对立、冲突的关系。就这个意义而言，刘健与世宗的关系在实质上甚至还不及当年刘健与英宗、宪宗的关系来得更为直接和实际。所以，这时的君臣关系也只能视作刘健政治生涯的余韵与尾声，无论是对朝政或是对于刘健个人的政治命运已产生不了直接而显著的影响。

二　刘健与孝宗关系的融洽及其朝廷重臣地位的形成

　　在与诸帝之间的关系中，刘健与孝宗的关系是最为密切、融洽的，这种关系无论是对于刘健个人地位的提升、政治影响的建立，抑或是对推动"弘治中兴"局面的形成都具有重要而积极的影响。因此，明了这种关系的建立是认识和把握这种关系政治意义的必要前提。

　　（一）君臣融洽关系的形成

　　纵观孝宗在位期间，无论是以任贤使能的用人政策来调整朝廷核心层人事格局，抑或是以东宫旧臣的特殊关系超擢官员，刘健的升迁都表现出

---

① 《明世宗实录》卷 29 "嘉靖二年七月庚寅"条。
② 参见《明世宗实录》卷 65 "嘉靖五年六月乙亥"条。

受到了孝宗特别的关照。同时，孝宗在长期依倚内阁辅佐来决断朝政事务过程中，对于刘健的依赖与信任也表现出君臣间不同一般的密切关系。这种情形当然不是偶然。具体考究起来，其根源主要在于以下几个方面。

第一，刘健长期任职东宫，与孝宗之间的师生之谊为其后来的君臣关系奠定了较为深厚的情感基础。成化十二年（1476）六月，刘健由修撰转升右春坊右谕德，这是他任职东宫的开始。这一年，刘健已年满43岁，而刚刚立为太子一年的朱祐樘年仅7岁。次年七月，刘健转升左庶子。又次年，皇太子出阁进学。八年以后，刘健转升少詹事，仍然为东宫辅导之职。可以说在朱祐樘正值成长的整个青少年时代，刘健都伴其左右，担当侍学、讲经的教导之责。人称其时皇太子进学"谕教严甚，非祁寒盛暑不辍"。① 其中无疑有刘健的一份心血和努力。

从实际情形来看，像刘健这样全程辅导朱祐樘的东宫官僚，的确很少见。在朱祐樘为太子的12年中，曾经有许多官员任职于东宫，但是，那些比刘健更早任职于东宫的官员，却在朱祐樘进学之后不久或转迁他任，或因故致仕。如与杨守陈为同年进士，又较刘健年长的四川巴县人江朝宗就曾侍"孝宗在青宫，日讲读"。② 但在皇太子正式出阁进学5个月后，他却因受牵连而外调广东市舶提学司，不久即致仕家居；湖广华容人黎淳为天顺元年（1457）状元，曾历任春坊谕德、庶子、少詹事之职。但在朱祐樘正式出阁进学仅3个月后即转任吏部右侍郎；江西安福县人彭华应属任职东宫时期较长的，其于"孝庙出合，侍讲读，寻掌院事升詹事，既而兼学士。《文华大训》成，加从二品俸。（宪宗成化）二十一年升吏部左侍郎，仍兼学士，入内阁预机务。辅半年，遂得疾。进太子少保、礼部尚书，与归其乡"。③ 虽然彭华在东宫官员中属于资历较早，地位上升也最快。但此人"为人佥谄用数，深机莫测。人与之异或上之者，必为倾排"。他与万安、李孜省等人党比，干乱朝政，"人皆恶而畏之"。④ 在成化年间有此声名，自然难得孝宗信用。除此数人之外，其他较刘健年资略高的东宫官员如谢一夔、郑环，早在孝宗即位之前已去世。汪谐、周经以下官员的资历却还不及刘健。

由以上的比较可以发现，刘健确实属于东宫官员中少有的任职年限最长、资历和声誉较高，且直到孝宗即位仍在朝为官的人物。由此可以想

①　《明孝宗实录》卷1"叙"。
②　《明孝宗实录》卷202"弘治十六年八月庚申"条。
③　《明孝宗实录》卷118"弘治九年十月己卯"条。
④　（清）张廷玉等：《明史》卷168"万安传"。

见，刘健在思想意识和品格方面对朱祐樘所产生的深刻影响，无疑为刘健与孝宗间建立深厚师生感情提供了最为有利的基础和条件。当然，能够使孝宗对刘健形成信赖，甚至偏向的认识，也并不仅止于这样一种经历。

第二，刘健治政意识与为政风尚是影响其与孝宗关系的重要因素。刘健为官从政的风格和特点，首先是受其政治理念与意识所支配的。他早年求学，以伊洛之学为根基，注重践履。这种学术经历形成了他从追求儒家学说的政治实践出发，将实现"仁政"作为自己的最高理想和追求。其次，刘健在为官从政过程中，还特别注重对于封建政体规则的深入研究与实践探索，以作为其为官之准则。史称他在入朝为官后，"益练习典故，有经济之志"。① 甚至入阁后"乃练国政如素习"。② "学问深粹"带来"行淳履正"。刘健的这种政治理念与为政意识，落实到具体实际中便形成其正直、清介、尽职的为政风格。在朝臣交往中，他凡事坚持原则，不仅保持无偏无倚，无所党比与依违的风尚，甚至"朝退，僚寀私谒，不交一言"。③ 但每入朝，论及朝政事务"累几千言不缺辍"。④ 他为官廉正而恬淡，不贪恋权位财利。在朝为官多年，极少有干求恩泽。因他能严于律己，虽为人处世显得严正，却也很少因品行、政绩受人指责和弹劾。这样的为官品格和风尚，确能显示其作为首辅率先垂范的影响与作用，自然也很受孝宗的欣赏。

刘健的政治理念与追求，实际上与孝宗的致治意识与追求具有共性。这也是维系二人之间密切与和谐关系的重要根源之一。孝宗虽然早年身世和经历坎坷，但他自幼勤勉好学，"在宪宗时栗栗祗畏，进学修德，无少暇逸"。⑤ 良好的皇储教育，使得他"圣性之涵养有素"。⑥ 表现在实际中，勤政、任贤、纳言、求治形成孝宗的理政特点。"听言纳谏如大明川之投献、延寿塔之营建已有成命，一朝改悟，断在不疑。其它章奏虽卑官细民亦为披览。逆耳苦口之言纷然杂进，而含容茹纳，未尝轻有谪罚"。⑦ 这种说法虽有些夸张，也确实反映出他纳谏的情形。他还多次下诏群臣畅言政务得失，晓谕各司大小诸臣："朕方图新理政，乐闻谠言。除祖宗成宪定

---

① （清）万斯同：《明史》卷 237 "刘健传"。
② （明）邓元锡：《皇明书》卷 17 "刘健传"。
③ （清）张廷玉等：《明史》卷 181 "刘健传"。
④ （明）廖道南：《殿阁词林记》卷 2 "刘健传"。
⑤ 《明孝宗实录》卷 224 "弘治十八年五月" 附。
⑥ 《明孝宗实录》卷 224 "弘治十八年五月庚寅" 条。
⑦ 《明孝宗实录》卷 224 "弘治十八年五月" 附。

规不可纷更，其余事关军民利病，切于治体，但有可行者，诸臣悉心开具以闻。"① 由这些情形，可以看出孝宗思治之志。尤其是在弘治后期，孝宗"见内外诸司弊端日积，欲痛加厘革。旁询博访，务穷根节"。虽然因为孝宗个性仁柔而"含洪隐忍，不欲太骤，思渐复祖宗之旧"②，但"弘治中兴"毕竟也有其积极的影响。

　　总之，孝宗思治与刘健求治的一致性、孝宗谨守成规与刘健严于律己的为政风格，在相当程度上具有兼容相含的意义。正所谓志同道合者方为友，即使在封建时代以孝宗与刘健的君臣身份与地位绝不可能处于平等的朋友状态，但对于君臣和谐关系的形成无疑具有重要的作用和影响。

　　第三，刘健与孝宗个性特点上的互补性也是强化君臣协作关系的重要因素。在人与人的相处之中，除了共同志趣能够产生相互的吸引之外，个性的相辅相成也是一个不可忽视的因素。个性心理学家将人的个性划分为不同的类型，并且认为，同一类型个性的人在最初接触时可能因习性相近而易于彼此接受，但假以时日，双方共同的缺陷无法得到校正，就容易造成彼此间更深的裂隙。而个性类型完全相反和对立的人尽管有一定的优势互补性，但其从一开始就较难相互适应而建立一种和谐的关系。真正能够在个性类型上起到互补，又易于相处的人，则是个性接近，同时又有一定差别的类型。刘健与孝宗的个性正是最后这样一种关系。

　　从孝宗的个性来看，其最主要的特点即是仁与孝。"明实录"中有一段内容具体地叙述其孝行："嗣位后，念太皇太后拥佑之恩，皇太后鞠育之德，每日各一朝谒，侍之顷拜稽如礼。有问，必跪而后对。太皇太后尝不豫，躬侍汤药，竭诚致祷，弗遑宁处。清宁宫灾，亲为扶掖，左右慰悦，彻夜不寐。暂请居仁寿宫前殿而亟救所司修建宫殿。不越岁而成。……今太皇太后外家尝有赐田本官地，有司欲请厘正。上难于违志，迟疑不决者累日。太皇太后闻之曰'皇帝为国守法，奈何以吾家事挠之。'亟遣内臣谕意。上欣然奉命，归其地于官，而别给闲地如数补之。廷臣多追论皇贵妃万氏，欲追治家属，没其赀财者。上不念旧恶，且重伤先帝在天之灵，卒不深究。友爱同气。凡诸王之国，赆送赐予，每盈所望。既去，则怀思不置，至或形之歌诗。"③ 正是由于他"仁""孝"的突出表现，在后来所上庙号时才获得"孝宗"之称。

① （清）谷应泰：《明史纪事本末》卷42《弘治君臣》。
② 同上。
③ 《明孝宗实录》卷224"弘治十八年五月"附。

　　不过，从这段文字中还可明显看出，他的过于仁孝带来的却是处理政务中有时过度的宽恕与柔弱。由于孝，两宫太后崇幸佛道，铺张靡费，他听之任之；由于仁，对于外戚、宗室贪财好利，兼并土地，他也纵容不究。他虽有致治意识与追求，但在以这种仁孝为本时，却常常因谨守祖制而难以真正革弊兴利。所谓"尊祖敬宗，惇叙彝典，援引稽据，动必以太祖为准。恒曰'吾为祖宗守得法度在，惟恐有失'"①，所言正是如此。

　　从刘健的个人禀性来言，他不仅有着求治的政治理想和追求，而且为人端重，务实，不事浮华，不喜张扬。许多官员常常为了博取名声而有事无事便上疏言事，高谈阔论。他则是遇事尽言匡正，事不关大体便简言少语。他任事果敢，善于决断。即使在孝宗面前，也常常据理力争，不事曲阿。在内阁为首辅时，与阁臣李东阳、谢迁三人同心辅政，时人有谚称"李公谋，刘公断，谢公尤侃侃"。他为人处世又不激不随，向以沉稳老成著称。这样的个性，在复杂的官场中，不仅显示出自身的风尚与气节，同时对于朝政人事和自身，也避免了诸多不必要的麻烦与扰攘。

　　分析孝宗与刘健二人的性格特点，彼此都比较重视礼仪端正，性格内敛。史称刘健"性简静、直方"②，注重名节风范。孝宗也是"天性诚笃，简言慎动，涵养充实而未尝自耀，渊然莫测也"。③但在一些朝政事务的处理上，孝宗因个性上仁柔有余，时有果决不足。而刘健则刚正不阿，遇事能果敢决断。这种性格上的互补，无疑为成就孝宗朝的"中兴之治"起到非常积极的作用。

　　与刘健个性倾向形成对照的是，在孝宗即位之后，朝廷重臣中，许多官员虽各有其才能德行，但与孝宗之间形成这种个性相辅相成、相近互补的并不多见。徐溥在朝为官以包容有度量著称，其"容仪俨雅，温易可亲，度量宏裕而包含不露，皆饮醇仰德无怨恶者"。④但他也是宽仁有余而乏刚正进取之心志，常以"天生才甚难，不忍以微瑕弃也"为辞掩人之过而不究，又以"祖宗法度所以惠元元者备矣，患不能守耳"⑤为由而谨守成规。这样的个性不仅难纠孝宗仁柔之过，反而可能加重其宽容之弊。再如王恕、马文升、丘浚为官都以其才干或学识号称于一时。但王恕为人虽"刚正清严"，不免有矫激之偏，因此先后与刘吉、丘浚不合，常常引发冲

①　《明孝宗实录》卷 224 "弘治十八年五月" 附。
②　（清）汤斌：《拟明史稿》卷 17 "刘健传"。
③　《明孝宗实录》卷 224 "弘治十八年五月" 附。
④　《明孝宗实录》卷 154 "弘治十二年九月戊辰" 条。
⑤　（清）张廷玉等：《明史》卷 181 "徐溥传"。

突，影响朝政处理。不仅如此，在孝宗面前也是"遇事辄论，不合即引疾求去"。① 由此孝宗也渐对其有所忌。丘浚也是个性偏颇之人，即使孝宗赏识其学问，其久立要职，于官员之中也难以服众。马文升有才，却疏于家教。曾有传言其子颇有贿赂之赃，其子马玠还曾"主使殴人至死，罪当绞"，孝宗顾念马文升而令宥之。② 总之，这些负有才能之重臣，或个性过于偏颇，或疏于自律，身"受重任不能慎言避嫌"。③ 比较起来，刘健虽然见事稍迟，但其个性清正，举止严谨，在为官从政方面较之以上他人有其优长之处，这正是他能长期得孝宗信赖、倚恃的一个重要根源。

以上所述三种因素，是就影响刘健与孝宗关系的主要方面而言。同时，它也同样体现着刘健的个性对其政治地位发展的影响，尤其是对其为官风尚与声望的作用更为明显。如果说孝宗念及东宫旧臣的情意而使刘健有机会在孝宗之初即进入朝廷权力中心，那么在以后长期的政治生涯中，刘健能够立稳脚跟，担当大任，还在于他个人的品行魅力与治政能力水平的发挥。

（二）君臣融洽促成刘健的元辅地位

由于刘健与孝宗之间的师生之谊和共同的致政追求，兼以刘健个人的品格风尚，使得孝宗在追求致政、力图振兴中对刘健格外器重。为此他一即位就超擢刘健入阁参预机务，之后又对刘健更加倚信。正是这种机遇和条件，使得刘健得以久任内阁，与其他贤臣一起，对成就"弘治中兴"发挥了重要的作用。

成化二十三年（1487）八月，孝宗即位后首先对朝廷人事进行了重大调整。在提拔录用贤才方面最引人注目的就是朝廷权力核心层，尤其是内阁与部、院卿长中的人事变动。十月二十八日"命吏部左侍郎兼翰林院学士徐溥入内阁参预机务"。④ 十一月九日"起致仕南京兵部尚书王恕为吏部尚书，改南京兵部尚书马文升为都察院左都御史"。⑤ 十九日又敕吏部："少保刘吉升少傅兼太子太师、吏部尚书，加俸一级，大学士如故；侍郎徐溥升礼部尚书兼文渊阁大学士"；"升詹事府少詹事刘健为礼部右侍郎兼翰林院学士入内阁参预机务"。⑥ 这5人职位的变动中，除刘吉为成化时期

① 《明武宗实录》卷37"正德三年四月乙卯"条。
② 参见《明孝宗实录》卷129"弘治十年九月壬子"条。
③ 《明孝宗实录》卷75"弘治六年五月癸巳"条。
④ 《明孝宗实录》卷5"成化二十三年十月癸巳"条。
⑤ 《明孝宗实录》卷6"成化二十三年十一月甲辰"条。
⑥ 《明孝宗实录》卷7"成化二十三年十一月乙卯"条。

的阁臣，随此次人事调整得以循势进秩之外，其余徐溥、王恕、马文升、刘健都是孝宗新提拔擢用之人。

应当承认，孝宗的这种人事调整首先是出于刷新政治的需要而任用贤能；其次，在"用贤"的前提下也要照顾到官员的资历来酌情升迁；最后，在这次人事调整中，孝宗也依例对自己东宫官属进行了特恩性的提拔。依据这几项原则，刘健的升职完全是在情理之中。但引人注意的却是，在所有升职官员中，孝宗对刘健的拔擢幅度是最突出的一例。

首先，孝宗对刘健的拔擢程度甚至超出了比他名望、年资更高的一些官员。王恕、马文升早在天顺、成化时期当刘健还是刚入仕途、默默无闻的普通翰林官员时就已在政坛享有盛誉，且其年龄也比刘健大许多。然而，王恕、马文升虽得起用，却都未能入阁。且其职位在弘治前期基本没有大的升迁和变化。"时言官多称恕贤且老，不当任剧职，宜置内阁参大政。……帝曰：'朕用蹇义、王直故事，官恕吏部，有谋议未尝不听，何必内阁也'"。[①] 徐溥不仅较刘健的年资高，且以其为人谦和宽厚而在朝臣中拥有较好人缘。据此徐溥之升迁显然应在刘健之上。而实际上徐溥的升迁幅度并不比刘健大。入阁前徐溥为吏部左侍郎，属正三品。刘健为少詹事，为正四品。入阁后不久徐溥升礼部尚书，为正二品，刘健升礼部侍郎为正三品。仅两年后徐溥迁太子太傅、户部尚书、武英殿大学士，刘健升礼部尚书、文渊阁大学士，两人品级已相差无几。重要的是这些官职皆为兼衔，而就其作为阁臣的实际职掌而言，两人基本是一样的。另一位值得提及的人物就是丘浚。就在十一月份人事大调整中，颇负才学的礼部右侍郎丘浚以所著《大学衍义补》呈进，孝宗览后批复："卿所纂书，考据精详，论述该博，有辅政治，朕甚嘉之"。[②] 丘浚虽被擢礼部尚书，但直到弘治四年（1491）才入阁。

在此需要申明的是，弘治时期，内阁在朝政中的实际地位和作用是高于六部的。有些学者认为内阁在此时的地位还处在六部之下，孝宗对于阁臣的重视远不及对六部卿长的信赖。但从实际情形来看，这种说法似非确论。通过以下三个方面的分析，可以看出内阁在当时实际的影响较之部院应更为突出。

第一，皇帝对大臣在朝政上的信用和依赖最重要的一种表现，就是宣召大臣面议政务。虽然孝宗在即位后相当长的一个时期内也未曾宣召大

① （清）张廷玉等：《明史》卷182"王恕传"。
② （清）谷应泰：《明史纪事本末》卷42《弘治君臣》。

臣，但其于弘治十年（1497）三月首次召大臣议政时宣召的正是阁臣。此后弘治十三年（1500）四月至六月间，孝宗曾数次召刘健等阁臣详议北方防御蒙古兵侵扰之事；弘治十七年（1504），孝宗又频召刘健等阁臣商议太后陵寝规制之事。除了这些"祀与戎，国之大事"之外，在弘治末，孝宗还常召阁臣面议盐政、仓储、马场、兵事、光禄寺靡费，以及中官贵戚兼并之势等事项。① 相形之下，只是到了弘治后期的几年间，孝宗才多次召马文升、刘大夏、戴珊等部院卿长议政。应当承认，孝宗晚期频频宣召刘大夏等人，并与之讨论一些属于其作为兵部尚书、都察院都御史职掌以外的朝政事务，君臣相对，气氛融洽。这种情形的确体现出孝宗对这几位官员的特别眷顾。但同时，孝宗召刘健等阁臣商议的主题更多为事关朝政大事的严肃内容，时而也兼有一些轻松的话题而显示出一种和乐的气氛。可见，孝宗对部分部院卿长的那种偏爱并不意味着对内阁的有意冷落、排斥和对部院诸卿地位的整体看重。

第二，弘治时期，从孝宗皇帝到朝廷官员的思想意识中也都有将内阁置于六部之上的倾向。这从其时官私称谓中涉及中央机构及其官员位次排列习尚中就能够反映出来。翻检各种史籍所载弘治朝臣的奏章、议论可以发现，大凡涉及当时文官体系排序时，都以内阁居于府、部、院、寺之前。官员位次排名也都以阁臣居首。如弘治四年（1491）正月，南京监察御史金章等人疏请孝宗"退朝之后，即御便殿，令内阁学士、六卿、都御史及科道等官，俱在侍从。凡天下章奏、兵食大务及重刑大狱，前一日集议停当，次日面陈可否，亲赐裁决，庶幽枉必达，物无遁情"。② 最典型的事例是在弘治六年（1493）二月的一次内宴上，丘浚与王恕因位次而发生争执。按照旧例，吏部尚书为六卿之长，位次理应在礼部尚书之前。况且时任其职的王恕在年资上也比任礼部尚书的丘浚为高，而丘浚的礼部尚书还是加官而非实职。然而，丘浚自前一年入为阁臣后，便时常于朝班位次与王恕争先后，这次又是如此。孝宗皇帝便亲自出面，定议丘浚位次居王恕之上。从此这种位次便成定规。③ 由此可见，在孝宗那里，内阁地位也应是在六部之前的。此外，在官员言事论政中也常常表现出将朝政倚重对象放在内阁而非六部的倾向。如弘治三年（1490）十二月，监察御史涂升异建言中就指出："朝廷一政一令，必敕内阁酌古准今，议拟允当，然后

---

① 参见（明）陈洪谟《治世余闻》附录《治世余闻佚文一则》。
② 《明孝宗实录》卷 47 "弘治四年正月壬寅" 条。
③ 参见刘太祥《中国古代王朝中兴局面的形成原因》，《南都学刊》2006 年第 4 期。

行下部院，查照旧例同异应否，务求经久，方可施行。"① 再如兵部尚书刘大夏在与孝宗面议庶事时也常提请"陛下宜远法帝王，近法祖宗，事之可否，外付府部，内咨阁臣可也"。②

第三，从弘治时期朝政庶务处置的具体情形来看，内阁在包括一些人事问题在内的政务议决方面都发挥着极为突出的影响。这方面的内容在本书第三章已有较充分的论述，在此不赘。

由以上所述可以得出这样的结论：在弘治时期，入直内阁显然要比官居部、院的地位更高。因此，在权力核心的人事调整中，刘健以少詹事升礼部右侍郎兼翰林学士入阁，不久又升礼部尚书兼文渊阁大学士，其超擢的幅度应当是极大的。之所以如此，就在于刘健与王恕、马文升、徐溥、丘浚等人相比有种更优越的身份，即东宫旧属。

其次，从东宫旧属官员享受特恩的情形来看，刘健的升职也比他人更为显著。

历来太子即位为新皇帝，录用东宫旧臣进入权力中心是朝廷人事变动最突出也最常见的表现。孝宗即位后在以青宫旧劳而擢用东宫旧臣时，与刘健同时升职者还有不少，如"少詹事兼侍读学士杨守陈，吏部右侍郎、右庶子汪谐，左谕德程敏政，俱少詹事兼侍讲学士；左谕德傅瀚、右谕德陆钱、左中允周经，俱太常寺少卿兼侍读；侍读学士李杰，左庶子，仍兼侍读学士；右谕德谢迁、吴宽，俱左庶子兼侍读，仍加俸一级；侍读董越、侍讲王臣，俱右庶子兼侍讲；太常寺卿兼正字谢宇，工部右侍郎掌通政司事"。③ 还有一些东宫旧臣，在以后也随时因事得到提拔。如弘治二年（1489）四月，"翰林院侍讲学士李东阳丁忧服阕，升左春坊左庶子，仍兼侍讲学士。以前侍东宫讲读恩也"。④

然而，在孝宗的这些"东宫旧臣"中，虽然大多数人在资历或声望上都不及刘健，但也确有资历、官品在刘健之上，甚至在为人为官声望上也不亚于刘健的人物。浙江鄞县人杨守陈就是一例。他年长刘健 8 岁。在刘健尚未中乡试的景泰二年（1451）就荣登进士，比刘健提前 4 年于成化十八年（1482）升詹事府少詹事。⑤ 杨守陈不仅资历在刘健之上，且其为人为官与刘健一样在成化年间具有声望。孝宗即位后，他曾积极上疏言事。

---

① 《明孝宗实录》卷46 "弘治三年十二月庚申"条。
② （清）谷应泰：《明事纪事本末》卷42《弘治君臣》。
③ 《明孝宗实录》卷7 "成化二十三年十一月乙卯"条。
④ 《明孝宗实录》卷25 "弘治二年四月壬子"条。
⑤ 参见《明宪宗实录》卷235 "成化十八年十二月辛未"条。

其言御经筵、复午朝，召大臣面议朝政等，多为孝宗所嘉纳。孝宗即位后对其的拔擢情形则是："执政拟守陈南京吏部右侍郎，帝举笔去'南京'字。左右言刘宣见为右侍郎，帝乃改宣左，而以守陈代之。"① 可见，孝宗对杨守陈虽然器重，却不及对擢刘健为礼部右侍郎进入内阁更显突出。正是由此开始，两人的地位逐渐出现了"逆转"之势。

除了杨守陈，其他东宫旧臣中但凡较刘健年资较高的，如彭华、江潮宗、王献、黎淳、谢一夔、郑环等人，大都在孝宗即位之前已转迁其他官职，或遇贬谪，或物故。照此而论，刘健蒙特恩得超擢，也算是一种特殊的荣耀与幸运。

如果说孝宗即位之初超擢刘健入内阁参预机务，主要是念"东宫旧劳"的话，那么刘健入阁后在整个弘治时期以"近密之地"与孝宗的理政就具有了更为密切的关系。君臣间的共同致治的协作、配合关系也就表现得更为明显。这主要由以下几个方面得到证明。

其一，刘健久任内阁。如果没有一种和谐、融洽的合作关系，不仅刘健的政治作为难以实现，连他的久任内阁要职的情形也恐难以维持。从实际情况来看，刘健任职于内阁的时间比其任职东宫的时期还要长久，贯穿了18年的整个弘治时期。在弘治十五年（1502）四月，当刘健年满70岁而依照惯例引年乞休时，孝宗批示说："卿耆德旧学，誉望素隆，辅导忠勤。方切倚任，岂宜引年辄求休致？所辞不允。"② 相比之下，弘治十一年（1498）七月徐溥引年乞退，经过形式上的两次挽留之后孝宗还是允其致仕。这之中确有徐溥年老有疾的客观因素，但不能排除他个性偏于温和保守，守成尚可，却难当朝政开拓进取的重任。刘健则为人严毅，敢于担当，且身体健康，精力充沛，所以才得孝宗更多的信赖。

其二，刘健在朝政中具有突出的地位和影响力。刘健在弘治时期的政治地位和影响作用有多方面的反映和体现。如在弘治前期刘吉、徐溥为首辅时，释奠孔子、册封藩王妃等本当由文臣之首担任主持的一些朝廷重大礼仪活动，常常都由刘健来担当。再如在刘吉、徐溥、刘健三人相继为首辅时，孝宗对内阁的依赖程度也大不同。对刘吉，"帝初倾心听信，后眷颇衰"。③ 徐溥为首辅曾请孝宗召见大臣，而孝宗也曾于弘治十年（1497）三月召阁臣议政。当时举朝诩为盛事，"然终溥在位，亦止此一召而已"。④

① （清）张廷玉等：《明史》卷184"杨守陈传"。
② 《明孝宗实录》卷186"弘治十五年四月癸亥"条。
③ （清）张廷玉等：《明史》卷168"刘吉传"。
④ （清）张廷玉等：《明史》卷181"徐溥传"。

刘健在弘治后期为首辅时，内阁则频频受到孝宗宣召，"上数御文华殿及平台召健等，至则屏左右，俾不得闻。左右大惧，每从屏隙窥，但闻上数数称善而已"。①虽然孝宗末期也屡召刘大夏、戴珊等人，"面与商榷时事，虽公辅贵近有不预闻者"②，但临终顾命时却还是只召刘健等阁臣。这种情形被一些史家归因于所谓"内外有别"。既被称为"内"，也可见阁臣与孝宗的关系较之于部、院更显密切。

　　除了对刘健职务的提拔，孝宗对刘健的礼遇优待也是其融洽关系，以及刘健在弘治时期政治地位提升的一种具体表现。刘健为人一向清正，很少像他人那样通过请乞来获得荣誉和赏赐，但他在弘治时期所获得的这种待遇却并不少见，并且越到后来随着他品级的提升，受到优礼的频度和级别也更见增加。成化二十三年（1487）十一月，他以东宫旧臣获得升迁、进入内阁的同时，就受赐胡骑夷奴；弘治七年（1494）八月，又以三年秩满，加升太子太保，兼礼部尚书、武英殿大学士，进荣禄大夫，得赐玉带、麒麟袍服；弘治十一年（1498）二月，以皇太子出阁讲学，刘健进光禄大夫、柱国、少傅兼太子太傅、户部尚书、谨身殿大学士，赠先祖三代之官；弘治十五年（1502）十一月，孝宗顾念"东宫讲读劳"而"赐内阁大学士刘健、李东阳玉带各一束，大红织金衣三袭"。③弘治十六年（1503）二月，孝宗久病痊愈，欲大祀天地于南郊，为此特赐刘健等三位阁臣玉带蟒衣，此为明代阁臣得赐蟒衣之始④；同年五月，刘健又以九载考绩，获玺书奖谕，加特进，兼支大学士俸；弘治十七年（1504）十月，刘健以其官级循制援例乞荫其孙刘成恩为国子监生，孝宗难得见刘健有请乞事，因而极为高兴地说："健事朕春宫及今，辅导勤劳年久。成恩可授中书舍人。"刘健眼见孝宗对自己孙子破格直接授官，便立即具疏请辞。孝宗又批复道："卿辅导年久，贤茂着。兹特录用一孙以示嘉奖。宜勉承朕命，不必固辞。"⑤

　　正由于对刘健作为阁臣的信赖和重用与他人不同，所以越到后期，刘健以内阁首辅佐孝宗治理朝政，就越显示出其特殊的影响和意义。故不少史书记载：自弘治十一年（1498）亦即刘健为首辅之后，恰也是孝宗皇帝登极十多年而日益熟谙政务、明习朝规，"而健亦身任天下，无所私，凡

---

①　（清）傅维麟：《明书》卷126《刘健谢迁传》。
②　《明武宗实录》卷137"正德十一年五月庚戌"条。
③　《明孝宗实录》卷193"弘治十五年十一月丁丑"条。
④　参见（明）沈德符《万历野获编》补遗卷2"阁臣赐蟒之始"。
⑤　《明孝宗实录》卷217"弘治十七年十月戊辰"条。

进用大臣及政事臧否，必反复密喻，侃侃竭忠悃，而上亦推心委用，未尝不嘉纳也"。① 这种叙述实际上也简略地说明了孝宗与刘健之间和谐密切的君臣关系及其对朝政的影响。

三　刘健与武宗关系的演变及其政治地位的跌落

在与诸帝的君臣关系中，刘健与武宗的关系也具有典型性。武宗即位之初，刘健以顾命大臣之首来辅佐新君，其在实际权力和威望上都具有现实的基础和条件，这就构成事实上君臣间极为密切的关系。然而，刘健与武宗之间既缺乏长期而深厚的师生情感，又在致政思想和意识上完全不同，且在个性上两人也存在极大差别。因此，短短几个月之后，两人间的矛盾与冲突便不断发展，最终导致刘健谢政而归。

（一）武宗的思想意识及个性特点

在官方史籍中，大都记述明武宗朱厚照为孝宗与其皇后张氏长子，也是其唯一存活之子。"明实录"中还明确指出，明代自英宗、宪宗至孝宗三朝皇帝皆未能立嫡，至明武宗朱厚照，"上乃出自椒寝庆钟轩龙"，并且巧的是"其生所值支辰为申酉戌亥，连如贯珠，与圣祖高皇帝（朱元璋）类"②，以此作为武宗出身及得君位之正的说明。然而，也有许多史料，表示对武宗身世的怀疑。尤其是从弘治十七年到正德二年（1504—1507）两次审理的"郑旺妖言案"③，更使人们怀疑朱厚照只是张皇后将宫女之子攘为己出的皇子。但无论如何，孝宗与张皇后对于武宗早年成长的培养显然并不符合预期。

作为孝宗的独子，又是皇位继承人，孝宗以父亲和明王朝皇帝的身份，对朱厚照的教育与培养理应有高度的重视。然而，许是由于自己早年身世坎坷，幼年时期在宫中过着战战兢兢、谨小慎微的日子而希望儿子能够有所自由与放松，或者是由于婚后四年无子的忧虑不安，使他对于这个独子有着特别的情感，或者还由于他个性中柔弱性的影响而缺乏应有的严厉？但无论如何，孝宗的确对皇太子朱厚照过于放任、宽恕。他明知朱厚照好逸乐，以至于荒疏学业，却不加约束。"或闻其颇好骑射，以为克诘戎兵，张皇六师，亦安不忘危之意，弗之禁也。"④ 不仅如此，还在自己每

①　（明）过庭训：《本朝分省人物考》卷90"刘健传"。
②　《明武宗实录》卷1。
③　（明）沈德符：《万历野获编》卷3《宫闱·郑旺妖言》。
④　《明武宗实录》卷1"叙"。

每夜里微服私游时都带着朱厚照，并"有所见，必随事启迪"①，如当他们夜游到六科廊时，孝宗告诉朱厚照以后要小心谨慎，不要让六科给事中抓到把柄后上章纠劾皇帝的言行②；而所谓"数幸春坊，阅所业"，也只是当孝宗观看到太子所习字体有所进步，便很觉满意，却极少关注其思想意识、道德品质的养成。作为皇帝和父亲，孝宗这样的"表率"和放任，使得朱厚照耽于玩乐、骑射、游逸等表现在实际上得到了默许和鼓励。这对于塑造朱厚照的帝王"主器"显然只能起到负面的效果。无怪乎有学者称"朱祐樘的观念和本身的怠惰直接影响了他的儿子，因而影响了正德年间的朝政和明代的历史。他在塑造明武宗这个继承人上负有重大的责任"。③

朱厚照早年生活在宫中的资料已难以觅得，因而无从确知张皇后在此时期对朱厚照的关注程度。但从其后来的许多表现中可以看出，她对于朱厚照所表现出的是一种漠不关心和无所谓的态度，令人费解。如朱厚照即位后种种荒诞不经的行为表现，未见受到身为母亲、太后的她只言片语的规谏和劝导。再如在武宗生病未崩之时，她便私下与内阁大学士杨廷和等定议好继位新君的人选。按说张氏与孝宗之间情好甚笃，且朱厚照作为其独子，身为皇后、皇太后的张氏不应对作为皇太子、皇帝的朱厚照表现出如此的漠然。由此不难想象，其在朱厚照早年培养方面的无所作为。不仅如此，就在朱厚照还是少年太子的时候，作为皇后的张氏，也屡因后戚不断扩张私利而对孝宗朝政造成严重的干扰与影响。其贪财好利、倚势张狂的表现对于朱厚照而言，只能起到一种追求和满足自我享受之类不良意识的熏染。

作为皇太子不同于平民家庭的是，朱厚照自幼身边还有另一种人群的陪伴，即随侍的宫女、宦官。在很大程度上，正是这些人带给他童年更多的快乐，同时也带给他个性养成中更多的影响。正所谓"近朱者赤，近墨者黑"。虽然自太祖时期，对于宦官近侍人等就有着严格的制约和要求，甚至在择选宦官人选时也有"平昔志操端洁、威仪谨格"④的原则，但在近侍可以获得特殊权益的诱惑下，各种人物千方百计谋取进宫。这样使得近侍宦官群体中也是人品各异，良莠不齐。况且，作为一个有生理缺陷的阶层，许多宦官在心理上也有一些异常表现。因此其中"灼然称贤如怀恩、覃昌、云奇、何文鼎者，百不能一，而（王）振、（刘）瑾、（曹）

---

① 《明武宗实录》卷1"叙"。
② 参见（明）吕毖《明朝小史》卷16。
③ 张显清、林金树：《明代政治史》，广西师范大学出版社2003年版，第314、315页。
④ （明）徐学聚：《国朝典汇》卷8《东宫》。

吉祥、汪直之类至不可胜数"。① 朱厚照的身边就围绕着以刘瑾等"八虎"为首的一批专门引导他玩乐游逸的侍从宦官。这些人，本职就是侍候主子日常生活起居，故投其所好，各显其能。"有的是骑马射猎的好身手，有的擅长蹴球、下棋，有的善于打诨取乐逢场作戏，有的能说会道，处处讨主子喜欢。年幼的皇太子，童心正盛，当然与这班宫娥、太监打得火热，厮混得非常亲密。"②自幼处于这样的环境和影响之下，朱厚照就很难得到合乎储君要求的良好影响和熏陶。

其实早在弘治七年（1494）正月，时任太子少保、兵部尚书的马文升就上疏进言皇太子的教育与培养问题，提出从慎选幼时的"保抱扶持"之人，到择其启蒙阶段的老臣太监，再到 8 岁以后出阁进学时选"名实相符、才德老诚、学问该博之士"以充任教职等一整套的培养和教育规划。③六月，南京广西道监察御史郭纤也上言"必择取平昔志操端洁、威仪谨恪、慈祥笃实者"为之师傅讲读之官，"其轻浮浅露、奸邪忌刻之徒一切勿取"，这样方可以保证皇太子周围正人布列，而"涵养气质、熏托德性，异日尧舜之德、雍熙之治皆自此出矣"。④ 两年后，孝宗才选命一批如王鏊、杨廷和、张天瑞、费宏等较为年轻的官员担任师傅之职。⑤ 弘治十一年（1498）三月，皇太子正式出阁进学。但在这些讲读官员面前，太子常常借故放任自己对学业的忽视和荒疏。弘治十六年（1503）九月，南京吏部尚书林瀚上疏提醒孝宗应当关注皇太子进学的实际效果，于"万几之暇，亲试所讲习经史通悟如何，德业进修如何，屏耳目之玩好，戒禁苑之游观，庶天下大本有所培植"⑥，但孝宗仍未能予以重视。所以，直到朱厚照两年后即帝位时，虽然已正式进学 7 年，却连《尚书》《论语》等皇太子理应学习的基本经典尚未读完，更不用说治国之道的那些更深邃的理论。

正因为朱厚照没有得到良好而有效的教育与培养，再加上他好勇、活跃的性格，使他从小就形成贪好逸乐、任意作为，无视礼教规则的个性和习惯。当他即位为皇帝之后，在权位至上的条件下，加之那些宦官侍从层出不穷、花样翻新的各种逸乐方式的引导，这些习性更得以放纵和扩大，

① （明）王世贞：《弇山堂别集》卷90《中官考一》。
② 李洵：《正德皇帝大传》，中国社会出版社 2008 年版，第 29 页。
③ 参见《明孝宗实录》卷84 "弘治七年正月壬辰"条。
④ 《明孝宗实录》卷89 "弘治七年六月丙寅"条。
⑤ 参见《明孝宗实录》卷112 "弘治九年四月甲午"条。
⑥ 《明孝宗实录》卷203 "弘治十六年九月丁卯"条。

其行为举止完全背离了传统礼法规范对于皇帝形象的设定。正因如此，才导致他与抱持传统儒家学说，并以之为致政之本的刘健等儒臣们在政治意识和个性上发生严重的矛盾与冲突。

（二）刘健与武宗关系的变化

按照儒家传统的思想观念，皇帝之所以能够受命于天来统御万民而施治天下，靠的就是其圣德仁性的养成及其在治政实践中诸如讲学，敬天法祖、勤政爱民等具体表现。深受儒学传统影响，并承受孝宗临终顾命托付而"痛心刻骨，誓以死报"① 的刘健等人，正是以这样的帝王形象来辅导和要求武宗的。弘治十八年（1505）十月，武宗即位不久，刘健等人便上疏言"人君之治天下必先讲学明理、正心修德，然后可以裁决政务、统御臣民。故累朝列圣嗣位之初必大开经筵、每月三次，令翰林、春坊讲说经史，公卿大臣分班环听。又于每日传令儒臣讲读，使工夫接续，闻见开广。百有余年，太平功业皆由此致"。② 为此还详细上报其对于武宗开经筵，御日讲的具体安排和计划。

实际上，明武宗并不缺乏智力。其为太子进学时"不数月，翰林、春坊之与讲读者皆识其姓名。或偶以他故不至，必顾问左右曰：'某先生今日安在邪？'当辍朝之日，学士有误束花带而入者，又谓左右曰：'是在朝班中，必以失仪为御史所纠矣'"。每逢孝宗亲临春坊时，他都"率宫僚趋走迎送，闲于礼节"，还时常对孝宗"问安视膳，恭谨无违"。③ 然而这种"机灵"，正是他善于察言观色，寻求和把握各种有利时机的一种体现。当武宗以不满14周岁的年龄继位时，刘健已年逾73周岁。面对这样极负资望的耆硕老臣，又兼孝宗临终"务遵守祖宗成法，孝奉两宫，进学修德，用贤使能，毋怠毋荒，永保贞吉"④ 之嘱咐还未久远，同时也还未真正体会到皇帝权威真实意义的明武宗，的确在相当程度上对刘健等顾命大臣保持着应有的尊重和顺从。正是基于此，在一开始武宗与刘健之间便持有一种至少表面上的和谐和合作关系。这种情形具体表现在以下两个方面。

其一，依然保持了对刘健作为首辅的最高礼遇。如武宗即位之初即赏赐刘健等阁臣银三十两，纻丝二表里。⑤ 七月，又加升刘健等阁臣官职，加少师兼太子太师、吏部尚书、华盖殿大学士刘健左柱国，食正一品俸与

---

① （明）雷礼：《国朝列卿记》卷11"刘健传"。
② 《明武宗实录》卷6"弘治十八年十月己卯"条。
③ 《明武宗实录》卷1"叙"。
④ 《明孝宗实录》卷224"弘治十八年五月辛卯"条。
⑤ 参见《明武宗实录》卷2"弘治十八年六月己未"。

诰命。

其二，凡刘健等人对于经筵日讲及其他政务的安排，武宗都表示听从。如在弘治十八年（1505）八月，刘健等人上疏指出登极诏书所颁"新政"措施实行不力，并列举应当力行清理诸弊，武宗表示嘉纳；十月，又疏奏经筵、日讲的计划和安排，武宗当即回复"朕以哀疚故久辍讲，今闻卿等述先帝顾命，知讲学诚不可缓，其如期举行"①；十一月冬至，武宗命阁臣李东阳祭灵济宫真君，刘健上言请"将前项祭祀通行革罢，免令臣等行礼"。武宗"嘉纳之，且曰：'二真君之祭据礼当革，但先朝行之已久，姑仍其旧。今后不必遣内阁重臣，止令太常寺官行礼'"。②

武宗在即位之初几个月间对于刘健的这种礼遇与听从，虽然表面上表现出君臣关系的某种和谐，但它是建立于武宗对于以刘健为首的顾命大臣们的一种顾忌与敬畏之上，而非如孝宗与刘健那种建立于共同的政治追求和某种情感基础上的关系。正因如此，在短短的几个月后，当武宗逐渐适应了皇帝地位和权力之后，尤其是武宗所依恃的随从宦官势力日益强大起来之后，武宗对以刘健为首的外朝官员整体开始疏远，武宗与刘健的关系也日益显示出矛盾与冲突。其突出表现，是对刘健等人的决策和议政提案的抵触和对抗。

正德元年（1506）一月，武宗随侍宦官数量不仅日益增多，且多"带刀披甲"者。刘健等人以为此等冗官滥职不仅靡费，且不合敬天事神之诚，与祖制相违，议当裁革。武宗批复"随从内使，朕今有处分矣"。③ 但实际上不仅未减，反而不断增加传升官职。二月，巡抚都御史王璟、都给事中张文、监察御史叶永秀等人上奏皇庄之害并请革之，户部持其议，刘健等阁臣也疏陈廷臣合词之当。武宗却以"朕奉顺慈闱，事非得已"为辞来搪塞，最后"竟不能尽革也"。④ 刘健等人对宦官戚畹追逐权益而导致的弊政日深既忧虑又愤激，二月间又连上 6 疏，极论朝政之失，并以言不见听即当辞位来表示抗议。武宗初是"不报"，继则屡示勉留，最后才不得不表示"所奏事令各衙门查奏定夺。卿等宜尽心辅导以副倚任"。⑤

经此对抗，武宗迫于压力暂时对刘健等人之议有所屈从。四五月间兵、刑、户等部皆有上报查革诸弊情形。但武宗以玩乐荒怠朝政的局面并

①　《明武宗实录》卷 6 "弘治十八年十月己卯"条。
②　《明武宗实录》卷 7 "弘治十八年十一月庚寅"条。
③　《明武宗实录》卷 9 "正德元年正月甲午"条。
④　《明武宗实录》卷 10 "正德元年二月辛亥"条。
⑤　《明武宗实录》卷 10 "正德元年二月己卯"条。

未改变。六月，刘健等人再次奏请禁戒"单骑驰驱，轻出宫禁"、"频幸监局"、"泛舟海子"、"鹰犬弹射不离左右"、"内侍进献饮膳，亦屑茵纳"种种不良习尚。于二月份刘健等人所论皆属关乎军国大政之事不同，这次劝谏则是直接涉及少年皇帝个人嗜好与生活习惯的内容。正是在这个层面上，才充分显示出武宗思想意识倾向与个性特征方面与刘健这些耆老旧臣的深层矛盾与冲突。因此，武宗对刘健等的建议和提案不仅不予理睬，且变本加厉地放纵自己的不良嗜习。正如刘健在八月份所指出的那样，武宗在近侍群小引导之下，"以有限之精力供无益之玩好"，"以一时之适意忘万世之远图"①，废早朝、误政事，停罢经筵、日讲，将刘健等人的劝导置若罔闻。九月，因为内官奏讨盐引一事，武宗竟与刘健等人发生公开冲突，当面诘问刘健等人而极力祖护宦官。甚至称文官中"十个人中也仅有三四个好人，坏事者十常六七，先生辈亦自知之"，进而扬言宦官所讨盐引"务要全行"。当刘健以"容臣等再议"暂且求退时，武宗竟不肯罢休，又遣司礼监官追达其意。虽然事后武宗也感到自己前日失言而表示"朕心已悟"②，但实际上，武宗基于内侍宦官势力与刘健代表外廷文臣势力的矛盾冲突已经达到白热化的程度。由此，武宗与刘健的关系也达到冲突的高峰。

（三）从"文臣领袖"到"奸党"之首

正德元年（1506）十月，刘健等人请诛刘瑾等人不果，刘瑾等反得以掌控司礼监及厂、卫大权。刘健等阁臣请退之疏一上，虽朝廷有"故事，辅臣乞休必俟三四疏乃允"，但"八人者惟恐健等去之不速，上意亦以健等数有直言逆耳，遂听之。虽赐敕给驿，命有司月给食米五石，岁给役夫八人，犹循旧典，而殊无眷恋之恩矣"。③

刘健被迫致仕后，武宗在刘瑾等人的蛊惑下，又榜刘健为"奸党"之首，削夺其官爵、诰命。后当刘瑾事败被诛，朝廷有诏凡官员"为民不犯赃者，仍冠带闲住"。④ 但当礼部"言近追夺大学士刘健、吏部尚书许进、马文升原赐玉带及衣服送官，皆刘瑾伪旨。宜给还"时，内批却是"已之"。虽说这种结果有"瑾党尚有憾于健等"的影响⑤，但也确实表明武宗对于刘健确实已无任何眷顾之心。由此可见，武宗与刘健之间思想意识

① 《明武宗实录》卷16"正德元年八月辛未"条。
② 《明武宗实录》卷17"正德元年九月辛卯"条。
③ 《明武宗实录》卷18"正德元年十月戊午"条。
④ 《明武宗实录》卷66"正德五年八月己酉"条。
⑤ 参见《明武宗实录》卷67"正德五年九月庚申"条。

方面的矛盾和对立，才是在其实际关系中占据主导地位的影响因素。

纵观刘健与武宗关系的变化过程，可以明显看出其与正德朝政兴败起落的一致性。君臣间即使是表面的、暂时的协作关系也有利于促成数月间"新政犹肃"① 的局面。随着宦官势力的不断上升，刘健所代表的儒臣文官集团与武宗关系日益疏远并发生冲突，朝政也随之日益败坏。这种情况充分说明了君主专制制度下政治的"人治"化特色，同时也再次表明，在封建社会政治舞台上，作为臣的个人命运必然受到与君主个人关系的极大制约与影响。

第二节　与朝中重臣间的关系及其政治影响

如果说在封建君主专制环境中，刘健的政治命运更多地取决于其与皇帝间君臣关系的状况，那么，刘健与其他朝廷官员，尤其是朝中重臣间的关系，则在相当程度上影响他的政治声誉，并由此也影响着他的政治地位和作用的发挥。

作为一名从入仕开始直至致仕一直任职于中央机构的京官，刘健政治生涯中人际交往的范围主要是在京官员，当然其中不乏一些在京职与地方任职间有所变动的官员。但在不同时期、不同政治地位、与刘健交往程度不同的官员们，对于刘健政治活动及其仕途发展所产生的影响各不相同。据此可以将其分为朝中重臣与同年、同乡及其他门生故吏等不同的类别。本节则专论刘健与朝中重臣的关系及其对刘健政治生涯的影响。

一　初入仕途受朝中重臣的器重

本书在第三章曾提及，刘健考中进士进入仕途的最初几年似乎很有运气，从改选庶吉士，入翰林院学习到授职翰林，从参与修书到转迁东宫，其仕途进展都呈现出令许多士人羡慕的顺流平进。这种"好运"，当然首先源于刘健本人学识能力的基础，但另一方面也与当朝重臣的器重与提携有一定的关系。其中，影响较大的主要是内阁大学士李贤、彭时、吕原，吏部尚书王翱，以及翰林学士商辂、刘定之、柯潜等人。

天顺后期至成化初任职内阁的主要有李贤、吕原、彭时。岳正虽曾被英宗亲擢入阁，但不久即罢职。李贤（1408—1467），字原德，河南邓州

---

① （明）唐鹤征：《皇明辅世编》卷2"刘健传"。

人，宣德八年（1433）进士。吕原（1418—1462），字逢原，浙江秀水人，正统七年（1442）进士。彭时（1416—1475），字纯道，福建安福人，正统十三年（1448）状元。这三个人早在正统年间就曾与英宗有较密切的关系。景泰末年，英宗复位，三人也同入内阁，并得到英宗的信赖。尤其是李贤，"帝既任贤，所言皆见听"。史称"终天顺之世，贤为首辅，吕原、彭时佐之"①，"三人相得甚欢"②。李贤为人通达，"遇事立断"；吕原"持重，庶政称理"；彭时"为人端严谨密，外和内刚"。③ 三人个性互补，配合默契，形成明代内阁少有的几个最佳组合之一。

内阁之外，吏部尚书为诸卿之长，且专职于官员任免考核之事。天顺元年（1457）正月英宗复位后，尽行罢黜诸大臣，但景泰时任吏部尚书的王翱得以留任。王翱（1384—1467），字九皋，直隶盐山县人，永乐十三年（1415）进士。其人"性方严，心平易，寡耆欲，质直，不尚文艺"。④景泰四年（1453）入为吏部尚书，直至成化三年（1467）七月因病免职。

其时，在翰林院中掌事官员为刘定之、柯潜。刘定之（1409—1469），字主静，江西永新县人，自幼颖敏。正统元年（1436）登进士，自此"以文章取高第，名闻天下"。其"为人坦夷，言动质直，不事矫饰"。⑤ 天顺元年（1457）冬任通政司左参议，兼翰林学士。柯潜（1423—1473），字孟时，福建莆田人，景泰二年（1451）进士第一，天顺年间任尚宝司少卿兼翰林修撰。其"为人高介有节，仪观修整"。登第后"遽奋发淬励，学遂大进"。⑥

上述诸人或为名重一时的朝廷重臣，或为负于声望的翰林官员。他们共同之处在于学识、德行上的造诣以及注重学识品格的人才观念。因此，在其行使职权对官员进行选拔和任用时，对于有德才的人物自然表现出较多的倾向与赏识。刘健正是得益于此，才得以在参加科试的众多士子中"脱颖而出"而顺利进入京职的仕途。同时，在这些仕宦前辈的影响和濡染下，刘健也获得了入仕为政的一些必要的知识与技能。

首先，这些重臣对于刘健的影响体现在刘健通过科试入仕的过程中。天顺四年（1460）二月，刘健参加礼部会试。其时吕原、柯潜为主考官。

---

① （清）张廷玉等：《明史》卷176 "李贤传"。
② （清）张廷玉等：《明史》卷176 "吕原传"。
③ 《明宪宗实录》卷130 "成化十一年三月辛未"条。
④ 《明宪宗实录》卷48 "成化三年十一月丁卯"条。
⑤ 《明宪宗实录》卷70 "成化五年八月辛酉"条。
⑥ 《明宪宗实录》卷119 "成化九年八月丙子"条。

刘健入选450名中式举人之列。之后，以内阁李贤、彭时等人与部院九卿为殿试读卷官，刘健又中二甲进士。应当承认，在这个过程中，主要是由于刘健本人学识水平的表现和发挥，才直接产生这种结果。但也不可否认，担任主考、读卷官员的重才意识和人才观念、取士标准等主观倾向在其中的影响。事实上，在刘健开始入仕过程中，就是以其学识能力为根本，在获得朝中重臣认可的基础上形成其仕途上的顺利。也可以说，在他初入仕途过程中，正是基于朝中重臣对其个人学识能力的认同和赏识而形成当时刘健与这些重臣之间一种特殊的关系。

其次，这种影响更突出地反映在刘健得以入选庶吉士的过程中。如果说，考中进士主要反映出刘健的学识得到考官、读卷官的初步认可的话，那么其得以考选庶吉士，则更全面地体现出刘健的学识、品行倾向，得到朝中重臣们的进一步认同与赏识。因为考选庶吉士与会试、殿试的方式并不完全相同。会试、廷试等普通科举考试，主要是应试者临场据试题来答卷。而考选庶吉士则需要通过两个阶段：第一个阶段是预选，已获二甲、三甲的进士及其他特例参选者先将自己平时诗文选取15篇以上呈送礼部审阅，经翰林官员考订、编号，交吏部糊名，再由内阁确定人选，最后由皇帝钦定。① 在内阁确定具体人选时，时常有不完全依据参选者文作，而加入对其相貌仪态、气质风度等外在形象的考察。有时还要遵从"上意"而考虑其他一些因素。就在这次考选前，英宗特谕李贤："止选北方人，不用南人"。但李贤与彭时等人在遵循这一原则的同时，也尽量以"立贤无方，何分南北"之立意办事。故此次所选15人中，有6人是南方人。② 尤其是还选入了身高"不逾中人"而号称江南神童的张元祯。③ 由此可见，内阁在会同吏部确定庶吉士人选时，的确具有相当程度上的个人主观倾向的影响。无怪乎有人认为李贤在此次掌馆选中有"祖护乡人"之嫌。④ 虽然尚未有确实资料可以证明李贤与刘健有特别的个人关系，但两人为河南同乡，且李贤的岳父周济恰也是洛阳人。所以，以刘健本身的学识与秉性品格确有突出之处，再加上李贤的"同乡"情意，便不难理解刘健能够顺利通过预选。

① 参见颜广文《明代庶吉士制度考评》，《华南师范大学学报》（社会科学版）1993年第4期。

② 参见（清）张廷玉等《明史》卷176"彭时传"。

③ 参见（清）张廷玉等《明史》卷184"张元祯传"。

④ 参见颜广文《明代庶吉士制度考评》，《华南师范大学学报》（社会科学版）1993年第4期。

考选庶吉士的第二个阶段即举行正式的考试。《吏部职掌》中记述了其基本程序："凡考选，先期内阁题准，本部具题择日会考。行各衙门取与考进士见堂纳卷，移咨都察院差监试御史二员，行锦衣卫差巡绰官校，光禄寺备卓。至日，本部同礼部堂官赴东阁，会同内阁辅臣考试司官即东阁前弥封试卷题目，由内阁题请钦命，取中者由内阁封进钦定。"① 可见，这时的考试依然十分严格，对于参选者学识水平的强调和要求仍很突出。然而，在这个过程中，由于参加考选的除了极个别特例之外，都是新科的二甲、三甲进士，相对而言其人数比会试时大为减少。这就使具体考评的过程更能保证认真严密。

天顺四年（1460）参加会试者3000余人，中式者450人②，登进士者156人，除一甲3名之外的153名参加了庶吉士的考选。其间有内阁、吏部、礼部、翰林院等众多官员参加考选工作。所以说，考选庶吉士较之于会试、殿试对参试者的综合考查更显得全面、切实，因而其考选结果相对地也更能体现中选者的学识水平与个性倾向。刘健在三月初的殿试中仅得二甲第39名，但在这次庶吉士选拔中，却名列第一。对于这种成绩的获得，撇开对李贤、王翱等重臣可能存在有个人主观倾向性的推测不论，在此考选过程中，刘健个人的学识、修养与能力等综合素质的发挥，显然是主要根源。事实上，也正是缘于这种个人素质，到成化时期，虽然朝政十分混乱，但刘健在朝臣中却享有较高的声誉。以至于当时权倾朝野、把持官员任用大权的弄臣李孜省也不得不将像他这样负有声望的官员适当荐用。"明实录"有李孜省小传，其中记载李孜省列有当时朝中富有声望的一些官员名单，而刘健排名在李敏、徐溥、倪岳、刘宣、黄孔昭、余子俊等许多人之前为第二名。③ 可见刘健的才学与修为还是很得朝臣们的认可的。由此也不难理解，当年考选庶吉士时，他能够得到李贤、彭时、吕原、王翱等人的看重，正是缘于他的才识符合于这些朝廷重臣的取才标准，故时人称，其"时宰执以得人为国家庆"。④

再次，在庶吉士除授官职方面，刘健也同样得到了朝中重臣们的认同和器重。对于士人而言，经过科试荣登进士，如鲤鱼跳龙门，由此一跃摆脱了庶民的身份而获得功名，取得入仕资格。入选庶吉士，则意味着有更

---

① （明）李默等：《吏部职掌·文选清吏司·文选三·求贤科·考庶吉士》。

② 参见《明英宗实录》卷312"天顺四年二月壬申"条。

③ 参见《明孝宗实录》卷8"成化二十三年十二月辛卯"条。

④ （明）贾咏：《特进光禄大夫左柱国少师兼太子太师吏部尚书华盖殿大学士赠太师谥文靖刘公健墓志铭》，（明）焦竑《国朝献征录》卷14《内阁三》。

多的机会进入上层官员的行列。此次会选，刘健等 15 名庶吉士与本科状元王一夔（后改姓谢）、榜眼李永通、探花郑环同入翰林院读书，而其余进士则不得不暂"回原籍依亲读书"。① 由此可见普通进士与庶吉士之不同待遇。更重要的是，在以后除授官职时，庶吉士较之其他二、三甲进士更具优越性或优先权。明代"不设丞相，惟翰林官迁至大学士，入内阁，典机务，礼绝百僚，人称为宰辅"。② 所以，翰林院被视为朝廷高级官员的培养和储备所，凡登科入仕的士人们都渴望能够任职于翰林。通常，除了一甲的三名进士直接除授翰林官职外，庶吉士完成规定的学习期限后也大都可以除授翰林官职。然而，其他进士基本上只能出任部院郎署和地方府州县官员。

　　一般而言，庶吉士学习期满除授官职时是依二甲授编修，三甲授检讨的品秩来确定的。但事实上，庶吉士散馆授职还取决于诸多因素，庶吉士阶段的学习和表现就是其中之一。庶吉士日常的读书学习有专门的考核档案，平时也有由馆师或称教习主持的馆试，以及由内阁主持的阁试。庶吉士学习期满，考核不良的，"一二年怠惰无成，则黜之"。③ 如成化时期庶吉士陆渊之、谢文祥，"无志读书，屡试辄在人后"，散馆时却"欲求留翰林"，结果自然被拒绝。④ 其他还有因考核不良而推迟授职者。刘健这一批庶吉士在馆学习两年后除授官职。其中刘健、汪谐、张元祯三人为编修，郑纪、张颐、周经三人为检讨。其他人都出仕为六部郎署官。⑤ 由此可见，刘健在为庶吉士期间的考核是名列前茅的。其在庶吉士授职中能获任最高的编修一职，也是基于内阁和翰林院官员对其形成良好考核的结果。

　　最后，刘健在这个时期在为官能力与修养方面也受到这些前辈的熏陶与影响。阁臣李贤为人"气度端凝"颇受朝官们的钦羡，也深得英宗眷顾。其"言无不行，而人不病其专"⑥的为官能力及度量也同样为众人所敬佩。在学问上，"好谈性理之学。作为文章，援笔立就，不事雕琢"⑦的风范既是当时士大夫标榜的风尚，也自然成为后辈官员的榜样。彭时也是"为人端严谨密，外和内刚。居家孝友，莅官慎职守，不妄交人"，退朝后

① 《明英宗实录》卷 213 "天顺四年三月己丑"条。

② （明）陆楫：《蒹葭堂杂著摘抄》。

③ （明）徐学聚：《国朝典汇》卷 65 《庶吉士》。

④ 参见（明）张元忭《馆阁漫录》卷 5 "成化四年六月"条。

⑤ 参见《明英宗实录》卷 344 "天顺六年九月庚子"条。

⑥ （清）张廷玉等：《明史》卷 176 "李贤传"。

⑦ 《明宪宗实录》卷 37 "成化二年十二月甲寅"条。

"未常语子姓以朝廷事"，为学则"本经术，而文章纯正，恪乎儒者也"。①
掌吏部的王翱也是"端方强毅"。② 这些人，不仅在刘健入仕过程中发挥了
提携作用，同时也在刘健初入仕途的一段时期里从学识与修养方面对其产
生着深刻的感染作用。比较而言，刘健在庶吉士学习期间所师从的刘定
之、钱溥，对其的影响力则更多地表现在学识水平上。史载钱溥为人"和
易通敏，词翰有声"。③ 刘定之更富文名。"论者谓国初以来馆阁能文之士
博洽如定之者，治不数人"。④

　　总之，李贤、吕原、彭时、刘定之等这一辈朝臣所注重的学术品格及
其在政治实践中的表现，对刘健无疑产生着相当大的影响。如果说刘健早
年所接受的儒家政治学说，大多还只是得自书本上的间接知识的话，在他
初入仕途时期，通过对李贤等朝中重臣们的政治追求和具体实践的观察、
思考与模仿、学习，更加深和强化了他对这些政治思想的认识与领会。

　　成化初期，李贤、彭时、王翱、刘定之等人在朝中仍具有相当的影响
力，刘健的仕途也依然保持了颇为顺畅的态势。天顺八年（1464），刘健
获得参与纂修英宗实录资格，由此带来成化三年（1467）因书成而晋升翰
林修撰。但此后，这些老臣便先后凋落。成化二年（1466）底李贤卒；一
年后王翱卒；又不到两年刘定之卒于官。此时彭时虽仍在朝，但"是时帝
怠于政，大臣希得见。万安同在阁，结中贵戚畹，上下壅隔"，以至于彭
时每"上言，或留中，或下所司，多阻隔，悒悒不得志"。⑤ 且自成化五年
（1469）以后，彭时又疾病发作，屡屡在告。这种形势下，彭时在朝中已
是难有所为。这期间新入阁的其他人如陈文、商辂、万安等人，或者与刘
健之间缺乏座师门生之谊，或者在思想意识上存在较大差异。尤其是后来
万安为首辅，"纸糊三阁老，泥塑六尚书"柄政，朝政纷乱而无所建树，
刘健与其政治意识相去更远。再加上刘健个性内敛，平素简言少语又疏于
人事交游，故而与朝廷重臣的关系渐行渐远。由此影响刘健的仕途进展也
显得极为平缓，直到成化十一年（1475），刘健转迁东宫官职，得侍讲于
太子朱祐樘。到孝宗即位，他便入为阁臣，从此跻身朝廷重臣的行列。

---

①　《明宪宗实录》卷139"成化十一年三月辛未"条。

②　（明）李绍文：《皇明世说新语》卷3《雅量》。

③　《明孝宗实录》卷14"弘治元年五月庚午"条。

④　《明宪宗实录》卷70"成化五年八月辛酉"条。

⑤　（清）张廷玉等：《明史》卷176"彭时传"。

二　入阁后同官间的相对和谐与合作

所谓"同官"，在此并非泛指与刘健同朝为官并相识相交的所有官员，而是特指与刘健职权地位大体相当，职掌事务基本相同，彼此共处内阁的阁臣们。

自成化二十三年（1487）十一月刘健以礼部右侍郎兼翰林学士入阁预机务，直至正德元年（1506）十月致仕的19年间，在内阁先后任职的还有刘吉、徐溥、丘浚、李东阳、谢迁五人。其在内阁任职的时限详见表 4.1。

表 4.1　　　　　　　　　　弘治时期阁臣任职晋职简表

阁臣姓名	任职晋职简历							
	成化二十三年	弘治四年	弘治五年	弘治七年	弘治八年	弘治十一年	弘治十六年	正德元年
刘吉	（成化十一年四月入阁），十一月晋少傅、太子太师、吏部尚书、谨身殿大学士	八月晋少师、华盖殿大学士，其他兼职如故	八月致仕					
徐溥	十月以吏部左侍郎兼翰林学士入阁；十一月晋礼部尚书兼文渊阁大学士	八月晋太子太傅、户部尚书、武英殿大学士		八月加少傅兼太子太傅、吏部尚书、谨身殿大学士		二月加少师兼太子太师、华盖殿大学士。七月致仕		
刘健	十一月以礼部右侍郎兼翰林学士入阁	八月进礼部尚书、文渊阁大学士		八月晋太子太保、礼部尚书兼武英殿大学士		二月晋少傅兼太子太傅、户部尚书、谨身殿大学士	二月进少师兼太子太师、吏部尚书、华盖殿大学士	十月致仕
丘浚		八月升太子太保兼礼部尚书、文渊阁大学士；十月以原官入阁		八月升少保兼太子太保、户部尚书、武英殿大学士	二月卒于任			

续表

阁臣姓名	任职晋职简历							
	成化二十三年	弘治四年	弘治五年	弘治七年	弘治八年	弘治十一年	弘治十六年	正德元年
李东阳					以礼部右侍郎兼侍读学士入阁	二月升太子少保、礼部尚书兼文渊阁大学士	二月太子太保、户部尚书兼谨身殿大学士	(正德七年致仕)
谢迁					以少詹事兼侍读学士入阁	二月升太子少保、兵部尚书兼东阁大学士	二月升太子太保礼部尚书兼武英殿大学士	十月致仕

注：本表依据《明史》卷 109 表《宰辅年表一》编制。

由表 4.1 可见，刘吉在弘治前期的 5 年间为内阁首辅，之后致仕。徐溥与刘健同年入阁，继刘吉为首辅 6 年后致仕，二人共事达 11 年。丘浚在弘治前期在阁仅 4 年而卒。李东阳、谢迁自弘治八年（1495）入阁以后终孝宗之世与刘健一起在阁共事 10 年。这些阁臣在官职品秩升迁上虽有先后之差，地位上也有首辅、次辅之别，但在职权任事上则是基本相同的。由于都处在内阁，其相互间的交往关系更主要地表现为履行职事过程彼此协作的融洽与否。这种关系，直接影响他们各自处置政务能力与水平的发挥，从而也影响着整个朝政局面。而其相互间融洽、和谐或是矛盾、冲突关系的形成，主要源于两方面因素的影响。一方面是其所处的明代前中期政治环境与条件的影响与制约。如官场中既注重官品高下又崇尚年齿先后的等级意识，为官既忌讳官员私自交结而实际中又常有官员借此以求固位或升迁的情形，等等。另一方面更主要的则在于包括性格和思想意识倾向在内的、这些阁臣彼此间个性及其为政风格的影响。

刘吉（1427—1493），字祐之，直隶博野人，正统十三年（1448）进士。他虽然只年长刘健 6 岁，但其入仕较刘健早 12 年，其官品也较刘健高出许多，这种地位差距显然对两人间关系有着微妙的影响。从个性倾向方面来看，刘吉为人"性沉毅，喜怒不形于色，遇事能断"。[①] 在成化年间宦官擅政、朝政日非的局面下，刘吉的机敏谋断加之以追逐权势的思想意

---

① 《明孝宗实录》卷 82 "弘治六年十一月丁未"条。

识，形成其"多智数，善附会，自缘饰，锐于营私"①的为官风尚，于政务无所建树，于君德无所规正。在外朝与万安、彭华、尹直等人相比，于内廷又阴结贵戚万喜等为奥援以排陷异己、固位邀宠。孝宗即位后相继罢万安、彭华、尹直等人而独留刘吉。然刘吉，旧日作风难改，仍数兴大狱以贬谪弹劾自己的官员，以至于"台署为空，中外侧目"。②但他见孝宗仁明，新进阁臣徐溥、刘健也都正直守职，却也能见势而为，于政务上多所留心。这期间内阁以他为首所上的12篇言事奏疏（参见前文表3.1"明实录载录刘吉为首辅时期所上奏疏"）全部都属于规劝君德、议论政事之疏。这之中固然有刘吉借徐、刘二人之论建"窃美名以自盖"的情形，但也多少反映出他与徐溥、刘健等人在为政过程中基本能保持协作一致的关系。可见，刘吉追逐个人权位的意识和顾忌朝臣舆论的心理，在弘治前期朝风较为清明的形势下，在其他大多数朝臣都较为正直的环境中，也不能不适应这种环境和氛围而作某种调整。从刘健的角度来看，毕竟刘吉为先朝老臣，又是内阁首辅，自己在资历、地位上与之都具有明显差距，加上徐溥、刘健等人个性气质上都不属于盛气强势的铁腕人物，因而他们对于刘吉的一些妄为并未采取显著的对抗态度和措施。这种状况尽管对于朝政刷新不是积极因素，但对于缓和同官关系，维持相对和谐与协作还是有效的。

丘浚（1418—1495），字仲深，广东琼山人，景泰五年（1454）进士。他是五位阁臣中与刘健在内阁共事时间最短的人，但他与刘健的关系是最显抵牾的。这主要源于两人个性存在较大的对比与反差。丘浚"天资奇绝，少有重名"③，6岁即能诗，年长后更是博洽多闻，"自六经诸史、九流笺疏之书、古今词人之诗文，下至医卜老释之说，靡不深究"。④因此也常做偏颇奇特之论，"人所共贤必矫以为非，人所共否必矫以为是。能以辩博济其说，亦自恃其才。故对人语滚滚不休，人无敢难者"。⑤在当时社会意识形态还是以儒家君臣父子、上下尊亲的正统礼制思想占主导地位的背景下，丘浚的那些所谓秦桧有力于南宋之再造、范仲淹以论政而生事端、岳飞徒事无望之中原恢复等奇特之论，确实令"闻者骇愕"。⑥与丘浚

---

① （清）张廷玉等：《明史》卷168"刘吉传"。
② 同上。
③ 《明孝宗实录》卷97"弘治八年二月戊午"条。
④ （明）雷礼：《国朝列卿纪》卷11"丘浚传"。
⑤ （明）王鏊：《王文恪公笔记·丘浚》。
⑥ （清）张廷玉等：《明史》卷181"丘浚传"。

的学术风格相反，刘健的学识主要集中于性理方面，范围较窄，并且其对事对人之持论也较显正统，常常循守于理学传统之价值观念。丘浚为人颇有恃才傲物、刚愎自负、不肯稍屈于人下的特点。"言官建白不当意，辄面折之。与王恕不相得，至不交一言。"① 这种个性与徐溥那种温和谦逊型人物还容易协调，而与同样刚正坚强个性的刘健就易于产生摩擦或冲突。后来两人同在内阁，议论政事时因意见不合而发生争执，以至于丘浚曾大动肝火，投冠于地。刘健的好友郑纪曾专门为此提醒刘健："近者丘仲深入阁，南都士夫知者谓主上重其才名，不知者谓假以侵逼，杨廉、夏镳之疏，知者以谓主上广于听纳，不知者谓喜其攻击。某尝熟思之，知者之言固是，不知者之言亦未可必其全非也。"② 这段话尽管朦胧，仍可透露出刘健与丘浚之间的不相得，即某种矛盾冲突。但实际上，刘健与丘浚的矛盾与冲突除个别情形下有较为激烈的反映之外，大多数情况下还主要表现为彼此内心"不悦"的冷战状态。从两人主观倾向上看，一则双方都具有致政追求的大方向和目标，这在一定程度上减弱了彼此只计较于细节所带来的矛盾冲突的程度；二则在个性上刘健虽然刚强，却并不喜好多言，也不善于辞辩，这也影响了二人争执的持续性和深刻度。从客观条件来看也有两点影响。一是从年资来看，虽然丘浚入阁比刘健晚5年，但其入阁前官位品秩都比刘健高，且丘浚要年长刘健15岁。这就使得刘健在对待丘浚的争强好胜时多少要有所顾忌。二是丘浚在内阁任职时间并不长，实际算来还不满4年。且其时先后有刘吉、徐溥任首辅，尤其是徐溥以其温和平易之个性居协调之位。这也使得两人在利害得失影响并不显要时，即使议事意见相左，其争执也不至于发展成为争斗。可见，刘健与丘浚在私人关系上虽不亲密，但对于彼此在政治上发挥作为阁臣的政治作用并未产生太大的负面影响。

徐溥（1428—1499），字时用，南直隶宜兴县人，景泰五年（1454）中榜眼。刘健与徐溥的关系，属于比较和谐、融洽的类型。一则两人同时入阁，虽然徐溥较刘健年长5岁，官品也较刘健略高，但两人在学术风尚、个性特点以及为政特色方面则具有互补或较为一致的特点。徐溥"学问纯正，为文词必根理道、耻雕琢"，于政事则"周慎谦抑，对宾客子弟言，未尝及禁密事，故凡所以论议于上前者皆不得闻"。③ 这些风格特点与

---

① （清）张廷玉等：《明史》卷181"丘浚传"。

② （明）郑纪：《奉少师刘先生》，《东园文集》卷10。

③ （明）吴俨撰：《光禄大夫柱国少师兼太子太师吏部尚书华盖殿大学士赠特进左柱国太师谥文靖徐公溥行状》，《国朝献征录》卷14《内阁三》。

刘健以性理之学为根基、不事浮华虚饰，朝下不妄议政事的风格大致相同。两人在为人、为官中都表现得老成持重。但刘健以敢于任事、果于决断见长，徐溥则较倾向于保守与维持局面。徐溥为人宽厚平和，度量宏远，对人善于包容。这又与刘健的刚正、严谨，敢于坚持原则正好形成一种相反相成的互补关系。在徐溥继刘吉为首辅，刘健继为次辅以后，两人的这种相辅相成的协作关系，在营造内阁和谐气氛中发挥了很大的影响作用。徐溥为政虽然"既无勇功，亦无智名"，但其能以宁静、协和"培养国家元气"①，尤其是"承刘吉恣威福，报私怨之后，溥一以安靖诚信，中外威宁，海内和平。行政不必出于己，惟其是。用人不必由乎己，惟其贤"②。这种行政风范，给包括作为他同列的刘健等贤臣人才施展抱负和才干，提供了较好的环境和条件。从刘健这方面来看，一方面他更多地持有传统尊礼、致政意识，另一方面其权位也较次于徐溥，因而他对于徐溥也抱有较多的尊重。

李东阳（1447—1516），字宾之，湖广茶陵人，天顺八年（1464）进士。谢迁（1449—1531），字于乔，浙江余姚人，成化十一年（1475）状元。李东阳小刘健14岁，谢迁小刘健16岁。这两位晚进内阁的后辈官员，与刘健在弘治后期共处内阁，形成了明代内阁中少有的同恭和谐的情形。李东阳号称神童，自幼以文学闻名，为明代茶陵派文学宗师。"自明兴以来，宰臣以文章领袖缙绅者，杨士奇后，东阳而已"。他又善书法，"工篆隶书，碑版篇翰流播四裔"。③李东阳多思善谋，处事审慎而善权变，甚至有时还显得有些懦弱。这种个性却有助于其人际交往中协洽风格的养成，更兼以他的文才、雅趣，使得他在缙绅之中极有影响力。比较起来，谢迁的个性更显得坦直。由于其秉承的"学术纯正"④，又位处机要之地，和许多重臣一样也有"慎默简重"⑤的一面。但他性格中直正的一面更显突出，"秉节直亮"，"见事明敏"，善持谠论。⑥谢迁有时还充当刘、李两人异议时的调停者。《明史》说："时同在内阁者，刘健敢于任事而资迁之谋断，李东阳长于为文而资迁之典则。迁于其间，不激不随，辅成盛

①　（明）廖道南：《殿阁词林记》卷2"徐溥传"。

②　（明）《王文恪公笔记·徐溥》。

③　（清）张廷玉等：《明史》卷181"李东阳传"。

④　《明世宗实录》卷127"嘉靖十年六月辛亥"条。

⑤　（明）何乔远：《名山藏·臣林记·正德臣》卷70"谢迁传"。

⑥　参见（清）张廷玉等《明史》卷181"谢迁传"。

治。"① 谢迁门人倪宗正所撰谢迁年谱中，所述更为明确："公在内阁余十年，与刘、李二公同辅政。李公雅与公善，刘公亦敬信之。二公或微有不合，公常委曲调和于其间，俾不相矛盾。故三人共事，无少间隙。有所建明，必出于长。或有不可，并力争之，如出一口。至当任怨时，则未尝以先后为退托。故职任无旷，物论与之。"② 在刘健这方面，虽然年资、地位较高，且个性刚正，但他并非凡事苛求之人，对人也常有涵容。李东阳"以诗文引后进"，"奖成后进，推挽才彦，学士大夫出其门者，悉粲然有所成就"。③ 以至于有人认为李东阳此举已构成党与之势。但刘健了解李东阳的政治思想和意识，故对此并不以为意。对于谢迁的坦直，刘健更加欣赏。事实上，刘健与谢迁志趣更显投合，相处更为协洽。谢迁称自己"素性迂愚，言多率易。荷公优容，曾不为异"。④ 虽说是自谦，却也说明彼此间的融洽。刘健与李东阳、谢迁在内阁的关系用"同寅协恭，不为容悦"⑤来表述的确是比较适宜的。这从正德年间宦官乱政，身处逆境时刘健与谢迁、李东阳三人论疏执谏，皆共同进退就可表现出来。当刘健与谢迁同罢而李东阳独留时，东阳"愧自留，恳同罢"⑥，疏言："臣等三人，责任一同，而独留臣，将何辞以谢天下？"⑦ 刘、谢临行，李东阳饯行而伤感泣下。刘健严正责备之："何泣为？使当日力争，与我辈同去矣！"语气虽显严厉，却恰表明彼此间曾有密切关系的基础。后来当刘瑾、焦芳等人又罗织罪名，欲并逮刘健、谢迁，籍没其家，也赖李东阳力解而避奇祸。

综上所述，在弘治时期的阁臣中，除了刘吉之外，包括刘健在内的其他五位阁臣都是孝宗时期履任新职。他们在为官和致政意识上大体都本着守职持正的追求和倾向，这种志趣奠定了他们相对和谐关系的基础。《明史》在评论这几位阁臣的为政风尚时说："徐溥以宽厚著，丘浚以博综闻。观其指事陈言，恳恳焉为忧盛危明之计，可谓勤矣。刘健、谢迁正色直道，謇謇匪躬。阉竖乱政，秉义固争。志虽不就，而刚严之节始终不渝。有明贤宰辅，自三杨外，前有彭、商，后称刘、谢，庶乎以道事君者欤。李东阳以依违蒙诟，然善类赖以扶持，所全不少。大臣同国休戚，非可以

---

①　（明）凌迪知：《万姓统谱》卷 105 "谢迁传"。

②　（明）倪宗正：《文正谢公年谱》正德元年条；（明）谢迁：《归田稿》卷首。

③　（清）张廷玉等：《明史》卷 181 "刘健传"。

④　（明）谢迁：《归田稿》卷 3 《祭脢庵老先生文》。

⑤　（明）谢迁：《归田稿》卷 3 《祭西涯先生文》。

⑥　（明）尹守衡：《皇明史窃》卷 45 "李东阳传"。

⑦　（清）谷应秦：《明史纪事本末》卷 43 《刘瑾用事》。

决去为高，远蹈为洁，顾其志何如耳。"① 这段评语，不仅道出了几位阁臣以道事君、为政兴治的共同追求以及各自不同的为政风格，同时也揭示出他们在志同道合的治政中，彼此形成的和谐与协作关系。

三　入阁后与部院诸卿间的相互协作

明代自太祖朱元璋废丞相，"革中书省，归其政于六部"② 之后，吏、户、礼、兵、刑、工六部之职权得到空前提升。其与都察院、通政使司、大理寺等部门在职权上形成相对独立、平行的关系，官长合称"九卿"。在这些部、院、司、寺等机构中，六部与都察院则属于中央行政机构中分工明确、各司其职，分担各种实政的职能部门。其卿长的实际职权、地位直到仁、宣二帝时，仍为实职文官中最高的职位。六部尚书和左、右都御史都是正二品，侍郎与左、右副都御史也都是正三品官职。通政使和大理寺卿为正三品官。相形之下，内阁大学士的官品却只有正五品。但随着内阁大学士加公、孤等帝王之师的一品职衔，并兼录六部尚书、侍郎等官衔，从而使其在职权地位上不断上升。至孝宗时，阁臣"班皆列六部上"。③ 即使如此，由于阁权始终是皇权的一种辅助，只掌献替可否，而部院是真正的职能机构，与内阁也不构成从属关系，故二者实际上带有并列机构的性质。因而，内阁与部院就成为关系特殊的合作机构和部门，部院官长与阁臣间的关系，就成为关乎阁、部分工协作及其行政效果的重要环节。

明代实行两京制度，中央部、院、寺、司等机构同时在南、北两京各有一套班子。但南京部院七卿，虽"备官自孝宗始……然累世承平，履其任者，惟养其清望而已"。④ 由此，立足于内阁与部院在朝政事务中协作关系角度上来考察刘健与部院诸卿的关系时，南京部院诸卿既然"不关政本"，也就不作为此处所涉及的人物范围。

据《明史·七卿年表》《国榷·部院上》《弇山堂别集》中有关部院公卿年表的记载，刘健任职内阁时期部院七卿人选及任职的基本情况见表4.2。

---

①　（清）张廷玉等：《明史》卷181 "赞"。
②　（清）张廷玉等：《明史》卷109《宰辅年表》序。
③　（清）张廷玉等：《明史》卷72《职官志一》。
④　（清）张廷玉等：《明史》卷111《七卿年表》序。

表4.2　刘健在阁时期部院七卿任职简况（成化二十三年十一月至正德元年十月）

部院职位	姓名	任职年限
吏部尚书	王恕	成化二十三年十一月任至弘治六年闰五月致仕
	耿裕	弘治六年六月任至九年正月卒
	屠滽	弘治九年二月任至十三年五月致仕
	倪岳	弘治十三年六月任至十四年十月卒
	马文升	弘治十四年十月任至正德元年四月致仕
	焦芳	正德元年四月任至十月入阁
户部尚书	李敏	成化二十三年正月任至弘治四年正月致仕
	叶淇	弘治四年二月任至九年四月致仕
	周经	弘治九年四月任至十三年五月致仕
	侣钟	弘治十三年五月任至十七年五月致仕
	韩文	弘治十七年十一月任至正德元年十一月闲住
礼部尚书	周洪谟	成化十七年任至弘治元年十月致仕
	耿裕	弘治元年十月任至六年六月改吏部
	倪岳	弘治六年六月任至九年四月改南京吏部
	徐琼	弘治九年四月任至十三年五月致仕
	傅瀚	弘治十三年五月任至十五年二月卒
	张升	弘治十五年二月任至正德二年闰正月致仕
兵部尚书	余子俊	成化二十三年七月再任至弘治二年二月卒
	马文升	弘治二年二月任至十四年十月改吏部
	刘大夏	弘治十四年任至正德元年五月致仕
	许进	正德元年五月任至十一月致仕
刑部尚书	何乔新	弘治元年正月任至四年八月致仕
	彭昭	弘治四年九月任至五年七月致仕
	白昂	弘治五年八月任至十三年五月（九月）致仕
	闵珪	弘治十三年五月任至正德二年闰正月致仕
工部尚书	贾俊	成化二十三年六月任至弘治七年二月致
	刘璋	弘治七年二月任至九年七月致仕
	徐贯	弘治九年八月任至十三年五月致仕
	曾鉴	弘治十三年五月任至正德二年闰正月卒
都察院左、右都御史①	马文升	成化二十三年十一月任左至弘治二年二月迁兵部
	屠滽	弘治二年二月任右至四年二月因病去，六年七月回院至七年升左，九年三月迁吏部
	秦纮	弘治二年二月升右至弘治四年八月致仕
	白昂	弘治四年二月任右至八月改刑部
	闵珪	弘治九年四月任左至十三年五月迁刑部
	侣钟	弘治十一年任右，继转左，十三年五月迁户部
	戴珊	弘治十三年六月任左至十八年十二月卒
	王宗彝	弘治十三年九月任右
	史琳	弘治十五年任右
	屠勋	弘治十八年九月任右
	张敷华	正德元年正月任左至十二月罢

注：本表依据《明史·七卿年表》《国榷·部院上》《弇山堂别集》中相关内容编制。

---

① 本表所列仅限于掌本部院事者。凡以兼职出巡地方、督仓场、掌寺司事者不在此列。

由表中可看出，在这期间部院掌事之首揆任职者有近 40 人，其中许多是史家所称赞之名臣。如王恕于天顺年间即"以治行最，超迁江西右布政使"①。成化年间巡治地方时声名卓著。在云南 9 个月，"威行徼外，黔国以下咸慴息奉令"②。在此期间他"疏二十上，言皆剀切，由是直声动天下"③。任南京兵部尚书期间，"先后应诏陈言者二十一，建白者三十九，皆力阻权幸。天下倾心慕之……时为谣曰：'两京十二部，独有一王恕'"④。孝宗即位后擢之职掌吏部，他以汲引人才为职志。史称"弘治二十年间，众正盈朝，职业修理，号为极盛者，恕力也"⑤。马文升于成化时任职于都察院及兵部，于刑政、兵政多有建树。弘治时掌"兵部十三年，尽心戎务，于屯田、马政、边备、守御，数条上便宜。国家事当言者，即非职守，亦言无不尽"。后掌吏部时年已 80 岁，"遇事侃侃不少衰"⑥。刘大夏于成化间、弘治初治河道，抚地方，多有惠政。至弘治后期，"帝察知大夏方严，且练事，尤亲信。数召见决事，大夏亦随事纳忠"⑦。《明史》将王恕、马文升、刘大夏三人传记并列为一卷，显然是因为其为政事迹、声望并孚于时，故于其传尾附赞语曰："王恕砥砺风节，马文升练达政体，刘大夏笃棐自将，皆具经国之远猷，蕴畜君之正志。绸缪庶务，数进谠言，迹其居心行己，磊落光明，刚方鲠亮，有古大臣节概。历事累朝，享有眉寿，朝野属望，名重远方。"

七卿中其他人也多有政声。何乔新"有矩度，尤长于吏事"⑧。彭韶在吏部，"与尚书王恕甄人才，核功实，仕路为清"。后为刑部尚书，"莅部三年，昌言正色，秉节无私"⑨。周经为户部尚书，"时孝宗宽仁，而户部尤奸蠹所萃，挟势行私者不可胜纪。少不如意，谗毁随之。经悉按祖宗成宪，无所顾。宽通缓征，裁节冗滥。四方告灾，必覆奏蠲除。每委官监税课，入多者与下考，苛切之风为之少衰"⑩。耿裕任礼部尚书，"时公私侈靡，耗费日广。裕随事救正，因灾异条上时事及申理言官，先后陈言甚

---

① （清）张廷玉等：《明史》卷 182 "王恕传"。

② 同上。

③ 《明武宗实录》卷 37 "正德三年夏四月乙卯"条。

④ （清）张廷玉等：《明史》卷 182 "王恕传"。

⑤ 同上。

⑥ （清）张廷玉等：《明史》卷 182 "马文升传"。

⑦ （清）张廷玉等：《明史》卷 182 "刘大夏传"。

⑧ 《明孝宗实录》卷 194 "弘治十五年十二月庚申"条。

⑨ （清）张廷玉等：《明史》卷 183 "彭韶传"。

⑩ （清）张廷玉等：《明史》卷 183 "周经传"。

众，大要归于节俭"。后代王恕掌吏部，"秉铨数年，无爱憎，亦不徇毁誉，铨政称平"。① 倪岳在吏部，"严绝请托，不徇名誉，铨政称平"。② "在礼部，仪文制度多所拟定。……事当廷议，往往片言而决。天下皆仰其风采。"③ 闵珪"久为法官，议狱皆会情比律，归于仁恕"。④ 戴珊任左都御史，"廉介不苟合"。⑤ 此外，如白昂任户部左侍郎时，"治淮南北一带河道有功政"。其为人"通敏和厚，练达政体，有谋能断，善因事以成功"。⑥ 叶淇"居户部六年，直亮有执，能为国家惜财用"。⑦ 贾俊"廉慎，居工部八年，望孚朝野"⑧。

　　虽然这些部院卿长政绩因人品优劣、能力高下以及性格差别而有所不同，且上述某些记述不免有虚夸之词，但就弘治时期朝政氛围的整体情形来看，多数部院卿长在不同程度上都表现出求治致政的思想意识与追求。由同道之志而言，刘健与这些官员也大体能够形成以协作为主的相对和谐的关系。但由于任职年限及个性差异，刘健与诸卿关系的密切程度及其影响也有很大不同。按照刘健与诸卿关系的远近程度可将上述这些人分为以下几类。

　　第一类，是在弘治初期任部院卿长，年资较高，与初任阁臣的刘健在政治活动中交往较少或有前辈与后辈隔膜而显得不够密切的人，如周洪谟、余子俊、何乔新、彭韶、秦纮、王恕等。如上表所显示，这些官员在官品资历上都较刘健高出不少。王恕年长刘健 17 岁，为正统十三年（1448）进士。周洪谟年长刘健 14 岁，为正统十年（1445）进士。秦纮年长刘健 7 岁，为景泰二年（1451）进士。余子俊年长刘健 4 岁，与秦纮为同年进士。何乔新年长刘健 5 岁，为景泰五年（1454）进士。彭韶最年轻，仅长刘健 3 岁，为天顺元年（1457）进士。上述诸人在任职部院卿长之前大都有任职于地方的经历，且治政有声。孝宗即位后以其名望而召用之，但不久其或卒于任，或致仕。而在这期间，年资较浅的刘健刚刚进入内阁，且其上还有刘吉、徐溥为首、次辅。在这种情形下，刘健与这些诸卿的政治联系相对较少，即使有一些政务内容的交往，也以敬重为先。如

① （清）张廷玉等：《明史》卷 183 "耿裕传"。
② （清）张廷玉等：《明史》卷 183 "倪岳传"。
③ 《明孝宗实录》卷 180 "弘治十四年十月甲寅"条。
④ （清）张廷玉等：《明史》卷 183 "闵珪传"。
⑤ （清）张廷玉等：《明史》卷 183 "戴珊传"。
⑥ 《明孝宗实录》卷 201 "弘治十六年七月庚寅"条。
⑦ （清）张廷玉等：《明史》卷 185 "李敏传附"。
⑧ （清）张廷玉等：《明史》卷 185 "贾俊传"。

对王恕，就连与其声名相当、年龄较其小 10 岁的马文升，也是每每提到他时"不官不姓不号，但曰老天官"，表现出"谦己敬德"的风尚。① 而更注重儒家仪礼、且年资相差很远的刘健，显然只有较之更具谦恭之表现了。

从个性上言，这些人中，或者与刘健一样比较内敛，或者具有一些偏颇倾向。如周洪谟虽"博闻强记，善文词，熟国朝典故，喜谈经济"，但为官期间极好建白，"将殁，犹上安中国、定四裔十事"。② 但其为人"矜庄寡合"，"论事每执己见，鲜适于用"。③ 这种性情，亦有所偏颇。王恕"方严伟特，扬历中外四十年"④，但为人刚直而激切，虽为官功绩卓著，与大臣多有不谐与政争，甚至孝宗也对其心有不悦。当其致仕时，"听驰驿归，不赐敕，月廪、岁隶亦颇减"。⑤ 秦纮"廉介绝俗，妻孥菜羹麦饭常不饱。性刚果，勇于除害，不自顾虑，士大夫识与不识称为伟人"⑥。这却易于使人产生距离感。余子俊任事果决敢为。平日则"沉毅寡言"，颇为内敛。何乔新刚正、廉介，"与人寡合"，唯"气节友彭韶，学问友丘浚而已"。⑦ 彭韶为官"昌言正色，秉节无私"，与王恕、何乔新并称"三大老"，皆执法不挠"而为贵戚、近习所疾"。⑧ 总之，上述诸人无论从其致政意识或是性格特点上来看，大都体现出刚正严谨、秉节果决的特色。而刘健本人也同样具有独立持正，不依不违的个性。因此，当这些年资较高者在诸卿之任时，刘健既不可能引之为奥援，也不可能与之成对立。彼此各以其职任其事而已。当刘健在内阁中地位和职责增强时，这些人大都已去位。因而，从对于刘健政治活动和政治命运的影响而言，与这些人的政治交往仅止于一般性协作而并没有产生显著的影响。

第二类，是在弘治时期任职于部院诸卿的河南籍同乡。如马文升、耿裕、李敏、许进、焦芳等。李敏年长刘健 9 岁，河南襄城人，景泰五年（1454）进士。耿裕年长刘健 3 岁，河南卢氏人，与李敏为同年进士。这两人都在弘治前期几年间任职户部或礼、吏两部。马文升长刘健 7 岁，河南钧州人，景泰二年（1451）进士。终弘治时期先后掌兵部和吏部。焦芳

① 参见（明）何良俊《四友斋丛说》卷 9《史五》。
② （清）张廷玉等：《明史》卷 184 "周洪谟传"。
③ 《明孝宗实录》卷 48 "弘治四年二月戊辰"条。
④ 《明武宗实录》卷 37 "正德三年四月乙卯"条。
⑤ （清）张廷玉等：《明史》卷 182 "王恕传"。
⑥ （清）张廷玉等：《明史》卷 178 "秦纮传"。
⑦ （清）张廷玉等：《明史》卷 183 "何乔新传"。
⑧ （清）张廷玉等：《明史》卷 183 "彭韶传"。

仅小刘健 1 岁，为河南泌阳人，天顺八年（1464）进士，弘治后期任礼部、吏部侍郎，正德初为吏部尚书。许进小刘健 13 岁，河南灵宝人，成化二年（1466）进士。弘治时期长期出任地方官员，正德初迁掌兵部。

除了焦芳，上述诸人在朝为官期间大都负有政声，且为人个性坦夷。李敏"为人谨厚明达，喜怒不留于中。与人交久而称笃，故人乐亲之"。①马文升"文武兼资，思虑精深，传通故实，临事应变，无少底滞"。其为人"天性严重，寡言笑"。家居时"非大事未尝入州。语及时事，辄颦蹙不答"。② 耿裕"坦易率直，自奉俭约"。③ 许进则"以才见用，能任人，性通敏"④，其在弘治间"素悻直，敢于犯权贵，不避利害，故屡遭挫抑而名辄随之。然亦多权术，人不能测"。⑤ 总体来看，这几位同乡官员在致政意识上与刘健可谓同道中人，彼此也都在朝担任要职，因而政治交往较为密切。成化年间，李敏曾在家乡襄城县南紫云山中筑书院，后请籍入官，获赐"紫云书院"之名。刘健为之作记，甚称李敏之治学。马文升居卿长与刘健任内阁前后时间相当，二人交往更多。文升曾为刘健之祖父刘荣神道碑书丹。但就政事而言，两人都能秉持公正而不因乡故曲附。史载马文升掌兵部时，"虑武职不修"，建议增设一地方守备大员，刘健在内阁以有损于体制而力阻之。后人称许两人虽意见不同，但都忠于职守。耿裕是刘健在进入仕途后相识之同乡，二人相处情谊相厚。刘健在后来为耿裕所作墓志铭中，盛赞其豪气不群的个性及其清节俭约的品行。⑥ 许进自青年时代即与刘健相识。景泰年间刘健之父刘亮任职于陕西，刘健常往来于豫陕之间，经过灵宝，于当时包括许进在内的县学诸生讲论学术。刘健于其时曾预言诸生必当中科第，后许进等人"果联翩捷乡荐"，又中进士。二人在朝同官，彼此也皆能相助以正道。正德初刘健为首辅，与韩文等诸卿请诛刘瑾时，许进就曾提醒刘健"过激将有变"。⑦ 由此可见两人之关系。但当时刘健则从自己的判断出发，未听从其言。否则，刘健的政治生涯也可能是另一种结局。

焦芳为刘健同乡朝官中的另类，其为人狡诈多心机。初在翰林时，

---

① 《明孝宗实录》卷 48 "弘治四年二月辛未"条。

② 《明武宗实录》卷 64 "正德五年六月壬辰"条。

③ 《明孝宗实录》卷 108 "弘治九年正月戊戌"条。

④ （清）张廷玉等：《明史》卷 186 "许进传"。

⑤ 《明武宗实录》卷 66 "正德五年八月癸卯"条。

⑥ 参见（明）刘健《光禄大夫太保谥文恪耿公墓志铭》，《（弘治）河南郡志》卷 30。

⑦ （清）张廷玉等：《明史》卷 304 "刘瑾传"。

"少保李贤，其乡人也。芳出入门下，胁肩巧笑取贤好中之。而又阴遣其妻入侍，岁时伏腊均于子姓。贤乃题为侍讲"。① 焦芳又"粗陋无学识，性阴狠，动辄议讪，人咸畏避之"。② 刘健对此人既无正见，也少有往来。凡涉政事则持正而为，不为所动。弘治前期阻焦芳复翰林官职、弘治后期票旨焦芳建言"窒碍难行"。③ 焦芳尤嫉恨刘健。不仅如此，焦芳还对马文升、谢迁等影响他升迁的人都心怀嫉恨，极力姗侮。④ 正德初，焦芳附刘瑾而得势，便挟私报复，先后使马文升、刘健等致仕、夺爵。

由以上可见，刘健为官期间，在与同乡朝臣交往中，无论关系亲疏远近，皆以秉节持正为准则。道相同则相厚，道相异则相疏。依这种原则处理与同乡官员的关系，自然同道者得其正而有益于彼此政绩清明，如马文升、耿裕、李敏等人皆自有声誉；异途者因抵触致成仇隙而招祸患，如焦芳先是怨恨刘健，之后附刘瑾乱政而将其罢逐。但对于刘健之为政而言，正如弘治时期许多重臣一样，秉持着一种"大臣谋国，当身任利害，岂得远怨市恩为自全计"⑤ 的正义感，其所作所为便不可能因虑及于此而有所改变，正所谓禀性使然。

第三类，是与刘健年资相当或者稍浅，于刘健任阁臣时期为部院卿长的其他一些人。如屠滽、倪岳、周经、侣钟，韩文、贾俊、刘璋、徐贯、叶淇、徐琼、傅瀚、张升、刘大夏，白昂、闵珪、戴珊、曾鉴、王宗彝、史琳、屠勋、张敷华等人。

在这些人中，年资较刘健或长、或次，但大都相去不远。其个性及为政风尚优劣相参，在政治地位与影响方面也参差不齐。如刘大夏、韩文、闵珪、戴珊、屠勋等人都享有清誉。韩文为人"清修耿介，识量宏远。居常抑抑，至临大事，辄毅然不可屈挠"。⑥ 闵珪"敦朴质直，器度博大。扬历中外，不矫不随，盖亦一代之巨人者长也"。⑦ 戴珊"和粹洞达无城府，守法不阿而意每近厚。居官四十余年，家无余积。扬历中外，所至有声"。⑧ 刘大夏更是与王恕、马文升相齐名的一代名臣。屠勋"明法律，有

① （明）焦竑：《国朝献征录》卷14引《弇州别记》"焦芳传"。
② （清）张廷玉等：《明史》卷306"焦芳传"。
③ （明）雷礼：《国朝列卿纪》卷11"刘健传"。
④ 参见（清）张廷玉等《明史》卷306"焦芳传"。
⑤ （清）张廷玉等：《明史》卷178"余子俊传"。
⑥ 《明世宗实录》卷65"嘉靖五年六月庚辰"条。
⑦ 《明武宗实录》卷80"正德六年十月壬辰"条。
⑧ 《明武宗实录》卷8"弘治十八年十二月癸酉"条。

果断"。于刑狱审理上"情法两尽，僚友服之"。①

有些人政绩尚可但个性偏颇，甚至品行也有失检束。如倪岳虽有文武之资，善断大事，但过于苛严，以致"或言别白太过，终当召怨"。② 白昂"通敏和厚，练达政体，有谋能断，善因事以成功。所乏者骨鲠之节耳"。③周经为人"庄重，寡言笑，孝友纯至。自为小官已志用世，及为户部尚书，秉正执法。竟以不合去"。④ 屠滽"在位练达精敏，特疏于防检，屡为言官所论"。刘瑾乱政，钳制缙绅时，其"亦有所调护"。⑤ 徐贯"温厚明敏"，于政务也有实绩可记，但疏于风节。故于"晚节颇不竞"。⑥ 叶淇"亮直有操执，历官皆有能声。其在户部尤能惜财用"，但"士论多其能执而亦病其偏"。⑦ 张敷华与南京吏部尚书林瀚、佥都御史林俊、祭酒章懋，并称"南都四君子"，但性情过于刚介。连孝宗也称"敷华诚佳，但为人太峻耳"。⑧ 徐琼"为人和易敦朴，不事表襮。……然短于才，历官无甚建明"，且以椒房关系得以特擢工部尚书，为士论所不值。⑨ 傅瀚"嗜学强纪，处事周悉，有思致，虽小不苟"⑩，却也遭人诟病其有为攘内阁之位而酿成程敏政之狱。史琳"性宽厚，喜谈兵"，却执于功名而不惜滥冒饰非，为士林所诋。

其他一些人则政绩、声名都显平平。贾俊虽为人"廉慎，居工部八年，望孚朝野"，却并无彰著之绩。⑪ 张升"原悫有余。居官虽无大建白，然自守谨饬"。⑫ 曾鉴"为人谨厚勤励。居家友于兄弟。履历数十年虽无表表建立，然亦无失德也"。⑬ 王宗彝"仪干修癯，端谨重厚。所至靡不尽力。然不事表襮，故无赫赫之名"。⑭ 刘璋代贾俊任工部，名望则不及俊。

刘健与上述诸卿在以政事为基础的交往过程中，颇能体现出"君子之

① 《明武宗实录》卷142"正德十一年十月壬子"条。
② 《明孝宗实录》卷180"弘治十四年十月甲寅"条。
③ 《明孝宗实录》卷201"弘治十六年七月庚寅"条。
④ 《明武宗实录》卷61"正德五年三月乙酉"条。
⑤ 《明武宗实录》卷95"正德七年十二月戊辰"条。
⑥ 《明孝宗实录》卷193"弘治十五年十一月丁亥"条。
⑦ 《明孝宗实录》卷178"弘治十四年八月己酉"条。
⑧ （清）张廷玉等：《明史》卷186"张敷华传"。
⑨ 参见《明武宗实录》卷3"弘治十八年六月辛未"条。
⑩ 《明孝宗实录》卷184"弘治十五年二月癸亥"条。
⑪ 参见（清）张廷玉等《明史》卷180"贾俊传"。
⑫ 《明武宗实录》卷156"正德十二年十二月壬子"条。
⑬ 《明武宗实录》卷22"正德二年正月辛亥"条。
⑭ 《明武宗实录》卷153"正德十二年九月乙酉"条。

交淡若水"的特点。刘大夏晚年颇受孝宗眷顾，以致刘健、马文升等人也不得不稍让之。但大夏建言孝宗"但凡用人、行政有疑者，即召内阁并执政大臣面议停当行去"，表现出对刘健等阁臣职权的尊重；前述刘大夏掌兵部，孝宗曾令其调用万名军夫修建清宁宫，刘大夏只调用一半人。孝宗以大夏"不以朝廷大工为事率意减去人夫"令内阁拟旨切责之，刘健则以"爱惜军夫，司马职也"为刘大夏辩解。① 可见二人之相互推重。正德初刘健以首辅力举新政，时韩文掌户部，"司国计二年，力遏权幸"②，可谓阁部同心相协。在请诛刘瑾等宦侍时，二人的相与配合更为投契。事虽不成，也是共同进退。周经与刘健为同年，但二人却并未以此相互援引比附。

作为阁臣、首辅的刘健，对于部院诸卿工作大都能持正扶助。时人亦称："有明列代莫若孝宗为最贤，一时大臣，魁望硕德如刘公健、韩公文、刘公大夏、戴公珊，密勿倚眷，同心一体，亦莫若是时为最洽。"③

第三节　入阁后与其他僚属关系及其政治影响

在刘健的政治生涯中，与皇帝和朝中大臣的关系显然对其政治前途具有极大影响，尤其是在刘健仕政的前期，这种影响更为显著。然而在刘健的政治生涯中，始终都存在与一些普通官员的交往关系。这些官员的身份地位、从政资历相对于刘健略低，甚至相差很远，因而其与刘健间的关系也难以构成对刘健仕途的较大影响，但对于这些官员自身则无疑是有影响的。由此而言，它实际上对刘健的政治活动和作为还是具有一定意义的。不过，刘健与他们的交往更多的是在"物以类聚，人以群分"的基本人际关系原则下，表现出依个人喜好和志趣的主观选择。因此，与其说它更富于政治关系的色彩，倒不如说更倾向于属私人间的往来，它在刘健的日常活动中也就具有相当的地位。按照与刘健交往的不同方式，这些官员可分为刘健的同年、乡故，或属门生故吏诸类。

一　仕宦中的同年关系及其政治影响

与刘健同年关系的官员，主要有两种类型。一种是景泰四年（1453）

---

① 参见（明）雷礼《国朝列卿纪》卷48"刘大夏传"。
② （清）张廷玉等：《明史》卷186"韩文传"。
③ （清）全祖望：《鲒埼亭集》卷30《明孝宗御笔记》。

河南乡试中同登榜为举人的人员。据记当时共有 105 人中举。① 其中洛阳人有 11 名。② 在这些人中，除了少数后来参加会试登进士之外，其他大部分人除授官职多为县级九品以下。除非有特殊的关系，否则这些人极少与身为朝廷要职的刘健有政治上的往来。故在此省略不论。

刘健同年关系的另一种类型是于天顺四年（1460）同登进士的官员。史载当年二月会试，于 3000 多举子中取中陈选等 156 人。三月殿试后取一甲为王一夔、李永通、郑环，三人分别授翰林修撰和编修之职。另于第二、三甲中又选出"刘健、张旼、李温、张谨、杨德、张颐、周经、王范、蔡霖、张溥、杨瑛、郑纪、童璲、汪谐、张元祯"③ 15 人为庶吉士，这 18 人在翰林院中共同度过两年多的读书和学习时光。两年后庶吉士散馆时，只有 13 人授职："刘健、汪谐、张元祯俱为本院编修，郑纪、张颐、周经俱为检讨，张谨、李温俱为礼部主事，张旼为户部主事，王范为刑部主事，杨德为大理寺左寺副，张溥、蔡霖俱为评事"。④ 杨瑛在前一年曹钦之乱中受伤已殁。⑤ 童璲自为庶吉士以后之事迹，史无记载。在翰林院中学习的 18 人之外，其余 130 多名进士起初按朝廷旨意全部回乡依亲读书，后来也陆续除授中级或以下的官职。综合起来看，此榜进士中也有不少名臣，如"陈选、张元祯、张悦、刘健、周经、黄孔昭"⑥等皆为史籍所明言之名臣。明人所撰《皇明贡举考》中，对这些名臣进行了分类记述，称此科"张元祯、陈选俱为理学名臣。黄孔昭、刘健、张悦、周经俱为名臣。潘礼有名"。⑦ 由这种记述中可见，所谓名臣者并不局限于一甲或庶吉士之中。

应当说，与刘健同年登进士的这些人，尤其是后来获得中级以上官职者都有较多的机会与身为大臣的刘健进行往来。但事实上，或因为任职领域不同而牵扯事务较少；或是性情、志趣有别而显得关系平淡，从总的态势上看，就其与刘健交往深浅程度可将这些同年进士分为如下三类。

第一类，是仕途经历较短，因而与刘健交往及其政治影响较少的一些人。第一甲的三人即是如此。王一夔（1425—1487），江西南昌新建人，

① 参见《（雍正）河南通志》卷 46《选举三》。
② 参见《（乾隆）河南府志》卷 32《选举三》。
③《明英宗实录》卷 313 "天顺四年三月丙戌"条。
④《明英宗实录》卷 344 "天顺六年九月庚子"条。
⑤ 参见《明英宗实录》卷 330 "天顺五年七月壬戌"条。
⑥（明）陈建：《皇明从信录》卷 21 "庚辰天顺四年三月廷试"条。
⑦（明）张朝瑞：《皇明贡举考》卷 4《庚辰天顺四年会试》。

本姓谢，为东晋名臣谢安之后。祖父时因避仇家而改姓王，王一夔登科入仕后奏请朝廷获允复姓。一夔中状元后即授修撰。成化中应诏陈五事："请正宫闱，亲大臣，开言路，慎刑狱，戒妄费。语极剀挚，被旨切责"。①后官至工部尚书，成化末以疾卒于任。"明实录"言其"为人和易平实。与人交久而益亲，尤笃于友义"。但也有人言其因夤缘佞臣李孜省骤得尚书之职。② 李永通（1424—1479），四川长宁人。中榜眼后即授翰林编修。成化间曾任内书馆教习达 10 年之久，成化十五年（1479）十月，升翰林侍讲学士，不久因病去世。其为人"醇谨谦厚，世之钩钜、机械之巧，略不萌于心；与人处无小大贵贱，鞠鞠然礼度不少爽；人侮之亦不与计较；闻人语涉非义，及攻讦人之阴私，辄掩耳避去，从不言人是非"。③ 郑环（1422—1482），字瑶夫，号栗庵，浙江仁和人。中探花后也授翰林编修。成化中转升南京太常寺少卿。三年后回京述职时病死于路中。郑环性方介自守，廉洁正直，有特立独行之操，但与人多不能相合。

其他同年进士中，也有较早物故或退出仕途者。陈选（1427—1485），字士贤，临海人。登进士后授江西巡按御史，又督学南畿，历任河南按察使、广东布政使，为政有声。成化二十一年（1485），因遭监管市舶司宦官韦眷诬陷而被逮，行至南昌，发病而卒。④ 王徽（1428—1510），字尚文，应天府上元（江苏省南京市）人。登进士后授南京刑科给事中。成化初因劾宦官牛玉并及大学士李贤，被罪以"妄言邀誉"而贬贵州普安州判官。居任 7 年即弃官归乡。弘治初，因吏部尚书王恕之荐而起为陕西左参议，也仅一年病归而卒。王徽为人清正，曾论时政士风之弊说："今仕者以刚方为刻，怠缓为宽。学者以持正为滞，恬软为通。为文以典雅为肤浅，怪异为古健。"⑤ 为此颇不重功名仕途。

上述诸人在成化前期相当长的一个时期曾与刘健同朝为官，如李永通、郑环曾与刘健同时任职翰林，官品职衔也相当，一同预修《英宗实录》《续资治通鉴纲目》等。但其时彼此职位都不高，即使私人交往较多，也难于涉及朝廷上层政治。且由于各自个性不同，与刘健私交或多或少，却都未达亲密。刘健政治生涯的主要事迹是在孝宗和武宗朝，而上述诸人在成化后期相继离开政坛。因此从对刘健政治生涯的影响角度言，这些仕

---

① （清）张廷玉等：《明史》卷 165 "王得仁传"。
② 参见《明宪宗实录》卷 290 "成化二十三年五月戊午"条。
③ 王鸿鹏：《中国历代榜眼》，解放军出版社 2004 年版，第 160 页。
④ 参见（清）张廷玉等《明史》卷 161 "陈选传"。
⑤ （清）张廷玉等：《明史》卷 180 "王徽传"。

途经历较为短暂的同年官员与刘健的交往关系并未产生明显影响。

　　第二类，是在仕途上与刘健有较长时期的同官经历，交往或多或少但都属于普通关系，因而对刘健为政的影响程度各有不同的同年进士。

　　曾与刘健一起学习的那些庶吉士中，相当一部分人如张颐、张谨、张赈、王范、杨德、张溥、蔡霖等人与刘健的交往关系较为稀少。这一方面源于各自的个性倾向，如刘健本人就是被人认为是"木强"的"寡交流"之人。另一方面，这些人后来的官职品级与刘健差距较大，且其在政事中的直接联系也很少，许多人后来还乡离京。在同年进士第四次聚会时，原翰林院中 18 人留存两京者仅有 4 人。① 周经、汪谐就是从天顺年间直至弘治、正德时期与刘健同为朝官者，而且其官品经历相去不远，因而关系也较为密切。

　　汪谐（1431—1499），字伯谐，浙江仁和人。于成化时期与刘健一同任编修、修撰、右谕德等职。刘健为左庶子时，他为右庶子。直到成化后期刘健任少詹事后，两人的地位差距才逐渐拉开。孝宗即位，刘健以礼部右侍郎兼翰林学士入阁，汪谐也升任少詹事。汪谐自幼身体不好，长期受疾病困扰，为政也多受影响。② 汪谐"仪度整洁，深中简言笑，虑事周悉，晚益慎密"。③ 其个性与刘健较为和谐相近，但在刘健后来政治生涯的高峰期，汪谐却已退出政坛。弘治四年（1491），在他升任礼部右侍郎兼学士不久即养病归乡。周经与刘健的关系在上面论及部院诸卿时已有所涉及。他是与刘健政治生涯伴行时间较长的同年之一。早年为庶吉士时，他就"与刘健、张元桢并为李贤、彭时所重"。④ 成化年间，他历任侍读、中允，与刘健同为东宫官职。弘治二年（1489）升礼部右侍郎，7 年后转迁户部尚书。时刘健在内阁，二人在政事上的往来配合颇多。如清理屯田、仓储、盐政等，都曾是二人共同的追求和努力。弘治十三年（1500），周经以灾变陈乞致仕。

　　庶吉士之外的其他同年进士，在授职后大都任职于地方，或治政有声，或隐没无闻，与刘健的直接交往也较少见。其中，张悦、黄孔昭等曾为朝官，与刘健有程度不同的交往。黄孔昭（1428—1491），初名曜，后以字行，改字世显。黄岩人。中进士后授户部屯田主事，成化间历任户部

---

① 参见（明）张元桢《与同年诸公书》，《东白张先生文集》卷 21。
② 参见（明）李东阳《明故嘉议大夫礼部右侍郎兼翰林院学士赠礼部尚书汪公墓志铭》，《怀麓堂集》卷 84。
③ 《明孝宗实录》卷 156 "弘治十二年十一月己未"条。
④ （清）汤斌：《拟明史稿》卷 16 "汪谐传"。

文选郎中、右通政、南京工部右侍郎。弘治四年（1491）卒于官。"孔昭嗜学敦行"，与陈选、谢铎等人好论道学。但其为人、为政有"矫厉绝俗，物不能干"①的倾向，因而也颇引人讥议。其个性与刘健不易相谐，彼此也少有关系。张悦（1426—1502），字时敏，松江华亭县（今上海市松江县）人。初授刑部主事。成化年间，出任江西、浙江、四川、湖广等地方。明孝宗继位后，先后任工部、吏部侍郎。后改任南京右都御史、吏部尚书、兵部尚书等职。弘治九年（1496），引年致仕。"悦学问该博，操行清谨"。虽个性与刘健不无相应，但政事领域相涉不多。彼此仅为普通交往关系，影响不大。潘礼（1425—1508），字嘉会，归德卫人。中进士后授给事中。历任通政司参议、右通政、南京太仆寺卿、工部左侍郎。曾督管易州山厂，"有赢利，礼一无所取，由是以廉洁知名"。②弘治初期，屡疏乞休。弘治五年（1492）许其致仕归养。潘礼为官清廉，无所积资，归田后，"贫甚。盗夜掠之。有粟数升，一敝裘耳。盗惊叹。叩头曰：'使在官皆若公，吾辈安能乱'"。③以这种清介之节，很难设想其为官之时为私意而于同年中营谋。兼以其个性"简交际"，仕政主要在成化时期，其时刘健在朝职权不高，因而两人间也少有实际的照应。正德初刘健为首相，以河南巡抚韩邦问之请，以朝廷旨意给"草庐蔬食，不事干请，年过八十"④的潘礼每月食米三石，以示优老养廉之意。

　　第三类，是同年进士中与刘健志趣投合，关系密切的人。主要有张元祯、祁顺、郑纪等人，彼此为"莫逆交"。⑤

　　张元祯（1437—1506），字廷祥，南昌人。5岁能诗，宁靖王召见，命名元征。巡抚韩雍器重之，称其"人瑞也"，乃改名元祯。登第后与刘健同为庶吉士，并同为大学士李贤所重。成化初曾上疏建言"勤学、听政、用贤、厚俗四事"。但预修英宗实录时与当政者意见不合，遂引疾家居，讲求性命之学20多年。弘治初修宪宗实录，经刘健举荐，再起为官，升左春坊左赞善。到任后曾上万言疏劝帝"定圣志、一圣学、广圣智"⑥，不久以养母归乡。弘治中期修《大明会典》，又以刘健之荐召为副总裁，升翰林学士，充经筵日讲官。数月即又以母忧去。修《通鉴纂要》时复召

① （清）张廷玉等：《明史》卷158"黄孔昭传"。
② 《明武宗实录》卷44"正德三年十一月戊申"条。
③ （明）李绍文：《皇明世说新语》卷1《德行》。
④ 《明武宗实录》卷9"正德元年正月戊戌"条。
⑤ 参见（明）陆应阳《广舆记》卷18"郑纪传"。
⑥ （清）张廷玉等：《明史》卷184"张元祯传"。

为副总裁，以南京太常卿兼翰林学士，改掌詹事府。武宗即位，擢吏部左侍郎兼学士入东阁，掌诰敕。张元祯学问渊博，为文雅健奇崛，与一些著名学者"若胡居仁、陈献章、娄谅、罗伦、陈选辈"相与讲论程朱理学，"人皆以道学日（目）之"。① 其为经筵讲官，颇有所见。孝宗言"天生斯人，以开朕也"。② 因元祯体清瘦，身高不及中人，孝宗特命为其设低几侍讲。后颇倾向用之。但元祯"家食既久，晚乃复出，与同朝者多后进之士，言论意态与时不入，自智巧儇，薄者视之类以为迂。况名位相轧，皆恐其出己上"③，于是言官交章论劾。赖刘健在朝极力保持其地位。正德初健去位，元祯也卒于任。

郑纪（1432—1508），字廷纲，号东园，福建仙游人。与刘健同登进士，为庶吉士。初授翰林检讨，不久以移疾而归。居乡时"仿浦江《郑氏家范》，阖门聚食，种树治生。岁给谷以赒孝子之贫，率乡人修复诸处桥梁，请于官兴筑本处城垣。往时县官科率无艺，纪为立定规。裁省冗费，邑人赖之"。刘健称"郑廷纲有经济之才"。④ 成化末复起任浙江提学副使。弘治初召为国子祭酒，历南京左通政、南京太常寺卿、南京户部侍郎。弘治十七年（1504）以户部尚书致仕。郑纪为政多有治绩，督学时教规甚严，在户部尤多建明，"皆关钱谷大计"。⑤ 如"奏革京储、冗食、盐钞、揽纳之弊，皆有惠利及人"。但郑纪也因家居久而复出，为人处世特立不群，"同僚以纪形其短衔之。纪以前辈自处，遇科道官不能折节为礼"。⑥ 于是言官屡屡论劾，前后达10多篇疏论。郑纪亦屡疏乞休。"然纪之才略实有过人者。大学士刘健以同年故知之最深，故浮言卒不能撼，而上亦任之不疑也"。⑦ 对于刘健的护持，郑纪曾在书简中一方面感佩知己之所为，另一方面也强调自己求归乞休的真实想法。他说"昔中行氏以众人待豫让，让以众人报之；智伯以国士待豫让，让以国士报之。……不才负谤，赖执事极口过誉，代泄不平之气。所谓士屈于不知己而信于知己者，是文康，某之中行；执事，某之智伯也"。⑧ 在另一封书中他还称"生疏远菲才，曾无寸补，岂忍甘负国恩若是之恝耶？第天之所生，人之所禀，各

① 《明武宗实录》卷20"正德元年十二月甲戌"条。
② （清）张廷玉等：《明史》卷184"张元祯传"。
③ 《明武宗实录》卷20"正德元年十二月甲戌"条。
④ （明）陆应阳：《广舆记》卷十八"郑纪传"。
⑤ 《明武宗实录》卷44"正德三年十一月癸卯"条。
⑥ （明）雷礼：《国朝列卿纪》卷34"郑纪传"。
⑦ 《明武宗实录》卷44"正德三年十一月癸卯"条。
⑧ （明）郑纪：《奉少师刘先生》，《东园文集》卷10。

有定分，不能皆齐。今必欲强而齐之，非徒无所容其力，亦非知命之君子也"。① 显然，在经历长期乡居后，郑纪深感自身在官场朝臣中的不适应状态，因而以人"不能相知"作为退隐的理由。刘健对郑纪有很高的评价，说他"志向之高，识见之敏，治事之精明，问学之粹雅，在朝之士或有能及其一二者，求其乃心忠爱于国家大计，未尝一日少忘。孰有如吾廷纲者哉！然位不竟才，恳切求去，至委印束装以待命，则其高风峻节过人又远矣"。② 其实不止刘健，其他同年如谢一夔、周经、张元祯，以及倪岳、马文升等官员对郑纪的学识、人品、气节也都有盛赞。

祁顺（1434—1497），字致和，号巽川，广东东莞人。天顺四年（1460）三月殿试时，祁顺"廷对当为第一，以其姓名近御讳，于传胪弗便也，乃抑置二甲第二"。③ 起初官授兵部主事。成化中曾获赐一品服出使朝鲜。至其国，摒斥一切馈赠，"三韩君臣相顾骇异，为筑却金亭，刻《使东稿》二册以献"。④ 后曾任江西左参政、贵州石阡知府。弘治中历任山西右参政及福建、江西布政使。祁顺生平为人清介廉正，学问深邃。其为政"心无一私，人亦不敢干以私用。公帑如己物，一毫不妄费"。⑤ 在江西曾捐俸修葺庐山白鹿书院。王恕掌吏部时有疏引荐。丘浚、刘健皆为祁顺知己，二人也屡有引荐。祁顺久任地方，却政声大著，弘治十年（1497）十一月卒于任。

由以上刘健与同年进士在从政时期的交往关系来看，一方面刘健自身少有攀附地位、资历较自身高者如谢一夔、李永通等，另一方面也极少与其他同年交接附势。至于他对张元祯、郑纪、祁顺的某种维护，一则是出于交往密切而对其才能学识及人品知之较深，再则作为大臣他负有荐用才德之士为国效力之责。如张元祯所言"经济，本吾人事"，即是其相互间激勉之语。正是念及刘健以此"深致勿忘许国许友之谕"，也考虑到"非先生（刘健）当轴，祯也不敢冒昧苟出"，张无祯才有再次复出为官之举。⑥ 以这几位官员的才德，不仅是得到刘健的关照，而且许多其他重臣如王恕、马文升、徐溥、李东阳等人也都对其另眼相看。在他们的文集中与这些重臣的书信往来甚至比与刘健往来的还多。张元祯、汪谐等人的墓

---

① （明）郑纪：《简刘希贤》，《东园文集》卷10。
② （明）刘健：《少师刘健送致仕序》，《东园文集》附录《名公叙述》。
③ （明）陈建：《皇明从信录》卷21"庚辰天顺四年三月廷试"。
④ （明）黄佐：《广州人物传》卷16"祁顺传"。
⑤ 同上。
⑥ 参见（明）张元祯《奉晦庵刘先生书》，《东白张先生文集》卷21。

志或碑文也多出于李东阳之手笔。可见，刘健在处理同年关系时，与其处理乡故关系一样具有持正不阿的特色。这也是其简言、寡交流的个性风格的体现。

二　仕宦中的乡故关系及其政治影响

前面我们已经提及，在今天所看到的明人所撰史书，如雷礼《国朝列卿纪》、焦竑《熙朝名臣实录》中都引录有明人王琼《双溪杂记》中有关刘健对待同乡官员的一段话："刘健在内阁时，河南有马文升、许进、刘宇、焦芳、李镋、何景明。文升在兵部每以军职官不堪委任，欲添设兵备按察司官监之，健票旨不准；许进为户部侍郎，同平江伯陈锐统师出宣、大御房，畏怯无功，罢进职，致仕；焦芳为吏部侍郎，建言御房四事。健票旨云'这本所言，窒碍难行'；李镋为鸿胪寺卿年已深矣，止转太仆少卿；何景明年少，而文人谓必选入翰林。健曰：'此子福薄，能诗何用？'除景明中书舍人，至提学副使，不寿卒。然则居内阁而不徇故旧者仅健一人耳。"① 实际上，刘健任职内阁时，在朝的河南官员还很多。除了前文所论述的部院诸卿如马文升、耿裕、李敏、许进、焦芳等人之外，还有一些在朝的普通官员，较有名声的如李镋、翟瑄、刘宇、何景明，以及太监李荣等，他们都在刘健任朝廷要职期间与其有一定交往关系。

李镋（1446—1528），字时器，号鹤山，河南汤阴人，成化八年（1472）进士，历任户部及工部主事、郎中等职。成化末升鸿胪寺右少卿。弘治中期改任南京太仆寺少卿、光禄寺少卿，后迁工部侍郎。正德三年（1508），忤刘瑾致仕。刘瑾伏诛后又起为工部尚书，正德末以老乞归。从李镋的仕宦经历来看，其从鸿胪寺少卿至光禄寺少卿间隔10年。实际上这种任职久滞的情形在明代官员中极其普遍而被视作常态。刘健自己也经历过此种情形。当然，如果其时已任阁臣的刘健与李镋关系密切而对其有特别关照的话，李镋的转迁就会快得多。无怪乎《双溪杂记》认为刘健对李镋没有徇乡故之私情。问题在于，刘健的作为，皆秉于"持正"之意识。史称李镋"在位四十年虽屡经言官论劾，上以其历事三朝，筹边饬工并效功绩，故加优恤"。② 可见其政声并不突出。况且他的政绩主要还是在弘治末期所为，这也从另种侧面说明刘健与李镋的关系确实并不密切，否则的话就不会因发现不了李镋的治能而使其在弘治中期以前久滞于少卿之

---

① （明）焦竑：《熙朝名臣实录》卷11"刘健传"。
② 《明世宗实录》卷94"嘉靖七年闰十月庚寅"条。

职了。

何景明（1483—1521），字仲默，号白坡，又号大复山人，河南信阳人。弘治十五年（1502）进士，两年后授中书舍人。弘治十八年（1505）奉使赴云南，一年后回京时朝事已变，刘瑾擅权乱政，景明谢病归乡。刘瑾伏诛后官复原职，直制敕房。后历吏部员外郎至陕西提学副使，在任3年引疾归，卒年39岁。景明负有才华，享有文名。其8岁能为诗、文，15岁中乡试，时"宗藩贵人争遣人负视，所至聚观若堵"。① 在国子监学习时声名鹊起，临归，祭酒林瀚特赋诗相赠。后景明与李梦阳、康海、王九思、边贡、徐祯卿、王廷相倡导文学复古，成明代文坛"前七子"。其中"梦阳尤雄骏，景明后出，遂与颉颃"。何、李并称于时，初二人"相得甚欢，名成之后，互相诋诮。梦阳主摹仿，景明则主创造，各树坚垒不相下，两人交游亦遂分左右袒"。但景明为人也确"志操耿介，尚节义，鄙荣利，与梦阳并有国士风"。②

对于这样一位同乡后辈英才，当其初出茅庐，得中进士之时，刘健正位居首辅。时人称景明必入翰林无疑，刘健却以"此子福薄"为辞而不取，由此招人讥议。实际上，刘健所为自有其秉持。且不言他以"雅恶浮文士"③ 而有名，即使何景明人品、文才足可称道，但其一向体弱多病，就不称以"仪度"充作大臣储备的翰林官。此外还有资料显示，刘健颇重视易卦之学。当年正是用周公易卦占出他不赴外任而为京职的仕途。④ 致仕家居时，他还常常研究《参同契》之类的书籍。⑤ 刘健是否以此获知何景明后来之"不寿"已不得而知，但确有人称赞他"有知人之鉴"。景明"自中书舍人至副使而卒，人服健之议"。⑥ 从客观上讲，即使刘健在当时荐用何景明入翰林，以他不足40岁的寿命，恐后来也难任要职。从人的生理发展阶段来看，50岁左右，是人的精力与智力两条主线相交的最佳时期。这时不仅学术造诣，更重要的是历事经验和能力都是最丰富，且精力尚足之时。所以，明代入阁的年龄大都在50岁以上，刘健入阁时已年54岁。由此可见，刘健对景明起初未能重用，对景明个人也许的确有些功名

---

① （清）张廷玉等：《明史》卷286"何景明传"。

② 同上。

③ （明）万斯同：《明史》卷388"何景明传"。

④ 参见（明）刘龙《特进光禄大夫左柱国少师兼太子太师吏部尚书华盖殿大学士致仕晦庵刘文靖公行状》，《紫岩文集》卷41。

⑤ 参见（明）陆深《俨山外集》卷6《知命录》。

⑥ （清）傅维麟：《明书》卷126《刘健谢迁传》。

上的小损，但在朝廷用人之道上，却是适宜的。

刘宇（？—1512），字志大，河南钧州人，成化八年（1472）进士。授上海知县，后迁职多为地方府县官。弘治初起为瑞州知府，历广东、山西、山东按察使，"所至多刚愎自用，亦能有声"。① 成化十三年（1477）以刘健之荐升右佥都御史巡抚大同。弘治末以吏部尚书马文升之荐总督宣大军务。正德初，刘瑾擅政，刘宇与焦芳等阿附于瑾，得升都御史及兵部、吏部尚书。刘瑾用张彩为吏部尚书，而升刘宇为大学士，使入阁。仅三日即讽之归省、致仕。对于刘宇的为官为人，人们多持贬议。或言其"粗厉无才猷，徒以躯干魁梧致显位……举用将领，赃贿狼藉"。② 也有人言其"有智术，善炫风迹、猎声称"，对早年任职地方"俱匿情市交而人不知其险诈"。③ 但也有说他为政"初实著名"。如成化中任上海知县时，"治灼然，邑号神君"。④ 即使其晚年党附阉宦也是"流毒善良不及焦芳，偃然黄扉不及曹元"⑤，为恶非不赦。

正因为刘宇为人善于见风使舵，又与刘瑾、焦芳朋比为祸，对于刘健曾举荐他升迁，人们也多有讥议。孝宗在召见刘大夏时就曾言："大学士刘健尝荐刘宇才堪大用，以朕观之，此小人也。岂可用哉？"⑥ 有人讥讽的言辞更激切："彼荐之者，宁不愧死耶？"⑦ 实事求是地说，以刘健的一贯言行看，其之荐刘宇，绝非出于乡故私情，而确如有些论者所曰察人之不明所致，这大概也是刘健从政生涯里少有的败笔之一。实际上，连孝宗自己也并不尽知刘宇的为人操行。弘治十七年（1504）七月一次召见阁臣议政时，孝宗还对刘健说："刘宇在大同尽用心。近人虑及潮河川难守，欲行令凿品字窖及以所制铁子炮送与备用，亦是为国，可量与恩典，以励人心。"⑧ 由此可以推断：孝宗召刘大夏明言刘健荐人之过，其实也只是后来才对刘宇有所了解，可见善于知人并非易事。正如明人黄景昉所言，"人未易知。余观名辈中屡有犯是者。杨文贞失之洪玙，于忠肃失之王伟，叶文庄失之吴祯，刘忠宣失之王纶，杨文襄失之张彩。非惟君子易欺，亦缘

---

① 《明武宗实录》卷 87 "正德七年五月癸酉"条。
② 《明武宗实录》卷 51 "正德四年六月戊子"条。
③ （明）雷礼：《国朝列卿纪》卷 12 "刘宇传"。
④ （明）黄景昉：《国史唯疑》卷 4。
⑤ 《明武宗实录》卷 51 "正德四年六月戊子"条。
⑥ （明）雷礼：《国朝列卿纪》卷 12 "刘宇传"。
⑦ （明）陈洪谟：《治世余闻》上篇卷 3。
⑧ 《明孝宗实录》卷 214 "弘治十七年七月癸卯"条。

小人多中指，难缕屈。宇故文靖乡人，或乡誉爽谬以其名闻耳"。①

　　李荣（1429—1512），字茂春。据说为唐代名臣李靖之后。唐末以后兵祸相连，其祖上避乱移居洛阳，遂为洛阳人。其家世居洛阳之西侯里，与刘健祖居之东侯里相邻。李荣自正统十年（1445）净身赴京，景泰初选入内府。成化间以"勤劳益着，进升太监"。② 继入司礼监，得赐蟒衣一袭，许乘马禁中，后外守南京。弘治改元，复召入司礼监，预典机务。武宗即位，李荣以曾侍读于东宫而进掌监事。当刘瑾等"八虎"引武宗逸游荒政，刘健率文臣请诛刘瑾等而事败谢政，朝政纷乱中，李荣却能暂得保有职位。李荣为人谨慎，不为矫激，处事缜密。史载其以"监缘老成，多所裨补。数十余年，累蒙宠赐"。③ 但其为人也自有禀正的一面，刘瑾乱政，为祸缙绅之时，李荣也时表同情。如正德三年（1508）六月，刘瑾矫旨令百官跪奉天门下，"时暑甚，僵偃十数人"，李荣乘间给百官冰瓜以解其暑热。④ 李荣因此被刘瑾矫旨闲住，但不久得复入司礼监。

　　由以上情形可以看出，在河南籍朝臣中，李荣与刘健的关系也颇具典型意义。他与刘健不仅是同乡、同里，且职权地位也极相当。在他入值司礼监时期，也正是刘健在阁之际。况且，刘健与李荣家人保有某种联系。他曾对李荣从弟李祥多有称颂。有着这种交往渊源与背景，如果二人在朝相互交接、彼此关照，或者如刘健与焦芳那样对立，则必能对刘健政治生涯产生极大的影响。但事实上，二人都不曾涉及交接。这首先源于其不同的追求，刘健以致政求治为职志，李荣则多以明哲保身处其位。其次则由于两人都属于慎于交际之人。由此便可理解两人处在那样一种势位，却彼此显出一种淡然的关系。

　　论及乡故，还有一位很值得注意的官员即李梦阳。李梦阳（1472—1529），字献吉，陕西庆阳（今属甘肃）人。其父李正曾为周府教授，因家开封，故李梦阳也算是刘健的半个乡故。李梦阳于弘治六年（1493）登进士后，因丁父母忧直至5年后授户部主事。出监三关盐课，用法严，"格势要，构下狱，得释"。⑤ 弘治十八年（1505）三月应诏上言，"陈二病、三害、六渐，凡五千余言，极论得失"。疏中劾"寿宁侯张鹤龄招纳

---

① （明）黄景昉：《国史唯疑》卷4。
② 《（弘治）河南郡志》卷14《人物》。
③ 同上。
④ 参见（清）谷应泰《明史纪事本末》卷43《刘瑾用事》。
⑤ （清）张廷玉等：《明史》卷286"李梦阳传"。

无赖，罔利贼民，势如翼虎"。① 张鹤龄奏辩，摘疏中"陛下厚张氏"语，诬梦阳讪母后，罪当斩。孝宗不得已，下梦阳于锦衣狱。一日孝宗召阁臣议事完毕后问及李梦阳之疏，"刘健辄对曰：'此狂妄小人耳。'上默然良久。谢迁前对曰：'其心无非为国。'上颔之曰'然'"。② 后来梦阳仅被罚俸3个月而宥出复官。对于此次李梦阳下狱过程中刘健的表现，史书中有诸多不同的记载。王世贞在《史乘考误》中引述了两种：一是李梦阳《秘录》中所记，如上述之刘健言其"狂妄"；另一种为《韩苑洛杂志》所记，称刘健在奉召议事毕"从容请其故"，并解释梦阳所谓"张氏指鹤龄，非谓皇后也"。③ 孝宗闻听后渐释其怒而复李梦阳之官。显然这些不同的记载，或是出于己意揣测刘健的意图，或直接指责刘健因轻诗文之士而不救梦阳。无论其偏颇与否，但刘健申救不力确是事实。

实际上，刘健的确比较轻视诗文之技，对于以诗文长才的名士也不以为然。李梦阳、何景明等人"才思雄骜"，却"皆卑视一世，而梦阳尤甚"。④ 其为人跅弛负气，常为矫激。就在他劾寿宁侯被宥出后数日，"梦阳途遇寿宁侯，詈之，击以马棰，堕二齿，寿宁侯不敢校也"。⑤他后来在正德年间为江西提学副使时，也因与总督、巡按御史、布政使、参政等官交恶，以"陵轹同列，挟制上官"⑥ 而被劾遭谪。他一生四次入狱、贬官，皆因其个性刚介耿直、狂狷使气，不懂得在封建时代的官场中以"礼"求生存之道。所以，刘健称其为"狂生"也非枉曲。但是，从刘健的角度而言，其过于注重封建官场之礼度，对于官场人物，尤其是同乡晚辈都以这种礼度为标准来衡量人物，自然不可能对李梦阳有所偏重，以至于李梦阳疏劾寿宁侯之事确实存以"为国之心"，他也似乎感觉不到其可贵。诚如人言："究其一点，不及其余。"此不能不为刘健识人之一过。所以，黄景昉言："李献吉、何大复并其里子，工诗文，终不见录，至有李、杜仅一酒徒之说，虽云老成朴重，厌薄浮华，抑其容物之度有未弘与？"⑦ 此言也不无道理。

综上所述，从刘健与河南籍官员的交往关系，可以再次看出刘健为政

① （清）张廷玉等：《明史》卷286"李梦阳传"。
② （明）李梦阳：《空同集》卷34《秘录》。
③ （明）李绍文：《皇明世说新语》卷1《言语上》。
④ （清）张廷玉等：《明史》卷286"李梦阳传"。
⑤ 同上。
⑥ 同上。
⑦ （明）黄景昉：《国史唯疑》卷4。

中无党无偏，恪守制度规则的特色。不仅如此，从中还可明显反映出这种为政风尚有所带来的时而僵化、呆板之嫌。

三　仕宦中与其他僚属故吏和门生的关系及其政治影响

在刘健为政期间的人际关系中，还涉及有不少在年资、地位上更晚的官员。这些人或曾为刘健属僚，或为门生，或为故吏。虽然在朝中权位不甚凸显，其与刘健的交往关系也不一定十分密切，但其政治活动中的一些表现与刘健却有一种牵扯不断的联系。

（一）仕宦后期与其他僚属的关系及其政治影响

在刘健从政前期，确切地说在弘治中期以前，由于他本人的年资、地位还没有达到首魁的地步，在他周围还有众多声名、地位更高或与他相当的官员。因而其政治活动中，具有影响的人际关系范围主要在于前辈或同辈中。自弘治中期刘健为首辅之后，他政治活动的人际关系中，年资、地位较次官员对其政治上的影响和作用并始显现。这些对刘健政治上产生影响的官员为数不少，从其所产生影响的不同性质而言，主要有如下两种情形。

第一种是一些年资较刘健稍晚，在朝廷官位较高的一些重要僚属，如林瀚、章懋、林俊、王鏊、刘忠等人。他们在朝廷政治事务和活动中，以自己的言行表现从不同程度上反映出对刘健政治上的肯定与支持。

林瀚（1434—1519），小刘健1岁，为成化二年（1466）进士。弘治间历任国子监祭酒、礼部和吏部侍郎、南京吏部尚书。正德初改南京兵部尚书，参赞机务。其为人正直，性格刚方。在官员中，尤其是南京部院官员中享有很高声望。章懋（1436—1521）小刘健4岁，与林瀚同年进士。其为人耿直，以敢于直言相谏而闻名。初授翰林编修时，因疏谏元夕张灯，被廷杖谪官。任福建按察司金事时致仕家居。20年后被起用为南京国子祭酒。其时刘健为首辅，托南都吏部尚书林瀚向章懋代致其意。章懋有书辞谢，言辞恳切。就职后章懋颇受南京国子学人敬重。后又任官至南京礼部尚书。章懋与林瀚、黄仲昭、郑纪等人关系密切，又与林瀚、林俊、张敷华合称"南都四君子"，学问旨趣与诸人也相近。章懋以注重理学义理，视诗文为"小技"而见称，此风尚也与刘健颇相类。由此，林、章等人与刘健在思想意识和学术倾向甚至为人品性上也极为契合。故当正德元年（1506）林瀚在南京闻知刘健、谢迁谢政，颇示同情。林瀚也因此被刘瑾所忌而谤之于刘健等53人"奸党"之中。

王鏊（1450—1524），字济之，江苏吴县人，为成化十一年（1475）

进士。弘治时历侍讲学士，充讲官，擢吏部右侍郎。正德初刘健、谢迁去任后，鏊以户部尚书兼文渊阁大学士入阁。王鏊为人正直，且博学有识鉴。弘治年间，谢迁屡次举荐其与吴宽入阁，未得刘健之允，因此王鏊对刘健颇有不满。但在刘瑾乱政、为害缙绅，谋致罪于刘健、谢迁等人时，他也"前后力救"之。后因事不可为而致仕家居共 14 年。林俊（1452—1527），字待用，福建莆田人，成化十四年（1478）进士。其为人"性侃直，不随俗浮湛"。以"历事四朝，抗辞敢谏"而享有盛名。① 他对刘健的为人品格、为政作风极为认同。正德、嘉靖年间曾多次上疏，称颂刘健等守正大臣之气节而请召用、存问。刘忠（1452—1523），字司直，河南陈留人。与林俊同年进士。但与林俊长期任职地方不同，刘忠则长期任职翰林院，为东宫讲官。武宗即位以宫僚恩擢为学士掌翰林院。他为人正直，在刘瑾乱政之时，屡上疏言事，指斥群小，请帝崇正学，远小人，信用刘健等大臣。他以这种态度表明对刘健为政的肯定与支持。

以上这几位官员都是在弘治年间就有政声，在正德初也算是有一定资历的先朝老臣，因而他们对于刘健政治上的肯定与支持实际上在朝廷官员中具有一定的代表性。从某种意义上言，这也是刘健在朝廷政治地位得以确立的重要影响因素。

第二种是年资较次，但在朝廷官员中也具有一定影响，且以其与刘健之间的某种特殊关系而影响到人们对刘健的认识与评价的人。这一类人物主要有刘逊、洪钟、吴宽、程敏政、杨一清等人。

洪钟和刘逊都是刘健曾在孝宗面前表扬和肯定为"好官"的人物。洪钟（？—1523）为成化十一年（1475）进士。弘治中期以右副都御史巡抚顺天，整饬蓟州边备，整修明代北边长城要塞千余里。又奏请于潮河川修渠筑堰以束水，可收制水、御寇、屯种等多重功效。"比兴工，凿山，山石崩，压死者数百人"。② 后来工成，朝廷遣官视察后却回报称此处本无水患，其地也不便屯种。"于是给事中屈伸等劾钟欺妄三罪。诸言官及兵部皆助为言，请逮钟下史，帝终以钟为国缮边不当罪。内阁刘健等亦保持之，第停俸三月"。③ 对刘健"保持之"的情形，另种记述更显详细："上暖阁召问。刘健曰：'钟少年敢任事，颇自爱。'李东阳曰：'可称述尽多。'上曰'大臣须刚正有气节，多以卑谄不足。钟但无指实，不即退。'

---

① 参见（清）张廷玉等《明史》卷 194 "林俊传"。
② （清）张廷玉等：《明史》卷 187 "洪钟传"。
③ （清）万斯同：《明史》卷 254 "洪钟传"。

健对：'每值纠弹，必形其迹，使天下公非，最善。'上曰："大臣旷职，自宜显黜示戒。诸无实（皆）留辨事。'健又云：'留着办事，许许之旨，终属贬词。内有卓行，似不能堪。'上笑：'奈何？'曰：'只云照旧办事。'上可之。"由这段记述可见刘健对洪钟为官的认同与肯定，确如人称之"奖扶善类，不惑众射"。①

刘逊（？—？）为成化十四年（1478）进士。为御史时因劾奏权贵谪澧州判官，迁武冈知州。"岷王不检下，逊裁抑之，又欲损其岁禄。王怒，奏于朝，征下诏狱"。② 其时"科道疏救逊，下诏狱者六十余人"。③ 刘健与徐溥等阁臣又上疏力救之得释。后刘瑾乱政，刘逊持正遇谪，被勒令致仕。刘瑾伏诛，得起复官。

吴宽（1435—1504）为成化八年（1472）状元，曾侍孝宗于东宫。成化、弘治间"词臣望重者，宽为最，谢迁次之"。④ 弘治八年（1495），以徐溥、刘健之荐，谢迁与李东阳入阁，而吴宽时值继母忧。谢迁入阁后，"尝为刘健言，欲引宽共政，健固不从。及迁引退，举宽自代，亦不果用。中外皆为之惜"。在谢迁再度引荐吴宽入阁代己时，也同时荐有王鏊，而刘健也未能从之请，为此招来一些议论。王鏊甚至愤然说："刘健不悦，以迁为王党，有愧于古大臣风矣。"⑤ 也有人认为，刘健此举为顺应时势之必然趋向。成化时善星纬测事的徐有贞是极为器重吴宽的，却言"吴君入阁后天下始多事矣"人以为有先见之明。⑥ 无论刘健的动机与目的为何，而且也确实没有人指认刘健的做法为排抑胜己，但他也脱不了用人不能尽其才的干系。

程敏政（1445—1500），字克勤，号篁墩，为成化二年（1466）进士，较刘健稍晚任职东宫，为左谕德。两人有较长时期的同僚关系。成化中期程敏政在《奉志奠章告几筵文》一文中，记载朝臣所赠奠章中就有"孤子之同僚、同年友左春坊左庶子刘健、右春坊右谕德陆简等一道"。⑦ 敏政负有文名，自幼以神童荐，受英宗召试而悦之。"学士李贤、彭时咸爱重之，贤以女妻焉"。⑧ 其时翰林中，"学问该博称敏政，文章古雅称李东阳，性

① （清）查继佐：《罪惟录》列传卷 32《列朝诸臣逸传》"洪钟传"。
② （清）张廷玉等：《明史》卷 180 "刘逊传"。
③ （明）郑晓：《今言》卷 3。
④ （清）张廷玉等：《明史》卷 184 "吴宽传"。
⑤ （明）王鏊：《震泽纪闻》卷下《吴宽谢迁》。
⑥ 参见（明）黄景昉《国史唯疑》卷 4。
⑦ （明）程敏政：《奉志奠章告几筵文》，《篁墩文集》卷 51。
⑧ （清）张廷玉等：《明史》卷 286 "程敏政传"。

行真纯称陈音，各为一时冠"。但敏政也以"名臣子，才高负文学，常俯视侪偶，颇为人所疾"。① 弘治初就因言官弹劾而致仕。后复起官，升礼部右侍郎。弘治十二年（1499）·与李东阳主会试，被给事中华昶劾其鬻题。后经复勘虽未坐实，但确有受举子赂赀之事。言官疏劾不已，敏政、华昶等皆下狱。敏政出狱后愤恚不已，不久以痈毒不治而卒。史载程敏政之狱中有颇多疑点。"明实录"记其时"刘健当国，既偏溺于恚怒莫之能辩，适大学士谢迁又素憾敏政尝发其交通太监李广营谋入阁之私，而谕德王华亦衔敏政尝扬其主考卖题事，又都御史闵圭与迁、华皆同乡，乃嘱圭及科道数辈内外并力交攻，罗织成狱……顾当时刘健、谢迁徒知杀人灭口以避祸，曾不思亏损国体、沦丧士气以玷科目（目）"。② 也有记述说刘健在此事中有报复私怨之嫌，"敏政与东阳齐名，尝见健所作诗，谓人曰：'不知刘先生不会作诗。'人以为因是怨"。③ 但更多的记载则是"事秘，莫能明也"。④ 明人黄景昉也说："疑程篁墩科场之狱缘刘阴憾，谓素短刘不能诗致，然事亦在茫昧间。"⑤

　　杨一清（1454—1530），字应宁，祖籍云南，后随父徙居广东、巴陵。一清14岁中乡试解元，18岁中进士，历侍成化、弘治、正德、嘉靖四朝，官至兵部、户部、吏部尚书及内阁大学士。曾两度入阁，位居首辅，三次出任总制三边军事。其为人"识量宏远，有文武长才，沉几先物，果毅好谋，投之艰大，绰有余裕"⑥，为一代名臣。嘉靖四年（1525）初，一清再次赴任总制三边军务道经洛阳时曾拜谒致仕家居的刘健，刘健以其曾入阁为相复出为将不合体统而责之曰："君不能甘澹泊为时所饵，令异日王上轻吾辈自君始。"语气神态颇为倨傲。刘健的这种表现颇引人议论，以为其于体统过于呆板而不知国家用人之以才能为变通。但也有人认为"若夫内阁倾轧之地不早引退，至以贿蒙其身，恐于智囊未也"。⑦ 由此进而认为刘健之风节为高。无论人们如何评说，单就刘健与杨一清的关系而言，并不因为刘健的不礼遇而影响到杨一清对他的敬重。刘健逝后，杨一清在其所撰刘健神道碑文中称："予少入翰林，公时为馆职，辱有教。比公进

①　（清）张廷玉等：《明史》卷286"程敏政传"。

②　《明孝宗实录》卷184"弘治十五年二月癸亥"条。

③　（明）李默：《孤树裒谈》卷9《孝宗上》。

④　（清）张廷玉等：《明史》卷286"程敏政传"。

⑤　（明）黄景昉：《国史唯疑》卷4。

⑥　《明世宗实录》卷117"嘉靖九年九月甲寅条"条。

⑦　（明）何乔远：《名山藏》卷72"杨一清传"。

位丞弼，予自外服召入太常，擢官都台，出总戎务，多公引荐，号知己。"① 从中可见两人君子之交中的净友成分。

由以上处理人际关系中的表现可以看出，刘健在仕政期间总体上虽不乏大臣风节，但在一些具体细节上也不是没有瑕疵甚至偏颇之处。事实上每个人的人格特质与其日常行为表现之间都不是完全对应的，刘健也不例外。不过，还有问题的另一面：由于任何对于他人的是非对错的评说本身都是基于评说人各自不同的立场和观念，特别是与当事人之间存在有一定利害关系的评说者更避免不了评论时的主观倾向性。因而今天来看明人所著史籍中对刘健处理人际关系的议论自然也不能将之视为根本性的定论。立足于政治人物的角度来看待刘健的社会交往和人际关系，也就只能从其"大节"出发来给予恰当的认识和把握。

（二）仕宦中与门生故吏关系及其政治影响

如果说刘健在前辈官员中曾以其学识能力获得器重，在同辈官员中也以其风节获得较高声誉，同时也因某些具体细节表现中的不足而受人议论，那么，在后辈官员中则由于相互距离的拉开而形成一种敬仰或含糊的认识，这种认识在相当程度上也影响到刘健政治地位的确立。

史载刘健于成化、弘治时期参与主持科考，"主考两京乡试者二，同考会试者四，主考会试者一，殿试读卷者六"。② 由其所取中或拔擢的官员众多。如成化十年（1474），他与庶子黎淳主顺天府乡试，取名士马中锡为解元；成化二十年（1484），与詹事彭华为会试考试官，取储瓘为会元；弘治年间历次殿试任读卷官时分别取钱福、毛澄、朱希周、伦文叙、康海、顾鼎臣等为状元。此外，还有其他众多登科进士。按照明代科举制和官场潜规则，这些被刘健主考科试而取中的人员便与刘健形成座师与门生之关系。在明代朝廷政治中，即使只是形式上的师生关系也常常因为相互间的援引而对彼此的政治命运产生相当的影响。然而引人注意的是，无论上述这些人起初登科入仕时是否与刘健的取士、拔擢有直接关系，有些甚至在为庶吉士时还曾受到过刘健的教导，但在后来的为官生涯中，真正与刘健关系密切的人极少。其中较为典型的仅有如下诸人。

马中锡（1446—1512），字天禄，号东田，河间府故城人。父马伟为唐王府长史时因直谏忤王，家人也尽被拘禁。中锡因年幼免拘。"乃奔诉

---

① （明）杨一清：《少师刘文靖公神道碑铭》，《（乾隆）河南府志》卷89。
② 同上。

巡按御史。御史言于王，释其家。复奉母走京师诉冤，父竟得白"。①中锡由此闻名。中锡擅长诗文。成化十一年（1475）登进士，授刑科给事中。历官云南按察佥事、陕西督学副使、大理寺少卿、都御史等职。在任格权贵，安民事，有政声。正德中率兵讨刘六、刘七农民军无功而被论罪，下狱死。

钱福（1461—1504），字与谦，号鹤滩，南直隶松江府华亭人。其自幼天资聪敏，7 岁能诗文，为文不属草。弘治三年（1490）殿试时，当场策对 3000 余言，词理精确。弥封官以试卷无草稿难之，众人为之辩护说：殿陛间众目所瞩，还有何嫌疑？其时刘健得其策赞不绝口，特请于孝宗，赐进士第一。钱福虽享有文名，"但为人落魄，不自珍重，卒以行检不立，考察作'有疾黜退'，世多惜之"。② 钱福初授翰林修撰，仅 3 年即以疾归。家居则放意山水、诗文，饮酒无度，年 44 岁即卒。

刘龙（1476—1554），字舜卿，山西襄垣人。乡试曾获第二名。弘治十二年（1499）三月殿试中，刘健阅其卷，欲置为一甲第二名。但原定状元丰熙是个跛子，第三名的孙绪又籍贯不明。刘健等人亲到礼部点名次时又见伦文叙"头巨貌伟，洁白凝重"。后经重新拟定，以伦文叙为状元，丰熙、刘龙依次降名次。刘龙得以一甲第三名登第，授翰林编修。在翰林也曾受刘健"教爱为深"③，成为刘健门生。后历官至礼部侍郎、南京史部和兵部尚书。嘉靖中期引年乞休，卒年78 岁。

马卿（1479—1536），字敬臣，河南林县人。少而颖敏。弘治十八（1505）年会试中式，廷试时有策问"道未行法未守"，马卿以"政事之柄握于司礼，刑法之权移于厂卫"而论之，切中时弊。"大学士刘健阅卷，奇之，改庶吉士，授户科"。④ 后历任真定巡抚、山西参政、浙江布政，以及副都御史督漕运事。为政中能够格中官、权贵，秉正直节享有"清直"之声。其为人，"性度弘博，接人和易，处事详慎，学以古人自期，志于用世"。⑤ 在任山西提学使时，还曾"发挥理学，敦重行谊"；"在鹤庆尝为文示诸生，言举业之弊、诗文之弊、道学之弊，谓皆非古切中时病"。⑥

---

① （清）张廷玉等：《明史》卷187"马中锡传"。
② （明）陈洪谟：《治世余闻》卷1。
③ （明）刘龙：《特进光禄大夫左柱国少师兼太子太师吏部尚书华盖殿大学士致仕晦庵刘文靖公行状》，《紫岩文集》卷41。
④ （清）孙奇逢：《中州人物考》卷6《马中丞卿》。
⑤ 同上。
⑥ 同上。

马卿长于为文，负于意气，以名士享誉士大夫。后以劳瘁得疾，卒时年58 岁。

此外，在弘治九年（1496）殿试中，朱希周以其"博学"为徐溥、刘健荐为第一。[1] 弘治十五年（1502）殿试中，康海以其洋洋洒洒数千言之对策使"元老宿儒，见而惊服"。[2] 尤其是其开言即称"天下有不可易之事，人君有不可易之心"，甚合刘健认同《通书》中"心纯"的主张，刘健即上奏孝宗，遂置为状元。[3]

上述诸人都是在科第中曾为刘健所器重者。马中锡、马卿都以其器识及抱负得到刘健的赞赏，后来他们也都曾在政坛上和文苑中享有声名。钱福以文才见长，其行事风尚却与刘健有较大距离。实际上钱福更得李东阳的器重。当年他参加礼部会试荣登会元时，就是李东阳主考。后来他与罗玘、邵宝、储巏、何孟春、鲁铎、汪俊、顾清等以诗文而享有声名的后辈官员皆是出入李东阳门下之人。[4] 刘龙为人处世诚笃清直，个性敦朴。但在为政上似乎少了些刚劲与谋断，因而其一生为官平顺而少开拓与波折。朱希周、康海等人在学问上虽各有所长，但个性偏于自持，因而未能在弘治后期以至正德间复杂的政坛上有所进展。尤其是康海，为救李梦阳而甘舍自身名誉往见刘瑾。刘瑾败后，他却因此受到牵连，在舆论影响下，他的仕途也难以有所伸展。

刘健的确如孝宗所称"门下人太杂"。[5] 这主要源于刘健不着意于官员交际。人际间的良好关系固然以"志同道合"为根基，但在很大程度也有赖于时常的情感联络。人称李东阳"每日朝罢，则门生群集其家，皆海内名流。其座上常满，殆无虚日"。甚至到李东阳"晚年致政家居，至临殁时，其门生故吏满朝。西涯凡平日所用袍笏、束带、砚台、书画之类，皆分赠诸门生"。[6] 而刘健则是"朝退，僚寀私谒，不交一言"。[7] 谢政家居后更是杜门不出，这种个性风格既不如李东阳显得平易近人，自然也难与门生故吏形成那种较为密切而深厚的人际感情。所以，即使曾经为刘健弟子门生，受其教诲者，后来也很少有与刘健关系密切的人。刘龙曾在刘健

① （明）陈洪谟：《治世余闻》下篇卷 2。

② （明）康海：《对山文集》卷首《诸家评语》，伟文图书出版社有限公司 1977 年影印本。

③ 参见（明）陈洪谟《治世余闻》下篇卷 1。

④ 参见（清）张廷玉等《明史》卷 188"朱应登传附"。

⑤ （明）陈洪谟：《治世余闻》下篇卷 3。

⑥ （明）何良俊：《四友斋丛说》卷 8《史四》。

⑦ （清）张廷玉等：《明史》卷 181"刘健传"。

门下"受教数年"，其文集中除了应邀为刘健所撰行状之外，其他大量文作都未曾涉及刘健事迹。即使那篇行状写得也十分简略，如同刘龙自述其写作原则是"史事外不敢他及，虽间闻入告之谟而事涉诸司，不能尽详"。①

刘健不仅不注重人际的交往，并且在某种程度上也不善于鉴别人物。所以也常常会犯小人之害。据说刘健还有一位学生李良，少时从学于刘健，"事刘健甚谨"。② 后曾将其女许婚于刘健之孙刘成学。正德元年（1506）刘瑾乱权，刘健谢政，李良恐受牵连，竟至"托言其女疾，革还健聘礼，遂改适举人朱敬"。③ 至正德七年（1512），李良被御史张士隆所劾而致仕。李良之例与刘健当年举荐刘宇一样，都反映出他疏于识人，对人缺少明辨的弱点，而这又与他不喜、不善交际的个性是直接相关的。

然而，尽管刘健不喜好交际，也不善于应酬，但在他几十年的为官从政经历中，他的人品、个性、政治功业却仍能为绝大多数后辈官员所认同和肯定。如弘治十八年（1505）中进士、后选入庶吉士的陆深，其文章、书法"为词臣冠。然颇倨傲，人以此少之"。④ 这样自负的一个人，却对刘健颇为敬重。在其文集作品中对当年刘健教育引导庶吉士和后辈官员，以及其他为人处世之事迹多有记述和推崇性评述。他认为，贾咏所撰墓志铭中对刘健相业的介绍和表述与刘健实际水平相差甚远。他还深为刘健的沉默寡言和史事不传而惋惜，为此曾与康海"相约各书所闻见以裨家传之阙"。⑤ 如果说陆深的表现还只是个体性认识的一个特例，那么在正德初刘健与谢迁谢政前后，南北两京科道官员如刘玉、艾洪、薄彦徽、葛浩、贡安甫、李熙、陆昆、蒋钦、陈琳、戴铣、刘蒨、吕翀、葛嵩、赵佑、张文、李光翰、牧相，史良佐等数十人纷纷疏请朝廷留用和信任刘健，就具有相当的代表性。当时这些官员或以个人名义，或以集体公疏的方式在直言劝谏中，或直接称许刘健之为官品格，或指斥刘瑾等人之罪行并请诛之。这种做法虽然是以文官集团与宦官集团两大势力的斗争形式表现的，但也的确源于这些官员对刘健个人品格与处事的肯定，而这些官员基本都是弘治六年（1493）以后的进士出身。由此可见，刘健虽然疏于人际交

① （明）刘龙：《特进光禄大夫左柱国少师兼太子太师吏部尚书华盖殿大学士致仕晦庵刘文靖公行状》，《紫岩文集》卷41。
② （明）黄景昉：《国史唯疑》卷5。
③ 《明武宗实录》卷95"正德七年十二月己酉"条。
④ （清）张廷玉等：《明史》卷286"陆深传"。
⑤ （明）陆深：《俨山外集》卷6《知命录》。

往，但在后辈官员心目中的形象，确是以其政治地位和影响为主要根据而形成的贤臣良相的榜样和典范。

综上所述，刘健的确于识人用人的某些方面缺乏明辨。他在朝臣中，无论是同年、乡故，或是其他官员之中，大体上都能以公正作为交往关系的原则。这固然首先与其内敛，甚至有些木讷的个性有直接关系，但同时也与其长期身处上层政府官员中，常以"大臣不密则失其身"为鉴戒而形成的处事谨慎的认识和经验有关。他在对待任何官员时，完全以朝廷政治的立场和角度来规范自己的言行举止，并以此遮盖甚至丧失了个人应有的立场与秉持。而这种表面上的"公正"，由于过分抽象而缺乏个人行为的尺度，遂造成现实人际关系中的生疏感。况且，一个人的品行、政治能力实际上并不完全体现在其表面的、一般的日常表现和文字作品中。因此，刘健既疏于与人的深入交往，自然就难于洞察人心。其结果，就形成其在政治威望蒸蒸日上之时，其个人社会交往却趋于一种极为淡寡的局面，乃至于在一些具体的辨物识人问题上出现偏颇。

第五章 刘健著述中反映的思想意识

明代以科举为士人入仕之正途。故凡得入仕者大都为饱学之士，读书作文、文章著述成为其日常生活事务的重要组成部分。在刘健的政治生涯中，奏疏、文稿既是其从事实务，处理政务必备的方式和媒介，也是其日常为人处世必不可少的工具和手段。自古以来"文以载道""诗以言志"已成为文人写作的基本理念。人称"言为心声，而文则言之精且著者也"。因此，通过对刘健著述的考察和分析，显然有利于进一步认识和了解其为官行政过程中的思想意识背景及其为人处世之风尚。

第一节 刘健著述概说

虽然刘健在明代前中期的历史上具有突出的政治地位和作用，堪称一代政治名臣，然而由于种种原因，至今史学研究中对他的注意十分欠缺，对其著述更鲜有评述者。但要全面、客观地认识刘健作为政治人物的思想意识与学术风格与特色，对其著述进行搜集、整理，以及就其著述的内容、体例、篇目等基本情况做必要的介绍和说明，就成为对刘健进行深入研究的一种必要基础和前提。

一 刘健著述留存稀少的主要原因

在历史人物的研究中，对于文献资料的要求是极为突出的。尤其是历史人物个人的文集及其他著述，是深入研究其思想意识的必备资料。然而，作为一位历侍明代四朝，为官46年且位居一品的政治名臣，刘健个人著述的保存却极其稀少。正如1985年洛阳刘氏所修家谱序言中所说："凡事之能传千古，而垂于无穷者，以有文献故也。不然者，一传真，二传讹，三传遗漏，岁改月移，则荡然无迹矣。"① 正因为刘健的个人著述数量稀少并且十分散乱地见载于各种不同的史籍，从而使得对于刘健的研究难以深入和全面地开展。

认真分析刘健个人著述留存稀少的缘由，不仅可以了解寻找到解决或弥补这种问题的途径，也可能在一定程度上进一步了解和认识刘健的个性及为人处世倾向。具体而言，刘健个人著述留存稀少的主要根源应有如下几个方面。

第一，刘健本人个性内敛，不喜缘饰。这种倾向，一方面使其在日常人际交往中表现出不甚积极的态度，从而直接影响到他诗文创作的数量及水平。因为，在当时士大夫中十分盛行以诗文唱和、书简往来的方式进行交往，许多人因此积累出大量的著述作品。且不说与刘健几乎同时期的李东阳、康海、李梦阳、何景明这些文坛巨子都曾诗文丰硕，且有其著述汇编的文集刊刻发行，即使像徐溥、马文升、刘大夏等"不以文学名"② 的官员也颇多诗文之作留世。而且，这些人的文集及其他著作汇编中有近一半以上的作品都是诗文唱和及往来书简之作。刘健"寡交游"的人际交往状况自然产生不了多少这类著作。即使翻检与刘健有较密切交往关系的许多官员存世的文集笔记，也很少有与他应答的书简诗文。另一方面刘健不事张扬的个性也使得他对个人文作的保存留传极不在意。其在内阁 19 年、为首辅 9 年多的时间里，关涉朝政事务之奏疏议论当不在少数。但这些论奏多涉机务，在当时也不易于外传。而在以后，不仅他本人不曾着意于个人著述的保存与刊刻，而且他屡屡告诫子侄后辈做人要低调，这实际上也影响了他著述作品的刊行。在当时士大夫中，许多人的文章著述之流传行世。一则赖于自我的重视，或者是亲自刊行自己的传记、文作，如王恕在成化年间就曾刊刻自己的传记，或者是托付门人弟子子侄等后辈刊行；二则有赖于文人交往中的相互显扬。这两者在刘健不重交游、不事张扬的个性下都难以实现。这当是刘健著述文作，尤其是与朝政事务无明显关系的诗文之作数量较少，行世、流传更少的主要根源。

第二，刘健的门生弟子以及子侄辈在收集整理和刊行刘健著作方面难有作为。明代私人刊刻书籍十分发达。许多文人著作得以留存流传者，多赖其子孙后人、弟子门人等为之。刘健著述整理的后继情形却较为缺乏。首先，从其家族的情况来看，在刘健之前，曾有其曾祖辈之显贵。至刘健

---

① 1985 年《（洛阳）刘氏家谱·刘氏家史轶事拾锦》。

② （清）永瑢、纪昀：《四库全书总目·集部》卷 170《谦斋文录》。

时，其势位之尊崇、眉寿之长久不仅在其家族中，即在整个明代官员中也属少有。但自他之后，家族中却显得非常萧条。不仅少有仕途显贵、享有文名者，甚至年寿也多不能昌隆。刘健有三子，幼子刘杰早夭，长子刘来、次子刘东也皆不寿。虽有两孙刘成恩、刘成学皆获恩荫为中书舍人，但刘成恩也早卒。直到嘉靖年间刘健卒时，曾孙刘望之、刘得之"诸孙皆幼不能纪述"①，唯刘成学各处奔走，特请当年刘健门人及同僚且当时仍在朝者为其撰行状、墓志碑铭。这对于当时官职品级较微的刘成学来说，已是颇费周折的了。

其次，从刘健门人弟子的情形来看，一则刘健一向不注重于私人交结，因而其门人弟子的情形较为复杂。甚至有些人为人为官德行品格上明显缺乏端检者，如前文所述被刘健举荐的刘宇，刘健的弟子李良等。二则刘健是在文官集团与刘瑾等宦官势力斗争失败的情势下被迫于正德初致仕归乡，之后又被革职夺爵、险遇奇祸。虽在刘瑾被诛后得以复职致仕，但几乎在整个正德时期，他并没有在政治上得到真正翻身。朝政也常常处于纷乱动荡之中，整个文官集团在与宦官及佞幸势力的较量中仍处于劣势。在这种形势下，连刘健自己也是谨言慎行。"归田以来，值时难危，益务韬晦。不存形迹"。②门生故吏为其著述文字自然也十分慎重。直到嘉靖年间刘健卒后，时在朝任礼部侍郎的刘龙在为其撰"行状"时，还怀着"史事外不敢他及，虽间闻入告之谟而事涉诸司，不能尽详"③的心态。三则是刘健为长寿之人。他在世之时，门生故吏或许还不便于收集整理他的著述。但当他辞世以后，其门生弟子大多也已处于高年暮龄之际，既乏精力也少锐气，兼以时势维艰，就很难有人有心力与志趣收集整理刘健之著述。可见，刘健后人及其门生弟子们人事萧条也是其著述难以行世流传的一个客观原因。

第三，时势变迁、兵火煅毁则是影响刘健著述留存的又一重要因素。据《明史·艺文志》及一些刘健传记等史料记载，刘健著有《晦庵集》（应为《脢庵集》）若干卷藏之家，却始终未见刊行。其后历经数世，中原地区频遭干戈兵祸，不仅其著述难保不虞，即其家其他各种文献也不免于流失煅毁。如洛阳刘氏家谱所记："我刘氏驻洛以来，六百余年矣。此其间，历经干戈扰攘，频遭时势变迁，浩劫累累，所有祖遗文物，毁折殆尽。"④

---

① （明）刘龙：《特进光禄大夫左柱国少师兼太子太师吏部尚书华盖殿大学士致仕脢庵刘文靖公行状》，《紫岩文集》卷41。

② 同上。

③ 同上。

④ 1985年《（洛阳）刘氏家谱·刘氏家史轶事拾锦》。

　　总之，一方面是刘健个性倾向影响其著述本身较为稀少，另一方面是其后人在特定的形势下难以为继，加以时世变迁，干戈扰攘中的煅毁，使得今天难以看到作为一代名臣刘健个人的较为完整的著述。这种局面，严重影响到史学领域对刘健这一明代重要历史人物的研究。

　　值得庆幸的是，随着当今信息技术的迅猛发展，大量古籍文献的搜集、处理速度和水平空前提高。有赖于此，笔者得以搜罗翻检众多史籍，从中搜集、爬梳、整理，编列刘健的各种著述。由此可以约略获知其著述的一些概貌。

二　刘健著述搜集整理的现状

　　刘健身历仕途46年，从一名普通的翰林官员到身居内阁的辅弼重臣，大凡与朝廷政务相关的文事活动他都不可避免要参与其中。如预修实录及其他重要典籍，为一些具有重要意义的朝事活动如科举、兴学及其他重要工程撰写记文，等等。其中，与他的职事有关的最重要的著述则应是奏疏。特别是作为阁臣，以奏疏的形式对朝政事务进行议论和建议，甚至是提出一些具有决定意义的意见，是刘健履行辅政职责的重要方式与途径。因此，奏疏就成为刘健著述中占有极大比重和分量的作品。尽管在刘健任职内阁时期所上呈的奏疏，大都是以阁臣集体名义提交的，似乎难以确认为刘健本人的著述。但是，一则与刘健同在内阁的大臣如刘吉、徐溥、丘浚、李东阳、谢迁等人都有自己的文集或著述汇编。其自身或后人在编选这些文集或著述汇编时凡能确认为其本人作品的已一律被收入。这就给辨识刘健主持撰写的奏疏留下了一定的空间和机会。二则明人所编撰的史籍中，无论是各个名臣的传记，或是专门性的奏议类文稿汇编中，除了明确为某个人所上奏疏之外，其他奏疏大都按不同时期归属于当时首辅之著述。这也为搜集整理刘健的奏疏类著述提供某种线索或依据。

　　从史料的不同类型来看，搜集刘健的著述也有线索可寻。首先，由于奏疏这一类作品在政治上具有特殊的资鉴作用和表率意义，历代统治者对各个时期朝廷大臣的奏议向来十分重视，常常汇集起来作为培养和教育官员、宣传政治思想的重要教材。因此，不仅在官修典籍中，即使许多士大夫私修史书中也尽量搜集和编辑这一类的奏章。笔者在搜集整理刘健的著述时，着重从一些注重朝廷大政事务记述的官修或私修编年体史籍，以及一些有关名臣奏疏汇集的文选类史书中进行搜寻与比对。如"明实录"、明人张元汴所编撰《馆阁漫录》、陈建和沈国元等所编《皇明从信录》、雷礼所撰《皇明大政纪》、薛应旂撰《宪章录》等编年体史籍，还有明清时期的经济文录类汇编史书，如明人黄训等所辑《皇明名臣经济录》、万表所编《皇明经济文录》、陈子龙等所编《皇明经世文编》，以及清代徐开任等所辑《明名臣言行录》等史籍中所记录有关刘健的疏议章奏。

其次，在一些史传类史书中，出于对人物史事或事件过程全面介绍和评说的需要，也常常会记录传主的一些著述，或涉及事件的一些相关著述。因此，搜集整理刘健著述时也少不了搜寻散见于明人焦竑《国朝献征录》、雷礼《国朝列卿记》、唐鹤征《皇明辅世编》、过庭训《本朝分省人物考》、查继佐《罪惟录》、张岱《石匮书》、清代官修《明史》等相关传记，以及明清笔记、杂著类如余继登《典故纪闻》、张萱《西园闻见录》、李默《见闻杂记》、沈德符《万历野获编》、于敏中《日下旧闻考》、叶珍《明纪编遗》、倪涛《六艺之一录》等史书中所记载或转录刘健著述的内容。

再次，在某些朝廷专门机构，尤其是刘健曾任职于其中的翰林院、内阁等部门的专志，以及朝廷大政所涉及的如边防、漕运、盐政、治河等事务方面的专志，甚至一些地方志史中也包含有刘健的一些文作。因此笔者广泛查寻了如明代徐日久的《五边典则》、王圻的《续文献通考》、俞汝楫等所修《礼部志稿》《北河纪》《漕运通志》、清代所修《国子监志》《河东盐法备览》等专志，以及北直隶地区、河南及其一些地方的方志，从中获取不少有关刘健碑记铭文类著述。

最后，为尽量搜寻到刘健其他体裁方面的著述和文作，笔者还大量浏览查寻了与其同朝官员的文集，如徐溥的《谦斋文录》、谢迁的《归田稿》、李东阳的《怀麓堂集》、杨一清的《石淙稿》、程敏政的《篁墩集》，以及明清时期一些诗文选集、汇编类史书，如明陈镐的《振鹭集》、黄宗羲等所编的《明文海》，等等。

值得一提的是，近几年间由于对刘健的研究，笔者还形成一种习惯：十分关注日常接触到的各种资料中有关刘健的内容。如就地理之便，在近年来洛阳地区发现、出土的各种碑记中也尽可能搜寻一些刘健的著述之作。

通过对以上各种渠道与方式搜寻所获史料中记载、引录刘健著述的情况进行比较、核对和排列整理，笔者搜集到刘健的各种著述作品百余篇目。大体上可以分为四大类，即参与官方典籍修纂类、奏疏类、碑记铭文类、其他诗文书简类。具体的篇目及其资料来源以及初步考证的情形详见本书附录三"刘健著述类目及资料索引汇编"。

在获得对刘健著述情形的整理和分类之后，以下各节则依不同类别对其思想内容做进一步的分析和论述。

第二节 刘健奏疏类著述中体现的政治思想

奏疏，在目前能搜集到的刘健著作之中占有最重要的地位。尽管笔者所搜集的刘健奏疏大都属于其任职内阁时期以阁臣集体上呈的议论朝政事务的章奏，但是，一则刘健作为当时的首辅，这些奏章中所持观点和意见须得经过他的同意甚至修改；二则与刘健同时在阁的阁臣们的奏章，或者经由各种史籍已明确指认作者，或者通过对那些奏章语言风格所透露出的作者个性风尚的初步分析（有关刘健著述的风格特色在本章第四节详论）等，还是大略可以做出对其作者归属的判断。即使这种判断不甚确实，而那些奏疏在一定程度上透露出当时身任首辅的刘健的思想意识，应该是可以成立的。今天所看到的许多明清时期史家所编选的名臣奏议类文编中，也正是依据于此将那些奏议分列为不同名臣之著述。明末陈子龙等人选编的《皇明经世文编》中有两卷专门辑有刘健奏疏23篇及一篇碑记。其分目如表5.1所示。

表5.1　　　　　《皇明经世文编》选录刘健奏疏及记文篇目

卷次	序号	题　目
卷52	1	论崇佛老疏
	2	论票拟疏
	3	论虏情疏
	4	论财功疏
	5	论军功疏
	6	言时政疏（时政节财用公赏罚）
	7	论崇佛氏疏
	8	论时政疏（时政）
	9	论圣政疏
	10	谏造塔疏
	11	谏崇道士疏
	12	论火灾疏

续表

卷次	序号	题　　目
卷53	13	御房安边事宜疏
	14	灾异论新政疏
	15	金阙玉阙真君祀典疏
	16	内侍随驾疏
	17	论初政纷更疏
	18	三事疏
	19	再具自劾疏
	20	讲学疏
	21	灾变修省疏
	22	变卖盐引疏
	23	变卖盐引疏
	24	黄陵冈塞河功完之碑。

注：本表依据明人陈子龙所编《皇明经世文编》篇目编制。

这些奏疏都属于刘健于弘治后期至正德初期任首辅时阁臣们所上呈的、具有代表性的政论性著述。在没有对刘健著述进行全面、系统搜集和整理之前，它就以《刘文靖奏疏》的形式成为目前人们所确认的刘健著述的主要内容。

实际上，有关刘健任职内阁时政论性奏疏远不止这些。通过对各种史料的查寻、整理，笔者目前已搜集到以刘健之名义上呈的奏章70余篇。仅在其担任内阁首辅期间上呈的奏疏就达60余篇。经由对这些奏疏的认识与分析，可以充分揭示出刘健的政治思想与意识倾向。

一　奏疏数量和类别体现的为政意识

自正统时期以来，在皇帝很少与大臣面议政务的情形下，奏疏成为朝臣议政论事最为重要的方式。时势不同，朝臣们尤其是阁臣和部院卿长上呈奏章的数量和内容类别也有所差别。但就弘治与正德初期共同的形势背景下，通过对刘健为首辅时期所上奏疏与刘吉、徐溥和李东阳为首辅时所上奏疏的比较，可以展现出刘健政治意识较为明显的倾向性。

作为明王朝极为重要的国家典籍，"明实录"突出的社会功能即是政治上的资鉴性，其对于朝廷重臣的奏章的记录也是颇为全面的。同时，考虑到许多朝廷官员的著述文作，以私人刊行和保存以至于流传的情形相差悬殊，所以在此对刘健等人奏章疏论的选取与罗列，就以"明实录"所载为主要依据。

从成化二十三年（1487）十月至弘治五年（1492）八月的近 5 年间，刘吉为首辅时内阁所上奏疏共 19 篇（参见表 3.1：明实录载录刘吉为首辅时期所上奏疏），年均上疏 3.8 篇；徐溥自弘治五年九月至弘治十一年（1498）十月为首辅的 5 年间则共上疏 16 篇（参见表 3.2：明实录载录徐溥为首辅时期所上奏疏），年均上疏 3.2 篇；继徐溥之后至正德元年（1506）十月刘健为首辅的 8 年中共上疏 63 篇（详见表 5.2：明实录载录刘健为首辅时期所上奏疏），年均上疏约 7.875 篇；正德年间李东阳为首辅的 6 年中共上疏 52 篇（详见表 5.3：明实录载录李东阳为首辅时期所上奏疏），年均上疏约 8.6 篇。如果考虑到号称"中兴"的弘治时期与以败政闻名的正德时期政治形势的巨大反差，将刘健为首辅时的奏疏分为两个时期来看，则其在弘治十八年（1505）五月以前的孝宗时期的 7 年间共有 37 篇，年均 5.3 篇。较之于刘吉、徐溥为首辅时上章言事的频率明显增长。刘健在弘治末年武宗即位后一年多的时间内共上奏 26 篇，较李东阳在正德间年均上奏的频率也显得十分突出。其情形详见表 5.4。

进一步从类别上来看，刘吉上奏的 19 篇中，成化二十三年（1487）十一月因屡为言官所劾而"再乞致仕"[①]、弘治二年（1489）七月"以灾异乞致仕"[②]、弘治五年（1492）八月"乞致仕"[③] 3 篇为其单独上疏，其余 16 篇为包括刘健在内的阁臣言事论政疏（参见表 3.1：明实录载录刘吉为首辅时期所上奏疏）。后者年均 3.2 篇；徐溥上奏疏中除弘治八年（1495）四月为其"置义田以赡族"[④] 事所上疏，与弘治十一年（1498）七月连上"以疾乞致仕""复以老疾乞致仕"[⑤] 两篇为个人单独上疏外，其他 13 篇为内阁论政疏（参见表 3.2：明实录载录徐溥为首辅时期所上奏疏），年均 2.6 篇；刘健上奏 63 疏中 8 篇为刘健个人奏疏，55 篇是阁臣论政事疏。其言政疏则为年均 6.9 篇；李东阳时所上 52 篇奏疏中个人乞休辞恩疏与阁臣言政疏各占 26 篇，年均 4.3 篇（参见表 5.4）。

---

① 《明孝宗实录》卷 6 "成化二十三年十一月甲辰"条。
② 《明孝宗实录》卷 28 "弘治二年七月辛未"条。
③ 《明孝宗实录》卷 66 "弘治五年八月癸卯"条。
④ 《明孝宗实录》卷 99 "弘治八年四月戊寅"条。
⑤ 《明孝宗实录》卷 139 "弘治十一年七月乙卯、癸亥"条。

表5.2　　　　　　　　　明实录载录刘健为首辅时期所上奏疏

分类	篇目主题（篇名）	明实录所载条目与时间
内阁集体上疏	1. "修德弭灾疏"	弘治十一年十月丙子
	2. "谏赐太监李广祭文祠额疏"	弘治十一年十月癸未
	3. "灾变引咎乞退疏"	弘治十一年十一月癸卯
	4. "避位让贤疏"	弘治十二年正月乙酉
	5. "申救江瑢疏"	弘治十二年正月戊子
	6. "论票拟疏"	弘治十二年九月丙戌
	7. "论崇佛老疏"	弘治十二年十月戊申
	8. "论厉精勤政疏"	弘治十三年四月癸丑
	9. "论房情疏"	弘治十三年六月庚子
	10. "请圣躬调养疏"	弘治十三年八月辛亥
	11. "圣躬调理早朝稍迟俞臣知事疏"	弘治十三年十二月己酉
	12. "论节财用疏"	弘治十四年闰七月己巳
	13. "谏武当山送像挂幡设醮疏"	弘治十四年闰七月己巳
	14. "进讲仍用《贞观政要》疏"	弘治十四年十月甲戌
	15. "论军功疏"	弘治十四年十一月甲辰
	16. "勤政事节财用公赏罚疏"	弘治十五年五月壬辰
	17. "谏撰释迦哑嗒像赞疏"	弘治十五年六月庚午
	18. "勤政疏"	弘治十五年八月己巳
	19. "劝勤政戒懈怠疏"	弘治十五年十一月丙申
	20. "再劝勤政疏"	弘治十五年十一月丁酉
	21. "论圣体调理疏"	弘治十六年正月乙未
	22. "修《历代通鉴纂要》事宜疏"	弘治十六年五月辛亥
	23. "论编纂《本草》事宜疏"（有三疏）	弘治十六年八月癸卯
	24. "论圣政疏"	弘治十六年十月乙卯
	25. "谏造塔疏"	弘治十七年二月戊申
	26. "谏撰真人诰命封号疏"	弘治十七年二月辛亥
	27. "议太皇太后祀事疏"	弘治十七年三月丁丑
	28. "御房安边事宜疏"	弘治十七年六月癸未
	29. "辞登极赏赐疏"（有二疏）	弘治十八年六月己未、辛酉
	30. "辞登极加升官爵疏"	弘治十八年七月戊戌
	31. "陈灾异论新政疏"	弘治十八年八月丙辰
	32. "论日讲进学疏"	弘治十八年十月己卯
	33. "论革金阙玉阙真君祀典疏"	弘治十八年十一月庚寅
	34. "裁内侍冗官疏"	正德元年正月甲午
	35. "请开经筵复日讲疏"	正德元年二月辛亥
	36. "论管庄事疏"	正德元年二月辛亥
	37. "票拟盐法军法刑罚选举四事疏"	正德元年二月戊辰
	38. "论初政纷更疏"	正德元年二月癸酉
	39. "论政令十失疏"	正德元年二月丁丑
	40. "辞位求退疏"	正德元年二月己卯
	41. "论讲学疏"	正德元年三月丁亥
	42. "再请致仕疏"	正德元年四月庚申
	43. "慎重修牒疏"	正德元年六月丙寅
	44. "论荣王之国疏"	正德元年六月丁卯
	45. "灾变修省疏"	正德元年六月庚午
	46. "府部衙门灾异陈言摘要奏本"	正德元年六月癸酉
	47. "复日讲疏"	正德元年八月癸亥
	48. "勤早朝疏"	正德元年八月丙寅
	49. "弭灾省心修政疏"	正德元年八月辛未
	50. "论午讲疏"	正德元年九月戊寅
	51. "变卖盐引疏"	正德元年九月辛卯
	52. "请诛内侍刘瑾等疏"（连章疏之）	正德元年十月戊午

续表

分类	篇目主题（篇名）	明实录所载条目与时间
个人奏疏	1. "引年乞休疏" 2. "辞《大明会典》书成晋职疏" 3. "从一品九年秩满辞任疏"（有二疏） 4. "灾变乞避位疏"（有二疏） 5. "辞荫刘成恩中书舍人疏" 6. "辞政柄疏"	弘治十五年四月癸亥 弘治十六年二月乙丑 弘治十六年五月甲戌 弘治十七年五月甲午、戊戌 弘治十七年十月戊辰 正德元年十月戊午

注：本表依据《明孝宗实录》相关内容编制，篇名为笔者拟加。

表 5.3 　　　　明实录载录李东阳为首辅时期所上奏疏

分类	篇目主题（篇名）	"明实录"所记时间与条目（正德年间）
内阁集体上疏	1. "请复日讲疏" 2. "请宽崔璇等人之罪罚疏" 3. "论早朝疏" 4. "再请复日讲疏" 5. "议刑部条例疏" 6. "慎重处决重囚疏" 7. "减罚《历代通鉴纂要》纂修官员疏" 8. "申救因御道匿名书得罪百官疏" 9. "量裁逃军拐马人犯刑罚疏" 10. "议宪宗废后吴氏陵寝事" 11. "四夷馆教师考选疏" 12. "翰林官考核事宜疏" 13. "请辞光禄寺给酒饭疏" 14. "以天灾请宽刑罚疏" 15. "重储嗣疏" 16. "停罢不急工程疏" 17. "请复经筵进讲疏" 18. "以灾异修省疏" 19. "为谷大用复提督官校事项疏" 20. "辞平贼成功恩荫疏"（有六疏） 21. "论京边军兑调疏"	元年十月戊辰 二年正月己巳 二年二月己卯 二年三月丙寅 二年四月丙戌 二年十月乙酉 二年十一月丙寅 三年六月癸巳 三年六月甲午 四年正月己酉 四年二月辛未 四年三月己酉 四年六月癸酉 五年三月辛未 五年十二月丁未 六年二月己亥 七年三月丙午 七年四月丁酉 七年七月庚子 七年九月丁酉、庚子、十月甲辰、丁未、甲寅、癸亥、 七年十一月丁亥

续表

分类	篇目主题（篇名）	"明实录"所记时间与条目（正德年间）
个人单独上疏	1. "乞休疏"	元年十一月癸巳
	2. "辞加官疏"（有二疏）	元年十二月庚申、辛未
	3. "乞致仕疏"	二年八月壬午
	4. "辞加官晋职疏"	二年八月戊子
	5. "乞休疏"	三年十月庚辰
	6. "乞休疏"	四年三月癸丑
	7. "乞休疏"	五年五月壬午
	8. "再乞休致疏"	五年六月乙酉
	9. "涉刘瑾乱政罪请辞位疏"	五年八月戊戌
	10. "乞休并辞免恩荫疏"	五年十一月乙亥
	11. "再申前请乞休疏"	五年十一月己卯
	12. "引疾乞休疏"	六年六月辛丑
	13. "再以老疾乞休"（有二疏）	六年七月壬子、乙丑
	14. "辞九年考满加官晋职疏"	六年十一月甲戌
	15. "辞九年考满赐宴疏"	六年十一月丙子
	16. "以老病乞休"	七年二月甲申
	17. "再以老疾乞休"（有三疏）	七年闰五月庚辰、丙戌、六月庚申
	18. "因抱病三月请停俸禄疏"	七年七月丙戌
	19. "求退休疏"	七年八月辛亥
	20. "引疾乞休疏"	七年八月戊辰
	21. "辞免兼俸疏"	正德七年冬十月丁卯
	22. "乞休疏"	七年十二月丁卯

注：本表依据《明孝宗实录》相关内容编制，篇名为本人加拟。

表 5.4　　　　　弘治时期与正德前期内阁首辅奏疏数据比对简表　　（单位：篇）

分类	刘吉 弘治时期（实计 5 年）	徐溥 弘治时期（实计 5 年）	刘健 弘治、正德时期（实计 8 年）		李东阳 正德时期（实计 6 年）
个人乞休辞恩疏	3（年均 0.6）	3（年均 0.6）	8（年均 1）		26（年均 4.3）
内阁集体言事论政疏	16（年均 3.2）	13（年均 2.6）	55（年均 6.875）		26（年均 4.3）
			孝宗时期 30（年均 4.285）	武宗时期 25（年均约 25）	
总数量	19（年均 3.8）	16（年均 3.2）	63（年均 7.875）		52（年均 8.6）
			孝宗时期 37（年均 5.3）	武宗时期 26（年均约 26）	

注：本表依据第三章表 3.1、表 3.2，以及本章表 5.2、表 5.3 之数据编制。

从上述各种数据的比较中可以看出，无论是将刘健在孝宗时期任首辅的上疏情形与刘吉、徐溥时相比，或是将他在武宗时期任首辅所上论政疏与李东阳时的情形相比，都非常明显地体现出他在履职治政方面表现得更为积极、执着。虽然李东阳在正德年间任首辅时的个人乞休、辞恩疏中也有恪尽职责意识的表露，如在正德六年（1511）七月所上"再以老疾乞休"疏中，以"自屡告请以来病日深而忧日至。况老而无嗣，只影自随"处境为由恳请武宗恩允他致仕，并进而借这种怆然感触规劝武宗"上念承传之重，俯怀翊戴之勤，高拱清穆，深居禁密，朝奏以时，饮膳以节，以保圣躬，以延嗣续"。① 然而，李东阳众多的乞休疏内容基本上都还是以体弱、才庸为辞而恳求休致。同样，在刘健的乞休疏中也有类似的规谏。在武宗时期朝政纷乱局势下，李东阳的困难处境固然是一种客观理由，却不能因此而否认李东阳为政风格的软弱倾向，这是他在"以道事君"的政治理想难以实现的情形下，不断求退的重要思想意识根源。相形之下，刘健在孝宗后期以来，尤其是在武宗初期为政中积极进取，果于任事的为政风格，恰是其屡屡上疏，或建言或规谏，而最后在事势不可挽回的情形下，毅然罢政而归的内在思想认识基础。这倒正应了李东阳所认同的"人臣之义，能则致身，不能则止。二间（者）之间，不容以发"。② 也正因此，史称刘健"进不盈侈，退不窘戚。为近世贤辅"。③

二　奏疏内容反映的政治观念

刘健为首辅时所上奏疏的频见，言政论事不厌其烦，还只是从现象上表明他致政追求的执着和真诚。从奏疏的内容中，则可更深切地反映出他致政思想的具体理念和追求。

由上列刘健为首辅时内阁言政奏疏的"篇目主题（篇名）"可以看出，这些奏疏基本都是围绕"内阁之职，所以承德弼违，献可替否，辅佐朝廷，裁决政务，与百司庶府职掌不同"④ 的日常职事而展开议论的。其中大部分都是就一些具体政务所提出的意见和建议，如决策军情边事的"论虏情疏""御虏安边事宜疏"，讨论编修典籍的"修《历代通鉴纂要》事宜疏""论编纂《本草》事宜疏""慎重修牒疏"，指斥崇奉佛道的"论崇

① 《明武宗实录》卷77"正德六年七月乙丑"条。
② 《明武宗实录》卷54"正德五年六月乙酉"条。
③ （明）唐鹤征：《皇明辅世编》卷2"刘健传"。
④ 《明孝宗实录》卷154"弘治十二年九月丙戌"条。

佛老疏""谏撰释迦哑嗒像赞疏""谏造塔疏""论革金阙玉阙真君祀典疏",以及"议太皇太后祀事疏""裁内侍冗官疏""论管庄事疏""论荣王之国疏""变卖盐引疏",等等。同时也有相当一部分属于专门议论君德修养及其表现之类者,如"修德弭灾疏""勤政疏""论讲学疏""灾变修省疏",等等。并且在论及一些具体事务过程中,也常常有发挥义理之论。综合这些内容,可以明显看出刘健政治思想与意识具有以下几点倾向。

第一,在对君主皇权政治的认识上,他承认"皇上一身为天地神人之主"①,具有统御天下,至高无上的权力和地位。因此,君德修举直接关系着天下之治。

所谓"人君为宗社生民之主,百司庶府观视意向,少有宽纵,则互相仿效,怠政误事,习以为常"。② 故君德养成的重要方式与途径之一就在于讲学。"人君之治天下,必先讲学明理,正心修德,然后可以裁决政务,统御臣民。"③ 相对于孝宗,武宗早年的皇储教育并不成功,因而刘健上奏武宗的章疏中,劝导讲学占有很大比重。他以谆谆之言,反复强调"经筵日讲所以缉熙圣学,收存心养性之功;日新圣德,为制治保邦之本。诚今日之急务也"。④

在刘健眼里,君德在实政过程中的具体表现就是勤政恤民。所以,当孝宗后期在理政方面表现出日显懈怠的倾向时,刘健也经常以勤政加以规谏。在弘治十三年(1500)的"论厉精勤政疏"中,他谆谆开导启沃:"自古愿治之君必早朝晏罢,日省万几。是以祖宗视朝俱在黎明以前,每日奏事二次,俱有一定时刻。窃见近来视朝太迟,或至日高数丈。奏事不定,或至昏黑方才散本。……伏望皇上念祖宗创业之艰难,思今日保守之不易,怠荒是戒,励精是图,朝参奏事,悉复旧规,随事省览,因言采纳,以回天意,以慰人心。"⑤ 在弘治十五年(1502)所上"勤政疏"中,又言"天下之事未有不以勤励而兴,亦未有不以懈怠而废。是以自古圣明之君兢兢业业,不遑暇食,诚知夫创之之难而覆坠之易。故虽当天下极治之日,而不敢一毫骄怠之心。骄一生则威权下移,奸弊滋积,政刑舛错,灾异荐臻,而祸乱之作理有必然者矣"。⑥ 通过这些论述,刘健告诫孝宗,

① 《明孝宗实录》卷165"弘治十三年八月辛亥"条。
② 《明武宗实录》卷187"弘治十五年五月壬辰"条。
③ 《明武宗实录》卷6"弘治十八年十月己卯"条。
④ 《明武宗实录》卷10"正德元年二月辛亥"条。
⑤ 《明孝宗实录》卷161"弘治十三年四月癸丑"条。
⑥ 《明孝宗实录》卷190"弘治十五年八月己巳"条。

君德的外在表现就是勤政，而体恤百姓的生存之境则是为君之道的内在要求。他还说："自古人君未有不以勤而兴，以逸而废者。……窃惟天下之事至繁至重。且如惠泽之颁布，早一日则民先沾一日之恩；刑狱之断决，迟一日则人多受一日之苦。况骄虏得志，边患方殷，消息事机，在于顷刻。若一概迟延，所系非小。"① 在"论圣政疏"中，他进一步指出："窃惟天下之事有轻有重，有缓有急，得其序则治，不得其序则乱。而所不当为者弗论也。夫事之重且急者不过亲贤爱民，赏功罚罪而已。"②

武宗无论在个性上或是在学识基础上都远不及孝宗善于治国理政，即位不久他就以游逸为乐，荒政废事的情形日益突出。刘健作为首辅兼顾命大臣，更以引导启发君德、佐政兴治为己任。除了反复解说"自古人君必以勤敬为德，怠荒为戒"③ 之类的一般道理，还屡屡将君德的实践直接渗透在实际政务的治理中对武宗进行规谏。在其所上奏疏，尤其是正德年间所上武宗的奏疏，大都是此种类型的。如在"论管庄事疏"中就指出："管庄内官假托威势，逼勒小民。其所科索必踰常额。况所领官校如饿豹狼，甚为民扰，以致荡家产、鬻儿女，怨声动地，逃移满路。京畿内外盗贼纵横，亦由于此。诸如此弊，上之人岂得知之？今使利归群小，怨归朝廷，事极势穷，变生不测，在近地，尤有可忧。"④ 即使如此之言，由于武宗长期深陷于内侍宦官思想意识的影响之中，对刘健等儒臣的规劝难以入心，并由此而导致君臣间关系的日趋紧张。

第二，在认同"君以礼使臣"、"臣以道事君"原则的基础上，刘健更注重臣应履行"道"义的要求。在他看来，"委质事君者，人臣之常职；托孤寄命者，天下之重任。必处常而不失其身，任重而不负其托，然后可以无愧。若徒旷官尸位而假委质之名，不能扶颠持危而冒托孤之寄，断乎其不可也"。⑤ 刘健视此为大臣之职分，才会做到为官严于律己、襟怀坦荡。弘治十一年（1498）冬，国子监生江瑢弹劾刘健与李东阳"掩蔽聪明""杜绝言路"，二人上疏表示："其言之当否、意之公私，则有圣明在上、公论在下。臣等但知省身思过而已，遑恤其它。且尝闻之：'推贤让能，庶官乃和，陈力就列，不能者止'。此大臣之常分，亦臣等之素心。"⑥

---

① 《明孝宗实录》卷 193 "弘治十五年十一月丁酉"条。
② 《明孝宗实录》卷 204 "弘治十六年十月乙卯"条。
③ 《明武宗实录》卷 14 "正德元年六月庚午"条。
④ 《明武宗实录》卷 10 "正德元年二月辛亥"条。
⑤ 《明武宗实录》卷 10 "正德元年二月癸酉"条。
⑥ 《明孝宗实录》卷 146 "弘治十二年正月乙酉"条。

在刘健看来，"古之大臣闻人之誉不敢喜，惟愧而修德；闻人之毁不敢怒，惟惧而思过"。① 这是作为"以道事君"的大臣职高权重的必然要求。为此，不仅要对人言公论采取敬而引戒的态度，必要时还要对"君"的一些不正当言行作有理有节的抗争。早在弘治时期上呈孝宗的一些奏疏中，刘健就已经表现出这种倾向。如当孝宗要求阁臣票拟文书必须自行书写封进，而不许令人代写。刘健上疏说："易曰：'君不密则失臣，臣不密则失身，几事不密则害成'。……在祖宗朝，凡有咨访论议，或亲赐临幸，或召见便殿，或奉天门，或左顺门，屏开左右，造膝面谕，以为常制。……上有密旨则用御前之宝封示，下有章疏则用文渊阁印封进，直至御前开拆。此臣等耳闻目见者也。因循至今，事体渐异。朝参讲读之外不得复奉天颜，虽司礼监太监亦少至内阁。朝廷有命令必传之太监，太监传之管文书官，管文书官方传至臣等。内阁有陈说必达之管文书官，管文书官达之太监，太监乃达至御前。至于誊写之职，例委制敕房中书一、二人。臣等虽时常戒饬而经历太多，耳目太广，岂能保无漏泄？……缘臣等不习楷书，字画钝拙，恐不能一一自写。除事理重大者自行书写、封进以听圣裁，其余仍乞容令中书代写。臣等亦当申严戒饬，勿致漏泄。皇上若有咨议，仍乞照祖宗故事，或召臣等面谕，或亲赐御批数字封下，或遣太监密传圣意，使臣等有所遵奉，庶情得通达，事无漏泄。"② 从表象上看，这似乎是就内阁票拟书写形式环节的建议，但实际上是对孝宗委婉的批评，要求孝宗自己应当做到与大臣直接接触，面商机宜，亲理政务，以保证朝政机务不至于在君臣间众多的曲折环节中出现疏漏。在"劝勤励戒懈怠疏"中，刘健更直接地批评了孝宗怠政的情形。他说："比者各处灾异叠见……各官所言皆为天变而发，所以兴利除害，救灾补弊，汲汲行之犹恐不三逮，而乃迟留久滞，多至四五月，少不下一两月，事多牵制，不得施行。中外臣民，日夜悬望。"勤政是君德的一种表现，怠政即是君德不举。这便直接关系到君主地位的权威性。所以他还说："盖闻君之事天，犹子之事父……皇上敬天之心固已笃至。但古之所谓敬者，必率循天道，勤励天事，闵恤天民，爱惜天物，然后为敬。非玉帛钟鼓仪文节度之足论也。兹当民穷财匮之时，抚绥之道，经理之事，有所未尽而毙日益积，害日益深。天之谴告正在于此。非惟臣等忧之，五府六部之臣莫不忧之，六

---

① 《明孝宗实录》卷146"弘治十二年正月戊子"条。
② 《明孝宗实录》卷154"弘治十二年九月丙戌"条。

科十三道莫不忧之，皇上独以为不足忧乎？"①

　　武宗时期，面对朝政日益败坏，朝臣谏议，不见听纳。刘健奏疏论事，言辞日显激切。正德元年（1506）二月的"票拟盐法军法刑罚选举四事疏"中，他明白指出盐法、军法、刑罚、选举诸事积弊难除，正是由于武宗"以一二人之私恩坏百年之定制，以一二人之邪说废万世之公论"，并且不遵祖制，无视内阁职权，"或旨从中出，略不与闻，或有所议拟，竟从改易"。② 这种情形，使得秉承"一日立乎其位，则一日业乎其官；一日不得乎其官，则不敢一日立乎其位"③ 为志节的刘健深感愤激，故将"所有前项四本，不敢别拟。谨将原票封进"，并进而以"若以臣等迂愚，言不足信，则当乞身避位以让贤能"④ 表示抗争。

　　第三，重世事、轻鬼神、抑佛道的思想。儒家学说自汉代以来盛行天人感应思想，各种自然现象常常被比附于社会人事的变化，天灾祥瑞也被视为政治修明与否的征兆。对此，深谙"易"理的刘健也是完全认可的。他说："窃闻阳主刚健，阴主柔弱；阳主开明，阴主暗昧；人事下乖则天道上应，必然之理也。……政壅于上而不得行，民望于下而不得遂。此阴阳所以失调，雨旸所以不顺也。"⑤

　　但是，刘健的这种思想却更多是基于对现世政务关注的立场。因而，他在许多奏疏中都将天灾异象作为规谏皇帝修德省愆、勤政励治的一种"根据"，而并不执泥于鬼神之事的本身。如在弘治十一年（1498）灾异频仍，刘健等在上"修德弭灾疏"中，称"古之圣王未有不遇灾而惧者。或避殿减膳，或责己求言，修治政事，明正赏罚，然后可以转祸为福，变灾为祥。本朝列圣以来具有故事，诚今日所当举行者也"⑥。在正德初的"灾变修省疏"中，这种立场表现得更为明显。他曾说："切见六月中旬，风雨飘荡、雷霆震怒、正殿鸱吻，太庙春兽、天坛树木以至禁门房柱之类各有摧折烧毁。比之四方奏报者，事体尤重，天心示警，盖已甚明。伏望陛下惕然省悟，奋发乾刚、恭己敬德、励精图治，平旦视朝、依期奏事，屏去玩戏、放逐鹰犬。万几之暇，将旧日所进讲章直解不时省阅，以开广聪明、穷究理义。凡诸司所开利弊，详加采纳，断在必行。庶可以消弭灾

---

① 《明孝宗实录》卷193"弘治十五年十一月丙申"条。
② 《明武宗实录》卷10"正德元年二月戊辰"条。
③ 《明武宗实录》卷10"正德元年二月癸酉"条。
④ 《明武宗实录》卷10"正德元年二月戊辰"条。
⑤ 《明武宗实录》卷4"弘治十八年八月丙辰"条。
⑥ 《明孝宗实录》卷142"弘治十一年十月丙子"条。

变、导迎和气，上回天意、下慰民心，诚国家万万年之福也。"①

立足于实政，对鬼神之事尚可"敬而远之"，而对于费财蠹政的佛道之事，刘健则完全秉持排斥的态度。这方面他也有一系列专门的疏论。在"论圣政疏"中他就明确指出："夫神之所当祭者不过天地、宗庙、社稷、山川及古昔圣贤而已。其礼有时而不妨于政，其用有节而无害于民。若佛老之教，邪妄不经，空虚无益，蠹政病民，非所当务者也。窃闻寺院宫观，斋醮无时；佛书道经，刊写相继。甚者或累岁挂袍于千里之外，或白昼散灯于大市之间，朝野传闻无不骇异。夫宠尚僧道则亲贤之礼疏，耗费钱粮则爱民之意阙，以方便为仁厚则冒功求进者得蒙滥赏，以慈悲为宽容则坏法失机者得逃重罚。是当急者反缓，当重者反轻。凡政之弊皆由于此。"② 在"谏造塔疏"中他又进一步论析佛道对于时政的影响："在祖宗朝，僧道有定员，寺观有定额。不过姑存其教，未尝妨政害民。所以治天下者，惟尧舜周孔之道而已。今寺观相望，僧道成群，斋醮不时，赏赉无算。竭天下之财，疲天下之力，势穷理极，无以复加。……今内库急缺段匹，太仓银数渐少，光禄寺行价累年赊欠，各边粮草所在空虚，灾伤地方饿死盈途、逃亡相继，赈济官员束手无措，尤为窘急。而塔寺之费动以数万。若省修建之财为赈济之用，即可以活数百万生灵之命，岂非祈福延寿一大功德哉！"③ 由于这种论辩有理有据、深刻透彻，孝宗也不得不服其规谏而罢造塔之事。

第四，刘健政治思想中还有一种明显的倾向即是注重实务。他的奏疏中有许多论述具体朝政事务如讲学、修书、边事、军务、盐法、皇庄、任用朝臣及宦官等事项的内容。在这种注重实务的思想倾向中，"节用"意识是最为突出的。在封建时代，上至皇帝与贵戚世胄，下至官僚胥吏残酷地苛剥百姓、搜刮民脂民膏以满足其私欲，敛财、靡费成为其社会生活之常态。刘健作为朝廷大臣，从致政兴治的角度一直倡行"节用"。但"节用"的关键还取决于皇帝。

刘健曾说："人君之德，以勤俭为本，以刚断为用，此天下古今不易之定论也。"④勤俭"节用"之所以更能彰显君德，就在于它广泛地牵涉朝政事务的各个方面。弘治十四年（1501），刘健在其所上"论节财用疏"中就深刻阐述了"节用"对于整个朝政的影响。他在历陈当时财政军需的

① 《明武宗实录》卷14"正德元年六月庚午"条。
② 《明孝宗实录》卷204"弘治十六年十月乙卯"条。
③ 《明孝宗实录》卷208"弘治十七年二月戊申"条。
④ 《明孝宗实录》卷187"弘治十五年五月壬辰"条。

困窘之势后指出：“天下之财，其生有限。若非节蓄于平日，岂能骤集于一时。近年以来用度太侈。光禄寺支费增数十倍。各处织造降出新样，动千百匹。显灵、朝天等宫，泰山、武当等处，修斋设醮，费用累千万两。太仓官银存积无几，不勾给边，而取入内府至四五十万。宗藩贵戚求讨田土，占夺盐利，动亦数十万计。他如土木工作、物料科派、传奉官员俸钱、皂隶投充、匠役月粮布花，岁增月益，无有穷期。财用之匮，率由于此。……伏愿皇上念国计之艰，悯民力之困，躬行节俭，减省供应，绝异端无益之费，停内府不急之工。仍敕各衙门凡有救荒革弊之策，画一具奏，特赐准行。其事关财用者尤加之意，则邦本既固，国用自舒，内治既修，外攘自举。”① 可见，由“节用”入手，就会牵动罢斥佛道、裁撤冗滥、清肃吏治、抑制兼并、清理科派、赈济灾伤，以至于边储等各项具体政务。正因为这样，刘健在论述许多具体政事时就常常渗透“节用”的意识。而在专门论述“节财”的奏疏中，也往往兼及许多其他政事。总之，由“节用”而至于对各种具体事项的关注，便构成了刘健实政思想的具体体现。

综上所述，从刘健奏疏类著述中可以看出，根植于儒家的传统思想，刘健的政治思想中君德臣道意识思想占有极为重要的地位。对于鬼神祥异，也具有如孔子那种“敬而远之”的倾向。而对于佛道，则立足现世的角度上完全抱持排斥的态度。由此出发，君德修举，以道事君构成刘健政治思想的认识基础。而敬天法祖、僻佛道而究世务，去浮饰而重实政，则是其政治思想在实践中表现出的具体倾向与风尚。这种风尚在前文第三章所论刘健的为政实迹及其特点中就有相当的体现。

第三节　刘健碑记铭文著述反映出的实政思想

如果说刘健奏疏类著述，集中地反映出刘健政治思想的主体倾向，尤其是有关君德臣道及其为政意识方面的内容，那么其碑记铭文类著述和文作，则集中体现出他经世致用、注重实务的实政思想和意识。这种思想意识在这类著述的类型、内容、体例、数量等方面都有所表现。从笔者目前搜集和整理的情形来看，有关刘健碑记铭文类著作共获有35篇。其中包含两种主题内容显著不同的类型：一类是为各地兴学、修造工程等实务建

---

① 《明孝宗实录》卷177“弘治十四年闰七月己巳”条。

设所作的碑记类作品，姑且在此称之为"实务类碑记著述"。另一种是为已故官员及其他人物所撰写的墓志、神道碑以及其他具有旌表意义的祠记类文作，在此称之为"人物墓志碑铭著述"。

一　实务类碑记著述反映的思想内容

刘健有关各地兴学、工程修造等实务类碑记作品现收集到的共有 21 篇，其中有 18 篇留存有作品内容。由这些著作的内容可以看出其主要涉及的实务包括两大类别，即：一是各地文化教育事业方面的建设，如书院、文庙的兴修，科举会试情形，以及一些具有旌表意义的祭典性活动，等等；二是各处农事水利的建设，如治河、修渠等工程。刘健为这些实政活动及事务所作记文的情形详见表 5.5。

表 5.5　　　　　　　　　　刘健实务类碑记著作篇目

分类	篇数	题名	著作时间
书院记与科举题名碑记	9	庆云县儒学重修记 紫云书院记 延平书院记 百泉书院记 灵宝县重修庙学记 弘治六年科举题名碑记 弘治十二年科举题名碑记 河南贡院碑记 重修阙里三氏学记	成化十六年二月 成化十七年 成化十九年后 成化后期 弘治五年以后 弘治六年 弘治十二年 弘治十一年四月以后 弘治十一年冬
河渠水利工程碑记	6	河南府重修瀍桥记 高邮州新开康济河记 黄陵冈塞河功完之碑记 伊洛二渠重浚记 渔梁记 高邮州新开湖记	成化二十二年 弘治七年六月后 弘治八年二月后 弘治十年七月后 弘治十二年以后 弘治十六年三月以后
庙祭碑文	4	偃师重修文庙记 祭西岳之神文 重修邹县孟子庙记 关帝庙碑记	成化十七年二月 成化二十三年夏 弘治十年三月至七月间 弘治八年
其他修造碑文	2	盐池东门记 抚宁修造碑记	成化二十一年 成化二十三年末

注：本表依据搜集到的各种地方志及明人文集、专志类史籍以及出土墓志资料之记述整理编制（详见本书附录三：刘健著述类目及资料索引汇编）。

按其内容类别之不同，下面将这些作品分两部分来论述刘健的实务思想。

（一）崇儒兴学思想

从表5.5所列篇目可以看出，在刘健实务类碑记著作中，反映其"兴学设教"思想意识的文作占有十分突出的地位。这是与刘健一向崇信并专注于儒家思想学说，对于其他释老之说持排斥态度的学术倾向是一致的。

崇儒学、重文教是明代建国以来的一贯政策。刘健对此认识得非常清楚："我国家龙兴，列圣相承，崇重儒道。"① 作为这种社会环境和背景下成长起来的士大夫的一位典型代表，刘健的崇儒兴学思想具有明显的系统性、深刻性和全面性。具体而言，它包含着以下诸方面的内容。

其一，因祭礼是崇圣的重要表现而受到十分重视。这里说的祭礼是特指祭奠孔、孟等所谓先圣先哲的礼节仪式。文庙是为祭奠先圣孔子及曾子、颜回等所谓先贤而特别设置的场所，它在体现朝廷崇圣之意中占有极为重要的地位。因此，历朝都十分重视文庙的设施建设及其修葺情形，目的在于使"诸生瞻礼新庙之余，能因之感废兴起，以窥夫子之门墙而上沂尧舜以来所传之道"。②

明代确定：文庙只祭先圣孔子，因为"孔子之道即先王之道"③，而为其后万世之法，故得专庙以祭祀之。孟子及其他人也分别有其祭奠之庙或祠地，如在孟子的故乡山东邹县，就有专门的亚圣庙祭之。孟子被认为是"得孔子之心"④ 而使一度晦暗不明的孔子之道亦即圣王之道大明于天下，其功不小。所以刘健认为，对孟子之"庙而祀之，不但其故乡"，还应"盖通于天下"。⑤

祭礼是崇圣最重要的形式之一。所以，不仅是先圣、亚圣庙祭，在许多书院中也常有祭拜之礼的施行。在明代，"天下之学自京师以及四方，皆立庙以礼宣圣，及其高第弟子自颜、孟而下。盖因学而祀先圣先贤，礼也"。⑥但有些人从"道在人，不在地"⑦ 来认识祭礼，就不能充分领会其意义，以至于对书院施行祭礼持有一种敷衍的态度，或者对祭礼的形式也

---

① （明）刘健：《重修邹县孟子庙记》，刘培桂《孟子林庙历代石刻集》，齐鲁书社2005年版，第174—175页。

② （明）刘健：《重修文庙记》，《（弘治）偃师县志》卷3。

③ （明）刘健：《重修邹县孟子庙记》，刘培桂《孟子林庙历代石刻集》，齐鲁书社2005年版，第175页。

④ 同上。

⑤ 同上。

⑥ （明）刘健：《重修阙里三氏学记》，（明）陈镐《阙里志》卷10。

⑦ （明）刘健：《延平书院记》，《（嘉靖）延平府志》之《艺文志》卷1。

颇不经意。刘健对此很不以为然，他认为："慕其道则慕其人，慕其人则爱其地，即其地则如见其人，而想其道。"① 这种认识，的确符合人的心理认同发展之特点。

明代的崇圣不仅表现在对孔、孟的祭礼中，也通过对其他名儒先贤的祭奠来体现。尤其是在其时以程朱理学为正宗的意识形态背景下，宋代的一些大儒如二程、朱熹、杨时等人，也都在纪念和祭奠之列。刘健在为福建延平书院所作记文中，就曾阐释了对宋儒李侗纪念的意义，并从儒学传承道统的角度来揭示李侗在儒学历史上的地位和影响。他认为，孔孟之道至孟子便不得后传，直至宋代二程出而继其统续而传之。"虽曰程子传于朱子，朱子初不得为程子徒，实得之先生（李侗）。若孟子得传孔子之道而不得为其徒，亦惟私淑子思之门人。是则微先生则程子之道无自而传。朱子亦无自而得传程子之道。先生之功于是为大。此书院之所以兴，先生之所以祠欤？"② 可见，刘健之所以看重祭礼，完全是考虑到被祭人在儒学创立和发展中的突出地位和作用。祭礼的目的是崇圣。

其二，崇儒是崇圣的实质。刘健虽然反复强调以祭礼来昭示崇圣，但崇圣却并非祭礼的最终目的，其背后还有比崇圣更深远的目标，即因慕其人而慕其道。祭礼，归根结底还只是一种崇圣的礼仪形式，而崇儒，即崇其道，才是崇圣的实质，是崇圣的归宗。刘健在阐释祭奠宋儒李侗意义时就曾说过，自孟子之后，"孔孟之道息，佛老之道以隆。道非吾道，世隆其道，辄崇其祠以徼福田利益"。③ 所以为李侗建祠设祭正是为了借尊崇大儒以实现对儒道的承继与发扬光大。

在刘健看来，孔、孟等先圣先贤所创立的儒学之道是万世传承而不衰的经世大法。他曾经说："孔子生春秋时虽未尝一得志天下，然自尧、舜、禹、汤、文、武、周公所传之道悉在焉。道之所在，故教之所有（由）行，纲常之所由立，是故万世之下，大而朝廷，小而一郡一邑，凡有兴乎政教纲常之责者，不可一日而或违也。"④ 因此，作为后世儒家门徒的所谓学者士大夫之流，要深刻领会孔孟之道的内涵精神并发扬光大之。山东孔氏的故里有专为孔、颜、孟三氏子孙特设的学校，刘健曾为其重修作有记文。他在文中阐述和发挥了崇圣与崇道相结合的思想，说："宣圣身斯道之寄而不得君师之位于当时，故删定六经，垂示方来，实万世斯道之宗主

---

① （明）刘健：《延平书院记》，《（嘉靖）延平府志》之《艺文志》卷1。
② 同上。
③ 同上。
④ （明）刘健：《重修文庙记》，《（弘治）偃师县志》卷3。

也。天下之士苟有闻道之念者孰不企而慕之，况为之子孙、生于其乡犹有风流余韵之可熏炙者乎？然欲企而慕之，盖有道焉。"这是他在强调崇圣与崇道之间的关系。接着他指出："孔门之论学，其言非一。要其归不过欲人明善以诚身，修德以凝道。为其子孙者诚于是用力而有所得，不患不大过人矣。其或不此之务而第以文辞谋利禄若俗学然，岂惟非余辈之所望，窃恐世之英君谊主因庙设学之意亦不在乎此也。"①

修身养性以成就超越俗人之德行，这就是他所理解的儒学之道即孔孟之道的主旨。刘健作为一位注重践履的"理学名臣"，对于儒家道德、伦理、政治相统一的思想理论颇有探究。所以在他的政治思想、实务思想中，这些内容也都是统一的。前述他在奏疏类著述中反复阐明和强调的君德臣道思想，实际上也就是儒家修身养性、培养超越常人思想德行的另一种角度上的体现与展开。

其三，以儒治国需要培养深谙儒学的人才。实际上，无论是崇圣或是崇儒，其意义都不在于作形式上的空论，根本目的还在于培养能够治国安邦、经世御民的人才。而只有具备儒家所倡导的那种超越普通人的德行涵养，才能成为具有致政之德能的君子，才是国家社会治理与建设所需要的人才。

众所周知，儒家思想自秦汉以后，一直是历代封建王朝实行政治统治的理论工具。刘健在综叙儒家学说的流传发展时也说："夫尧、舜、禹、汤、文、武之道传于孔子，孔子传于孟子，而孟子无传也。自后历秦而汉、而唐，至宋程子生，续其不传而传于朱子，始大明于世。"② 有明一代，在确立程朱理学为儒学正统的同时，又把孔孟思想当作儒学的源头而一并崇信而礼遇之。之所以这样做是因为明朝统治者看到了儒家学说对于维护封建统治秩序的积极作用和意义，即"俾真有所得，他日人材辈出，或为名乡，为巨儒，仰裨我国家之政教"。③ 这才是崇圣重儒的现实意义，如果背离了这种现实的功利意义，"乃若区区从事仪文之末，徒应故事为尽礼，是岂设学立庙之初意哉？"④ 由此可见，即使是从崇圣重儒这种很富于抽象理性层面上的作为，刘健也同样体现出一种不事虚文，而重现实功效的实务意识。

最后，兴儒学是培养人才的主要渠道。刘健一向重视兴学，他本人就

① （明）刘健：《重修阙里三氏学记》，（清）孔继汾《阙里文献考》卷34。
② （明）刘健：《延平书院记》，《（嘉靖）延平府志》之《艺文志》卷1。
③ （明）刘健：《重修文庙记》，《（弘治）偃师县志》卷3。
④ 同上。

是通过努力求学才脱颖而出的。由切身的体会中，他得出兴学是"士之所以修之身、施之家、推之国与天下，无一不具"①的根本所在。

兴儒学的具体途径不外乎两种，一是学校教育内容中对儒学理论的系统体现，二是渗透在各种日常生活和学习中进行的崇圣意识的培养。前者具有体系化、系统化和规范化的特点；后者除了一般的日常生活化渗透外，还有一些特别的方式，如祭拜礼仪的举行等。基于此，兴儒学还需要相应的设施建设，书院与文庙之类就是其主要而必备的场地设施。刘健为此类设施建设所撰写的作品占到其实务类碑记作品中的三分之一还多。其中所体现出的有关刘健兴学思想的主要内容有如下几个方面。

第一，刘健认为学校为"人材之本、政化之原"。②有如此重要之地位和作用，就应从学校的基本建设开始体现对其的高度重视。"百工居肆以成其事，君子学以致其道，盖工不居肆，则迁于异物而业不精。君子不学则夺于外诱而志不笃。士固贵乎有学也。然所以为学之方，岂可苟焉而已哉。"③而"书院之建，欲使学者究极本源，上沂尧舜以来相传之正脉"④。

第二，"设学"的目标或目的在于"教人"，在于培养经世之才。刘健说："今日司教化者讲授于学，果能必出乎此不迁于异说，不惑于他道，涵育深而得熏陶久，必有宏博之材，硕大之士，杰然由高科异等出以为世用者，朝廷设学教人之实效于是乎乃见矣。不然，虽曰从事，则学亦何益于天下国家哉？"⑤可见，刘健依然是从致力于国家社会治理的现实意义上来看待设学兴教的意义的。

第三，在教育内容上，他强调："至于所以为教之方，则又一本先王修道之实，故累朝颁降之典，若《大诰》，若《五经》、《四书》，若《性理》，若《五伦》诸书，皆二帝三王之所以为治，孔曾思孟之所以为教，至论正脉之所在，而异说他道一切不经非圣之言，不使少接于心目。其陶镕人材，化导生民之意，可谓至矣。"⑥显然，在刘健看来，真正体现儒家经世之道的所谓"正书"，不外乎一些传统的儒学典籍和明朝廷所颁行的政治典籍。

除了在为庙祭、书院所作记文中通过对儒家义理的阐述来彰显其对兴

---

①　（明）刘健：《庆云县儒学重修记》，《（嘉靖）河间府志》卷5。

②　同上。

③　同上。

④　（明）刘健：《百泉书院记》，《（雍正）河南通志》卷45。

⑤　（明）刘健：《庆云县儒学重修记》，《（嘉靖）河间府志》卷5。

⑥　同上。

儒学、育人才的重视之外，刘健还撰写有一些具有褒扬和旌表意义的科举题名碑记、题记之类的文作。在这些作品中则是以更直接的方式来体现其崇儒重学的思想。

（二）重视具体实务思想

除了推崇所谓正统的儒学思想并以"兴学设教"而倡行之外，刘健对于其他有关国计民生的实务也是十分重视的。在其实务类碑记之文作中，也有许多涉及治河浚渠、修筑城垒，盐政管理等的内容。

在《盐池东门记》中，刘健主要阐述了朝廷盐政管理与百姓生活的关系。在明代，一般的盐多靠人力取自海或井中，然后由各民户煮制而成。因加工过程及生产人力分散而不易于政府集中掌控。但解州有一大池，所出之盐无须额外加工，且这种盐池只此一处，所以极便于朝廷控制。成化年间，朝廷曾派御史管理。官员至于其地就"大为垣堑以周于池，若城隍然"①，且只开一处北门，而朝廷的管理司就设于北门。这就造成一方面四方取盐商贾汇集于此，扰攘不已。另一方面，周围方圆数十里民人皆须仰此官盐生活。政府这种严密的控制使得民生"皆以为病"。②直到后来经过官员屡屡请示，才又增开东、西两门。民众"翕然以为便"。③从这篇记文的叙事中可以看出，刘健在评说实务建设利弊时，非常注重将其与民生实利结合起来。这种立场和观点在其为顺天府抚宁县城建造工程所作《抚宁修造碑文》一文中有更明确的表现。他说："始学之未修也，师生之行礼、讲学卑且污，无所资以为严敬；县之未修也，官吏之号令、奔走隘且陋，无所资以为公明；钟鼓楼之未建也，民生之出作入息，刻漏不明，昏晓不节，无所资以为劝率。今卑者高而污者去，严敬之心油然可生；隘者宽而陋者易，公明之念皎然可着；刻漏明而昏晓节，民生之出以作、入以息有所劝而勉。于成风俗为之丕变，商旅为之改观。此修造之所为有益于县。"④本来，县城各方面设施的建设在一般人看来都属常规，但刘健却能将其提高到百姓生活方式与政事修明的意义上加以认识。这除了根源于他作为朝廷高级官员较一般人看得深远之外，确实与他思想意识深处那种追求"致政"实际效果的倾向有密切关系。

水利建设事业在以农业为经济主业的封建时代是国家治理最为重要的事务之一，刘健对此有十分清醒的认识。就目前所搜集到的作品篇目来

---

① （明）刘健：《盐池东门记》，（清）蒋兆奎《河东盐法备览》卷12。

② 同上。

③ 同上。

④ （明）刘健：《抚宁修造碑文》，《（光绪）抚宁县志》卷4。

看，他为这类工程建设所作的记文数量仅次于兴儒学方面的文作。弘治年间，修治黄河是一件大事。从弘治二年（1489）起，黄河中下游数次泛滥，给这里的农事、民生造成极大灾难。当时刘健正位居内阁，发挥辅弼赞决朝政的作用。朝廷派遣都御史刘大夏、太监李兴、平江伯陈锐联合治理黄河。经过数年努力，至弘治七年（1494）大功告成。翰林官员受命分撰各处立碑之记文，刘健作《黄陵冈塞河功完之碑记》述其始末，以记其"惠政"。① 在此前后，刘健还先后为工部尚书白昂等在黄河下游高邮州所开浚的康济河、新开湖作记文。在他看来，"国朝贡赋之需，东南过半。自海运不行，官舫客舟，悉出于此，舳舻相衔，昼夜无虚时。而高邮当南北之要冲，顾湖水为险，事诚有缺"。② 康济河之开，使此急务得以解决，"易风涛为坦途，以康济往来，且工以雇募，费出帑藏，使民不劳而事集"。③ 新开湖的修建，则在一个时期内缓解了因"田没于水而税如故，凡业田之民流亡殆尽"的弊病④，对民业之恢复具有积极影响。

刘健对于故乡洛阳的水利建设事业更为关怀。他早年"随父兄经行伊、洛间沟渠堤岸"，对于那时洛阳"水盛之行，溉田甚广，惠民甚众"⑤深有感受。几十年后，原来的水渠湮塞不行，以致屡有旱灾。"成化乙巳、丙午之际，余已官京师。闻吾乡连岁旱荒，乡民以饥死者枕藉道路，以数计之殆过半焉。"⑥ 他为此扼腕叹息，自此每以兴复水利为念。后来当他得知伊、洛二渠得以重浚，瀍河桥得以重修，便欣然为之作记。

在刘健看来，"朝廷之设官为吏，凡以为民而已。然民事莫大于农，而水利又农之大者"。⑦ 所以对水利工程格外重视。除此之外其他工程或活动的举行，也常常要考虑对民生产生的利弊影响。如洛阳瀍河桥之重修，"虽不能不用民之力，而民皆欢然赴之，无或后者"⑧，所以值得施行。又如祭山岳之神也是以民生为立意："惟神矜民，宁不旋斡，大霈甘泽，以滋禾稼，以济民艰，庶民有丰稔之休，则神亦享无穷之报。"⑨ 正是由于刘健认识和评价实务工程时往往立足于民生的立场，所以在他所作实务工程

---

① 参见（明）刘健《黄陵冈塞河功完之碑记》，《（万历）开封府志》卷32。
② （明）刘健：《高邮州新开康济河记》，（明）杨宏、谢纯《漕运通志》卷10。
③ 同上。
④ 同上。
⑤ （明）刘健：《伊洛两渠水利重浚记》，《（弘治）河南郡志》卷22。
⑥ 同上。
⑦ 同上。
⑧ 同上。
⑨ （明）刘健：《祭西岳之神文文》，（明）张维新《华岳全集》卷3。

建设之类的记文中，除了阐发其对于经济生产或生活的长远利害之外，也常常述其所用物料、工时、民力耗费等，以及由此给百姓带来的实际影响。

虽然刘健实务类碑记作品中所表现出的实政思想内容，在他同时期其他官员的作品中也时有反映。但对于那些爱好舞文弄墨的官员而言，这种实务性文作只是其大量应酬性、文艺性作品中夹杂的一小部分。而对于一向不好文辞的刘健而言，这些文作则是基于其自身对实务极其重视的思想认识基础上的，因此它在反映刘健思想意识倾向方面就具有典型意义。

二　墓志碑铭作品反映的意识倾向

人物墓志碑铭类作品，包括一些祠堂记文等，通常属于以记述和评说人物生平事迹为主要内容的传记性作品。在中国古代，这种作品首先是为了传主故去后为其刻石立碑以示崇礼与旌表的实际需要而作，其次才具有史传意义。这就免不了在文作中常常带有对传主推重和溢美的成分。刘健的这类作品中同样具有这种特点。但是，"文如其人"，即使这类作品中的遣词造句，在一定程度上也是由写作者自己的主观认识水平和文字能力来决定的。因此，通过对刘健这类作品的剖析，同样可以在一定程度上揭示出其所具有的某种思想意识倾向。

刘健所作人物墓志碑铭类作品，现搜集到的约有 15 篇，其中获有原文内容的仅 9 篇。这些作品也可分为两种不同的类型。一种是朝廷为表彰一些人物的功勋而准予其建立祠堂，刘健则以朝廷重臣的身份奉命或受请为之所作的记文。如弘治十三年（1500）三月，太傅兼太子太保、新宁伯谭佑奏请并获准为其先祖谭渊建"壮节祠"以致祭，请刘健为之作记。刘健认为："惟祭法以死勤事则祀之，以劳定国则祀之，此古礼之行于今所当遵者。"① 以此为据，兼有谭侯之功绩，故当祠之。论及谭侯之功，刘健所能记者则是："谭侯之从靖难也，不但死事而已。健尝闻之，其壮克怀来等处，南下雄县、真定，以及仓州、东昌，前无勍敌，劳亦懋焉。夫为臣而劳与节之兼懋，祠而祀之在礼，固无不宜。"②按说这种功绩也算不上是特异卓越，但在当时形势下，尤其是以劝勉谭佑"殚心毕力，勉建殊勋以象贤济美于今日，盖有不可缓者"③的意义所在，则身为首辅的刘健也

---

① （明）刘健：《谭侯壮节祠记》，《（万历）顺天府志》卷 4。
② 同上。
③ 同上。

不能不对其认可而为之作记。

再如弘治七年（1494）十一月，湖广地方土司、永顺宣慰使彭世麒以助平贵州苗人之功被封为昭勇将军，得赐敕褒嘉。① 后在其宣慰使司中建立彭氏世忠堂，刘健以内阁大学士的身份为之作碑铭之文。在叙其家族发展历史及与明王朝的关系基础上，铭文着重强调的是朝廷对其"授以原职，旋加宣慰，用柔远域"的意图，以及彭氏"矢心自盟，惟忠与义，誓竭丹诚"的图报表现。最后铭文称世忠堂之建的目的在于使彭氏能够"表以世式，允示家传，凡厥子孙，于焉视事，朝夕恪恭，靡敢或贰，上酬君恩，下光祖烈，慎终若始，永保臣节"。② 由这些语句可以看出，记文具有明显的褒扬和激励彭氏家族对朝廷效忠图报的政治意识和策略意义。

第二种类型是为一些官员或其他私人交往中的人物去世后所作的墓志、墓表或神道碑的铭文。通过对这些作品的分析，也可以发现刘健思想意识的如下倾向和特点。

其一，刘健并不轻易为人作墓志铭文。这首先是从其所作铭文数量较少表现出来。其次，从铭文所述主人的身份来看，大都是一些朝廷高级官员，尤其是刘健政务活动中不可避免要交往的一些人物。对于其他交往较少、关系较疏远的官员，刘健则极少为其作铭文碑记。

从实际情况来看，在刘健所作人物墓志铭文之作中，只有少数情况下是以其特殊的身份和地位为个别官员所作，其目的主要是为了昭示朝廷对这些官员的旌表意义。如为程敏政之父所作奠章，是当时朝廷官员中"上自九重，下及多士，追思耆旧"③ 之作中的一个部分。在其他大部分情况下，刘健以私人身份为官员所作的墓志铭文，也都是建立在刘健对此官员的熟知和了解，甚至关系相厚的基础上。如弘治初都察院左副都御史毕亨与刘健"同乡且相知"④；弘治中期吏部尚书耿裕，刘健谓之"余久识公于仕途，且乡曲"，故为之作铭"义不可辞"⑤。

除了为一些仕政中交往的官员作碑铭之文外，刘健也有以私人身份为一些交往较密切，为刘健所熟知的不仕或未仕乡人、旧友所作。如洛阳李祥，既是刘健的同乡，又是邻里人，且其族兄李荣是与刘健同侍孝宗、武

① 参见《明孝宗实录》卷94"弘治七年十一月癸卯"条。
② （明）刘健：《彭氏世忠堂铭》，《（光绪）湖南通志》卷35。
③ （明）程敏政：《奉志奠章告几筵文》，《篁墩文集》卷51。
④ （明）刘健：《明故议大夫资治尹都察院左副都御史毕公墓表》，《（弘治）河南郡志》卷29。
⑤ （明）刘健：《光禄大夫太何谥文属耿公墓志铭》，《（弘治）河南郡志》卷29。

宗的司礼太监，于情于理，刘健为之作铭文也是适宜的。河南陕州人赵锡，虽其仕官品秩不入九流，甚至职同于吏，但其与刘健为忘年至交，"予，君之故人也，知君之为人最悉"，故为其作墓铭，刘健认为也是理所应当。①

在与刘健同朝为官的士大夫中，有不少人常常为熟知或不熟知的官员或其女眷、宦官、处士、烈女，以及其他三教九流的人物作传记、墓铭，一则由其好文习尚、追求和显示文才之意向所使然。二则也由其乐于交际、人缘广泛、应酬频繁所致。刘健虽然也有少量这样的碑铭记文之作，却仅限于亲戚和私交，如女婿丰俭之父母，虽非仕宦人物，但从亲情上言，丰俭之妻，"余之贤女也，亦不得辞"②，刘健认为义当为之。由这些情形来看，刘健为人作文的慎重，的确也反映出其重实质轻虚饰、简静自敛，不好浮华的思想意识。

其二，在叙述和介绍人物生平事迹时，刘健以客观描述为主，夸赞评说为辅的朴质无华的文辞，显示出其崇尚质实的意识。虽然赵锡与刘健关系非同一般，但在《封吏部主事赵君墓志铭》一文中，刘健对其的评说都是建立在对其大量事迹陈述的基础上。文中从赵锡早年遇父母先后丧，"孑然一身，家徒四壁立"，至其后来自立自强，入公府为职事，"虽居小官，能自（创）立"。其处衙门，"凡滞务巨细，立与剖决。虽老猾吏胥，无售其奸"，显示出"才识高敏"的能力和水平。③ 同时刘健还大量列举赵锡孝亲友悌，礼敬缙绅，睦和乡邻的事例以说明其秉性受到众人交口称赞。这些叙述显得翔实而少虚饰夸誉，更能深感人心。许多人认为，在给亲友作墓志时正是发挥其赞誉之词、彰显亲友之德行的最好时机。然而在刘健却仍遵循其"知之为知之，不知为不知"，对人对事据实而言的作文原则。如其在为女婿丰俭之父母所作墓志铭中，对两位姻亲事迹只作平铺直叙，全文仅有 500 多字。特别是为丰俭之母白氏所作墓志铭中，对白氏的评述之语仅有数十字："太安人性果毅。天顺初归处士君为继室。事舅姑以孝，相夫治家以勤俭。纺绩等女红恒倍他女妇。凡丰氏内外皆称其贤。处士君甚安之。"④ 由此可见，刘健为人著文之平实风格。

---

① 参见（明）刘健《封吏部主事赵君墓志铭》，《（弘治）河南郡志》卷 30。
② （明）刘健：《故丰母封太安人白氏墓志铭》，洛阳市文物工作队《洛阳出土历代墓志辑绳》，中国社会科学出版社 1991 年版，第 769 页。
③ 参见（明）刘健《明封吏部主事赵君墓志铭》，《（弘治）河南郡志》卷 30。
④ （明）刘健：《故丰母封太安人白氏墓志铭》，洛阳市文物工作队《洛阳出土历代墓志辑绳》，中国社会科学出版社 1991 年版，第 769 页。

官员的传记与墓志铭文通常都有许多人分撰的作品，如毕亨除了刘健所作墓表，还有丘浚为之作墓志铭；耿裕有刘健所作墓志，也有他人为其所作铭文。弘治时期右通政使杜明有刘健为之作墓志，也有正德间河南籍官员李濂为之所作传记；左副都御史边镛有刘健所作神道碑文，也有李东阳为其所撰墓志，等等。对比刘健和其他官员为同一传主所作传记或墓志铭文类著述，更可见其不同的风格。如刘健为毕亨所撰铭词为："毕之受姓，姬文是祖，其徙洛阳，则自单父。祖占戎籍，且耕且耘。及公之身，乃易而文。颖脱等夷，芥视青紫。遂揭乡闱，登名进士。南台簪笔，闽郡分符。刬烦治剧，名立政敷。京兆之除，都宪之俞，以才以望，公议悠定。东南财赋，经理实兼。利兴弊革，惠民间阅。"而丘浚之作是："惟洛有毕，来自单父，再世鹊起，以文易武，起家为儒，究心于古，执法台端，不畏强御，牧民大郡，恤其忧苦，入尹京地，百废具举，出巡邦畿，民瘼斯愈，进无附丽，退何容与。居耆英乡，得温公圃，生顺死宁，允谓得所。峩峩新阡，温洛之渊，后人瞻思，于此封树。"① 显然，刘健之作近于平铺直叙的描述，而丘浚之作更见文思之发挥。

其三，在评说人物时，刘健对其德行修为非常重视，尤其是对那种敦朴无华的个性更为欣赏。如在为李祥所作墓碑铭文中，只约略交代李祥为太监李荣之堂弟，李祥之子李珍为李荣养子。但对李祥"敦本积善"之个性品格则是浓墨重彩式的介绍和评说："公为人性尤敦朴，不事华饰。凡所以持身治生一务于勤俭。……逮获恩封，益自收敛。时太监公（李荣）方有盛宠于朝，而锦衣君（李珍）掌禁卫，亦时所贵重，他人处之鲜有不骄奢自恣者，而公乃恂恂如寻常，非公事足迹未尝至城市，达官贵人过洛者或就访之，辄再拜曰：'田野之人，不敢登公门，幸即此容谢。'其谦退不矜类如此。故乡人多乐其贤，尤好施与，不汲汲以求报。"②

在毕亨、赵锡、耿裕及其他人墓志铭文中，也多是称赞其品格修为及为政风尚。如言毕亨"事诸兄克尽友爱，胸次洞达，与人交，必尽情不为城府。以予性颇狷隘，尝举'邵子为人须是与人群'之句相规，则其为人可见己"。③ 称耿裕"为人性坦率……与人从容和易。虽若无崖岸芥蒂，而

---

① （明）丘浚：《明故正议大夫资治尹都察院右副都御史毕公墓志铭》，《（弘治）河南郡志》卷29。

② （明）刘健：《明故封昭勇将军锦衣卫都指挥金事李公墓碑铭》，《〈弘治〉河南郡志》卷24。

③ （明）刘健：《明故汇议大夫资治尹都察院左副都御史毕公墓表》，《（弘治）河南郡志》卷29。

中有定守，不苟循人意所告。……居家孝友。晚年奉庶母如己母，待庶弟如同产。每以俸分给之，不营产业。门庭萧然无杂宾。虽交亲馈遗甚微如瓜果亦逊谢不受。清勤俭约，自奉如寒士。人咸谓其有父遗风"。① 论说南京刑部尚书陈道明为官"清谨守法，门无私谒。都人因有板陈之（称）"。又"公为人沉静寡言，与人交及取与皆不苟。为政尚宽厚，至于临大事、治大狱，不舍昼夜思之，期于当而后已。尝以书示其子曰：'先正所谓煦煦为仁、孑孑为义、噭噭沽名、庸庸保禄。近世士大夫急于进取者往往涉此。吾平生俱不及人，独幸不在此列。亦愿汝曹效之。'观此则公之所养可知矣"。② 称赞兵部尚书李介整治宣府、大同时按治势要，清理边备的政迹。③ 对官员们这些为人为政品格的称赞，恰是因为这些表现与刘健所崇尚的道德、伦理和政治思想意识是相吻合的。

综上所述，从刘健的人物墓志碑铭类作品中，同样可看出其以传统儒学为根基，以"修身、齐家、治国、平天下"为理想追求，注重于儒学的践履性，关注实政实务，以及反对浮华虚饰的思想意识倾向。

第四节　刘健诗文作品与其著述风格

无论是刘健的学术追求与倾向，或是其个性中显示出的不喜浮华虚饰的风格，在其著述文作中都有所表现。他虽不善诗，却并非像有些人所夸大的那样，说他完全不会写诗。实际上他只是不喜欢像许多文人墨客那样把舞文弄墨当作展示自己才华或交际应酬的一种媒介与手段。但在许多必要的场合他也同样有诗文之作，并表现出自己独特的风格。

一　刘健诗文作品及其思想内容

由于刘健不喜好作诗文，也许还因他的诗文在许多文学评论者看来缺乏趣味性或艺术特色，因而刘健的诗文作品保存行世的极少。现搜集到的诗及书序共 7 篇。

现有刘健的 4 篇序文，分别是弘治三年（1490）九月为元朝朱泽民所书范致能《四时田园杂兴》诗集所作的题记、弘治十一年（1498）为以

---

① （明）刘健：《光禄大夫太保谥文恪耿公墓志铭》，《（弘治）河南郡志》卷30。
② （明）刘健：《南京刑部尚书陈公道神道碑》，（明）焦竑《国朝献征录》卷48。
③ 参见（明）刘健《兵部尚书贞庵李公介墓表》，（明）焦竑《国朝献征录》卷40。

右副都御史之职巡抚宣府的马中锡续修刊锲《宣府志》所作的序文、弘治十七年（1504）八月郑纪致仕归乡时刘健所赠序文，以及弘治十八年（1505）为内官左少监贾性所刊行《群书集事渊海》所作的序文。这之中第一篇尚未查获其原文内容。

与前面所论述的碑记类文作不同，书序之类的文作与实政实务关系较为疏远，甚至有些也属于具应酬性质的散文作品。即使如此，其内容中也能透露出刘健对注重实政实务及其崇尚理学义理的学术倾向。

在《群书集事渊海》序文中，他一开始就称："天地间有是理必有是事，有是事必具是理。事之形虽未免巨细美恶之殊，然未有出是理之外者。朱文公尝释程伊川'显微无间'之旨，谓即事即物而此理无乎不在，意盖如此。"① 这种深奥的哲理似乎与《群书集事渊海》的刊行关系并不十分密切，而以"事必着其详而理亦究其极。盖示人以因事穷理之学"，将其联系起来，则纯属刘健的自我发挥。其实在刘健看来："古者今之鉴。是编之集事，兼善恶而必源其所自。盖欲览之者鉴而择之，以谨身饬行，理固有在焉。"而此书"自往古君臣而下，外至夷狄，凡其行事之善恶，载之益详且备"，适足以借此起"勉其善、戒其恶"的作用。

诗作的3篇，其一为早期所作七言律诗《环翠亭》。环翠亭为洛阳处士李维恭早年于城东瀍河上所修，起初仅是供其教子读书的亭阁。李维恭曾延请洛阳进士杜纲、潘觐等人为其子陪读。后来他也常邀请洛阳名士于此聚会，或谈诗论文，或交流学术。阎禹锡、白良辅、刘健等人也曾登临聚会。阎禹锡曾作《环翠亭记》，此亭之名称也出于阎禹锡。刘健之诗是为回顾当年情景而作，全诗内容为："小亭轩阔枕瀍隈，曾共名流日往回。初去新园方锦绣，归来敝屋已尘埃。读书窗废多无纸，灌药渠干总是苔。惟有南山当面立，对人依旧送青来。"② 成化年间洛阳进士乔缙也有同名诗："幽境当年聚德星，飞腾已见徙南溟。一湾春水绕轩碧，数点晴峰入牖青。月下影移栖凤竹，夜深光点照书萤。四时花木常环翠，风回虚亭只自馨。"③ 两诗都记述当年学子于此读书情景，虽文采各异，却各有侧重。乔诗以写景来寓意，意境常有跳跃之节奏；刘诗则以写景抒情怀，情景并融而具流畅性。二者相较，因刘健身历变迁，其在情感上似更见深沉和沧桑感。

---

① （明）刘健：《〈群书集事渊海〉序》，佚名《群书集事渊海》上册，岳麓出版社据弘治刻本影印 1991 年版，第 1 页。
② （明）刘健：《环翠亭》，《（乾隆）河南府志》卷 101。
③ 同上。

　　诗作之二是刘健居官翰林时所作"玉堂赏花"诗。"玉堂"是对翰林院的代称。明代许多阁部大臣都出自翰林院，因此殿阁词林蔚然成风雅之势。史载"文渊芍药三本，中澹红，左纯白，右深红。天顺二年，盛开八花，李贤遂设燕，邀吕原、刘定之等八学士共赏。……贤赋诗，阁、院宫僚咸和，以为盛事"。① 可见那些饱学诗文的馆阁之士时常对诗会文，吟咏唱和的氛围。有时甚至连皇帝也作御制诗，而命大臣作应制诗文。刘健虽不喜华藻，当此种情形下，也不能不附和而为之。《（万历）顺天府志》录有诸学士先后咏玉堂芍药的诗若干首，其中就有刘健之作："名园万卉歇残芳，红芍光荣始倍常。香气晴熏兰麝散，露华晓润黛铅妆。春魁只许梅先白，晚节谁夸菊后黄。缓步花前心自醉，未须纵饮尽余觞。"对比此前李贤、彭时所作及与刘健同时或稍后的杨守陈、章懋等人之作，也可从中看出刘健之诗的水平和特色。李贤之一首为："禁苑时和品汇芳，独怜芍药异寻常，倚阑着雨含香态，出砌迎风寒晓妆，下体曾资和鼎味，佳名不羡束腰黄，清吟愧我非元白，聊为儒寅泛一觞。"彭时诗云："春风几载惜余芳，此日繁开迥异常，地脉暗培三种异，天工巧作五云妆。香风玉署凝飞白，色借宫袍近柘黄，欢赏极知逢世泰，愿歌天保侑尧觞。"杨守陈的诗："先帝曾怜芍药芳，赐栽纶阁宠非常。九重春色秾仙态，一种风流不世妆。绕槛异香生锦绣，翻阶绝艳间红黄。退朝吟对思无已，几度徘徊谩举觞。"章懋之诗："暖风晴日正芬芳，草木锺奇不类常。三种肯教先后发，八花能自浅深妆。彩云翻砌重重锦，金粟堆心颗颗黄。分付东风好收管，明朝还欲尽余觞。"② 同以上诸人之作比较可以发现，刘健之诗，既有依景以寄意之切喻，又有借物以抒志之气势，显然非泛常之作。

　　诗作之三为弘治年间刘健所作"赠衍圣孔公袭封还阙里诗"。弘治十六年（1503）九月，孔子第62代孙孔闻韶袭封衍圣公后入觐京师。事毕将还，"馆阁自少师刘公而下，皆诵法孔子，获见其后际盛时被盛典，相率为诗篇以赠"③。刘健诗为："宣尼垂教肇斯文，奕代孙枝更有闻。诗礼渊源深未已，丰标俊雅迥难群。公阶荣袭承优诏，服色恩颁视大勋。归去岱宗怀旧望，秀峰高耸入青云。"此诗虽显平实，却蕴含对孔氏的标榜，对袭封的原因、对袭封当事者今后的希望与勉励等寓意。正如辑此诗集的陈镐所言：其时赠诗者人数众多，"一时名笔尽在是矣。……且诗人首赋

---

① （明）焦竑：《玉堂丛语》卷7《赏誉》。

② 《（万历）顺天府志》卷6。

③ （明）吴宽：《赠衍圣孔公袭封还阙里诗序》，（明）陈镐《振鹭集·序》。

其容貌之修整，继期以声誉之有终，美不忘规古之道，固然也"。①如此看来，在众多人士这种应酬性赠诗中，刘健之诗于"继期以声誉之有终，美不忘规古之道"方面的作用当属非常突出的。

由以上所述可见，刘健只是不善诗、不愿诗而非不能诗。即使在他为数不多的诗文作品中，也处处能显示出他不重华藻的文风与重视实政、富于义理的思想意识倾向。只有站在这样的立场，方能理解一生秉持二程"洛学"所开创之儒学义理传统的刘健为何视诗文艺术为"小道"，进而发出"能诗何用"②之论的深层原因。

二　刘健著述风格与特点

由本章以上关于刘健著述的分析和论述可以看出，刘健思想意识的总体脉络：以传统儒家的政治思想为根基，以践履为途径，以实政庶务为立足点，以朴质、修养为做人原则，以经世安邦为目标。这一倾向与刘健不喜虚饰浮华、追求质实的品性结合，深刻地影响着刘健著述的风格。具体言之，这种风格可以归结为以下几点。

第一，从文体上来看，刘健著述是以最便利于其实现经世安邦政治追求的奏疏及其他实政、实务类文作为主体。而那种引人怡情适意的诗文类作品，在他看来都是表面华丽，于实务无裨益的浮华之作。但是，他不喜欢诗文并非不懂诗文，更不是像有些人所言他不会写诗。实际上，他更注重从经世致用的角度上来认识诗文的社会功能与作用。这可从以下几点得到说明。

其一，如上所述，刘健也时常顺应形势要求而作有诗文作品。就目前所收集到的刘健著述来看，除了上述三首诗之外，在刘健的其他一些著述中，也时而夹杂一些诗句。这些诗文虽算不得都属上乘之作，但也未必亚于一般诗文之士的作品。

其二，朝廷上层官员中绝大多数人都好诗文，有时连皇帝也喜好风雅，这种氛围对刘健显然不能不具有影响。明人笔记中有一则记述称：刘健与李东阳同朝，"一日候驾丹陛下，日初出，刘顾李曰：'晓日初熏学士头。'李应声曰：'秋风正贯先生耳。'楚俗多干鱼，洛阳有盗驴之谚，彼此盖恶相嘲，而拮对整捷。二公诚儒雅风流，乃当时太平和德，亦可想而

---

① （明）陈镐：《振鹭集·序》。
② （明）陈洪谟：《继世纪闻》卷1。

可见也"。① 由此可见，刘健于诗文也具相当功底。

其三，包括刘健在内的朝廷上层文官，大都是经过长期的诗文训练与考核。明代官员的选用提拔是"非进士不入翰林，非翰林不入内阁"。从乡试、会试到殿试，到庶吉士，在这一层层的考核选拔中，诗文都占据一定的地位和比重。远的不论，单就庶吉士阶段的情形来看，"其选也以诗文，其教也以诗文，而无他事焉"。② 馆选时首先是以个人平日所作诗文为据，入选后学习课程中也包含有许多诗文内容。刘健为庶吉士时，担任教习的刘定之就是擅长诗文的词林名人。较刘健晚两届的章懋在翰林庶吉士的学习时期，恰好也值"刘定之方教诸士。一日以小玉堂蔬圃诗令诸士赋之。公诗结语云：'贤哉公仪休，拔却园中葵。'遂以轻薄目之。后又试中秋赏月赋。……后试应制灯诗，遂不肯为"。③ 可见刘定之的教学风格中对诗文是很注重的。不仅如此，在内阁主持下对庶吉士们的月考试题中常有诗赋之类。翰林院还要求庶吉士每月须交"诗文各一篇，第其高下，俱揭帖，开列名氏"，建立成档案，以为日后"散馆"授职依据。④

由此看来，刘健对于诗文非不能也，是不为也。他所注重的是经世安邦的学问，而非这种不切实务的诗文。据说他任首辅时就常常对庶吉士们讲："古人之学在寻释义理以消融胃次，次者考求典故以经伦国体。如徒以诗文为者，即学成李、杜亦酒徒，何用？"⑤ 显然是这种追求学问高层次境界的思想意识和认识导致他对诗文类作品的轻视。但须承认，既然他不经意于诗文创作，时日既久，其"文字水平"自然不及那些日日于诗文中切磨的官员更显纯熟。上述三首诗作于此也有所反映。无论是与其他官员所作同一主题比较，还是从他自己的作品按早、中、晚三个不同阶段来看，都可看出他的诗作与他人的距离在逐渐增加。也因此，他后来也常受人诟病和讥议。但若以"诗言志"的角度出发，刘健诗作中深刻的思想、隐喻的志向、博大的视域又是他人所不能及。正唯此，其时乃至后人都是将刘健作为政治人物进行评判，而非文人墨客来论说。

第二，从思想内容上看，刘健著述具有鲜明的学术特色和实用倾向。这二者相结合的风格在其奏疏类作品中表现尤为突出。每论及君德修举，必以儒家思想传统与现实政治弊端相对应的方式来说明勤政、节财、进

---

① （明）张翰：《松窗梦语》卷6《盛遇纪》。
② （明）高拱：《高文襄公集》卷7《论养相才》。
③ （明）焦竑：《玉堂丛语》卷5《方正》。
④ 参见（明）黄佐《翰林记》卷4《公署教习》。
⑤ （明）邓元锡：《皇明书》卷17"刘健传"。

学，以及公赏罚、慎刑狱、远佛老等的重要性。如在其"修德弭灾疏"
"论崇佛老疏""论厉精勤政疏""论节财用疏""论军功疏"等奏疏中皆
有宏富辽阔之论述。论及臣道，刘健则常常以自身追求与实际能力、表现
为例，结合儒家臣道之精神予以发挥引申。这在"灾变引咎乞退疏""避
位让贤疏""申救江瑢疏"，以及其辞政疏中都有所表现。

　　刘健实政、实务性碑记文作本身是事关具体实务的作品，但其中也表
现出浓重的学术色彩。在《延平书院记》《重修邹县孟子庙记》《重修阙
里三氏学记》《庆云县儒学重修记》等有关各地庙祭、兴学类记文作中，
对儒学道统及其学说倾向，以及明王朝兴建以来设教兴学之意向目标等都
有深详的论述。如其在《百泉书院记》中，对百泉为历代名儒如"晋孙
登、宋康节邵子、元鲁斋许氏、姚枢氏、窦默氏"等游寓此处的情形都有
所阐述，甚至还讨论了邵雍的象数学："邵子深探物理，妙悟精契不爽锱
铢。至于今虽田夫野老皆熟其名。……余尝反复其遗言之妙。其为诗曰：
'一阳初动处，万物未生时。'为书曰：'一动一静之间者天之至妙。'至
妙者欤？似未免指气之初动、茫昧未形者以为理方之。孔子曰：'一阴一
阳之谓道。'程子曰：'在物为理，处物为义，'盖有间矣。"这显然是在
探讨学问而非一般的作文。

　　除了崇儒兴学之类的记文外，在其他非实务性的文作如上述《〈群书
集事渊海〉序》中也表现出其崇学术、重实用的倾向。在《彭氏世忠堂
铭》文中，还包含有以名教激励人心的意识。由此可见，作为"理学名
臣"的刘健，儒家政治思想构成其思想意识的主体内容。如果说在为人处
世中这种思想意识的表现还因其个性中其他因素的影响不那么突出和显著
的话，其著述文作则是体现这种思想意识最为直接的形式。

　　第三，从文辞语句风格上看，刘健的作品具有词句质朴、语态刚劲的
特色。许多史书都记载了刘健著述的这种风格。如言"成化年健尝掌制
敕，比又修两朝实录成，又续通鉴纲目，总裁会典皆直质宏雅，无
溢词"。①

　　刘健在上呈给皇帝的奏疏中谆谆劝导的博论与叙说，在实政性碑记铭
文中的简易、朴质的叙述，都能体现出其质朴之风。如在弘治十五年
（1502）十一月所上"劝勤政疏"中就对孝宗言："窃惟天下之事至繁至
重。且如惠泽之颁布早一日则民先沾一日之恩，刑狱之断决迟一日则人多
受一日之苦。况骄虏得志，边患方殷，消息事机在于顷刻。若一概迟延，

①　（明）雷礼：《国朝列卿记》卷11"刘健传"。

所系非小。"① 似这一类的娓娓叙说，却颇能动人的论述，在其奏疏中比比皆是，所以孝宗多能嘉纳听从。在为一些人物所作墓志铭文这种具有夸赞性的文体，以及最适合于施展辞藻才气的诗文作品中，也同样具有质朴的特色。如上面曾述及刘健为毕亨、耿裕、赵锡、丰俭的父母所作墓志铭文等。再如他在《黄陵冈塞河功完之碑》文末所题诗句："中州之水，河其最大。龙门砥柱，犹未为害。大行既北，平壤是趋，奔放溃决，遂无宁区。粤稽前代，筑修数起。瓠子宣房，实肇其始。皇明启运，亦屡有闻。安平黄陵，奏决纷纭，坏我民庐，损我运道。帝心忧之，成功欲亟。乃命宪臣，乃弘庙谟，谆谆戒谕，冀效勤劬。功不且上，复遣近侍，继以勋臣，俾同往治。三臣协力，兼采群谋。昼夜焦劳，罔或暂休。既分别支，以杀其势。遂遏淇流，永坚其闭。水由故道，河患期平。运渠无损，府损通行。工毕来闻，帝心嘉悦，加禄与官，恩典昭赫。惟兹大役，不日告成，感招之由，天子圣明。天子圣明，化行德布，匪直河水，万灵咸附。殊方异域，靡不省王，以漕以贡，亿世无疆。"② 这种叙事风格，显然就是一种平铺直叙式的韵文。但它在记述和表现黄陵冈治河工程的意义上，较之于用艺术性、抽象性很高的诗句来反映更显贴切、更富实效。同样的道理。刘健以韵诗的句式为彭氏世忠堂作碑文，较之于刘大夏、马文升、陈献章等人单纯赋诗相赠就更有意义。

论及刘健著述语态的刚劲，在其奏疏之中表现得更为充分。尤其是在指斥时弊，抗言极谏中的表现就更为明显。如早在弘治十一年（1498）十月刘健刚为首辅，就在所上"修德弭灾疏"中指斥近侍朝臣的不良思想及其对孝宗的影响："或以为天道茫昧变不足畏，此乃慢天之说，罪不容诛！或以为天下太平患不足虑，此乃误国之言，死有余责！或以斋醮祈祷为弭灾，此乃邪妄之术，适足以亵天！或以纵囚释罪为修德，此乃姑息之弊，适足以长恶！向来奸佞之人每用此说荧惑圣聪，妨蠹圣政，以致贿赂公行、赏罚失当、纪纲废弛、贤否混淆、工役繁兴、科派百出、公私耗竭、军民困惫。而大小臣僚被其胁制，畏罪避祸，箝口结舌。下情不达，上泽不宣，愁叹之声仰干和气，灾异之积正此之由。"③ 言辞铿锵有力，振聋发聩。又如在弘治十五年（1502）五月所上"勤政事节财用公赏罚疏"中说："近年赏不当功，罚不当罪，夤缘冒滥者虽无寸功有求必得，奸贪怯

---

① 《明孝宗实录》卷193 "弘治十五年十一月丁酉"条。
② （明）刘健：《黄陵冈塞河功完之碑》，《（万历）开封府志》卷32。
③ 《明孝宗实录》卷142 "弘治十一年十月丙子"条。

懦者罪虽极重亦得幸免，日盛一日，不知底极，皆缘上有不忍之心下多姑息之政以致此耳。"① 直指孝宗晚期怠政姑息之弊。在规谏孝宗崇佛老疏中甚至宣称："臣等素读孔孟之书，惟当以尧舜之道事陛下，若曲为承顺以希容悦，负君误国，罪不容诛！"② 其刚正强劲之风格，跃然纸上。

武宗时期，刘健奏疏中的这种刚正气势愈显突出。在"票拟盐法军法刑罚选举四事疏"中，毫不避讳地揭露新政施行不力皆与武宗宠幸近侍佞臣有关，并以去位抗言："近者或旨从中出，略不与闻。或有所议拟，竟从改易。似此之类不能悉举。而事穷势极，责亦难辞。若顾惜身家，共为阿顺，则欺君误国之罪无所逃于天地之间矣。所有前项四本不敢别拟，谨将原票封进。若以臣等迂愚，言不足信，则当乞身避位以让贤能。"③ 在"论初政纷更疏"中，对弊政的揭露更加大胆，出言淋漓尽致："近者地动天鸣，五星凌犯。星斗昼见，白虹贯日。群灾叠异，并在一时。京城道路白日杀人，西北诸边胡虏猖獗，损军折将前后相仍。战则无兵，守则无食，民生穷困，府库空虚，风俗倾颓，纪纲废弛，赏不当功，罚不当罪，法令不行，名器冗滥。诸司弊政，日益月增，百孔千疮，随补随漏。当此之际，内外臣僚，协心倍力，犹恐弗堪。方且持禄固宠，任情作弊，谗谤公行，变乱黑白。人怨于下而不知，天变于上而不畏。窃尝历观载籍，遍阅古今，未有如此而不乱者也。"④

对比同样在武宗败政背景下为首辅的著名文学巨匠李东阳所上奏疏的语言风格，尤其是他乞休疏中的语态，更可看出刘健的刚正之气。正德初刘健、谢迁被允致仕而李东阳独得留任，东阳即具疏言："臣昨与刘健、谢迁各具疏乞休，而健、迁皆荷俞允，臣独被留。以臣较之二人病尤多而才独劣，若依栖眷恋，苟幸安全，正恐累陛下知人之明，孤先帝顾命之重。"⑤ 此后他虽屡屡疏言乞休，或称"谓可以适情逊志则臣之愚戆有所未能，犹欲其替否拾遗则臣之罄竭无复可强，展转日多，诚不自安"。⑥ 或言"臣禀赋赢弱，生而多疾。早窃官职，勉强驱策，已经四十余年，精力消磨，气血凋耗，其所余者能复几何？今骨痛目昏，病日益增。药饵虽良，猝难取效。凡卑官散秩尚不可容旷瘝之人，况辅导之亲臣，燮调之重任，

---

① 《明孝宗实录》卷187 "弘治十五年五月壬辰"条。
② 《明孝宗实录》卷188 "弘治十五年六月庚午"条。
③ 《明武宗实录》卷10 "正德元年二月戊辰"条。
④ 《明武宗实录》卷10 "正德元年二月癸酉"条。
⑤ 《明武宗实录》卷18 "正德元年十月庚申"条。
⑥ 《明武宗实录》卷19 "正德元年十一月癸巳"条。

不能赞理政机，乃徒叨冒禄位，虽圣德优容不加谴斥，而臣心内省，诚不自安"。① 查阅"明实录"所载李东阳所上乞休疏，无一语涉及对武宗所为的不满，更不用说以去位为规谏之手段。

　　仅从上述刘健与李东阳在奏疏风格上的差异即可看出，一个是指陈时弊时声色俱厉，宁折不弯，一个是引身退避时自陈不足，言辞温婉。其背后不同的个性，正是一个为人刚毅果决，能以合则留、不合则罢的气度以行其意。另一个则处事思虑周全，故而在窘迫中能够以"委蛇曲顺"求得势态和缓以存其身。常言道"文如其人"，刘健的著述风格当然不只是其语言方面遣词造句的水平的表现，更是其思想意识与个性特色的一种必然反映。

① 《明武宗实录》卷29"正德二年八月壬午"条。

第六章　历史时代变迁中刘健的政治形象

社会历史是人创造的，历史研究本身就是人认识和改造社会的实践活动之一。因此，通过对这种研究的历史考察，也可以揭示出社会历史变迁的趋势和特点。对于刘健的认识和评价自明清以来经历了一个漫长的发展过程。对这一过程进行系统的考察，不仅是多角度、更全面地认识刘健作为明代名臣的历史地位和影响的必然要求，同时也可以通过对明清以来人们对于刘健的主观认识与评价的研究，来进一步透视社会历史变迁，尤其是社会政治不断变革、发展的趋向，从而更深刻地凸显出对刘健进行历史研究的价值和意义。本章正是从这种角度出发，试图对明清以来历代官方与民间对刘健的认识与评价进行系统考察与分析。

明清以来的史书中，包含了大量对刘健认识与评价性的内容。笔者汇集了明清时期各种史书中的相关评议共 127 条编制成"明清官方典籍中对刘健评述列表"（见本书附录四）和"明清私修史著中对刘健评述列表"（见本书附录五）以便于概览明清时期各个阶层人们对刘健的认识。由于这些评议在许多方面和内容上具有交叠和重复性，如果不加细致分析，是很难从其表面发现历史演进中人们对刘健评价的发展变化趋势和特点。为了便于叙述和对比研究，本书按官修史籍与私修史书两大类，分别罗列和分析这些资料的内容。

第一节　明清官修典籍中的贤臣榜样

人物评价原本是人们针对特定的人物对象发表其不同的主观认识和意见，因此所形成的结论自然也应是仁者见仁，智者见智。但在明清特定的封建政治制度和体制下，为维护封建统治的秩序与稳定，君臣都要遵循一定的君德臣道规范。立足于官方政治立场和角度来评价政治人物，也就必然要以这种君德臣道的规范为标准来对人物进行衡量。作为明代政治名臣的刘健，明清时期官方对其认识与评价也正是将其置于这种政治规范中来标榜其"贤臣良相"的政治作用与影响。

一　明代官修史籍中的评价

从明代官修史籍中对刘健的认识与评价来看，由于刘健为当朝人，官方对其评论和估价主要是通过皇帝所颁给的诰、敕，或是官员们上呈的奏疏题本中对其的评说来反映的。这些内容在明代官修的实录中大都有所收录。在其他一些经籍文编类或私人文集中也收录有某些个人的少量奏疏。据此，本书搜罗汇集到明代官方对于刘健的评价性语录共35条（见附录四：明清官方典籍中对刘健评述列表），其中"明实录"中有25条，其他史书中收集10条。通过对这些评述内容的分析可以看出，明代官方对刘健的认识与评价，从发展走向与特点上可大体分为三个阶段。

第一个阶段是正德时期以前，官方对刘健的评价比较简略，且不全面，显得不够正规。这种情形首先表现为这期间来自官方对刘健的评论较少。通查实录及各种官员奏疏所载，有关的评论只有4条。在所能查寻到的明代官方评论中，所占比例不到五分之一。其次，从评论方式来看，一种是以极为笼统而简略的方式对刘健入阁前为官的情形进行的评说，如汤鼐奏疏中言刘健为"端方谨厚"类型官员的代表之一①；李孜省小传中也称刘健为"时论所推"。② 另一种是对刘健在孝宗时期的为政情形，作就事论事式的简单评论。如国子监生江瑢在因灾异陈时政的奏疏中，劾刘健、李东阳"杜绝言路、掩蔽聪明、妒贤嫉能、排抑胜己"③；在傅瀚传中，称刘健和谢迁在涉及程敏政之狱中因溺于私怨之怒而"徒知杀人灭口以避祸，曾不思亏损国体，沦丧士气，以玷科目（目）"，等等。④ 这些议论不仅本身带有很大的主观片面性，并且也由此导致其在代表官方评价意义上的似是而非。因此，从总体情形来看，这期间官方并没有形成对刘健的正式评价。

正德以前官方对于刘健的这种非正式评价状况，应当说是当时政治形势客观要求的体现。在孝宗即位以前，刘健只是一位普通的翰林官员或东宫讲官，没有"大臣"之权位，难在朝政中发挥影响，故对其政绩就无从评说。所以无论是汤鼐奏疏或是李孜省小传中都还是从刘健的个性人品方

---

① 参见《明孝宗实录》卷7"成化二十三年十一月丁巳"条。
② 《明孝宗实录》卷8"成化二十三年十二月辛卯"条。
③ 参见《明孝宗实录》卷146"弘治十二年正月乙酉"条。
④ 参见《明孝宗实录》卷184"弘治十五年二月癸亥"条。

面大略予以肯定。之后，刘健入阁且终孝宗之世他都是以阁臣之职居辅政大臣之位，无论从官场人际关系的客观势利性出发，或是由当时朝政基本清宁的形势影响来看，都很难对正位居"宰辅"地位施行职权的刘健作出一种客观的、理性的正式评价。

第二个阶段是武宗时期，同样是当刘健正处于履行辅弼重臣职权的情形下，来自官方对刘健的评论却呈现出一个异乎寻常的高潮期，并且这种评论形成明显的两种态势。

一种是朝廷官员们的奏疏，一律倾向于肯定和称颂刘健的政治地位和作用。早在弘治十八年（1505）九月，监察御史刘玉在因灾异上疏陈言中就劝武宗"信任内阁大臣，日加延问……采纳其言以裨治理"。① 这里虽未明言，却也能看出其对时为首辅的刘健政治作用的某种肯定。户科给事中刘菠奏疏中更明确指出：孝宗"大渐之际召大学士刘健、李东阳、谢迁于卧榻，托以陛下，垂泣而语，期于克缵先业。……伏愿深思遗命，信任老臣，政无大小，咨之内阁，参详可否。而诸司各具题奏之数，赴内阁以查遗漏。则凡天下大利害、大得失，密勿之地无弗与知。而庶政举，宗社安矣"。② 正德元年（1506）三月，六科给事中张文等人、十三道御史李钺等人纷纷以星变天鸣上疏言："大学士刘健等皆顾命老臣，宜数赐召对，咨访治道。臣民章疏、诸司覆奏，宜悉付看详，然后决遣。"③ 四月，南京六科给事中牧相、十三道御史陆昆等又以《礼记》上有言"大臣不亲，百姓不宁"、"大臣不可不敬也，是民之表也"等语为据，恳请武宗信用刘健等顾命老臣，"庶几信任专，事权一，百度修举，而天下无难治矣"。④ 七月，南京六科给事中李光翰等人、十三道御史陆昆等人又上言力陈时弊，极论"亲信内阁大臣，乃兴革之当先务者"。⑤ 以上这些议论，表明众多朝廷官员不仅是认同，并且极为看重刘健等老臣的政治地位和影响力。正德元年十月，刘健、谢迁被迫谢政，"朝野闻二老之去，莫不追伤先帝顾命，叹讶流涕而不能已"。⑥ 给事中吕翀、刘菠，监察御史陈琳等官员纷纷上疏请留二人。刑科给事中吕翀历陈二人不当去之五种利害，强调"健等辅导先帝十有八年，履历清练，恐非新进者所可及。……二大臣之去留，国家

①　《明武宗实录》卷5"弘治十八年九月戊申"条。

②　同上。

③　《明武宗实录》卷11"正德元年三月壬辰"条。

④　《明武宗实录》卷12"正德元年四月壬申"条。

⑤　《明武宗实录》卷15"正德元年七月壬午"条。

⑥　《明武宗实录》卷18"正德元年十月戊午"条。

之安危所系。天下之事未有大于此者"。① 京师言官的奏疏传到南京守备武靖伯赵承庆处，"赵承庆传其奏稿。办事官冯垚录邸报往应天府尹陆珩，以之传示诸司。于是兵部尚书林瀚闻之叹息。南京给事中戴铣、李光翰、任惠、徐蕃、牧相、徐暹亦劾（高）凤、（高）得林，又与南京御史薄彦徽、贡安甫、王蕃、葛浩、史良佐、李熙、任诺、姚学礼、张鸣凤、陆昆、蒋钦、曹闵、黄昭道、王弘、萧乾元等各具疏言（刘）健、（谢）迁先朝元老不宜轻去"。② 至此，官员对于作为朝廷文官集团代表的刘健的疏论评议已达高潮。

　　另一种是来自武宗颁布诏旨敕谕中对刘健的评价。这种评价则与上述朝官们形成完全不同的结论，并且武宗诏旨本身的评价也呈现出前后极大的差别。刘健致仕以前，武宗对刘健等阁臣在保持优礼的同时，也往往在批复奏疏中包含一些对其政治作用很高的评语。如在正德元年（1506）二月、六月、八月刘健等人所上言政事疏的批复中，就对其"切切为治之心"③"忠爱之诚"④"忧国忧民"⑤ 之情等予以肯定。四月，刘健曾上奏疏求退。武宗批复说："卿耆旧重臣，德望素著。受遗辅政，方切倚毗。岂可辄求休致？宜尽心匡弼，不允所辞。"⑥ 直到正德元年十月刘健致仕时，武宗在所赐敕谕中还高度评价刘健的政治生涯说："卿以宏才正学、直道谠论简在先皇，超登秘阁，谟明弼亮盈二十年。王言大宣，德政遐布，抡功校绩，惟尔之贤。暨当末命之初，尤切眇躬之托。比予嗣统，倚任益隆，乃能佐理政机，敷陈善道，坚贞之操，久且不渝，忠义之气，老而弥壮。"⑦ 按说，这已是官方给予刘健的正式评价。但是，由于刘健的致仕是在激烈的政治斗争背景下出现的，此后又受到宦官专权的影响，故武宗几次颁诏旨重新对刘健做了完全相反的论定。正德二年（1507）三月，刘瑾矫诏颁敕谕指责刘健等53名官员"递相交通，彼此穿凿，曲意阿附，遂成党比。或伤残善类以倾上心，或变乱黑白以骇众听，扇动浮言，行用颇僻"。⑧ 正德三年（1508），在一次内批户部覆奏粮草管理问题时还连带

---

① 《明武宗实录》卷18"正德元年十月癸酉"条。
② 《明武宗实录》卷22"正德二年闰正月庚戌"条。
③ 《明武宗实录》卷10"正德元年二月癸酉"条。
④ 《明武宗实录》卷14"正德元年六月庚午"条。
⑤ 《明武宗实录》卷16"正德元年八月辛未"条。
⑥ 《明武宗实录》卷12"正德元年四月癸亥"条。
⑦ 《明武宗实录》卷18"正德元年十月庚午"条。
⑧ 《明武宗实录》卷24"正德二年三月辛未"条。

指斥"刘健、谢迁、韩文等之无知叩阙"①之罪。正德四年（1509），刘瑾、焦芳等人又以刘健、谢迁等在举荐"怀材抱德"之士中有"徇私援引"之罪而削其官爵，追夺诰敕。自此，刘健在政治上完全成了反面典型。

　　然而，正德时期官方对刘健的这种评判是当时朝廷文官集团与宦官势力政治斗争形势变化影响的结果。武宗诏旨敕谕中前后结论的变化正反映着内侍宦官与外朝诸臣力量的变化。明白了这一点，就不难理解这个时期官方给予刘健的评价严格说来只是特殊时期的、非理性的、暂时性的评判，并不具有稳定、确实的意义。

　　第三个阶段，是明世宗以后，官方对刘健的评价也呈现出前后两种不同的情势。

　　第一种是在世宗前期通过世宗所颁诏旨敕谕正式形成明代官方对刘健较为客观而全面的评价。正德十六年（1521）五月，世宗刚即位即有诏查询"先朝直言守正、降黜并乞归诸臣，死者议恤，生者录用"。吏部在覆奏调查结果中称："大学士刘健，耆德重臣，首见废置而优老之恩数未加。"世宗即命遣官存问，并赐敕谕。其敕谕一开始就说："人臣之事君，得志行道、树功烈于当时者固难，而名遂身退、康宁寿考、始终全节、足以系天下之望，尤为不易。"这样的文辞，实际上赋予刘健以一代名臣的赞誉。接着敕文又对不同时期刘健的为政情形进行了评论，尤其是在刘健入阁后，"朝夕献替，不诡不随，培植人才，爱惜善类，宣达民隐，慎守彝章。延访于便殿，赐问于平台，危言谠论，裨益弘多。是致弘治十有八年之间政事清明"。弘治末年，因受孝宗临终顾命，"推诚付托，至切至专"，所以当武宗初期，他"随事纳忠，曲为匡救。其毅然不可回之气，往往形于词色。厘革宿弊，斥逐群小"。当直道难容，臣道难行时又毅然"告老而归。高风大节，播在天下"。最后，对于刘健一生为官为政之勋业，世宗还称其"求之当代，实鲜其伦。惟昔宋之名贤如司马光、文彦博辈，皆卿乡哲，揆其始终进退之大义，卿亦不多让焉"。②

　　从以上内容可见，嘉靖初期，朝廷在充分估价刘健的政治功绩的同时，也对其人品官风给予了高度认同与赞扬，故世宗言"卿之贤于人远矣"。③嘉靖五年（1526）十一月刘健卒，朝廷照例给予祭葬优礼的待遇，

---

① 《明武宗实录》卷41"正德三年八月甲申"条。
② 《明世宗实录》卷2"正德十六年五月丙辰"条。
③ 同上。

并赠官太师，赐谥"文靖"。

第二种情形是嘉靖六年（1527）朝廷给敕、赐谥以后终明代之世，不再有皇帝诏旨敕谕中对刘健的直接评价。官员奏疏中也极少有专门评论刘健的内容，但以刘健或为楷模或为援引的奏议却并不鲜见。嘉靖年间御史郑洛书在请世宗亲儒近贤时说："如致仕大学士谢迁、刘健、尚书林俊、孙交皆海内之望。"[①] 而大多数的奏疏中对刘健的议论基本都是在议论时政问题中，援引刘健为政情形为榜样或事例而加以发挥性议论。明神宗万历五年（1577），云南巡按御史陈文燧所上"制御土夷十事"疏时，就盛赞刘健所说"思禄有官犹可制。即无官，其僭自若也，不如因而官之"之言，"真御夷上策"。[②] 不过，在这些官员奏疏中更多的还是以刘健秉节刚正的为政风范来激励官员们的气节。如"大礼议"过程中御史曹嘉称："包容狂直，所以激敢谏之忠；优礼旧臣，所以全堂廉之体。伏望陛下速允（杨）廷和休致以曲保其身家，仍将史道薄示惩戒以少舒其愤懑。公法既行私情亦遂。庶几九卿六部，近慕刘健、谢迁、韩文、马文升、刘大夏之风；六科十三道，远追薛瑄、王弦、钟同、林聪、叶盛之议。"[③] 万历十六年（1588）十月，河南道御史马象乾奏劾辅政大臣不能像当年刘健等人屡抗圣旨，勇于与刘瑾势力进行斗争，而是"以阿意顺旨为调停，以局促避怨为忠原"，似此"危而不持，焉用彼相？"[④] 事后马象乾下狱，内阁大学士许国、王锡爵上疏申救，称如此治罪马象乾将使其"上何以见九庙在天之灵，下何以见刘健等于地下"。[⑤] 在此也同样显示出对刘健为官气节的肯定与赞扬。到了天启年间，朝廷文官集团在与魏忠贤阉党势力的激烈斗争中，官员们就更多地援引刘健为例，表现其秉持正义之气节。福建道监察御史李应升在劾魏忠贤疏中称："君侧不清，焉用彼相。一时之爵位有尽，千秋之青史难欺。不欲为刘健、谢迁者，恐并不能为李东阳。倘画策投欢，不几与焦芳同传耶？"[⑥] 吏科都给事中魏大中请治罪魏忠贤疏中也称："天祚圣明，揆地济济，必无焦芳、李东阳者厕于其间。谢迁、刘健不失臣节而共事，固有什百者济危扶颠，瞻仰此举，无徒令群臣惕号于

---

① 《明世宗实录》卷65"嘉靖五年六月乙亥"条。
② 《明神宗实录》卷64"万历五年七月戊子"条。
③ （明）曹嘉：《持公论破私党以定国是疏》，（明）贾三近《皇明两朝疏抄》卷12。
④ 《明神宗实录》卷204"万历十六年十月丙子"条。
⑤ 《明神宗实录》卷205"万历十六年十一月戊寅"条。
⑥ （明）黄日升：《颂天胪笔》卷8《赠荫·李应升》。

下，圣主真孤立于上而莫之肯忧也。"①

综合以上内容可以看出，明代官方对于刘健的评价较为明显的倾向有两个。

其一，从总体而言，对刘健持有肯定与褒扬的态度，并以刘健为贤臣名相的代表。在本文所引录明代官方对刘健的35条评论中，属于否定性的评语仅有4条，其中2条为正德年间刘瑾乱政时矫诏所为。几年后刘瑾伏诛，这种评论已不为官方承认。国子监生江瑢所劾刘健、李东阳之罪过实际在当时就不为孝宗所承认。剩下仅有"明实录"在傅瀚传中所论刘健于程敏政狱案一事之议论，属于明显带有激愤情结的指责。除去这条，其他评论则完全是对刘健持以肯定和称颂的评论。

其二，这种官方评价与现实政治的关系十分密切。这除了表现在官方评价的政治立场极为突出之外，还表现在评价情形受政治形势变化的影响极大。当评价对象所属的政治势力居于社会政治上的主导地位时，对其政治评价显著拔高，相反时就可能极为贬低。在明代正德以前官方对于刘健的评价一波三折的情形，正反映出从孝宗到武宗时期这种政治形势变化的特点。世宗之后，刘健已离开政治舞台，再则新皇帝明世宗与孝宗、武宗父子并无直系血缘关系，在政治上也无必要维护孝宗或武宗的政治立场，因此这时对刘健的政治评价就只能是立足于封建政治的总体要求和一般规范，而较少受到各种具体利害关系和因素的影响。从世宗时期对刘健的评价内容，更可看出其作为"贤臣良相"的政治地位与作用所产生的意义。

二　清代官修史籍中的评论

明朝灭亡之后，从东北入主中原的清朝贵族在明王朝的废墟上重建封建政治的统治秩序，并进一步加强了以皇权为核心的君主专制制度。与此相应，在思想文化领域，儒家思想依然是占统治地位的意识形态主导理论，儒家那种对于君德臣道的要求在人们思想意识中仍然被奉为正宗。因此，清朝统治者对于明代名臣刘健在政治上的评价就自然是承继明代官方的结论。这在清代官修《明史》中就十分显著地反映出来。

在《明史》刘健本传中，如同明武宗、明世宗赐予刘健敕谕中的评述内容一样，也给刘健做出了较为全面的评价。其先称述了刘健入仕早期即"谢交游，键户读书……练习典故，有经济志"，以及"学问深粹，正色敢言，以身任天下之重"的个性品格，继之论述其在孝宗时屡屡疏"陈勤朝

_____

① （明）黄日升：《颂天胪笔》卷6《赠荫·魏大中》。

讲、节财用、罢斋醮、公赏罚"及受召面议诸政务，"当是时，健等三人同心辅政，竭情尽虑，知无不言。……诸进退文武大臣，厘饬屯田、盐、马诸政，健翊赞为多"。武宗即位之初，"健等厘诸弊政。凡孝宗所欲兴罢者，悉以遗诏行之"。既而对于武宗在内侍宦官引导下的淫逸败政，"健等极陈其弊，请勤政、讲学。……健等恳切疏谏者屡矣，而帝以狎近群小，终不能改"，于是才有刘健等人谋去内宦"八党"。虽然事未成功，而"其事业光明俊伟，明世辅臣鲜有比者"。本传中还屡屡引录刘健当年上疏中规谏孝宗、武宗之言，以显其秉正执言之见识与气节。最后，在概括刘健为臣做到了"正色直道，蹇蹇匪躬。阉竖乱政，秉义固诤。志虽不就，而刚严之节始终不渝"的同时，称"有明贤宰辅，自三杨外，前有彭、商，后称刘、谢，庶乎以道事君者欤？"①

　　除了刘健本传外，在《明史》其他各处也包含有诸多对刘健的正面肯定与评价的论述。如在与刘健同传的徐溥、谢迁、李东阳等阁臣本传中屡屡言及他们"协心辅治，事有不可，辄共争之"。② 或者"竭心献纳，时政阙失，必尽言极谏"③，并引录谚语称之："'李公谋，刘公断，谢公尤侃侃'。天下称贤相"。④ 对刘健在孝宗初期之为政，在刘吉传中称其见"同列徐溥、刘健皆正人……两人有论建，吉亦署名"⑤，窃美名以自盖。汤鼐传中引其奏疏称刘健之"端方谨厚"。⑥ 刘大夏传中提到："当是时，帝方锐意太平，而刘健为首辅，马文升以师臣长六卿，一时正人充布列位。"⑦ 在论及弘治时期孝宗用人之明时还再次以刘健为"正人""君子"之代表说："孝宗之为明贤君，有以哉。恭俭自饬，而明于任人。刘、谢诸贤居政府，而王恕、何乔新、彭韶等为七卿长，相与维持而匡弼之。朝多君子，殆比隆开元、庆历盛时矣。"⑧ 对于刘健在武宗时期以顾命大臣辅翼新政、斥逐群小时的地位和影响，《明史》在刘玉和刘菃、吕翀、赵佑、戴铣传、李光翰、陆昆、蒋钦等言官传中都引其奏疏内容，表其对刘健直节的肯定态度。在宦官刘瑾传中还特别指出正德二年（1507）三月榜示以

① （清）张廷玉等：《明史》卷181"赞"
② （清）张廷玉等：《明史》卷181"徐溥传"
③ （清）张廷玉等：《明史》卷181"李东阳传"
④ （清）张廷玉等：《明史》卷181"谢迁传"
⑤ （清）张廷玉等：《明史》卷168"刘吉传"。
⑥ （清）张廷玉等：《明史》卷180"汤鼐传"。
⑦ （清）张廷玉等：《明史》卷182"刘大夏传"。
⑧ （清）张廷玉等：《明史》卷183"赞"。

刘健为首之 53 人为"奸党"者，"皆海内号忠直者也"。① 另外，在郑洛书、邹维琏、李应升等人传记中，通过部分引录其奏疏内容，在表示对这些人物忠直气节的赞扬的同时，也反映出其对刘健的肯定。

如同在纂修《明史》时大部分资料及评述都取自于明代史籍一样，清代其他一些官修史籍中，也都承继了明代对刘健的政治评论。作为官修《明史》定本之前期基础的万斯同主修《明史》、王鸿绪主修《明史稿》，以及由官方组织编修的《（雍正）河南通志》等史书之列传中，对于刘健的评价除了语句及语序有差别之外，其基本内容也都是一致的。另外，《御批历代通鉴辑览》《御定资治通鉴纲目三编》等史书述及成化二十三年（1487）刘健入阁时，也承袭了明代史籍对刘健的评论。或者说刘健"入阁后正色无所依违，以身任天下之重"②，或称"健学问深粹，以身任天下之重。……于时群邪渐黜，众正并升，海内欣然望治矣"③。述及嘉靖六年（1527）三月刘健卒事时，又论道："健器局峻整，学问深邃，在阁时，同列李东阳以诗文引后进，海内士皆抵掌谈文。健若不闻，独教人治经穷理。其事业光明俊伟，明世辅臣鲜有比者。"④

由以上内容可见，在清代与明代相同的政治制度背景下，对于刘健履行臣道的实践，两朝官方的认识与评价是一致的。不过，也应看到在具体方式和风格上，两者的评价上还是存在一些差异。

首先，刘健在明代为当朝大臣，而与清代政治无直接联系，因而两朝官方对其评论的热烈程度明显不同。从本书附录所汇集各种官修史书对刘健的评论可以看出：在明代，从刘健入仕到明末 185 年间，官方对其评价共有 35 条，而在清朝 271 年的官修史籍中的评论只有 28 条。并且在其他史籍中的 8 条评论内容完全与官修定本《明史》中的评论一样。这就说明清代官方史籍对刘健的评论实际只相当于 20 条。即使《明史》中这 20 条，除了刘健本传，以及徐溥、刘健、谢迁、李东阳传的卷末赞语中是对刘健进行的直接评论外，其余各传都不是直接评论刘健，而是通过语气、语境表现出对刘健的某种肯定与褒扬。其实这种对刘健评价的热烈与否，受刘健自身与现实朝政关系密切与否影响的情形，在明朝内部也有显著的反映。明代官方的 35 条评论中有 27 条分别是在孝宗、武宗、世宗三朝的

① （清）张廷玉等：《明史》卷 304 "刘瑾传"。
② （清）傅桓：《御批历代通鉴辑览》卷 106 "成化二十三年十一月"条。
③ （清）张廷玉等：《御定资治通鉴纲目三编》卷 15 "成化二十三年十一月"条。
④ （清）傅桓：《御批历代通鉴辑览》卷 108 "（嘉靖丁亥）三月前少保谨身殿大学士刘健卒"条。

不同时期出现的。明代后期刘健已故，其与朝政关系较为疏远，所以官方正式评论也随之减少。到了清代，刘健已完全成为前代历史人物，在官方政治中既已无影响，自然也就无须直接的政治评论。

其次，如果说明代官方对刘健的评论更凸显了政治立场和角度的话，清代官方对于刘健的评价则完全属于史学评价的范围。在明代，官方对刘健的评论虽然也被引录于史籍之中，但这些评论都是通过皇帝诏旨敕谕、官员议政奏疏等正式的朝廷政治文献中体现出来的。这些政治文献实际上就是当时朝政内容的一部分，在当时官方政治活动中占有重要地位和影响。至清代，刘健作为前代历史人物不仅与现实朝政毫无关系，并且在清代统治者为了显示自身较之于明代统治者更具有统治能力而对明朝君臣抱以"冷眼旁观"的态度时，也不可能对刘健这样一位明代大臣立足于朝廷政治级别上进行评说。所以，清代官方政治文献从皇帝诏旨敕令到官员奏疏，都不曾涉及对刘健这位明代阁臣的评论。官方对于刘健的认识与评价就只能是限于史学领域以"资世治政"立场来进行的议论。

再次，从评价的内容来看，明代官方主要是立足于实际政治的要求，从政治地位与影响的角度对刘健进行总体性评价，因而其评语就显得抽象而空泛。清代官修史籍既是侧重于史学角度，以明代大量的官、私史书为资料依据，并且在官修明代史的大规模、长时间的活动中，以修史为职志的明末遗臣参与其事。这就使得清代官修明代史籍凸显出不同于明代官修本朝史籍那样受现实政治影响深刻。所以，在清代官修史籍中对刘健的评价既有专门性的全面性评论，也有就其某些方面局部性的评述。从这里可以看出，清代官修史籍更多地承继着明代私修史书对刘健评述的情形。这也是其史学立场和角度倾向的具体体现。

最后，从评价态度上看，清代较之于明代官方对刘健的看法也更为客观，正所谓"盖棺定论"。如前所述，在本书所引录明代官方对刘健的35条评论中，属于否定性评语的仅有四条，其中两条为正德年间刘瑾乱政时矫诏所为，几年后刘瑾伏诛，这种评论便不再为官方认可；另一条为国子监生江瑢所劾刘健、李东阳之罪过，这在当时就为孝宗所否决；剩下的一条是明实录在傅瀚传中所论刘健于程敏政狱案一事之议论，属于明显带有激愤情结的指责。比较起来，清代的评论要显得冷静得多。其表现之一是在总体肯定和称赞的同时，在一些具体方面也指出刘健为官中存在的失误。《明史》中就多处提及刘健在荐用人才方面有些做法颇值得质疑。如记述孝宗曾对刘大夏言："健荐（刘）宇才堪大用，以朕观之，此小人，岂可用哉？由是知内阁亦未可尽信也。"① 再如当武宗欲将已处于窘境的刘瑾等八人徙置南京，刘健等人不同意。吏部尚书许进对刘健说："过激将有变。"而刘健仍未听从。② 这些记述中不仅没有采用如明代那样情感色彩浓厚的议论方式，同时也未用任何其他直接评价方式来论说刘健之所为，而是以委婉而含蓄的方式表现出对刘健的看法。还有一例是刘统勋编《评鉴阐要》中评论弘治十年（1497）三月孝宗宣召徐溥、刘健、李东阳、谢迁四位阁臣面议政事时，"刘健请以事端多者出外详阅"。作者对此评论说：遇孝宗这样能够"从容延接"大臣，裁决政务的"励精图治之君"，"刘健等正宜殚志竭诚以冀赞成上理，何转以事体繁多请出外详阅？是君方殷勤垂询而臣子意已惮烦，不独无以副畴咨亦实所以乖夙夜"。③ 由此可见，在清代官方的评论中，刘健已不单纯为政治上的榜样，而是一个被后人研究评议的具体历史人物了。

总之，清代官方对刘健的评价结论在与明代具有一致性的同时，也存在着评价风格上的差异。前者取决于两朝共同的社会模式和政治制度背景对于臣道要求规范的一致性，而后者则是由于时代变迁形成的政治立场与历史视角转换产生的对历史人物评价的影响。可见，历史人物的评价，尤其是对政治舞台上的历史人物立足于官方立场的评价，常常是随着历史时代的变迁而变化，随着政治立场与史学立场的转换而不断变化的。

第二节　明清私修史书中的良相风范

一般说来，对人物能够作出较为客观而全面的评价通常应具有两个前提：一个是从时间的纵向维度上应在"盖棺"之后方可有"定论"。对于政治人物而言，在其政治行为结束以后，针对其产生的实际作用和影响来进行评价就显得更切实际。正因如此，在刘健已成为历史人物的明代中期以后，以至于到清代，官方立足于封建政治制度背景下的臣道规范立场上对其进行评价才显得较为客观。另一个是从"空间"维度上言，评判主体的分散化和广泛化，有助于减少主观偏颇与片面性，有益于形成对评判对象在不同侧面、不同角度综合考察之后的全面认识。明清时期官方对刘健

---

① （清）张廷玉等：《明史》卷306"刘宇传"。
② 参见（清）张廷玉等《明史》卷304"刘瑾传"。
③ （清）刘统勋：《评鉴阐要》卷11《孝宗》。

评价的立场，是以封建政治制度要求的臣道规范为基本准则。这种狭隘的政治立场必然带来对刘健评价的制约和偏向。然而，透过明清时期众多私修史书中对刘健的种种议论，可以更全面地反映出明清时期人们眼中的刘健形象。当然，离开了某种政治规范的严格要求与制约，人们可以完全依据其不同的立场来多角度、多层次、多方面地认识刘健这位明代名臣，由此形成的对于刘健的认识与评价，从内容到形式就会更加多样化、复杂化。明清时期私修史书中对刘健的种种评论正是这样一种情形。

需要说明的是，史著体例的不同多少也会影响到对人物的评论倾向。尤其在人物传记类史著中，无论是出于作传者之本心或虚意，其对传主的评论通常较之于其他体例史书更易于带有歌功颂德的倾向。为此，本书在汇集明清时期各种私修史书中有关刘健的 61 条评论资料时，将其按传记类史著中的评论和杂史、笔记及其他史书中的评论分列成表（见附录五：明清私修史著中对刘健评述列表），以便于比较研究。

一　明代私修史书中对刘健的认识与评价

私修史书在明代，尤其是明中期以后极为盛行。对于刘健这位声名卓著的政治人物，各种私修史书自然少不了对其事迹的记述和议论。在本书所汇集明清时期各种私修史书中对刘健的 62 条评论中，明代的评论达39 条，占有近三分之二的比重。通过对这些内容的分析可以看出，明代私修史书中对刘健的认识与评价既着眼于其政治作为的评述，也有从其学术、品行及其性格等多种角度的议论。其具体表现有如下几个方面的特点。

（一）寓论于史的评述风格

在明代，私修史书虽然与官修实录都有以史资治的共同目的，但从立场上看，官修本朝实录更凸显政治性。其评价人物、史事的立足点是整个社会政治，确切地说是当时朱氏王朝统治的长治久安。而私修史书在具体修纂动机和目的上则体现出多样性，其评价人物和历史事件主要侧重于从个人角度来认识评价对象的社会地位和影响。这种修史意识的差别形成了两种史书在作人物评论时的表述方式与风格上的极大差异。其最为突出的表现，就是官方史籍通常是从政治立场上对人物进行抽象的、高度概括性的整体性评价，而私修史书则是侧重于史学立场，以寓论于史的叙述方式对人物做或是整体性或是具体方面的点评。

在有关刘健传记类的明代私修史著中，只有极个别情形下对刘健的评论与官方那种宏观抽象的评论风格相似。如与刘健同官的谢迁、李东阳在刘健仍在位时所作记文中的一些评论就是如此。谢迁在所作刘健祖父刘荣神道碑文中说："今少傅公，正学直道，宏才伟识，受知圣明，位隆辅弼，方以身任天下之重，海内瞻仰，为国柱石。"① 李东阳在所撰刘健之父刘亮神道碑文中也称："今少傅公名德重天下，屹然为一代元臣。"② 这种泛泛而论的表述方式，显示出对刘健极力颂扬性的倾向。如果从当时刘健与谢迁、李东阳三人同在内阁，刘健为首辅的现实情况来考虑，这种表述也属当时官场人情之常态。

但是，从刘健去世之后他的门生故吏们为其所作碑文传记开始，以至于以后各种私修史书中的议论，便都体现出将对刘健的评价与其具体事迹的介绍紧密结合的评述方式。刘健的门生刘龙在所撰刘健《行状》中，述其入阁后"凡朝廷大制作，无不经手。同列率为倚重。……与西涯李公、木斋谢公同心辅政。上方委任，言无不行。天下晏然称治平。……孝宗大渐，召到寝殿御榻前，与李、谢同受顾命。握手谆谆，至唏嘘不能忍。本朝名相盖未之前闻也。正德改元，力赞新政。若上耕籍田、幸太学、御经筵、册大婚、修孝庙实录，百度肃然，期于正始以承弘治之盛。而逆瑾方谋擅权，阻浇（挠）不果，竟以老乞休。……每闻六飞出狩，终日不乐，至废眠食"。在这样夹叙夹议介绍其政治经历之后才说："公忠义在朝廷，名望在天下，勋业在史册，自有不能泯者。"③ 再如在弘治时期受知于刘健的杨一清在所撰刘健神道碑文中，述刘健"晚年遭际孝庙，与西崖李公、木斋谢公同心辅政。有所献纳，多荷采行。遇有缺失，尽言匡正，无所忌避。……上推心任之，不时顾问。三公亦慨然以天下为己任。中外欣欣谓治平。方始而龙驭忽上宾矣。大渐之日召公及李、谢二公至寝殿榻前顾命，累十数言，公等顿首泣受，呜咽不忍出。逮事武宗，耕籍田、幸太学、册大婚、颁诏天下，嘉惠贫民，肃然正始。属逆瑾窃柄，奸谀盘据，国事日非。公与二公上疏极言，至再至三，不得报。则相率求引退"。在与刘健以前明代得获"文靖"谥号的其他大臣相比较之后，杨一清才称刘健"位极人臣，寿至九十有四。功成身退，完名以归其乡者二十有奇。谓

---

① （明）谢迁：《大明赠光禄大夫柱国太子太保礼部尚书兼武英殿大学士刘公神道碑》，《（弘治）河南郡志》卷24。

② （明）李东阳：《大明陕西三原县儒学教谕致仕赠光禄大夫柱国太子太保礼部尚书兼武英殿大学士刘公神道碑铭》，《（弘治）河南郡志》卷24。

③ （明）刘龙：《特进光禄大夫左柱国少师兼太子太师吏部尚书华盖殿大学士致仕晦庵刘文靖公行状》，《紫岩文集》卷41。

为古今之仅见者，然邪？"①

　　应当指出的是，虽然刘龙、杨一清、贾咏等人都曾是刘健的故僚，但刘健本人在官场人际交往中既乏门派意识，也少交际能力与水平，这使得他与门下的许多人在情感上并未显示出十分深厚，因而在这些人的著述中涉及对刘健的评论时，往往能够站在较为客观的史学立场上发出比较实事求是的议论。这也恰是作史传者应有的态度与立场。因此，这种评述方式与风格便在后来廖道南《殿阁词林记》、雷礼《国朝列卿记》、项笃寿《今献备遗》、邓元锡《皇明书》、唐鹤征《皇明辅世编》、尹守衡《皇明史窃》、何乔远《名山藏》、张萱《西园闻见录》、过庭训《本朝分省人物考》等史书中的刘健传中更显著地表现出来。一方面，这些史传中增加了一些前期有关刘健传记中未曾述及的史事史迹，以支撑其所承继于以前传记和官方评论中的一些观点和结论。另一方面还引录许多刘健奏疏内容作为对刘健事迹评述的根据。如唐鹤征在《皇明辅世编》刘健传中，在大量引述刘健奏疏内容论析之后说："刘文靖盖古之遗直也。毋论其言之入与不入，而知则无不言，言则无不尽也。然当孝庙在御，则天下并受其福。"② 此外，在许多并非为刘健所作传记类的史书中对刘健的评论，也同样体现这种寓论于史的评价风格。如费宏所作谢迁神道碑文中就说："孝宗敬皇帝临御十有八年……一时辅臣则有若太师晦庵刘文靖公、西涯李文正公、太傅木斋谢文正公，至与孝庙相终始，明良相值，于斯为盛。孝庙上宾，预受顾命，逮事武宗，功成身退，卒归于正。"③

　　除了传记类史著之外，在一些私修杂史、笔记及其他史论类著述对刘健的评论中，也具有一定程度的寓论于史的评述特点。如前引王琼在《双溪杂记》中的评述，言刘健居官不私乡故："弘治间内阁刘健，河南人；李东阳，湖广人。时仕显达者，河南则马文升、许进、刘宇、焦芳、李镃。湖广则刘大夏、王俨、熊冲等。健与文升等虽同乡，而不阿比。文升，兵部，每以军职官不堪委任欲添设兵备按察司官监之。健屡止之，票拟不准。后因奏设九江兵备，兵科都给事中夏祚论之，令文升回话认罪。许进为户部侍郎，同平江伯陈锐统师出宣、大御房，畏怯婴城，自守无功，罢进职致仕。焦芳为吏部侍郎，建言御房少事。健票旨云：'这本所言窒碍难行。'芳以为愧。李镃为鸿胪卿年深，止转南京太仆少卿。……

　　① （明）杨一清：《少师刘文靖公神道碑铭》，《（乾隆）河南府志》卷89。
　　② （明）唐鹤征：《皇明辅世编》卷2"刘健传"。
　　③ （明）费宏：《光禄大夫柱国少傅兼太子太傅户部尚书谨身殿大学士赠太傅谥文正木斋谢公神道碑铭》，《费文宪公摘稿》卷19。

刘健在内阁居首，河南信阳人何景明年少能诗，人以为首相同乡必选入翰林无疑。健曰：'此子福薄，能诗何用。'不取。后景明除中书舍人，官至提学副使，不寿卒。自来居内阁不党比故旧，仅见健一人。"① 这一类史著中议论人物时，更多的是将人物放在与其他众多人物的比较中实现其寓论于史的品评。王琼对刘健的评述，实际上就是将他与李东阳以诗文援引人物形成的党比之势相对照来评述的。在论及刘健的相业、地位时，一些史著是通过将其列入弘治时期名臣中来表现，说"弘治最多名臣，内阁则刘健、李东阳、谢迁，六曹则耿裕、倪岳、余子俊、周经、张悦、戴珊、闵珪、韩文，侍从则杨守陈、吴宽、玉鏊，方镇则秦纮、王越"。② "徐文靖溥、刘文靖健、李文正东阳、谢文正迁，相业不可诬也。史官称其端靖宽绰，文雅亮直，殆有见者"。③ 也有些是将其置于整个明代名臣的范围中来体现对的肯定，称"我朝宰相，清淳则河东之薛；学业则琼山之丘；刚方则淳安之商、溧县之岳；博大则宜兴之徐；清介则全州之蒋；严正则陈留、洛阳之二刘，余姚之谢；风流文雅则长沙之李；有才断、肯担当则新都、京口之杨、永嘉之张。此则列圣甄陶，英贤辈出，皆卓然可称，而无愧于前代诸人者也"。④

总的来看，明代私修史书中以寓论于史的评论方式对刘健的评价，较之于官方立足现实政治立场的评价，更能显示出立足于事实的客观性。

（二）政治评论中的众说纷纭

刘健在明代历史上是以政治人物的角色出现的，因而在私修史书中对其政治地位和作用的评论是必不可少的重要内容。由于私修史书的纂修者大都是现任或曾经为朝廷官员，这就决定了其政治评论的立场和官方评价立场较为一致。但私修史书因较少受到官方政治规范的严格要求，故可以在一定程度和范围内发表各自不同的认识与看法。因此，就对刘健的政治评价来看，明代私修史书中的评论观点虽总体上与官方评价具有一致性，但在具体方面却包含有一些是非难辨、优劣相掺、众说纷纭的情形。

首先，在总体评价上，私修史书中对刘健政治地位和作用的肯定与褒扬与官修史籍中的评价基本是一致的。有的甚至直接称颂，如"刘公，我明第一人也。功烈炳炳琅琅，多载史册"。⑤ 有的则在其他议论中包含着对

---

① （明）李默：《孤树裒谈》卷10《武宗上》。
② （明）雷礼：《国朝列卿纪》卷25《吏部尚书行实》之"马文升传"。
③ （明）张岱：《石匮书》卷120《刘健谢迁传》。
④ （明）何良俊：《四友斋丛说》卷7《史三》。
⑤ （明）张师绎：《月鹿堂文集》卷4《太师刘文靖公小传》。

刘健的肯定，如"古来帝王，皆有功臣侑食。……孝宗朝如刘健、刘大夏等，武宗朝如李东阳、杨廷和等，世宗朝如张孚敬、徐阶等，穆宗朝如高拱、杨溥等，皆其选也。草野之见，不知可备采择否？"① 这里虽然是讨论帝五侑食的仪节之事，且对所提议为各朝皇帝侑食的"功臣"人选略显自谦而少自信，却也已经表现出对刘健政治地位的肯定与认同。陈建在论及功臣配享之制时就十分明确地肯定了对刘健的认同，他说："有一代之君，必有一代之名臣、硕辅应时而出，为之股肱心膂，乂安四海，与国咸休……在孝宗时则有若丘浚、刘健、王恕、刘大夏诸人，在武宗时则有若谢迁、韩文、梁储、蒋冕诸人。皆勋名事业灼灼，在人耳目。"② 在另一些传记类史著中，有许多是以概括、总结性的评述方式来充分估价刘健的政治地位和作用的。如说他"骨相奇古，学问深粹，行淳履正，早际圣明，晚罹近幸，进不盈多，退不窘戚，称近世贤辅云"。③ 或者说他是"赋性刚正，理学深邃，以伊洛为宗，任天下大事，未尝迂曲。翊运三朝，夷险一节。终辅孝宗，位冠群臣，天下想望风采。即所建立，声施后世，至今虽深山穷谷，语及弘治时事，未尝不太息、殒涕也"。④在杨一清所撰刘健《神道碑》文中论及刘健晚年政治作为时，更能体现这种归纳总结的特点。其先言刘健"晚年遭际孝庙，与西崖李公、木斋谢公同心辅政。有所献纳，多荷采行……"等政绩，再总结说："公位极人臣，寿至九十有四，功成身退，完名以归其乡者二十有奇。谓为古今之仅见者。"⑤

其次，明代私修史书中对刘健在作整体上肯定与褒扬的同时，对其某些具体事例上的表现则是就事论事式的议论，或是颂扬，或是肯定，或者表示质疑，或者表示指责，呈现出众说纷纭的评价倾向。

如论及刘健在孝宗时期的政治作为，陆深称"观贾南坞阁老所撰墓碑，颇不称公相业"⑥，表示对贾咏撰刘健墓志铭中的评价的不满。何乔远的《名山藏》、项笃寿的《今献备遗》、张岱的《石匮书》等史书的刘健传中都称其时"上仁慈敬慎，望治虽切而谨守旧章，不轻变易，尤恶惨核之政。健念上体清癯，太子未壮，恐一旦有意外，虑务却谋远顾，省机密发，使天下隐受其庇。至上语及宫中之政，毅然创抑，欲尽洗刷近侍权，

① （明）沈德符：《万历野获编》卷1《太庙功臣配享》。
② （明）陈建：《皇明从信录》卷15 "洪熙元年三月"。
③ （明）邓元锡：《皇明书》卷17 "刘健传"。
④ （明）雷礼：《国朝列卿纪》卷11 "刘健传"。
⑤ （明）杨一清：《少师刘文靖公神道碑铭》，《（乾隆）河南府志》卷89。
⑥ （明）陆深：《俨山外集》卷6《知命录》。

复太祖旧章。然亦未敢轻动也"。① 这种说法与官方评价中的极力推崇相对照，显示出对刘健政治地位和作用的一种有限度的肯定。也有人在其他一些议论中，明显流露出对刘健等重臣政治作为的一种质疑态度。其言在孝宗之世，虽众多贤俊得以登用，然"辅臣贤者顾止于端靖，欲大更化，还盛时之旧，宜其难矣。故弘治之治逊于古。孝皇之泽斩于子。悲夫！"②

再如对于刘健在正德元年请诛刘瑾失败后致仕退隐一事，有人认为他"以道事君，不可则止"③，表现出大臣的直正气节。有人则认为这是自我保护的表现。刘龙在所撰刘健行状中说他"归田以来，值时难危，益务韬晦，不存形迹"④，就是立足于自我保护立场上的评述。在这一点上，唐鹤征《皇明辅世编》中就说得更明白。其称：当时刘瑾乱政，缙绅遭祸，"健益惧，杜门谢客"⑤。但《国朝列卿纪》刘健传中对此又完全是另种看法，"或者谓公受先帝命，当以身徇国，乃即引身去，为公歉。……即使公不归，复抗节不谀瑾，公必罹祸。即罹祸，于瑾无悛也，徒重坏国体耳。公既诤不从，义惟有去，即去后亦落职。公盖熟虑之矣。呜呼，文靖始终之义备矣哉！"⑥

此外，还有对于刘健当政时不党比乡故的做法，有人称颂其为公正，也有人怀疑其对人才缺乏明辨之识。李贽就说："故旧虽不当徇．人才尤不可弃。"⑦《中州人物考》在刘健传中述及，当孝宗问李梦阳上疏之言事时，刘健以李梦阳"狂妄小人耳"相对。作者评论说刘健此语"亦未免失言。其不为同乡徇情面，亦当另有说。如事在当从而必不从以示公，则偏亦甚矣"。⑧ 对此，另一些史传中则又有不同的记载和评述。《弇州史料》在史乘考误中转引《韩苑洛杂志》的记述说："李梦阳劾张鹤龄有云'陛下待张氏者厚矣'。上震怒，下锦衣狱。中外汹汹，不敢言。越数日，上召大学士刘公健议事毕，健从容请曰：'李梦阳不知有何大罪，皇上怒之甚也？'上曰：'他无理，直呼皇后为张氏。'健顷（顿）首曰：'张氏指

① （明）何乔远：《名山藏》卷70"刘健传"；（明）项笃寿：《今献备遗》卷19"刘健传"；（明）张岱：《石匮书》卷120"刘健传"。

② （明）邓元锡：《皇明书》卷17"谢迁传"。

③ （明）廖道南：《殿阁词林记》卷2"刘健传"。

④ （明）刘龙：《特进光禄大夫左柱国少师兼太子太师吏部尚书华盖殿大学士致仕晦庵刘文靖公行状》，《紫岩文集》卷41。

⑤ （明）唐鹤征：《皇明辅世编》卷2"刘健传"。

⑥ （明）雷礼：《国朝列卿纪》卷11"刘健传"。

⑦ （明）李贽：《续藏书》卷11"刘健传"。

⑧ （清）孙奇逢：《中州人物考》卷2《刘文靖健》。

鹤龄，非谓皇后也。'上曰：'久谓妇人为氏。'健曰：'此则不同。昔汉人曰"为刘氏者左袒"，宋人曰"赵氏安而苗氏危"，盖谓刘家、赵家也。若曰张家'。天颜悦，即命复其官。"[1] 这段记述无论事实如何，却已透露出作者并不认为刘健为避乡党嫌疑而在此际对李梦阳落井下石，反而是极力为李梦阳辩护。李绍文在《皇明世说新语》中的记述也如《韩苑洛杂志》。还有的史书虽然也指出刘健当时语言中包含着对李梦阳"狂妄"个性的不喜，却是以"梦阳狂直，不足深罪"为辞进行申救的。[2] 皇甫录在《皇明纪略》中也说其时"上忽问李梦阳事如何，刘健疑上怒，解之曰：'梦阳狂生，妄议时政。惟陛下宥罪以开言路'。上作色曰：'梦阳为朝廷书言，孰谓狂邪？'健出不意，惭感无地"。[3] 实际上直到今天，对于当年孝宗与刘健的对白无从考辨其实，但这种仁智互见的多样化评论却是私修史书中评论的显著特点。

从以上私修史书中对刘健政治作为的评述和议论可以看出，不同于官方立足于对朝廷政治影响的角度来对刘健进行政治评价，私修史著中更侧重于对刘健个人功绩的彰显。因而，这种评论中往往连带着对刘健具体表现的评述，并由此揭示出刘健的德行、能力等个性因素对其为政的深刻影响。可见这些私修史书中的评述，不仅较之于官方评价更具有客观公正性，并且从揭示刘健作为"良相贤臣"的个性风范上也显得更为全面细致。

（三）品格评议中的多种角度和侧面

由于私修史书体例庞杂，具体的写作目的与动机也具有多样性。因此其中对于刘健的评论，不仅限于政治角度，而且在有关其思想意识与个性品格方面占有极大比重。在凸显其政治地位与作用的同时，兼及学术、个性倾向，人品特色与为政风格等方面的评介，使人较易于获得对刘健完整形象的认识。这些内容在传记类史著中已有表现，而在杂史、笔记及其他史论类著述中表现得更为充分和集中。从其内容来看，主要集中于如下两个方面。

第一，对其学术和思想意识倾向的议论。明代私修史书中大都肯定刘健以程朱理学为思想基础，追求实际、重视实践的学术倾向及其在为政历程中的运用。在嘉靖年间，刘健的门生故吏在为其所作传记碑文中就已经

① （明）王世贞：《弇山堂别集》卷26《史乘考误七》。
② 参见（明）焦竑《熙朝名臣实录》卷26"李梦阳传"。
③ （明）皇甫录：《皇明纪略》。

对此有所议论。刘龙说他"读书作文，务精思至理，发明圣贤之蕴，不事浮华"。①贾咏也称他"撰文务思至理，以发圣贤之蕴，不事词藻"。②杨一清评述得更加细致全面："公之学，根极性理，以伊洛为师。书非正不读，发为文章，务阐明义理。羽翼风教，刊落华藻，悉归于纯厚。作举子业，亦以理为主，不逐时好。门生授业，学多知近里。其主考两京乡试者二，同考会试者四，主考会试者一，殿试读卷者六。取人皆以是为的，故所得多端士。……其纂国史，简而核，无溢美，无蔓辞，称直笔焉。"③温如春也说他"天资颖悟，尤笃嗜问学。为文不事浮华，务求至理，以究圣贤之蕴"。④明中期以后，私修史传中也大都认可对刘健学术背景及其影响下的这种为政风格。雷礼《国朝列卿记》、张师绎《月鹿堂文集》中的刘健传，就整段地移植了杨一清对刘健学术风格及其在修书、主持科考中的运用与体现的记述与评价。

不过，也有一些评论者对刘健的这种学术追求与风格从另种角度进行了解读，并质疑其中的偏激与片面性。李梦阳在《论学下篇》中发议论说："阁老刘（健）闻人学此，则大骂曰：'就作到李、杜，只是个酒徒！'李、杜果酒徒欤？抑李、杜之上更无诗欤？谚曰：'因噎废食'，刘之谓哉。"⑤何良俊《四友斋丛说》也引李梦阳记述而表示一种委婉的说法："李空同作《朱凌溪墓志》中，其言'是卖平天冠者'，与'作诗到李杜亦一酒徒耳'，此刘晦菴语也。晦菴敦朴质实，不喜文士，故有此语"。⑥实际上，李梦阳在朱凌溪墓志铭文中所言"是卖平天冠者"一语出于当时"承弊袭常，方工雕浮、靡丽之词"的"柄文者"之口。⑦无论从学术、文学风格或是在文坛上的影响和地位来考虑，这一句显然不是刘健之语。而刘健所谓作诗即使到了李白、杜甫的程度也只是一酒徒之语，则见于多种记载。陆深与李梦阳相交厚，且为人恃才傲物。不轻易称人。但他认为李梦阳《论学下篇》中"书刘阁老言李杜事微失旨"，且称刘"素以理学自负。予乙丑登第，为庶吉士，与众同谒公于安福里第。公告

---

①　（明）刘龙：《特进光禄大夫左柱国少师兼太子太师吏部尚书华盖殿大学士致仕晦庵刘文靖公行状》，《紫岩文集》卷41。

②　（明）贾咏：《特进光禄大夫左柱国少师兼太子太师吏部尚书华盖殿大学士赠太师谥文靖刘公健墓志铭》，（明）焦竑《国朝献征录》卷14《内阁三》。

③　（明）杨一清：《少师刘文靖公神道碑铭》，《（乾隆）河南府志》卷89。

④　（明）温如春：《太师谥文靖刘公祠堂记》，《（乾隆）洛阳县志》卷15。

⑤　（明）李梦阳：《空同集》卷61《论学下篇》。

⑥　（明）何良俊：《四友斋丛说》卷15《史十一》。

⑦　参见（明）李梦阳《空同集》卷45《凌溪先生墓志铭》。

诸吉士曰：'人学问有三事，第一是寻绎义理以消融胸次。第二是考求典故以经纶天下。第三却是文章。好笑后生辈才得科第却去学做诗。做诗何用？好是李、杜，李、杜也只是两个醉汉。撇下许多好人不学却去学醉汉'"。陆深认为刘健之言"虽抑扬之间不能无过，然意则深远矣"。① 邓元锡《皇明书》在刘健传中则说当刘健为内阁首辅时，"李长沙为次相，风士于唐诗古文"，而刘健则告诫庶吉士们即使学诗文到了李白、杜甫那样的水平，也不过只是个酒徒而已，"语稍过激而敦本意终不远矣"。② 何乔远《名山藏》中则以议论弘治以前士风的方式来评论刘健的学术风尚及其影响，说其时"士攻举业，仕则精法律、勤职事，鲜有博览词赋。间有之，众皆慕悦，必得美除。孝宗在宥，朝政有常，冠佩委蛇，士各奋兴。健独教人看经穷理"。③

在许多私修史书的议论中，还常常采取与他人比较或以当时士人风尚为背景来凸显刘健的学术追求与思想倾向。李默《孤树裒谈》、雷礼《国朝列卿纪》中都曾引录《双溪杂记》中的一段议论说："河南洛阳刘健，自官翰林，潜心理学，不事华藻，立心亦端正。自徐溥去后，专代言之任，以公平为主，绝无言议。李东阳同时在阁，以诗文气节援引名流，私植朋党。健处之若不知，诚可为君子人矣。"④ 陈洪谟也论述李东阳"以诗文延引后进，海内名士，多出其门，往往破常格不次擢用，浸成党比之风，而不能迪知忧恫，举用真才实学。当时有识之士私相讲论，以为数年后东阳引进一番诗文之徒，必误苍生。尚名矫激，事变将作矣"。作为对比，他引述刘健言何景明"此子福薄，能诗何用？"而未使其人翰林，称颂"人谓刘公知人"。⑤

从以上私修史书中对刘健学术和思想倾向的议论可以看出，尽管在表达方式上比较委婉和含蓄，但在缙绅阶层中对刘健学宗程朱，讲求实务、不事浮华的风尚基本上是肯定与赞同的。

第二，对刘健性格及其影响下为政风格的各种议论。如许多史书在刘健传中都指出其在官场中不树派别，不偏不倚、特立独行的个性风格，以及他在为政过程中的表现。何乔远《名山藏》评述说："健初在翰林，闭户读书，人谓木强人而已。……万安、刘吉相继去位，与徐溥、丘浚同

---

① （明）陆深：《俨山外集》卷14《停骖录》。
② （明）邓元锡：《皇明书》卷17"刘健传"。
③ （明）何乔远：《名山藏》卷70"刘健传"。
④ （明）李默：《孤树裒谈》卷9《孝宗上》。
⑤ （明）陈洪谟：《继世纪闻》卷1。

相，正色简语，无所依违"。唐鹤征《皇明辅世编》也说他"初在翰林，闭户读书，交游希寡，众谓健木强人"。其"正色简言，廉靖不肯依违……自来居内阁不私故乡，惟健一人"。① 这种评述在邓元锡《皇明书》等其他私修史书之刘健传中也都有所反映。

再如，对于刘健的刚正不阿、勇于任事的风格，有的史书只简略地称他"确直不阿"。② 有的则概括了这种个性在他为政中的体现，如说"健在内阁，凡事以公平为主，正色率下，处同乡无所党比。僚寀谒私宅，不与交一言。及入朝，论事关大体者，累千百而不尽"。③ 另有一些是在与其他阁臣的比较中具体地说明他的为政风格："健确直，见事稍迟。李（东阳）才敏达。谢（迁）方质。三人同心，时人语曰：'李谋刘断谢尤侃侃'。"④ 张萱《西园闻见录》也称："公及李公东阳、谢公迁同在内阁。公敢于任事，东阳长于为文，迁直亮明断，可否其间，不阿不激，同寅协恭，所以成弘治十余年之治。"⑤ 在一些明人看来，刘健在内阁为首辅时，与任兵部尚书的同乡官员马文升之间因不同政见而形成的对立也似乎颇能表现出刘健为政的刚正风格。章潢《图书编》中说弘治年间，"马文升居本兵，虑武职不修，故增一臬员以救之。时内阁刘健力阻而不欲行。后因奏设九江兵备，都给事中夏祚疏论不可，着刘、马回话。刘、马皆秉正未克，济时而议，见迥不协，何也？刘欲修祖宗之旧以振武备，马则拯仓卒之急以厘宿滞"。⑥ 如果说这段论述还只是在于说明刘健与马文升各自从不同角度为谋划政务，虽意见不同，而秉心皆正，那么在《双溪杂记》《孤树哀谈》等书中，刘健对马文升之意见的阻挠就成为刘健在内阁不徇乡故的具体表现之一。

对于刘健在处理人际关系中的具体表现在各种史书中也有诸多议论。刘健与丘浚同朝为官，两人学问风尚、个性各有不同。刘健曾对人说丘浚的学问有如"一屋子散钱"而缺乏串钱之"绳索"，讽其学无大纲；丘浚反唇相讥说刘健的学问只具有一条"绳索"而无"散钱"可串，诋其不事博洽。在一些史书中，便以此来说明两人彼此内心不悦而形成抵牾。陆楫则认为两人虽因此显示出个性、学术不同，却并不妨碍彼此的"雅相敬

---

① （明）唐鹤征：《皇明辅世编》卷2 "刘健传"。
② （明）邓元锡：《皇明书》卷17 "刘健传"。
③ （明）张岱：《石匮书》卷120《刘健谢迁传》。
④ （明）项笃寿：《今献备遗》卷19 "刘健传"。
⑤ （明）张萱：《西园闻见录》卷27 "刘健传"
⑥ （明）章潢：《图书编》卷85 "兵备"。

爱"，"虽名位相抗，而刘相孝庙二十年，硕德重望，卒受顾命，称本朝贤相。丘之所就，似为不逮，相业岂以博洽为贵哉？"① 这显然也只是着眼于"大臣"政治形象的一种含糊标榜。对于刘健在嘉靖初杨一清拜谒时所表现出的"辞色甚倨"，陆楫也认为是："文靖虽辞严谊正，然觉太峻，虽下此恐不能当，况势位颉颃者乎？第杨公服义，能受先达正言，皆盛时事也。近世一登枢要，虽先辈长者，亦皆曲为面谀以取容悦。而后生得志，禄位相抗，便不能受正言于人，遂使世道愈下，古谊不复。二公遗响，遐哉，不可及矣。"② 可见，陆楫的评论角度显然是不究于个性差别的冲突本身，而是着眼于正面影响来叙说士大夫的精神涵养。但其他一些史书对此的看法就有不同的立场和角度。耿定向就说："我朝最称该博者莫如琼山，乃媢嫉白沙（陈献章）而阴挤三原（王恕），虽博亦奚以为？文靖诮其无贯索不虑也。或谓文靖为篁墩（程敏政）短其不能诗，衔之，酿成廷鞫之狱。文达（李贤）之嗛叶文庄（叶盛）也，亦以疵其诗文故。余惟二公，贤相也。或未必然。……顾叶、程两公，以能工诗文，遭谗构于执政者如此，然则知道者之于诗文，直榆荚视之，可也？"③ 对于程敏政之狱中刘健的表现，李默则称其"诚可谓君子矣。惟处程敏政一事，论者以健为报复私怨"。④ 这种评述就成为一种中立性的说明。而黄景昉对此的态度甚至显得近乎无所谓立场性："傅文穆瀚居官醇谨，既病笃，数见怪异。或云瀚初嗛同乡监生江镕诬奏刘健、李东阳，惧谋泄，嫁其祸于程敏政，致程抑郁以没，若冥报然。疑程篁墩科场之狱，由刘（健）阴憾。谓素短刘不能诗致。然事亦在茫昧间。"⑤ 而对于刘健误荐刘宇，黄景昉却似乎能给予较为客观的理解，说此"非惟君子易欺，亦缘小人多中指难缕屈。宇，故文靖乡人，或乡誉爽谬，以其名闻耳"。⑥ 而同是此事，在明末人钟惺那里，就不只是理解，甚至是完全值得肯定的了。他在《拟上召兵部尚书刘大夏左都御史戴珊问迩来军民多不获所焉得太平因论及阁臣刘健荐人事谢表》中模拟刘大夏、戴珊的口吻说："乃又谕阁臣健长于计事，疏于与人。盖如健者，久与同朝，素识其休休之量。兼为执友，且知非愦愦之衷。意者大臣以荐士为忠，宁过取勿过弃，庶几圣主以怜才见谅，有不明无不诚。

---

① （明）陆楫：《蒹葭堂杂著摘抄》。

② 同上。

③ （明）郭良翰：《续问奇类林》卷9"器量"。

④ （明）李默：《孤树裒谈》卷9《孝宗上》。

⑤ （明）黄景昉：《国史唯疑》卷4。

⑥ 同上。

但恐上能得之健，而健不能得之人。事所时有，即健不负乎君，而人不免
负乎健，咎则谁归？"① 这似乎也是在暗指，对于荐人之误，应由孝宗这样
的圣明天子来洞察。对于刘健那样的大臣，有尽心为国之忠就可以了。这
种评论，显然是以较为久远的距离来观察和评价主体对象的。

此外，还有少量史论涉及对刘健清介风尚的议论。如温如春在《太师
谥文靖刘公祠堂记》中说："春叙是记也，有深慨焉。盖公之相业，人皆
知之，而公之清介，则人或未悉也。今观公之所遗堂宇正庭，止三楹，东
西祠堂书舍，亦各三楹，而其田尚不及五顷。子孙蕃衍，仅能糊口。其清
介传家如此，宜其永永不替云"。② 廖道南在《殿阁词林记》中也议论说
弘治间刘健当国，"正色率下……卒无一言干求恩泽"。③

以上明代私修史书中对于刘健个性及其影响下为政风尚的议论，虽因
比较零散化、片断化而难以形成对刘健个性的全面认识和评价，但毕竟由
此提供了公正、客观认识和评价刘健的多种视角和侧面。就这个意义而
言，其较之于官方评价就显得更加全面。

综上所述，明代私修史书中对刘健评述的特点，一是寓论于史，从而
显得较为客观；二是在政治评价中透视人格特质，显示出较为深入的倾
向；三是政治评价之外在诸多角度和侧面的评论，显示出对评判对象较为
全面的考察。由此，构成了明代私修史书对刘健评价，在与官方立足于朝
廷政治立场和角度所给予的"贤臣良相"结论大体一致的前提下，又体现
出于史学立场和角度上着眼于个人功业，从多种侧面展开的更为全面、客
观的评述。即使有一些不同程度和侧面的讥议，却不妨碍使刘健明代名臣
的形象更显充实、生动。也正因如此，后来清代官、私史书的评价，除了
表述的特点之外，其内容则是在很大程度上吸取了明代私修史书的某些观
点和结论。

二　清代私修史书中的评说与议论

（一）清代私修纪传类史籍中对刘健的评述

清代的明史学发展有个特点，在清初还有少量私修史书出现，随着清
廷将大量包括明末遗民在内的通晓史事的人才网罗到官修明史馆中，便形
成了官修史籍的兴盛和私修史书萧条的局面。直到清中叶之后，私修史书

① （明）钟惺：《隐秀轩集》卷25。
② （明）温如春：《太师谥文靖刘公祠堂记》，《（乾隆）河南府志》卷85。
③ （明）廖道南：《殿阁词林记》卷2"刘健传"。

才在关注日益深刻的社会变动中逐渐兴起。由此形成在整个清代传统体例的史籍中，有关明代的史书大多为官修所垄断，私修史书极少。所以对于明代名臣刘健的评述，大都在官修史籍中，而私修史书仅有清初几种有所涉及，如查继佐《罪惟录》、傅维麟《明书》、陈鹤《明纪》、谷应泰《明史纪事本末》等。即使这极少的几种史书中，其基本立场与观点也在很大程度上与官修史书保持了一致，甚至有些史书完全是融汇于整个缙绅阶层的立场与观点而少有表现作者个人的见解。

清初几种私修史书中，对于刘健的评论的基本立场仍是偏重于史学角度的。尤其是在纪传类史书中仍然是将其史迹、作为与评论融汇于一体，并充分肯定与称赞其在弘治时期政治上的地位与影响。如傅维麟《明书》刘健传中这样评述道："时上忧劳求治，益明习机务，眷念民瘼，而健亦身任天下之事。凡进用大臣及政事臧否，反复竭忠悃，上未尝不嘉纳也。健又引李东阳、谢迁入，同辅政。……上性至孝，望治甚切而谨守成法，不轻易。有时语宫府，欲毅然创议，尽洗刷近侍权，复太祖之旧，健赞成之不遗余力。……武宗即位，健以顾命大臣翼新政，举故事，百度振肃，海内晏然。"在卷末评语中进而称"当孝宗之朝，君明臣良。刘健相而李、谢连茹以进。所造膝陈谋，皆天下大计。或谋或断，盖有房、杜之风焉。晚际冲主，奸阉擅朝，机务不密，几蹈训、注之祸。连翩去国，以明靖献。语及顾命，未尝不陨涕也。呜呼，忠哉！均跻上寿，以俟河清，斯平格之佑也"。① 这种评述方式显然与明代私修传记类史著是一样的，并且也与清代官修史籍中刘健传的评述倾向一致。由于参与官修明史工作，汤斌《拟明史稿》中刘健传里的评述，不仅在方式和风格上，并且在观点甚至语句上也与后来定本的官修《明史》相类。如其称刘健个性"简静、直方。在翰林闭户读书，寡交游，人以木强目之。及入阁则练习典故，有经济大略。与徐溥、丘浚同事，正色无所依违"。其为政风尚则是当"健在内阁，正色率下。同乡无所党比。僚寀谒私宅，不与交一言，及入朝，论事关大体者，辄侃侃言之"。② 这种评述与官修定本《明史》刘健传如出一辙。另外，在一些史书中，也有少量综合性的抽象论说，如任启运在《史要》中就称"刘健处事善断，多所匡正，正色率下，人比之司马光、文彦博，卒谥文靖"。③ 这就不仅是政治评价，实际上也包括了对刘健为政

---

① （清）傅维麟：《明书》卷126《刘健谢迁传》。
② （清）汤斌：《拟明史稿》卷17"刘健传"。
③ （清）任启运：《史要》卷7。

风格的概括。

但是，在这种私修史书的刘健传中，不同于官修史籍评述的一个特点就是常常有就特定而具体的事例进行深入而全面的探究、阐发，以形成其议论。如对于刘健的政治作为，《拟明史稿》在刘健、谢迁合传卷末评语中说："健、迁正色直道，蹇蹇匪躬，阉竖乱政，秉义固净，确乎其不可拔，庶几古大臣风烈。……然自太祖废丞相，阁臣权微，与汉宋迥异，而阉竖盘结根深，武宗溺于宴佚，欲以力争而诛其左右之近习，亦已难矣。使因群阉之请，谪之南京，俾离左右，不至蛊惑君心，或可从容得志。而几事不密，遂令金邪得以抵隙示恩，垂成而败，可为痛惜。要之，刚直之节，始终不渝，事君之道，健、迁无愧焉"。① 这里虽然在评价倾向上与前述官修史籍中的调子完全一致，但在语气中显然含有对刘、谢等人当年力主诛刘瑾而不是顺武宗之意"谪之南京"，从而不能"或可从容得志"竟至于最后失败的"痛惜"。

在清代，对于刘健之识人，以及为人处世的表现也有一些不同于明人的议论。有人就称"健有知人之鉴。先是，何景明年少而文，人谓其必宜在翰林。健曰：'此子福薄，能诗文何用？'景明自中书舍人至副使而卒，人服健之议"。②《罪惟录》刘健传中也记述说："相传杨一清入阁后，七十余起三边总制，便道谒文靖。文靖色倨，曰：'汝曾入阁来，尚出总制乎？阁体坏自汝矣'。对以'简命'。曰：'进退由汝'，辄入内，令二孙陪茶。一清惭，亦服义去。以挽近论，似太倨，然此等严重，孟子所云'世臣'，又云'社稷臣'，长治之朝不可无此。"③ 这给刘健的倨傲以一种大臣风范的阐释。在述及刘健对李梦阳下狱事的态度时，《明书》虽然将李梦阳疏中所言"张氏"比附于汉人称"刘氏"、宋人称"赵氏"之语为谢迁所言，但同时又以刘健言"梦阳狂直，不足深罪"来表示对刘健的肯定。④

总的来看，清代私修纪传类史著中对于刘健的评价特色，大体与明代私修史书、清代官修史书中纪传类史著中的评述具有相同的风格和倾向，但也逐渐表现出一种远距离、冷眼旁观的立场和角度倾向。这种倾向和特点在清代私人文集及其他史论中表现得更为充分。

（二）清代私修杂史及其他史著中对刘健的议论

与私修史书的萧条相反，清代私修个人文集非常丰富，并且其中包含

---

① （清）汤斌：《拟明史稿》卷17"刘健传"。
② （清）傅维麟：《明书》卷126《刘健谢迁传》。
③ （清）查继佐：《罪惟录》列传卷11"刘健传"。
④ 参见（清）傅维麟《明书》卷146"李梦阳传"。

有众多综括中国古代历史或专论某一朝代历史事件及人物的史评性议论。对于明代名臣刘健的评论常常就是融合于这种广阔视域下的历史性综论中，而较少有对其专门性的评述。归结起来，清代杂史、笔记及个人文集中所涉及对刘健的评价，表现有如下两方面的倾向。

第一，对刘健作为一代名臣的政治地位和作用的评说，仍然占有极大的比重。这些评说不像前述清人所修明史著作中那样主要是以史事为基础的夹叙夹议式的评述，而是或者包含于综合性史论之中对刘健政治影响的相涉性、简略性议论，或者是在记述某件具体史事时所附带的就事论事式的议论。

在一些综合性史论著述中，对于刘健政治地位和作用的评论都十分简略。清代中期著名学者李塨在《阅史郄视》中有一卷专论有明一代各朝政治之得失的内容。其中有一则议论是由刘健传记中引发的对于弘治、正德朝局的议论。其首先引述了各种刘健传记中所记述的刘健对待当时一些朝廷官员的态度和做法，如在弘治时期一般朝士都慕悦诗文之风的形势下刘健却"独教人看经穷理"，作为次辅的李东阳以诗文气节援引名流形成势力而刘健则"处之若不知"，阁臣谢迁屡次向他举荐以文学著名的吴宽入阁为相他却持以"外示唯唯而已"之态度，对于极有盛名且舆论已公认当入翰林的同乡少年名士何景明却因"福薄"拒绝取入翰林。针对刘健的这些做法，作者继而发议论说："夫明之初也，三物之学士，虽失于初服，而入仕以后精法律勤职事，犹然实业也。至宏（弘）治而后，士竞以文墨相高，分门别户，评古弹今，甚至弃职掌而专事浮靡，而国事日坏，沦胥以亡矣。东阳辈乌得辩其责哉！刘文靖所见，盖加于诸公一等矣。嗟呼，此明代盛衰之一大关也！"[①] 这是清代对刘健评述不多见的一则既集中又明确肯定的评论。此外大部分的评议都显得极为简略、笼统。明末清初著名思想家王夫之在《宋论》一书中就是如此。他这样议论："所谓大臣者以道事君"，"道者安民以定国，至正之经也"。以此来评价大臣，则"前乎此者丙吉，后乎此者刘健，殆庶几焉"。[②] 吴世杰在《相论》中也称："有明三百年称贤相者，首推三杨，后则商辂、梁储、刘健、谢迁、高拱之属，代不乏人，忠直清正。"[③] 李塨在《阅史郄视》中涉及对刘健的评述还有一则，也是在把明代治世的出现与贤臣良相的存在相对应时才提及：

①　（清）李塨：《阅史郄视》续卷。
②　（清）王夫之：《宋论》卷3。
③　（清）吴世杰：《甓湖草堂集》文集卷3《相论》。

"洪熙、宣德之治也以三杨；天顺之治也以李贤、王翱、马昂；宏（弘）治之治也以刘健、刘大夏。"① 龚自珍在《祀典杂议五首》中则以"或佐创、或佐守、或佐中兴"的政治影响倡议"明增刘健、王守仁、熊廷弼"入于历代帝王庙配享名臣中。② 由这些附带性评议的内容可以看出，清人在综合性史论中对刘健的评价大都是以简略、隐含的方式表现出来的。

在其他杂史、笔记类著述中对刘健的政治评价也有少量是以这种简略、委婉的方式表现的。如在杜文澜所编辑的《古谣谚》、郭梦星所撰《午窗随笔》、梁维枢撰《玉剑尊闻》等笔记、杂著中，都曾记述刘健正色率下、善于谋断的为政风尚，以及他与李东阳、谢迁"同在内阁，竭诚尽虑，知无不言。时人为之语曰：'李公谋刘公断谢公尤侃侃'"。③ 任启运在《史要》中也称刘健"处事善断，多所匡正，正色率下，人比之司马光、文彦博"。④

在有关刘健的政治评价方面，清代私修杂史、笔记及其他史论著述中，对刘健在正德元年请诛刘瑾失败后致仕的做法及其政治影响有较多的评说，并且这种评说大都是在以李东阳为主要论述对象的评论中包含着的。孙宝瑄曾在日记中简略地提及"明之李东阳虽不能如刘健、谢迁之力争刘瑾，然能保全善类，可以媲美长乐老人"。⑤ 这里已含有对刘健所为的称赞与肯定。李元度、吴骞、夏之蓉都曾作《李东阳论》一文。李元度在"人臣之去就揆诸义而已矣"的基础上，认为李东阳之留与刘健、谢迁之"道合则留，不合则去"都应属于"义"的范围。⑥ 吴骞则以"君子之进退故宜从容审度，不可随亦不可激"为立论，在指出李东阳留任时期确实有阿附刘瑾以保全个人之私念的同时，反衬着对刘健、谢迁审时度势表现的肯定。⑦ 夏之蓉从强调"格君心之非"的大臣职责出发，指出"当日榻前受顾命者才三人，今骤去其二而犹要东阳同去，则玉体未寒遂谓死者不能复生乎？抑年少好逸乐之主不妨付之击球走马放鹰逐兔之马永成等乎？故章懋可去，刘健、谢迁不可去。刘健、谢迁既去，则东阳益不当去"。这里已显露出其将李东阳之留任的积极作用置于刘健、谢迁去职的政治影

---

① （清）李塨：《阅史郤视》续卷。

② 参见（清）龚自珍《定盦续集》卷2《祀典杂议五首》。

③ （清）杜文澜：《古谣谚》卷14。

④ （清）任启运：《史要》卷7。

⑤ （清）孙宝瑄：《忘山庐日记》"戊戌年（光绪二十四年，公元1898年）十月初一日"。

⑥ 参见（清）李元度《李东阳论》，（清）葛士濬等《皇朝经世文续编》卷15《治体六》。

⑦ 参见（清）吴骞《愚谷文存》卷6《李东阳论》。

响之上的认识倾向，故此他对于刘健在临行时对"祖道欷歔"的李东阳所言"何哭为？使当日出一语，则与我辈同去尔"之语，其评语是："此虽大臣守正之言而未知东阳之心也。"① 在另一著作中则更明确指此"语虽正，然非古大臣之用心也"。② 对刘健去位做出直接评说的是陈法在《易笺》中解释"遯"卦意义时所做的发挥。他认为大臣之进退唯"时"与"义"，如不当"去"而以一己之心而求去，如"明之谢迁、刘健，以一去谢责，浅之乎？其为丈夫矣，岂能见孝宗于地下而无愧乎？"③ 这是对刘健去位直接而明确表示否定的一种认识和态度。此外，也有人在论及当年刘健等人请诛刘瑾等内传宦官时要求过于激切，言"迫小人以必死之地，而强主上以抑情难从之事"，以致"（刘）瑾入司礼，健等皆罢，大事尽去矣"。④ 应当说，从刘瑾乱政局面出现的根源中来评判刘健政治影响的作法显得缺乏说服力，但它却显示出清人对刘健的政治评价已远远超越了明代人的那种同时代性的眼界和立场，展现出一种深阔的视域。

清代私修史著中对刘健政治地位与影响评价的这种简略、委婉的议论方式恰恰显示出史论作者与被评论对象之间一种较为疏远的关系。正是这种距离感才会形成其评论时较少顾忌而易于充分表达作者本身的主观认识。从这点上来说，清代的这种评论更易于折射出当时政治观念的变化。王夫之是一位明末清初带有启蒙意识的思想家，他对于传统儒学有着深刻的反思，因而对于向来为封建传统思想所推崇和歌咏的以道事君的"良相贤臣"的榜样和人格模式也同样具有自己的认识与判断准则。这正是其在评论刘健时所持一种特殊立场观念和心态的反映。

第二，在政治评价之外，清代私修杂史、笔记及个人文集等史著中也包含有对刘健学术风格、个性倾向及其为政风尚等各方面的评论。

对于刘健的学术倾向和思想意识，清人梁维枢在所撰《玉剑尊闻》中记录了许多明人著述中的记述。如其引录刘健对陆深等翰林庶吉士谈及做学问的三种境界："第一是寻绎义理以消融胸次，第二是考求典故以经纶天下，第三是文章。好笑后生辈才符科第，却先去学做诗。做诗好是李、杜，撇下许多好人不学却学李杜"⑤ 时，同书还引述有刘健与丘浚的相

---

①　（清）夏之蓉：《半舫斋古文》卷 3《李东阳论》。
②　（清）夏之蓉：《读史提要录》卷 12。
③　（清）陈法：《易笺》卷 3。
④　（清）魏禧：《左传经世钞》卷 20。
⑤　（清）梁维枢：《玉剑尊闻》卷 7《规箴》。

谑。① 梁维枢虽未在书中对刘健的学术倾向作直接评论，但从中已显示出刘健学术的风格与倾向。清人对于由这种学术倾向影响下的刘健的人才观颇有评说。如"明刘健亦贤相，薄何景明不使入馆阁。夫馆阁储文之地，以景明之才犹不得入，不知朝廷设此何用。健斥李、杜为一醉汉。吾知使生李、杜于明时，其受屈抑必甚于开宝间矣。大臣不重文学，此非细事"。② 又如"明大学士刘健好理学，恶人作诗，曰'汝辈作诗便造到李、杜地位，不过一酒徒耳'。嘻，《记》云'不能诗，于礼缪'。孔子教人学诗，在《论语》中至于十一见。而刘公乃为此言，不如尹公远矣"。③ 或者还有直称刘健斥李、杜为酒徒，"真孟浪语！"④ 上述种种评说显然都是立足于文学角度对刘健崇尚实务、不喜浮丽学风的一种质疑，不免显示出立场上的偏颇性。王夫之在《读通鉴论》中则从政治思想角度给予刘健的这种学风和思想意识以另种评说。他在论述唐代宰相李德裕荐引白居易与堂弟白敏中之失策时说："使武宗欲用居易之日（德裕）正色而对曰：'此浮薄儇巧之小人，耻酒嗜色、以淫词坏风教者，陛下恶用此为？'则国是定矣。李沆、刘健之所以允为大臣也，而德裕不能，其尚有两端之私与？不然则己习未端，心无定衡之可持而易以乱也"。⑤ 顾炎武是明末清初经世致用思想的著名代表和积极倡行者。他也认为"数十年来，先生、君子但用文章提奖后生，故华而不实"。所以，他很赞同明人陆深的观点，而对李梦阳愤慨于刘健斥李杜之语则颇不以为然。⑥ 可见，在王夫之、顾炎武等人看来，刘健那种注重实务，反对以诗文技巧为政治用人标准的做法是值得称道的。

清人对刘健的评论，不仅仅停留于刘健的学风、思想意识及其影响下的为政表现，还进而延伸到其日常为人处世之具体作风。查慎行在《人海记》中以"刘李量狭"为题评述了刘健在程敏政一案中的表现："刘文靖健，以程篁墩敏政短其不能诗，衔之，酿成廷鞫之狱。李文达贤嗛叶文庄盛也，亦以疵其诗文之故。二公贤相也，其器量狭小乃尔。"⑦ 对杨一清赴任三边总制道经洛阳拜谒刘健一事，清人的评论也形成不同甚至对立的意

① 参见（清）梁维枢《玉剑尊闻》卷9《排调》。
② （清）姜宸英：《湛园集》卷4《士先器识而后文艺论》。
③ （清）袁枚：《随园诗话》卷2。
④ （清）王士祯：《池北偶谈》卷14《朱文公书》。
⑤ （清）王夫之：《读通鉴论》卷26《武宗》。
⑥ 参见（清）顾炎武《日知录》卷19《文人之多》。
⑦ （清）查慎行：《人海记》，扫叶山房民国四年（1915）版，第80页。

见。在列举了焦竑《玉堂丛语》、范守己《皇明肃皇外史》、吴伯与《名臣事略》等明人史著中对此的不同记载后，来集之认为"虽三书所记其词轻重不同，而刘之不满于杨之复出则诚然矣。斯亦君子之爱人以德也"。①平步青却认为刘健指责杨一清"内阁体统为汝一人坏尽"之语欠当，"大臣致身，何敢以内外资地之隆杀为去就。故谢山全氏以文靖之言为不广第（见广陵相公叹逝记），其间人品有贤否，出处有真伪，事业有优绌，未可以亵政府而厕粗官一律可耻，为文靖所羞也"。②

对于刘健的清介、内敛，清人也有所议论。褚人获《坚瓠集》中引述了明人沈德符《万历野获编》所记述之士大夫之与乡贤祠事：成化时给事中王徽耻入乡贤祠、弘治时刘健谢绝父亲神位入乡贤祠，作者进而发挥说："乡贤、名宦祠不惟有司不当私其人，虽子孙亦不当私其祖父。……夫祖父无明德而强列俎豆以来訾垢，是辱之非荣之也。近日士夫及封翁无一不入乡贤，木主委积列之案下，此乡官祠非犯贤祠矣。"③梁章巨在《退庵随笔》中更直接评论说："卓哉，二公可以风世矣！"④汪师韩在《韩门缀学》中也说"王、刘之论其非后人所能及矣"。⑤

由以上清人对刘健学术倾向、个性品格的评论可以看出，清人较之于明人更注重从一些具体事件的表象深入到其背后的思想意识层面上来认识与评说刘健这一历史人物，这显示出一种超越前人的深度。而这种深度的形成如同前面所述清人对刘健的政治评价所具有的深阔视域一样，都是由于时代移易，使得清人更易于以一定的远距离来审视刘健这一被评判的对象。也正因如此，从总体上看，清代私修史籍中对于明代名臣刘健的评论往往都具有一种高屋建瓴的气势，这一点在清人咏史诗中表现得更为充分。严遂成有《刘文靖健》一首言："二公鼎鼐调和地，翊赞无如少主昏。善断固应推宋璟，反攻几至杀陈蕃。谏书泪渍金縢册，奸党名刊端礼门。居洛人思重入相，廿年顾命荅明恩。"⑥罗惇衍也有诗专咏刘健："辅臣第一问前朝，学术经纶两见超。宫醮已欣先帝罢，寺阉还恨嗣君摇。饩羊礼渥怀耆旧，衣蟒班崇压庶僚。潞国年龄温国望，怅教策蹇涸渔樵。"⑦ 这两

---

① （清）来集之：《倘湖樵书》卷2。
② （清）平步青：《霞外攟屑》卷1《旧相起授他官》。
③ （清）褚人获：《坚瓠集》第8集卷4《耻入乡贤》。
④ （清）梁章巨：《退庵随笔》卷6《政事》。
⑤ （清）汪师韩：《韩门缀学》卷2。
⑥ （清）严遂成：《刘文靖健》，（清）柴文杰等《明史杂咏》卷2。
⑦ （清）罗惇衍：《集义轩咏史诗钞》卷54。

首诗都提纲式地总结和评述了刘健的政治地位和影响。清人闵华在咏明孝宗的诗中实际上也涉及对刘健的评论："天公警戒最分明，正恐贤君懈怠生。三鸟忽飞来紫禁，一熊曾践入皇城。已闻地上黄河塞，不见人间大药成。好是谢迁刘健在，赓歌论道乐升平。"①

综观以上明清时期私修史书对刘健的评价，大体形成一种从热到冷、由上到下、自近及远的特点和趋向。到了近代（民国）以后，这种评价便日益萧落下去。直到20世纪80年代以后，在当代史学的不断兴盛与繁荣背景下，才开始出现对刘健的一种新的关注与认识的倾向。

第三节　民间流传中扑朔迷离的幻影

在中国古代天人感应思想的长期影响下，人们在许多社会人事变化上都加以自然现象的附会。对于帝王将相、名臣硕儒更是注重对其异质的夸示与渲染。如对明孝宗的出生和即位，史书即载："丁未岁（即成化二十三年），凤阳、亳州并淮安等处，皆报黄河清一月。及秋，今上即位。先是，庚寅（即成化六年）春甘露降于郊坛松栢，时宪庙亲郊，御斋宫，取以赐百官。翰林院进甘露颂。然是瑞实兆今上之在娠。至秋孟朏，乃诞。自古圣帝明王之降生不偶，盖必有祯祥兆于先，而非人所预知也。况今上实太平天子，天意固有在矣。"② 孝宗临崩，也有征兆："弘治乙丑春，朝钟新成而细，忽绝。奉天门宝座下阶石忽自裂。五月，上崩。崩之日，大风拆木，黄沙四塞，有见黄袍人乘龙而上者。"③ 不仅是皇帝，即使一些大臣也常有一些其出生时的异象征兆之类的记录。王恕卒之日"闭户独坐，忽有声若雷，白气弥漫，瞰之瞑矣。"④ 对于像刘健这样的明代政治重臣，自明清时期至近、现代以来，民间都有诸多传说。这种状况从另种层面反映出普通民众对于刘健形象的认识与评价倾向。

一　明清记述中有关刘健的神异现象

明清时期一些史书中记载有许多关于刘健出生、死亡，以及生平经历中的奇异表现。

---

① （清）闵华：《澄秋阁集》第3集卷2。
② （明）陈洪谟：《治世余闻》上篇卷1。
③ （明）皇甫录：《皇明纪略》。
④ （清）张廷玉等：《明史》卷182"王恕传"。

刘龙所撰刘健"行状"是最早有关刘健的传记类著述。其记述刘健出生时，正是其父亲刘亮任职于陕西华州教谕之时。当日，刘亮妻张氏"梦天使捧紫衣玉带入中堂，惊寤。公乃生，实白夫人出也。又骨相奇甚，教谕公大异之"。① 其后贾咏撰刘健墓志铭承录此说。② 雷礼《国朝列卿纪》中记述说："父任华州教谕时，母张夫人梦一伟人致上帝命，持紫玉带赐其家，惊而寤，犹有见也。时白夫人有身，比寤则报生男。生而头骨隆隆起，相貌奇甚，教谕公大异之。"③ 后来李贽《续藏书》、焦竑《熙朝名臣实录》、过庭训《本朝分省人物考》所记都与此相类。何乔远《名山藏》、张岱《石匮书》也记："父亮，三原教谕。娶妾白，有身。方就馆，妻张梦一伟人致帝命紫衣玉带其家，寤犹见也。而白报生男矣。"④ 虽然在文辞上各书记述略微有别，但刘健出生之时的奇特性就这样长期被人们认可并流传着：刘亮之妻张氏的异象之梦、刘健出生时的头骨隆起以及以后诸多史传中所称其"骨相古"等，都成为昭示刘健为人不凡的征兆。

对于刘健的死，也有一些奇异景象的记述。刘龙在刘健"行状"中说："公素善调摄，晚年少疾。偶称不怿，遂绝粒，至于大病。前数日有大星殒洛城，赤气亘天者再，远近惊愕，咸以为公不愁之兆。"⑤ 贾咏、杨一清也有相近记述说刘健去世"数夕前有星陨于洛，赤气亘天不散者连日，远近惊愕，已而报公逝"。⑥

不仅如此，在刘健平生经历中也屡有一些神异的现象被人们所传说。明人郎瑛所编撰《七修类稿》笔记中有一条专门记述刘健事迹的内容："洛阳刘太师健初生月余，有僧过其门。指视太师曰：'此儿七死不死。过了四十，官至一品，寿过一百'。后读书古庙，一夕风雨败壁压体，明日方得出。一也；乡贡入京，为盗缚于雪地，冻饿几死。二也；会试场中失火。三也；饮酒友家，主人恐客散去，锁闭大门，一时火起，客有死于火者。四也；伤寒死去三日。五也；过海封王而舟坏。六也；一日昼寝，有猫过身侧，随为霹雳震死，因而惊死踰时。七也。是皆四十以前事。后则

---

① （明）刘龙：《特进光禄大夫左柱国少师兼太子太师吏部尚书华盖殿大学士致仕晦庵刘文靖公行状》，《紫岩文集》卷41。
② 参见（明）贾咏《特进光禄大夫左柱国少师兼太子太师吏部尚书华盖殿大学士赠太师谥文靖刘公健墓志铭》，（明）焦竑《国朝献征录》卷14《内阁三》。
③ （明）雷礼：《国朝列卿纪》卷11"刘健传"。
④ （明）何乔远：《名山藏》卷70"刘健传"。
⑤ （明）刘龙：《特进光禄大夫左柱国少师兼太子太师吏部尚书华盖殿大学士致仕晦庵刘文靖公行状》，《紫岩文集》卷41。
⑥ （明）杨一清：《少师刘文靖公神道碑铭》，《（乾隆）河南府志》卷89。

日受封爵。孝宗朝以为首相。正德二年去位。累朝赠秩至太师。今尚在也，年已一百七岁矣。僧非其仙邪？"① 这个传说亦为明人施显卿的《古今奇闻类纪》所引录。

从上面引录内容可见，这一类笔记所记载事项的确十分杂芜粗疏，其关于刘健致仕的时间与寿龄显然是错误的。但其所记述其他事项，如其七次遭遇事例却也多半有之。正因如此，这种建立于部分事实基础上，加以人们联想性加工的传说，便得以在各种史书中被转录而流传。即使在一些较为严谨的学者文人著述中也有相类似的神异事例的记述。陆深在《知命录》中曾记载说："德涵（康海）曰往岁奔丧西归，见公于洛阳里第，留入卧内，微揭帏帐示之，双睛炯然，童颜黑发，自帏中语云：'往岁陈澜编修借来俞琰《参同》，是汝批抹的，却是我几被此书误了'。既而相对，则一老翁也。大声云：'我眼目已昏闷闷，见人休胡说'，叮咛再三，德涵以为仙去。入敛时甚轻，惟夫人知之，故速举入柩，人不甚传云。"② 焦竑在编《玉堂丛语》时也将此段引录。

王世贞在《皇明奇事述》中也记述有一件奇事："高少师拱《病榻遗言》谓：万历改元，谋欲去司礼太监冯保，而张少师居正为次辅，与保善。第三辅高宫保仪，言天道六十年一周。正德初，刘少师健与谢少傅迁，谋去司礼太监，而次辅李少师东阳泄之瑾，刘、谢俱不胜，罢去。盖刘（健）与高（拱）皆河南人，李、张皆湖广人，而谢与宫保，皆浙江人也。俄高少师逐，宫保寻卒，张亦独留，异哉。"③ 对于李东阳泄秘之事绝大多数史籍未曾言及，但此处所记也绝非独有。另有史料记载当韩文率九卿请诛刘瑾，刘健等助之，而司礼监王岳、范亨、徐智等为内应之时，"左右有以其事密告瑾者，瑾素与李阁老东阳有旧，重其诗文，密以韩文等所劾询之东阳，得其大略"，遂有刘瑾连夜哭诉于武宗，而使事势巨变。而"东阳门徒最盛，相传以瑾素重其文名，故得不去。后人传瑾于朝阳门外创造玄真观，东阳为制碑文，极其称颂。人始信前日泄捕瑾等之事为不诬也"。④ 实际上，以此为据说李东阳泄秘于刘瑾仍显得缺乏说服力，但李东阳与刘瑾的关系显然与刘健、谢迁大不相同，这却是事实。更兼所谓"天道六十年一周"的说法与思想的流行。刘健命运的曲折变化中似乎更增添了几分神秘的气氛。

① （明）郎瑛：《七修类稿》卷45《事物类·刘太师》。
② （明）陆深：《俨山外集》卷6《知命录》。
③ （明）王世贞：《皇明奇事述》卷1《正德万历三相》。
④ （明）陈洪谟：《继世纪闻》卷1。

除了上述一些具体的事例，明代史书中还有一种将刘健政治命运与天象直接联系的记述。明人黄道周在解释彗星的象征意义时就说："彗星……光芒所及为灾变。正德初彗星扫文昌，台官云应在内阁，未几逆瑾出，首逐内阁大学士刘健、谢迁。"① 这就把刘健、谢迁的去位归结为天象之定数。谢肇淛在《五杂俎》中说得更明白："中宫天极星，帝星也；三台，三公星也；文昌六星在北斗魁前，天之六府，故世以文昌为魁星也……考之历代天文，太白竟天，兵戈大起；彗星竟天，则有禅代之事。正德初，彗星扫文昌。文昌者，馆阁之应也。未几，逆瑾出，首逐内阁刘健、谢迁，而后九卿台谏无不被祸。……变不虚生，自由然矣。"② 这段论述显然不是一般的神异附会，但它较之于上述神奇传说在以天象示人间、星象征人事上，更增加了神秘的合理性和形而上色彩。

清代也有一些史书承明人之说，记载了有关刘健生卒及生平经历中的奇异情形。查继佐《罪惟录》、傅维麟《明书》等在记述刘健出生时的情形就雷同于《国朝列卿纪》等的记载。孙奇逢《中州人物考》也记述刘健出生时其父刘亮为华州司训，"母白氏感异梦而生健，骨相环伟"。③ 清人叶珍在《明纪编遗》中也记述了曾有僧人为刘健相面预言其"七死不死，年过四十，官至一品，寿余百岁"，以及以后诸事验证的情形。④

以上这些有关刘健生平奇异情形的记述，虽然都是出现于由士人大夫们撰著的书籍之中。实际上，这些传说最初也都来源于民间普通民众之中，而经过士人大夫著述的记录与传播，更推动了这种民间传说的发展与流播。一般而言，在士大夫阶层，对于刘健这种政治名臣的真正认识与评价，更多地依据于对其生平事迹与政治作为的考述与论证，传说性的资料至多也只作为一种偶然性的旁证。而在民间，这些传说资料，实际上成为普通民众对刘健认识与评价的主要依据。

由有关刘健生平奇异事迹的记录来看，民间普通民众对刘健的认识表现出如下几个特征。

首先从思想内容来看，由于民间通俗文化远不像社会上层文化那样容易吸收人类文明发展的先进成果，它可能在相当长的时期里保持着文明前期发展的神巫色彩。当人们对于某些社会人事中的美好方面无法以逻辑理性来揭示和表达其认识时，就会以神圣性附加其上而使之得到人们的敬

---

① （明）黄道周：《博物典汇》卷1《星变》。
② （明）谢肇淛：《五杂俎》卷1《天部一》。
③ （清）孙奇逢：《中州人物考》卷2《刘文靖健》。
④ 参见（清）叶珍《明纪编遗》卷5《医卜星相》。

仰。相反，对于某些社会生活中的丑恶现象也会以鬼妖之类附会之以显示人们对其的畏惧与痛恶。因此，上述明清时期人们对于刘健生死及生平事迹的神奇描绘，恰恰表现出民间对于刘健突出的社会政治地位和作用的认可和赞同：刘健不是普通的凡夫俗子，而是具有神秘力量、神奇命运和经历的人，因此他所具有的一人之下、万人之上的独特地位自然是无可置疑的。这便是民间传说中对刘健形象的诠释。

其次，从表现形式来看，一方面民间通俗文化常常缺乏体系化、系统化特点，另一方面由于其主要是通过口头流传方式来传播，因此其散乱性、片断化的特点十分突出。在这种传说背景下去认识人物的形象就显得斑驳陆离，时而鲜明生动，时而晦暗不清。并且人物的内在精神与外在形象常常难以分辨。

最后，虽然民间通俗文化与社会上层雅文化各有其相对独立的领域，但二者又是相互渗透、相互影响的。社会上层主流文化中的思想意识常常影响着民间文化的评价立场，而民间通俗文化中的许多内容又常常是通过上层社会文化中的记录、转述得以长期保留和传播。由此看来，明清时期官、私史书中所表现的对于刘健作为一代名臣形象的认识与评价，实际上正是民间对刘健形象认识和评价的重要基础。而民间认识对其神奇化的附会，则在一定程度上为某些缙绅阶层所接受和认同。这种认同与接受的思想基础正是天人感应思想的长期浸淫。所以，正是依赖于缙绅阶层所编修的各种官、私史书中的记录，使民间对于刘健的神奇传说得以保留和流传，也正是有赖于他们将天人感应思想的不断阐释和衍化，才使民间的那种附会传说中刘健的形象更具实际性。

二 近代以来民间传说的神奇故事

清代中叶以后，中国社会变动加剧，革命风潮奔涌迭起，社会制度随之发生根本变革。伴随这种变化，作为旧时代政治舞台上贤臣名相的代表，刘健在上层社会中的影响逐渐淡薄甚至一度消失。在相当长的一个时期，史学研究中也很难看到对刘健这一历史人物的注意。然而，在民间，尤其是在刘健后人及其所居乡里，有关他的历史传说长期以来一直不绝如缕。今天已经难以考证是从什么时候起，洛阳刘氏后人中就流传着许多有关刘健及其家族在明代的传奇故事。直到1985年，洛阳刘氏后人重新修订其家谱时，还引录了有关这方面的一些内容。其中，最具神奇色彩的是有关刘健家族兴衰以及由此涉及刘健相业起落的祖茔风水之说。

依据刘氏重修家谱中的记载，刘健曾祖母翟氏本是洛阳人，为元朝后期顺德路总管刘绍之妻。刘绍去世后，值元末天下大乱，翟氏携9岁儿子刘荣归洛定居。为了生计，经人说合后孤儿刘荣在三山村一家富户中做牧童。"单说孤儿他日出而作，日暮而息，十分殷勤，取得富户非常看起。一日正在放牛，突然见一壮汉，面黄肌瘦，颜色憔悴。问之，得知是个连日赶路，受不了风尘之苦，感冒成疾的过路客人。孤儿归告以供给见允。日日接济，茶饭殷勤。勿何，而将养成功，辞谢登程之顷，客指脚下瘠地而言曰：'此地虽然高下不平，什草纷纭，颇有山川之旺气，如能用之，不难昌大其第。汝其识之'。言毕告别。嗣后童（刘荣）母卒，即商通富户，乞其地焉。于是即将母柩卜葬于此。"① 刘荣娶妻成家，自营家计。由于祖上积德，"又受山川之旺气"，加上刘荣的勤俭持家，其家业日益兴旺。在当时乡里僻远、文化落后的情形下，刘荣还能让儿子读书识字。长子刘宽为医学正科，次子刘亮中举之后入仕为官。到了刘亮之子刘健，竟至登第入朝，超擢为相，位居一品。这实在是"人杰以地灵"。② 然而，"讵知天道无常轨，人事有变化。有一晚上，朝廷梦见金龙缠玉柱。次早召朝臣，圆其吉凶祸福如何。刘健带子名杰者趋命。却说该子，眉清目秀，与生俱来，更精通武艺，娴习诗文。刘健爱之如掌上明珠，不使远离。正当汇谈梦事之际，适见该子爬上殿角玉柱，旋转而下，众皆愕然。朝廷即脱袍让位于刘健。健不受，当机立断，随拔剑杀子于阶前。视其鲜血涂地，尸首狼藉，悲伤欲绝，挥泪而言曰：'杰呀杰，你死我埋，我死谁埋？'朝廷慷慨答曰：'你死我埋！'即厚殓其子而营葬之。当天刘健回府闷闷不乐，静夜思之：'今日之事，君则君矣，臣则臣矣，奈何？父不父，子不得为子也'，勃然兴起拔坟之念。随破西岗之祖茔，迁于位（魏）屯而安葬焉。"而当刘氏拔坟起枢，乘舟顺洛河搬迁灵枢时，河中"脉气缕缕，踊跃奔腾，紧随灵枢而来"，刘健以决绝之心，"在河里放置利剑，恨不得将风脉一起截断，阻绝去路，不让再进。数天间，河水中红色血水不断，并发出巨大惊人咆哮之声，夜间尤大又远，悲惨凄切，状若哭音"。③ 人们称此为"洛河夜哭"。

实际上，关于"洛河夜哭"的传说，在洛阳民间有多种解释，并且在很长一个历史时期里，以此传说为依凭形成洛阳之一名胜。但在刘健后人中，至今仍将这一传说与刘健当年迁徙祖茔及刘氏家族后来的兴衰联结在

① 1985年《（洛阳）刘氏家谱·祖茔奠基》。
② 1985年《（洛阳）刘氏家谱·拔迁祖茔》。
③ 1985年《（洛阳）刘氏家谱·洛河夜哭》。

一起。

　　刘健拔迁祖茔之后，虽然新坟地周围也很快发展起来，成为远近闻名的商业兴盛之地——刘阁老坟镇。但是，洛阳刘氏家族自此也似乎确未能再有兴旺之气象。从仕宦地位上言，刘健的三个儿子之中只有次子刘东曾中进士，官职也仅止于兵部员外郎。长子刘来早卒，刘东也是中年殒命。第三子刘杰虽在杨一清所撰刘健神道碑文中记载有其人，却不载其事迹及其所终。在明清时期其他官私史籍均未再见有载及刘杰者。洛阳刘氏重修家谱谱系中记有刘健第三子刘杰，却仅注有"生有异质，不幸早夭"一语，别无他讯。刘健之孙辈有刘成恩、刘成学 2 人，分别为刘来、刘东之子，皆因祖父之恩荫为中书舍人。刘成恩也早卒，成学也仅得中年之寿。刘健之曾孙辈同样仅有刘得之、刘望之二人，分别为成恩、成学之子。嘉靖年间刘健卒后，朝廷优礼先朝耆旧而使刘望之得祖荫为中书舍人。尽管直至天启年间，刘健之玄孙辈中也曾有刘光普曾因祖上恩荫得为中书舍人①，但无论其职品，或其年寿，也都未见有显著者。

　　由以上所述可以看出，虽然刘健在明孝宗、明武宗之时位居一品，可谓文臣之极，但与那个时代许多世家名门中兄弟联袂、父子相继同为大臣者相比，刘健家族却只是一人通显、举家难昌的情形。这难道真与刘健拔迁祖茔、改换地气有关？但正如刘氏家谱所言："趣谈者实繁有徒，酣论者不乏其人，所以从古传说到今。"② 实际上，这种家族风脉地气之说及其对刘健家族福昌的影响，也纯属民间流行之传说。而这种趣谈、酣论，恰恰是表现民间对刘健为人为政的一种颂扬和纪念方式。

　　除了洛阳刘氏家族中流传的逸事之外，洛阳城的一些古迹传说中也有一些涉及刘健的故事。在当今洛阳邙山国家牡丹园中，"刘公遗墨"景点的传说故事就是一例。

　　"刘健（1433—1526），字希贤，明河南府洛阳县人。本是出生在富商之家，后因家境日下，渐渐败落，十分贫寒。但是，书生不甘命运的安排，更不愿寄人篱下，决心考取功名，光耀列祖，哪知连年落榜。其师薛瑄告诉他：'后生功底太差，还需读万卷书，方能感动天地之神'。

　　"于是他终日抄习习文。可是家中贫寒，纸又太贵，只得将一篇篇文章抄写在墙壁上和门板上。一日他在室中感到闷倦，便来到后院散心。只见后院那株多年未开花的牡丹丛，花繁叶茂，感到惊喜，于是心血来潮，

---

　　①　参见《明熹宗实录》卷 11 "天启元年六月戊寅"条。
　　②　1985 年《（洛阳）刘氏家谱·拔迁祖茔》。

返回室内，取来笔砚，将文章抄写在牡丹花瓣上，以花代纸。薛瑄看到此景，称此牡丹为'万卷书'。这也许感动了'花神'，翌年，刘健果真中了举人。天顺四年（1460）考取进士。弘治四年（1491）任尚书兼文渊阁大学士，加太子太保。弘治十一年（1498），刘健为少傅兼太子太傅、礼部右侍郎兼翰林院学士。代徐溥为内阁首辅（宰相）后，竭力尽智，勤于政事。刘健和李东阳共同辅政，出现了明朝中期相对繁荣和稳定的局面。嘉靖五年（1526）刘健卒，时年94岁。他临终遗表数千言，劝谏嘉靖皇帝正身、劝学、亲贤、远佞，可见其忠心耿耿。朝廷诏赠其为太师，谥'文靖'。有《刘文靖公奏议》等传世。国学大师章太炎称其为中国历史上六大儒相之一。

"刘健幼年习字之牡丹年年花开，并有淡淡墨痕。刘健去世百年后，其故居归李献廷所有，建李家花园，命名此株牡丹为'刘公遗墨'。此牡丹留传至今，已有近六百年的历史"。①

从某种意义上言，作为一种纪念和歌颂，对明代名臣刘健的评说在民间一直保持有不同于社会主流文化之内容和方式的风格特色。当代记述中的传说，与古代记述中的神异景象一样，都是普通民众在寄托一种美好追求中对刘健这位历史人物形象进行的重新加工和塑造。

三　当代"大众史学"演义中的生动角色

进入现代以来，中国社会的巨大变化，在深刻改变社会结构和模式的同时，也对传统民间文化与"庙堂"文化的演进带来了巨大影响，二者之间作用与影响的日益加深催生着"大众文化"的发展与繁荣。尤其是自20世纪80年代以来，在日益兴盛的大众文化影响下，历史学领域也开始出现许多新的变化和倾向，"大众史学"的兴起就是其中之一端。这种"大众史学"具有以下几个显著特点。

其一，参与"研究"的人群体结构和成分具有极大的广泛性。不同性别、不论年龄、不拘职业、不问学术基础和文化背景，只要个人有兴趣和意愿，普通人都可参与到这种史学的研究与讨论中来。

其二，其受众群体也同样具有广泛性。由于电子信息化的高速发展，极大改变了文化传播的方式和渠道，从而使史学研究成果的利用和流传不再仅限于传统的学者群体中，而是面向全民中任何有条件、有机会接触这

① 国家牡丹园"园中古八景"简介（http://www.yxhenan.com/info/xgxx/xmss_12774_10252.html）。

些成果的人实行开放。

其三，其研究方式和手段、研究目标和方向、研究的基本立场和观点以及研究成果的形式、作用等，不仅具有多样性，甚至还带有随意性，从而形成一种与传统严谨的史学研究相比既显生动活泼，又显杂芜的局面。虽然这种"大众史学"由于其具有不足而在极大程度上并不为众多学者所认同，但它的确存在并在一定程度上影响着史学研究。

如前所述，在近、现代以来相当长的一个时期里，在社会主导文化层面上，明代名臣刘健似乎一直被人视而不见。即使在20世纪80年代以来不断深入的明史研究中，对于刘健的关注依然未见起势。然而，就在这种背景下，"大众史学"以其独特的方式，用新时代的理念对刘健形象给予了重新塑造。同以往相比，民间传说中的刘健不仅神秘，而且显得支离破碎；学术文化中的刘健似乎只有精神境界感，而缺乏生物实体感，使人感觉生硬呆板；而在当代"大众史学"那里，通过将史料与推测结合，把研究与演义统一的方式，使得刘健这一历史人物的形象显得饱满、具体而生动。

通过对笔者所搜集到的各种资料进行考察和分析可以看出，当代"大众史学"是由如下几个方面来实现对刘健形象的再创造。

首先，以明清传记类著述中对刘健生平事迹或详或略的介绍为基础，建构其关于刘健形象的基本模式。这包括刘健历事明英宗、宪宗、孝宗、武宗、世宗五朝的为官经历，尤其是在孝宗、武宗时期政治上的地位和影响，在世宗时期受到朝廷的优礼存问、疏奏往来，等等。

其次，根据刘健史事中的一些模糊情节，不假考证而直接做出断论，以弥补刘健形象中的晦暗与模糊之处。如断言刘健为明代大儒薛瑄之弟子，在许多当代介绍刘健史事的网络文字中都有此一说。甚至称"其师薛瑄告诉他：'后生功底太差，还需读万卷书，方能感动天地之神'"。① 连《正说明朝三百年》这种史学专著中也称刘健"曾跟随薛瑄读书"。② 最后，以文学演义的方式对刘健形象的细节之处依人之常情的规律和特点进行臆想性加工和处理。经此修饰，使得刘健的人物形象更加栩栩如生。

"大众史学"以这种方式塑造刘健的形象，最有代表性的是山东作协会员、自由撰稿人张钦在《被遗忘的盛世》中对刘健的描述。从性格到为

---

① 国家牡丹园"园中古八景"简介（http：//www.yxhenan.com/info/xgxx/xmss_12774_10252.html）。

② 孙景峰、李金玉：《正说明朝三百年》，中国国际广播出版社2005年版，第128页。

政表现，从事迹到为政功绩，甚至其与孝宗关系、与同僚关系的一些细节都描述得绘声绘色。如在形容刘健简言少语又善思考的性格时说："所谓木头，说不好听了就是书呆子：读书很用功，成绩很糟糕，脑袋很死板，做事很搞笑。青年时代的刘健似乎样样如此。"[1] 但在表面"木头"之背后刘健却是"读书读精了的，轻易不说话，说出来就石破天惊"。[2] 对于刘健生平史事的臆断也时有之。如记述刘健 22 岁那年出游山西河津，遇到明代大儒薛瑄。书中详述了刘健如何被薛瑄在众多求学者中选中而成为其弟子。并言薛瑄"不但教授刘健学问，也经常带他出去云游，了解世情百态民生疾苦"。[3] 最重要的是薛瑄的所谓"实理，皆在乎万物万事之间，圣贤之书不过模写其理耳"[4] 以及"无论时局如何艰难，无论环境如何险恶，都要绝不妥协，绝不后退，方为我辈做人之根本"[5] 的教诲最终成为改变刘健一生命运、成就其一代名臣的关键所在。再如描绘刘健从政中的个性表现："什么'有理不在声高'，刘健得了理嗓门准高八度。领导不同意没关系，白天在朝堂上争，晚上跑到深宫里继续争。白天在单位里掐，晚上跑到人家家里接着掐。曾经为了一次人事任免工作，他跑到吏部尚书倪岳家里吵了一整夜，搞得人家全家都没睡觉。弘治朝入阁十八年，上至领导下至百官，从来都是人家最后让着自己，绝无我刘健让步之理。"对于工作，刘健还特别讲求办事效率，"做了决定就要立刻落实，今天的工作绝不能过夜，谁慢了就敲打谁。清丈土地的时候，户部有几项数据没有核算完，刘健火了，直接捎话给户部：今天要是完不成任务，谁都别下班。去山东检查治水工作，当地地方官晚上睡觉早，又被刘健劈头盖脸一顿训：工作这么紧张，你小子竟然还早睡觉！肯定是偷懒了，差点没当场摘了人家乌纱帽"。刘健"风风火火如此，绰号当然也要改一改了。'木头'是叫不得了，刘健又多了一个光荣的新称号：炮仗"。[6]

对于刘健的理政情形则有更多的细节加工，"比如丘浚《大学衍义补》里的各类改革措施，被刘健分门别类，区分出哪些应该是首先要做的，田赋改革和运输改革都由此而展开。又比如弘治初年自然灾害四起，朱祐樘问刘健该怎么办，刘健沉吟良久，脱口一句话：'赈济当以防患为要务，

---

[1]　张嵚:《被遗忘的盛世》，九州出版社 2009 年版，第 157 页。
[2]　同上书，第 158 页。
[3]　同上书，第 159 页。
[4]　同上。
[5]　同上书，第 160 页。
[6]　同上书，第 162 页。

防患当以治水为先'。事实证明，他又对了"。① 对于国子监生江瑢的弹劾，刘健不仅与李东阳极力救江瑢，"更让江瑢始料不及的是，离京之前，刘健竟然还专门来看望他"，勉励他，为表达自己的殷切希望，他还将自己珍藏的一些典籍赠予了江瑢。而江瑢后来"从一个投机分子到一个为真理而死的斗士，我们或许可以说，是刘健的宽容改变了他"。②

涉及孝宗与刘健的关系，则完全是从孝宗角度来发挥性地塑造刘健的形象："要问朱祐樘对刘老师的第一印象是什么，那只有两个字：害怕。""因为刘老师的脾气实在大得吓人，而勤快的朱祐樘也有偷懒的时候。别人的作业可以不完成，刘老师的作业是绝对拖不得的，否则就是挨训没商量，从来都拿太子不当干部。久而久之，朱祐樘在刘老师的面前养成了按时完成作业的好习惯，当了皇帝以后也不改：别人的奏折可以晚几天回复，刘老师的奏折一定要及时回复。要问朱祐樘对刘老师的最重要的印象是什么，那也是两个字：佩服！""因为朱祐樘发现，刘老师是个很有一套的人，别看平日里他说话不多，但也从不说废话，每句话都能切中要害。别人啰唆半天讲不明白的问题，他几句话就能分析个透彻。朱祐樘渐渐明白，这个火暴脾气的老师是一个有真本事的人"。③

通过以上不同侧面依据"大众史学"方式和修饰手段，作者达到了传记文学式成功塑造人物形象的目的。"大家终于开始认识了刘健，他也许脾气很臭，他也许性格很倔，但他从不干背后下阴招的龌龊事。他做的每件事，得罪人也好，伤自尊也罢，都是对事不对人的，在他的眼里，没有什么政治敌人，只有江山社稷。"④

这样的刘健形象，显然与历史人物的刘健存在着相当距离。因为历史上的刘健童年时虽好学、刻苦但头脑并不笨拙，也不曾直接跟从薛瑄学习，秉持礼义之学而行之刘健不会、不能也不敢在孝宗面前高声大语，更不会以首辅之尊屈驾到要离京的国子监生江瑢那里去看望他。然而，此书作不仅语言风格具有时代特色，且在相当程度上保留有对刘健史事政绩的准确把握，再加上其更偏重于文学"形象"而不是历史意义，因而即使存在一些细节的主观渲染，但不妨碍人们对其认同甚至喜爱。这恰是其在刘健形象塑造上的成功，使人真切地感受到一位性格丰满、个性鲜明、持正有为的明代名臣形象。

---

① 张嵚：《被遗忘的盛世》，九州出版社2009年版，第161页。
② 同上书，第164页。
③ 同上书，第161页。
④ 同上书，第164页。

应当说"大众史学"的这种带有演义性，又具史学性的创作，比起近代以前的民间通俗文化中所塑造的历史人物形象更充实，也更理性，也比此前史家著述中的刘健形象更丰满、更富于感性人格。因此，它恰恰体现着当代人对人性的重视和探究。如同编辑推荐中所言，通过对历史人物形象的揭示，重在"挖掘出值得鉴戒与反思的精神品质与生存之道"，即是注重"人"的社会生存原则。然而，作为历史科学而言，对于历史人物的研究，显然不仅仅在于研究具体人物本身，不仅限于社会中的个人存在，还在于透过人物来辨析社会时代的发展特点，认识人与社会的关系，进而探求人的全面解放与社会全面进步的相辅相成的深层关系。从这个意义上言，当"大众史学"通过塑造刘健这位明代名臣形象的方式上在实现其鉴戒人性目的上已经迈出巨大一步时，历史学科对其进行深层社会性研究的必要性和迫切性就更不待言了。

第七章　皇权专制下的名臣命运

　　历史唯物主义认为，在任何历史事变中，必然性的因素总是对事物发展的前途和方向起着决定性作用的，而偶然性因素即使在某些局部范围或某个特定时期发挥极其重要的作用，其对于事物最终的发展结果而言，也只能是起一定的影响。历史上，政治舞台上人物的命运首先是受其所处的政治制度和政治环境所规范和制约的，其次才与其个性中特殊的品格相关联。明代名臣刘健的政治命运，正是明代前中期政治环境作用的结果。

第一节　贤臣良相：刘健在明清时期的政治地位与形象

　　人是物质与精神的统一体。人格的塑造也是由物质与精神两方面构成的。当个体的人获得人类所共有的自然属性基础之后，其不同的精神品格便成为个性差别最显著的表现。而精神品格的形成在相当程度上根源于社会生活环境，尤其是社会思想文化对个性型塑的作用。生活于明代前中期的政治环境中，刘健的精神人格是由程朱理学为代表的儒家思想学说规范和型塑的，同时又是在这种思想理论主导下的政治环境中，通过他追求和实践儒家学说倡导的政治理想和抱负的活动展示出来的。由此便不难理解刘健被赋予封建时代"良相贤臣"的品格和形象。

一　"理学名臣"的型塑

　　中国传统的儒家思想是以"天人合一"的宇宙观为基础，以"内圣外王"的行为规范为实践方式和要求，以社会理想和人格理想相统一的模式来构筑其富于道德伦理色彩的理论体系。无论是天、地、人，或是君子、庶民、小人，或者说无论是自然还是社会，都遵循着相应的等级秩序与规范，即包括人与自然的整个宇宙都遵循其"道"而存在与发展。至宋代，"道"被以二程、朱熹等人为代表的理学家们以"理"的概念和范畴从更高层次的形而上意义上重新阐释，由此形成更为精致的儒学体系。

明王朝建立后，对儒学，特别是程朱理学表现出特别的尊崇。明太祖朱元璋，从思想统一对于治国安邦的作用和意义角度上来推崇儒学。他在和大臣讨论治国之道时曾说："三代而上，治本于心。三代而下，治由乎法。本于心者，道德仁义，其用为无穷。由乎法者，权谋术数，其用盖有时而穷。然为治者违乎道德仁义，必入于权谋术数。甚矣，择术不可不慎也。"① 因此，在他恢复和重建封建政治统治秩序之初就开始广兴儒学、崇儒教，以恢复和强化社会生活中"君臣父子夫妇长幼之伦"的封建伦理体系。明成祖朱棣对程朱理学更加尊崇，他曾特谕翰林学士胡广、金幼孜等人："五经四书皆圣贤精义要道。……其周、程、张、朱诸君子性理之言如《太极》《通书》《西铭》《正蒙》之类皆六经之羽翼。然各自为书，未有统会。尔等亦别类聚成编，二书务极精备，庶几以垂后世。"② 《五经大全》《四书大全》以及《性理大全》由此而出，成为主导当时学术与思想文化的官定经典而颁行全国。不仅如此，当时朝廷还特别规定，凡科举考试必须以朱熹所注四书五经为准，不符合此之言论都被视为异端思想而加以排斥和禁止。在官方这种倡导和控制下，整个思想文化领域都被程朱理学的思想意识所制约，社会生活的各个方面也完全笼罩于封建的道德规范之中。明代前期的著名理学家曹端、薛瑄、吴与弼等人，就是学宗程朱，承袭和循守程朱理学的精神而未能越雷池半步，"笃践履，谨绳墨，守儒先之正传，无敢改错"。③

刘健的家族和乡里，就是在这种社会生活环境之中形成其以"仁义礼智信"的儒家思想相标榜，以勤俭朴素、敦厚朴质为本分，以孝亲敬长、和睦乡里、亲信朋友为守礼，以勤学、践道为学术根本的风尚，并深刻地影响着一代代后辈的成长。刘健的父亲刘亮"平生孝谨，与人恭逊，介直寡合，不为私议"。其于学问也是"平生务实学，其教以明理饬行为本"。④ 刘健早年"究心理学，上探河洛之传"⑤，其读书、学习所接受的知识和思想教育，正是以程朱理学的理论体系为基本内容。并且在早期的社会交往中也是"所与游皆洛阳老生知名者"。⑥ 如洛阳名儒阎禹锡、白良

① 《明太祖实录》卷66"洪武四年六月庚戌"条。

② 《明太宗实录》卷158"永乐十二年十一月甲寅"条。

③ （清）张廷玉等：《明史》卷282《儒林传》。

④ （明）何乔远：《名山藏·臣林记·正德臣》卷70"刘健传"。

⑤ （明）尹守衡：《皇明史窃》卷68"刘健传"。

⑥ （明）雷礼：《国朝列卿纪》卷11"刘健传"。

辅等人，都曾师从薛瑄而获得理学旨义。刘健经由与他们的交流论学也"得河东薛瑄之传"。① 由"伊洛之学"到"河津之学"，刘健所秉承的理学思想意识，奠定了其政治思想和志向的基础。阎禹锡甚至称赞他为"伊洛渊源"传承之人。② 刘健在登科入仕后，也仍"潜心理学，不事华藻，立心亦端正"。③ 因此形成其"学问深粹、行履纯正、伟识宏材"④ 的政治品格和风尚。"素以理学自负"⑤ 的刘健以其理学修养和志向践行于仕途的政治实践，由此博得"理学名臣"的称谓。这不仅是对其作为名臣的政治地位和作用的认可，更重要的是由此可知"理学"基础和底蕴对于刘健的政治活动，对其作为名臣的政治地位的确立，甚至对其政治命运起落变化都产生了十分深刻的影响。

　　承继程朱理学的思想传统，刘健政治思想和意识上推崇尧舜周孔之道，追求仁政治世的理念。立足于此，他对儒家所提倡的君德臣道极为认同。他认为皇帝具有至高无上的特殊地位和权力，为"天地神人之主"。⑥ 皇帝是以天之子的身份，秉承天命而临民。因此皇帝以敬天法祖为职分。敬天法祖不仅仅是祭天拜祖礼仪形式上的要求，更重要的还在于遵从祖制代天理物，替天理民以求仁治，以达圣政的实质性表现，即"凡敬天、勤民、节财、省役、进贤、去佞、赏功、罚罪之务"。⑦ 而要实现这种圣政，君主必须首先从传统祖制，从尧舜周孔之道的学习中来获得仁心德行，然后通过勤政、恤民、节财等实际作为来达到求致圣政的目标。在刘健看来，"我祖宗相传以治天下者，尧舜周孔之道而已"。⑧ 因此，儒家学说就是君德修举最根本的依据。他认为："自古帝王未有不资讲学以成其德者。《书》称学于古训乃有获，《诗》称学有缉熙于光明，皆言君之不可不学，而学之不可不勤也。"⑨ 讲学当以儒家经典为重，"四书、《尚书》乃圣贤大道，固当先务"。⑩ 至于后儒之学也可参照学习。此外，一切不合乎儒家

① （清）张廷玉等：《明史》卷181 "刘健传"。

② 参见（明）刘龙《特进光禄大夫左柱国少师兼太子太师吏部尚书华盖殿大学士致仕晦庵刘文靖公行状》，《紫岩文集》卷41。

③ （明）雷礼：《国朝列卿纪》卷11 "刘健传"。

④ （明）唐鹤征：《皇明辅世编》卷2 "刘健传"。

⑤ （明）陆深：《俨山外集》卷14 《停骖录》。

⑥ 《明孝宗实录》卷165 "弘治十三年八月辛亥"条。

⑦ 《明武宗实录》卷16 "正德元年八月辛未"条。

⑧ （明）雷礼：《国朝列卿纪》卷11 "刘健传"。

⑨ 《明武宗实录》卷11 "正德元年三月丁亥"条。

⑩ 《明武宗实录》卷17 "正德元年九月戊寅"条。

学说的思想意识和习尚都会妨碍君德的养成，仁政的实现，都应在摒弃之列。如"佛老二教，圣王所必禁，儒者所不谈。中世以来正道不明，人心久溺。如秦始皇、宋徽宗好仙，汉楚王英、梁武帝好佛，唐宪宗仙佛俱好，求福未得皆以得祸，载在史册，事迹甚明"。① 尽管如此，但皇帝周围总有些奸佞小人"每用此说荧惑圣聪，妨蠹圣政，以致贿赂公行、赏罚失当、纪纲废弛、贤否混淆、工役繁兴、科派百出、公私耗竭、军民困惫。而大小臣僚，被其胁制，畏罪避祸，箝口结舌。下情不达，上泽不宣。愁叹之声，仰干和气，灾异之积，正此之由"。② 这就违背了天意人心，导致天怒人怨。为此，作为君主的皇帝要明确君德要求的职分，"夫事之重且急者不过亲贤爱民、赏功罚罪"，"夫神之所当祭者不过天地、宗庙、社稷、山川及古昔圣贤而已"。③ 这仍不离儒家学说之根本要义。

在重视君德养成，追求仁政、圣治的实现中，刘健也充分认识到臣尤其是大臣的地位和作用。所谓大臣者，"其居于庙堂之上，而为天子之股肱，处于辅弼之任，而为群僚之表率者"。④ 在明代，阁臣及部院诸卿都应属这一范围，而阁臣地位尤为显著。刘健就说"我太祖定制虽不立宰相，而太宗以来专任内阁，委以腹心，俾参机务，与诸司异，诚不可处非其人"。⑤ 刘健十分注重履行大臣职责以实现儒家所谓"以道事君"的臣道。具体而言，这种职责就是辅佐君主修养君德、治理庶务、造福黎民，即朱元璋所谓"向古人臣立忠君之志者，在内则和而不同，在外则不避权势，所以上昭君德，下福黎民"。⑥ 刘健正是以此为自己政治实践的准则，以"臣等职在辅导，凡事关君德者不敢不言"⑦ 来自我要求，并屡屡以讲学勤政、亲贤近儒、修省君德，重世事、禁佛道、远小人、抑贵幸，体恤民生等来规谏皇帝。遇有"外患方殷而内地先困，其间生民愁苦之情，地方凋敝之状，君门万里，恐皇上不得而知。臣等备员指导，深切忧惧"。⑧ 可见他对自己职责的看重。及至"事穷势极，责亦难辞。若顾惜身家，共为阿顺则欺君误国之罪无所逃于天地之间矣"。⑨ 从这种认识出发，他常常不惜

---

① 《明武宗实录》卷6"弘治十八年十月己卯"条。
② 《明孝宗实录》卷142"弘治十一年十月丙子"条。
③ 《明孝宗实录》卷204"弘治十六年十月乙卯"条。
④ （明）王阳明：《所谓大臣者以道事君不可辄止》，《王阳明全集·外集四》卷22。
⑤ 《明孝宗实录》卷146"弘治十二年正月乙酉"条。
⑥ 《明太祖实录》卷176"洪武十八年十月己酉"条。
⑦ 《明孝宗实录》卷187"弘治十五年五月壬辰"条。
⑧ 《明孝宗实录》卷177"弘治十四年闰七月己巳"条。
⑨ 《明武宗实录》卷10"正德元年二月戊辰"条。

以逆耳之言，极陈弊政以求补救君主之失。

总之，刘健所接受的以程朱理学为核心的儒家思想理论，构成其致君尧舜的政治思想意识。同时也由这种思想学说的深刻影响，塑造了他以"修身、齐家、治国、平天下"为人生追求，注重于儒学践履，关注实政实务的精神品格。由此奠定了他作为一代名臣的政治意识、个性和人格基础。

二　政治贤辅的地位

刘健于天顺中登科入仕之后，在相当长的一个时期内或任职翰林，或为东宫讲官，都是以普通中级官员的身份和地位来展开他的政治实践。这期间既然不在大臣之位，他也难谋大臣之政。而当他于孝宗即位被擢入内阁之后，其政治理想的实施才具有了适合的政治舞台。他以自己的理学品格、践行以道事君的政治抱负，以及秉政持节、尽忠竭智的政治作为，成就了一代名臣的地位。

在明代，孝宗皇帝被称为一代贤主。其"恭俭仁明，勤求治理，置亮弼之辅，召敢言之臣，求方正之士，绝嬖幸之门。却珍奇，放鹰犬，抑外戚，裁中官，平台暖阁，经筵午朝，无不访问疾苦，旁求治安"。[①] 在这样的明君治下，形成了君与臣、内阁与部院，以及阁臣之间、诸卿之间等朝廷上层权力机构中较为融洽和协调的人事关系。所以人称"有明列代莫若孝宗为最贤。一时大臣魁望硕德如刘公健、韩公文、刘公大夏、戴公珊，密勿倚眷，同心一体，亦莫若是时为最洽"。[②]更为重要的是，在弘治年间社会思想文化领域虽然已经出现一些新的变化，如吴与弼的弟子、与刘健大约同时期的陈献章在为学方法上突破程朱旧窠，"惟在静坐，久之然后见吾心之体"的修养方法和"以自然为宗""反求诸心"的观点，开启了心学思潮的端倪。但即使陈献章本人，前期学术宗旨上仍以程朱理学为宗。他的心学思想体系直到晚年才真正形成。况且，由于陈献章并未能够在仕途上有突出发展，所以，在他的心学思想形成过程中，其传播范围也仅限于南方一些学者之中。整个弘治时间在朝大臣如徐溥、丘浚、王恕、马文升、刘大夏、耿裕、余子俊、何乔新等年长于刘健或与之同辈者，甚至较刘健年资更晚一些的谢迁、李东阳、王鏊、刘忠、章懋等人也大都在学术上深受程朱理学的影响。丘浚、章懋在明代以名儒称，二人都有理学

① （清）谷应泰：《明史纪事本末》卷42《弘治君臣》。
② （清）全祖望：《鲒埼亭集》卷30《明孝宗御篑记》。

著述行世。懋"为学，恪守先儒训"。① 徐溥、谢迁也皆以"学问纯正"
称。② 李东阳虽以文学著名，但他也是在理学盛行的背景下，在"辨天理
人欲之几"③ 的氛围中怀抱致君泽民之志向而入仕。人称王鏊学有识鉴，
于经学制义更为擅长，"取士尚经术，险诡者一切屏去"。④ 在这样的政治
环境和背景下，刘健以阁臣甚至首辅的地位和身份，来实现其理学基础上
的政治追求，便具备了良好的人文环境和条件。

　　曾长期担任东宫讲官而受孝宗知遇的刘健，在孝宗即位之初即获拔
擢入内阁。弘治前期，他以阁臣的身份不仅在启沃君心、献可替否等辅
君德、理庶政方面履行阁臣的职分，并且常常在朝廷修书、主考科试、
持节册命、行释奠礼等重大朝事活动中担当重任。"时上励精求治，健亦
身任天下之重。凡大臣进退、政事臧否，反复密喻而上未尝不嘉纳也。"⑤
弘治中后期，他代徐溥为首辅，且在年资上较李东阳、谢迁长许多，因
而在辅佐朝政中发挥的作用和影响更为突出。史称"上方励精，凡国家
大事，召见辅臣。宜兴去，召健及李、谢二公至文华殿平台暖阁，面议
大政。如吴一贯、张天祥狱，睿皇后陵寝殿礼，进退五府、四营公侯伯，
灾异去留大臣，皆上前相可否"。⑥ 内阁作为"论思之地"，其启导君德、
辅助朝政决策的功能和作用主要是通过上疏议政、奉召奏对的方式来实
现的。尤其是在明前中期以后皇帝很少召见大臣的情形下，奏疏成为阁
臣阐发其政治见解，发挥其辅政作用最主要的方式。刘健也正是通过大
量的奏疏来实现其对孝宗的影响。从弘治年间尤其是弘治后期以刘健为
首辅所上奏疏情形来看，其不仅数量上较之刘吉、徐溥、李东阳为首辅
时所上论政疏都更频繁，内容也广泛涉及规劝皇帝讲学、勤政、因灾修
省、近儒臣、禁邪佞，以及处置边事、军务、盐法、皇庄、任用大臣等
具体政务的各个方面。刘健这种每"入朝，事关大义，累数千言不
乏"⑦，尽言无讳的情形与其日常简重寡言的个性形成鲜明对照，形成其
在辅养君德、求致圣政中"正色立朝""器局严整"，积极进取，敢于任
事的政治品格和形象。史载孝宗之世，"健之论列所关朝政国体如诏遣中

①　（清）张廷玉等：《明史》卷179"章懋传"。
②　参见（清）张廷玉等《明史》卷181"徐溥传"。
③　（明）李东阳：《李东阳集》第2卷《应诏陈言奏》，岳麓书社1985年版，第281—
　　282页。
④　（清）张廷玉等：《明史》卷181"王鏊传"。
⑤　（明）何乔远：《名山藏》卷70"刘健传"。
⑥　（明）焦竑：《玉堂丛语》卷3《召对》。
⑦　（明）唐枢：《国琛集》下卷"刘健"。

官于武当山设像修醮，因健等上疏已之；诏建寺塔于朝阳门外，因健等上疏罢之；又罢撰真人杜永祺诰命及封号。凡浮图异端蠹财惑众，一切摈不得逞"。①孝宗晚年，也时常宣召阁臣面议机务，"当是时，健等三人同心辅政，竭情尽虑，知无不言。初或有从有不从，既乃益见信，所奏请无不纳，呼为'先生'而不名。每进见，帝辄屏左右。左右间从屏间窃听，但闻帝数数称善。诸进退文武大臣，厘饬屯田、盐、马诸政，健翊赞为多"。② 由此可见，在被后人褒扬的"弘治中兴"过程中，刘健的作用的确不可或缺。

　　刘健在孝宗时期政治地位的提升及其作用的发挥在很大程度上有赖于孝宗对他的知遇。孝宗临终召刘健等阁臣"面承顾命，以宗祧大计、辅导重托，则自前史所载历数千百年不再三见"③。刘健等人受此重任，在武宗即位后，即以颁行孝宗遗诏和武宗即位诏书的方式，力图厘革诸积弊、秕政。如赈济灾荒，宽恤民力，安抚流民及其他失业者；清查盐、马诸政及官员考选弊病；抑制豪强兼并，裁汰近幸冗职滥升；停罢征赋物资，节省开支；广开言路，许官民言事，等等。在武宗即位后的数月之中，"新政"得举，"百度振肃，海内晏然"④，"期于正始以承弘治之盛"⑤。与此同时，刘健以内阁首辅、顾命大臣的身份辅武宗，"承先帝之后举故事。劝上耕籍田，幸太学，册大婚，御经筵"⑥，使皇权交替过程中各种朝政及大事，得以顺利施行。但不久，武宗在近侍内臣导引下，以鸡犬狗马、弓矢弹射为务，日事游逸荒淫。刘健等人屡屡恳切规谏，以至于极言厉色亦不能救，遂与九卿科道联结请诛刘瑾等近侍"八党"，事机不密而遭致失败。刘健见事不可为，上章请辞政归乡。事后刘瑾乱政，箝制缙绅，刘健也险遭不测。但每闻武宗巡游，"辄泣不食"，曰"吾死无以见先帝矣"。⑦

　　刘健为政46年，历事英宗、宪宗、孝宗、武宗、世宗五朝，而在孝宗、武宗时期其政治地位及影响达到其政治生命的顶峰。明人总结其为政情形说他"赋性刚正，理学深邃，以伊洛为宗任，天下大事未尝迁曲。翊运三朝，夷险一节，终辅孝宗，位冠群臣，天下想望风采。即所建立，声

---

①　（清）孙奇逢：《中州人物考》卷2《刘文靖健》。
②　（清）张廷玉等：《明史》卷181"刘健传"。
③　《明孝宗实录》卷224"弘治十八年六月庚申"条。
④　（明）雷礼：《国朝列卿纪》卷11"刘健传"。
⑤　（明）贾咏：《特进光禄大夫左柱国少师兼太子太师吏部尚书华盖殿大学士赠太师谥文靖刘公健墓志铭》，（明）焦竑《国朝献征录》卷14《内阁三》。
⑥　（明）雷礼：《国朝列卿纪》卷11"刘健传"。
⑦　《明世宗实录》卷74"嘉靖六年三月壬午"条。

施后世"。① 虽有溢美，也属事实。《明史》称誉刘健之"事业光明俊伟，明世辅臣鲜有比者"。言之虽似有过，但确实符合刘健从政之志向与实践。

第二节　治兴败窘：弘治正德时期刘健命运的起落

无论是在刘健生活的时期或是辞世后，明清时期官方对其政治地位和作用的评价是给予充分肯定和赞扬的。即使在那个时期的缙绅群体中，虽然对其个性、为人处世中个别的、具体的细节上有所议论，但就其作为士大夫代表的品格、气节，其作为辅养君德、赞画朝政大臣的政绩、政风却很少受人指斥。这种声誉对刘健的政治生涯而言，完全是一种成功性的认定。然而，就刘健政治理想和追求实现的程度而言，且不说在英宗、宪宗、世宗时期无由践行，即使在孝宗、武宗时期，实际上也并没有完全实现。孝宗早年虽有任贤、勤政、纳谏之表现，但并不意味着他能真正做到远佞幸、抑近贵、制私欲、戒疏怠。所以"弘治中兴"不过是相对于宪宗和武宗时期纷乱朝政而言的朝政较为清明、社会秩序比较稳定的暂时局面。因此，刘健等人的辅政成就自然也只是相对性的。至于武宗时期，刘健等人不仅未能实现"格君心之非"以辅养君德，面对宦官专权，朝政混乱之势而不能救，甚至在其归乡不久即被朝廷论为"奸党"之首，追官夺爵，谪子罚米，以至于他"杜门不出，过客请见，一例谢绝"。② 就此种情形言之，刘健的政治命运又不啻于巨大的失败。这种成败兴落的巨大反差，不能不引人深思。

那么，如何看待刘健政治生涯的成败，究竟是"贤臣良相"，还是"奸党之首"？是什么导致刘健政治命运的巨变，是个人秉性抑或是社会环境？

实际上，历史唯物主义已经明确指示出解答这些问题的方向。所谓"胜者王侯败者寇"，不仅是不同政治环境和背景下评判者不同立场的表现，同时也是不同政治环境和背景对当事人政治命运产生决定性影响的反映。刘健政治命运的起伏跌宕，在根本上，是他所处的封建君主专制制度对其个人决定性制约的必然结果。

---

① （明）雷礼：《国朝列卿纪》卷11"刘健传"。
② （明）杨一清：《少师刘文靖公神道碑铭》，《（乾隆）河南府志》卷89。

一　孝宗治政对刘健实现政治抱负的促成和制约

刘健政治命运的巅峰集中体现在孝宗时期和武宗初期。从政治大背景上言，孝宗时期的明王朝依然承袭有明代前期政治环境的特点。其时，士大夫阶层还较浓厚地保留着传统仕政的政治理想和追求，士风也基本上保持着以儒家学说规范为准绳。从具体政治环境而言，孝宗个人的理政风格对朝臣们为政的影响十分显著。"上所好者，下有甚焉。"孝宗谨守祖制，任贤使能，"克勤于政"，追求致治的倾向，直接影响到朝臣的致政意识和为政风尚。时人称孝宗致治使得"当时在朝诸缙绅，下迨蚑虮之微，无一人不欲趋朝以仰承休德，而闻夫所未闻也"。① 于是贤臣能士大都希望在这种形势下一展其政治抱负。"当是时，冰鉴则有王恕、彭韶；练达则有马文升、刘大夏；老成则有刘健、谢迁；文章则有王鏊、丘浚；刑宪则有闵珪、戴珊。"② 这种群贤盈朝的局面，不仅是成就"弘治中兴"的人事根由，实际上它本身也正是"中兴"局面的一种表现。

然而，孝宗本人也常以私欲、偏嗜影响朝政。"郭镛、李广以中官进，寿、宁二张以外戚进，烧炼斋醮以方士进，番僧庆赞以沙门进。"③ 孝宗既缺乏明前期诸帝那种开拓创新的气势和魄力，也不具备对近侍贵戚的控制能力，致使这些近侍权贵势力的滋长构成对朝政清明的严重妨害。弘治中，"太监李广以左道见宠任，权倾中外，大臣多贿求之"。④ 后李广因事畏罪自尽，孝宗命人搜其家藏，以为有"奇方秘书"，却不意搜到众多大臣交结贿赂的簿籍。据《治世余闻》记，那些籍上有名之大臣，"惶惧危甚，各自星夜赴戚畹求救，不期而会者凡十三人。月下见轿影重重，而一人独乘女轿"。⑤ 但孝宗竟因涉及许多高层官员而事寝不究。另外，孝宗对于后戚也极为优容。张皇后"二弟俱封爵，势倾中外"。两家屡占民业，扩充庄田。因人告发，孝宗曾命司礼太监萧敬会同官员勘审。当萧敬复命之时，张皇后在场，怒斥道："外边官人每无状犹可。汝狗奴亦若是耶？"孝宗也随之佯怒且骂萧敬。张皇后走后，孝宗复召萧敬解释，言刚才所骂非其本意，切不可使外朝官员知之。"敬力辩未尝闻于外，上犹不信。即

---

① （明）陈洪谟：《治世余闻》末记。
② （清）谷应泰：《明史纪事本末》卷42《弘治君臣》。
③ 同上。
④ （明）陈洪谟：《治世余闻》上篇卷2
⑤ 同上。

遣人各以白金五十两赏二勘官"以为"压惊"。① 孝宗还"孝事两宫太后甚谨，而两宫皆好佛、老"。② 为此孝宗也常因事斋醮、烧炼及其他佛、老之事而蠹财妨政。

在处理外朝官员与近侍权贵之间的关系上，孝宗常常表现出首鼠两端，心意不定，甚至偏向和屈从于近侍和权贵势力而对文官进行压制。一次，兵部尚书刘大夏奉孝宗之谕令，裁革无军功而得官职者。附马都尉樊凯在孝宗升殿之前以"奉旨裁革"之名将众人遣散。孝宗上殿时见无人值役便究问，凯以"兵部以行裁革去矣"奏。孝宗盛怒说："刘大夏敢如此！"宣召刘大夏。大夏走急气促，不胜应对。"裁革之事悉罢，圣眷遂衰矣"。人称："夫以（刘）东山之公忠，与孝庙之有为，事机一失，乃至于此。信乎臣不密则失身。一时疏略，甚可惜也。"③ 面对近侍权贵的跋扈，孝宗这种优柔寡断的表现，足以形成对官员抑制权贵、清理政务的阻碍，甚至使其清理弊病的努力付之东流。

孝宗也时有对文官的不信任和苛责，常因此造成大臣们进退无据，心怀戒惧的状态。在辽东张天祥狱案的审理中，因东厂的一封揭帖，孝宗令重审案件，并将人犯及原审官员全部提解至京。在召阁臣议事时严厉指责其办事迟缓是有意阻挠，并针对阁臣解释的"此事已经法司勘问，皆公卿士大夫，言足取信"厉声驳斥："法司官若不停当，其身家尚未可保，又可信乎？""文官虽是读书明理，亦尽有不守法度者"，而"缉访之事，祖宗以来，亦有旧规"。④ 孝宗的这种态度和表现，使得大臣们在诚恐、戒惧的心态下，难以发挥其才智以处置政务及朝政大事，从而在相当程度上影响了"中兴之治"的深化。刘大夏为孝宗时期极负盛名且日常颇受孝宗眷顾的重臣，但在孝宗召对时却总是表现出诚惶诚恐、小心谨慎的情形。一次孝宗召对时与刘大夏谈及永乐年间频繁兴兵，且营造之费用甚巨，却未闻当时财困，而"今百凡俱从减省，何以反不足用？"刘大夏言："祖宗时民出一文，公家得一文之用。今取诸民者数倍，而实入官者或仅二三。"孝宗追问："归之何处？"刘大夏犹豫不能言，请求退下去后再疏奏。孝宗以"正欲与尔面论此事"而追问再三，刘大夏仍"仓卒不能对"，便举例说："臣往年在两广时，曾通以省城中文武官俸给，与某官一二人岁用，

---

① 参见（明）陆楫《蒹葭堂杂著摘抄》。

② （清）张廷玉等：《明史》卷181"刘健传"。

③ （明）陆深：《俨山外集》卷10《溪山余话》。

④ （明）陈洪谟：《治世余闻》上篇卷4。

计之犹不相当。此亦以侵民财之一端也。"① 以刘大夏当时的声望及孝宗对他的信任与倚重，论及权贵势要之弊，在孝宗面前说话尚且如此吞吞吐吐，以至于最后仅用一个大大弱化问题的小例子来化解自己眼前面临的窘境，就可以想象到孝宗理政之时革弊之难。实际上孝宗也并非不知镇守中官舞弊侵渔之病，但又常以其"自祖宗来，设置已久"② 而不思停罢之。另一次，李梦阳因劾后戚张氏而下狱，孝宗召问刘大夏时，大夏也不敢妄对，待孝宗自言不深究其罪，大夏才有"事后颂德之辞"。③ 由此可见刘大夏在孝宗面前谨慎言辞的表现。

应当说孝宗对刘大夏的器重不仅在于刘大夏为政有能力，其处事稳妥、谨慎的风格也发挥很大作用。刘健为政虽以敢于任事、善于决断为长，但在辅助孝宗时也不得不谨慎从事。弘治十年（1497）三月，孝宗第一次宣召阁臣面议政务时，因事出仓促，几位阁臣有些不知所措，更是小心翼翼。刘健见一份题本所涉事务较多，说："此本事多，臣等将下，细看拟奏。"孝宗言："文书尚多，都要一看，下去也是闲，就此商量，岂不好？"但接下来又说其余题本，"皆常行事"而令阁臣们退下。有些史书称因阁臣此次理事"不称上意"而使此后很长时期内孝宗不再召见大臣。事实上，阁臣的拘谨恰源于对孝宗本人的敬畏。可见，小心戒惧的心态对于大臣们发挥其理政致治的作用是有很大妨害的。由此不难理解刘健作为阁臣，甚至首辅，在辅致"弘治中兴"中实绩的有限性。史籍中对此也有一些表示，如称"时帝虽亲政，犹守宪宗之旧，未能有所兴革。太（监）李广用事宫中，健等亦不能有所施设也"。④ 有些表述更全面而明确："上仁慈敬慎，望治虽切而谨守旧章不轻变易，尤恶惨核之政。健念上体清癯，太子未壮，恐一旦有意外。……至上语及宫中之政，毅然创抑，欲尽洗刷近侍权，复太祖旧章。然亦未敢轻动也。"⑤

正如有些研究者所指出的那样："明代专制君权的突出表现就是对其没有实际制约。内阁的封驳，并不能起到真正制约的作用。各部门的官员只是具体工作的执行者。"⑥ 由于孝宗将本人主观意志凌驾于制度体制之上，所以使得大臣们极为懦弱、缺乏创造力和开拓气势。但无论如何，弘

① （明）陈洪谟：《治世余闻》上篇卷3。
② 同上。
③ （明）黄景昉：《国史唯疑》卷4。
④ （清）汤斌：《拟明史稿》卷10 "刘健传"。
⑤ （明）何乔远：《名山藏》卷70 "刘健传"。
⑥ 张显清、林金树：《明代政治史》，广西师范大学出版社2003年版，第1055页。

治时期是明代君臣关系较融洽、政治较为清明的阶段。在这种背景下，具刚正执着个性的刘健在一定范围内和程度上进行了其致政的许多实践与努力。

但到武宗时期，随着武宗个性在人治政治背景下的影响日益显著，刘健辅政大臣的作用不仅难以发挥，其思想意识与武宗个性追求的矛盾最终导致刘健政治上的完全失败。

二　武宗败政使刘健政治追求的实践陷于困窘

正德年间，是明代社会生活风尚和思想文化变化较为明显的时代。在陈献章"白沙之学"之后，王守仁的阳明心学不仅在思想体系上更加完备而深刻、严密，并且由于王守仁本人在武宗时期以突出的政绩获得极高的政治地位和影响，这两者促成心学在更广泛的领域得到传播。在这种情形下，刘健等元老们所持守的程朱理学渐显僵化、呆板。连带着他们在朝臣人际关系中，也显得缺乏融通性。尤其是如张元祯、章懋等久居乡里又重获起用的人，与朝中那些年轻后辈更显格格不入。官员之间致政思想意识的不协调以及相互关系上的不够融洽从背景环境角度上给刘健等人的致治追求带来极大不便。

但是，导致刘健政治上最后失败的直接原因，则是与武宗致政意识的相悖以及个性上的对立。武宗不像他父亲孝宗那样谨厚仁柔，而是活泼好动，喜好逸乐。他早年的皇储教育实际并未达到如孝宗和一些大臣所认为的水平，对于朝政的重要意义缺乏应有的认识。他即位之初，出于对刘健等顾命老臣地位和影响的敬畏，凡朝政事务皆听从其安排处置。但当他逐渐感受到并习惯了皇帝所具有的特殊身份与至高无上的权力地位之后，在近侍内臣的引导下，便开始恣意妄为，以逞己志。"左右嬖幸内臣日导引以游戏之事，由是视朝浸迟，频幸各监局为乐。或单骑挟弓矢，径出禁门弹射鸟雀，或开张市肆，货卖物件。内侍献酒食，不择粗细俱纳。大臣科道累有章疏，皆不省。"[1] 武宗的这种荒诞作为和表现，被当代学者称为"带头冲破传统礼教，破坏祖宗制度，是历史上少有的荒唐皇帝"。[2] 在这种皇帝只为近幸佞臣谋取私利、将正常朝政完全置于脑后的朝廷政治局势下，刘健等人企图致"圣政"的追求就显得极不合时宜。

武宗虽无明确的治国意识与治政能力，却不乏专制君主之淫威。而

---

① （明）陈洪谟：《继世纪闻》卷 1。

② 毛佩奇、张自成：《中国明代政治史》，人民出版社 1994 年版，第 6 页。

且，常常由于其肤浅的政治意识使得外朝官员在处置朝政事务时遭遇更加艰难窘迫的处境。如"何塘以进讲蹇涩，衣冠不鲜明，武皇怒，几欲挞之"。① 明人陆深曾记述说，当其为庶吉士侍从于刘健学习时，刘健问及起复为官的章懋可任何官，陆深以"恭而安，宜为日讲经筵官，以辅养圣德"来对。刘健连连摇手说："不得不得，德懋居山林久，未闻讲筵礼数，万一山野使人主不肯亲近儒臣自此始。"当时与陆深同年、同为庶吉士的崔铣很不以为然。但事后，陆深以及盛端明、魏校等人皆以所谓"礼度生疏"，由经筵讲官而改谪外任。陆深因此感慨："圣心可想矣。"②似陆深等这样的中级官员尚且犯所谓"臣不密则失身"的错误，刘健作为辅政大臣，更需凡事谨慎。刘健明知"顺旨者有宠，逆耳者获罪"。但其秉性又使他抱持"若贪位恋禄，殃民误国，则不独为陛下之罪人，抑亦为天下之罪人，万世之罪人矣"③的职责意识。所以，在武宗日益荒政、败政的情形下，他仍能屡屡犯颜直谏，言辞激切，以期感动武宗，使之"为圣德之君，天下成至治之世"。④

武宗政治上的无能还带来其偏听偏信，任情恣意的为政风格。从日常逸乐中，他感觉近侍内臣更为亲密、可靠，因而决断朝政事务时常以这些人的主张和意见为判断依据。正德元年（1506）十月，当刘健等率外朝官员们请诛刘瑾时，武宗即三番五次请求宽恕之。后来，在外朝官员们的压力下，武宗才无可奈何地答应对刘瑾等人进行处置。当刘瑾等人获得秘讯，连夜入宫"得先见上，泣请，并斥言诸大臣过欺官家幼冲，上果疑怒"。⑤ 武宗因宦官的一句"过欺官家幼冲"的挑拨而很轻易地就产生"疑怒"，因这"疑怒"而丝毫不虑及朝政大局，竟至于形成文官集团的彻底失败和宦官专权乱政的局面。

武宗这样轻率、任性妄为地处理朝政事务的表现并非偶然，而是一惯性的。正德三年（1508）六月的一天，早朝散后在场地上得一匿名遗书，言辞间讥讽所任用内臣并非贤者，"上手匿名书说：'汝谓贤，吾故不用；汝谓不贤，今用之。'遂退李荣、黄伟，任瑾益专"。⑥ 在武宗这种视朝政、用人如儿戏的情形下，刘健等顾命大臣的命运就可想而知了。其致政的努

---

① （明）黄景昉：《国史唯疑》卷4。
② （明）陆深：《俨山外集》卷10《溪山余话》。
③ 《明武宗实录》卷17"正德元年九月辛卯"条。
④ 同上。
⑤ （明）尹守衡：《皇明史窃》卷68"刘健传"。
⑥ （清）谷应泰：《明史纪事本末》卷43《刘瑾用事》。

力不仅得不到武宗的赞赏、鼓励，反而"以健数有直言逆耳"而听令其致仕，"虽赐敕给驿犹循旧典，而眷恋之意斩然矣"。① 可见在武宗时期刘健政治上的失败有其必然之根由。

应当承认的是，刘健的个性对其政治命运浮沉的确产生有相当的影响。他的刚正执着、谨守儒家思想，与孝宗的政治追求是相适合的，因此得到孝宗的信赖与重用，却与武宗追求个性放任的特点极难协调。然而，作为"臣"，无论刘健的政治抱负与追求多么执着、多么符合维护明王朝统治的实际要求，他都不能超越孝宗、武宗之皇权对他政治活动的规约。因此，从根本上言，刘健的政治命运是由明代政治制度所制约和规定的。首先，刘健个性中的思想意识和精神品格的型塑，在根本意义上并不是他个人能够控制和完全自主选择的。其次，无论刘健的个性如何，弘治、正德时期，尤其是在正德时期的政治环境下，任何秉承传统儒家思想学说和致政理念的人，都难在其政治实践上取得成功。如果说刘健在正德年间政治上的失败是因为其个性的"不合时宜"，而李东阳、杨一清、王守仁等这些个性看似适宜的正德名臣，其政治境况却也未见得比刘健好多少，其政治实践也未见较刘健更显平顺。

正德年间是明代社会发生显著变化的时期，官场人物的为人处世风格也发生着明显的改变。刘健的同年好友张元祯曾对陆深说过："予自少登朝，见士夫，凡三变。初讲政事，后讲文章，今则专讲命矣。"② "讲命"风尚的出现，实际上是人对命运感到无法预料和掌控情形下的一种无奈宣泄。对于身负辅政重任的大臣而言，更紧迫和重要的不是空谈"命"运势道，而是施展才智以寻求适应时势的生存原则和方式。在这方面，较刘健后起的李东阳、杨一清、王守仁等人就明显表现出其优势。他们早年虽然与大多数士子一样围绕科举目标在经籍制义中浸淫，深受儒家学说影响，并以此构成其致政思想的基础。然而，其青年时代所处的、较刘健早年更为广阔复杂的环境，使其为人处世的个性风格也更具灵活性和变通能力。李东阳为人多谋略而遇事能曲就。当刘瑾窃权乱政，刘健、谢迁被迫致仕时，因当初议处刘瑾等人时，"健、迁持议欲诛瑾，词甚厉，惟东阳少缓，故独留"。③ 之后"李代刘为首相，事多依附"。④ 在内阁任首辅6年多，累获加官晋爵，至正德七年（1512）以病辞休。卒时得赠太师、谥文正，

---

① （明）唐鹤征：《皇明辅世编》卷2"刘健传"。
② （明）刘绍文：《皇明世说新语》卷8《惑溺》。
③ （清）张廷玉等：《明史》卷181"李东阳传"。
④ （明）陈洪谟：《继世纪闻》卷1。

"恩礼极厚"。① 对这种局面，有人说是东阳个性懦弱、屈从刘瑾等人的结果②，也有人说是刘瑾等人奸诈，专门利用东阳的产物。③ 但无论如何，其客观效果是李东阳确实在正德年间那种复杂的形势下能够一直保有其一品大臣的政治地位，并且借此"潜移默夺，保全善类，天下阴受其庇"。④ 所以，自明清以来不少人认为李东阳的处事更富于致政的策略性。杨一清的灵活变通较之于李东阳更进一步。他自幼便能文，以"奇童"闻名，且在明代政坛上享有"博学、善权变"之声。⑤ 他自弘治至嘉靖年间曾历任兵部、户部、吏部尚书，两度入阁为辅政重臣，三次总制三边军务。这种不计地位次序地在中央朝官与地方大员之间频频转换职位的做法，在一些循守旧制的官员看来都是有违"体统"的。但杨一清却并不抱持这种僵化的观念，靠着他的机动灵活，实际上无论是在中央或是地方，都能够因地制宜地施展才智，建功立业。正德年间，他以计谋策动同受武宗信用的、原"八党"之一的宦官张永，利用机会说服武宗一举诛灭刘瑾等人；嘉靖年间，他又以故相复出为将，在治理三边军务方面颇见成效。王守仁较之于李东阳、杨一清等人更胜一筹，他不是单凭自己的个性，更多的是依赖于自己形成体系化的思想理论为支撑来成就他的事业。他所开创的阳明心学"弟子盈天下"⑥，他虽未曾为朝中大臣，却在地方军政方面表现出卓越的战略才智，建立赫赫事功，被封新建伯。时至今日，王守仁还被称为中国古代历史上集立德、立功、立言之"三不朽"于一身的两个人物之一。

同刘健的刚正执着，甚至刻板比较起来，李东阳能够逢明君事之以愚忠，遇昏君奉之以智谋，显示出为政之明智；杨一清处事能够审时度势，不囿于所谓正统成见，可谓有较大气魄与谋略；王守仁更是以全新的思想理念来指导自己应对已变化的社会形势。然而如前所述，这些看似较刘健更"明智"、更智慧，个性更具变通、柔韧性的官员，其在明代中期以后的政治命运却也并非平顺。以李东阳论，他在正德间虽有崇高的地位，却要承受着更大的精神折磨。一方面，刘瑾等人擅权乱政的种种做法，与李东阳所秉受的儒家致政意识是相违背的，而在其颐指气使之下做出的诸多迎合之举，乃非李东阳心甘情愿。另一方面，李东阳的委蛇曲从，在当时

①　（明）陈洪谟：《继世纪闻》卷1。
②　参见刘婧《论李东阳的政治活动》，硕士学位论文，黑龙江大学，2002年。
③　参见韦庆远《试论李东阳》，《明史研究论丛》2004年第6辑。
④　（清）张廷玉等：《明史》卷181"李东阳传"。
⑤　参见（清）张廷玉等《明史》卷198"杨一清传"
⑥　（清）张廷玉等：《明史》卷195"王守仁传"

众多气节之士那里受到了极大责难。如与李东阳相交甚厚的刘大夏被刘瑾等撼事谪戍极边之地，"大夏年已七十三，布衣徒步过大明门下，叩首而去。……遇团操，辄荷戈就伍。所司固辞，大夏曰：'军，固当役也'"。① 有人以此对照并讥讽李东阳曰："西涯不及东山好，东山壁立西涯倒，若把西涯比东山，西涯满目是荒草。"② "东山"为刘大夏的字，"西涯"为李东阳字，被用在诗里借题发挥以讥讽李东阳。其时，官员中人对李东阳的指责更尖锐。南京御史张芹劾之曰："当瑾擅权乱政之时，东阳礼貌过于卑屈，词旨极其称赞，贪位慕禄，不顾名节。"③ 连深受李东阳器重的门生、时任太常寺少卿的罗玘，也直接寄书李东阳，严厉指责其曲阿，并请削门籍。作为一代文坛宗师、一品大臣面对这种纷至沓来的指斥，李东阳求退不得，只有无可奈何的叹息，其内心的苦楚可想而知。杨一清虽在正德间总制三边，颇有功勋，仍被刘瑾等人借故革职，诬陷下狱，几遭杀身之祸。王守仁于正德间屡定东南，镇压农民起义，平定宸濠之乱，于朝廷可谓功勋卓著，却因近侍谗诬构陷，险遭不测。正德十六年（1521）世宗初即位，朝政大事尚为杨廷和等大臣掌握。王守仁因平宸濠叛乱之功"封特进光禄大夫、柱国、新建伯，世袭，岁禄一千石。然不予铁券，岁禄亦不给。诸同事有功者，惟吉安守伍文定至大官，当上赏。其他皆名示迁，而阴绌之，废斥无存者"。④ 王守仁极其愤慨却也无可奈何。至嘉靖时期，王守仁不仅受到朝中大臣们的嫌嫉和排挤，连比孝宗、武宗更富于睿智的世宗也对他产生疑忌。嘉靖七年（1528），他统兵平西南之边乱取得胜利之际已是重病在身，而朝廷大臣们正在世宗主持下为弹劾或保全他而争执不下。当他疏乞归乡而病逝于途中之后，获得的结果竟是"帝乃下诏停世袭，恤典俱不行"。⑤ 通过以上的比较可以看出，刘健在孝宗时期和武宗初期的仕途远比这些后起者要平顺得多。即使是在正德初政中日显窘迫，却也还可以以一去而终结之。

由以上的论述可以看出，明代至正德以后，政治环境的变化使得大臣以道事君职志的实行日显艰难。无论个性刚正或是柔韧，无论是多谋或是善断，都无法逃脱社会政治环境对个人政治命运的制约。

---

① （清）张廷玉等：《明史》卷182"刘大夏传"。

② （清）查继佐：《罪惟录》志卷32《外志》之《谣讽录》。

③ （明）陈洪谟：《继世纪闻》卷1。

④ （清）张廷玉等：《明史》卷95"王守仁传"。

⑤ 同上。

第三节　明代政治环境与刘健个人命运关系的启示

人类社会历史的进步，是在不断总结历史经验和教训的基础上，在以人的全面解放为准则和依据，而对未来社会发展方向做出深刻和准确判断的条件下才能实现。历史研究的重要任务和意义，正是为此探求可资借鉴的历史资源。对于明代名臣刘健的研究，也正是通过对其生平事迹的全面考察和分析，来认识那个时代个人命运与社会进步的关系。

应当承认，作为中国封建时代，尤其是处在封建社会后期之明朝的名臣贤相，刘健是当之无愧的。他的政治追求和实践，都切合于当时政治背景对于事君之臣的要求和规范。因此，就个人对于社会的影响而言，刘健发挥了他应有的作用。从社会环境对于个人的作用而言，刘健也有其幸运的一面，他的确曾经获得过施展自己政治抱负的机会，却并没有遇到充分发挥其才智能力的社会环境和条件。即使在明孝宗时期也不可能完全具备这种条件。人称"刘、谢二公并以宫僚入参大政，受知孝庙，弼成弘治十八年。至理平台、暖阁之畴咨，具见都俞、吁咈之遗焉。夫惟圣君贤相，千载一时哉！迨事武宗，皆以顾命老臣，无能改于其德，么么小竖，急欲芟夷于旦暮之间，卒俱受其蚕螫，世道之不流为甘露者无几，岂亦智不足而才有余乎！"① 是个人才智的问题还是社会条件的问题？或者是两者之何者为主因的问题？明人曾有这样的议论："刘文靖盖古之遗直也。毋论其言之入与不入，而知则无不言，言则无不尽也。然当孝庙在御，则天下并受其福；武庙嗣登，则一身几于不保。晏子谓'一心可以事三君'，然钦？否钦？"② 既称颂刘健为臣的风范，却又质疑"一心可以事三君"。明人无法认识到其背后深层的政治根源，处在今天的历史视野下，可以明确作出的结论就是：私有制基础上的皇权专制主义政治制度造就出皇帝的"人治"政治，必然是大臣的命运服从于皇帝的个人意志。

中国封建时代的君主专制制度，是以宗法社会为其基础的。在家国同构的社会体制和模式下，天下是皇家一家一姓之天下，政权为皇帝一人之权。皇权的至高无上性决定了皇帝个人意志的法律地位和意义。在这种背景下，一切"以道事君"的臣道精神都在实际上不得不屈从于"以忠事

---

① （明）尹守衡：《皇明史窃》卷68"刘健传"。
② （明）唐鹤征：《皇明辅世编》卷2"刘健传"。

君"的现实处境。这种皇帝的人治政治，导致臣的政治命运常常失去制度与法理的保障，遇明君则良相贤臣之功可致，遇昏君则身家性命难保。处于明代弘治、正德时期首辅地位的刘健所经历的情形正是如此。明孝宗比较能够循守祖制。尽管他所守的祖制仍是维护朱氏一家一姓之天下的专制制度，但它毕竟为秉承儒家政治思想传统的刘健提供了致力于儒家"仁政"社会理想实现的机会和某种条件。至武宗时期，不仅"仁政"没有根由，连祖制的基本规范也被具有至高地位的皇帝带头破坏，秩序荡然。在这种情形下，"处刘健、谢迁、韩文之势，止得一谏。谏不听，止得一去，更无他法。或倡为潜消黙挽，并出于贪恋驽栈计，曲为之词"。① 要么是阿顺屈从，依附权势，但这不是有志于政治作为者的处世原则和方式；要么只能是遇明君求得致政，遇昏君则"不可则止"，否则便连生命都可能丧失。这便是私有制基础上君主专制政治环境中政治名臣命运的必然逻辑。

综上所述，通过对刘健生活的社会时代和具体生活环境的全面考察和剖析，掀开了五百余年历史罩在刘健身上的层层帷幔。刘健以其在那个时代的所思、所作、所为，的确体现出封建时代良相贤臣的风范。然而，就他的个性特色而言，他的思想和精神追求，他为人处世的风尚，无不体现着社会时代对其的规范和型塑作用。因此从某种意义上言，他的个性塑造并不是完全由他个人主观选择的。从他的政治地位和作用来看，他在"弘治中兴"和正德初政中的政绩和影响，他在弘治、正德间政局变化中命运的起落，也都体现出社会制度和模式对人的命运的强烈制约和深刻影响。所以，从根本上言，刘健的名臣形象只能是那个时代、那种社会环境下的良相贤臣。刘健的命运，在那个时代的社会模式和体制下，也必然随着其遭遇君主个人风格的不同而不同。故此我们才可以理解，在弘治与正德政局的巨大反差的背景下，也就必然形成其个人政治命运兴败起落的巨大落差。

中国历史走到今天，私有制基础上的君主专制早已成为过去。在以宪政法治为目标的现实政治建设中，历史传统积淀中形成的一些影响并没有彻底消除，某种程度上将公共权力私有化而形成的"私人政治"倾向在有些方面也时有表现。因此，寻求社会全面进步，人的全面发展依然要有一个漫长而艰难的历程。在这个过程中，对明代名臣刘健研究所得出的启示，理当作为一种警示而长记于心。

---

① （明）黄景昉：《国史唯疑》卷4。

附录一 明代名臣刘健系年纪事及资料列编

说明：

1. 明代名臣刘健，虽为时人及后辈称为一代"贤相"，却自古及今未有其年谱或年表。出于本书研究之基础需要，又限于本书主题及篇幅，在此不以年谱之例详列史料记述史实，而仅依据各史书记述内容将其事迹做简要概括，故称之为"系年纪事"。考虑到查询原资料之方便，又罗列依据资料于概括内容之后，即成"资料列编"。

2. 此编以年系事，年内具体事迹按月为顺序，月份不详之事迹则记述于年内之末；年内无事者，略其系年纪事，以避免篇幅浩繁。

3. 有关刘健的资料难称宏富，但重复记录、分散记述其事迹的史著也堪称广泛。为避免篇幅过于繁芜，本编所罗列史料只选择主要的、有代表性资料，而并非尽录所有资料。具体处置规则有三：一是诸书所记内容相同时，只开列主要书目卷次。如编年类记事在同年月者，只记其中主要一种史籍，其他史书只记卷次而略其年月日条目。二是诸书同记一事之细节或时间有所不同者，以脚注作说明。三是属于孤证记述之资料，则列入附记。

4. 列编中所列史书只在第一次开列时注明作者及篇目全称，以后再出现则用略称。如刘龙撰《特进光禄大夫左柱国少师兼太子太师吏部尚书华盖殿大学士致仕晦庵刘文靖公行状》，简称为刘龙撰刘健《行状》；贾咏撰《特进光禄大夫左柱国少师兼太子太师吏部尚书华盖殿大学士赠太师谥文靖刘公健墓志铭》，简称为贾咏撰刘健《墓志铭》。

5. 由于史料所载刘健史迹极为零散，甚至错讹，对于某些事迹也当有一定的考证。由于篇幅所限，且已开列主要所据史料，故编中免去考证过程。个别突出者，则予以简要标注。

6. 本编采用中国历史传统纪年、纪月方式。纪年后另附公元纪年于小括号内以供参考。

刘氏先祖概略

刘健，字希贤，号晦庵，河南洛阳人。

据刘氏家谱载其先祖出于唐尧，与东汉光武帝同源，为光武帝之父刘钦之后裔。刘健之祖有明确记载者始于河南开封太康人刘聚。刘聚生二子：敬、绍，分别仕元为枢密知院、顺德路总管。刘绍死后，妻翟氏避元末兵乱，携子刘荣从两兄弟居理、居瑞归居洛阳，遂定居此。刘荣聘娶曹氏，生子刘宽、刘亮。刘宽从医。刘亮中永乐十八年庚子（1420）举人，历任地方司训、教谕等职。刘健即刘亮之第三子。①

依据资料：

1985 年续修《（洛阳）刘氏家谱》；

（明）谢迁撰《大明赠光录大夫柱国太子太保礼部尚书兼武英殿大学士刘公神道碑铭》（以下简称刘荣《神道碑》）；

（明）李东阳撰《大明陕西三原县儒学教谕致仕赠光禄大夫柱国太子太保礼部尚书兼武英殿大学士刘公神道碑铭》（以下简称刘亮《神道碑》）；

（明）杨一清撰《少师刘文靖公神道碑铭》（以下简称刘健《神道碑》）；

（明）温如春《太师谥文靖刘公祠堂记》（以下简称刘健《祠堂记》）；

（明）贾咏撰《特进光禄大夫左柱国少师兼太子太师吏部尚书华盖殿大学士赠太师谥文靖刘公健墓志铭》（以下简称刘健《墓志铭》）。

宣德八年癸丑（1433），1 岁

刘亮于宣德五年（1430）举于礼部乙科，因授职华州司训。其间娶姜白氏。宣德八年二月八日，刘亮之妻张氏梦一伟人致上帝之命，持紫衣玉带赐其家，遂惊醒，适有人报白夫人已生子，其头骨隆起，相貌奇特。刘亮甚感奇异。此新生者即为刘健。生月余，有僧人过其门，相刘健之面说："此儿将历七次死劫而不死。年过四十以后，官至一品，寿过百岁。"②

依据资料：

李东阳撰刘亮《神道碑》；

杨一清撰刘健《神道碑》；

温如春撰刘健《祠堂记》；

贾咏撰刘健《墓志铭》；

---

① 对于刘亮几个儿子的排行，诸多史籍有不同说法。根据天顺四年《登科录》所载刘健的履历，刘亮有四子，刘健排行第二；刘龙所撰刘健《行状》则称刘亮生四子，刘健行三；1985 年修《（洛阳）刘氏家谱》中也记载刘健排行第三。

② 明人施显卿《古今奇闻类纪》卷 2 引述了明人郎瑛《七修类稿》关于刘健出生月余有僧人相面之说，而清人叶珍《明纪编遗》则记此事在刘健 3 岁之时。

（明）过庭训《本朝分省人物考》卷 90 "刘健传"；

（明）何乔远《名山藏》卷 70 "刘健传"；

（明）郎瑛《七修类稿》卷 45 "刘太师"条；

（明）施显卿《古今奇闻类纪》卷 2《前知纪》；

（清）傅维麟《明书》卷 126 "刘健传"；

（清）叶珍《明纪编遗》卷 5。

正统四年己未（1439），7 岁

祖母曹夫人去世。曹氏为人端庄严谨，不妄言笑，于家教实多帮助。后因刘健为官而得赠一品夫人。刘健之父刘亮因丁忧而卸华州司训之职。刘健自幼个性安稳，不好嬉闹。其他小儿嬉戏时，他常独自端坐一旁，微笑而已；刘健又天资聪颖，尤好探求学问。一日，天刚拂晓，刘亮入厅堂时见其窗透灯光，不免惊异言道"孩子何苦如此呢?"几经催促，刘健才就枕席。

依据资料：

（明）刘龙撰《刘文靖公行状》（以下简称刘健《行状》）；

谢迁撰刘荣《神道碑》；

李东阳撰刘亮《神道碑》；

贾咏撰刘健《墓志铭》；

温如春撰刘健《祠堂记》；

《本朝分省人物考》卷 90 "刘健传"；

《名山藏》卷 70 "刘健传"。

正统七年壬戌（1442），10 岁

父刘亮迁山东滨州学训导，虽不久任，仍诲人不倦。

依据资料：

李东阳撰刘亮《神道碑》。

正统八年癸亥（1443），11 岁

父刘亮以考最迁陕西澄城县学教谕，治学颇有声望。

依据资料：

李东阳撰刘亮《神道碑》。

正统十年乙丑（1445），13 岁

祖父刘荣于二月初七日以寿终，得年 87 岁。与祖母曹氏夫人合葬于洛阳东侯里之西岗。后因刘健为官得赠光禄大夫、柱国、太子太保、礼部尚书兼武英殿大学士；父刘亮因丁忧卸陕西澄城县学教谕之职。

依据资料：

谢迁撰刘荣《神道碑》；

李东阳撰刘亮《神道碑》。

正统十二年丁卯（1447），15 岁

父刘亮改任陕西三原县学教谕。虽年事已高，仍诲人不倦。

依据资料：

李东阳撰刘亮《神道碑》。

景泰三年壬申（1452），20 岁

刘健读书作文，务求精思至理，发明圣贤之蕴，不事浮华。以其学力补入邑庠生。

依据资料：

刘龙撰刘健《行状》；

杨一清撰刘健《神道碑》。

景泰四年癸酉（1453），21 岁

刘健好学，于乡里负有声名。八月乡试中举。发榜之日，乡人群集观之，喜赞乡试得人。刘健于学问深求义理，常与洛阳老成之学者名流，如著名理学家薛瑄的弟子、洛阳名士阎禹锡、白良辅等人交流学问。阎禹锡对其十分敬重，并对乡人称赞刘健说："伊洛学说应有传人了。"一日，刘健与白良辅论学，两人观点不合而罢。次日拂晓，白良辅即来敲门对刘健致礼，说："我思考到半夜才想明白你所说的道理。现在也才知道了你比我学问深远得多呀！"由此，刘健于洛阳乡里更负名望。

依据资料：

贾咏撰刘健《墓志铭》；

温如春撰刘健《祠堂记》；

《本朝分省人物考》卷 90 "刘健传"；

《名山藏》卷 70 "刘健传"；

（明）焦竑《熙朝名臣实录》卷 11 "刘健传"。

景泰七年丙子（1456），24 岁

父刘亮秩满两任，致仕家居。

依据资料：

李东阳撰刘亮《神道碑》。

天顺四年庚辰（1460），28 岁

自乡试中举之后，刘健致力于举业。本年二月，参加由吕原、柯潜主考的礼部会试。应试者 3000 多人，考中者有陈选等 150 名，刘健也在其中；三月初参加殿试，应试者 156 人。刘健为二甲第 39 名，得赐钞五锭；三月中旬，内阁与吏部于二甲以下进士中考选出 15 名为庶吉士，刘健为第一名。15 名庶吉士与已授修撰的状元王一夔、已授编修的探花李永通和榜眼郑环，一同于翰林院中跟从学士刘定之、钱溥读书学习。其时，朝中重臣十分器重刘健，为国家能得人才而庆幸。

依据资料：

《明英宗实录》卷 312 "天顺四年三月戊寅、庚辰、壬午、丙戌" 条；

（明）谈迁《国榷》卷 33 "天顺四年二月乙卯" 条、"天顺四年三月戊寅朔" 条；

（明）陈建《皇明从信录》卷 21；

（明）涂山《明政统宗》卷 13；

（明）黄佐《翰林记》卷 3；

《天顺四年进士登科录》之 "天顺四年庚辰科"。

贾咏撰刘健《墓志铭》；

温如春撰刘健《祠堂记》；

张朝瑞《皇明贡举考》卷 4；

《本朝分省人物考》卷 90 "刘健传"；

《名山藏》卷 70 "刘健传"；

《熙朝名臣实录》卷 11 "刘健传"。

天顺六年壬午（1462），30 岁

九月九日，翰林院庶吉士除授官职，刘健、汪谐、张元祯三人为编修。

依据资料：

《明英宗实录》卷 344 "天顺六年九月庚子" 条；

《国榷》卷 33 "天顺六年九月庚子" 条；

（明）张元汴《馆阁漫录》卷 4。

天顺七年癸未（1463），31 岁

十一月十二日，父刘亮以寿终于家，年 72 岁。葬于洛阳东侯里祖墓地。刘健因丁忧归乡。刘亮后因刘健为官而赠光禄大夫、柱国、太子太保、礼部尚书兼武英殿大学士。

依据资料：

李东阳撰刘亮《神道碑》；

贾咏撰刘健《墓志铭》；

温如春撰刘健《祠堂记》。

天顺八年甲申（1464），32 岁

八月，朝廷以纂修《英宗实录》，起复刘健等人，命其乘驿赴京。十一月，刘健等到京后请求完成为父守制而未获允。

依据资料：

《明宪宗实录》卷8"天顺八年八月戊戌"条、卷11"天顺八年十一月丙寅"条；

《国榷》卷34"天顺八年八月戊戌"条；

《馆阁漫录》卷4。

成化三年丁亥（1467），35 岁

八月，因修英宗实录书成，各官升职受赏。刘健升修撰，获白金三十两，文绮三表里、罗衣一袭之赐。① 当时有人推荐刘健以宪职主持学政，刘健用《易》卜筮，得《咸》卦之九五爻，其爻辞说："咸其脢，无悔"。他沉思后说："这是周公在教导我呀，我当终身佩受之。"最终未就学政之职，并自取名号为"脢庵"。

依据资料：

《明宪宗实录》卷45"成化三年八月丁巳"条；

《国榷》卷35"成化三年八月丁巳、戊午"条；

《馆阁漫录》卷4；

贾咏撰刘健《墓志铭》；

温如春撰刘健《祠堂记》；

《名山藏》卷70"刘健传"。

成化四年戊子（1468），36 岁

六月，英宗钱皇后崩。宪宗生母周太后欲预留与英宗合葬之陵寝位以备将来自处，故力图将钱皇后另葬别处。廷臣们竭力要求将钱皇后祔葬英宗陵墓，竟至于伏阙呼号。刘健也参与其事。②

依据史料：

《国榷》卷35"成化四年七月戊午"条

---

① 杨一清撰刘健《神道碑》、过庭训《本朝分省人物考》卷90"刘健传"、焦竑《熙朝名臣实录》卷11"刘健传"，以及《明世宗实录》卷74"嘉靖六年三月壬午"条刘健传中，皆言刘健于成化十年（甲午）因修英宗实录成而升修撰，当为误。详见本书附录七："明代名臣刘健为官经历考论"之考证。

② 清代傅维麟所著《明书》卷20"英宗钱皇后纪"中记载：钱皇后崩，就其陵寝之事廷臣们"皆嗫嚅不敢对"，彭时、刘健、商辂等至，彭时首议应祔葬，并称如此方可维持和保全宪宗之大孝，刘健也有言"孝者从义不从令"。数日后，百官于文华门哭谏，刘健与商辂等曾以"人心如此，天理所在，惟皇上俯顺舆情"为言。《名山藏》卷30《坤则纪》之钱皇后传中也称"孝也者从义不从命"为刘健所言。《明史》卷113英宗钱皇后传中则称"孝从义不从命"为刘定之言。考其时，刘定之恰与彭时、商辂等同在内阁，此言也为宪宗召辅臣所议。故《明书》中所记刘健议钱皇后祔葬之事未必为确。但在百官集体力争活动中也未必没有刘健的参与，既无资料确证，姑且记录存疑于此。

《明书》卷20《宫闱纪》"英宗钱皇后纪"。

成化九年癸巳（1473），41 岁

十一月，宪宗皇帝诏谕阁臣彭时等人组织翰林官员纂修《宋元续通鉴纲目》，修撰刘健也列于在其中。刘健著述，体现直正质朴、不善溢美的风格。

依据资料：

《明宪宗皇帝实录》卷36"成化九年十一月戊申"条；

《国榷》卷36"成化九年十一月戊申"条；

《明政统宗》卷14；

（明）雷礼《皇明大政纪》卷15；

（明）薛应旂《宪章录》卷34；

《本朝分省人物考》卷90"刘健传"；

（明）雷礼《国朝列卿记》卷11"刘健传"。

成化十年甲午（1474），42 岁

八月，左庶子黎淳、修撰刘健同主顺天府乡试，审卷过程中发现有考生前场与后场考卷内容差异极大，经查勘得知为誊录生截取。后，此考生被取为乡试解元，即名士马中锡。

依据资料：

杨一清撰刘健《神道碑》；

温如春撰刘健《祠堂记》；

《明世宗实录》卷74"刘健传"；

《本朝分省人物考》卷90"刘健传"；

（明）张宏道、张凝道《明三元考》卷7；

（清）龙文彬《明会要》卷36《职官八》；

（清）查继佐《罪惟录》志卷18；

（清）俞樾《茶香室四钞》卷16。

成化十二年丙申（1476），44 岁

六月 因任修撰九年期满，刘健升为右春坊右谕德；十一月，所参与编修的《宋元续通鉴纲目》完成。宪宗皇帝亲自为之作序。

依据资料：

《明宪宗实录》卷154"成化十二年六月戊戌"条、"成化十二年十一月乙卯"条；

《国榷》卷37"成化十二年六月戊戌"条、"成化十二年十一月乙卯"条；

《皇明大政纪》卷 15；

《馆阁漫录》卷 6；

《宪章录》34；

《明政统宗》卷 15；

《本朝分省人物考》卷 90 "刘健传"；

《熙朝名臣实录》卷 11 "刘健传"；

贾咏撰刘健《墓志铭》；

杨一清撰刘健《神道碑》；

温如春撰刘健《祠堂记》。

成化十三年丁酉（1477），45 岁

四月，以修《宋元续通鉴纲目》，官员升迁，刘健由右谕德转为左庶子。七月，受命与翰林院侍读周经同主应天府乡试。

依据资料：

《明宪宗实录》卷 165 "成化十三年夏四月乙巳"条、"成化十三年秋七月辛未"条；

《国榷》卷 37 "成化十三年四月乙巳"条、"成化十三年七月辛未"条；

《馆阁漫录》卷 6；

杨一清撰刘健《神道碑》；

温如春撰刘健《祠堂记》；

《本朝分省人物考》卷 90 "刘健传"；

《熙朝名臣实录》卷 11 "刘健传"；

（明）王世贞《弇山堂别集》卷 82。

成化十四年戊戌（1478），46 岁

二月，皇太子朱祐樘出阁就学，朝廷任命各职事官员，刘健为更番讲读官。

依据资料：

《明宪宗实录》卷 165 "成化十四年二月戊申"条；

《国榷》卷 38 "成化十四年二月戊申"条；

《皇明大政纪》卷 15；

《宪章录》卷 34；

《明政统宗》卷 15。

成化十六年庚子（1480），48 岁

二月，因庆云县训导白贞之约请，为庆云县重修县儒学作记，以彰明重学之意。四月，为同官左春坊左谕德程敏政之父作奠章祭文一道。

依据资料：

（清）吴宗亮等《（光绪）重修天津府志》卷35；

（明）程敏政《篁墩集》卷51。

成化二十年甲辰（1484），52 岁

二月，与詹事府詹事彭华同受命为礼部会试官，并享宴于礼部；三场会试毕，呈奏文卷及请取名数。当时有势家子在初选之中，其朱、墨卷内容不相符，二人罢黜之而不取。失志者欲报复，但终究也未能伤害二人。

依据资料：

《明宪宗实录》卷249"成化二十年二月甲子、己卯"条；

《皇明大政纪》卷16；

《皇明从信录》卷23；

（明）黄佐《翰林记》卷14《考会试》；

（明）王圻《续文献通考》卷46《选举考》；

（明）廖道南《殿阁词林记》卷14；

温如春撰刘健《祠堂记》。

成化二十二年丙午（1486），54 岁

正月，以任满九年而升詹事府少詹事，日常职事则如故。

依据资料：

《明宪宗实录》卷274"成化二十二年正月戊辰"条；

《馆阁漫录》卷6；

杨一清撰刘健《神道碑》；

温如春撰刘健《祠堂记》；

贾咏撰刘健《墓志铭》；

《本朝分省人物考》卷90"刘健传"；

《熙朝名臣实录》卷11"刘健传"。

成化二十三年丁未（1487），55 岁

五月，朝廷以大旱命廷臣分祷天下山川，刘健受命于西岳西镇祭祷。①

---

① 温如春撰刘健《祠堂记》、贾咏撰刘健《行状》记此事在成化二十二年，《明宪宗实录》、明人张维新《华岳全集》卷3 则记为成化二十三年，另有明人陆深《知命录》记此事在成化末年夏。刘健撰《重浚伊洛二渠记》及《灵宝县重修庙学记》中记其于成化末年分祭西岳事，可证实录与《华岳全集》所记时间可靠。详见本书附录七："明代名臣刘健为官经历考论"。

八月，宪宗皇帝驾崩，孝宗皇帝即位，锐意朝政，调整人事。[1]十一月，以东宫旧恩升刘健为礼部右侍郎，兼翰林院学士，入阁参预机务。并有胡马、夷奴之赐。刘健等人疏辞升任未获允。

依据资料：

《明宪宗实录》卷290"成化二十三年五月乙卯"条；

《明孝宗实录》卷7"成化二十三年十一月乙卯"条；

《皇明大政纪》卷17；

《宪章录》卷39；

《国朝列卿记》卷8；

贾咏撰刘健《墓志铭》；

杨一清撰刘健《神道碑》；

温如春撰刘健《祠堂记》；

《本朝分省人物考》卷90"刘健传"；

《名山藏》卷70"刘健传"；

《熙朝名臣实录》卷11"刘健传"；

（明）邓无锡《皇明书》卷8；

《罪惟录》帝纪卷10；

（明）徐昌治《昭代芳摹》卷21；

（明）黄光升《昭代典则》卷21；

（明）郑晓《吾学编》之"直文渊阁诸臣表"条；

（明）张维新《华岳全集》卷3；

（清）张廷玉等《明史》卷181"刘健传"；

（明）陈宣、乔缙《（弘治）河南郡志》卷21、卷22。

弘治元年戊申（1488），56岁

闰正月，敕修宪宗皇帝实录，刘健为总裁官之一；二月孝宗谕朝臣将于三月十二日开经筵，分命各官职事，刘健为同知经筵事。三月十二日孝宗于早朝毕御文华殿开经筵，各官奉职。刘健讲《尚书》中《尧典》篇第一节。事毕各官享宴于左顺门，并按级别领受白金、宝钞、彩段、表里等赏赐。次日，命儒臣开日讲，刘健等人侍班，作为固定规章制度。七月，富有学识而因病修养久未转迁的翰林编修张元祯，与刘健为同年，经刘健奏请得特升为左春坊左赞善。八月六日，刘健以礼部右侍郎兼翰林院学士奉旨主祭先师孔子。

---

[1] 《皇明书》卷8记邹智疏"进君子退小人"当自内阁。

依据资料：

《明孝宗实录》卷 10 "弘治元年闰正月"条、卷 11 "弘治元年二月辛酉"条、卷 12 "弘治元年三月丙子、丁丑"条、卷 17 "弘治元年八月丁酉"条；

《皇明从信录》卷 24；

《宪章录》卷 40；

《馆阁漫录》卷 7；

贾咏撰刘健《墓志铭》；

杨一清撰刘健《神道碑》；

温如春撰刘健《祠堂记》；

《本朝分省人物考》卷 90 "刘健传"；

《名山藏》卷 70 "刘健传"；

《熙朝名臣实录》卷 11 "刘健传"。

弘治三年庚戌（1490），58 岁

三月举行殿试，刘健等为殿试读卷官，看到直隶华亭人钱福 3000 多字的答卷，辞理精确，为之赞不绝口。经奏请皇帝后，得擢其为本科状元。七月，时任湖广按察司副使的焦芳，声称曾受万安、彭华等人陷害，欲复翰林官职。刘健虽与焦芳为河南同乡，深知其为人奸诈，故竭力阻挡其入为翰林官。

依据资料：

《明孝宗实录》卷 36 "弘治三年三月丁卯"条、"弘治三年七月己未"条；

《明三元考》卷 8；

《馆阁漫录》卷 7。

弘治四年辛亥（1491），59 岁

七月二十日，刘健受命于寿王、汝王、泾王、荣王、申王行冠礼仪式中宣祝；八月三日，刘健奉旨释奠先师孔子。中旬，因总裁修纂宪宗实录书成得受赐白金 80 两、文绮 4 表里、罗衣 1 袭、鞍马 1 副，并升礼部尚书兼文渊阁大学士。因礼部遇火灾受毁尚未修复，刘健与其他监修、总裁、纂修等官 71 人享宴于中军都督府；八月十五日，为副使持节册封寿王、汝王、泾王、荣王、申王。

依据资料：

《明孝宗实录》卷 54 "弘治四年八月丁未、己未、丁卯、辛未"条。

《明政统宗》卷 16；

《昭代芳摹》卷 22；

《皇明大政记》卷 17；

《昭代典则》卷 22；

《馆阁漫录》卷 7；

杨一清撰刘健《神道碑》；

《本朝分省人物考》卷 90 "刘健传"；

《名山藏》卷 70 "刘健传"；

《熙朝名臣实录》卷 11 "刘健传"。

弘治五年壬子（1492），**60 岁**

二月六日，刘健奉旨为主祭官，释奠先师孔子；八月九日，仍任主祭，释奠先师孔子。

依据资料：

《明孝宗实录》卷 60 "弘治五年二月丁未"条、卷 66 "弘治五年八月丁未"条。

弘治六年癸丑（1493），**61 岁**

二月二日，主持释奠先师孔子。三月，任殿试读卷官。本年取中毛澄等 298 名进士。刘健撰进士题名碑文。当年夏，都御史刘大夏、太监李兴、平江伯陈锐等奉命治理黄河决口，功成，各官奉命撰文立碑纪事，刘健撰 "黄陵冈塞河功完之碑记"，被刻于河堤石碑上。

依据资料：

《明孝宗实录》卷 72 "弘治六年二月丁酉"条、卷 73 "弘治六年三月庚辰"条；

《馆阁漫录》卷 7；

（明）曹金等《（万历）开封府志》卷 32；

（清）梁国治等《国子监志》卷 48；

（清）倪涛《六艺之一录》卷 100。

弘治七年甲寅（1494），**62 岁**

八月一日：刘健主持释奠先师孔子。九日，因满三年任期，孝宗皇帝降敕加内阁诸臣秩位，刘健为太子太保，兼礼部尚书、武英殿大学士。阁臣们具疏辞谢未获允。十三日，刘健与内阁大学士徐溥等奏请李东阳升礼部右侍郎兼翰林院侍读学士专管诰敕，陆简、程敏政、张升等也依级升迁。

依据资料：

《明孝宗实录》卷 91 "弘治七年八月丁巳、乙丑、己巳"条；

《明世宗实录》卷 74 "嘉靖六年三月壬午"条；

《馆阁漫录》卷7；

《昭代芳摹》卷22；

《明政统宗》卷16；

《宪章录》卷41；

《昭代典则》卷22；

杨一清撰刘健《神道碑》；

贾咏撰刘健《墓志铭》；

温如春撰刘健《祠堂记》；

《本朝分省人物考》卷90"刘健传"；

《名山藏》卷70"刘健传"。

弘治八年乙卯（1495），63岁

二月三日，主持释奠先师孔子。与首辅徐溥同荐李东阳、谢迁入阁辅政。八月二十一日，朝廷册封衡王妃沈氏，刘健奉遣为副使，主持纳征、发册等礼。

依据资料：

《明孝宗实录》卷97"弘治八年二月丁巳"条、卷105"弘治八年八月辛未"条；

《名山藏》卷70"刘健传"；

（明）唐鹤征《皇明辅世编》卷2"刘健传"；

（明）谢迁《归田稿》附谢迁年谱。

弘治九年丙辰（1496），64岁

三月，受命为殿试读卷官，取朱希周为状元。此榜刘健次子刘东中二甲第26名，后官至兵部员外郎。四月，武冈知州刘逊为岷王府所攻讦而被逮至京师，科道官员奏请宽贷，孝宗皇帝发怒，将其全部下狱。刘健等人极力上言刘逊确实罪轻而罚重，言官为国尽忠不应受挫伤。孝宗皇帝下诏释放了得罪官员。八月，刘健与内阁诸臣上疏谏阻孝宗从事烧炼斋醮事，得嘉纳。

依据资料：

《明孝宗实录》卷110"弘治九年三月癸巳"条；

《馆阁漫录》卷7；

《宪章录》卷41；

《翰林记》卷8；

《皇明大政纪》卷17；

《皇明贡举考》卷5。

弘治十年丁巳（1497），65 岁

三月初，刘健等奉敕任总裁官，纂修《大明会典》。二十二日经筵毕，刘健等四位阁臣奉召至文华殿，与孝宗皇帝面议、批复奏章题本。其间刘健曾提出其中一本事情繁多，希望待阁臣们下去之后再详看，孝宗皇帝则说"就地商量更好"。其他各本则仍令阁臣们下去后商定。事毕得赐茶而退。四月，刘健奉旨为副使，主持为雍王妃吴氏举行纳征、发册等礼。七月，应都察院右金都御史巡抚山东的熊翀之请，为重修邹县孟子庙作记。八月，孝宗皇帝御平台召刘健等阁臣面议政事。① 十二月，刘健奉旨为副使主持为寿王妃徐氏举行纳征、发册等礼。

依据资料：

《明孝宗实录》卷 123 "弘治十年三月戊申、甲子"条、卷 124 "弘治十年四月己卯"条、卷 132 "弘治十年十二月乙酉"条；

《馆阁漫录》卷 8；

《续文献通考》卷 119；

《昭代典则》卷 22；

《昭代芳摹》卷 22；

《明政统宗》卷 17；

《皇明从信录》卷 25；

《皇明大政纪》卷 17；

《玉堂丛语》卷 3；

（明）李东阳《燕对录》；

刘培桂编：《孟子林庙历代石刻集》。

弘治十一年戊午（1498），66 岁

二月，因皇太子将出阁进学，刘健等阁臣受命提调各官讲读。敕吏部加升官员，刘健为少傅兼太子太傅、户部尚书、谨身殿大学士。三月，皇太子出阁进学，孝宗皇帝赐御酒、珍膳，赐宴刘健等官员于文华殿门外之西耳房，并依官阶赐宝钞多少不等。时国子监生江瑢劾大学士刘健、李东阳"杜绝言路、掩蔽聪明"，孝宗怒而下江瑢于狱。② 八月，刘健奉旨主持

---

① 史书多记载弘治十年三月，孝宗于平台召四阁臣议政，且此为徐溥在位期间唯一一次召议政事。但黄光升《昭代典则》卷 22 记有"秋八月帝御平台召内阁学士刘健等议政事"，王圻《续文献通考》卷 119 也记有"八月上御平台召辅臣详政事"。

② 《皇明辅世编》卷 2 刘健传、《馆阁漫录》卷 8、《玉堂丛语》卷 5、《今言》卷 1 中皆言事在弘治十一年三月，《辟雍纪事》卷 9 记其在弘治十一年五月，《明孝宗实录》则记此事在弘治十二年正月。考诸说记事原委，此事当在弘治十一年十一月至弘治十二年正月之间。详见本书附录七："明代名臣刘健为官经历考论"。

释奠先师孔子。十月，刘健因有事于西山，未参加孝宗皇帝召对阁臣。次日，刘健等上"修德弭灾疏"，举近年火灾频频，斥"天道茫昧，变不足畏"、"天下太平，患不足虑"，以及"以斋醮祈祷为弭灾"、"以纵囚释罪为修德"等奸佞邪说，以承继先祖美政，劝孝宗皇帝"奋发励精，一新庶政"。疏入，得皇帝嘉纳。几日后，司设监太监蔡昭为原内官监太监李广申请祠堂额匾题名，以及祭葬仪制。孝宗原本已允应。刘健等又疏言利害，竭力阻之。孝宗即令取消撰写祠额，但仍令为其撰祭文。十一月，刘健等三位阁臣以清宁宫灾引咎乞致仕未获允准。

依据资料：

《明孝宗实录》卷134"弘治十一年二月甲午、丙申"条、卷135"弘治十一年三月己亥"条、卷140"弘治十一年八月丁卯"条、卷142"弘治十一年十月乙亥"条、卷142"弘治十一年十月丙子、癸未"条、卷143"弘治十一年十一月癸卯"条；

《明世宗实录》卷74"嘉靖六年三月壬午"条；

《馆阁漫录》卷8；

《昭代芳摹》卷23；

《宪章录》卷42；

《皇明大政纪》卷17；

《皇明从信录》卷25；

《国朝列卿记》卷8；

（明）俞汝楫《礼部志稿》卷67；

贾咏撰刘健《墓志铭》；

杨一清撰刘健《神道碑》；

温如春撰刘健《祠堂记》；

《本朝分省人物考》卷90"刘健传"；

《名山藏》卷70"刘健传"；

《皇明辅世编》卷2"刘健传"；

（明）张萱《西园闻见录》卷27；

《明史》卷181"刘健传"；

（明）焦竑《玉堂丛语》卷5；

（明）郑晓《今言》卷1；

（明）李乐《见闻杂纪》卷1；

（明）茅元仪《掌记》卷5；

（明）王世贞《弇山堂别集》卷41；

（明）孙承泽《春明梦余录》卷23；

（明）卢上铭《辟雍纪事》卷9。

弘治十二年己未（1499），67岁

正月，刘健、李东阳上言以江瑢所劾其杜绝言路、掩蔽聪明，因自请辞官归里，未获准允，而孝宗皇帝以江瑢"排斥大臣"下之于锦衣卫狱。刘健、李东阳又上疏极力申救，江瑢得获宽免，放归田里。二月七日，刘健奉旨主持释奠先师孔子。三月，刘健等为殿试读卷官。是科取中伦文叙等300名进士。刘健为之撰题名碑文。九月，因刘健等人推荐与请求，朝廷任命詹事府掌府事、礼部左侍郎兼翰林院学士傅瀚、南京翰林院侍讲学士张元祯，充纂修《大明会典》副总裁官。孝宗皇帝曾命太监传旨刘健等密封票拟事，刘健上"论票拟疏"，孝宗接受之。十月，刘健等又奏请授纂修《大明会典》誊录监生乔宗、李淇、王琪为中书舍人，译字官黄元等人为鸿胪寺序班、内阁制敕与诰敕房书办。这期间，清宁宫灾后修复工程完成，孝宗皇帝有旨命大能仁等寺灌顶国师设坛作庆赞法事3日。刘健等上"论崇佛老疏"谏阻之，府、部、科、道官员也极言其事不可行。孝宗未听从。[①] 十一月，皇太后还居清宁宫，因好佛老，曾遣中官斋真武像，建醮于武当山，遣使者至泰山进神袍，奢靡浪费。刘健上疏规谏，孝宗未听从。[②] 此年徽州修砌渔梁津，刘健为之作记。

依据资料：

《明孝宗实录》卷146"弘治十二年正月乙酉、戊子"条、卷147"弘治十二年二月丁酉"条、卷148"弘治十二年三月甲戌"条、卷154"弘治十二年九月戊寅"条、卷155"弘治十二年十月壬辰、戊申"条；

《馆阁漫录》卷8；

《明政统宗》卷17；

《国子监志》卷48；

《罪惟录》帝纪卷10；

《吾学编》大政记卷9；

（明）张岱《石匮书》卷9；

（清）陈鹤《明纪》卷22；

（清）于敏中《日下旧闻考》卷67；

（明）余继登《典故纪闻》卷16；

---

① 清人陈鹤《明纪》卷22记此事在弘治十二年九月。

② 清人陈鹤《明纪》卷22记此事在弘治十二年十一月，未引录奏疏内容。

（明）汪舜民《（弘治）徽州府志》卷2。

弘治十三年庚申（1500），68 岁

三月，吏部选进士江潮等为御史，刘健上奏孝宗说这批新进官员浮华轻薄，难当风宪。江潮等人尽被黜职，吏部也认罪检讨。① 四月二十九日，因北方蒙古入寇大同，军事形势紧张。孝宗皇帝召刘健等至平台当面共同商议军将任免。② 刘健又上疏劝皇帝勤政务、戒怠荒，孝宗表示接受。③ 五月三日，孝宗又召刘健等至平台议决兵部所推荐军事将官问题。④ 孝宗皇帝励精图治，频召阁臣议政，刘健、李东阳、谢迁三人竭尽忠诚，为国事谋划，各显其才。时人有谚称"李公谋，刘公断，谢公尤侃侃"。六月，刘健上"论房情疏"，谋划边防军事。因刘健之请，谢迁为其祖父刘荣之神道碑撰文。刘健为祖父立墓碑。⑤ 八月二十九日，因太监传谕孝宗身体不适，刘健上言请以降心火为主，善加调摄。九月，因刘健等人请求，以翰林院编修蒋冕、傅珪兼司经局校书，并侍太子读书。十二月二十九日，孝宗皇帝遣太监传谕内阁说，先几日奉事太后而致此日早朝来迟。刘健即上言称颂孝宗勤政、孝义之德，并请其善加调理。孝宗表示接受。

依据资料：

《明孝宗实录》卷161"弘治十三年四月壬子、癸丑"条、卷162"弘治十三年五月丙辰"条、卷163"弘治十三年六月庚子"条、卷165"弘治十三年八月辛亥"条、卷166"弘治十三年九月丙寅"条、卷169"弘治十三年十二月己酉"条；

《明政统宗》卷18；

《明纪》卷23；

《馆阁漫录》卷8；

《皇明大政记》卷18；

---

① 此事唯见《皇明大政记》卷18记载：其时有未能选任者，于刘健面前谗言江潮等任职言官将不利于刘健等阁臣。故有刘健上奏孝宗之议论。称刘健"岂古之休休者欤？"

② 《吾学编》大政卷9记载此事在弘治十二年四月，并记有张元祯转为翰林学士事。

③ 《明政统宗》卷18、《皇明大政记》卷18记当年正月刘健上"励精勤政疏"，所载内容略同于此。《皇明从信录》卷25则记载此疏上呈在当年春，无具体月份。

④ 《明纪》卷23、《馆阁漫录》卷8所记载内容同于此，而李东阳《燕对录》记此次召对在弘治十三年六月。

⑤ 据谢迁撰刘荣《神道碑》文载：刘荣赠官为光禄大夫、柱国、太子太保、礼部尚书、兼武英殿大学士。按：此官职为刘健在弘治七年至十一年间的官职品位。依明代制度，对三品以上官员之父、祖赠官，是依其本人官品级而定相同的品级。故刘荣得赠官时间，也当在这期间。

《皇明从信录》卷 25；

谢迁撰刘荣《神道碑》；

《本朝分省人物考》卷 90 "刘健传"；

《国朝列卿记》卷 11 "刘健传"；

《名山藏》卷 70 "刘健传"；

《皇明辅世编》卷 2 "刘健传"。

弘治十四年辛酉（1501），69 岁

二月七日，刘健任副使，主持为荣王妃刘氏举行纳征等礼。八日，奉命主持释奠先师孔子。闰七月，刘健上"论财用疏"，提出"天下之财，其生有限。若非节蓄于平日，岂能骤集于一时"。规谏孝宗减少各种不必要的浪费。这期间宫内传出旨意，因差宦官往武当山送像、挂幡、修设斋醮，谕内阁撰勅和祝文，刘健等人上疏谏止。① 十月，刘健等又疏请日讲增添《周易》，同时保留《贞观政要》，孝宗欣然接受。十一月刘健等上"论军功疏"，孝宗听从。这年刘健等还上"谏造塔疏"。②

依据资料：

《明孝宗实录》卷 171 "弘治十四年二月丙戌、丁亥"条、卷 177 "弘治十四年闰七月己巳"条、卷 180 "弘治十四年十月甲戌"条、卷 181 "弘治十四年十一月甲辰"条；

《明政统宗》卷 18；

《馆阁漫录》卷 9；

《皇明大政记》卷 18；

《续文献通考》卷 240；

《本朝分省人物考》卷 90 "刘健传"；

《国朝列卿记》卷 11 "刘健传"；

《皇明辅世编》卷 2 "刘健传"；

（明）王世贞《弇州四部稿》卷 177。

弘治十五年壬戌（1502），70 岁

三月，刘健任殿试读卷官。四月，刘健以年跻 70 岁上疏乞致仕，孝宗优诏留之。五月，刘健上"勤政事节财用公赏罚疏"，劝谏孝宗勤政、重讲学、行节用，公赏罚。孝宗嘉纳之。六月，应刘健等人的请求，仍任

---

① 此据徐昌治《昭代芳摹》卷 23、《皇明从信录》卷 25 则记此事在弘治十六年九月。

② 此据过庭训《本朝分省人物考》卷 90 "刘健传"。而《昭代芳摹》卷 23、《皇明从信录》卷 25 则记此事在弘治十六年冬十月。

命南京吏部右侍郎杨守址为《大明会典》副总裁。刘健率阁臣上"谏止释迦哑嗒像赞疏",孝宗接受。孝宗有意旨命刘健等人组织翰林官员编纂《通鉴纲目节要》一书。七月,因兵部尚书刘大夏减去修清宁宫所用军夫的一半,孝宗命内阁拟旨严责他。刘健规劝说:"爱惜军夫,是司马职责所在。况且刘大夏屡以年老辞官,如果再遣责之,他必然坚决以自己不称职要求辞位,又去哪里找如他这样的人来代替他的职位呢?"孝宗听了,欣然接受。① 八月,刘健等又上"论时政疏"。孝宗也听从。十一月,因奖掖东宫讲读之劳,赐各官服色物品,刘健等三位阁臣获玉带一束、大红织金衣三袭。刘健等上疏劝孝宗勤政务,重视批复朝臣奏本,孝宗表示接受。刘健上疏言当法圣治、勤政务。孝宗也表示接受。十二月,修《大明会典》书成,孝宗御奉天殿接受翰林官员进呈,并赐刘健等参与修书各官享宴于礼部。孝宗曾召对刘大夏、戴珊,论及刘健所荐人才如刘宇,不尽如人意。

依据资料:

《明孝宗实录》卷184"弘治十五年二月癸亥"条、卷185"弘治十五年三月丁亥"条、卷186"弘治十五年四月癸亥"条、卷187"弘治十五年五月壬辰"条、卷188"弘治十五年六月辛亥、庚午"条、卷190"弘治十五年八月己巳"条、卷193"弘治十五年十一月丁丑、丙申"条、卷194"弘治十五年十二月己酉"条;

《馆阁漫录》卷8;

《续文献通考》卷119;

《皇明从信录》卷25;

《明政统宗》卷18;

《皇明辅世编》卷4;

《罪惟录》帝纪卷10。

弘治十六年癸亥（1503）,71 岁

正月,因孝宗身体欠安,一月未朝,刘健等上言请孝宗于饮食起居及处置政事庶务,都当善加调养。孝宗纳之。二月,大祀天地于南郊之际,赐刘健与李东阳、谢迁三位阁臣大红蟒衣各一袭。此为明代阁臣得赐蟒衣之始。② 因修《大明会典》书成,各官员得加升官职,刘健晋少师兼太子

---

① 《皇明大政记》卷18 记此事在弘治十七年九月。
② 明人王世贞《弇州四部稿》卷177 记此事在弘治十四年。

太师、吏部尚书、华盖殿大学士。刘健率同官上疏请辞而未获允。① 五月，刘健以从一品秩满九年而请求致仕，孝宗有诏勉留，赐敕奖谕，并令刘健加秩为特进，支取双份大学士之俸。刘健再辞仍未获准。之前几日，因有旨意命阁臣组织翰林官员编纂历代通鉴纂要②，刘健等人上疏详论其对于修政治化的意义，并开列出相关编纂官员名单。八月，刘健奉旨选派两名翰林官员会同太医院官员删繁补缺，纂辑《本草》一书。不久，太医院官生刘文泰因有丘浚原先所纂《本草》修订例则，欲以此邀功，便使太医院官员奏请由刘文泰等辑订成书后，再送内阁校正、撰序。刘健认为太医院官生水平有限，且由其编辑，而由政务繁重的内阁大臣为其校正、撰序也不合乎朝廷修书体制，因请对太医院官生进行考核筛选，再由已选派的两名翰林官员相助督导以完成该书。但刘文泰等人实际并无能力完成，又不欲接受考选，便又请求此书由翰林官员纂修。刘健上言太医院官生人多，其中也必有通文义而胜任纂修此书者，翰林官员职在论思，不当参与其事，请求连先已选派的两名官员也撤回。孝宗见刘健执意不使翰林官员助太医院生编修此书，便只好另选儒士会同部分太医院官生修此书。十月，刘健等又上"论圣政疏"，孝宗皇帝接受。十一月，平定武岗地区少数民族动乱，刘健等三位阁臣各获赐俘虏作为其家奴。孝宗皇帝因太后喜好佛道斋醮，令刻许多佛经道录，刘健等也上疏奏罢之。③ 此年，孔子 62 代孙袭封衍圣公的孔闻诏入觐京师，将还，自刘健以下众多朝臣赠诗奉送。

依据资料：

《明孝宗实录》卷 195 "弘治十六年正月乙未"条、卷 196 "弘治十六年二月乙巳、乙丑"条、卷 199 "弘治十六年五月甲戌、辛卯"条、卷 202 "弘治十六年八月癸卯"条、卷 204 "弘治十六年十月乙卯"条；

《明世宗实录》卷 74 "嘉靖六年三月壬午"条；

《馆阁漫录》卷 8；

《明政统宗》卷 18；

《皇明从信录》卷 25；

《皇明大政纪》卷 18；

---

① 各书所记《大明会典》书成时间不同，因而刘健升迁时间也异。据本书附录三："刘健著述类目及资料索引汇编"中的考证，其加官当在弘治十六年二月。

② 关于此书，各种资料记载未有确定名称。《皇明辅世编》卷 4 "杨廷和传"中称为"通鉴纲目节要"，且言事在弘治十五年；实录未记具体名称；《昭代芳摹》《皇明大政纪》等称为"历代通鉴纂要"。

③ 参见《罪惟录》志卷 5《艺文志》。

《昭代芳摹》卷23；

《弇山堂别集》卷41；

《罪惟录》志卷5；

《罪惟录》帝纪卷10；

（清）张廷玉《通鉴纲目三编》卷17；

（清）永瑢、纪昀《四库全书总目》卷192；

（明）沈德符《万历野获编》补遗卷2；

《典故纪闻》卷16；

《茶香室续钞》卷22；

贾咏撰刘健《墓志铭》；

杨一清撰刘健《神道碑》；

温如春撰刘健《祠堂记》；

《名山藏》卷70"刘健传"；

《国朝列卿记》卷11"刘健传"；

《皇明辅世编》卷2"刘健传"。

弘治十七年甲子（1504），72岁

二月，刘健等上"谏止造塔疏"、"谏罢道士诰命封号疏"孝宗听从而罢造塔事。三月，周太后崩，朝廷议周太后陵寝事。成化年间，英宗贵妃、宪宗之生母、孝宗祖母周太后以子贵而专有后宫之势力和地位。钱皇后逝世时，周太后极力阻挠其与英宗合葬。在朝臣们力争下，定于英宗皇帝裕陵内设三墓室，英宗居中，钱皇后居左，将来周太后居右。但左侧钱皇后的墓室却与英宗墓室堵塞不通，而周太后墓室与英宗墓室相通。孝宗欲恢复祖宗以来陵墓一帝一后的规制，并疏通钱皇后墓室与英宗墓室，便于三月十六和二十二日两次召刘健等阁臣商讨另择地建庙，将周太后及孝宗之母孝穆太后并祭于之。终因宦官力阻而未能施行。五月，刘健与谢迁各自以灾变两次引咎请辞，未获允许。六月，有从北方蒙古族中逃回的人报告说蒙古人有南下入寇之谋。刘健等人用揭帖的方式向孝宗进言，请求会审逃回之人。孝宗皇帝随即召见刘健等详议军情及相关军备事宜。之后，刘健上"御虏安边事宜疏"，详细陈述了处置边防军事方略，深得孝宗皇帝赞赏。孝宗御笔亲批转各条，传令各部商议执行。七月，孝宗于暖阁召见刘健等阁臣，商议大同边镇军备事宜，有意调京营出征。3位阁臣尽力申明京师重地更需重视，京营不能轻动。后兵部尚书刘大夏也与阁臣意同。孝宗才拿定主意而未动京营。随后，孝宗又召刘健等商议派遣官员督办大同粮草军需、刘宇修军用工程以及张天祥狱案等事。八月，刘健主持释奠先师孔子。孝宗与刘健论及官员服色越制严重，令礼部制定相关禁令。九月，孝宗召刘健等商议行赏军功事宜，并讨论日讲中刘机讲错字的情形，谕内阁传圣意于朝臣：进讲者应直言无讳。十月，刘健依照朝廷惯例请求荫其长孙刘成恩为国子监生。孝宗奖谕刘健长年辅弼之劳，令直接授刘成恩为中书舍人，刘健上疏辞而未得允准。①

依据资料：

《明孝宗实录》卷208"弘治十七年二月戊申、辛亥"条、卷209"弘治十七年三月丁丑、癸未"条、卷212"弘治十七年五月甲午"条、卷213"弘治十七年六月辛巳、癸未"条、卷214"弘治十七年七月壬辰、甲午"条；

《馆阁漫录》卷8；

《明政统宗》卷18；

《皇明从信录》卷25；

《昭代芳摹》卷23；

《皇明大政纪》卷18；

《宪章录》43；

《翰林记》卷7、卷8；

《续文献通考》卷120《王礼考》、卷240《仙释考》；

《续通典》卷119《刑记》；

（明）徐日久《五边典则》卷6；

李东阳《燕对录》；

《殿阁词林记》卷16《筹边记》；

《罪惟录》列传卷13"吴宽传"；

《国朝列卿记》卷11"刘健传"；

《皇明辅世编》卷2"刘健传"。

弘治十八年乙丑（1505），73岁

二月，孝宗召刘健等阁臣议政事，三位阁臣极言盐法之弊。② 孝宗从其请，令户部全面清查之。三月，刘健等奉命为殿试读卷官。廷对时，有

---

① 刘龙撰刘健《行状》、贾咏撰刘健《墓志铭》、杨一清撰刘健《神道碑》、温如春撰刘健《祠堂记》皆记刘健于弘治十一年以《大明会典》书成而升为少傅、太子太傅、户部尚书、谨身殿大学士，并荫成恩为中书舍人。

② （明）焦竑《国朝献征录》卷14引录《孤树衷谈》、唐鹤征《皇明辅世编》卷2"刘健传"皆记载如此，《罪惟录》帝纪卷10《孝宗纪》则记为议论铸钱、茶、马、场法等之弊。

策问"道未行，法未守"。马卿对论"政事之柄握于司礼，刑法之权移于厂卫"。刘健认为其人负有奇才，所论切中时弊，因之改选其为庶吉士。①四月，孝宗多次召见大学士刘健等阁臣议政事。如聂贤奏广东地方盗贼势重，须加设广东地方镇巡官事；重申以后各部门推举人才、选任官员，务必会同吏部推选，以明吏部掌铨衡之职权重，等等。五月六日，孝宗病危，拂晓，派司礼监太监紧急召见刘健等 3 位阁臣于乾清宫东暖阁领受顾命。待司礼太监记录遗命完毕，孝宗又握住刘健之手说："先生辈辅导辛苦，朕备知之"。又言："东宫聪明，但年尚幼，先生辈可常常请他出来读书，辅导他做个好人"。孝宗谆谆遗命，刘健等人皆饮泣而受。六月，武宗以新皇即位，刘健嘱咐李东阳草拟即位诏书，以明年为正德元年，大赦天下，并举兴利革弊、禁治奸宄各项新政措施。时人称此年诏书最为严密。一时人心大快。武宗皇帝以新皇即位赐赏官员，刘健等三阁臣上疏请辞新皇嗣位所赏银 30 两、纻丝 2 表里，武宗以"先朝故事"为辞不允。隔日，三阁臣再次疏辞，其他如吏部尚书马文升等重臣也纷纷请辞，武宗以新皇登位，礼不可废而不予准允。七月，以新皇登极，优礼重臣，加升官员品秩。加刘健为左柱国，支取正一品俸，获赐诰命。②刘健等阁臣共同上疏请辞所加升官职，未获允。八月，刘健与李东阳、谢迁上"陈灾异论新政疏"，劝谏武宗勤政弭灾。武宗嘉纳。时太监王瓒、崔果等奏讨盐引 12000 引，户部执奏只予 6000 引。武宗召问内阁，刘健等备言盐法之坏，谓"先帝末年锐意整理盐法，此正今日急务"。武宗不悦，言："天下事当只是几个内官环了？譬如十人中也须有三四个好人。"刘健等退后以揭贴力奏如户部所议。武宗不得已从之。十月二十八日，早朝毕，武宗皇帝御文华殿召阁、部相关官员，以国丧期间官员经营、处置边镇军事而各赏赐文绮 3 袭，并赐饮馔。刘健等人上"请开经筵日讲疏"，武宗批复："讲学诚不可缓，经筵如期举行"。十一月冬至，有旨遣刘健、李东阳祭祀灵济宫徐氏二君。刘健等上"金阙玉阙真君祀典疏"，请革除二真君祀典。武宗以"先朝行之已久"而令今后仍旧祭祀，但不必派遣内阁重臣，仅令太常寺官行礼即可。十二月，刘健等奉命为总裁官，组织纂修"孝宗实录"。

依据资料：

《明孝宗实录》卷 222 "弘治十八年三月庚子"条、卷 223 "弘治十八

---

① 参见（清）徐开任《明名臣言行录》卷 52 "马卿传"。

② 杨一清撰刘健《神道碑》记并赠官三代，而贾咏撰刘健《墓志铭》记"再赠三代悉如其官"。

年四月辛未"条、卷224"弘治十八年五月庚寅"条；

《明武宗实录》卷2"弘治十八年六月己未"条、卷3"弘治十八年七月戊戌"条、卷4"弘治十八年八月丙辰"条、卷6"弘治十八年十月己卯"条、卷7"弘治十八年十一月庚寅"条、卷8"弘治十八年十二月丁巳"条；

《馆阁漫录》卷8；

《皇明从信录》卷25；

《明政统宗》卷18、卷19；

《昭代芳摹》卷23；

《续文献通考》卷119《王礼考》、卷132《王礼考》；

《礼部志稿》卷67；

《罪惟录》帝纪卷10《孝宗纪》、卷11《武宗纪》；

《明名臣言行录》卷52；

《日下旧闻考》卷44；

《万历野获编》补遗卷4；

《玉堂丛语》卷3《召对》；

李东阳《燕对录》；

贾咏撰刘健《墓志铭》；

杨一清撰刘健《神道碑》；

温如春撰刘健《祠堂记》；

《国朝列卿纪》卷57"聂贤传"；

《本朝分省人物考》卷90"刘健传"；

《名山藏》卷70"刘健传"；

《国朝列卿记》卷11"刘健传"；

《皇明辅世编》卷2"刘健传"。

正德元年丙寅（1506），**74 岁**

正月，因见刘瑾等组织大量带刀披甲内臣随驾出巡，刘健等三位阁臣上"请减内侍随驾疏"，武宗表示接受。刘健等奉敕同知经筵事。二月初二，开经筵。事毕，刘健等获赐宴及白金、采币之物。刘健有疏请承经筵之后，速开日讲。武宗听从之。当时各地内官以供奉太后、皇宫为由，争夺小民田地以为皇庄。户部及各处巡按请求还田与民，以征银输官转为进奉两宫。刘健等疏言内官侵害小民之弊，请革皇庄。武宗未能听从。因纂修孝宗实录，刘健等相关官员得享赐宴于礼部。二月十五日，刘健等官员随驾祭先农之神，行籍田之礼。刘健等阁臣又上"票拟三事疏"，指出近来盐法、边地军法、刑法大坏，恩赏、传升冗滥，为"一二人之私恩坏百年之定制"。① 刘健等要以辞位而请革除之，武宗未予回复。刘健等又上"论初政纷更疏"，武宗回复说"所言事，待斟酌行"②。因刘健等人之请，"令诸司翻刻先帝所颁戒谕之旨，悬布遵行"③。刘健等再上"政令十失疏"。武宗仅批复："所奏事令各衙门查奏定夺，卿等宜尽心辅导以副倚任。"④ 刘健等人又各自上疏乞致仕，未获允准。三月，刘健就进讲荒废而上"论讲学疏"以劝谏。四月，再上疏请致仕未获允。六月，上"慎重修牒疏"⑤ 和"灾变修省疏"，以及"开具府部衙门灾异陈言摘要"题本等。时荣王请之国，得旨明年六月议之。刘健言"闻朝廷留王为欲代行拜庙之礼，夫天子所敬莫大于祖宗。常遣亲王代拜，尤不可闻之天下。臣等再三筹度，事体非轻，乞敕兵部会多官详议以请而裁决之，庶为允当"⑥。未获批复。七月，刘健为副使持节行册封、奉迎皇后礼。八月上"复日讲疏"、"弭灾省心修政疏"和"重午讲疏"。九月，为副使行册妃礼，上"变卖盐疏"。十月，与诸府部九卿等谋诛宦官刘瑾等"八虎"未成，获允致仕归里，得赐宝镪袭衣、赐敕、给传还乡。有司月给廪米五石。岁拨夫隶八名供役使。⑦

依据资料：

《明武宗实录》卷9"正德元年正月甲午、戊戌"条、卷10"正德元年二月辛亥、己未、乙丑、戊辰、癸酉、丁丑、己卯"条、卷11"正德元年三月丁亥、戊戌"条、卷12"正德元年四月庚申、丙子"条、卷13"正德元年五月癸未"条、卷14"正德元年六月丙寅、丁卯、庚午、癸酉"条、卷15"正德元年七月丁酉"条、卷16"正德元年八月戊午、癸亥、丙寅、辛未"条、卷17"正德元年九月戊寅、癸未、辛卯"条、卷18"正德元年十月戊午、庚午"条；

① 《明武宗实录》卷10"正德元年二月戊辰"条。
② 《皇明大政记》卷19记疏事在八月。
③ 《明政统宗》卷19"正德元年二月"条。
④ 《皇明大政记》卷19记此疏上呈于正德元年九月，且"上付诸司议之"。实际上此时武宗已少有 听从刘健等人言事者。
⑤ 《馆阁漫录》卷9记此事在正德元年四月："壬子。故事，进玉牒于文华殿行礼。太赏寺少卿兼侍读学士杨时畅以为：玉牒所载甚重，宜于奉天殿进呈，庶尽尊祖敬宗之义。内阁大学士刘健等与礼部议定从其言，乃更定仪注行之。"《礼部志稿》卷65则记此在正德元年正月刘健已上言进玉牒事体重大。
⑥ 《明武宗实录》卷14"正德元年六月丁卯"条。
⑦ 刘龙撰刘健《行状》中言："遣中使就第赐宝镪袭衣，给传还乡。有司月继廪米五石，岁遣舆隶八名，玺书褒谕，有'完名全节世以为难，载籍所稽，良不多见'之语。时以为确论。"

《明世宗实录》卷74"嘉靖六年三月壬午"条；

《馆阁漫录》卷9；

《昭代芳摹》卷24；

《明政统宗》卷19；

《皇明从信录》卷26；

《皇明大政记》卷19；

《翰林记》卷9"经筵恩赉"；

《弇山堂别集》卷94；

《礼部志稿》卷61、卷65；

《罪惟录》帝纪卷11《武宗纪》；

贾咏撰刘健《墓志铭》；

杨一清撰刘健《神道碑》；

温如春撰刘健《祠堂记》；

《本朝分省人物考》卷90"刘健传"；

《名山藏》卷70"刘健传"；

《国朝列卿记》卷8、卷11"刘健传"。

正德二年丁卯（1507），**75岁**

三月，宦官刘瑾矫诏，指刘健等56人为奸党[①]，榜示于朝堂。刘健自归居洛阳，杜门不出，居一小楼，平日以督课子弟读书为事。言谈之间绝不涉朝廷事。曾劝诫子弟辈说："我以书生致位师、保，受知列圣，荣幸已极，此心迄今犹不敢放。汝曹生长膏梁侈肆，则易少弗知检，为患滋甚，非所以保吾家也，小子勉之。"[②]

依据资料：

《馆阁漫录》卷9；

《皇明大政记》卷19；

《昭代芳摹》卷24；

《明政统宗》卷19；

《续通典》卷119《刑记》；

《罪惟录》帝纪卷11《武宗纪》；

《本朝分省人物考》卷90"刘健传"；

---

① 诸书所记"奸党"人数不同，如过庭训《本朝分省人物考》、何乔远《名山藏》、张廷玉《明史》等史书刘健传中称为53人，而《罪惟录》之《武宗纪》中称为56人。这种差异可能是或将王岳、范亨、徐智3名内臣记数在内、或未记人数而造成。

② （明）刘龙：《紫岩文集》卷41。

《名山藏》卷 70 "刘健传";

《国朝列卿记》卷 11 "刘健传";

贾咏撰刘健《墓志铭》;

刘龙撰刘健《行状》。

正德四年己巳（1509），77 岁

正月，刘健之婿南京通政司右通政使程文被勒致仕。二月，刘瑾等人以原先朝廷有诏举"怀材抱德"之士，所举者皆浙江人，即谢迁同乡，而诏书即为刘健所草拟，因而罗织成"徇私援引"之狱案，遂矫旨革刘健、谢迁官爵，使皆为民。[①] 五月，以修《大明会典》多所靡费，尽革刘健等所升官职。十二月，追夺刘健等诰敕及受赐玉带服色等，并谪罚米若干。

依据资料：

《明武宗实录卷》46 "正德四年正月乙卯"条、卷 47 "正德四年二月丙戌"；

《馆阁漫录》卷 9；

《明政统宗》卷 19；

《罪惟录》帝纪卷 11《武宗纪》；

《国朝列卿记》卷 11 "刘健传"；

《名山藏》卷 70 "刘健传"；

贾咏撰刘健《墓志铭》；

（明）王世贞《弇州史料》前集卷 13。

正德五年庚午（1510），78 岁

八月，刘瑾等人已伏诛，朝廷官员（都察院）请求恢复被其冤案致罪的守正官员。[②] 有诏恢复刘健等原有官品、致仕，并归还所罚米。[③]

依据资料：

《明武宗实录》卷 66 "正德五年八月己酉"条、卷 67 "正德五年九月庚申"；

《皇明大政记》卷 19；

《明政统综》卷 19；

《本朝分省人物考》卷 90 "刘健传"；

① 《明政统宗》卷 19 记此事在正德四年五月。

② 《明政统宗》卷 19 记载：八月，四川巡抚都御史林俊有请"收召先朝故老刘健、谢迁、林瀚、王鏊、韩文修复旧政"疏。

③ 《明武宗实录》"正德五年九月庚申"条记：九月，礼部请求归还以前所追夺刘健等人受赐玉带、衣服等物，未获准允。

《罪惟录》帝纪卷 11《武宗纪》；

《名山藏》卷 70"刘健传"；

《国朝列卿记》卷 11"刘健传"；

贾咏撰刘健《墓志铭》。

正德七年壬申（1512），80 岁

刘健在乡，每闻武宗巡游，则终日不乐，叹息不已，至于废眠不食。说"嗟乎，使帝暴衣露盖，自苦如此，而吾安处家食。吾死无以见先帝矣"。① 又说"古人处江湖则忧其君，岂欺我哉"②。忆及弘治时事，常沉默不语，只是潸然泪下。十二月，光禄寺卿李良，因违背以女许为刘健孙妇之约而遭御史张仕隆弹劾，遂以养病为名致仕。

依据资料：

《明武宗实录》卷 95"正德七年十二月己酉"条；

《馆阁漫录》卷 10；

《本朝分省人物考》卷 90"刘健传"；

《名山藏》卷 70"刘健传"；

《国朝列卿记》卷 11"刘健传"。

正德十六年辛巳（1521），89 岁

五月，世宗即位，询求遗老，刘健年已近 90 岁，不便勉强起用。于是降诏赐敕，比刘健为宋时司马光、文彦博等，并遣官存问，令有司月给米 8 石，岁夫 10 名。十一月，刘健上疏谢存问、赐赉。

依据资料：

《明世宗实录》卷 2"正德十六年五月丙辰"条、卷 8"正德十六年十一月戊寅"条；

《明政统宗》卷 21；

《续文献通考》卷 24；

《弇州史料》后集卷 56；

《本朝分省人物考》卷 90"刘健传"；

《名山藏》卷 70"刘健传"；

《国朝列卿记》卷 11"刘健传"；

（清）许重熙《嘉靖以来注略》卷 1。

---

① 见于明代过庭训《本朝分省人物考》卷 90、何乔远《名山藏》卷 70、《国朝列卿记》卷 11 等书之"刘健传"中。

② （明）刘龙：《紫岩文集》卷 41。

嘉靖元年壬午（1522），90 岁

五月，荫刘健次孙刘成学为中书舍人。① 六月，以刘健年满 90 岁，再遣河南地方官员持玺书，备束帛、饩羊、酒尊，亲诣刘健家宣谕优礼之恩，并加赐廪米 2 石、舆夫 2 名。

依据资料：

《明世宗实录》卷 14 "嘉靖元年五月己未、丁卯"条，卷 15 "嘉靖元年六月乙未"条，卷 74 "嘉靖六年三月壬午"条；

《皇明大政记》卷 21；

《罪惟录》帝纪卷 12《世宗纪》；

（明）范守己《皇明肃皇外史》卷 2

温如春撰刘健《祠堂记》；

杨一清撰刘健《神道碑》；

贾咏撰刘健《墓志铭》；

《本朝分省人物考》卷 90 "刘健传"；

《名山藏》卷 70 "刘健传"。

嘉靖二年癸未（1523），91 岁

五月，刘健遣其曾孙刘望之诣阙上表谢恩。世宗谕曰："朕念卿累朝耆德，年逾九十，特降敕、遣官存问，以示优老怀贤之意。览奏，具见忠爱。"仍令有司给（刘）望之脚力以归。

依据资料：

《明世宗实录》卷 27 "嘉靖二年五月壬午"条；

杨一清撰刘健《神道碑》。

嘉靖三年甲申（1524），92 岁

正月，刘健疏谢存问之恩。世宗以健为累朝旧臣、高年耆德，优诏答之。

依据资料：

《明世宗实录》卷 35 "嘉靖三年正月庚申"条；

《明政统宗》卷 21；

（明）王世贞《嘉靖以来首辅传》卷 1。

嘉靖四年乙酉（1525），93 岁

正月，起用杨一清为兵部尚书，提督陕西军务。② 杨一清赴任途经洛

---

① 杨一清撰刘健《神道碑》记刘成学得荫官在嘉靖二年。而明人范守己撰《皇明肃皇外史》卷 2 则记嘉靖元年五月帝念刘健、谢迁之忠而各任其一子为中书舍人。

② 明人涂山《明政统宗》卷 21 记此事在嘉靖三年十二月。

阳，前往谒见刘健，刘健对其曾为相又出为将颇有微词，也不甚讲求礼节。杨一清惭愧而出。

依据资料：

贾咏撰刘健《墓志铭》；

温如春撰刘健《祠堂记》；

《皇明大政记》卷21；

《嘉靖以来注略》卷1；

（明）范守己《皇明肃皇外史》卷5；

《嘉靖以来首辅传》卷1；

（清）钱椒《补疑年录》。

嘉靖五年丙戌（1526），94岁

十一月初，有大星殒落于洛阳城，接连数日赤气横亘于天，致远近人皆惊愕。刘健遂不能进食，六日，刘健卒。[①]

依据资料：

《皇明大政记》卷22；

《明政统宗》卷22；

《皇明肃皇外史》卷2；

杨一清撰刘健《神道碑》；

刘龙撰刘健《行状》；

贾咏撰刘健《墓志铭》；

温如春撰刘健《祠堂记》。

嘉靖六年丁亥（1527）

三月，河南地方官员将刘健卒讯上闻于朝，世宗震悼，为之辍朝一日，赐祭九坛。命有司营祭葬如制，并赠太师，谥文靖。十月，刘成学等启刘健前夫人王氏、陈氏之棺枢，与刘健合葬于洛阳北邙山麓。[②]

依据资料：

《明世宗实录》卷74"嘉靖六年三月壬午"条；

刘龙撰刘健《行状》；

贾咏撰刘健《墓志铭》；

---

① 温如春撰刘健《祠堂记》、贾咏撰刘健《墓志铭》皆言其于乙酉年即嘉靖四年卒，且年寿94。贾咏还进而言刘健出生于"宣德八年二月八日也"。《明世宗实录》卷74"嘉靖六年三月壬午"条、张廷玉等《明史》卷181"刘健传"、《罪惟录》帝纪卷12《世宗纪》、清人吴荣光《历代名人年谱》皆言其卒于嘉靖六年三月。

② 杨一清撰刘健《神道碑》记其墓在北邙平乐乡之原。

杨一清撰刘健《神道碑》；

（清）施诚等《（乾隆）河南府志》卷72《陵墓二》；

（清）龚崧林等《（乾隆）重修洛阳县志》卷3《附陵墓记》；

（清）魏襄、陆继铭等《（嘉庆）洛阳县志》卷20《冢墓记》。

后世崇祀及礼遇

恩荫　嘉靖七年（1528）四月，刘健曾孙刘望之得荫为中书舍人。嘉靖二十一年（1542）闰五月，刘健曾孙刘得之得荫为尚宝司司丞。天启元年（1621）六月，荫刘健嫡玄孙刘光普为中书舍人。

依据资料：

《明世宗实录》卷87"嘉靖七年四月丙戌"条、卷262"嘉靖二十一年闰五月己未"条；

《明熹宗实录》卷11"天启元年六月戊寅"条；

杨一清撰刘健《神道碑》；

贾咏撰刘健《墓志铭》。

祠祀　洛阳乡贤祠祀历代乡贤，其中有故大学士刘健。旧洛阳县东关有三贤祠，祀洛阳名儒阎禹锡、白良辅、刘健三人。旧洛阳县西则有刘文靖公祠堂，祀刘健。嘉靖二十年（1541），考核河南乡贤，刘健为首，钦准为其立祠，以"岁时举祭，永为定规"。因无适宜官地，至嘉靖四十三年（1565）八月始于河南府文庙西建成祠堂，有温如春撰《大师谥文靖刘公祠堂记》。

依据资料：

温如春撰刘健《祠堂记》；

（清）穆彰阿等《（嘉庆）大清一统志》卷207；

（清）田文镜等《（雍正）河南通志》卷48；

《（乾隆）河南府志》卷28《祠祀志》；

《（乾隆）重修洛阳县志》卷6《附秩祀记》。

坊名　伊洛渊源坊：为纪念自宋代二程、张载、司马光等，以至于明代曹端、阎禹锡、白良辅、刘健、尤时熙、孟化鲤等人而建之坊；四十二进士坊：为洛阳历届登进士者所命名，其中也包括刘健；另有达尊坊、学士坊、少傅坊、太保坊、柱国太师清朝存问坊，都是专为刘健所命名。

依据资料：

《（乾隆）重修洛阳县志》卷2《坊表》。

诗咏　清人严遂成《明史杂咏》有《刘文靖健故里》一首：

二公鼎鼐调和地，翊赞无如少主昏。

善断固应推宋璟，反攻几至杀陈蕃。

谏书泪渍金滕册，奸党名刊端礼门。

居洛人思重入相，廿年顾命答明恩。

附录二　刘健仕政中主要人际交往关系简表

类属		主要涉及人物	主要交往场合和方式	交往程度及关系倾向
与诸帝间的君臣关系		英宗	朝会	少直接关系，较疏远
		宪宗	朝会	少直接关系，较疏远
		孝宗	朝会、召对、诏谕与奏疏	较多直接联系，较为密切、融洽
		武宗	朝会、召对、诏谕与奏疏	较多直接联系，逐步转向矛盾、冲突
		世宗	诏谕与奏疏	有直接联系，较密切
与其他朝廷官员间的关系	天顺至成化时朝中前辈重臣	李贤、彭时、吕原、王翱、柯潜、刘定之等	科考、翰林学习、朝会、职事往来、职事以外	较多直接联系，较密切
	弘治至正德初期的朝中大臣	英国公张懋；刘吉、徐溥、丘浚、谢迁、李东阳等阁臣；王恕、马文升、刘大夏、屠滽、周洪谟、耿裕、倪岳、余子俊、叶淇、周经、侣钟、徐琼、傅瀚、秦纮、张升、何乔新、彭昭、白昂、贾俊、徐贯、刘璋、曾鉴、韩文、戴珊、闵珪、李敏、许进、焦芳等诸卿；杨守陈、黎淳、程敏政、吴宽、洪钟、林瀚、林俊、玉鏊、刘忠、白圭、吴宽等僚友	朝会、职事往来、职事以外	频繁直接联系，较为融洽协调
	会试同年	祁顺、张元祯、郑纪、张悦、汪谐、李温、陈选、王（谢）一夔、李永通、郑环、周经、黄孔昭、娄芳、王徽、潘礼等同年僚友	科考、翰林学习、朝会、职事往来、职事以外	交往深浅不等，关系远近不同

续表

类属		主要涉及人物	主要交往场合和方式	交往程度及关系倾向
与其他朝廷官员间的关系	门生故吏	贾咏、杨一清、杨廷和、刘玉、洪钟、刘逊等属僚	翰林学习、朝会、职事往来、政事以外	较多直接联系，关系基本和谐
		马中卿、钱福、伦文叙、刘龙、马卿、康海、陆深、吕㧑、崔铣等	科考、翰林学习、朝会、职事往来	联系程度有别，关系远近不同
		李良	早年学习及日常往来，职事以外	联系密切
	其他乡故	阎禹锡、白良辅、毕亨、李镃、李荣（太监）、刘宇、翟瑄、潘瑄、李梦阳、何景明等	早年学习与交游，朝会、职事往来、政事以外	联系较多，关系较密切
	乡里官员	刘本、姜昂、何鉴、陈宣等河南府官员；张智、李隆、杨滋等洛阳官员	职事往来，职事以外	联系不多，关系协调

附录三　刘健著述类目及资料索引汇编

说明：

1. 本编所列范围为笔者目前所能搜集到的刘健全部著述，既包括以职事为主的奏疏和参与官方修纂的典籍，也包括私人交往中的文字著作。

2. 列入奏疏类篇目者均为以刘健为名义上呈的奏折疏议类，包括刘健的个人奏疏与其为首辅时期内阁阁臣的集体奏疏。弘治前期刘健以阁臣参与但以刘吉或徐溥为首辅时所上奏疏不在此列。

3. 本编排列方式遵循如下次序：一是按奏疏、修书、碑铭志记、其他诗文四类依次排列；二是每大类之下或按时间先后、或按类别再分小类别排列；三是小类别之下大体仍按时间先后列出著述的具体篇目；四是每篇目之下，列出记述和引录著述篇目的史籍名称与卷次，书卷后以括号内"全录""部分录""少录""无录"等标出其记述、引录著述内容的基本情况。

4. 篇目编排按写作时间为序。其写作时间的推定主要依据包括著述内容本身在内的各种相关史料的记述。凡有明确记述者则直接在篇目后括号内标出；凡记述模糊而须经一定考证方能确定者则视其考证之繁简程度或以脚注形式标注、或在列表中直接表述；凡无从考证者均列于小类别之末。此外，正德时期的一些奏疏上呈后，武宗的反应透露出对刘健的信用程度，故也以脚注标出，以见其时刘健思想意识与武宗的差距。

5. 本编所列篇目标题，或采用史籍记述中的现成表述，或据内容和主题自拟题目。故凡篇目以双引号标出，而不用书名号，以示其不确定性。

一　奏疏类著述

（一）天顺至成化年间的奏疏

1. "乞终制疏"（天顺八年十一月）

《明宪宗实录》卷11"天顺八年十一月丙寅"条（无录）

（明）张元汴《馆阁漫录》卷4"天顺八年十一月己巳"条（无录）

2. "辞免新命疏"（成化二十三年十一月）

《明孝宗实录》卷7"成化二十三年十一月丙辰"条（无录）

（二）弘治至正德时期的奏疏

1. "修德弭灾疏"（弘治十一年十月）

（明）陈子龙《皇明经世文编》卷52（全录）

《明孝宗实录》卷142"弘治十一年十月丙子"条（全录）

（明）张元汴《馆阁漫录》卷8"弘治十一年十月丙子"条（全录）

2. "谏赐太监李广祭文祠额疏"（弘治十一年十月）

《明孝宗实录》卷142"弘治十一年十月癸未"条（部分录）

（明）唐鹤征《皇明辅世编》卷2"刘健传"（部分录）

3. "灾变引咎乞退疏"（弘治十一年十一月）

《明孝宗实录》卷143"弘治十一年十一月癸卯"条（无录）

（明）张元汴《馆阁漫录》卷8"弘治十一年十一月癸卯"条（无录）

（明）薛应旂《宪章录》卷42记为"冬十月"（无录）

（明）雷礼《皇明大政纪》卷17记为九月（无录）

（明）陈建《皇明从信录》卷25记为九月（无录）

4. "避位让贤疏"（弘治十二年正月）①

《明孝宗实录》卷146"弘治十二年正月乙酉"条（全录）

（明）张元汴《馆阁漫录》卷8"弘治十二年正月乙酉"条（部分录）

（明）郑晓《今言》卷5第95条"弘治十一年三月"（部分录）

（明）李乐《见闻杂记》卷5第50条"弘治十一年三月"（部分录）

（明）张萱《西园闻见录》卷27"弘治十一年三月"（部分录）

5. "申救江瑢疏"（弘治十二年正月）

《明孝宗实录》卷146"弘治十二年正月戊子"条（全录）

6. "论票拟疏"（弘治十二年九月）

（明）陈子龙《皇明经世文编》卷52（部分录）

《明孝宗实录》卷154"弘治十二年九月丙戌"条（全录）

（明）张元汴《馆阁漫录》卷8"弘治十二年九月丙戌"（全录）

（明）余继登《典故纪闻》卷16（部分录）

---

① 此疏以国子监生江瑢劾刘健、李东阳等"闭绝言路、掩蔽聪明"而引起。各书所记事发
时间不同，奏疏上呈时间也因之不同，如编中所列。此外，《皇明辅世编》卷2、明人焦
竑《玉堂丛语》卷5也引诸书所记载，言此事在弘治十一年三月；明人卢上铭《辟雍纪
事》卷9则记此事在弘治十一年五月。按事态发展的过程，此疏当在弘治十一年十一月
后半月至弘治十二年正月之间。参见附录七："明代名臣刘健为官经历考论"。

7. "论崇佛老疏"（弘治十二年十月）

（明）陈子龙《皇明经世文编》卷 52（全录）

《明孝宗实录》卷 155 "弘治十二年十月戊申" 条（全录）

（明）张岱《石匮书》卷 9 本纪（部分录）

（清）查继佐《罪惟录》帝纪卷 10《孝宗纪》记上疏在九月（无录）

（清）陈鹤《明纪》卷 22 记上疏在九月（无录）

8. "论厉精勤政疏"（弘治十三年四月）

《明孝宗实录》卷 161 "弘治十三年四月癸丑" 条（全录）

（明）涂山《明政统宗》卷 18（部分录）

（明）雷礼《皇明大政纪》卷 18（部分录）

（明）陈建《皇明从信录》卷 25（部分录）

（明）过庭训《本朝分省人物考》卷 90 "刘健传"（部分录）

（明）雷礼《国朝列卿记》卷 11 "刘健传"（部分录）

9. "论虏情疏"（弘治十三年六月）

（明）陈子龙《皇明经世文编》卷 52（全录）

《明孝宗实录》卷 163 "弘治十三年六月庚子" 条（全录）

（明）徐日久《五边典则》卷 6（全录）

10. "请圣躬调养疏"（弘治十三年八月）

《明孝宗实录》卷 165 "弘治十三年八月辛亥" 条（全录）

11. "圣躬调理早朝稍迟俞臣知事疏"（弘治十三年十二月）

《明孝宗实录》卷 169 "弘治十三年十二月己酉" 条（全录）

（明）张元汴《馆阁漫录》卷 8（全录）

12. "论节财用疏"（弘治十四年闰七月）

（明）陈子龙《皇明经世文编》卷 52（全录）

《明孝宗实录》卷 177 "弘治十四年闰七月己巳" 条（全录）

（明）唐鹤征《皇明辅世编》卷 2 "刘健传"（全录）

（明）涂山《明政统宗》卷 18 记在闰七月（部分录）

13. "谏武当山送像挂幡设醮疏"（弘治十四年闰七月）

《明孝宗实录》卷 177 "弘治十四年闰七月己巳" 条（全录）

（明）涂山《明政统宗》卷 18 记事在八月（部分录）

（明）雷礼《皇明大政纪》卷 18 记事在九月（部分录）

（明）王圻《续文献通考》卷 240《仙释考》（部分录）

（明）徐昌治《昭代芳摹》卷 23 记在弘治十六年二月（少录）

（明）薛应旂《宪章录》卷 42 记在弘治十六年二月（少录）

（明）陈建《皇明从信录》卷 25 记在弘治十六年九月（少录）

（清）查继佐《罪惟录》帝纪卷 10 记在弘治十六年十月（无录）

14. "进讲仍用《贞观政要》疏"（弘治十四年十月）

《明孝宗实录》卷 180 "弘治十四年十月甲戌"条（全录）

（明）张元汴《馆阁漫录》卷 8 记事在十一月（全录）

15. "论军功疏"（弘治十四年十一月）

（明）陈子龙《皇明经世文编》卷 52（全录）

《明孝宗实录》卷 181 "弘治十四年十一月甲辰"条（全录）

16. "引年乞休疏"（弘治十五年四月）

《明孝宗实录》卷 186 "弘治十五年四月癸亥"条（无录）

17. "勤政事节财用公赏罚疏"（弘治十五年五月）

（明）陈子龙《皇明经世文编》卷 52（全录）

《明孝宗实录》卷 187 "弘治十五年五月壬辰"条（全录）

（明）涂山《明政统宗》卷 18 记载 "早朝疏"（无录）

18. "谏撰释迦哑嗒像赞疏"（弘治十五年六月）

（明）陈子龙《皇明经世文编》卷 52（全录）

《明孝宗实录》卷 188 "弘治十五年六月庚午"条（全录）

（明）涂山《明政统宗》卷 18（无录）

19. "勤政疏"（弘治十五年八月）

（明）陈子龙《皇明经世文编》卷 52（全录）

《明孝宗实录》卷 190 "弘治十五年八月己巳"条（全录）

（明）唐鹤征《皇明辅世编》卷 2 记此疏在弘治十七年（全录）

20. "劝勤政戒懈怠疏"（弘治十五年十一月）

《明孝宗实录》卷 193 "弘治十五年十一月丙申"条（全录）

21. "再劝勤政疏"

《明孝宗实录》卷 193 "弘治十五年十一月丁酉"条（全录）

22. "论圣体调理疏"（弘治十六年正月）

《明孝宗实录》卷 195 "弘治十六年正月乙未"条（全录）

23. "辞《大明会典》书成晋职疏"（弘治十六年二月）

《明孝宗实录》卷 196 "弘治十六年二月乙丑"条（无录）

24. "从一品九年秩满辞任疏"（弘治十六年五月两疏辞）

《明孝宗实录》卷 199 "弘治十六年五月甲戌"条（无录）

（明）张元汴《馆阁漫录》卷 8（无录）

25. "修《历代通鉴纂要》事宜疏"（弘治十六年五月）

《明孝宗实录》卷199"弘治十六年五月辛卯"条（全录）

（明）张元汴《馆阁漫录》卷8（部分）

（明）雷礼《皇明大政纪》卷18记事在弘治十六年正月（无录）

26．"论编纂《本草》事宜疏"（弘治十六年八月三次论疏）

《明孝宗实录》卷202"弘治十六年八月癸卯"条（全录）

27．"论圣政疏"（弘治十六年十月）

（明）陈子龙《皇明经世文编》卷52（全录）

《明孝宗实录》卷204"弘治十六年十月乙卯"条（全录）

28．"谏刻佛经道录疏"（弘治十六年十一月）

（清）查继佐《罪惟录》志卷5（无录）

29．"谏止造塔疏"（弘治十七年二月）①

（明）陈子龙《皇明经世文编》卷52（全录）

《明孝宗实录》卷208"弘治十七年二月戊申"条（全录）

（明）王圻《续文献通考》卷240《仙释考》（部分录）

（明）雷礼《皇明大政纪》卷18（部分录）

（明）雷礼《国朝列卿记》卷11"刘健传"（部分录）

（明）涂山《明政统宗》卷18（部分录）

（明）唐鹤征《皇明辅世编》卷2"刘健传"（部分录）

（明）徐昌治《昭代芳摹》卷23记事在弘治十六年十月（少录）

（明）薛应旂《宪章录》卷42记事在弘治十六年十月（少录）

（清）查继佐《罪惟录》帝纪卷10记事在弘治十六年十月（少录）

30．"谏撰真人诰命封号疏"（弘治十七年二月）

（明）陈子龙《皇明经世文编》卷52（全录）

《明孝宗实录》卷208"弘治十七年二月辛亥"条（全录）

（明）涂山《明政统宗》卷18（部分录）

（明）雷礼《皇明大政纪》卷18记事在弘治十七年四月（部分录）

（明）王圻《续文献通考》卷240《仙释考》（部分录）

（明）雷礼《国朝列卿记》卷11"刘健传"（部分录）

（明）唐鹤征《皇明辅世编》卷2"刘健传"（部分录）

31．"议太皇太后祀事疏"（弘治十七年三月）

---

①　除汇编中所列上呈此疏两种不同时间之外，还有明人过庭训《本朝分省人物考》卷90"刘健传"中记此疏在弘治十四年辛酉，显系将"谏止造塔疏"与"谏止撰真人诰命封号疏"混为一谈，即十四年谏封诰事与十七年谏造塔的时间混淆。

《明孝宗实录》卷 209 "弘治十七年三月丁丑"条（部分录）

32. "因灾变乞避位疏"（弘治十七年五月两疏）

《明孝宗实录》卷 212 "弘治十七年五月甲午、戊戌"条（无录）

（明）张元汴《馆阁漫录》卷 8（部分录）

33. "御房安边事宜疏"（弘治十七年六月）

（明）陈子龙《皇明经世文编》卷 52（全录）

《明孝宗实录》卷 213 "弘治十七年六月癸未"条（全录）

（明）徐日久《五边典则》卷 6（部分录）

34. "辞荫刘成恩中书舍人疏"（弘治十七年十月）

《明孝宗实录》卷 217 "弘治十七年十月戊辰"条（无录）

35. "辞登极赏赐疏"（弘治十八年六月两疏辞）

《明武宗实录》卷 2 "弘治十八年六月己未、辛酉"条（部分录）

（明）张元汴《馆阁漫录》卷 8（部分录）

36. "辞登极加升官爵疏"（弘治十八年七月）

《明武宗实录》卷 3 "弘治十八年七月戊戌"条（部分录）

（明）张元汴《馆阁漫录》卷 8（部分录）

37. "陈灾异论新政疏"（弘治十八年八月）

（明）陈子龙《皇明经世文编》卷 53（全录）

《明武宗实录》卷 4 "弘治十八年八月丙辰"条（全录）

（明）涂山《明政统宗》卷 18 记此疏为 "新政宜慎" 疏（全录）

38. "论日讲进学疏"（弘治十八年十月）

《明武宗实录》卷 6 "弘治十八年十月己卯"条（全录）

（明）张元汴《馆阁漫录》卷 8（全录）

（明）俞汝楫《礼部志稿》卷 67（全录）

39. "论革金阙玉阙真君祀典疏"（弘治十八年十一月）

（明）陈子龙《皇明经世文编》卷 53（全录）

《明武宗实录》卷 7 "弘治十八年十一月庚寅"条（全录）

（明）张元汴《馆阁漫录》卷 8（全录）

（清）于敏中《日下旧闻考》卷 44 转引自实录（部分录）

（明）沈德符《万历野获编》补遗 4（部分录）

40. "裁内侍冗官疏"（正德元年正月）

（明）陈子龙《皇明经世文编》卷 53（全录）

《明武宗实录》卷 9 "正德元年正月甲午"条（全录）

41. "开经筵复日讲疏"（正德元年二月）

《明武宗实录》卷 10 "正德元年二月辛亥" 条（部分录）

42. "论管庄事疏"（正德元年二月）

《明武宗实录》卷 10 "正德元年二月辛亥" 条（部分录）

43. "票拟盐法军法刑罚选举四事疏"（正德元年二月）

（明）陈子龙《皇明经世文编》卷 53（全录）

《明武宗实录》卷 10 "正德元年二月戊辰" 条（全录）

（明）张元汴《馆阁漫录》卷 9 "正德元年二月戊辰" 条（全录）

44. "论初政纷更疏"（正德元年二月）①

（明）陈子龙《皇明经世文编》卷 53（全录）

《明武宗实录》卷 10 "正德元年二月癸酉" 条（全录）

（明）张元汴《馆阁漫录》卷 9 "正德元年二月癸酉" 条（全录）

（明）涂山《明政统宗》卷 19（部分录）

（明）陈建《皇明从信录》卷 26（部分录）

（明）雷礼《国朝列卿记》卷 11 "刘健传"（全录）

（明）过庭训《本朝分省人物考》卷 90 "刘健传"（部分录）

（明）雷礼《皇明大政纪》卷 19 记此疏在正德元年八月（部分录）

45. "论政令十失疏"（正德元年二月）②

（明）陈子龙《皇明经世文编》卷 53（部分录）

《明武宗实录》卷 10 "正德元年二月丁丑" 条（全录）

（明）张元汴《馆阁漫录》卷 9 "正德元年二月丁丑" 条（无录）

（明）雷礼《国朝列卿记》卷 11 "刘健传"（全录）

（明）过庭训《本朝分省人物考》卷 90 "刘健传"（部分录）

（明）王世贞《弇山堂别集》卷 94（部分录）

（明）雷礼《皇明大政纪》卷 19 记此疏在正德元年九月（无录）

46. "辞位求退疏"（正德元年二月）

《明武宗实录》卷 10 "正德元年二月己卯" 条（全录）

（明）张元汴《馆阁漫录》卷 9 "正德元年二月己卯" 条（无录）

47. "论讲学疏"（正德元年三月）

（明）陈子龙《皇明经世文编》卷 53（全录）

---

① 据实录与《馆阁漫录》载：疏上，武宗批曰："卿等切切为治之心朕已知悉，所言事 待 斟酌行，其悉心辅导如故。"

② 实录载此疏 "词更激切"。疏上，武宗曰："所奏事令各衙门查奏定夺，卿等宜尽心辅导以副倚任。"《国朝列卿记》《本朝分省人物考》也载：疏上，武宗批付各该衙门查奏革之。

《明武宗实录》卷 11 "正德元年三月丁亥"条（全录）

（明）张元汴《馆阁漫录》卷 9 "正德元年三月丁亥"条（全录）

（明）涂山《明政统宗》卷 19 "劝学疏"

48. "再请致仕疏"（正德元年四月）

《明武宗实录》卷 12 "正德元年四月庚申"条（部分录）

（明）张元汴《馆阁漫录》卷 9 "正德元年四月庚申"条（部分录）

49. "慎重修牒疏"（正德元年六月）

《明武宗实录》卷 14 "正德元年六月丙寅"条（部分录）

（明）张元汴《馆阁漫录》卷 9 "正德元年 4 月壬子"条（无录）

（明）俞汝楫《礼部志稿》卷 65（部分录）

50. "论荣王之国疏"（正德元年六月）

《明武宗实录》卷 14 "正德元年六月丁卯"条（部分录）

51. "灾变修省疏"（正德元年六月）①

（明）陈子龙《皇明经世文编》卷 53（全录）

《明武宗实录》卷 14 "正德元年六月庚午"条（全录）

52. "府部衙门灾异陈言摘要奏本"（正德元年六月）

《明武宗实录》卷 14 "正德元年六月癸酉"条（部分录）

（清）查继佐《罪惟录》帝纪卷 11（部分录）

53. "复日讲疏"（正德元年八月）

《明武宗实录》卷 16 "正德元年八月癸亥"条（部分录）

54. "勤早朝疏"（正德元年八月）②

《明武宗实录》卷 16 "正德元年八月丙寅"条（部分录）

55. "弭灾省心修政疏"（正德元年八月）③

《明武宗实录》卷 16 "正德元年八月辛未"条（全录）

（明）张元汴《馆阁漫录》卷 9 "正德元年八月辛未"条（全录）

56. "论午讲疏"（正德元年九月）④

《明武宗实录》卷 17 "正德元年九月戊寅"条（全录）

---

① 实录载：疏上，武宗曰："朕闻帝王不能无过，而贵于改过。览卿等所言，具见忠爱之诚。朕当从而行之。"

② 实录载：疏上，武宗曰："知之矣。"

③ 实录载：疏上，武宗批答："卿等所言，皆为朕忧国忧民之事，朕当从而行之。"然群小锢蔽日深，不能改也。

④ 实录载：上曰："知之矣。"

57. "变卖盐引疏"（正德元年九月）①

（明）陈子龙《皇明经世文编》卷53（全录）

《明武宗实录》卷17"正德元年九月辛卯"条（全录）

58. "请诛内侍刘瑾等疏"（正德元年十月连章疏之）

《明武宗实录》卷18"正德元年十月戊午"（无录）

（清）张廷玉《明史》卷181"刘健传"（部分录）

59. "辞政柄疏"（正德元年十月）

《明武宗实录》卷18"正德元年十月戊午"（无录）

（三）刘健致仕后的奏疏

1. "谢存问赐赉疏"（正德十六年十一月）

《明世宗实录》卷8"正德十六年十一月戊寅"条（无录）

2. "陈愚见以裨圣化疏"（嘉靖二年六月）②

（明）贺复征《文章辨体汇选》卷108（全录）

3. "谢存问恩典疏"（嘉靖三年正月）

《明世宗实录》卷35"嘉靖三年正月庚申"条（无录）

（明）杨一清撰《神道碑》（无录）

二　修书类

（一）预修实录类

1. 《明英宗实录》：修书时间为天顺八年（1464）八月至成化三年（1467）八月。

《明宪宗实录》卷8"天顺八年八月戊戌"条

《明宪宗实录》卷11"天顺八年十一月丙寅"条

《明宪宗实录》卷45"成化三年八月丁巳"条

（明）张元汴《馆阁漫录》卷4"天顺八年八月"条

（明）张元汴《馆阁漫录》卷4"天顺八年十一月己巳"条

2. 《明宪宗实录》：修书时间为弘治元年（1488）闰正月至弘治四年（1491）八月。

《明孝宗实录》卷10"弘治元年闰正月戊辰"条

---

① 刘健等此疏支持户部议案，规谏武宗罢止给宦官全额盐引。实录载：疏上，武宗批复曰："昨闻卿等面奏，今复览疏，朕心已悟。引盐不必全与，可支与十分之五，余如议，与价银。"

② 此文内容同明人刘忠《野亭刘公遗稿》卷2中"谢恩陈言疏"，以及明人孙旬所辑《皇明疏抄》卷5所录刘忠奏疏。或许贺复征《文章辨体汇选》所录为刘健之疏有误，姑存疑于此。

《明孝宗实录》卷54“弘治四年八月丁卯、戊辰”条

（明）涂山《明政统宗》卷16“弘治四年八月”条

（明）俞汝楫《礼部志稿》卷65《纂修备考》

（清）黄虞稷《千顷堂书目》卷4

3. “明孝宗实录”：修书时间为正德元年（1506）十二月至正德四年（1509）五月。[①]

（清）黄虞稷《千顷堂书目》卷4

（清）冯桂芬《（同治）苏州府志》卷136

（明）俞汝楫《礼部志稿》卷65《纂修备考》

（二）预修其他典籍

1. 《续资治通鉴纲目》：（成化九年十一月）

《明宪宗实录》卷122“成化九年十一月戊申”条

《明宪宗实录》卷159“成化十二年十一月乙卯”条

《明宪宗实录》卷165“成化十三年夏四月乙巳”条

（明）谈迁《国榷》卷37“成化十二年十一月乙卯”条

（明）谈迁《国榷》卷37“成化十三年四月乙巳”条

（明）张元汴《馆阁漫录》卷6“成化十三年四月”条

（明）雷礼《皇明大政纪》卷15“成化九年十一月”条

（明）涂山《明政统宗》卷14“成化九年十一月”条

（明）薛应旂《宪章录》卷34“成化九年十一月”条

（明）雷礼《国朝列卿记》卷11“刘健传”

（明）过庭训《本朝分省人物考》卷90“刘健传”

（清）叶珍《明纪编遗》卷1

2. 《大明会典》：弘治十年三月至十五年十二月[②]

---

① 各书均记载：修孝宗实录时初命“少师刘健、李东阳，少傅谢迁总裁”，未几健、迁去位，再命少傅焦芳、王鏊，少保（杨）廷和同（李）东阳总裁。可知，虽然刘健后来确未预修孝宗实录，但其在最初则预闻其事，对后来修书之事多少应有一定影响。

② 明人刘龙撰刘健《行状》、明人贾咏撰刘健《墓志铭》、明人杨一清撰刘健《神道碑》、明人温如春撰刘健《祠堂记》，以及明人何乔远《名山藏》之刘健传传中均言弘治十一年《大明会典》书成，刘健得升少傅、太子太傅、户部尚书、谨身殿大学士。据明实录所记则书成在弘治十五年底，故此加官则在弘治十六年二月，似更合理。再据沈德符《万历野获编》卷1“重修会典”条记“书成于弘治十五年，赐名《大明会典》。进呈之日，上御奉天殿受之，宴总裁刘健等于礼部，命英国公张辅侍宴，典极隆重。即日孝宗御制《序》序之，但未及刊行”。所记情形与实录相吻合。清代汤斌《拟明史稿》卷17“刘健传”中记载，多不依凭上列传记内容，而与实录及其他笔记记事相类，故也称于弘治十六年以《大明会典》成而得加官为少师兼太子太师、吏部尚书、华盖殿大学士。

《明孝宗实录》卷123"弘治十年三月戊申"条

（清）查继佐《罪惟录》志卷5《艺文志》

（明）沈德符《万历野获编》卷1"重修会典"条

（明）涂山《明政统宗》卷17"弘治十年三月"条

3.《历代通鉴节要》：弘治十六年五月开始编修①

《明孝宗实录》卷199"弘治十六年五月辛卯"条

（明）张元汴《馆阁漫录》卷8"弘治十六年五月"条

（明）唐鹤征《皇明辅世编》卷3"杨廷和传"

三　碑铭志记

（一）普通记类

1."庆云县儒学重修记"（成化十六年二月）②

《（嘉靖）河间府志》卷5《宫室志》（全录）

《（光绪）重修天津府志》卷35（部分录）

2."偃师重修文庙记"（成化十七年二月）③

《（弘治）偃师县志》卷3（全录）

3."紫云书院记"（成化十七年）④

《（万历）开封府志》卷10（无录）

---

① 明孝宗实录载弘治十六年五月孝宗有旨编纂历化通鉴节要，刘健等人应命组织官员编修，并提出编修构想。《皇明辅世编》卷4之"杨廷和传"中也有记述："壬午三月，《大明会典》成……六月，上命大学士刘健、李东阳、谢迁编纂通鉴纲目节要。廷和为纂修官，润色论断多出其手。"此处"壬午"显为"壬戌"即弘治十五年之误记。本书依实录所记将此书之编修定为弘治十六年五月。但有关此书之编修完成时间未得史料确证。

② 刘健于成化十三年至二十二年为左庶子。《（嘉靖）河间府志》引录此文时称之为"左春坊 左庶子刘健撰庆云县儒学重修记"，录文中又有"成化十六年二月吉旦立石"之记述。可推知此文当作于于成化十六年二月间。

③ 文中记偃师修文庙自成化十六年九月至次年二月功成，也恰在工程完成之时知县张侯正接到调任之命。文中又记张侯在接到调任之前曾专程请刘健为县学文庙作记。由此可推知，此文当作于成化十七年二月前后。

④ 《（万历）开封府志》记紫云书院位于襄城县紫云山，为邑人尚书李敏所建。成化十七年朝廷赐"紫云书院"之名额。张廷玉《明史》李敏本传记其"里居时，筑室紫云山麓，聚书数千卷，与学者讲习。及巡抚大同，疏籍之于官，诏赐名紫云书院"。传中记其于成化十四年巡抚大同。另据今人顾明远主编《教育大辞典》"紫云书院"条记："成化十五年（1479）李敏任兵部尚书，上奏朝廷，诏赐'紫云书院'。"由此推刘健记文当于成化十五年至十七年间赐名之后。本编暂依府志所记为成化十七年。

4. "百泉书院记"（成化后期）①

《（嘉靖）辉县志》（全录）

《（雍正）河南通志》卷43（全录）

5. "延平书院记"（成化十九年之后）②

《（嘉靖）延平府志》艺文志卷1（全录）

6. "盐池东门记"（成化二十一年）③

（清）蒋兆奎《河东盐法备览》卷12《艺文》（全录）

（清）苏昌臣《河东盐政汇纂》卷3（全录）

7. "河南府重修瀍桥记"（成化二十二年）④

《（弘治）河南郡志》卷21（全录）

《（雍正）河南通志》卷8（无录）

《（乾隆）河南府志》卷85（全录）

《（乾隆）洛阳县志》卷15（全录）

8. "祭西岳之神文"（成化二十三年五至六月）⑤

（明）张维新《华岳全集》卷3（全录）

9. "抚宁修造碑记"（成化二十三年十一月后）⑥

《（光绪）抚宁县志》卷4"县城池"（全录）

---

① 刘健此文中记有书院之修"以成化庚子（十六年）四月始事，至壬寅（十八年）三月毕工"，又记其时李衎已任户部侍郎，而河南巡抚赵文博遣副使胡谧以考绩来京请记。据《明宪宗实录》载，成化十八年冬十月赵文博以右都御史巡抚河南，直至成化二十三年正月因考察中被劾冠带闲住。胡谧于成化十五年三月任河南按察副使，至成化二十三年三月升任广东右参政。按地方官三年一考察则胡谧当在成化十八年三月之后或成化二十一年三月之后赴京参加考察。另据明人王世贞《弇山堂别集》卷48、卷55记载李衎于成化十六至二十二年任户部侍郎。由此可约知刘健此文当作于成化十八年或成化二十一年。

② 记文中有言书院工成于成化十九年八月。

③ 记文中有言成化二十一年以吴珍之请开盐池之东、西二门，又据清蒋兆奎撰《河东盐法备览》中明确称作者为"明成化刘健"，可知此文当作于成化二十一年间。

④ 记文中言及何鉴为河南知府，王用宾为同知，郝祯为通判，冯伦为推官，张智为洛阳知县。考诸陈宣、乔缙《（弘治）河南郡志》除冯伦于成化十七年任府推官、张智于成化二十一年任知县外，其余几位之任其职都在成化十八年。记文中又称"值府内大饥，兴作之事不敢言""俟民稍苏"，几位官员才会同商议修桥之事。据郡志记张智于成化二十一年调任知县时，正值境内大饥。且记文中有明言，桥修成于成化二十二年夏。由以上诸记述可证，此记文当作于成化二十二年后期。

⑤ 依据刘健奉命代祭西岳、西镇的时间可以推知此文当作于成化二十三年五至六月间。有关刘健代祭西岳、西镇时间的详细考证，参见附录七："明代名臣刘健为官经历考论"。

⑥ 《（光绪）抚宁县志》引录碑记时称为"明侍郎刘健抚宁修造碑文"。刘健于成化二十三年十一月始升礼部右侍郎，至弘治四年八月升礼部尚书。又据此碑文中有成化二十三年四月工成之说。由此可推知此文当作于成化二十三年十一月之后。

10，"灵宝县重修庙学记"（弘治五年以后）①

《（弘治）河南郡志》卷21（全录）

11. "弘治六年科举题名碑记"

（清）梁国治《国子监志》卷48《金石三》（无录）

（清）于敏中《日下旧闻考》卷67（无录）

（清）倪涛《六艺之一录》卷100（无录）

徐自强主编《北京图书馆藏中国历代石刻拓本汇编》，第53册，中州古籍出版社1989年第1版（全录）

12. "高邮州新开康济河记"（弘治七年六月以后）②

（明）黄训《名臣经济录》卷51（全录）

佚名《淮南水利考》卷下（部分录）

《明孝宗实录》卷89"弘治七年六月甲子"条（无录）

（明）杨宏、谢纯《漕运通志》卷10（全录）

13. "黄陵冈塞河功完之碑记"（弘治八年二月以后）③

《（万历）开封府志》卷32（全录）

（明）黄训《名臣经济录》卷50（全录）

（明）万表《皇明经济文录》卷15（全录）

（清）顾炎武《天下郡国利病书·河南备录·开封府志河防》（全录）

（明）谢肇淛《北河纪》卷3（全录）

《明孝宗实录》卷85"弘治七年三月壬子"条（无录）

《明孝宗实录》卷88"弘治七年五月甲辰"条（无录）

《明孝宗实录》卷95"弘治七年十二月甲戌"条（无录）

《明孝宗实录》卷97"弘治八年二月己卯"条（无录）

14. "关帝庙碑记"（弘治八年）④

（清）于敏中《日下旧闻考》卷100（无录）

15. "弘治十二年科举题名碑记"

（清）梁国治《国子监志》卷48《金石三》（无录）

---

① 记文中称灵宝县重修庙学工程完成于弘治五年八月，时守制家居的何钧因见庙成而请记于刘健。据《明孝宗实录》载山西监察御史何钧守制至弘治四年十一月服除，则何钧具状至京也当在弘治五年。由此推知此文当作于弘治五年八月以后。

② 据《明孝宗实录》卷89"弘治七年六月甲子"条记，其时新开康济河工程完成。

③ 记文中称至弘治八年二月，黄陵冈及张秋各处工程全部完成，太监李兴等具工程始末上奏于朝，朝廷遂命令各处立碑并分别委命朝廷大臣撰写碑文。

④ 于敏中《日下旧闻考》中记有此碑立于弘治八年。

（清）于敏中《日下旧闻考》卷 67（无录）

（清）倪涛《六艺之一录》卷 100（无录）

徐自强主编《北京图书馆藏中国历代石刻拓本汇编》，第 53 册，中州古籍出版社 1989 年第 1 版（全录）

16. "重修邹县孟子庙记"（弘治十年三月至七月间）①

刘培桂《孟子林庙历代石刻集》，齐鲁书社 2005 年版，第 174—175 页（全录）

17. "伊洛二渠重浚记"（弘治十年七月后）②

《（弘治）河南郡志》卷 22（全录）

《（乾隆）河南府志》卷 85《艺文志》9（全录）

《（乾隆）洛阳县志》卷 15（全录）

18. "河南贡院碑记"（弘治十一年四月以后）③

《（雍正）河南通志》卷 43（全录）

19. "重修阙里三氏学记"（弘治十一年冬）④

（明）陈镐《阙里志》卷 10（全录）

（清）孔继汾《阙里文献考》卷 34（全录）

19. "渔梁记"（弘治十二年以后）⑤

（明）汪舜民《（弘治）徽州府志》卷 2（无录）

20. "高邮州新开湖记"（弘治十六年八月以后）⑥

（明）黄训《名臣经济录》卷 51（全录）

（明）万表《皇明经济文录》卷 16（全录）

（明）杨宏，谢纯《漕运通志》卷 10（全录）

（二）墓志碑铭与祠记类

1. "封吏部主事赵君墓志铭"（墓主于成化八年卒）

《（弘治）河南郡志》卷 30（全录）

2. "程敏政之父奠章"（成化十六年四月前）⑦

---

① 记文刻于孟子庙中之石碑。记文中有言"明年丁巳（弘治十年）三月工乃讫"，碑文又明言"大明弘治十年岁次丁巳七月中元日立"，可推知此文所作时间。

② 记文中记述工程完成于弘治十年七月。之后因受请托而有记述，则记文当作于七月以后。

③ 记文中明言工程完成于弘治十一年四月。

④ 记文中明言此文写作时间为"弘治十一年岁次戊午冬吉"。

⑤ 《（弘治）徽州府志》中记载此工程兴建于弘治十二年。

⑥ 记文中称工程完成于弘治十六年八月，"故近年以来，虽大水与所患，而舟揖经行者咸目为坦途焉"。

⑦ 据程敏政《奉志奠章告几筵文》作于成化十六年四月。

（明）程敏政《篁墩文集》卷51《奉志奠章告几筵文》（无录）

3. "明故汇议大夫资治尹都察院左副都御史毕公墓表"（毕亨卒于弘治元年六月）

《（弘治）河南郡志》卷29（全录）

《（乾隆）河南府志》卷72（无录）

《（乾隆）洛阳县志》卷3"附陵墓记"（无录）

4. "太常寺少卿陆钶墓志"①

《（嘉庆）直隶太仓州志》卷51（无录）

5. "明故印绶监右监丞赵公墓志铭"（墓主卒于弘治三年五月）②

6. "彭氏世忠堂铭"（弘治七年）③

（明）廖道南《楚纪》卷35《树节外纪》前篇（全录）

《（光绪）湖南通志》卷35（全录）

《（光绪）湖南通志》卷172《人物志十三》（无录）

田仁利主编《湘西土家族苗族自治州土家族古籍总目提要》乙编《铭刻类·石碑》，中央民族大学出版社2009年版，第49页

7. "南京右通政杜明墓志铭"（杜明卒于弘治八年三月）

（明）焦竑《国朝献征录》卷67"杜明传"（无录）

8. "光禄大夫太保谥文恪耿公墓志铭"（耿裕卒于弘治九年正月）

《（弘治）河南郡志》卷29（全录）

9. "大理寺卿王霁墓志铭"（弘治十年）④

《（正德）松江府志》卷17（无录）

10. "兵部尚书贞庵李公介墓表"（李介卒于弘治十一年正月二日）

（明）焦竑《国朝献征录》卷40（全录）

11. "明故封昭勇将军锦衣卫都指挥佥事李公墓碑铭"⑤

---

① 据《明史》卷286"陆钶传"记其于弘治初得疾归而早卒。据《明孝宗实录》卷16"弘治元年七月辛巳"条记，其于此时乞归养疾。可知其应卒于弘治初。

② 2009年9月，网络上登出一则民间收藏者请行家估价其所收藏一方墓碑的信息，并提供极少墓志文内容，并明确指示出墓主卒之年月，撰文者为"赐进士出身嘉义大夫礼部右侍郎兼翰林院学士知制告同知经燕事国史总裁洛阳刘健"。但未获见墓志全文

③ 《（光绪）湖南通志》卷172"彭世麒"条中转引《一统志》和《楚纪》而言弘治中彭世麒以平贵州苗人"有功，进阶昭勇将军，赐麒麟服，建世忠堂，刘健为撰铭"。又据《明史》卷301"永顺军民宣慰使司"传中记载，此事在弘治七年。

④ 《（正德）松江府志》记载王霁于弘治十年受朝廷赐葬，刘健为之作铭文。

⑤ 未见此文写作时间及墓主卒之年月记载。但铭文中记有其时"太监公（司礼太监李荣）方有盛宠于朝"，而墓主之子李珍已掌锦衣卫事。据"明实录"所载，李荣于成化末即为司礼监内官，而《明孝宗实录》卷155"弘治十二年十月壬子"条记，李珍之子李旻得袭锦衣卫指挥使职，李旻已属墓主之孙。由此略知墓主之卒当不晚于弘治中期。

《（弘治）河南郡志》卷 24（全录）

12.“明故处士丰君墓志铭”（墓主丰厚卒于弘治十一年六月十五日）

洛阳市文物工作队编《洛阳出土历代墓志辑绳》，中国社会科学出版社 1991 年出版（全录）

13.“故丰母封太安人白氏墓志铭”（墓主卒于弘治十四年七月十八日）

洛阳市文物工作队编《洛阳出土历代墓志辑绳》，中国社会科学出版社 1991 年出版（全录）

14.“谭侯壮节祠祀记”（弘治十四年）①

《（万历）顺天府志》卷 4（全录）

15.“边镛墓神道碑”（弘治十四年修墓）

《（嘉靖）河间府志》卷 3（无录）

16.“尹旻墓神道碑文”（尹旻卒于弘治十六年九月）

《（乾隆）历城县志》卷 17（无录）

《（乾隆）历城县志》卷 37（无录）

《（道光）济南府志》卷 49（无录）

17.“南京刑部尚书陈公道神道碑”（陈道卒于弘治十七年二月十日）

（明）焦竑《国朝献征录》卷 48（全录）

四　其他诗文

1.“还（环）醉亭”

《（弘治）河南郡志》卷 37（全录）

《（乾隆）重修洛阳县志》卷 21（全录）

《（乾隆）河南府志》卷 99《艺文志·诗四》（全录）

2.“玉堂赏花”

《（万历）顺天府志》卷 6（全录）

3.“题朱泽民录范致能《四时田园杂兴诗》书”（弘治三年九月辛酉）

（清）吴升《大观录》卷 9“朱泽民录范致能四时田园杂兴诗卷”条

4.“《宣府镇志》序”（弘治十一年）

（清）范邦甸撰《天一阁书目》卷 2（无录）

《（正德）宣府镇志》（嘉靖增补正德刻本）（全录）

---

① 《（万历）顺天府志》中称弘治十四年大学士刘健作记。

5. "赠衍圣孔公袭封还阙里诗"（弘治十六年十月）

（清）钱大昕撰《潜研堂集》文集卷 32（无录）

《四库全书总目》卷 192《集部》45（无录）

（明）陈镐《振鹭集》（全录）

6. "送南京户部尚书郑廷纲致仕序"（弘治十七年八月）

（明）郑纪《东园文集》附录《名公叙述》（部分录）

7. "《群书集事渊海》序"（弘治十八年八月后）

佚名《群书集事渊源》上册第 1—2 页（全录）

（明）高儒《百川书志》卷 11（无录）

（清）丁丙《善本书室藏书志》卷 20（无录）

（清）彭元瑞《天禄琳琅书目》卷 9（无录）

（清）彭元瑞《天禄琳琅书目后编》卷 17（无录）

（清）永瑢等《四库全书总目》卷 137（无录）

8. "刘健《晦庵集》"

《明史》卷 136《艺文志》（无录）

《千顷堂书目》卷 19（无录）

附录四　明清官方典籍中对刘健评述列表

说明：由实际情形来看，从皇帝到普通人，明清时期任何对于刘健的评价都是由具体个人立场见仁见智的评述。然而，在特定的政治场阈中，从皇帝到朝廷官员，又不能不从朝廷政治立场出发、着眼于朝廷政治的整体要求来规约自己的言论。为此，在皇帝的诏谕或是一些官员的政论文章中有时也不得不收敛或掩饰一些纯属个人的好恶而屈就于"官方"基调对刘健进行评价。这就形成明清时期立足于官方立场对刘健的评价，更集中地体现了明清时期皇权政治社会的意识形态特征及其对大臣的要求。明清时期最能反映这种立场要求的评论主要见于官修典籍之中所包含的皇帝诏谕、官员奏疏，以及由官方组织多人编纂的史籍之中。本表所摘录史籍的选择正是基于这种认识与判断。

朝代	类别	条次	史籍卷次	论述背景	评述内容
明代	「明实录」中的评述	1	《明孝宗实录》卷7"成化二十三年十一月丁巳"条	孝宗即位之初，巡按直隶监察御史汤鼐上疏请任贤去邪	"陛下初即大位，视朝之余，宜御文华殿，择侍从之官端方谨厚如少詹事刘健、右谕德谢迁，通敏直谅如右谕德程敏政、右谕德吴宽等置之左右。"
		2	《明孝宗实录》卷8"成化二十三年十二月辛卯"条	佞臣李孜省于成化末专擅，缙绅进退多出其口	又采取时论所推若学士杨守陈、少詹事刘健、都御史李敏、侍郎李嗣、大理寺卿张锦、少卿冯贯，及吏部侍郎徐溥、学士倪岳、南京国子祭酒刘宣、通政黄孔昭、左都御史余子俊等，皆密封推荐。
		3	《明孝宗实录》卷146"弘治十二年正月乙酉、戊子"条	弘治十一年十月清宁宫火灾，孝宗诏谕朝臣直言指陈时政	大学士刘健、李东阳言："日者监生江瑢奏称近来灾异屡见，皆由臣等杜绝言路、掩蔽聪明、妒贤嫉能、排抑胜己所致。" 上曰："朕以卿等调元辅导，岂因小人非言，辄便求退？不允辞。宜安心办事。江瑢排斥大臣，锦衣卫逮送镇抚司究问。"

续表

朝代	类别	条次	史籍卷次	论述背景	评述内容
明代	「明实录」中的评述	4	《明孝宗实录》卷184"弘治十五年二月癸亥"条	傅瀚传	初瀚欲攘取内阁之位,乃嗾同乡监生江瑢奏内阁大学士刘健、李东阳。既而恐谋泄,遂倡言瑢与学士程敏政善,且奏词决非瑢所能,而奏中排抑胜己一言又实敏政平日心事,以此激当道之怒,而敏政之狱自是始矣。 是时刘健当国,既偏溺于恚怒,莫之能辩,适大学士谢迁又素憾敏政尝发其交通太监李广营谋入阁之私,而谕德王华亦衔敏政扬其主考卖题事,又都御史闵珪与迁、华皆同乡……顾当时刘健、谢迁徒知杀人灭口以避祸,曾不思亏损国体,沦丧士气,以玷科目。其为盛时风化之累有非细故者。
		5	《明武宗实录》卷11"正德元年三月壬辰"条	六科给事中张文等,十三道御史李钺等各以星变天鸣上疏	"内阁:典司机本。大学士刘健等,皆顾命老臣,宜数赐召对、咨访治道。臣民章疏、诸司覆奏,宜悉付看详,然后决遣。不可轻从中出,使不与闻,或遂改所拟,不复商略。"下其章于所司。
		6	《明武宗实录》卷12"正德元年四月壬申"条	南京六科给事中牧相、十三道御史陆昆等言	曩者,先帝上宾之时,内阁大臣刘健等亲命顾命。未及一年,抗章求退,至再至三。是岂无所激而然哉?窃闻近日以来,朝廷大体颇事纷更,政出多门,漫无统纪。诏旨颁示,有不经内阁径由中断者,有虽经议拟旋复改易者,有因事建明未蒙俞允或留中不出者,是使大臣员充位而已,安得不求退哉?伏望陛下念先帝付托之重,每于退朝之暇,从容延访。凡有建明,曲赐嘉纳。至于政事、机务,悉从健等计议,详定可否,然后奉行于诸司。
		7	《明武宗实录》卷15"正德元年七月壬午"条	南京六科给事中李光翰等因灾异具言兴革之事	"大学士刘健、李东阳、谢迁疏陈盐法、边功利害,留中不报。而太监高凤、李荣,纳赂招权,颠倒国是。将使老臣不安其位。乞追夺逯等赏赠、裁抑凤等权宠、精选内外主将、亲信内阁大臣,乃兴革之当先务者。"十三道御史陆昆等亦以为言。
		8	《明武宗实录》卷18"正德元年十月庚午"条	少师兼太子太师、吏部尚书、华盖殿大学士刘健陛辞,赐之敕	"卿以宏才正学、直道谠论、简在先皇。超登秘阁,谟明弼亮,盈二十年。王言大宣,德政遐布,抡功校绩,惟尔之贤。暨当末命之初,尤切眷躬之托。比予嗣统,倚任益隆。乃能佐理政机,敷陈善道;坚贞之操,久且不渝;忠义之气,老而弥壮。方当任重,恳乞优闲。轸念耆儒,勉留再四,重违雅尚,特赐允俞。" "完名全节,世以为难。载籍所稽,世不多见。卿之履历亦既违矣。今归,其涵泳德义,安享期颐,挹司马之遗风,寻欧阳之乐事,茂延庆泽,贻厥子孙。非徒为一代之名臣,而于后世亦永有闻哉!"

朝代	类别	条次	史籍卷次	论述背景	评述内容
明代	「明实录」中的评述	9	《明武宗实录》卷18"正德元年十月癸酉"条	刑科给事中吕翀疏言	"大学士刘健、谢迁上疏乞休，陛下即赐俞允。诏命一下，人心惊骇。皆谓当此主少国疑之时，二臣未可言去，而陛下亦未可听其去也。臣窃思之，二臣生圣朝，位师传，受先帝之付托，膺陛下之委任，可谓非常之遭际矣。其心岂不欲竭诚辅导，以建非常之事功乎？顾乃汲汲求去，岂得已哉，盖以维新之政未能一一尽善，其随事救正，冀以感悟君心，尽其职业。而章疏每上，虽辄荷忠爱之褒，未必见之行事。若复苟安其位，必取尸素之讥。此所以决于求去。" "臣以二大臣之去留，国家之安危所系，天下之事未有大于此者。"
		10	《明武宗实录》卷18"正德元年十月癸酉"条	降监察御史陈琳为广东揭阳县县丞。因琳曾有疏言	"健、迁，顾命老臣，素无大过，一旦骤去，天下有轻遗寿者之疑。" "谓宜委心元老，博采忠言。今老成见弃而狂直不容，非所以回天变而固人心也。"
		11	《明武宗实录》卷24"正德二年三月辛未"条	早朝罢，传宣群臣跪于金水桥南，刘瑾以敕授鸿胪宣读之。其文乃瑾私人属笔	敕谕文武群臣："朕以幼冲嗣位，惟赖廷臣辅弼，匡其不逮。岂意去岁奸臣王岳、范亨、徐智，窃弄威福，颠倒是非。私与大学士刘健、谢迁，尚书韩文、杨守随、张敷华、林瀚……递相交通，彼此穿凿，曲意阿附，遂成党比。或伤残善类，以倾上心；或变乱黑白，以骇众听。扇动浮言，行用颇僻。朕虽察审，尚务优容。后渐事迹彰露，彼各反侧不安，因自陈俯，遂其休致之请。"
		12	《明武宗实录》卷28"正德二年七月癸亥"条	南京武靖伯赵承庆小传	刘瑾专政，斥逐辅臣。邸报至，承庆首传之言官，乃连疏请留大学士刘健、谢迁，而罢黜太监高凤。
		13	《明武宗实录》卷41"正德三年八月甲申"条	户部议覆大学士李东阳等所言各处管理粮草事，刘瑾以矫旨概责健等	内批："粮草，国家重务。巡抚总理等官委托非轻。……且巡抚加以参、总督等名，尤难辞责。如钱钺之擅改禄米，张缙、马中锡等之不职，王时中之酷暴，许进之钳制选官，刘健、谢迁、韩文等之无知叩阙，犹有不能尽举者。似此钺律之罪，不治希为？"
		14	《明武宗实录》卷43"正德三年十一月癸卯"条	郑纪传	中间屡被论劾。盖以其家食既久，一旦复出而骤至通显，不免有积薪之议。然纪之才略，实有过人者。大学士刘健以同年故，知之最深。故浮言卒不能撼，而上亦任之不疑也。

续表

朝代	类别	条次	史籍卷次	论述背景	评述内容
明代	「明实录」中的评述	15	《明武宗实录》卷67"正德五年十一月辛未"条	巡抚四川右副都御史林俊疏言①	"夫为户部，莫如韩文、许进；为内阁，莫如刘健、林瀚、谢迁、王鏊。方拨乱反正之始，而不引忠亮端谨、不可屈之人，治未可望也。"
		16	《明武宗实录》卷178"正德十四年九月庚申"条	林瀚传	刘瑾窃政，大学士刘健、谢迁以不合骤退。瀚闻而显议之。时南京科道官交章论救健等。瑾罪言者，及瀚。乃降浙江左参政，勒致仕。
		17	《明世宗实录》卷2"正德十六年五月丙辰"条	世宗即位，诏访先朝耆旧。吏部有疏回奏以刘健尚未获优礼。世宗特赐敕谕	其赐健敕曰："卿资禀醇正，器识恢宏。粤自早年，究心理学，上探河洛之传。登名贤科，蜚英艺苑。劳勤茂着，闻望弥隆。遂以硕德长才受知于我孝宗皇帝。简自圣心，擢居政府。朝夕献替，不诡不随。培植人才，爱惜善类。宣达民隐，慎守彝章。延访于便殿，赐问于平台。危言谠论，裨益弘多。是致弘治十有八年之间政事清明，实惟卿与二三大臣佐理之功。至于顾命之际，推诚付托，至切至专。卿感激知遇，益竭劳瘁。故当武宗皇帝改元之初，随事纳忠，曲为匡救。其毅然不可回之气，往往形于词色。厘革宿弊、斥逐群小。直道难容，告老而归。高风大节，播在天下。""乃今年近九旬，体履康泰，全名盛福。求之当代，实鲜其伦。惟昔宋之名贤如司马光、文彦博辈，皆卿乡哲。揆其始终进退之义，卿亦不多让焉。"
		18	《明世宗实录》卷21"嘉靖二年正月庚午"条	十三道御史刘廷簠等疏言	"武庙时，刘健、谢迁、刘大夏、韩文、张敷华等，俱以朋党去，而逆瑾、宁、彬、寘鐇、宸濠之祸接迹继踵，其危有不可胜言者。当其时，刘健等恸哭不忍遂去，盖虑此耳。"
		19	《明世宗实录》卷29"嘉靖二年七月庚寅"条	刑部尚书林俊请老，因上疏言事	"自古未有不亲大臣而能治者。我孝宗皇帝，天启其衷。大臣如刘健、谢迁、李东阳、刘大夏辈，时赐宣召，帷前咨议，移时方退。……自是大治。今大臣如健，如大夏者不少，陛下宣召果如孝宗，事事皆与台阁议当而行亦果如孝宗，大治未有不如孝宗者。"

---

① 此疏又见录于陈子龙《明经世文编》卷86"林贞肃公集"所收"庆幸讨戮宦贼永绥福祚疏"。

续表

朝代	类别	条次	史籍卷次	论述背景	评述内容
明代	「明实录」中的评述	20	《明世宗实录》卷65"嘉靖五年六月乙亥"条	御史郑洛书疏言	"如致仕大学士谢迁、刘健，尚书林俊、孙交，皆海内之望，特降宸章劳问，以示不忘咨访时政，俾陈闻见"。
		21	《明世宗实录》卷74"嘉靖六年三月壬午"条	刘健传	健性简静、重风节。在翰林，闭户读书，不事交游。入阁，练习章，有经济才、既受知孝庙，尽言匡正，多所采纳。大渐之日，召至榻前，顾命累十数言。逮事武宗，册大婚、耕（籍）田、幸太学、颁诏天下、肃然正始。会逆瑾导武宗游畋荒政，健累疏极请诛瑾，皆不报，遂谢政归。后每闻武宗数巡边、幸江南，辄泣不食。曰"吾死无以见先帝矣"。人称健进退有古大臣之节，为近世贤辅云。
		22	《明世宗实录》卷127"嘉靖十年六月辛亥"条	谢迁传	弘治间，与刘健、李东阳同心辅政，一时称为贤相。
		23	《明神宗实录》卷64"万历五年七月戊子"条	云南巡按御史陈文燧奏"制御土夷十事"，部覆有言	"先臣刘健尝议孟养事状，谓'思禄有官犹可制，即无官，其借自若也。不如因而官之'。此真御夷上策！"
		24	《明神宗实录》卷205"万历十六年十一月丙子"条	河南道御史马象干奏言	"古者阴阳不调、方外有警，且归责宰辅，况禁近之地、赞御之人昭昭于目前，危而不持，焉用彼相？昔武宗朝逆瑾擅权，内阁有刘健等，九卿有韩文等，叩阁力争，持章不下，使瑾皇怖乞南、乞闲不可得。诸臣……何至以阿意顺旨为调停，以局促避怨为忠原，使四海疑谤尽归朝廷，亏损圣明，郁积众愤"。
	其他史籍与官员奏疏里的评议	1	陈子龙《明经世文编》卷86"林贞肃公集"	"急除权宦以御大乱疏"。又"庆幸讨戮宦贼永绥福祚疏"	"大臣择于孝宗至当也，刘瑾尽诬而摈斥之。刘大夏最贤祸最大，刘健、谢迁、马文升、韩文、杨一清、许进、马中锡又贤，祸又大。张敷华亦以忧死。仅一林瀚俟命独存，是明不足我孝宗，故与孝宗抗也。陛下尊为天子，容制于一权宦不能庇其父耶？" "夫为户部，莫如韩文、许进；为内阁，莫如刘健、林瀚、谢迁、王鏊。《春秋》举仇、举亲。方拨乱反正之始，而不引忠亮端瑾不可屈之人，徒取圆熟，治未可望也"。

续表

朝代	类别	条次	史籍卷次	论述背景	评述内容
明代	其他史籍与官员奏疏里的评议	2	陈子龙《明经世文编》卷141"刘端毅奏疏"	刘玉"陈治忽明忠佞疏（请留二辅疏）"	"窃闻陛下近颇听信太监刘瑾等，多事逸游。又闻内阁大学士刘健、谢迁俱以谏不得行致仕而去。……徇逸游之乐弃辅导之臣，违先帝顾命之言遂瑾等恣肆之计。此诚天理人欲存亡之几，国体治乱安危之系。……且天下大器，常以众君子持之而不足，一小人坏之而有余。今二臣既去则君子之势益衰，群佞不除则小人之党益肆。……伏望陛下体天人归与之重，念祖宗创造之勤，谨治忽安危之几，察忠佞是非之实。将瑾等拿送法司，明正典刑。勉留大学士刘健、谢迁。责以辅导。司礼近侍悉任老成之人。禁止逸游，完养神气，清心讲学以兴治理。如此则先帝以慰，灾变自消，海宇安，皇图永固"。
		3	陈子龙《明经世文编》卷141"汪□□奏疏（汪循）"	汪循"论裁革中官疏"	"侧闻先帝宫车晏驾之时，亲属辅臣之手而托以陛下。今少师刘健、少傅李东阳、谢迁诸臣，实亲受顾命者也。吏部尚书马文升、兵部尚书刘大夏、都御史戴珊诸臣，亦先帝不时召见与决大事者也。陛下当召之便殿，与之讲论朝廷政事得失，询访天下军民利病，群臣章疏必躬省览，与之量度去取，次第而行"。
		4	陈子龙《明经世文编》卷371"魏敬吾文集二"	魏时亮"题为摘陈安攘要议以裨睿采疏"	"（刘）大夏减修清宁宫军夫。敬皇帝语阁臣刘健谓大夏不以朝廷大工为重。健曰：'爱惜军夫。司马职也。'敬皇帝忻然嘉纳如大夏所裁"。 "孝宗召大夏于便殿曰：'事有不可，每欲与卿商量。'召刘健于西角门曰：'先生辈是朕心腹大臣，好为处置。'其倦倦于召见议政，以为德治之辅者又若是也"。
		5	陈子龙《明经世文编》卷498"李侍御集"	"罪珰巧于护身明主不宜分过疏"①	"臣为皇上计，莫如听忠贤之引退以全其命，而解其烛影之疑。即为忠贤计，亦莫如早自引决以释中外之疑，而乞帷盖之赐……嗟乎！君侧不清，焉用彼相。一时之爵位有尽，千秋之青史难欺。不欲为刘健、谢迁者，恐并不能为李东阳。倘画策投欢，不几与焦芳同传耶？"

---

① 此疏全称为"罪珰巧于护身明主不宜分过谨直发其欺君之罪以仰祈圣断疏"，同疏另见于明人黄日升辑《颂天胪笔》卷8"赠荫"、明人贺复征辑《文章辨体汇选》卷119"罪珰巧于护身明主不宜分过疏"，又见于清代张廷玉等撰《明史》卷245"李应升传"中。

朝代	类别	条次	史籍卷次	论述背景	评述内容
明代	其他史籍与官员奏疏里的评议	6	《皇明两朝疏抄》卷12	曹嘉"持公论破私党以定国是疏"	"包容狂直，所以激敢谏之忠；优礼旧臣，所以全堂廉之体。伏望陛下速允（杨）廷和休致，以曲保其身家。……庶几九卿六部，近慕刘健、谢迁、韩文、马文升、刘大夏之风；六科十三道，远追薛瑄、王弦、钟同、林聪、叶盛之议。"
		7	黄日升辑《颂天胪笔》卷6《赠荫》	史科都给事中魏大中"合词请纳宪臣之忠以除逆珰疏"	"天祚圣明，揆地济济，必无焦芳、李东阳者厕于其间。谢迁、刘健不失臣节而共事，固有什百者济危扶颠，瞻仰此举，无徒令群臣惕号于下，圣主真孤立于上而莫之肯忧也。"
		8	夏良胜《东洲初稿》卷6	代论优礼耆旧状草	文选司案呈查得冠带闲住少师、兼太子太师、左柱国、吏部尚书、华盖殿大学士刘健，少傅兼太子太傅、礼部尚书、武英殿大学士谢迁，俱于正德元年恳乞致仕。……讫正德五年九月十八日遇蒙诏书："为民者冠带闲住。"但刘健、谢迁俱系顾命大臣，屡朝凤望，比之齐民并在赦原之列，人心物论未能尽谐。……况刘健、谢迁，志在匡君，才多经国，奉身先退，实足以忤邪心，引咎宜休尚足以惇薄俗……今以耆德旧望之臣而混于其列。臣等非惟有所不安，亦且有所不忍。于国是恐亦未平，于相职深为有玷。且优异之典竟未沾濡，朝野之论遂多鼎角。
		9	林希元《林次崖文集》卷1《奏疏》	"新政八要疏"	"昔我孝宗皇帝晚年深悟累朝假借宦者之失，尝与大臣刘健等谋议，欲尽革之。厥志不谐，遂有后日之祸。天下至今惜之"。
		10	沈鲤撰《亦玉堂稿》卷4	"典礼疏"	"皇上独不闻孝庙时事乎？……当仁寿之崩也，大学士刘健等已上尊谥及照依大学士彭时所议祔葬祔庙之说矣，惟孝庙之明……于是革去尊谥，只照健等议仍旧称太皇太后，别庙奉享。夫彭时刘健，成、弘间所称贤相也，当日此举可谓有功。然臣犹惜其无能体孝宗克己复礼之深心，而以宋家太后太妃之母号闻于上者，此虽时势，未必可行，而大臣以道事君，援古亦有何过，识者尚含有君无臣之慨焉"。
清代	官修正史	1	《明史》卷163"林瀚传"		瀚素刚方……会刘健、谢迁罢政，瀚闻太息。言官戴铣等以留健、迁被征，瀚独赆送，瑾闻益恨。

续表

朝代	类别	条次	史籍卷次	论述背景	评述内容
清代	官修正史	2	《明史》卷168"刘吉传"	孝宗即位之初，刘吉在阁为首辅	至是见孝宗仁明，同列徐溥、刘健皆正人，而吉于阁臣居首，两人有论建，吉亦署名，复时为正论，窃美名以自盖。
		3	《明史》卷180"汤鼐传"	孝宗嗣位……疏言	"陛下视朝之余，宜御便殿择侍臣端方谨厚若刘健、谢迁、程敏政、吴宽者，日与讲学论道，以为出治之本"。
		4	《明史》卷181"徐溥传"	徐溥为首辅时	与同列刘健、李东阳、谢迁等协心辅治，事有不可，辄共争之。
		5	《明史》卷181"刘健传"		健学问深粹，正色敢言，以身任天下之重。 当是时，健等三人同心辅政，竭情尽虑，知无不言。……诸进退文武大臣，厘饬屯田、盐、马诸政，健翊赞为多。 武宗嗣位，健等厘诸弊政，凡孝宗所欲兴罢者，悉以遗诏行之。 当是时，健等恳切疏谏者屡矣，而帝以狎近群小，终不能改。 健器局严整，正己率下。朝退，僚寀私谒，不交一言。 东阳以诗文引后进，海内士皆抵掌谈文学，健若不闻，独教人治经穷理。其事业光明俊伟，明世辅臣鲜有比者。
		6	《明史》卷181"谢迁传"		迁仪观俊伟，秉节直亮。与刘健、李东阳同辅政，而迁见事明敏，善持论。时人为之语曰："李公谋，刘公断，谢公尤侃侃。"天下称贤相。
		7	《明史》卷181"李东阳传"		是时，帝数召阁臣面议政事。东阳与首辅刘健等竭心献纳，时政阙失必尽言极谏。
		8	《明史》卷181	卷末赞语	刘健、谢迁正色直道，蹇蹇匪躬。阉竖乱政，秉义固诤。志虽不就，而刚严之节始终不渝。有明贤宰辅，自三杨外，前有彭、商，后称刘、谢，庶乎以道事君者欤。
		9	《明史》卷182"刘大夏传"		当是时，帝方锐意太平，而刘健为首辅，马文升以师臣长六卿，一时正人充布列位。
		10	《明史》卷183	卷末赞语	孝宗之为明贤君，有以哉。恭俭自饬，而明于任人。刘、谢诸贤居政府，而王恕、何乔新、彭韶等为七卿长，相与维持而匡弼之。朝多君子，殆比隆开元、庆历盛时矣。

续表

朝代	类别	条次	史籍卷次	论述背景	评述内容
清代	官修正史	11	《明史》卷188"刘菶传"		武宗践阼，未数月，渐改孝宗之政。菶疏谏曰："先帝大渐，召阁臣刘健、李东阳、谢迁于榻前，托以陛下。今梓宫未葬，德音犹存，而政事多乖，号令不信。……夫先帝留健等辅陛下，乃近日批答章奏，以恩侵法，以私掩公，是阁臣不得与闻，而左右近习阴有干预矣。愿遵遗命，信老成，政无大小，悉咨内阁，庶事无壅蔽，权不假窃"。 刘健、谢迁去位，菶与刑科给事中吕翀各抗章乞留，语侵瑾。……于是给事中戴铣、御史薄彦徽等，各驰疏极谏，请留健、迁。
		12	《明史》卷188"吕翀传"		其请留（刘）健、（谢）迁言："二臣不可听去者有五。孔子称孟庄子之孝，以不改父之臣为难。二臣皆先帝所简以遗陛下，今陵土未干，无故罢遣，何以慰在天之灵？不可一也。二臣虽以老疾辞，实由言违计沮，不得其职而去。陛下听之，亦以其不善将顺，非实有意优老也。在二臣得去就之义，在陛下有弃老成之嫌。不可二也。今民穷财殚，府藏虚罄，水旱盗贼、星象草木之变迭见杂出，万一祸生不测，国无老成，谁与共事？不可三也。自古刚正者难容，柔顺者易合。二臣既去，则柔顺之人必进，将一听陛下所为，非国家之福。不可四也。书曰'无遗寿耇'。健等谙练有素，非新进可侔，今同日去国，天下后世将谓陛下喜新进而厌旧人。不可五也"。
		13	《明史》卷188"赵佑传"		帝将大婚，诏取太仓银四十万两。佑言："左右以婚礼为名，将肆无厌之欲。计臣惧祸而不敢阻，阁臣避怨而不敢争。用如泥沙，坐致耗国。不幸兴师旅，遭饥馑，将何以为计哉？"
		14	《明史》卷188"戴铣传"		既乃与给事中李光翰、徐蕃、牧相、任惠、徐暹及御史薄彦徽等连章奏留刘健、谢迁，且劾中官高凤。
		15	《明史》卷188"陆昆传"		时"八党"窃柄，朝政日非。昆偕十三道御史薄彦徽、葛浩、贡安甫、王蕃、史良佐、李熙、任诺、姚学礼、张鸣凤、蒋钦、曹闵、黄昭道、王弘、萧干元等，上疏极谏曰："阁部大臣受顾命之寄，宜随事匡救，弘济艰难，言之不听，必伏阙死谏，以悟圣意。顾乃怠缓悦从，巽顺退托。自为谋则善矣，如先帝付委、天下属望何？"……疏至，朝事已变，刘健、谢迁皆被逐。于是彦徽为首，复上公疏，请留健、迁，而罪永成、瑾等。

续表

朝代	类别	条次	史籍卷次	论述背景	评述内容
清代	官修正史	16	《明史》卷203 "刘玉传"		刘健、谢迁罢，（刘）玉驰疏言："刘瑾等佞幸小臣，巧戏弄投陛下一笑，顾谗邪而弃辅臣，此乱危所自起。……乞置瑾等于理，仍留健、迁辅政。"
		17	《明史》卷206 "郑洛书传"		洛书言："陛下眷礼大臣，此虞廷赓歌之风也。愿推此心以念旧，如致仕大臣刘健、谢迁、林俊、孙交等特降宸章，咨访时政，则圣德益宏。"
		18	《明史》卷235 "邹维琏传"	邹维琏抗疏上奏	"今陛下以太阿授忠贤，非所以为宗社计，亦非所以为忠贤计也。若夫黄扉元老、九列巨卿，安自处处于商辂、刘健、韩文下。"
		19	《明史》卷245 "李应升传"	时李应升上疏劾魏忠贤	"君侧不清，安用彼相。一时宠利有尽，千秋青史难欺。不欲为刘健、谢迁者，并不能为东阳。倘画策投欢，不几与焦芳同传耶？"
		20	《明史》卷306 "刘宇传"		后（刘）大夏再召对，帝曰："（刘）健荐（刘）宇才堪大用，以朕观之，此小人，岂可用哉？由是知内阁亦未必尽信也。"
	其他官修史籍	1	《御批历代通鉴辑览》卷106		（成化二十三年）十一月……尹直罢，以刘健（字希贤洛阳人）为礼部侍郎，兼翰林学士入内阁预机务（健自为编修，即练习典故，有经济志，入阁后，正色无所依违，以身任天下之重）……（刘）吉在成化时无所规正，及帝即位，见帝仁明，同列徐溥、刘健皆正人，而吉于阁臣居首，两人凡有论建，吉每署名于前，窃时誉以自盖焉。
		2	《御批历代通鉴辑览》卷108		（嘉靖六年）三月，前少保、谨身殿大学士刘健卒，（谥文靖）健自刘瑾诛后复原官致仕，闻武宗数事巡游，辄涕泗不食，曰："吾负先帝。"帝登极，屡赐存问，比之司马光、文彦博。至是卒，年九十有四，赠太师。（健，器局峻整，学问深邃，在阁时，同列李东阳以诗文引后进，海内士皆抵掌谈文，健若不闻，独教人治经穷理，其事业光明俊伟，明世辅臣鲜有比者。）
		3	《御定资治通鉴纲目三编》卷15		尹直罢，以刘健为礼部右侍郎，兼翰林学士入内阁预机务……（健学问深粹，以身任天下之重。先为少詹事，充东宫讲官，受知于帝。帝立，乃有是命。于时群邪渐黜，众正并升，海内欣然望治矣。）

朝代	类别	条次	史籍卷次	论述背景	评述内容
清代	其他官修史籍	4	《御定资治通鉴纲目三编》卷18		初帝将大婚，诏取太仓银四十万。御史赵佑言："左右以婚礼为名，将肆无厌之欲。计臣惧祸而不敢阻，阁臣避怨而不敢争。用如泥沙，坐致耗国。" 　　健、迁既去位，蒇、翀抗章请留。言："二臣不可听去者有五。孔子称孟庄子之孝，以不改父之臣为难。二臣皆先帝所简，以遗陛下。今陵土未干，无故罢遣，何以慰在天之灵？不可一也。二臣虽以老疾辞。实由言违计沮
		5	张英等编《渊鉴类函》卷54帝王部15；卷69设官部9	"用贤二"	（明孝宗朝）冰鉴则有王恕、彭韶，练达则有马文升、刘大夏，老成则有刘健、谢迁，文章则有王鏊、丘浚，刑宪则有闵珪、戴珊。 　　弘治初年大奸距脱，海内欣然，宜兴徐溥、洛阳刘健，端清宽绰；长沙李东阳、余姚谢迁，文雅谅直。泰陵孝宗，昼接再三，虚怀霁色，励精求治，将大有为。而诸君子，志在包荒，意存裕盅，多思少断，坐失良期。然十八年间财以足，民以富，兵以薄伐为威，刑以缓死为恩，仕以骤进为耻，可谓与民休息，培植元气者。
		6	刘统勋等编《御制评鉴阐要》卷11	"帝召阁臣授以诸司题奏言与卿等裁决刘健请以事端多者出外详阅目"	明代人君宴处深宫，罕闻召见大臣之事。孝宗独能从容延接，以诸司章奏面加裁决，尚知励精图治之君。刘健等正宜殚志竭诚以冀赞成上理，何转以事体繁多请出外详阅？是君方殷勤垂询而臣子意已惮烦，不独无以副畴咨亦实所以乖夙夜。盖由当时堂廉暌隔，为大臣者遂不复知引对之可移晷刻耳。
		7	万斯同《明史》卷237	"徐溥、刘健、丘浚、谢迁、李东阳传"	健端重好学，与同邑阎禹锡、白良辅游，从事伊洛之学。 　　帝晚年德益进。诸进退文武大臣，厘饬屯田、盐、马诸政，悉召阁臣面议。健于时翊赞为多。 　　武宗嗣位……健等厘诸弊政，凡孝宗所欲兴罢者，悉以遗诏行之，而久，废格不举。 　　健器局严整，正色率下，无党无偏。朝退，寮寀私谒，不交一言。不喜为词藻。时东阳以诗文汲引后进，海内士皆搤腕抵掌谈文学，健若不闻，独教人治经穷理。其事业光明俊伟，为明世辅臣第一。

续表

朝代	类别	条次	史籍卷次	论述背景	评述内容
清代	其他官修史籍	8	王鸿绪《明史稿》卷164	"刘健传"	健骨相奇古，学问深粹，正色简言，无所依违，廉靖自守，独以身任天下之重。 及帝晚年，诸进退文武大臣，厘饬屯田、盐、马诸政，悉召阁臣面议。健翊赞为多。 杨一清……健出见，语曰："汝尝为阁老，今复出为总制，内阁体统为汝一人坏尽矣。我老不能对客。"命二孙进一清茶，一清大惭而出。其伉直若此。
		9	田文镜等《（雍正）河南通志》卷59	"刘健传"	健与李东阳、谢迁三人同心辅政，竭情尽虑，知无不言。每进见帝辄屏左右，或从屏间窃听，但闻帝数数称善。时人语曰："李公谋，刘公断，谢公尤侃侃。"一时进退文武大臣，厘饬屯田、盐马诸政，健翊赞为多。 武宗即位，健等虽受顾命，尽心辅导，而逆瑾用事，屡谏不入。健推案痛哭，必欲尽诛八党，反为所中，与谢迁同日去位。 健器局严整，正己率下，无党无偏。朝退，寮案私谒，不交一言。其事业光明俊伟，为明世辅臣第一。
		10	《四库全书总目》卷170《集部二》	《谦斋文录》提要	徐溥……于孝宗时在内阁十二年，与刘健、谢迁等协心辅治，不立异同。然于事有不可者，侃侃力争，多所匡正。

附录五　明清私修史著中对刘健评述列表

说明：

1. 为明了在不同历史时期、不同文字环境中对刘健的评价，本表先以明、清两代分类，继以传记类与其他杂史、文集和笔记两类分列史籍中有关刘健的评述与议论。

2. 史籍的排列依据于文本资料出现的时间为据。不能确认其文本先后时，则以作者的生存时间为序。对于处于明、清两代变迁时期的作者及其著作，以1644年已届45岁以上者，皆归为明代，以下者入清代排列。

3. 相同文本资料见于几种不同史籍者，表中只列本人查阅到的、最早出现的史著。其他史著则以脚注形式标出，并对不同史著引录相同文本时的不同情形略作说明。

4. 本表主要摘录各种史籍中有关刘健的评论性文字。对于一些陈述性文字，包含有明显评议性语气者，也简要摘录。凡诗词赋咏之类不入此列。

朝代	类别	条次	史籍卷次	论述背景	评述内容
明代	传记类史著中之评述	1	陈宣、乔缙《（弘治）河南郡志》卷24	谢迁撰《大明赠光禄大夫柱国太子太保礼部尚书兼武英殿大学士刘公神道碑》	"今少傅公，正学直道，宏才伟识，受知圣明，位隆辅弼，方以身任天下之重，海内瞻仰，为国柱石。"

续表

朝代	类别	条次	史籍卷次	论述背景	评述内容
明代	传记类史著中之评述	2	陈宣、乔缙《（弘治）河南郡志》卷24；李东阳《怀麓堂》卷78《文后稿》15	李东阳撰《大明陕西三原县儒学教谕致仕赠光禄大夫柱国太子太保、礼部尚书兼武英殿大学士刘公神道碑铭》	"今少傅公名德重天下，屹然为一代元臣"。
		3	刘龙《紫岩文集》卷41	《特进光禄大夫左柱国少师兼太子太师吏部尚书华盖殿大学士致仕晦庵刘文靖公行状》	读书作文，务精思至理，发明圣贤之蕴，不事浮华。凡朝廷大制作，无不经手。同列率为倚重。……与西涯李公木斋谢公同心辅政，上方委任，言无不行。天下晏然称治平。……孝宗大渐，召到寝殿御榻前，与李谢同受顾命。握手谆谆，至唏嘘不能忍。本朝名相盖未之前闻也。公忠义在朝廷，名望在天下，勋业在史册，自有不能泯者。归田以来，值时难危，益务韬晦。不存形迹。
		4	焦竑《国朝献征录》卷14《内阁三》①	贾咏撰《特进光禄大夫左柱国少师兼太子太师吏部尚书华盖殿大学士赠太师谥文靖刘公健墓志铭》	文务思至理，以发圣贤之蕴，不事词藻。与西涯李公、木齐谢公同心辅政。上方倚任，入告之谋多所嘉纳，而人不及知。终十八年，海内晏然称治。公既去位，杜门谢客，瑾衔之不置，乃以他事罪公落职，一时正人皆罹祸，闻者悚息。公立朝几四十年，其典文衡乡试二，会试四，廷试读卷六，俱号得士。
		5	施诚等《（乾隆）河南府志》卷89《艺文志》	杨一清撰《少师刘文靖公神道碑铭》	始终遭际，盖文臣之极致也。公之学，根极性理，以伊洛为师。书非正不读，发为文章，务阐明义理。羽翼风教，刊落华藻，悉归于纯厚。作举子业，亦以理为主，不逐时好。门生授业，学多知近里。其主考两京乡试者二，同考会试者四，主考会试者一，殿试读卷者六。取人皆以是为的，故所得多端士。……其纂国史，简而核，无溢美，无蔓辞，称直笔焉。晚年遭际孝庙，与西崖李公、木斋谢公同心辅政。有所献纳，多荷采行。遇有缺失，尽言匡正，无所忌避。前后所被锡赏白金文绮厩马夷奴之类甚多。上推心任之，不时顾问。三公亦慨然谓天下为己任。中外欣欣谓治平。……逮事武宗，耕籍田、幸太学、册大婚、颁诏天下，嘉惠贫民，肃然正始。公位极人臣，寿至九十有四，功成身退，完名以归其乡者二十有奇。谓为古今之仅见者，然耶。

① 此为《国朝献征录》卷14所引录贾咏撰刘健《墓志铭》之后附引《双溪杂记》的记载。另有《（乾隆）河南府志》卷89《艺文志》中引录杨一清撰神道碑文，以及铭词。

朝代	类别	条次	史籍卷次	论述背景	评述内容
明代	传记类史著中之评述	6	费宏《费宏集》卷19	"光禄大夫柱国少傅兼太子太傅户部尚书谨身殿大学士赠太傅谥文正木斋谢公神道碑铭"	孝宗敬皇帝临御十有八年，敬天法祖，任贤使能，中国乂安，四海宾服。其体守成，治化之美，上媲圣祖，驾轶帝王。一时辅臣则有若太师晦庵刘文靖公、西涯李文正公、太傅木斋谢文正公，至与孝庙相终始，明良相值，于斯为盛。孝庙上宾，预受顾命，逮事武宗，功成身退，卒归于正。
		7	施诚等修《（乾隆）河南府志》卷85《艺文志》	温如春撰《太师谥文靖刘公祠堂记》	嘉靖二十年考核一省乡贤，公居首，钦准立祠。 天资颖悟，尤笃嗜问学。为文不事浮华，务求至理，以究圣贤之蕴。……尝与洛中名士阎公禹锡、白公良辅论学，海内咸谓伊洛渊源有人。……正德改元，力赞新政，期于正始以成宏治之盛。而逆奄方恣横，竟不果。天下之人晓然，皆知公之心在社稷，弗克展，相与扼腕太息而已。公遂以老乞休，累疏得请，许乘传归，复荷玺书，褒论有"金石完节。世以为难。载籍所稽，良不多见"之语，极为一时所艳称。 呜呼，盛哉！公以耆硕受知圣明，位跻元辅，建立之大，卓然为一代名臣。忠义在朝廷，名望在天下，勋业在史书，传之百世不泯。 嗟乎，春叙是记也，有深慨焉。盖公之相业，人皆知之，而公之清介，则人或未悉也。今观公所遗堂宇，正庭上三楹，东西祠堂、书舍，亦各三楹。而其田尚不及五顷，子孙蕃衍，仅能糊口。其清介传家如此。宜其永不替云。
		8	廖道南《殿阁词林记》卷2	刘健传	弘治间予从先大夫游京邸，饫闻文靖刘公当国，正色率下。凡诸僚宷谒私宅者，不与交一言。及入朝，事关大义，累几千言不缺。及子登甲科、列史馆，公尚无恙。卒无一言干求恩泽。岂古之所谓大臣与？赞曰：嵩岳峨峨，汴河汤汤，伊洛瀍涧，回绕北邙。惟彼东都，元气攸萃。爰有大老，钟兹间气。耿耿大节，侃侃正言，力诋邪说，中扼权奸。公考正命，公神不死，以道事君，不可则止。

续表

朝代	类别	条次	史籍卷次	论述背景	评述内容
明代	传记类史著中之评述	9	雷礼《国朝列卿纪》卷11	刘健传；传末引《双溪杂记》	盖自戊午以来，孝庙之御极十余年矣，益明习机务，励精治平，而健亦身任天下，无所私，凡进用大臣及政事臧否，必反复密喻，侃侃竭忠恳，而上亦推心委用，未尝不嘉纳也。时，又引李、谢二公同辅政。 上性至孝，虽望治切甚，而守宪承法不变易，尤恶操核，健等善将顺德意，每议及政令及积弊兴革，必却顾远谋，省机而发，使天下隐然受其福。上又时语及宫府，欲创抑近侍权复太祖旧，然未暇轻动也。 成化年健尝掌制敕，比又修两朝实录成，又续通鉴纲目，总裁会典，皆直质宏雅，无溢词。又尝主文试，所第皆海内名士。即不第者不怨也。教子务依俭啬、忠厚。乡里信而化之，无间言。赋性刚正，理学深邃，以伊洛为宗，任天下大事，未尝迁曲。翊运三朝，夷险一节。终辅孝宗，位冠群臣，天下想望风采。即所建立，声施后世，至今虽深山穷谷，语及弘治时事，未尝不太息、殒涕也。 或者谓公受先帝命，当以身殉国，乃即引身去，为公欿。……即使公不归，复抗节不谀瑾，公必罹祸。即罹祸，于瑾无悔也，徒重坏国体耳。公既诤不从，义惟有去，即去后所落职，公盖熟虑之矣。呜呼，文靖始终之义备矣哉！ 《双溪杂记》云："刘健在内阁，时河南则有马文升、许进、刘宇、焦芳、李燧。健虽同乡而不阿比。……又何景明年少能诗，人以为首相同乡，必选入翰林无疑。健曰：'此子福薄，能诗何用？'不取。后景明除中书舍人，官至提学副使，不寿卒。自来居内阁不党故旧，仅见健一人。"又云："河南洛阳刘健，自官翰林，潜心理学，不事华藻，立心亦端正。自徐溥去后，专代言之任，以公平为主，绝无言议。李东阳同时在阁，以诗文气节援引名流，私植朋党。健处之若不知，诚可为君子人矣。"
		10	项笃寿《今献备遗》卷19	刘健传	健确直，见事稍迟。李（东阳）才敏达。谢（迁）方质。三人同心，时人语曰："李谋刘断谢尤侃侃。" 上仁慈敬慎，尤欲守成法，恶操刻。健等亦见太子未壮，上体清瘦，务知谋远顾，省机密发，使天下阴受其福。至上语及宫中事，毅然欲创抑，尽刷洗中权，复高皇帝旧。然亦未敢轻动也。 论曰：徐、刘诸公受明主知，造膝论议，可谓荣遇。迹其直言不阿，正色立朝者，非耶？

朝代	类别	条次	史籍卷次	论述背景	评述内容
明代	传记类史著中之评述	11	王世贞《嘉靖以来内阁首辅传》卷1	杨一清传	陕西三边总制阙，诏一清以少傅、太子太傅，改兵部尚书、左都御史莅之。……一清道洛中，谒故少师刘健。健出见，仅一揖曰："汝不能甘澹薄而猥为时所饵，今日戴兜鍪，异日何以复簪冠乎？令主上轻吾辈自汝始。"呐呐，入不复顾。一清愧而秘之。
		12	李贽《续藏书》卷11	"太师刘文靖公"	《双溪杂记》云："刘健在内阁时，河南有马文升、许进、刘宇、焦芳、李燧、何景明。……然则居内阁而不徇故旧者，仅仅健一人耳。"李秃翁曰：故旧虽不当徇，人才尤不可弃。
		13	邓元锡《皇明书》卷17	刘健传	入官翰林，闭户读书，简交游，咸见谓木强……与徐、丘同官，正色简言，无依违。时召见于上前可否，亦确直不阿。 李长沙为次相，风土于唐诗古文。健每为诸吉士言"古人之学在寻释义理以消融胃次，次者考求典故以经纶国体。如徒以诗文为者，即学成李、杜亦酒徒，何用？"语稍过激而敦本意终不远矣。 健骨相奇古，学问深粹，行淳履正，早际圣明，晚罹近幸，进不盈多（侈），退不窘戚，称近世贤辅云。
		14	唐鹤征《皇明辅世编》卷2	"刘文靖健"	健初在翰林闭户读书，交游希寡，众谓健木强人。已入阁，益练习国家典故，人又谓健有经济才。正色简言，廉靖不肯依违。 健亦以身任天下之重，与李东阳、谢迁二人同心辅政。 自来居内阁不私故乡，惟健一人。 健骨相奇古，学问深粹，行履纯正，伟识宏材，蚤际圣明，晚罹奸佞，进不盈侈，退不窘戚，为近世贤辅。 刘文靖盖古之遗直也。毋论其言之入与不入，而知则无不言，言则无不尽也。然当孝庙在御，则天下并受其福；武庙嗣登，则一身几于不保。晏子谓"一心可以事三君"，然欤？否欤？

朝代	类别	条次	史籍卷次	论述背景	评述内容
明代	传记类史著中之评述	15	焦竑《熙朝名臣实录》卷11	太师刘文靖公	孝庙御极已十余年，益明习机务，厉精求治，而健亦身任天下之事，凡进用大臣及政事臧否，反复侃侃，竭忠悃。上未尝不嘉纳也。 或者谓公受先帝命，当以身徇国，乃即引身去，为公欤。嗟乎……即使公不归，复抗节不谀瑾，公必罹祸。即罹祸，于瑾无恔也，徒重坏国体耳。公既诤不从，义惟有去。即去后亦落职。公盖熟虑之矣。呜呼，文靖始终之义，备矣哉。
		16	尹守衡《皇明史窃》卷68	刘健、谢迁传	刘、谢二公并以宫僚入参大政，受知孝庙，弼成弘治十八年。至理平台、暖阁之畴咨，具见都俞吁咈之遗焉。夫惟圣君贤相，千载一时哉！迨事武宗，皆以顾命老臣，无能改于其德，么么小竖，急欲芟夷于旦暮之间，卒俱受其虿螫，世道之不流为甘露者无几，岂亦智不足而才有余乎？
		17	何乔远《名山藏》卷70	刘健传	健初在翰林，闭户读书，人谓木强人而已。既入阁，练习国体，名经济才。万安、刘吉相继去位，与徐溥、丘浚同相，正色简语，无所依违。 上仁慈敬慎，望治虽切而谨守旧章，不轻变易，尤恶惨（搀）核之政。健念上体清癯，太子未壮，恐一旦有意外，忠务却谋远顾，省机密发，使天下隐受其庇。至上语及宫中之政，毅然创抑，欲尽洗刷近侍权，复太祖旧章。然亦未敢轻动也。 健在内阁，凡事以公平为主，正色率下，处同乡无所党比，僚寀谒私宅，不与交一言。及入朝论事关大体者，累千百而不尽。 弘治以前，士攻举业，仕则精法律、勤职事，鲜有博览词赋。间有之，众皆慕悦，必得美除。孝宗在宥，朝政有常，冠佩委蛇，士各奋兴。健独教人看经穷理。李东阳以诗文、气节援引名流，健处之若不知者。吴宽，文学著名。谢迁欲荐之同相，健外示唯唯而已。
		18	张萱《西园闻见录》卷27	刘健传	公及李公东阳、谢公迁同在内阁。公敢于任事，东阳长于为文，迁直亮明断，可否其间，不阿不激，同寅协恭，所以成弘治十余年之治。 自来居内阁不私乡故惟公一人。 公在内阁，正色简言，廉靖不肯依违。 比上数巡边、幸江南，辄泣不食饮，曰："吾死无以见先帝矣。"

续表

朝代	类别	条次	史籍卷次	论述背景	评述内容
明代	传记类史著中之评述	19	过庭训《本朝分省人物考》卷90	刘健传	孝庙之御极十余年矣，益明习机务，励精治平。而健身任天下，极所私，凡进用大臣及政事臧否，必反复密喻，侃侃竭忠悃，而上亦推心委用未尝不嘉纳也。 上性至孝，虽望治切甚，而守宪承法不变易，尤恶操核。健等善将顺德意，每议及政令及积弊兴革，必却顾远谋，省机而发，使天下隐然受其福。 武宗即位，健以顾命大臣翼新政，承先帝之后，举故事，劝上耕籍田、幸太学、册大婚、御经筵，惠天下。百度振肃，海内晏然。 成化年，健尝掌制勅，比又修两朝实录成，又续通鉴纲目、总裁会典，皆直质宏雅，无溢词。又尝主文试，所第皆海内名士。教子务依俭啬、忠厚。乡里信而化之，无间言。赋性刚正，理学深粹，翊运三朝，夷险一节。
		20	张师绎《月鹿堂文集》卷4	"太师刘文靖公小传"	生平学问以伊、雒为师，书非正不读，为文务阐理义，羽翼风教，刊落浮华，悉归淳厚。于举子业亦然。 主考两京乡试一，同考会试四，主会试一，殿试读卷六，取人皆以是为准的。 纂修国史，简而核，无溢、无蔓词。晚际孝庙，与李文正西崖公、谢文正木斋公同心辅政。时人语曰："李公谋、刘公断、谢公尤侃侃。" 刘公，我明第一人也。功烈炳炳琅琅，多载史册。
		21	张岱《石匮书》卷123	刘健、谢迁列传	时上励精求治，健亦身任天下之重凡大臣进退政事臧否，知无不言，多见信用。 至上语及宫中之政，毅然创抑，欲尽洗刷近侍权，复太祖旧章。然亦未敢轻动也。 健在内阁，凡事以公平为主，正色率下，处同乡无所比。僚寀谒私宅，不与交一言。及入朝，论事关大体者，累千百而不尽。 徐文靖溥、刘文靖健、李文正东阳、谢文正迁，相业不可诬也。史官称其端靖宽绰，文雅亮直，殆有见者。第受顾命之后，或以早归蒙党锢之名，或以久任来伴食之诮，士论不无优劣于其间矣。

续表

朝代	类别	条次	史籍卷次	论述背景	评述内容
明代	传记类史著中之评述	22	孙奇逢《中州人物考》卷2	刘文靖健	孝庙御极已十余年，益明习机务，励精求治。而健亦身任天下事。凡进用大臣及政事臧否，反复侃侃竭忠恳，上未尝不嘉纳也。 　　武宗即位，健以顾命大臣翼新政，举故事，百度振肃，海内晏然。 　　健之论列，所关朝政国体。如诏遣中官于武当山设像修醮，因健等上疏已之。诏建寺塔于朝阳门外，因健等上疏罢之。又罢撰真人杜永祺诰命及封号，凡浮图异端、蠹财惑众，一切摈不得逞。直曰："我祖宗相传以治天下，尧、舜、周、孔之道而已。"庶几乎，古之大臣以道君者与？至上问李梦阳言事若何，辄对曰"此狂妄小人耳"，亦未免失言。其不为同乡徇情面，亦当另有说。如事在当从而必不从以示公，则偏亦甚矣。
	杂史笔记及其他史论中之评议	1	陆深《俨山外集》卷6	《知命录》	少师晦庵刘公健，字希贤，洛阳人也。今赠太师，谥文靖。葬北邙之麓。予往拜焉，观贾南坞阁老所撰墓碑，颇不称公相业。
		2	廖道南《殿阁词林记》卷16	"纳言"	武宗时逆瑾用事，凶焰炽甚。大学士刘健等率诸臣伏阙请诛之。焦芳阴为瑾地，言者遂沮，而健与谢迁辈皆引去。于此见君子胜小人之难也。当其事者必先事预防而后可。
		3	陈建《皇明从信录》卷15		按：功臣配享之制，考之唐、宋，累朝皆有之。……谓有一代之君，必有一代之名臣、硕辅应时而出，为之股肱心膂，又安四海与国咸休。是故……在孝宗时则有若丘濬、刘健、王恕、刘大夏诸人，在武宗时则有若谢迁、韩文、梁储、蒋冕诸人。皆勋名事业灼灼，在人耳目固无愧于唐宋诸名臣，诚进之俎豆庙廷之列，上以伂一代明良之逢，下以感一世之豪杰士，固无不可者。
		4	李默《孤树裒谈》卷9；卷10	引《双溪杂记》	河南洛阳刘健自官翰林，究心理学，不事华藻，立心亦端正。自徐溥去后专代言之任，一以公平为主，外无訾议。李东阳同时在阁，以诗文、气节援引名流，私植朋党。健处之若不知，诚可谓君子人矣。惟处程敏政一事，论者以健为报复私怨。 　　弘治间内阁刘健，河南人。李东阳，湖广人。时仕显达者，河南则马文升、许进、刘宇、焦芳、李镃，湖广则刘大夏、王俨、熊冲等。健与文升等虽同乡，而不阿比。……自来居内阁不党比故旧，仅见健一人。

续表

朝代	类别	条次	史籍卷次	论述背景	评述内容
明代	杂史笔记及其他史论中之评议	5	雷礼《国朝列卿纪》卷8	卷末按语	按内阁本之地，而辅成圣德……徐溥以宽厚称，刘健以端靖称，遭逢孝皇，励精图治，将大有为。而随事将顺，无以充拓德意，清厘内府积弊，亦坐失良期矣。正德初，逆竖刘瑾等导上游逸，废弃万机。刘健倡九卿科道请剑行诛，反罹窜逐。将衣冠之祸有数存乎？
		6	雷礼《国朝列卿纪》卷9	内阁行实总论	刘文靖、李文正、谢文正中年入相，遭逢孝庙，宣召、咨访政治。时刘、谢二公，力重不倚，李文正文学淹贯。时资献纳。不幸天不纯佑，亲驭上宾。海同士民，至今追思遐咏而不能已。
		7	何良俊《四友斋丛说》卷7；卷15		我朝宰相，清淳则河东之薛；学业则琼山之丘；刚方则淳安之商、澧县之岳；博大则宜兴之徐；清介则全州之蒋；严正则陈留、洛阳之二刘，余姚之谢；风流文雅则长沙之李；有才断、肯担当则新都、京口之杨、永嘉之张。此则列圣甄陶，英贤辈出，皆卓然可称，而无愧于前代诸人者也。 李空同作《朱凌溪墓志》中，其言是卖平天冠者，与作诗到李杜，亦一酒徒耳。此刘晦庵语也。晦庵敦朴质实，不喜文士，故有此语。
		8	陆楫《蒹葭堂杂著摘抄》		国朝成化，弘治间，大学士刘文靖公健、丘文庄公浚同朝，雅相敬爱。……一日，刘对客论丘曰："渠所学如一仓钱币，纵横充满，而不得贯以一绳。"讥其学无大纲也。丘公闻之语人曰："我固然矣。刘公则有绳一条，而无钱可贯，独奈何哉？"士林传以为雅谑。二公虽名位相抗，而刘相孝庙二十年，硕德重望，卒受顾命，称本朝贤相。丘之所就，似为不逮，相业岂以博洽为贵哉？ 嘉靖初，太师、大学士杨一清……道经洛阳，谒文靖，文靖出见公，辞色甚倨。伴问曰："我记汝亦尝为阁老耶？"公随问而对，文靖曰："既为阁老而复出作总制，内阁体统为汝一人坏尽矣。"公亦细云："朝廷简命，不得不赴。"文靖仍曰："进止由汝，何得乃尔？我老不能对客矣。"遂命二孙陪茶，杨公大惭而出。文靖虽辞严谊正，然觉太峻，虽下此恐不能当，况势位颉颃者乎？第杨公服义，能受先达正言，皆盛时事也。近世一登枢要，虽先辈长者，亦皆曲为面谀以取容悦，而后生得志，禄位相抗，便不能受正言于人，遂使世道愈下，古谊不复。二公遗响，邈哉不可及矣。

朝代	类别	条次	史籍卷次	论述背景	评述内容
明代	杂史笔记及其他史论中之评议	9	耿定向《先进遗风》卷下①		尝闻刘文靖诮丘琼山有散钱而少贯索，琼山还诮曰公有贯索而却欠散钱云。……我朝最称该博莫如琼山，乃媢嫉白沙而阴挤三原，虽博亦奚以为？文靖诮其无贯索不虚也。或谓文靖为篁墩短其不能诗，衔之，酿成廷鞫之狱。文达之嗛叶文庄也，亦以疵其诗文故。余惟二公，贤相也。或未必然。果若人言，视魏公之度如何哉？顾叶、程两公，以能工诗文，遭谗构于执政者如此，然则知道者之于诗文，直榆荚视之，可也。
		10	王世贞《弇州史料》前集卷27②		弇州外史曰："弘治最多名臣，内阁则刘健、李东阳、谢迁，六曹则耿裕、倪岳、余子俊、周经、张悦、戴珊、闵珪、韩文，侍从则杨守陈、吴宽、王鏊，方镇则秦纮、王越。"
		11	章潢《图书编》卷85	"兵备"	问兵备宪员始设于何时？曰此弘治间例也。马文升居本兵，虑武职不修，故增一皇员以救之。时内阁刘健力阻而不欲行。后因奏设九江兵备，都给事中夏祚疏论不可，着刘、马回话。刘、马皆秉正不克，济时而议，见迥不协，何也？刘欲修祖宗之旧以振武备，马则拯仓卒之急以厘宿滞。嗟乎，为天下计者二，澄源塞流，世知塞流之易效，而人乐于就易。是以创建之本，世远愈不明于天下，故各知其已，而不会其全，日冗世费而不能以自止，虽贤者不能免，民其且奈之何哉！
		12	凌迪知《万姓统谱》卷60		（刘）健骨相奇古，学问深粹，行淳履正，伟识伟才，早际圣明，晚罹奸佞，进不盈侈，退不窘戚，近世贤辅称最。
		13	吴瑞登撰《两朝宪章录》卷1	"嘉靖元年六月癸巳"条	学士刘健卒。……健学问深邃，行履淳正，伟识宏才。早际圣明，晚罹奸佞，进不盈侈，退不窘戚，为近世贤辅。
		14	范守己《皇明肃皇外史》卷5；卷7	"嘉靖四年正月"条；嘉靖六年	起杨一清为兵部尚书提督陕西军务……一清驰之陕西，道洛阳，造故大学士刘健于是。健年九十有三矣，辞以疾不见。一清款伺久之，健冒绒帻短褐出曰："应宁而尝入相矣复出将乎？"一清曰："承乏耳。"健出瓯茗饮之，他无一语。 刘健卒……健久佐敬皇帝，辅成一代明良之盛，晚受顾命，抗言致主，完名全节以归，优游林壑者二十余年，朝野想望其丰采云。

---

①　参见（明）焦竑《国朝献征录》卷31，（明）郭良翰辑《续问奇类林》卷9"器量"条。

②　参见（明）焦竑《熙朝名臣实录》卷17，（明）雷礼《国朝列卿纪》卷25。

朝代	类别	条次	史籍卷次	论述背景	评述内容
明代	杂史笔记及其他史论中之评议	15	黄景昉《国史唯疑》卷4		李梦阳下狱，刘健诋为狂妄，无申救意。谢迁略为一言耳。刘大夏亦事后颂德之辞。 处刘健、谢迁、韩文之势，止得一谏。谏不听，止得一去，更无他法。或倡为潜消默挽，并出于贪恋弩栈，计典为之辞。 刘晦庵故不喜吴文定。同时李献吉、何大复，并其里子，工诗文，终不见录，至有李、杜仅一酒徒之说，虽云老成朴重，厌薄浮华，抑其容物之度有未弘与？ 传文穆瀚居官醇谨，既病笃，数见怪异。或云瀚初嗾同乡监生江镕诬奏刘健、李东阳，惧谋泄，嫁其祸于程敏政，致程邑郁以没，若冥报然。疑程篁墩科场之狱，繇刘阴憾。谓素短刘不能诗致。然事亦在茫昧间。 刘文靖以误荐刘宇为孝庙所过。尝召刘忠宣谕及之，人未易知。余观名辈中屡有犯是者。杨文贞失之洪玙，于忠肃失之王伟，叶文庄失之吴祯，刘忠宣失之王纶，杨文襄失之张彩。非惟君子易欺，亦缘小人多中指难缕屈。宇，故文靖乡人，或乡誉爽谬，以其名闻耳。
		16	孙承泽《山书》卷7		罢中书省，不设丞相，升六部尚书之秩以省务归之。祖宗立政之意至深且远。故累朝继统皆阁部相参，委任无间。如三杨、蹇、夏及刘健、谢迁、马文升、王恕之属，并寄心腹，咸在左右，故洪熙、宣德、弘治之政休明熙洽，先于二祖。
		17	《隐秀轩集》文寒集表1	拟上召兵部尚书刘大夏左都御史戴珊问"迩来军民多不获所，焉得天下太平"，因论及阁臣刘健荐人事谢表	"乃又蒙谕阁臣（刘）健长于计事，疏于与人。盖如健者，久与同朝，素识其休休之量。兼为执友，且知非愤愤之衷。意者大臣以荐士为忠，宁过取勿过弃，庶几圣主以怜才见谅，有不明无不诚。但恐上能得之健，而健不能得之人，事所时有。即健不负乎君，而人不免负乎健。咎则谁归？虽其心本无他。听其言而信其行，不害为君子之疏。苟其识有未到，得其似而失其真，究且为小人所用。在宰相无心之误，不必显言。非主上先事之明谁能洞见？"

朝代	类别	条次	史籍卷次	论述背景	评述内容
清代	传记类史著中之评述	1	查继佐《罪惟录》列传卷之11	刘健、谢迁传	刘洛阳、谢余姚两恭重，以顾命臣赞太平，颇不欲为奇节。即逆瑾初亦颇下之。……文靖九十有三，文正八十有三，夫藩服履尊，必无短算，盛时硕辅，定获长龄，气运使然乎？抑有所自也。……相传杨一清入阁后，七十余起三边总制，便道谒文靖。文靖色倨，曰："汝曾入阁来，尚出总制乎？阁体坏自汝矣。"对以简命。曰："进退由汝。"辄入内，令二孙陪茶。一清惭，亦服义去。以挽近论，似太倨，然此等严重，孟子所云"世臣"，又云"社稷臣"，长治之朝不可无此。
		2	傅维麟《明书》卷126	刘健、谢迁传	时上忧劳求治，益明习机务，眷念民瘼，而健亦身任天下之事。凡进用大臣及政事臧否，反复竭忠悃，上未尝不嘉纳也。健又引李东阳、谢迁入，同辅政。 上性至孝，望治甚切而谨守成法，不轻易。有时语宫府，欲毅然创议，尽洗刷近侍权，复太祖之旧，健赞成之不遗余力。 武宗即位，健以顾命大臣翼新政，举故事，百度振肃，海内晏然。 健有知人之鉴。先是，何景明年少而文，人谓其必宜在翰林。健曰："此子福薄，能诗文何用？"景明自中书舍人至副使而卒，人服健之议。 当孝宗之朝，君明臣良。刘健相而李、谢连茹以进。所造膝陈谋，皆天下大计。或谋或断，盖有房、杜之风焉。晚际冲主，奸阉擅朝，机务不密，几蹈训、注之祸。连翻去国，以明靖献。语及顾命，未尝不陨涕也。呜呼，忠哉！均跻上寿，以俟河清，斯平格之佑也。
		3	汤斌《拟明史稿》卷17	徐溥、丘浚、刘健、谢迁、李东阳传	健性简静、直方。在翰林闭户读书，寡交游，人以木强目之。及入阁则练习典故，有经济大略。与徐溥、丘浚同事，正色无所依违。 健在内阁，正色率下。同乡无所党比。僚寀谒私宅，不与交一言，及入朝，论事关大体者，辄侃侃言之。 （田兰芳附语）健诸议论皆昌伟，欲去刘瑾尤为功在社稷。叙次处精神严而动孝宗之世最多名臣。……健、迁正色直道，謇謇匪躬，阉竖乱政，秉义固净，确乎其不可拔，庶几古大臣风烈。……然自太祖废丞相，阁臣权微，与汉宋迥异，而阉竖盘结根深，武宗溺于宴佚，欲以力争而诛其左右之近习，亦已难矣。使因群阉之请，谪之南京，俾离左右，不至蠹惑君心，或可从容得志。而几事不密，遂令金邪得以抵隙示恩，垂成而败，可为痛惜。要之，刚直之节，始终不渝，事君之道，健、迁无愧焉。

续表

朝代	类别	条次	史籍卷次	论述背景	评述内容
清代	传记类史著中之评述	4	陈鹤《明纪》卷29	嘉靖六年三月	致仕大学士刘健卒，年九十四。遗表数千言，劝帝正身勤学，亲贤远佞。帝震悼，赐恤甚厚，赠太师，谥文靖。健器局严整，正己率下。朝退，寮寀私谒，不交一言。李东阳以诗文引后进，健独教人治经穷理。其事业光明俊伟，明世辅臣鲜有比者。
	杂史笔记及其他史论中之评议	1	来集之《倘湖樵书》卷2		杨邃庵一清……道经洛阳，谒刘文靖公……此玉堂丛话所记如此也。范守己肃皇大谟所记云……吴伯与名臣事略云……虽三书所记其词轻重不同，而刘之不满于杨之复出则诚然矣，斯亦君子之爱人以德也。
		2	王夫之《宋论》卷3		李文靖自言曰："居位无补，唯中外所陈利害，一切报罢，可以报国。"所谓大臣者以道事君，此可以当之矣。……前乎此者丙吉，后乎此者刘健，殆庶几焉。其它虽有煌炫之绩，皆道之所不许也。以安社稷不足而况大人之正物者乎？
		3	谷应泰《明史纪事本末》卷42	卷末附语	孝宗之世，明有天下百余年矣。海内乂安，户口繁多，兵革休息，盗贼不作，可谓和乐者乎！而孝宗恭俭仁明，勤求治理，置亮弼之辅，召敢言之臣，求方正之士，绝嬖幸之门。……当是时，冰鉴则有王恕、彭韶；练达则有马文升、刘大夏；老成则有刘健、谢迁；文章则有王鏊、丘浚；刑宪则有闵珪、戴珊。
		4	魏禧《左传经世钞》卷20	"鲁昭公伐季平子"	正德初，韩文、刘健等力请诛刘瑾八人。瑾等窘迫，自求安置南京。阁议持必诛之论，上已勉从。夜，瑾等哭诉，而明日瑾入司礼，健等皆罢，大事尽去矣。此其祸盖生于迫小人以必死之地，而强主上以抑情难从之事也。
		5	吴世杰《蠡湖草堂集》文集卷3	"相论"	有明三百年称贤相者，首推三杨，后则商辂、梁储、刘健、谢迁、高拱之属，代不乏人，忠直清正。尚矣。

续表

朝代	类别	条次	史籍卷次	论述背景	评述内容
清代	杂史笔记及其他史论中之评议	6	姜宸英《湛园集》卷4	"士先器识而后文艺论"	明刘健亦贤相，薄何景明不使入馆阁。夫馆阁储文之地，以景明之才犹不得入，不知朝廷设此何用。健斥李、杜为一醉汉。吾知使生李、杜于明时，其受屈抑必甚于开宝间矣。大臣不重文学，此非细事。
		7	李塨《阅史郄视》续一卷		洪熙、宣德之治也，以三杨；天顺之治也，以李贤、王翱、马昂；宏治之治也，以刘健、刘大夏。孟子曰："为天下得人者，谓之仁。"岂不信哉！
		8	任启运《史要》卷7		孝（宗）任邱浚、大夏、文升、谢迁、刘健、徐溥、乔新、戴珊、刘玭、倪岳、秦纮、韩文、许进，内外安宁。……少师、吏部尚书、华盖殿大学士刘健，处事善断，多所匡正，正色率下，人比之司马光、文彦博，卒谥文靖。
		9	夏之蓉《半舫斋古文》卷3①	"李东阳论"	当孝庙大渐，宣刘健、谢迁、李东阳入见御榻，执手永诀，且曰："东宫年少，喜逸乐，诸先生宜辅以正道，俾为令主。"付托之重如此。及武宗无道，刘瑾擅权，章枫山诸公谏不听，皆乞休去。时内阁会议，健推案哭，迁詈瑾不休，东阳独不出一语。此其心何心也？迨后瑾矫诏削健、迁秩，独留东阳。健、迁濒行，东阳祖道欷歔。健正色曰："何哭为？使当日出一语，则与我辈同去尔。"呜呼，此虽大臣守正之言而未知东阳之心也。当日榻前受顾命者才三人，今骤去其二而犹要东阳同去，则玉体未寒遂谓死者不能复生乎？抑年少好逸乐之主不妨付之击球走马放鹰逐兔之马永成等乎？故章懋可去，刘健、谢迁不可去。刘健、谢迁既去，则东阳益不当去。
		10	袁枚撰《随园诗话》卷2		因忆明大学士刘健好理学，恶人作诗，曰"汝辈作诗便造到李、杜地位，不过一酒徒耳。"嘻，《记》云"不能诗，于礼缪"。孔子教人学诗，在论语中至于十一见。而刘公乃为此言，不如尹公远矣。
		11	陈法《易笺》卷3	"遁"卦之"六二"	不惟贵戚之卿，即异姓之卿，谏不听亦去。而所处之时位又有不同。如伊尹至放其君而不顾；孔明辅后主之昏庸，惟以鞠躬尽瘁自矢；明之谢迁刘健，以一去谢责，浅之乎？其为丈夫矣，岂能见孝宗于地下而无愧乎？故君子虽好遁亦有时。以身狥人家国，临大节而不可夺。惟其时与义而已。故五爻言遁，宜遁者也。此爻不言遁，不宜遁者也。

①　清人夏之蓉撰《读史提要录》卷12中有相同之议论。

续表

朝代	类别	条次	史籍卷次	论述背景	评述内容
清代	杂史笔记及其他史论中之评议	12	全祖望《鲒埼亭集》卷30	"明孝宗御箑记"	有明列代莫若孝宗为最贤，一时大臣，魁望硕德如刘公健、韩公文、刘公大夏、戴公珊，密勿倚眷，同心一体，亦莫若是时为最治。
		13	梁章巨《退庵随笔》卷6		明宏治九年辽东王云凤为礼部祠祭郎中，请天下府州县学校悉立名宦乡贤祠，遂为定制。……成化中给事王徽将卒，屡戒其子钦佩曰："乡贤祠甚杂乱，吾耻居其中，切不可入。"又宏治中刘健为相时，河南有司欲以其封翁入乡贤。刘谢之曰："吾郡乡贤祠有二程夫子在，吾父何敢并焉。"卓哉，二公可以风世矣。
		14	龚自珍《定盦续集》卷2	"祀典杂议五首"案语	案《会典》，历代帝王庙见在配享名臣若干。谨条其应增八者十八人如左：唐增四岳、虞增稷、契、夏增靡，商增伊陟、甘盘，周增共伯、和伯（共和是二人，非一人。予别有考），汉增霍光、赵充国，东汉增杜乔、李固，宋增王旦，辽增耶律隆运、萧翰，明增刘健、王守仁、熊廷弼。此十八人者，或佐创，或佐守，或佐中兴，或仕末造，不宜阙。
		15	郭梦星《午窗随笔》卷3	"善谋善断"	孝宗朝李东阳、刘健、谢迁，同在内阁，竭诚尽忠，知无不言。时人为之语曰："李公谋刘公断谢公尤侃侃。"
		16	龙文彬《明会要》卷30《职官二》	引《通鉴纲目三编》	弘治中，徐溥为首揆，刘健班在二，李东阳、谢迁继入阁，协心辅政，事有不可辄共争之。已而溥致仕去，凡纶音批答、裁决机宜，悉健与东阳、迁三人，天下翕然称贤相，为之语曰："李公谋、刘公断，谢公尤侃侃。"
		17	平步青《霞外捃屑》卷1		《明史稿》（卷一百六十四）刘健传：杨一清罢相。世宗初，起官兵部尚书，提督三边军务，道洛阳，谒健。健出见语曰："汝当为阁老，今复出为总制，内阁体统为汝一人坏尽矣，我老不能对客。"命二孙进一清茶，一清大惭而出。……庸谓大臣致身，何敢以内外资地之隆杀为去就。故谢山全氏以文靖之言为不广（见《广陵相公叹逝记》）其间人品有贤否，出处有真伪，事业有优绌，未可以衰政府而厕粗官，一律可耻，为文靖所羞也。

朝代	类别	条次	史籍卷次	论述背景	评述内容
清代	杂史笔记及其他史论中之评议	18	葛士浚编《清经世文续编》卷15	李元度《李东阳论》	人臣之去就，揆诸义而已矣。道合则留，不合则去，义也。若身为重臣，受先朝顾命，不幸新主童昏为权幸所蛊，既不能为伊、霍之事，即当毕力维持，以冀君之一悟，而徐去其毒。即事或不济而吾不惜委曲支拄于其间，则吾之心力已罄，天下亦阴受其益。义不可以决去也。苟第悻悻然相率去位，自为计则便矣，如君国何？如先朝寄托何？昔者明孝宗时，阁臣刘健、李东阳、谢迁同心辅政，君臣之际可谓盛矣。……健、东阳、迁皆顾命大臣，与国同休戚，岂一去所能塞责。瑾诛后，健闻武宗盘游无度，辄叹息不食，曰："吾负先帝。"其叹也，与推案之哭、东阳之泣饯，其义一也。健初胡为出此言哉？

附录六　刘健生卒年考辨[*]

一　有关刘健生卒年及其寿龄的基本史料及其记述情形

关于刘健生、卒年与寿龄的记载，在明清各种史籍中重复、散乱的现象非常突出。为获得较为清晰、准确的结论，笔者对本文所依据主要史料进行了大体分类和比较性考察。

有关刘健生平经历记载的史籍大致有四类，即传记类（包括墓志、碑铭、祠堂记等）、编年类、明清文集与笔记、志书类，以及年表类。

传记类史料主要有明代刘龙所撰《刘文靖公行状》（以下简称《行状》）、杨一清撰《少师刘文靖公神道碑铭》（以下简称《神道碑》）、贾咏撰《特进光禄大夫左柱国少师兼太子太师吏部尚书华盖殿大学士赠太师谥文靖刘公健墓志铭》（以下简称《墓志铭》）、温如春撰《太师谥文靖刘公祠堂记》（以下简称《祠堂记》），以及廖道南《殿阁词林记》、雷礼《国朝列卿记》、项笃寿《今献备遗》、邓元锡《皇明书》、唐鹤征《皇明辅世编》、焦竑《熙朝名臣实录》、尹守衡《皇明史窃》、何乔远《名山藏》、过庭训《本朝分省人物考》、张岱《石匮书》、查继佐《罪惟录》以及清代傅维麟《明书》、汤斌《拟明史稿》、万斯同《明史》、张廷玉《明史》等史籍中的刘健传。

编年类史籍则主要是自明英宗至明世宗的五朝实录，以及明代谈迁《国榷》、雷礼《皇明大政记》、陈建《皇明从信录》、薛应旂《宪章录》、黄光升《昭代典则》、张元忭《馆阁漫录》、涂山《明政统宗》、黄佐《翰林记》，清代徐昌治《昭代芳摹》等。

明清文集与笔记、志书类主要有明代王世贞《弇山堂别集》、郑晓

---

* 此文为笔者发表于《洛阳理工学院学报》（哲学社会科学版）2015年第1期的论文，附入本书时为保持本书体例上的一致性，将原文尾注转换成脚注。另外，正文中只个别文字作了一点修正并将原文之前言删除，并未改变原文意义。

《吾学编》与《今言》、李乐《见闻杂记》、张萱《西园闻见录》、卢上铭《辟雍纪事》，茅元仪《掌记》及清俞樾《茶香室丛钞》、于敏中《日下旧闻考》等。此外，还有一些志书如明人王圻《续文献通考》、清人梁国治等所修《国子监志》等。

清代以来的一些人物年里表录之类的史书中也涉及有关刘健生卒年与寿龄的记载。如清人钱椒的《补疑年录》、钱保塘的《历代名人生卒年录》，晚清吴荣光的《历代名人年谱》、张惟骧的《疑年录汇编》，近人梁廷灿、陶容、于世雄等所编《历代名人生卒年表》及《历代名人生卒年表补》，姜亮夫的《历代人物年里碑传综表》，等等。

在上述各种史料中，关于刘健生、卒年及寿龄的记载情形如下。

明代传记类记述中对刘健的生卒年及寿龄记载最明确而具体的是嘉靖年间刘健辞世不久由其门生故吏所撰的《行状》《墓志铭》和《神道碑》等。刘龙在《行状》中曾明确指出刘健"生宣德八年二月八日，卒嘉靖五年十一月六日，春秋九十有四"。① 较之稍晚且以其为依据的《神道碑》中则简略记述说刘健于"嘉靖丙戌十一月六日以疾卒于家"②。后文中则记其寿九十四，但未记其生之年、月。同样以《行状》为据的《墓志铭》一开始还称"嘉靖丙戌冬十一月六日"刘健卒，寿"九十有四"。后文又言嘉靖即位后刘健年跻九十，"越四岁，乙酉，公不豫。数夕前有星陨于洛，赤气亘天不散者连日，远近惊愕，已而报公逝，人皆以为不憖之验云。距生宣德八年二月八日也"。③ 前面已言刘健卒于嘉靖五年（1526）即丙戌年，后面又称卒于嘉靖四年（1525）即乙酉年，这就显得有些混乱。嘉靖中期以后陆续出现的各种刘健传记中对其生卒年及寿龄的记述大都十分简略，或仅记其寿龄，如何乔远《名山藏》仅言其"九十三卒"④，焦竑《熙朝名臣实录》只说刘健"终时寿九十三"⑤，过庭训《本朝分省人物考》、雷礼《国朝列卿记》、唐鹤征《皇明辅世编》、项笃寿《今献备遗》、张师绎《月鹿堂文集》中皆记其卒时年"九十四"。或者也有兼记其卒年者。如尹守衡《皇明史窃》中记刘健于嘉靖"五年卒，年九十四"。⑥ 此

① （明）刘龙：《紫岩文集》卷41，明嘉靖十一年刻本。
② （明）杨一清：《少师刘文靖公神道碑铭》，《（乾隆）河南府志》卷89，清同治六年刻本。
③ 周骏富：《明代传记丛刊·综录类》第109册，明文书局1991年版，第465页。
④ 《续修四库全书·史部》第472册，上海古籍出版社2002年版，第124页。
⑤ 《续修四库全书·史部》第532册，上海古籍出版社2002年版，第167页。
⑥ 《续修四库全书·史部》第427册，上海古籍出版社2002年版，第344页。

外，在其他一些非传记类著述中也约略提及刘健的卒年及寿龄。如王世贞《弇山堂别集》、凌迪知《万姓统谱》都记其"卒年九十四"①，焦竑《玉堂丛语》也仅记刘健为"九十四岁"。② 郎瑛在《七修类稿》中则记其为"一百七岁"。③ 施显卿在《古今奇闻类纪》中转录了这一说法。④

清代史书中有关刘健的生卒年及寿龄的记载，多承明人之说。张廷玉等人所修《明史》及其前万斯同等人所修《明史》、王鸿绪等所修《明史稿》，以及钱保塘所编撰《历代名人生卒年录》中都记其于"嘉靖五年卒，年九十四"。⑤ 汤斌《拟明史稿》仅记其寿龄为"九十四岁"。⑥ 傅维麟《明书》类似《国朝列卿记》等书中之记述："世宗入继，询求遗老，方欲召用，而健年已九十矣"，"卒年九十四"。⑦ 明人查继佐《罪惟录》中曾记有："肃皇嗣位，健年已九十矣，降诏存问。又三年，卒。"⑧ 清初张岱撰《石匮书》所记就与此略同，也称其寿年九十三。⑨ 袁栋撰《书隐丛说》中称"明刘健一百七岁"⑩，显然是承郎瑛之说而来。以上所引诸种记载，均未记刘健生年。钱椒《补疑年录》据《博学稿》载杨一清于嘉靖四年（1525）道经洛阳拜谒大学士刘健，时刘健年"九十三"，据此推知刘健当"生宣德八年癸丑"。⑪

近代以来的一些年里碑录之作承袭了明清时期对刘健的生卒年及寿龄的含糊记述。晚清吴荣光编《历代名人年谱》以为刘健生于甲寅宣德九年（1434），卒于嘉靖六年（1527）三月，年九十四。⑫ 张惟骧《疑年录汇编》承清代钱椒《补疑年录》之说，也未录刘健卒年及寿龄。⑬ 梁廷灿、

① （明）王世贞：《弇山堂别集》卷45，中华书局1985年版，第838页；张海瀛等：《中华族谱集成》第1册，巴蜀书社1995年版，第910页。
② （明）焦竑：《玉堂丛语》，中华书局1981年版，第265页。
③ （明）郎瑛：《七修类稿》，上海书店出版社2001年版，第477页。
④ 参见《四库全书存目丛书·子部》第247册，齐鲁书社1997年版，第99页。
⑤ （清）张廷玉：《明史》，中华书局1980年版，第4817页；《续修四库全书·史部》第328册，第229页；《明代传记丛刊·综录类》第95册，明文书局1991年版，第619页；（清）钱保塘：《历代名人生卒年录》卷7，北京图书馆出版社2002年版，第664页。
⑥ 《四库未收书辑刊·陆辑》第5册，北京出版社2000年版，第690页。
⑦ 周骏富：《明代传记丛刊·综录类》第88册，明文书局1991年版，第41页。
⑧ 《续修四库全书·史部》第322册，上海古籍出版社2002年版，第508页。
⑨ 《续修四库全书·史部》第319册，上海古籍出版社2002年版，第289页。
⑩ （清）袁栋：《书隐丛说》卷8，上海古籍出版社1996年版，第511页。
⑪ （清）钱椒：《补疑年录》卷3，清道光年间刻本，第4页。
⑫ 参见（清）吴荣光《历代名人年谱》，卷8，第96页；卷9，第23页，上海书局1989年版。
⑬ 参见（清）张惟骧《疑年录汇编》卷6，1925年小双寂庵刊本，第23页。

陶容、于世雄等编《历代名人生卒年表》及《历代名人生卒年表补》只记其生于宣德八年（1433）癸丑，寿九十四，不注卒年。① 现代学者的记述渐显明确。如姜亮夫《历代人物年里碑传综表》记刘健为宣德八年生，嘉靖五年（1526）卒，寿九十四。②

由以上所述可见，明清时期各种相关史料中关于刘健生卒年的记载的确显得混乱，单凭两三种史料又不加辨析，就更容易陷入迷惑和误导之中。而要对刘健作全面而深入的研究，考辨这些基础性资料记述真伪则是必要的前提性、基础性工作。

二　刘健生卒年及寿龄考辨

概括明清以来关于刘健生卒年及寿龄的记述，可将其归为如下几种观点：

其一，有关刘健的寿龄主要有"九十四""九十三""一百七"三说，而以"九十四"岁说更显可靠。首先，从表象上看，持此说的记述者在人数上远远多于持其他二说者。其次，从记述者的身份地位及其文作背景来看，持此说的记述如刘龙、杨一清、贾咏等人距离刘健生活时代较近，且在相当长一个时期与刘健同在朝为官。更重要的是他们都是在刘健辞世不久受刘健之孙之请，并以其提供的有关刘健生平事迹为凭据而撰文的。因而这些记述在相当程度上更显确实。

如果说上述两点从根本上言尚不足于作为独立论据。那么再从记述文体及写作特点方面来看，就更能体现出持"九十四岁"说者在记述刘健生卒年及寿龄相关信息时所显示出的全面、完整而体现出其确实性。如刘龙所撰《行状》、杨一清撰《神道碑》、贾咏所撰《墓志铭》、温如春所撰《祠堂记》，以及众多的明人著述所录传记中或者明确记其生卒年及寿龄，或者虽未确记其生年，却有明确的卒年、月、日及寿龄，以此可推知其生年。凡持"一百七"岁说之记述却大都附属于奇闻异事之类的记载中，不仅记述简单，且常常无意于考究真伪。明人郎瑛（1487—1566）生活的时期距刘健也很近，但其所著《七修类稿》中庞杂、谬误之弊甚多，清人对此有许多议论。③ 而刘健"一百七"岁说正是发端于这部笔记。另外，持"九十三"岁说者的记述也显得很简略。明人著述中先有焦竑《熙朝名臣实

① 参见梁廷灿等《历代名人生卒年表》，北京图书馆出版社2002年版，第181页。

② 参见姜亮夫《姜亮夫全集·历代人物年里碑传综表》，云南人民出版社2002年版，第508页。

③ 参见《续修四库全书·史部》第1140册，上海古籍出版社2002年版，第450页。

录》、何乔远《名山藏》持此说。何氏不录刘健生卒年，表现出一种不甚重视的态度。焦氏的观点却有种矛盾、含糊的倾向。其在《国朝献征录》中引贾咏所撰刘健《墓志铭》、《熙朝名臣实录》刘健传中引《双溪杂记》，以及在《玉堂丛语》中所引《陆俨山外集》中又都称刘健为"九十四岁"。倘说焦氏撇开所引诸家记述，而于《熙朝名臣实录》刘健传中别持"九十三"岁之说，却又未见有任何考辨之说明，这与向称史家名流的焦氏作为似又不合；倘以为《熙朝名臣实录》中刘健传中之说为焦氏疏忽之误记，也无从佐证。这样焦氏著述中便有了"九十四"与"九十三"两说并存的情形。至明末清初之际，张岱的《石匮书》、查继佐的《罪惟录》都称"肃皇嗣位"时刘健年已九十，卒时即为"九十三"。其记述也显得十分含糊。清人较明代更注重考实，因而在许多史籍记载中大都承"九十四"之说，只在个别笔记类记述中有百余岁之说的记载。

其二，关于刘健生卒年，除了最早由刘龙所撰《行状》及贾咏所撰《墓志铭》外，其他各种传记及编年、笔记类记述都缺乏明确记述。清人钱椒所编《疑年录补》中推算有刘健生年。其余诸家或有记其卒年及寿龄者，尚可推知其生年。有些则连卒年及寿龄也不甚清楚。考察诸家之说则可以发现，刘健生于宣德八年（1433）、卒于嘉靖五年（1526）的说法应是可靠的。这种结论除了上述关于寿龄的分析可作为一种依据之外，在此还可列两则资料以辩证之。

第一，《明世宗实录》记载刘健卒于嘉靖六年（1527）三月初五，"年九十有四"。① 实录所记，主要根据朝廷日常记录资料，因涉及朝廷祭葬之赐，当不致失实。然而，实录所记刘健卒年，则是以地方官员上报到朝廷的日期为准者，而从刘健卒日到朝廷获知并宣布祭葬之赐，仍需有一段时日。由此可见，刘健卒日必当在嘉靖六年三月初五之前的某个时间。明人杨一清、贾咏、温如春所撰记文中都依据刘健之孙刘成学提供的资料而有着具体的时日记载，即"嘉靖丙戌年冬十一月六日"。而嘉靖五年（1526）十一月六日到次年三月初五之间的时间，正可补河南抚臣上报朝廷刘健卒讯的宽限期限。

第二，1985 年洛阳刘氏续修家谱中记有刘健"生于正统癸丑二月八日"，"嘉靖丙戌九十四岁十一月初六日卒于家"。按正统年号纪年共 14 年，其中只有两个涉及天干地支为"癸""丑"的年份，即癸亥年为正统八年

---

① （明）张居正等《明世宗实录》卷74，台湾"中央研究院"历史语言研究所1965年校印本，第1658页。

（1443），乙丑年为正统十年（1445），若依此为刘健出生年，则其寿仅当83或81岁，这与各种史料记载及其史事相差甚远，也与此家谱后面所记"嘉靖丙戌九十四岁"相左。若按嘉靖丙戌为"九十四"，则其生年正为宣德八年（1433）即癸丑年。可见家谱所记"正统癸丑"显系"宣德癸丑"之误。

其三，与其生卒年及寿龄相关，还有一点值得指出的是刘健的卒因。根据刘龙《行状》记："公素善调摄，晚年少疾。偶称不怿，遂绝粒，至于大病。"杨一清《神道碑》中先记其"以疾卒于家"，后又承刘龙《行状》之说称"公素善调摄。少疾，偶不怿，遂绝粒，至属纩"。温如春在《祠堂记》中则说刘健为"无疾而终"。明人陆深在《知命录》中也提及刘成学言其祖父刘健终时"亦无疾"。① 此后明清记述中，就形成了"以疾而终"与"以寿而终"两说。细审上引最初的这几种记载可以发现，引起歧异者正在于《行状》与《神道碑》所记刘健卒之前数日间的身体状况。一般认为，所谓寿终正寝者通常都是指事先无明显身体不适的征兆，并在很短的时间内逝去的人。但这里仍有两点值得注意：一是"不明显的征兆"并不意味着绝对没有任何征兆，而是并不曾为人们所注意到；二是很短的时间并不意味着只限于顷刻间，实际上最后死亡的过程也可能持续在几日之内。依此而论，则刘健应属"无疾而终"。至于之前几日他"偶感不怿"，并"绝粒"的情况，联系到他一向"善调摄""少疾"的情况，以及他年届九十四的高龄，这也当属寿终前正常的反映。

综上所述，考明清以来诸家记述，明代名臣刘健当生于宣德八年（1433）二月，卒于嘉靖五年（1526）十一月，寿终于家，年九十四岁。这也正如今人《历代人物年里通谱》所记。② 由此可以认为，刘健在其长期仕政过程中，身体健康方面一直处于良好的状态。

三　考辨刘健生卒年及其寿龄的意义

在嘉靖皇帝赐给刘健的敕谕中称刘健"资禀醇正，器识恢宏"，以其硕德长才受知于孝宗皇帝，"简自圣心，擢居政府。……是致弘治十有八年之间政事清明，实惟卿与二三大臣佐理之功"。后又以其顾命之重，"当武宗皇帝改元之初，随事纳忠，曲为匡救"。退隐乡居二十年能保"体履康泰，全名盛福。求之当代，实鲜其伦。惟昔宋之名贤如司马光、文彦博

---

① 参见《钦定四库全书·子部》第855册，上海古籍出版社1987年版，第40页。
② 参见杨家骆《历代人物年里通谱》，世界书局1993年版，第427页。

辈，皆卿乡哲。揆其始终进退之大义，卿亦不多让焉"①。清代官修《明史》中也说"有明贤宰辅，自三杨外，前有彭、商，后称刘、谢，庶乎以道事君者欤"②。以刘健在明代弘、正时期的这种政治地位和影响，对其进行深入研究无疑对于推进明史研究，尤其是对弘、正时期的政治研究具有典型意义和重要价值。本文对于刘健的生卒年及其寿龄的基础性考辨显然就不是可有可无的。

具体而言，上述有关刘健生卒年的考辨，对于引发和推动刘健研究的影响和意义主要表现在如下几点。

首先，作为一种基础，对于刘健的研究自然当以对其生平经历的基本了解为前提。在目前有关刘健的研究尚未真正开展的形势下，针对史料中记载其生平经历中的错讹进行辨证在一定意义上便具有引发人们对刘健这一重要历史人物关注的作用。

其次，通过对刘健生卒年及寿龄、卒因的考察可以确认他禀性所赋体质健康，精力充沛，平素少疾，年寿长久。这一方面促成其在弘、正时期年届高龄却仍能久任内阁，担当大任，并以其特殊的年资获得皇帝的依倚和朝臣们的尊重。这种境况无疑对其在"弘治中兴"和正德初政中的地位和作用产生深刻影响。另一方面正如有些研究者已注意到的那样，刘健的长寿的确与其个性和气质、思想意识以及仕政风尚有着密切关系。③沿着这一线索还可进一步深入对刘健的研究。

---

① （明）张居正等：《明世宗实录》卷2，台湾"中央研究院"历史语言研究所1965年校印本，第78页。

② （清）张廷玉：《明史》卷181，中华书局1980年版，第4817页。

③ 参见吴琦、唐洁《寿龄与政治：明代阁臣寿龄及其影响因素》，《华中师范大学学报》（人文社会科学版）2003年第4期。

附录七　明代名臣刘健为官经历考论[*]

一　史料中有关刘健为官经历的记述情形

笔者将涉及刘健的相关史料大致分为四类。其中，有关刘健为官经历记述的史料主要有三类，即传记类（包括墓志、碑铭、祠堂记等）、编年类、明清文集与笔记、志书类。

记述刘健为官经历的传记类史料比较多。明代刘龙、杨一清、贾咏、温如春等人所撰刘健《行状》《神道碑》《墓志铭》以及《祠堂记》等类记文，是较早记述刘健生平经历的几种史料。之后在明清时期众多史家私撰或官修史籍中大都有刘健的传记。这类史料对刘健生平的记述多是以年序为线索而进行总括式描述。其中，刘龙所撰《行状》的记述最显全面。其云：

> 天顺庚辰，举进士。会选庶吉士，得十五人，公为之首……壬午，授翰林院编修。以忧去。甲申，召修天顺实录。书成升修撰。……丙申，升右春坊右谕德。丁酉，升左春坊左庶子。丙午，升詹事府少詹事。奉命祀西岳，赐金带袭衣。丁未，升礼部右侍郎，兼翰林院学士，入内阁参预机务。赐胡马夷奴。弘治改元，孝庙初御经筵，敕知经筵事。辛亥，升礼部尚书兼文渊阁大学士。……甲寅，升太子太保，兼礼部尚书、武英殿大学士，赐玉带麟袍……戊午，会典成，加少傅，兼太子太傅、户部尚书、谨身殿大学士，荫孙成恩为中书舍人。癸亥，加少师，兼太子太师、吏部尚书、华盖殿大学士，赐玉带蟒衣。五月，以九载考绩，玺书奖谕，加特进，兼支大学士俸。

---

y

* 此文为笔者发表于《洛阳师范学院学报》2015 年第 7 期的论文，附入本书时为保持本书体例上的一致性，将原文尾注转换成脚注，同时，正文中个别文字也做修正，并删除原文的前言部分。

乙丑，加左柱国，支正一品俸。仍锡诰命，赠及三代如前。孝宗大渐，召到寝殿御榻前，与李、谢同顾命。……正德改元，力赞新政……而逆瑾方谋擅权，沮挠不果，竟以老乞休。累疏乃允，遣中使就第赐宝镪袭衣，给传还乡。①

相形之下，其他史籍中的刘健传记述刘健为官经历大都比较简略。如明人何乔远《名山藏》所载刘健传中记其入阁前的任职经历为："登天顺四年进士，改庶吉士。寻授翰林编修。累官少詹事，三任皆辅太子。孝宗即位，录东宫臣，升礼部右侍郎，兼翰林学士入内阁。"② 其他传记类史料对刘健为官经历的记述详略则大体介于上列二者之间。

编年类史籍除了明代官修实录之外，明人所修《馆阁漫录》《明政统宗》，以及清代的《昭代芳蓥》《明纪》等，也都有所涉及。此类史书中的记述在某些环节上较传记类更显得具体和明确。如"明实录"记述刘健入阁前在翰林的为官经历是：天顺六年（1462）九月九日，"擢翰林院庶吉士刘健、汪谐、张元祯俱为本院编修"③；天顺八年（1464）八月十七日，以纂修实录"起复丁忧修撰刘俊、陈鉴、刘吉，编修徐琼、刘健，检讨邢让、张颐，命驰驿赴京"。④ 同年十一月十七日，"健等至京乞终制，不许"⑤；成化三年（1467）八月二十五日以修《英宗实录》书成擢各官职，"编修郑环、刘健、汪谐、吴钺、罗璟俱修撰"⑥；成化十二年（1476）六月十七日"升翰林院修撰刘健、汪谐为右春坊右谕德，编修周经为本院侍读，以九年秩满也"⑦；成化十三年（1477）四月八日日因修《续资治通鉴纲目》书成升各官职位，"右谕德刘健、汪谐左、右庶子"⑧，

① 参见（明）刘龙《紫岩文集》卷41，嘉靖十一年刻本。
② 《续修四库全书·史部》第429册，上海古籍出版社2002年版，第123页。
③ （明）陈文等：《明英宗实录》卷344，台湾"中央研究院"历史语言研究所1965年校印本，第6959页。
④ （明）刘吉等：《明宪宗实录》卷8，台湾"中央研究院"历史语言研究所1965年校印本，第186页。
⑤ （明）刘吉等：《明宪宗实录》卷11，台湾"中央研究院"历史语言研究所1965年校印本，第247页。
⑥ （明）刘吉等：《明宪宗实录》卷45，台湾"中央研究院"历史语言研究所1965年校印本，第938页。
⑦ （明）刘吉等：《明宪宗实录》卷154，台湾"中央研究院"历史语言研究所1965年校印本，第2813页。
⑧ （明）刘吉等：《明宪宗实录》卷165，台湾"中央研究院"历史语言研究所1965年校印本，第2988页。

并于当年七月六日，"命左春坊左庶子刘健、翰林院侍读周经为应天府乡试考试官"①；成化二十年（1484）二月七日"命詹事府詹事兼翰林院学士彭华、左春坊左庶子刘健为会试考试官"②；成化二十二年（1486）正月二十一日"升左春坊左庶子刘健为詹事府少詹事，供职如故，以九年秩满也"③；成化二十三年（1487）十一月五日"升詹事府少詹事刘健为礼部右侍郎兼翰林院学士入内阁参预机务"④。这些内容在《国榷》《馆阁漫录》等史籍中有着相似的记载。

　　有关刘健为官经历的记载散见于明清文集与笔记、志书类史书也非常多。有些明清人的文集与笔记中，常常围绕某一特定事件而记述其具体情形。如《今言》记述弘治中期国子监生弹劾刘健、李东阳，以及刘、李对其的反应和处置。⑤ 再如《明三元考》记述弘治三年（1490）三月殿试中直隶人钱福"廷试策三千余言不属草，辞理精确若宿构然。内阁刘健得之，赞不容口。请于上，赐第一"。⑥ 此外，其他一些志书类，尤其是一些地方志史籍中记述特点也近于此类。但这些记述往往不涉及其仕政的整体情形。

　　显然，三种史料中对刘健为官经历的记述各有其短长。传记类记述常常于一篇内容中相对集中地展现了其经历的整体概况，在一些具体细节记述上却显得含糊不明。编年类史籍的记载尽管比较具体明确，却极其广泛地散布于长篇巨秩之中，不便于形成对刘健为官经历的整体把握。至于文集及笔记、方志类虽有其记载较详的特点，也因其记述本身的片段性、零散性，甚至于记述者主观片面性的议论而使其可靠性受到极大制约。为此，须将三种史料互参照并给予必要的考辨，才能对刘健为官经历作出较为全面准确的把握。

二　刘健为官经历记述的考辨

　　以上史料中有关刘健为官经历的记载在前述各种史籍中大体是一致

---

①（明）刘吉等：《明宪宗实录》卷168，台湾"中央研究院"历史语言研究所1965年校印本，第3036—3037页。

②（明）刘吉等：《明宪宗实录》卷249，台湾"中央研究院"历史语言研究所1965年校印本，第4215页。

③（明）刘吉等：《明宪宗实录》卷274，台湾"中央研究院"历史语言研究所1965年校印本，第4616页。

④（明）李东阳等：《明孝宗实录》卷7，台湾"中央研究院"历史语言研究所1965年校印本，第121页。

⑤ 参见《续修四库全书·史部》第425册，上海古籍出版社2002年版，第318页。

⑥ 周骏富：《明代传记丛刊·学林类》第19册，明文书局1991年版，第321页。

的，明显有出入和错误的主要有以下几点。

第一，刘健升任翰林修撰的时间记载。一些传记类记述中大都记载为成化十年（1474）修英宗实录书成而升职。如在杨一清所撰刘健《神道碑》、过庭训《本朝分省人物考》、焦竑《熙朝名臣实录》以及《明世宗实录》中的刘健传中都如此说。相反，编年类却大都记其在成化三年（1467）。如在《明宪宗实录》及谈迁《国榷》有关成化三年八月史事中都有此记述。笔者认为刘健升任翰林修撰确应在成化三年。理由有三：一是《明英宗实录序》《明宪宗实录》第45卷中都明确记载《明英宗实录》书于成化三年八月，升赏官员也在此时。二是包括持"成化十年进修撰"说的传记类记述在内的各种史料，都明确记载刘健于成化十二年（1476）升右春坊右谕德，是以"九年考满"而依例升迁，如此，则刘健必当于成化三年为修撰，到升右谕德时才合乎九年考满的条件。三是《明宪宗实录》第122卷、《国榷》第36卷、《皇明大政纪》第15卷、《明政统宗》第14卷、《宪章录》第34卷都记述成化九年（1473）十一月宪宗谕大学士彭时等人纂修《宋元续通鉴纲目》，彭时等所列纂修官员名单中，刘健的官职已是修撰。由以上可见，杨一清等人所撰碑文传记中所谓成化十年刘健以修英宗皇帝实录书成而进修撰，显然在时间上是错误的。

第二，刘健于成化年间奉命代祀西岳的时间。有关此事在许多传记类、笔记类记述中都未涉及。刘龙撰《行状》、贾咏所撰《墓志铭》、温如春撰《祠堂记》三种较早的史料中则记其在成化二十二年（1486）。①正是由于这几种资料的撰写与刘健后人有密切关系，因而更易于使人信其可靠。但"明实录"则记载：成化二十三年（1487）五月二十一日，"以亢旱遣廷臣赍香币分祷天下山川。礼部尚书周洪谟，天寿山；吏部侍郎刘宣，北岳、北镇；礼部侍郎黄景，东岳、东镇；兵部侍郎吕雯，中岳、北海、济渎、淮渎；太常寺少卿蒙以聪，中镇、西海、河渎；詹事府少詹事刘健，西岳、西镇；掌太常寺侍郎丁永中，大、小青龙"。②这种记述显然较之于传记类资料的记述更为明确，却似乎缺少旁证。经过多方搜寻与查证，笔者以为以下几则记述足可印证之。一是明人张维新编撰《华岳全集》收录刘健祀西岳之神的祷文记有"维成化二十三年，皇帝遣詹事府少

①　这三篇记文分别见录于明人刘龙《紫岩文集》卷41，明人焦竑所编《国朝献征录》卷14《内阁三》，清代施诚等所修《（乾隆）河南府志》卷85。

②　（明）刘吉等：《明宪宗实录》卷290，台湾"中央研究院"历史语言研究所1965年校印本，第4903页。

詹事刘健致祭于西岳华山之神"。① 二是刘健于弘治五年（1492）秋所作
《灵宝县重修庙学记》中记有"成化末，余奉命西祀岳镇"。② 按明宪宗于
成化二十三年八月驾崩，孝宗即位。显然这里所指"成化末"正是指成化
二十三年。三是刘健于弘治年间所撰《重浚伊洛二渠记》中也有"丁未夏
奉命祀西岳"之语。③ "丁未"是成化二十三年的干支纪年。四是明人陆
深在《知命录》中记载其同年友崔铣"尝谓余云，刘晦庵少师为庶子时，
奉命祭告，以六月登绝顶，顾其下白雾涨如大海，时见雾中作烟突状，高
低不一，而仰视赤日当天"。④ 尽管这里说刘健当时为庶子，实际情况是刘
健于先一年升任少詹事，虽职位升迁，却是"供职如故"⑤，即仍从事庶子
之职事。而成化二十三年十一月刘健升迁翰林学士而入阁了。综合以上所
记可以得出结论：成化二十三年五月，刘健受命祀西岳，而行程到达华
山，则已是六月之时。

第三，国子监生江瑢弹劾刘健、李东阳等人的时间。一些明人笔记中
记其在弘治十一年（1498）三月⑥，而编年类多记述在弘治十二年
（1499）正月⑦。细察之可以发现，大凡笔记类记述虽对事件整体情形有所
表明，但所记事件前后过程及其逻辑关系并无连贯。而统察"明实录"等
编年类记述则可详知其前后经过：先有因灾异求直言诏，继有江瑢上疏弹
劾，后又有刘健、李东阳因之疏请避位让贤。孝宗不允，并以"小人非
言""排斥大臣"的罪名将江瑢下狱。刘健、李东阳随之上疏申救，江瑢
得释。实际上，这种不同程度的记述本身已经反映出后者在更大程度上的
可靠性。若仔细考察，还可从如下两点获得确证。

首先，按后来刘健奏疏所言"日者监生江瑢奏称近来灾异数见，皆由
臣等杜绝言路、掩蔽聪明、妒贤嫉能、排抑胜己所致"⑧，可见江瑢确是在

---

① 《续修四库全书·史部》第 722 册，上海古籍出版社 2002 年版，第 254—255 页。
② 《（弘治）河南郡志》卷 21，清同治刻本，第 29 页。
③ 参见《（乾隆）重修洛阳县志》卷 15，民国十三年（1924）石刻本，第 31 页。
④ 《钦定四库全书·子部》第 855 册，上海古籍出版社 1987 年版，第 39—40 页。
⑤ （明）刘吉等：《明宪宗实录》卷 274，台湾"中央研究院"历史语言研究所 1965 年校印
　本，第 4616 页。
⑥ 郑晓《今言》卷 1 第 95 条、李乐《见闻杂记》卷 1 第 50 条、茅元仪《掌记》卷 3、张萱
　《西园闻见录》卷 27 等，都记其在弘治十一年三月。另有明人卢上铭《辟雍纪事》卷 9
　则记其在弘治十一年五月。
⑦ 《明孝宗实录》卷 146 "弘治十二年正月乙酉"条，张元忭《馆阁漫录》卷 8、涂山《明
　政统宗》卷 17、清人陈鹤《明纪》卷 22 等在同年同条中所记皆如此。
⑧ （明）李东阳等：《明孝宗实录》卷 146，台湾"中央研究院"历史语言研究所 1965 年校
　印本，第 2568 页。

因灾异而陈言中弹劾刘健和李东阳的。考实录所载，虽然在弘治十一年（1498）十月以前也确有如"军器库火、番经厂火、乾清宫西七所火、内官监火"等内府火灾①，却并未引起朝廷明显的震动。而当年十月十二日的清宁宫火灾引发的影响却甚为严重，以至于孝宗也"中夜达旦，朕心惊惧，寝食靡宁"，为此特谕"尔文武群臣有官守言责，皆与朕共天职者，宜各省躬思咎，去垢涤污，殚心效力，毋得因循怠玩，若罔闻知。凡百司弊政、奸贪显迹，及一应军民利病，皆直切指陈，无有所隐，以助朕励精之治，答上天仁爱之心，绵国家亿万载隆长之祚"。② 自此开始直到闰十一月，南、北两京官员纷纷上疏言事、指陈时弊，弹劾劣迹。显然，江瑢上疏言事并弹劾刘健等也当是弘治十一年十月以后之事。

其次，刘健、李东阳在被劾后即上疏请避位让贤，不仅是对江瑢弹劾的一种反应，也是因灾异自省的一种要求。实际上，刘健、李东阳、谢迁三阁臣在弘治十一年（1498）十一月十一日曾"以清宁宫灾同引咎，乞致仕"③，而那时正是南、北官员们因灾异陈言最为热烈的时期，如果这时刘健、李东阳已经遭江瑢弹劾，二人就不可能与谢迁合于一疏"引咎"却在疏中回避被劾之事。由此可见，江瑢弹劾刘健、李东阳之事，即使不能确知其在弘治十二年（1499）正月，也当在弘治十一年十一月中旬以后，而刘健、李东阳等人对江瑢的申救在弘治十二年正月，在时间上也是合乎事情发展逻辑的。

以上就刘健升任翰林修撰、代祀西岳、受弹劾等事进行了时间上的考订。这几件事情在刘健为官经历中都不应以小事视之。升迁修撰早晚相差七年，在明代官员升迁体制下，其影响不只是俸禄等经济收入问题，而且还可能造成落后一步便步步落后，直接影响以后官职升迁甚至整个仕途命运；代皇帝祭祀西岳、西镇是需要一定政治地位和资格的。虽是一年之差，却涉及成化末年即将出现的皇帝交替，人事变化背景。刘健在成化时期和弘治时期的政治地位与影响差别是极大的。处在新、老皇帝即将交接这个环节上的"代祀"应当值得玩味；刘健为官经历中被正式而公开弹劾，查阅各种史料明确记载竟仅此一次。事关刘健的政治作为与为政风

---

① 参见（明）李东阳等《明孝宗实录》卷142，台湾"中央研究院"历史语言研究所1965年校印本，第2450页。

② （明）李东阳等：《明孝宗实录》卷142，台湾"中央研究院"历史语言研究所1965年校印本，第2459页。

③ （明）李东阳等：《明孝宗实录》卷143，台湾"中央研究院"历史语言研究所1965年校印本，第2485页。

尚，甚至于对其政治影响的评价。因此对其详加审定是有必要的。

除上述数事之外，刘健为官中还有其他一些细节在史料记载中也有出入，如弘治十八年（1505）李梦阳因疏论后戚张氏违法事而下狱，刘健对此事的认识和态度，再如明世宗即位后遣使臣就第存问刘健的时间，等等。前一类事例涉及对刘健处事的主观评价，后一类则在一些史籍中已有考证，且这些事例都不构成对刘健为官经历的认识，故均不在本文内容之列。

三 刘健为官主要经历述列

依照明制，士人入仕以科举为主要途径。获得进士资格，又入选庶吉士，就意味着已开始真正进入仕宦者行列。官员致仕归乡后，若无再次被召任职，便不再参与政事。依此，刘健的为官历程就应是从天顺四年（1460）登进以后，至正德元年（1506）十月致仕归乡之间约46年的经历。但实际上，仕政官员有其特定的官籍，它既是不同官品享有不同权力、义务的根据，也是其获得不同物质待遇和荣誉的凭证。因此，除非有严重罪责而被削夺官籍，官员在致仕后同样依其官籍享有一定的政治、经济待遇，尤其是三品以上大臣。刘健致仕后，宦官刘瑾擅权乱政，一度将刘健等人削籍为民，追夺其勋职封敕。正德五年（1510）刘瑾败，刘健官爵得以恢复。在当时，刘健实际上已成为代表与宦官势力斗争的文官集团的一面旗帜，因此其官爵的失而复得不仅仅关系他个人的政治名誉及待遇，更与当时政治斗争有着密切关系。考虑到这些政治影响和意义，则刘健致仕后的一个时期也应归入其为官仕政的经历。

综合以上所考，并参照对各种史料记述的核对，至此可概括归纳出刘健为官经历的基本情形如下：

天顺四年庚辰（1460）三月举进士，选庶吉士，入翰林。

天顺六年壬午（1462）九月授翰林院编修。

天顺七年癸未（1463）十二月以丁忧归乡。

天顺八年甲申（1464）八月受命参与纂修《明英宗实录》，十一月至京师，乞终制，未允。

成化三年丁亥（1467）八月以修《明英宗实录》书成，刘健得升翰林修撰。

成化九年癸巳（1473）十一月，受命参预编纂《宋元续通鉴纲目》。

成化十年甲午（1474）八月，与庶子黎淳同主顺天府乡试。

成化十二年丙申（1476）六月，以修撰九年秩满，转升右春坊右谕德。

成化十三年丁酉（1477）四月，因修《宋元续通鉴纲目》书成，升为左春坊左庶子。七月，与翰林侍读周经主应天府乡试。

成化十四年戊戌（1478）二月，皇太子出阁进学，受命为讲读官。

成化二十年甲辰（1484）二月，与詹事兼翰林学士彭华主礼部会试。

成化二十二丙午（1486）正月，以左庶子九年秩满，升詹事府少詹事，但职事如故。

成化二十三年丁未（1487）五月，受命代祀西岳、西镇；十一月，东宫旧臣得擢礼部右侍郎兼翰林学士，入内阁参预机务。获赐胡骑夷奴。

弘治元年戊申（1488）闰正月，为《明宪宗实录》总裁官。二月，同知经筵事，为日讲侍班大臣。

弘治三年庚戌（1490）三月，任殿试读卷官。

弘治四年辛亥（1491）八月，升礼部尚书兼文渊阁大学士。

弘治六年癸丑（1493）三月，任殿试读卷官。

弘治七年甲寅（1494）八月，以三年秩满，加升太子太保，兼礼部尚书、武英殿大学士，进荣禄大夫，得赐玉带麟袍。

弘治八年乙卯（1495）二月，与徐溥同荐李东阳、谢迁入阁。八月为副使持节册封衡王妃沈氏。

弘治九年丙辰（1496）三月，任殿试读卷官。

弘治十年丁巳（1497）三月，为《大明会典》总裁官。孝宗御文华殿召徐溥、刘健等阁臣议政。四月，任副使持节册封雍王妃吴氏。八月，孝宗御平台召刘健等阁臣议政。十二月，任副使持节册封寿王妃徐氏。

弘治十一年戊午（1498）二月，以《大明会典》书成，进光禄大夫、柱国、少傅兼太子太傅、户部尚书、谨身殿大学士，赠先祖三代官。

弘治十二年己未（1499）正月，刘健上疏以江瑢所弹劾请求避位让贤，未获允，江瑢下狱，刘健等力救得释。三月，为殿试读卷官。

弘治十三年年庚申（1500）四至六月间，孝宗屡召刘健等阁臣至平台议边情军政。

弘治十四年辛酉（1501）二月，为副使持节册封荣王妃刘氏。

弘治十五年壬戌（1502）三月，为殿试读卷官。四月，以年七十乞休未允。

弘治十六年癸亥（1503）二月，以郊祀天地，获赐玉带蟒衣，此为明代阁臣得赐蟒衣之始。以纂修《大明会典》书成，进官少师兼太子太师、吏部尚书、华盖殿大学士。五月，以九载考绩，获玺书奖谕，加特进，兼支大学士俸。

弘治十七年甲子（1504）六月至八月间，孝宗御暖阁召议军务，十月，刘健援例乞荫其孙成恩为国子监生，孝宗以其辅导年久之劳命授刘成恩为中书舍人。

弘治十八年乙丑（1505）三月，为殿试读卷官。四月，孝宗召议政事。五月，孝宗大渐，刘健等受顾命。与李东阳拟新皇即位诏书。七月，武宗即位，进左柱国，支正一品俸。获赐诰命，并再赠其先三代如其官。十二月，受命为孝宗实录总裁官。

正德元年丙寅（1506）二月，同知经筵事；行籍田礼。七月，为副使持节行册迎夏皇后。九月，为副使行册妃礼。十月，致仕，得赐宝镪袭衣，赐敕，给传还乡。有司月给公廪五石。岁拨夫隶八名供役使。

正德二年丁卯（1507）三月，刘瑾矫诏指刘健等五十三人为奸党，榜示于朝堂。

正德四年己巳（1509）二月，以举"怀才抱德"之士案，被斥为民。五月，以修《大明会典》多所糜费，被革所升官职。十二月，被追夺诰敕及受赐玉带服色等。

正德五年庚午（1510）八月，复原官致仕。

四　简短的结论

刘健生活于科举盛行的明代，在"学而优则仕"的政治文化氛围中，事举业即以仕政为目标。登进士、入翰林，直至官任内阁首辅，刘健毕生追求即是辅君致政。仕政是他人生历程的主题。因而研究刘健必须首先对其为官经历形成清晰的认识。通过以上对刘健为官仕政经历的梳理和辨析，可以得出如下两点启发。

首先，由其经历可以勾勒出其政治生涯起落的大致轮廓。在英宗、宪宗两朝，其政治经历相对平淡；孝宗时期升至一品大臣，达于文官之首的地位，在朝政中发挥举足轻重的作用；在武宗初期骤然去职，直到世宗即位，其窘迫的政治境遇才有所改变。这种历程恰与明代前中期政治局势由英宗、宪宗时期的纷乱至孝宗时期的"小治"，由孝宗时期的"小治"而变为武宗时期的"荒政"，世宗即位后趋向"新政"振作的局势吻合一致。可见作为士大夫的代表，刘健个人命运与当时政治变迁之间具有密切关系。

其次，在考察刘健为官经历的具体情形时可以获得对其为官风尚的初步认识。如他在朝为官期间极少受到官员们正式而公开的弹劾，这与其

"性简静、重风节。……不事交游"① 的个性以及在朝臣中不倚不随，无党无偏的情形有着必然的内在联系。由此结合其他史料进一步研究刘健的个性及为政风尚，以及身居高位时在朝政的实际影响和作用，就成为进一步研究其政治地位和作用的重要方面。由此，本文研究的抛引之意也得以体现。

---

① （明）张居正等：《明世宗实录》卷74，台湾"中央研究院"历史语言研究所1965年校印本，第1658页。

参考文献

一 古籍文献

（一）明代以前

1.《左传》，岳麓书社1988年版。

2.《论语》，张燕婴译注，中华书局2006年版。

3.《孟子》，郭庆财译注，天津古籍出版社2006年版。

4.（汉）董仲舒：《春秋繁露》，中华书局1975年版。

5.（宋）朱熹：《朱文公文集》，上海涵芬楼影印四部丛刊本。

6.（宋）程颢、程颐：《二程粹言》，中华书局1985年版。

7.《宋史》，中华书局1977年版。

8.《元史》，中华书局1976年版。

9.（元）陶宗仪：《南村辍耕录》，文灏点校，文化艺术出版社1998年版。

（二）明代

1. 杨士奇等：《明太祖实录》，台湾"中央研究院"历史语言研究所校印本。

2. 杨士奇等：《明太宗实录》，台湾"中央研究院"历史语言研究所校印本。

3. 杨士奇等：《明仁宗实录》，台湾"中央研究院"历史语言研究所校印本。

4. 杨士奇等：《明宣宗实录》，台湾"中央研究院"历史语言研究所校印本。

5. 陈文等：《明英宗实录》，台湾"中央研究院"历史语言研究所校印本。

6. 刘吉等：《明宪宗实录》，台湾"中央研究院"历史语言研究所校印本。

7. 李东阳等：《明孝宗实录》，台湾"中央研究院"历史语言研究所校印本。

8. 费宏等：《明武宗实录》，台湾"中央研究院"历史语言研究所校印本。

9. 张居正等：《明世宗实录》，台湾"中央研究院"历史语言研究所校印本。

10. 张居正等：《明穆宗实录》，台湾"中央研究院"历史语言研究所校印本。

11. 叶向高等：《明神宗实录》，台湾"中央研究院"历史语言研究所校印本。

12. 叶向高等：《明光宗实录》，台湾"中央研究院"历史语言研究所校印本。

13. 温体仁等：《明熹宗实录》，台湾"中央研究院"历史语言研究所校印本。

14. 徐溥、李东阳等：《明会典》，《文渊阁四库全书·史部》第617—618册，上海古籍出版社1987年版。

15. 朱元璋：《皇明祖训》，北京图书馆出版社2002年版。

16. 朱元璋：《御制大诰续编》，明洪武内府刻本。

17. 高岱：《鸿猷录》，上海古籍出版社1992年版。

18. 刘辰：《国初事迹》，中华书局1991年版。

19. 解缙：《天潢玉牒》，中华书局1985年版。

20. 谈迁：《国榷》，中华书局1958年版。

21. 张元汴：《馆阁漫录》，《四库全书存目丛书·史部》第258册，齐鲁书社1997年版。

22. 涂山：《明政统宗》，《四库禁毁书丛刊·史部》第2、3册，北京出版社1997年版。

23. 薛应旂：《宪章录》，《续修四库全书·史部》第352册，上海古籍出版社2002年版。

24. 徐昌治：《昭代芳摹》，《四库禁毁书丛刊·史部》第43册，北京出版社1997年版。

25. 卢上铭：《辟雍纪事》，《四库全书存目丛书·史部》第271册，齐鲁书社1997年版。

26. 廖道南：《殿阁词林记》，《文渊阁四库全书·史部》第452册，上海古籍出版社1987年版。

27. 廖道南：《楚纪》，书目文献出版社1990年版。

28. 黄佐：《翰林记》，《文渊阁四库全书》第452册，上海古籍出版社1987年版。

29. 黄佐：《南雍志》，《续修四库全书·史部》第749册，上海古籍出版社 2002 年版。

30. 黄佐：《广州人物传》，广东高等教育出版社 1991 年版。

31. 俞汝楫：《礼部志稿》，《文渊阁四库全书·史部》第 597—598 册，上海古籍出版社 1987 年版。

32. 张朝瑞：《皇明贡举考》，《续修四库全书·史部》第 828 册，上海古籍出版社 2002 年版。

33. 张宏道、张凝道：《皇明三元考》，《四库全书存目丛书·史部》第 271 册，齐鲁书社 1997 年版。

34. 王圻：《续文献通考》，《续修四库全书·史部》第 761—767 册，上海古籍出版社 2002 年版。

35. 徐日久：《五边典则》，《四库禁毁书丛刊·史部》第 025—026 册，北京出版社 1997 年版。

36. 李贤：《明一统志》，《文渊阁四库全书·史部》第 472—473 册，上海古籍出版社 1987 年版。

37. 彭泽、汪舜民：《（弘治）徽州府志》，台湾学生书局 1965 年版。

38. 陈宣、乔缙：《（弘治）河南郡志》，日本国立国会图书馆藏弘治十二年刻本。

39. 魏津：《（弘治）偃师县志》，上海古籍书店 1962 年版。

40. 顾清：《（正德）松江府志》，成文出版社 1983 年版。

41. 王崇献：《（正德）宣府镇志》，明嘉靖增补正德刻本。

42. 郑庆云：《（嘉靖）延平府志》，上海古籍书店 1961 年版。

43. 樊深：《（嘉靖）河间府志》，上海古籍书店 1981 年版。

44. 张天真：《（嘉靖）辉县志》，明嘉靖六年刻本。

45. 曹金：《（万历）开封府志》，《四库全书存目丛书补编》第 76 册，齐鲁书社 1997 年版。

46. 沈应文、张元芳：《（万历）顺天府志》，《四库全书存目丛书·史部》第 208 册，齐鲁书社 1997 年版。

47. 刘浚：《孔颜孟三氏志》，《北京图书馆古籍珍本丛刊》第 14 册，书目文献出版社 1998 年版。

48. 陈镐：《阙里志》，江苏广陵书社 2004 年版。

49. 杨宏、谢纯：《漕运通志》，方志出版社 2006 年版。

50. 万表：《皇明经济文录》，《四库禁毁书丛刊·集部》第 018—019 册，北京出版社 1997 年版。

51. 方孝孺：《逊志斋集》，宁波出版社 1996 年版。

52. 于谦:《于谦诗选》,浙江人民出版社 1982 年版。

53. 杨士奇:《东里文集》,中华书局 1998 年版。

54. 杨鹤:《薛文清公年谱》,《北京图书馆古籍珍本丛刊》第 38 册,书目文献出版社 1998 年版。

55. 薛瑄:《薛敬轩先生文集》,《丛书集成初编》,中华书局 1985 年版。

56. 李贤:《古穰集》,《文渊阁四库全书·集部》第 1244 册,上海古籍出版社 1987 年版。

57. 沈节甫:《纪录汇编》,全国图书馆文献缩微复制中心 1994 年版。

58. 彭时:《彭文宪公笔记》,中华书局 1985 年版。

59. 柯潜:《竹岩集》,《文渊阁四库全书·集部》第 1246 册,上海古籍出版社 1987 年版。

60. 尹直:《謇斋琐缀录》,《四库全书存目丛书·子部》第 239 册,齐鲁书社 1997 年版。

61. 佚名:《群书集事渊海》,岳麓出版社影印本 1991 年版。

62. 郑纪:《东园文集》,《文渊阁四库全书·集部》第 1249 册,上海古籍出版社 1987 年版。

63. 张元祯:《东白张先生文集》,《四库全书存目丛书补编》第 75 册,齐鲁书社 2001 年版。

64. 陈镐:《振鹭集》,《四库全书存目丛书·集部》第 292 册,齐鲁书社 1997 年版。

65. 李东阳:《燕对录》,《续修四库全书·史部》第 433 册,上海古籍出版社 2002 年版。

66. 李东阳:《李东阳集》,岳麓书社 1985 年版。

67. 李东阳:《怀麓堂集》,《文渊阁四库全书·集部》第 1250 册,上海古籍出版社 1987 年版。

68. 谢迁:《归田稿》,《文渊阁四库全书·集部》第 1256 册,上海古籍出版社 1987 年版。

69. 程敏政:《篁墩文集》,上海古籍出版社 1991 年版。

70. 王鏊:《震泽集》,《文渊阁四库全书·集部》第 1256 册,上海古籍出版社 1987 年版。

71. 王鏊:《震泽纪闻》,《续修四库全书·子部》第 1167 册,上海古籍出版社 2002 年版。

72. 王鏊:《王文恪公笔记》,明刻本。

73. 刘龙:《紫岩文集》,上海图书馆藏明嘉靖十一年刻本。

74. 章懋：《枫山集》，《文渊阁四库全书·集部》第1254册，上海古籍出版社1987年版。

75. 马中锡：《东田遗稿》，《文渊阁四库全书·集部》第1264册，上海古籍出版社1987年版。

76. 康海：《对山文集》，伟文图书出版社有限公司影印1977年版。

77. 张师绎：《月鹿堂文集》，《四库未收书辑刊·陆辑》第30册，北京出版社2000年版。

78. 唐枢：《国琛集》，《丛书集成初编》，中华书局1985年版。

79. 过庭训：《本朝分省人物考》，《续修四库全书·史部》第535册，上海古籍出版社2002年版。

80. 项笃寿：《今献备遗》，《明代传记丛刊·名人类（6）》第031册，明文书局印行1991年版。

81. 凌迪知：《万姓统谱》，《中华族谱集成》第1册，巴蜀书社1995年版。

82. 李绍文：《皇明世说新语》，《四库全书存目丛书·子部》，齐鲁书社1997年版。

83. 李乐：《见闻杂记》，《续修四库全书·子部》第1171册，上海古籍出版社2002年版。

84. 茅元仪：《掌记》，《北京图书馆古籍珍本丛刊》第66册，明崇祯元年刻本影印。

85. 耿定向：《先进遗风》，《文渊阁四库全书·子部》第1041册，上海古籍出版社1987年版。

86. 王世贞：《弇州史料前集》，《四库全书存目丛书·史部》第112册，齐鲁书社1997年版。

87. 王世贞：《弇山堂别集》，中华书局1985年版。

88. 王世贞：《弇州四部稿》《弇州续稿》，《文渊阁四库全书》第1279—1284册，上海古籍出版社1987年版。

89. 王世贞：《皇明奇事述》，北京中电电子出版社2004年版。

90. 王世贞：《嘉靖以来首辅传》，中华书局1985年版。

91. 陈建：《皇明通纪集要》，《四库禁毁书丛刊·史部》第034册，北京出版社1997年版。

92. 陈建：《皇明从信录》，《续修四库全书·史部》第355册，上海古籍出版社2002年版。

93. 刘昌：《中州名贤文表》，《北京图书馆古籍珍本丛刊》第116册，书目文献出版社 1998 年版。

94. 郎瑛:《七修类稿》，上海书店 2001 年版。

95. 施显卿:《古今奇闻类纪》，《四库全书存目丛书·子部》第 247 册，齐鲁书社 1997 年版。

96. 黄光升:《昭代典则》，《续修四库全书·史部》第 351 册，上海古籍出版社 2002 年版。

97. 高拱:《高文襄公集》，齐鲁书社 1997 年版。

98. 李开先:《李中麓闲居集》，南京图书馆藏明嘉靖至万历刻本。

99. 李梦阳:《空同集》，《文渊阁四库全书·集部》，上海古籍出版社 1987 年版。

100. 陆应阳:《广舆记》，《四库禁毁书丛刊·史部》第 018 册，北京出版社 1997 年版。

101. 吕毖:《明朝小史》，《四库禁毁书丛刊·史部》第 019 册，北京出版社 1997 年版。

102. 夏良胜:《东洲初稿》，《文渊阁四库全书·集部》第 1269 册，上海古籍出版社 1987 年版。

103. 谢肇淛:《五杂俎》，《四库禁毁书丛刊·子部》第 037 册，北京出版社 1997 年版。

104. 谢肇淛:《北河纪》，《文渊阁四库全书·史部》第 576 册，上海古籍出版社 1987 年版。

105. 钟惺:《隐秀轩集》，《四库禁毁书丛刊·集部》第 048 册，北京出版社 1997 年版。

106. 鲍应鳌:《明臣谥考》，《文渊阁四库全书·史部》第 651 册，上海古籍出版社 1987 年版。

107. 杨一清:《杨一清集》，唐景绅等点校，中华书局 2001 年版。

108. 王琼:《双溪杂记》，中华书局 1985 年版。

109. 焦竑:《国朝献征录》，《续修四库全书·史部》第 525—531 册，上海古籍出版社 2002 年版。

110. 焦竑:《熙朝名臣实录》，《续修四库全书·史部》第 532 册，上海古籍出版社 2002 年版。

111. 焦竑:《玉堂丛语》，中华书局 1981 年版。

112. 吴伯舆:《国朝内阁名臣事略》，《北京图书馆古籍珍本丛刊》第 15 册，书目文献出版社 1998 年版。

113. 徐纮:《明名臣琬琰录》，《文渊阁四库全书·史部》第 596 册，上海古籍出版社 1987 年版。

114. 黄训：《名臣经济录》，《文渊阁四库全书·史部》第 443—444 册，上海古籍出版社 1987 年版。

115. 唐鹤征：《皇明辅世编》，《续修四库全书·史部》第 524 册，上海古籍出版社 2002 年版。

116. 尹守衡：《皇明史窃》，《续修四库全书·史部》第 315—316 册，上海古籍出版社 2002 年版。

117. 邓元锡：《皇明书》，《续修四库全书·史部》第 314—315 册，上海古籍出版社 2002 年版。

118. 王守仁：《王阳明全集》，天津社会科学院出版社 2015 年版。

119. 费宏：《费文宪公摘稿》，《续修四库全书·集部》第 1331 册，上海古籍出版社 2002 年版。

120. 王锡爵：《王文肃公全集》，《四库全书存目丛书·集部》第 135—136 册，齐鲁书社 1997 年版。

121. 贾三近：《皇明两朝疏抄》，《续修四库全书·史部》第 465 册，上海古籍出版社 2002 年版。

122. 张卤：《皇明嘉隆疏钞》，《续修四库全书·史部》第 466—467 册，上海古籍出版社 2002 年版。

123. 章潢：《图书编》，江苏广陵古籍刻印社 1988 年版。

124. 郭良翰：《续问奇类林》，国家图书馆藏明万历刊本。

125. 沈鲤：《亦玉堂稿》，《文渊阁四库全书·子部》第 1288 册，上海古籍出版社 1987 年版。

126. 朱国祯：《涌幢小品》，《明代笔记小说大观》，上海古籍出版社 2005 年版。

127. 何乔远：《名山藏》，《续修四库全书·史部》第 425—427 册，上海古籍出版社 2002 年版。

128. 张萱：《西园闻见录》，《续修四库全书·子部》第 1168—1170 册，上海古籍出版社 2002 年版。

129. 郑晓：《吾学编》，《续修四库全书·史部》第 424—425 册，上海古籍出版社 2002 年版。

130. 郑晓：《今言》，中华书局 1984 年版。

131. 黄瑜：《双槐岁钞》，中华书局 1999 年版。

132. 于慎行：《谷山笔尘》，中华书局 1984 年版。

133. 陈洪谟：《治世余闻　继世纪闻》，中华书局 1985 年版。

134. 张翰：《松窗梦语》，中华书局 1985 年版。

135. 沈德符：《万历野获编》，中华书局 1959 年版。

136. 陆深：《玉堂漫笔》，《明代笔记小说大观》，上海古籍出版社 2005 年版。

137. 陆深：《俨山外集》，《文渊阁四库全书·子部》第 855 册，上海古籍出版社 1987 年版。

138. 何良俊：《四友斋丛说》，《元明笔记史料丛刊》，中华书局 1959 年版。

139. 李贽：《续藏书》，中华书局 1959 年版。

140. 李贽：《初潭集》，中华书局 1974 年版。

141. 雷礼：《国朝列卿纪》，《续修四库全书·史部》第 522 册，上海古籍出版社 2002 年版。

142. 雷礼：《皇明大政纪》，《续修四库全书·史部》第 353 册，上海古籍出版社 2002 年版。

143. 陈仁锡：《陈太史无梦园初集》，《四库禁毁书丛刊·集部》第 060 册，北京出版社 1997 年版。

144. 陈懿典：《陈学士先生初集》，《四库禁毁书丛刊·集部》第 078—079 册，北京出版社 1997 年版。

145. 黄日升：《颂天胪笔》，《四库禁毁书丛刊·史部》第 005—006 册，上海古籍出版社 1997 年版。

146. 张岱：《石匮书》，《续修四库全书·史部》第 319 册，上海古籍出版社 2002 年版。

147. 黄景昉：《国史唯疑》，《续修四库全书·史部·杂史类》第 432 册，上海古籍出版社 2002 年版。

148. 黄道周：《博物典汇》，《故宫珍本丛刊》第 503 册，海南出版社 2001 年版。

149. 陈子龙等：《明经世文编》，中华书局 1962 年版。

150. 杨廉、徐咸：《新刊皇明名臣言行录》，《四库禁毁书丛刊·史部》第 020 册，北京出版社 1997 年版。

151. 张维新：《华岳全集》，《续修四库全书·史部》第 722 册，上海古籍出版社 2002 年版。

152. 徐学聚：《国朝典汇》，书目文献出版社 1996 年版。

153. 李默：《孤树裒谈》，《续修四库全书·子部》第 1170 册，上海古籍出版社 2002 年版。

154. 皇甫录：《皇明纪略》，《续修四库全书·子部》第 1167 册，上海古籍出版社 2002 年版。

155. 陆 楫：《蒹葭堂杂著摘抄》，中华书局 1985 年版。

156. 余继登：《典故纪闻》，《续修四库全书·史部》第 428 册，上海古籍出版社 2002 年版。

157. 贺复征：《文章辨体汇选》，《文渊阁四库全书·集部》第 1403 册，上海古籍出版社 1987 年版。

158. 佚名：《淮南水利考》，《续修四库全书·史部》第 851 册，上海古籍出版社 2002 年版。

（三）清代

1. 夏燮：《明通鉴》，岳麓书社 1999 年版。

2. 张廷玉：《御定资治通鉴纲目三编》，同文升记书局 1904 年版。

3. 传恒：《御批历代通鉴辑览》，《文渊阁四库全书·史部》第 198 册，上海古籍出版社 1987 年版。

4. 张廷玉：《明史》，中华书局 1980 年版。

5. 万斯同：《明史》，《续修四库全书·史部》第 324—331 册，上海古籍出版社 2002 年版。

6. 王鸿绪：《明史稿列传（一）》，《明代传记丛刊·综录类（9）》第 95 册，台湾明文书局 1991 年版。

7. 汤斌：《拟明史稿》，《四库未收书辑刊·陆辑》第 5 册，北京出版社 2000 年版。

8. 刘承干：《明史例案》，文物出版社 1982 年版。

9. 孙奇逢：《中州人物考》，《文渊阁四库全书·史部》第 458 册，上海古籍出版社 1987 年版。

10. 陈鹤：《明纪》，世界书局 1935 年版。

11. 傅维鳞：《明书》，《四库全书存目丛书·史部》第 38—40 册，齐鲁书社 1997 年版。

12. 查继佐：《罪惟录》，《续修四库全书·史部》第 321 册，上海古籍出版社 2002 年版。

13. 梁国治：《国子监志》，《文渊阁四库全书·史部》第 600 册，上海古籍出版社 1987 年版。

14. 嵇璜：《续通典》，《文渊阁四库全书·史部》第 639 册，上海古籍出版社 1987 年版。

15. 龙文彬：《明会要》，中华书局 1956 年版。

16. 薛允升：《唐明律合编》，台湾商务印书馆股份有限公司 1977 年版。

17. 傅泽洪：《行水金鉴》，《文渊阁四库全书·史部》，上海古籍出版社 1987 年版。

18. 苏昌臣：《河东盐政汇纂》，清康熙刻本。

19. 蒋兆奎：《河东盐法备览》，《四库未收辑刊·壹辑》第 24 册，北京出版社 2000 年版。

20. 田文镜、王士俊：《（雍正）河南通志》，《文渊阁四库全书·史部》第 535—538 册，上海古籍出版社 1987 年版。

21. 龚崧林等：《（乾隆）洛阳县志》，民国十三年（1924）石刻本。

22. 魏襄、陆继辂：《（嘉庆）洛阳县志》，上海书店出版社影印 2013 年版。

23. 施诚等：《（乾隆）河南府志》，清同治六年刻本。

24. 胡德琳等：《（乾隆）历城县志》，清乾隆三十八年刻本。

25. 王昶等：《（嘉庆）直隶太仓州志》，《续修四库全书·史部》第 696 册，上海古籍出版社 2002 年版。

26. 王赠芳等：《（道光）济南府志》，凤凰出版社影印 2004 年版。

27. 史梦兰：《（光绪）抚宁县志》，《中国地方志集成·河北府县志辑》第 23 册，上海书店出版社 2006 年版。

28. 李瀚章、裕禄等：《（光绪）湖南通志》，江苏广陵古籍刻印社 1986 年版。

29. 沈家本、徐宗亮：《（光绪）重修天津府志》，上海书店出版社 2004 年版。

30. 孙承译：《天府广记》，北京古籍出版社 1982 年版。

31. 孙承泽：《畿辅人物志》，《四库全书存目丛书·史部》第 119 册，齐鲁书社 1997 年版。

32. 孙承泽：《春明梦余录》，《文渊阁四库全书·子部》第 868—869 册，上海古籍出版社 1987 年版。

33. 永瑢、纪昀等：《四库全书总目》，中华书局 1965 年版。

34. 永瑢、纪昀等：《四库全书总目提要》，海南出版社 1999 年版。

35. 葛士浚等：《皇朝经世文续编》，《近代中国史料丛刊》第 741 册，文海出版社 1966 年版。

36. 黄宗羲《明文海》，《文渊阁四库全书·集部》第 1453 册，上海古籍出版社 1987 年版。

37. 孔继汾：《阙里文献考》，山东友谊出版社 1989 年版。

38. 黄宗羲：《黄宗羲全集》，浙江古籍出版社 1994 年版。

39. 黄宗羲：《明儒学案》，中华书局 1985 年版。

40. 谷应泰：《明史纪事本末》，中华书局 1977 年版。

41. 徐开任：《明名臣言行录》，《续修四库全书·史部》第 520 册，上海古籍出版社 2002 年版。

42. 计六奇：《明季北略》，中华书局 1984 年版。

43. 顾炎武：《天下郡国利病书》，上海书店 1985 年版。

44. 顾炎武：《日知录》，上海古籍出版社 1985 年版。

45. 王夫之：《宋论》，中华书局 1964 年版。

46. 王夫之：《读通鉴论》，中华书局 1975 年版。

47. 王士禛：《池北偶谈》，中华书局 1981 年版。

48. 王士禛：《香祖笔记》，《文渊阁四库全书·子部》第 870 册，上海古籍出版社 1987 年版。

49. 姚之骃：《元明事类钞》，《文渊阁四库全书·子部》第 181 册，上海古籍出版社 1987 年版。

50. 叶珍：《明纪编遗》，《四库禁毁书丛刊·史部》第 019 册，北京出版社 1997 年版。

51. 于敏中：《日下旧闻考》，北京古籍出版社 1985 年版。

52. 俞樾：《茶香室丛钞》，中华书局 1995 年版。

53. 袁栋：《书隐丛说》，上海古籍出版社 1996 年版。

54. 刘统勋：《评鉴阐要》，《文渊阁四库全书·史部》第 694 册，上海古籍出版社 1987 年版。

55. 任启运：《史要》，国家图书馆藏嘉庆二十二年刊。

56. 张英：《御定渊鉴类函》，《文渊阁四库全书·子部》第 982—993 册，上海古籍出版社 1987 年版。

57. 姜宸英：《湛园集》，《文渊阁四库全书》第 1323 册，上海古籍出版社 1987 年版。

58. 杜文澜：《古谣谚》，中华书局 1958 年版。

59. 郭梦星：《午窗随笔》，《续修四库全书·子部》第 630 册，上海古籍出版社 2002 年版。

60. 倪涛：《六艺之一录》，上海古籍出版社 1990 年版。

61. 全祖望：《鲒埼亭集》，商务印书馆 1937 年版。

62. 梁维枢：《玉剑尊闻》，《续修四库全书·子部》第 1175 册，上海古籍出版社 2002 年版。

63. 孙宝瑄：《忘山庐日记》，上海古籍出版社 1983 年版。

64. 夏之蓉：《半舫斋古文》，《四库未收书辑刊·玖辑》第 26 册，北京出版社 2000 年版。

65. 夏之蓉：《读史提要录》，《四库未收书辑刊·贰辑》第 30 册，北京出版社 2000 年版。

66. 陈法：《易笺》，贵州人民出版社 2009 年版。

67. 魏禧：《左传经世钞》，上海古籍出版社 1996 年版。

68. 袁枚：《随园诗话》，人民文学出版社 1982 年版。

69. 查慎行：《人海记》，扫叶山房民国四年（1915）版。

70. 来集之：《倘湖樵书》，《四库全书存目丛书·子部》第 146 册，齐鲁书社 1995 年版。

71. 平步青：《霞外攟屑》，《续修四库全书·子部》第 1163 册，上海古籍出版社 2002 年版。

72. 褚人获：《坚瓠集》，《续修四库全书·子部》第 1160、1161 册，上海古籍出版社 2002 年版。

73. 梁章巨：《退庵随笔》，《续修四库全书·子部》第 1197 册，上海古籍出版社 2002 年版。

74. 汪师韩：《韩门缀学》，《续修四库全书·子部》第 1147 册，上海古籍出版社 2002 年版。

75. 陆以湉：《冷庐杂识》，《续修四库全书·子部》第 1140 册，上海古籍出版社 2002 年版。

76. 吴世杰：《甓湖草堂集》，《清代诗文集汇编》第 157 册，上海古籍出版社 2010 年版。

77. 吴骞：《愚谷文存》，《清代诗文集汇编》第 380 册，上海古籍出版社 2010 年版。

78. 罗惇衍：《集义轩咏史诗钞》，《清代诗文集汇编》第 57 册，上海古籍出版社 2010 年版。

79. 赵翼：《廿二史札记》，中华书局 1984 年版。

80. 吴烜：《读史笔记》，台湾广文书局 1971 年版。

81. 李塨：《阅史郄视》，中华书局 1985 年版。

82. 龚自珍：《定盦续集》，商务印书馆 2006 年版。

83. 严遂成：《明史杂咏》，《四库全书存目丛书·集部》第 24 册，齐鲁书社 1997 年版。

84. 吴升：《大观录》，徐娟主编《中国历代书画艺术论著丛编》第 30 册，中国大百科全书出版社 1997 年版。

85. 钱椒：《补疑年录》，上海古籍出版社 1995 年版。

86. 钱保塘：《历代名人生卒录》，北京图书馆出版社 2002 年版。

87. 吴荣光：《历代名人年谱》，上海书局 1989 年版。

88. 张惟骧：《疑年录汇编》，小双寂庵刊本。

二　基础理论著作

1. 中共中央马克思恩格斯列宁斯大林著作编译局译：《马克思恩格斯选集》第 1—4 卷，人民出版社 1972 年版。

2. 中共中央马克思恩格斯列宁斯大林著作编译局译：《列宁选集》（第 3 版）第 1 卷，人民出版社 1995 年版。

3. 中共中央马克思恩格斯列宁斯大林著作编译局译：《马克思恩格斯全集》第 2 卷，人民出版社 1957 年版。

4. 中共中央马克思恩格斯列宁斯大林著作编译局译：《马克思恩格斯全集》第 20 卷，人民出版社 1965 年版。

5. 中共中央马克思恩格斯列宁斯大林著作编译局译：《马克思恩格斯全集》第 21 卷，人民出版社 1971 年版。

6. 中共中央马克思恩格斯列宁斯大林著作编译局编：《列宁全集》第 1 卷，人民出版社 1984 年版。

7. 黎澍、蒋大椿：《马克思恩格斯论历史科学》，人民出版社 1988 年版。

8. 梁启超：《中国历史研究法》，东方出版社 1996 年版。

9. 朱本源：《历史学理论与方法》，人民出版社 2006 年版。

10. 赵继颜、仝晰纲、刘德增：《古代中国研究新视野》，济南出版社 1990 年版。

11. 邓京力：《历史评价的理论与实践》，人民出版社 2009 年版。

12. 吴仲炎：《新视角史志改革纵横谈》，武汉大学出版社 1995 年版。

13. 李惠国：《社会科学新方法大系》，重庆出版社 1995 年版。

14. 中国历史大辞典编纂委员会主编：《中国历史大辞典·明史卷》，上海辞书出版社 1995 年版。

15. 南开大学《中国历史与史学》编辑组：《中国历史与史学·祝贺杨翼德先生八十寿辰学术论文集》，北京图书馆出版社 1997 年版。

16. 李屏南：《人物评价论》，岳麓书社 2000 年版。

17. 尚钺：《有关历史人物评价的几个问题》，《历史研究》1964 年第 3 期。

18. 颜中其：《近几年历史人物研究状况述评》，东北师大学报编辑部编辑出版《历史人物论集》，1983。

19. 李国钧、王炳照等：《中国教育制度通史》，山东教育出版社 1999 年版。

20. 李德伟：《个性心理学：研究·测量·理论》，中国医药科技出版社 1994 年版。

21. 刘烨编译：《荣格的性格哲学》，内蒙古文化出版社 2008 年版。

三　近现代论著

（一）著作

1. 范文澜、蔡美彪：《中国通史》第 8 册，人民出版社 1996 年版。

2. 刘重日：《中国史稿》第 6 册，人民出版社 1987 年版。

3. 王毓铨：《中国通史》第 9 卷《中古时期·明时期》，上海人民出版社 1999 年版。

4. 孟森：《明史讲义》，上海古籍出版社 2002 年版。

5. 孟森：《明清史讲义》上册，中华书局 1981 年版。

6. 张书生等译：《剑桥中国明代史》，中国社会科学出版社 1992 年版。

7. 杨国桢、陈支平：《明史新编》，人民出版社 1993 年版。

8. 汤刚、南炳文：《明史》上下册，上海人民出版社 1985 年版。

9. 张耐冬：《宏观中国史·盛世卷》，大象出版社 2003 年版。

10. 张嵚：《被遗忘的盛世》，九州出版社 2009 年版。

11. 王小红选编：《章太炎儒学论集》下册，四川大学出版社 2010 年版。

12. 王兴亚、郑传斌：《中原文化大典·人物典·人物传》，中州古籍出版社 2008 年版。

13. 张显清、林金树：《明代政治史》，广西师范大学出版社 2003 年版。

14. 毛佩奇、张自成：《中国明代政治史》，人民出版社 1994 年版。

15. 史仲文、胡晓林：《中国全史·71 卷·明代政治史》，人民出版社 1994 年版。

16. 刘泽华、葛荃：《中国古代政治思想史》，南开大学出版社 2001 年版。

17. 张国：《中国治国思想史》，新华出版社 2002 年版。

18. 李渡：《明代皇权政治研究》，中国社会科学出版社 2004 年版。

19. 关文发、颜广文：《明代政治制度研究》，中国社会科学出版社 1995 年版。

20. 杜婉言、方志远：《中国政治制度通史·第九卷·明代》，人民出版社 1996 年版。

21. 谭天星:《明代内阁政治》,中国社会科学出版社 1996 年版。

22. 王其榘:《明代内阁制度史》,中华书局 1989 年版。

23. 林延清、傅美林:《中华人物传库·明卷》,华夏出版社 1996 年版。

24. 陈支平:《第九届明史国院学术讨论会暨傅衣凌教授诞辰九十周年纪念论文集》,厦门大学出版社 2003 年版。

25. 南炳文:《辉煌、曲折与启示:20 世纪明史研究回顾》,天津人民出版社 2001 年版。

26. 冯尔康:《清代人物传记史料研究》,天津教育出版社 2005 年版。

27. 冯尔康:《古代传记史籍的分类与运用》,南开大学《中国历史与史学》编辑组编《中国历史与史学——祝贺杨翼骧先生八十寿辰学术论文集》,北京图书馆出版社 1997 年版。

28. 耿云志:《蓼草集》,中国社会科学出版社 2000 年版。

29. 引得编纂处:《八十九种明代传记综合引得》,中华书局 1987 年版。

30. 李小林、李晟文:《明史研究备览》,天津教育出版社 1988 年版。

31. 李小林:《万历官修本朝正史研究》,南开大学出版社 1999 年版。

32. 王俊义、黄爱平:《清代的学术与文化》,辽宁教育出版社 1993 年版。

33. 郭培贵:《明代科举史事编年考证》,科学出版社 2008 年版。

34. 刘海涵:《何大复先生年谱》,信阳刘氏龙潭精舍 1921 年版。

35. 王丙岐:《中国古代佞幸史》(下),香港天马出版有限公司 2005 年版。

36. 萧少秋:《中国历代君臣对话录》,国际文化出版公司 1992 年版。

37. 丁守和:《中国历代奏议大典》,哈尔滨出版社 1994 年版。

38. 梁廷灿、陶容、于世雄等:《历代名人生卒年表》,北京图书馆出版社 2002 年版。

39. 姜亮夫:《历代人物年里碑传综表》,《姜亮夫全集》,云南人民出版社 2002 年版。

40. 杨家骆:《历代人物年里通谱》,世界书局 1993 年版。

41. 张海瀛等:《中华族谱集成》第 1 册,巴蜀书社 1995 年版。

42. 1985 年续修《(洛阳)刘氏家谱》。

43. 朱保炯、谢沛霖:《明清进士题名碑录索引》,上海古籍出版社 1980 年版。

44. 刘培桂:《孟子林庙历代石刻集》,齐鲁书社 2005 年版。

45. 赵所生、薛正兴:《中国历代书院志》全 16 册,江苏教育出版社 1995 年版。

46. 刘健家族后裔：《（洛阳）刘氏家谱》，洛阳理工学院图书馆复印本1985 年版。

47. 郑天挺：《探微集》，中华书局 1980 年版。

48. 东北师大学报编辑部：《历史人物论集》，东北师范大学学报编辑部1983 年版。

49. 冯克诚、王海燕：《中国历史上的著名宰辅》之四，青海人民出版社1997 年版。

50. 朱绍侯：《中国历代宰相传略》，大象出版社 1997 年版。

51. 王鸿鹏：《中国历代榜眼》，解放军出版社 2004 年版。

52. 高阳：《明朝的皇帝》，广西师范大学出版社 2006 年版。

53. 许文继、陈时龙：《正说明朝十六帝》，中华书局 2005 年版。

54. 许大龄、王天有：《明朝十六帝》，紫禁城出版社 1991 年版。

55. 吴晗：《朱元璋传》，百花文艺出版社 2000 年版。

56. 方志远：《成化皇帝大传》，辽宁教育出版社 1994 年版。

57. 郭厚安：《弘治皇帝大传》，中国社会出版社 2008 年版。

58. 李洵：《正德皇帝大传》，中国社会出版社 2008 年版。

59. 孙景峰、李金玉：《正说明朝三百年》，中国国际广播出版社 2005年版。

60. 张自成：《一口气读完大明史》，京华出版社 2007 年版。

61. 黎东方：《细说明朝》，上海人民出版社 2007 年版。

62. 蔡东藩：《明史演义》，上海文化出版社 1981 年版。

63. 洛阳市文物工作队：《洛阳出土历代墓志辑绳》，中国社会科学出版社1991 年版。

64. 徐自强主编：《北京图书馆藏中国历代石刻拓本汇编》，第 53 册，中州古籍出版社 1989 年版。

65. 田仁利主编：《湘西土家族苗族自治州土家族古籍总目提要》乙编铭刻类·石碑第 49 页，中央民族大学出版社 2009 年版。

（二）论文

1. 任崇岳：《论朱元璋对待儒士的态度》，《中州学刊》1982 年第 4 期。

2. 王西昆：《论朱元璋用人》，《史学月刊》1983 年第 5 期。

3. 朱鸿：《明成祖与永乐政治》，博士学位论文，台湾师范大学历史研究所，1977 年。

4. 部厚安：《论仁宣之治》，《西北师大学报》（社会科学版）1992 年第2 期。

5. 赵中男：《论朱高炽的历史地位》，《辽宁大学学报》1997 年第 5 期。

6. 赵中男：《论朱瞻基的历史地位》，《北方论丛》2004 年第 4 期。

7. 赵中男：《明洪宣时期历史特点论略》，《求是学刊》1997 年第 2 期。

8. 毛佩奇：《英宗·王振·土木之变》，《明史研究论丛》2007 年第 7 辑。

9. 朱子彦：《明代"仁宣之治"述论》，《史学集刊》1985 年第 3 期。

10. 朱子彦：《论明孝宗与"弘治中兴"》，《求是学刊》1989 年第 6 期。

11. 南炳文、李小林：《弘治中兴述略》，《南开史学》1981 年第 2 期。

12. 赵永翔：《关于"弘治中兴"之评价问题》，《河西学院学报》2009 年第 1 期。

13. 李梦芝：《论弘治帝的历史地位》，《史学月刊》1997 年第 2 期。

14. 沈鹏：《明孝宗与"弘治中兴"》，《山东省农业管理干部学院学报》2010 年第 4 期。

15. 滕新才：《明武宗新论》，《四川师范大学学报》1989 年第 6 期。

16. 李洵：《明武宗与猪禁》，《史学集刊》1993 年第 2 期。

17. 杜建国：《明代皇族教育问题研究》，硕士学位论文，吉林大学，2005 年。

18. 谢贵安：《明武宗娱乐生活的阶段性特征》，《紫禁城》2010 年第 8 期。

19. 赵伟：《以道事君：方孝孺与明初士大夫政治文化》，《东方论坛》2011 年第 1 期。

20. 陈剩勇：《于谦的悲剧：一个政治学的解读》，《杭州师范学院学报》（人文社会科学版）2001 年第 2 期。

21. 赵毅、刘国辉：《略论明初"三杨"权势与"仁宣之治"》，《东北师大学报》（哲学社会科学版）1997 年第 1 期。

22. 李叔毅：《何景明问题初探》，《信阳师范学院学报》（哲学社会科学版）1984 年第 1 期。

23. 韦庆远：《试论李东阳》，《明史研究论丛》2004 年第 6 辑。

24. 刘婧：《论李东阳的政治活动》，硕士学位论文，黑龙江大学，2002 年。

25. 郭平安：《李梦阳研究》，博士学位论文，陕西师范大学，2009 年。

26. 刘俊虎：《中兴名臣，一代儒相》，《河南科技大学学报》（社会科学版）2003 年第 4 期。

27. 刘浪：《多行不义必自毙：明太监刘瑾之死》，《领导文萃》2010 年第 24 期。

28. 刘太祥：《中国古代帝王顾问制度》，《南都学坛》2009 年第 1 期。

29. 刘太祥：《中国古代王朝中兴局面的形成原因》，《南都学坛》2006 年第 4 期。

30. 王义保：《近年来国内专制主义理论研究述论》，《学术论坛》2006 年第 10 期。

31. 南炳文、林金树等：《明清时代的历史特点及其走向》，《河南师范大学学报》（哲学社会科学版）2005 年第 6 期。

32. 林金树：《明代政治史研究的思考》，《汕头大学学报》（人文科学版）1997 年第 6 期。

33. 赵玉田：《明代的国家建制与皇储教育》，《东北师大学报》2001 年第 4 期。

34. 洪焕椿：《明清时期封建专制主义的基本特征》，《南京大学学报》1981 年第 1 期。

35. 郭厚安：《关于明代专制主义中央集权高度强化的问题》，《西北师院学报》1983 年第 4 期。

36. 郭厚安：《假皇权以肆虐的奴才——论明代的宦官》，《甘肃师范大学学报》1980 年第 1 期。

37. 赵毅、刘晓东等：《16—17 世纪中国社会结构问题笔谈》，《东北师大学报》（哲学社会科学版）1999 年第 1 期。

38. 李小林：《清代的明史学》，南开大学明清史研究室编《清王朝的建立、阶层及其它》，天津人民出版社 1994 年版。

39. 万明：《论传统文化与明初对外政策》，《史学集刊》1993 年第 1 期。

40. 胡丹：《明代"朝班"考述》，《故宫博物院院刊》2009 年第 1 期。

41. 洪早清：《明代阁臣群体研究》，博士学位论文，华中师范大学，2007 年。

42. 吴琦、唐洁：《寿龄与政治：明代阁臣寿龄及其影响因素》，《华中师范大学学报》（人文社会科学版）2003 年第 4 期。

43. 陈志刚：《论明代中央政府权力结构的演变》，《江海学刊》2006 年第 2 期。

44. 吴建军：《明代内阁与中央政权体制演变的互动关系》，《郑州大学学报》2006 年第 3 期。

45. 程方、杨继致：《明代皇权与中央双轨辅政体制述评》，《聊城大学学报》2006 年第 3 期。

46. 唐金英：《明代翰林院的政治功能》，《华中师范大学学报》2006 年第 1 期。

47. 冷东：《明清两代宦官专政与封建专制的关系》，《汕头大学学报》
1985 年第 2 期。

48. 李渡：《明代皇权与宦官关系论略》，《中国史研究》1995 年第 3 期。

49. 颜广文：《明代庶吉士制度考评》，《华南师范大学学报》（社会科学
版）1993 年第 4 期。

50. 王尊旺：《明代庶吉士考论》，《史学月刊》2006 年第 8 期。

51. 邹长清：《明代庶吉士制度探微》，《广西师范大学学报》（哲学社会科
学版）1998 年第 2 期。

52. 张连银：《明代乡诚、会诚评卷研究》，硕士学位论文，西北师范大
学，2004 年。

53. 暴鸿昌：《论明中期才士的傲诞之习》，《求是学刊》1993 年第 2 期。

54. 蓝东兴：《归隐：晚明士大夫的政治退避与个性张扬》，《贵州社会科
学》2002 年第 5 期。

55. 赵园：《原君·原臣——明清之际士人关于君主、君臣的论述》，《中
国文化研究》2006 年第 2 期。

56. 蔡明伦：《明代言官与阁臣关系述论》，《西南大学学报》2008 年第
4 期。

57. 蔡明伦：《论明万历中后期言官对神宗的批判》，《史学月刊》2006 年
第 4 期。

58. 翟爱玲：《弘治时期的朝廷人事格局》，《中州学刊》2013 年第 3 期。

59. 向燕南：《晚明士人自我意识的张扬与历史评论》，《史学月刊》2005
年第 4 期。

60. 左东岭：《论台阁体与仁、宣士风之关系》，《湖南社会科学》2002 年
第 2 期。

后　记

　　人常说"活到老，学到老"，学习的确是永无止境。但在人的一生中，总有几个特殊阶段学习的收获特别显著，因而成为人生历程中少有的几个"飞跃"时期。博士学习与博士论文的写作以及本书的修改完善过程对我而言，就是这样一个人生成长的重要时期。从求学致知的角度来看，这个时期也是继大学学习之后第二个集中学习知识的时期。从小到古籍中的繁体、异体、变体字的认知，大到"历史"本旨与要义的领略，再到对人与社会、历史与现实关系等问题的探究，就是在这种集中学习、不断学习的过程中经过不断积累而实现飞跃的。

　　本书前言中已表明我对两位导师和博士论文答辩委员们、国家社会科学基金委员会评审专家们给予指导的衷心感谢。在此要重提感谢的，还有那些不知姓名的论文评阅人。是他们提出的珍贵意见和建议，使我对自己的博士论文及本书成稿的优缺点有了更清晰的认识，对自己的理论和业务能力水平以及需要进一步改正和提高的方向更加明确。

　　同时，还要对为本书的出版付出辛勤劳动的中国社会科学出版社的编辑、校对、设计等同人的鼎力支持表示由衷的谢忱！对制版、印刷、装订、发行等环节朋友们的辛勤付出，表示诚挚的谢意。

　　最后我要深深感谢的是我的爱人和女儿。有他们的理解与支持，我才有充足的时间和精力来完成专著的撰写、修改；有他们的帮助与鼓励，我才有足够的决心与耐力去应对繁重的劳动。这个三口之家才是我真正的后盾。

　　思绪至此，我脑海里又浮现出那个每当想师长、朋友、亲人时就会浮现于脑际的字眼儿：爱。在我50年的人生经历中，我越来越感觉到这个字的分量与含义。在研究政治名臣刘健的社会人际关系对他政治生涯的影响中，在感念现实生活里师长、亲友的帮助以及由此对我成长的影响中，我深刻地体会到人世间"爱"的意味。

　　中华民族几千年的历史，是由各种各样人的爱心支撑搭建起来的，爱国家、爱人民、爱华夏的优秀传统，爱养育我们的苍茫大地……在这种种爱的滋养和浸润中，才有人的心灵的成长与才识的积累，才有各式各样、大大小小的个人"成就"。所以，我的这部论著，实质上也正是一个凝结着各种爱的小小物象。

最后需要再次说明的是，由于学术水准的欠缺，虽自觉已尽全力，但本书中纰漏或不足仍在所难免。恳望读者诸君予以雅正。

作者

2016 年 10 月